AK

KRÖNERS TASCHENAUSGABE
BAND 132

ERNST KORNEMANN

RÖMISCHE GESCHICHTE

ERSTER BAND

DIE ZEIT DER REPUBLIK

SIEBTE AUFLAGE

BEARBEITET VON

HERMANN BENGTSON

ALFRED KRÖNER VERLAG STUTTGART

CIP-Kurztitelaufnahme der Deutschen Bibliothek

Kornemann, Ernst
Römische Geschichte / bearb. von Hermann Bengtson. – Stuttgart : Kröner.

NE: Bengtson, Hermann [Bearb.]

Bd. 1. Die Zeit der Republik. – 7. Aufl. – 1977.

(Kröners Taschenausgabe ; Bd. 132)
ISBN 3-520-13207-9

Druck: Sulzberg-Druck GmbH, Sulzberg im Allgäu

„In Zeiten der Entwicklung und Wandlung haben sich Antike und deutscher Geist immer wieder einander zugeneigt. Die innere Nähe zu echter Antike in Einsatz und Ziel ist kaum je größer gewesen als jetzt: es wäre vielleicht eine versäumte Gelegenheit der deutschen Geschichte, wenn die Möglichkeit und die bewußte oder unbewußte Bereitschaft einer befruchtenden Neubegegnung unbenutzt vorüberginge."

O. Regenbogen

„Das Altertum und die politische Erziehung"

INHALT

VORWORT DES VERFASSERS ZUR 1. AUFLAGE

Die Hauptschwierigkeit für meine Arbeit lag in einer neuen Formung der altrömisch-mittelalterlichen Epoche, dessen, was ich im folgenden „Bauern-Rom“ nenne. Für diese Zeit gibt es so gut wie keine gleichzeitige Überlieferung der Alten, abgesehen von den letzten Jahrzehnten. Trotzdem drängt sich immer mehr die Erkenntnis auf, daß in dem archaischen Zeitalter Roms Größe als Staat, ähnlich wie im mittelalterlichen Griechenland der hellenische Mensch, bereits vorausbestimmt worden ist. Denn in dieser Epoche ist die glänzende Führerschicht aus der damals noch rein agrarischen Gesellschaft Latiums heraus entwickelt worden, und es ist die seitdem stets alles beherrschende „Sitte der Väter“ *(mos maiorum)* entstanden, die den späteren Geschlechtern die Richtlinien für ihr politisches Handeln gegeben hat. Diese Zeit schuf auch eine Volksgemeinschaft, zunächst für den engeren Kreis der Patrizier, dann nach dem sog. „Ständekampf“ für die patrizisch-plebejische Gesamtgemeinde, mit einer Disziplin und einer Geschlossenheit des staatlichen Wollens, die die Größe des späteren Staatsvolkes vorausahnen läßt. Hier ist es zum ersten Male in der Weltgeschichte ein ganzes Volk, das Geschichte macht, nicht einzelne Männer, wie drüben auf dem Balkan bei den Griechen und Makedonen. Es ist dies auch ein Moment, das gerade heute der Hervorhebung bedarf. Denn wo in der Weltgeschichte greifen wir sonst noch einmal in solcher Weise eine Volksgeschichte vor dem Erwachen des Individuums? Wo können wir eine Führerschicht in solchem Umfange feststellen, wie diejenige, die im römischen Senat, dieser „Versammlung von Königen“, lange Zeit zusammengesessen und das Weltenschicksal gelenkt hat?

Wie Sparta haben Rom und Latium einen rein agrarischen Staatstypus mit all seinen Licht- und Schattenseiten geformt und länger erhalten als irgendwo anders in der Umwelt. Aber während Sparta an einer übertriebenen Abgeschlossenheit und einer immer stärker werdenden Verengerung seiner Herrenschicht, dazu an einer Gewaltpolitik gegenüber allen Nicht-Spartiaten zugrunde gegangen ist, hat der gesunde Agrarstaat des Westens in seinen ältesten Stadien freiere Formen des Verfassungslebens in einem seltenen Reichtum entwickelt und einen offenen Sinn und eine offene Hand gegenüber den neu hinzugekommenen Menschen und Völkern bewahrt, bis hier der übersteigerte Erwerbswille seines Bauerntums in Beutegier und Raubbau ausartete. Spät ist so in Rom wie in Sparta die politisch führende Persönlichkeit erwacht und aus der obersten Schicht herausgetreten. Aber während sich in Sparta das Individuum früh gegen den Staat wandte, hatte in Rom, als es dort aus der Gemeinschaft heraustrat, die Herrenschicht dem Einzelführer nach langer Züchtung der Geschlechter so viel von ihrer Eigenart mitgegeben, daß der einzelne nur als Teil des Ganzen in der engsten Gemeinschaftsarbeit mit seinem Volke und stets mit dem Ohr an dessen Seele und Herzen lauschend etwas leisten konnte. Das die Weltgeschichte immer neu formende Problem von „Führer und Masse" erhält von nirgends auf Erden her so aufschlußreiche Winke wie aus der Geschichte Roms. Sie will daher immer wieder als ein großes Lehrbuch der politischen Weisheit von allen wirklich geschichtsbeflissenen Menschen aufgeschlagen sein und sollte die Lehrmeisterin auch unseres politischen Lebens und Denkens werden.

Ein Wort noch zur Gliederung des Gesamtstoffes und zu seiner Verteilung auf die zwei Bände. Man redet in neuester Zeit so viel von den „Epochen der römischen Geschichte" und sieht den Wald vor lauter Bäumen nicht. Die Epochengliederung liegt seit langem fest und wird auch hier in der hergebrachten Weise dargeboten.

Bei der Verteilung auf die zwei Bände bin ich auf den ersten zeitgenössischen Darsteller der Kämpfe um die Monarchie, C. Asinius Pollio, zurückgegangen, der das Ende der Republik ins Jahr 60 datiert hat. Cäsar und der Cäsarismus gehören der Weltepoche an, die wir als die „Kaiserzeit" zu bezeichnen pflegen.

Ernst Hohl habe ich herzlichst zu danken für das Mitlesen der Korrekturen und manchen nützlichen Hinweis.

München, Sommer 1938. E. K.

VORWORT DES HERAUSGEBERS ZUR 3. AUFLAGE

Am 4. Dezember 1953 waren 7 Jahre seit dem Tode Ernst Kornemanns vergangen. In diesen Jahren hat die Forschung auf dem Gebiet der römischen Geschichte, allen zeitbedingten Schwierigkeiten zum Trotz, nicht stillgestanden. Dennoch konnte es nicht die Aufgabe des Herausgebers sein, das Werk auf den Stand der Forschung zu bringen. Kornemanns Römische Geschichte hat sich so, wie sie ist, längst einen geachteten Platz im wissenschaftlichen Schrifttum errungen, sie mußte auch in der neuen Auflage, der ersten, die nach dem Tode des Verfassers erscheinen kann, so bleiben, wie sie einst konzipiert worden ist. Diese Feststellung ist jedoch nicht buchstäblich zu verstehen; machten doch schon die Hinweise und Berichtigungen des Verfassers in seinem Handexemplar eine Anzahl von zumeist allerdings nur geringfügigen Änderungen notwendig. Von seiner Eigenart hat das Werk, glaube ich, nichts verloren. Die ungewöhnlich lebendige Darstellungskraft, die rege historische Phantasie sowie das sprühende Temperament Ernst Kornemanns schlagen auch jetzt noch den Leser in den Bann, sie lassen ihn einen Hauch der Begeisterung verspüren, die der Heimgegangene Zeit seines Lebens für das Römervolk und seine großen Männer empfunden hat.
Wer sich jedoch über einige neuere Fragen und Probleme der römischen Geschichte zu unterrichten wünscht, sei auf das Nachwort des Herausgebers am Schlusse des 2. Bandes hingewiesen.

München, im Dezember 1953. Hermann Bengtson

VORWORT DES HERAUSGEBERS ZUR 7. AUFLAGE

Die 7. Auflage des 1. Bandes ist ein unveränderter Abdruck des Textes der 4. von 1960. Sie wurde vor Drucklegung wiederum durchgesehen. Das Nachwort wurde in das Nachwort des 2. Bandes eingearbeitet.

München, im Dezember 1976 Hermann Bengtson

EINLEITUNG

Das Staatsvolk der Römer

Die römische Geschichte ist von größter universalhistorischer Bedeutung. Im Römerreich fließt die Geschichte der alten Völker wie in einem großen Sammelbecken zusammen, alle moderne Geschichte geht von hier aus. Ursprünglich nichts als eine etruskisch-latinische Stadt, wird Rom im Sturmlauf zur Herrin erst Italiens, dann des antiken Erdkreises und damit zur Trägerin des von Alexander, dem Erben des niedergeworfenen Perserreiches, in die Mittelmeerwelt eingeführten Großstaaten-Systems auf übervölkischer Grundlage, zugleich eines auf der griechischen Weltkultur aufgebauten Universalismus. Durch die Aufnahme dieses persisch-makedonischen politischen Imperialismus und dieses griechischen kulturellen Universalismus wird der aus dem national geschlossenen „Gemeindestaat" von ehedem entwickelte übernationale „Reichsstaat" nach dem Sturz des weströmischen Kaisertums zum Träger einer christlichen Theokratie, und dadurch steht er noch heute im Mittelpunkt des religiösen und geistigen Denkens eines großen Teils der christlichen Menschheit. Aus der *urbs sacra*, was ursprünglich „Kaiserstadt" hieß, ist also Rom in Wirklichkeit die „heilige Stadt" geworden, d. h. eine durch Alter und Tradition geweihte Stätte. Daß die katholische Kirche noch heute nicht nur eine religiöse, sondern auch eine politische Weltmacht mit monarchischer Spitze darstellt, verdankt sie mit der Anknüpfung an das römische Kaiserreich und an seine Weltgeltung. Das *imperium Romanum* hat allerdings neben dem rechtmäßigen „Erbwalter am Bosporus" und neben dem Papst in Rom noch einen dritten Erben im Westen bekommen, den Kaiser des Römischen Reiches Deutscher Nation. Der unvermeidliche Kampf zwischen Papst und Kaiser erfüllt die Geschichte des westeuropäischen Mittelalters und endet mit dem Siege des Papsttums, seiner Idee und seiner Territorialgewalt, über die abermals übervölkisch und damit innerlich hohl gewordene Reichsbildung im Norden. So sind die Geschicke Deutschlands und Italiens über ein Jahrtausend mit der Erbschaft des römischen Altertums belastet gewesen. Beider Länder zu spätes Emporsteigen zu nationalen Staatsgebilden ist die Folge der Tatsache, daß das antike Imperium in diesen zentralen Gebieten Süd- und Mitteleuropas am längsten nachgezittert hat. Rom ist somit ein Ende und ein Anfang. Rom ist ewig *(Roma aeterna)*, nicht zuletzt deshalb, weil es aus den tiefsten Tiefen eines bäuerlichen Volkes seine stärksten Lebenskräfte einst geschöpft hat.

„Weltgeschichte ist Stadtgeschichte" sagte vor Jahren Oswald Spengler, um am Schlusse seines Lebens den Satz dahin zu verändern: „Die Weltgeschichte ist von beweglichen Stämmen, nicht vom seßhaften Bauerntum, sondern gegen dieses gemacht worden ... Das Bauerntum erleidet Geschichte, die darüber hinweggeht, der Reiter und Seefahrer machen sie und verzehren sich an ihr."

Dem sei der Satz entgegengestellt: Weltgeschichte ist Bauerngeschichte, wie die Geschichte des Altertums zweimal bewiesen hat: einst im vorderen Orient, als im vierten Jahrtausend v. Chr. das sumerische Stadtvolk im Zweistromland und das ägyptische Bauernvolk um die Palme der Weltherrschaft zu streiten begannen, und zum zweitenmal in Europa im Ringen des ebenfalls früh städtisch gewordenen Griechentums und des lange in seinem innersten Denken und Fühlen bäuerlich verhaftet gebliebenen Römertums. Sumerer und Griechen, die größten Stadtvölker der antiken Weltgeschichte, sind schnell himmelhoch emporgestiegen, um dann ebenso schnell wieder zusammenzusinken. Nur die Bauernvölker des Niltals und der Apenninhalbinsel haben Jahrtausende lang die Welt beherrscht, das Ägyptervolk über dreitausend, das Römervolk über tausend Jahre lang. Jene, die Stadtvölker, haben auch große Kulturen erzeugt, sind aber dann zum Kulturdünger für die nachfolgenden bäuerlichen Herrenvölker geworden, die Sumerer für die semitischen Eroberer Mesopotamiens, die Griechen für das römische Staatsvolk, das nach dem kurzen Zwischenspiel der makedonischen Weltherrschaft der eigentliche Erbe der antiken Weltreichsidee geworden ist und sie dem Mittelalter hinterlassen hat.

Das Bauerntum hängt an dem Boden, auf welchem es in harter Arbeit um seine und seiner Kinder Existenz ringt, und schafft über diesem Boden, an dem der Schweiß seiner Hände klebt, einen dauerhaften Staat als Oberhaus, in welchem man für Jahrhunderte und länger gemeinsam lebt. Es behält den Sinn für die Bedeutung des Raumes im Leben der Völker, der den Städtern, am stärksten den Griechen, allmählich entschwunden ist. Der Landhunger einer gesunden und, weil gesunden, an Übervölkerung leidenden Bewohnerschaft der Agrarstaaten ist das erregende Moment im Leben dieser Völker. Jeder Agrarstaat ist daher, solange er gesund und wirklich bäuerlich aufgebaut ist, nach außen expansiv und will vor allem von außen her betrachtet werden, während die griechische Geschichte innenpolitisch oft ihre größten Reize in Theorie und Praxis vor uns enthüllt. Dagegen ist das größte Staatsvolk des Altertums naturgemäß auch zum größten Herren- und Machtvolk emporgestiegen, mit erklärbar aus der zentralen Lage seines Herrschaftsraumes im Gesamt-Mittelmeergebiet, die stete Sicherung und Ausbreitung verlangt, um nicht von allen Seiten zusammengedrückt zu werden.

Hier bietet sich eine Gegenüberstellung zur deutschen Geschichte von selbst dar. Wie Deutschland und deutsche Geschichte infolge der geographischen Zentrallage und der Überdeckung seiner nationalen Entwicklung mit der römischen Weltreichsidee nur gesamteuropäisch wirklich verstanden werden kann, so ist die nach allen Seiten offene Apenninhalbinsel außenpolitisch zu allen Zeiten nicht nur aus der inneren Eigenentwicklung heraus, sondern stets auch als Herzland der Mittelmeer-Querzone zu verstehen. Wie Deutschland ist Italien ein Reich der Mitte, Deutschland ein kontinentales, Italien ein maritimes Kernstück, die beide, immer wieder in Zeiten der Schwäche von allen Seiten überströmt, in Epochen des Aufstiegs in kräftigem Angriff und Ausgreifen die beste Abwehr für die Zeiten der Bedrängung gesehen haben.

Und wie mit Gesamtitalien, so steht es mit seinem Herzland

Latium, von dem ein Teil durch die Etrusker zum Stadtstaat Rom verdichtet wurde. Wie Italien nur als Zentrum des gesamten Land- und Seeraumes des Mittelmeerbeckens, so kann Latium nur als Zentrum des Landes Italien, das im Mittelteil der eigentlichen Halbinsel politisch und kulturell westwärts schaut, verstanden werden. Wie Italien also immer auch mittelmeerisch, so muß Rom und sein Stammland Latium auch gesamtitalisch betrachtet werden, und zwar von den ältesten Zeiten an.

Und nun von innen gesehen: Wirtschaftlich in sich geschlossen, politisch sehr früh zum Rechtsgebilde entwickelt, ist in Rom der Staat in noch ganz anderer Weise als bei den Griechen in den Mittelpunkt des Denkens, Fühlens und Handelns seiner Bürger gerückt. Der nüchterne, ganz im Diesseits wandelnde römische Bauer kennt eigentlich nur zwei Sphären, in denen er sich bewegt und die ihm am Herzen liegen, die „private Sache“ *(res privata)* und die „Sache der Gemeinschaft“ *(res publica)*, wie der Staatsacker *(ager publicus)* und die Gemeinweide *(ager compascuus)* neben den Privatländereien von vornherein bestanden haben. Im privaten Kreise steht im Mittelpunkt die Familie, hochgehalten und heilig in Altrom, monarchisch regiert vom Familienvater *(pater familias)*. Das Individuum wird hier noch einigermaßen als Mensch gewertet, im Gemeinschaftskreis dagegen ist es nur das Glied eines Ganzen, dessen Wohlergehen höher steht, als das des einzelnen. Disziplin – bezeichnenderweise ein lateinisches Wort – in Staat und Heer ist das Höchste bei dem Römer, gedacht als straffe Zucht auf allen Gebieten des Lebens. Nur wer für die Gemeinschaft etwas leistet, hat Anspruch auf höhere Bewertung. Römische Mannestugend *(virtus)* hat sich in und am Staat zu betätigen, hat seitens des allmächtigen Beamten, dessen Laufbahn im Dienste des Staates nach römischem Brauch dem Namen immer beigefügt wird, diesen Staat ausbreiten und ihn zum Herrn der Völker setzen zu helfen. Dienst am Vaterland ist hier nicht Sport, wie bei den Griechen, wo der Sieger, wie im Spiel und Wettkampf, hervorgehoben zu werden verlangt und hervorgehoben wird. Dienst am Vaterland ist bei den römischen Bauern Pflicht, die, wie die

Bestellung des Ackers, selbstverständlich und ohne Aufheben, auch ohne Anwartschaft auf irgendwelchen Dank und irgendwelchen Lohn getan werden muß. Niemals ist von einem ganzen Volk der kategorische Imperativ der Staatspflicht so in die Tat umgesetzt worden, wie von dem römischen. Darauf ruht seine Größe.

Es gibt keinen Staatsbegriff abstrakter Art. Die Summe der *cives* = Bürger *(civitas)* ist die „gemeine Sache". Staat und Gesellschaft fallen anfangs zusammen. Aber auch Bürgertum und Soldatentum sind eines, da die Summe der wehrfähigen Bürger, das Heer, der bestimmende Faktor im Staate ist. Der Tummelplatz dieser Bürger-Soldaten ist das Marsfeld, das Feld des Kriegsgottes vor den Toren der Stadt, wo der Bürger seine Wehrfähigkeit auszubilden und zu erproben hat und wo Musterung und Heeresversammlung stattfinden.

Doch sind die Römer nicht nur Marsjünger gewesen. Dem Bauer ist der Kriegsdienst zu allen Zeiten eine schwere Last, die er nur im Notfall auf sich nimmt, um sein Land, sowie sein Hab und Gut zu schützen. Des römischen Menschen Hauptstärke liegt im Vertragsschluß. Hier hat man den Grundsatz entwickelt, der für die römische Außenpolitik maßgebend geworden ist und später, wohl erst in der Renaissancezeit, in die Kurzformel „teile und herrsche" *(divide et impera)* gefaßt worden ist: das beste Kennzeichen des hohen politischen Sinnes der Römer. Wirf in alter Bauernschlauheit, die die Menschen und ihre Schwächen kennt, die Fackel der Zwietracht zwischen die Feinde, zieh' womöglich den einen von ihnen durch günstige Bedingungen zu dir herüber und isoliere den oder die anderen, welche die gefährlichsten sind, um sie schließlich getrennt niederzuwerfen, nach der Niederringung aber dann sofort im Vertrage zu binden und unter der eigenen Herrschaft zu höchster Entfaltung zu bringen. Nie hat ein Volk solch' diplomatisches Können gezeigt, wie das römische, nie ist eine solche Fülle verschiedenartigster Verträge zutage gefördert worden wie in der römischen Geschichte. Der Krieg hat immer erst eingesetzt, wenn das diplomatische Spiel nicht zum Ziele geführt hatte. Der Krieg ist immer nur die letzte

Zuflucht für den Römer gewesen, dessen Rechtsbegabung nicht allein im Privatrecht, sondern auch im internationalen Verkehr sehr früh kenntlich wird. Ferner ist in ältester Zeit auch der Krieg wie alles bei den Römern religiös eingekleidet und mit einem festen Ritual umgeben worden. Nur die Führung des „gerechten Krieges“ *(bellum iustum)*, genauer des „gerechten und frommen Krieges“ *(bellum iustum et pium)* war erlaubt, d. h. nur der Verteidigungskrieg und der Krieg aus Notwehr. Im sogenannten Recht für Krieg und Frieden *(ius belli ac pacis)* wurden früh gewisse überstaatliche Normen geschaffen, die als Vorläufer modernen Völkerrechtes zu gelten haben. Die Ausbreitung des großen Juristenvolkes ist also durch solche aus Religion und Recht abgeleitete Normen ursprünglich gehemmt oder wenigstens in humanere Bahnen gewiesen worden. Aber daß sie dadurch nicht gänzlich eingedämmt werden konnte, dafür sorgte der Landhunger des kinderreichen Volkes und der Ehrgeiz der Angehörigen seiner regierenden Schicht, die, im Beamtentum und im Senate sitzend, den Staat in ihrer Gewalt hielt und ihm im Sinne der „Vätersitte“ traditionsbeschwert die Richtung gab.

Das höchste Charakteristikum des römischen Staates von innen gesehen war aber durch die Jahrhunderte hindurch die Allmacht des Königtums und der Magistratur, die auch in der Republik nach der Übernahme durch zwei höchste Gewaltenträger (Konsuln) einheitlich und königlich zugleich geblieben ist. Nichts ist dem Griechen so aufgefallen, wenn er römischen Staatsboden betrat, wie die feierliche Würde des obersten Beamten, der im Kriegsgebiet stets das Recht über Leben und Tod des Bürgers behalten hat und die Henker in Gestalt der Liktoren mit den Beilen in den Rutenbündeln – die einen zum Köpfen, die andern zum Stäupen – vor sich hergehen ließ. „Hausgewalt“ und „Staatsgewalt“ sind einmal für das römische Staatswesen zueinander in Parallele gestellt worden, d. h. es ist die von den Etruskern übernommene unumschränkte Gewalt des höchsten Beamten im Staate mit der noch unumschränkteren Gewalt des immer königlich gebliebenen latinischen Hausvaters, dem Erbteil indogermanischen Volkstums, verglichen worden. Dem Herrschen ging für den Römer die Unterordnung in der Familie unter den Hausvater, im Staate unter den König, wörtlich den „Leiter“ *(rex)*, bzw. den Konsul voraus. Der Hauskönig war aber noch mächtiger als der Staatskönig. Die Vatergewalt blieb auch dem erwachsenen Sohn gegenüber in Geltung. Selbst wenn der betreffende Sohn Konsul geworden war, stand er im Willen des Vaters. So führte hier durch eine harte Doppelschule des Gehorchens der Weg zum Herrschen. Nie ist ein Herren- und Machtvolk durch den schweren Knechtsdienst der Unterwerfung des einzelnen unter das Ganze in seinen Teilen und in seiner Ganzheit so hindurchgegangen wie das römische und hat den Satz erhärtet, daß in allen staatlichen Belangen nur durch Selbstzucht und durch Unterwerfung unter die augenblicklichen Notwendigkeiten, seien sie auch noch so hart, wirklich Größe erzeugt werden kann. Endlich hat ein Volk seine Ehrfurcht vor fachmännischer Leistung und vor der Erfahrung auch auf dem Gebiete der Politik nie so offen und rückhaltlos zum Ausdruck gebracht, wie dieses Bauernvolk, vielleicht gerade deshalb, weil es nur zwei Fachwissenschaften, diese aber gründlich, gekannt hat: die Landwirtschaft und das Recht. Es hat diese Ehrfurcht dadurch bekannt, daß es sich der Autorität der „Väter“ im Senat *(patrum auctoritas)* unterwarf, in dem die Summe des fachmännischen Wissens und der politischen Erfahrung zusammenfloß und fortwährend für den Staat fruchtbar gemacht wurde, mit einer seltenen Linie und Stetigkeit der Tradition in der Außenpolitik, wie sie nur die größte Erbin des römischen Staates, die römische Kirche, wieder erreicht hat. Die Tradition ist so im römischen Leben eine Großmacht ersten Ranges geworden.

Es ist daher kein Wunder, daß der Staat der Römer schließlich in einer Kirche sakral mumifiziert worden ist, wie einst der ägyptische Bauernstaat am Ende des „Neuen Reiches“ in das Gottesreich von Theben übergegangen ist. Diese Mumifizierung hat beide Male ihre Vorgeschichte gehabt. Wie das ägyptische, so beherrscht auch das römische Volk von Uranfang an in ungemein weitgehender Weise die Religion. Aber so himmelweit wie das Denken und Fühlen der beiden Bauernvölker in Afrika und Europa voneinander verschieden sind, so ist es auch ihre Religion. Immerhin ist ein peinliches Innehalten aller Riten und Zeremonien bei der Gottesverehrung beiden Völkern gemeinsam gewesen, daneben ein starkes Streben, die Kulte auch von staatswegen verbindlich zu machen. Wie im Neuen Reich Ägyptens der Staat der eigentliche Träger der Religion ist, so neigen auch in Rom Staat und Kirche immer zueinander, bis Thron und Altar den engsten Bund miteinander geschlossen haben. Lange erhält sich bei beiden Völkern ein ganz massiver praktischer Bauernglaube, der mit seinen Göttern wie mit seinesgleichen paktiert und sie seinem Haus, seinen Angehörigen und seiner Flur günstig zu stimmen sucht. Er ist in Rom namentlich im Kultus stark ausgebildet, der die Gottheit nicht nur mit dem einzelnen, sondern auch mit dem Staate verbindet. Die „religiösesten", besser „die gebundensten aller Sterblichen" nennt einmal ein römischer Schriftsteller seine Landsleute. Religion, Krieg, Recht und Vertrag, sowie die Kunst des Landbaus, sie stehen im Mittelpunkt der Interessen dieses Volkes, allen voran Religion und Recht und diese in einer konservativen Grundhaltung, wie sie so stark wohl nirgends uns wieder begegnet.

Aber eines hat den Römern, den Vertretern eines streng bäuerlichen Sichabschließens gegeneinander, eines scharfen Abgrenzens von Mein und Dein im Eigentumsrecht, dauernd gefehlt, das ist der soziale Sinn, der den Griechen, man möchte fast sagen, angeboren war. Weniger am Sozialismus, zu welchem die eigentumsgebundenen Römer gar nicht vorgedrungen sind, als schon am sozialen Sinn scheiden sich die Geister der Apennin- und Balkanhalbinsel. Wohl keiner der großen Unterschiede zwischen den beiden Hauptvölkern des Altertums hat auch solche Nachwirkungen in das moderne Europa hinein gehabt, wie diese Stellung zum Sozialismus und zur sozialen Betätigung von Staat, Gesellschaft und Individuum. Der Gegensatz Rom—Griechenland auf diesem Gebiet lebt heute weiter als Gegensatz der romanischen unsozialen Gesinnung gegen Mensch und Tier und der germanisch-slawischen Verbundenheit aller Lebensgeschöpfe zu einer großen Daseinsgemeinschaft.

I. ALTITALIEN

„Italien ist die Ernährerin und gleichsam die Mutter aller Länder, durch göttlichen Willen auserwählt." Plinius

1. Das Land Italien

Die Apenninhalbinsel ist die mittlere der drei südlichen Halbinseln unseres Festlandes. Sie hat als solche nicht nur eine Mittel-, sondern auch eine Mittler-Stellung in unserem Kulturkreis. Denn sie ist das europäischste der drei Anhängsel im Süden. Während der Balkan und besonders seine Fortsetzung im Süden, Griechenland, ostwärts, d.h. nach Asien hin den Blick richten und die Iberische Halbinsel im natürlichen Aufbau, vor allem der inneren Hochflächen, ein Stück Afrika darstellt, in der ältesten Volkszusammensetzung auch Verbindungen dorthin zeigt, ist Italien trotz der scheinbaren Abschließung durch die Alpen im Norden am stärksten in Landschaft und Bevölkerung europäisch gerichtet.

Erst eine lange geschichtliche Entwicklung hat dem Lande Italien seinen ursprünglich rein mitteleuropäischen Grundcharakter im Pflanzenkleid, in Tier- und Menschwelt geraubt. Den Griechen schon erschien es als ein Land mit nordischem Charakter, vor allem weil es in der ältesten Zeit ein ausgesprochenes Waldland war. Die Verwendung des Holzes zu allen möglichen Zwecken bis hinauf zur Beschriftung der Holztafel im Gegensatz zum Gebrauch von Leder (Pergament) und Pflanzenpapier (Papyrus) in den Ländern des Ostmittelmeerbeckens kennzeichnet am augenfälligsten den europäischen Charakter des Landes im Altertum.

Der Gesamtraum Italiens ist dreigeteilt. Die eigentliche Halbinsel im Zentrum, deren Gestalt vom Apennin bestimmt wird, hat nach Aussage des Geographen Strabo im Norden und Süden zwei „Zugaben", eine kontinentale im Norden, die Poebene, und eine insulare im Süden, Sizilien. Beide Anhängsel schauen gegen Osten, während das innere Kernstück, abgesehen vom äußersten Süden am Golf von Tarent, sein Antlitz westwärts gerichtet hält. Hier liegen vor seinem Gesicht die beiden großen Inseln Sardinien und Korsika, die wie Sizilien von Natur zu Italien gehören. Aus dieser Drehung von der Ostrichtung im äußersten Norden in die Westschau im Hauptteil und abermals ostwärts im Süden des Kernstücks und im Anhängsel Sizilien ergibt sich eine Masse von historischen Konstellationen und Komplikationen, denen das Land ausgesetzt gewesen ist. Die ostwärts gerichteten Gebietsteile sind immer zersplittert gewesen und haben von Osten her Einfluß empfangen bzw. nach Osten hin ausgeübt, im Süden Syrakus und Tarent, miteinander in Konkurrenz stehend, im Norden Ankona, Ateste (Este) und Aquileia, deren Erbin im Mittelalter das stolze Venedig wurde. Dagegen hat alles westlich gerichtete Ebenenland der Mitte frühe Höhepunkte westwärts erreicht in drei Räumen, in der südtoskanischen Landschaft (Tarquinii, Caere), in Latium (Rom und Praeneste), endlich in Kampanien (Kyme oder Cumae, Neapel, Kapua), bis schließlich unter diesen der mittlere Rivale gesiegt hat und von ihm die Gesamteinigung und Westorientierung des Landes ausgegangen ist. Infolge des nordwestlich-südöstlichen Verlaufs des Nord-Apennins hat die italische Ostseite zunächst eine keilförmige Gestalt, die bis Ankona hinunterreicht und zum Schluß als Gallierland *(ager Gallicus)*, die „Mark" des Mittelalters, ein Vorgelände des Pogebietes darstellt. Umgekehrt erstreckt sich ein ähnlicher Keil auf der Westseite nordwärts über die Arnomündung bei Pisa hinauf. Die ostwärts geöffnete Südinsel Sizilien hat über die bruttische Halbinsel hinweg ihre Fortsetzung im Golf von Tarent und in dem nach der Adria hin den Golf abschließenden Kalabrien nebst der dann nördlich bis zum Garganus sich erstreckenden apulischen Kreidescholle.

Ein so eigentümlich gebautes Landgebilde, das bei aller Vielgestaltigkeit nur Länge und keine Breite hat, ist infolge der leichten Überschreitbarkeit der Alpen und der langen ungeschützten Küstenausdehnung ein ungemein schwer zu verteidigender Raum. Seit Jahrtausenden ist daher Italien das

Ziel der Völker von Nord und Süd, von Ost und West gewesen, am stärksten von Norden und Osten her, zumal die Adria durchaus den Charakter eines Binnenmeeres hat und zu allen Zeiten mit größter Leichtigkeit überquert werden kann. Dadurch erklärt sich die Tatsache, daß das Land, auch nachdem es von den Italikern besetzt worden ist, niemals ausschließlich das Land dieser indogermanischen Völkergruppe gewesen ist, sondern immer Mitbewohner von anderswoher gehabt hat. Ja dieser Zustand ist schon für die Zeit anzunehmen, ehe die erste Italikerwelle Italien erreicht hat. Niemals ist also Italien im Altertum völkisch einheitlich besiedelt gewesen, immer hat es die verschiedenartigsten Volks- und Kulturlandschaften aufzuweisen gehabt, wie noch einmal in der mittelalterlichen Epoche seiner neueren Geschichte. In bezug auf die Buntheit der Völkerkarte wird es vielleicht nur von Kleinasien übertroffen.
Man muß ebenso geographisch-räumlich wie völkisch-zeitlich eine Dreiteilung vornehmen, d. h. die Siedlungsgeschichte Italiens in drei Abschnitte teilen: 1. die Zeit vor der Italiker-Einwanderung, 2. die Epoche der Italiker-Überflutung, 3. die Zuwanderung von weiteren Völkern, die sich neben und über die Italiker gelegt haben.

2. Die älteste Bevölkerung Italiens und ihre Kultur (die Zeit vor der Italiker-Einwanderung)

Es ist keine Frage, daß auch Italien in der vorindogermanischen Stufe große Teile der mittelländischen Bevölkerung beherbergt hat, die aber sicher so wenig wie die späteren Völker der Halbinsel eine Einheit bildeten. Man benutzte im Altertum für diese Stufe der Landesgeschichte das Wort „pelasgisch“, das man für Griechenland zur Bezeichnung der vorgriechischen Bevölkerung anzuwenden gewohnt war. Die lateinischen Schriftsteller reden außerdem gern, wenn sie auf diese Schicht zu sprechen kommen, von „Urbewohnern“ *(Aborigines)*, die vielleicht zum Teil verballhornte „Nördlinge“ *(Βορείγονοι)* gewesen sind. So hoch wir auch hinaufgehen, zeigt sich völkisch der Zusammenhang Italiens mit Mitteleuropa. In viel höherem Maße als die Alpen waren seit urvordenklichen Zeiten die mit Urwald bedeckten deutschen Mittelgebirge, die keltisch herzynischer Wald hießen, die große europäische Völkerscheide. Süddeutschland neigte also wie Westeuropa in der frühesten Epoche europäischer Geschichte nach dem Mittelmeer hin. Die für die deutsche Geschichte so verhängnisvoll gewordene sogenannte „Mainlinie", die in Wahrheit etwas nördlicher im erwähnten Waldgebirge liegt, hat ihren tiefsten Grund in volks- und siedlungsgeschichtlichen Tatsachen, die bis in die ältesten Zeiten europäischer Geschichte zurückreichen.

Die in historischer Zeit an der Westküste Norditaliens um Genua zusammengedrängten L i g u r e r, ein Volk sehr alter Herkunft, das aber später indogermanisch, wohl illyrisch, überschichtet worden ist, werden schon von den Alten als Bestandteil der älteren Bevölkerung weiter Teile Italiens aufgefaßt. Die Ortsnamen *Alb*, *Alb(a)*, *Alb(um)* gehen offenbar auf dieses Volk zurück. Von der Schwäbischen „Alb" über die „Alpen" werden wir zu den sich häufenden Ortsnamen dieser Zusammensetzung an der immer ligurisch gebliebenen Küste bei Genua geführt, von hier weiter über *Alba Longa, mons Albanus* bei Rom, *Alba Fucens* im Marserland, bis zum *mons Alburnus* in Lukanien. Nach dem archäologischen Befund wohnten Menschen dieser Rasse, die der jüngeren Steinzeit angehören, in runden oder elliptischen Hütten dorfartig in losen unbefestigten Siedlungen beieinander. Ihre Toten bestatteten sie meist als sogenannte liegende Hocker. Manchmal benutzten sie auch Höhlen zu Bestattungszwecken, in Ligurien selber auch zum Wohnen, stellenweise zum Wohnen und Begraben gleichzeitig. Anthropologisch betrachtet ist es eine kleine Rasse, welche häufig im Typus des heutigen Italienertums wieder durchgeschlagen hat.

Auch anderswo, z. B. in Mittel- und Süditalien, kommen Fälle vor, wo primitive Hausformen gleichzeitig zum Wohnen und Begraben benutzt sind und wo neben liegenden auch sitzende Hocker beobachtet werden. Daraus ergibt sich, daß die Ligurer und ihre Verwandten nicht das einzige Frühvolk Italiens darstellen. Die antike Altertumsforschung hatte an der italienischen Westseite für die Gebiete südlich von Latium und auf der Ostseite an der Adria von Picenum südwärts den Namen der Sikuler bereit, die über eine der ältesten Bevölkerung angehörige „protosikulische" Schicht (Morgeten?) gelagert war. Beide sind erst spät auf Sizilien beschränkt worden, wo sie eine noch ältere Schicht, die der Sikaner, vielleicht eine libysch-iberische Vorbevölkerung, überschichtet haben. Neuerdings hat man noch ein Volk der Asiler, in Nord-Picenum seßhaft, für die älteste Schicht in Anspruch genommen und daneben für das eigentliche Zentralland Italiens, das Gebiet der Sabiner, viel altes Sprach- und Namensgut aus dieser „pelasgischen" Schicht festgestellt. Dies sind nur einzelne Punkte und Namen, die wie Findlinge aus der Vorzeit in eine spätere Epoche, ja bis in die historische Zeit, hineinragen. Die neueste archäologische Durchforschung des Landes durch die Italiener (Rellini) hat gelehrt, daß alle diese ältesten Bevölkerungselemente auch nach der Einwanderung der Italiker an vielen Orten von Bologna bis über Tarent hinaus lange noch vorhanden und überaus wirksam geblieben sind. Die Wissenschaft nennt sie „Extraterramaricoli" und stellt bei ihnen eine viel reichere und wertvollere Kultur fest, als die Neuankömmlinge anfangs besessen haben. Aufgabe weiterer Forschung wird es sein, die Zusammenhänge dieser Altkultur Italiens mit solchen des Balkans und der Inseln des östlichen Mittelmeerbeckens aufzudecken. Immer deutlicher zeigt es sich: überall geht der späteren indogermanischen Kultur eine ältere voraus, die auch in Italien die Entwicklung der Neu-Völker bestimmt hat. Fest steht schon heute, daß in einzelnen Regionen, vor allem der zurückgebliebenen Ostseite, die Nachwirkung des völkischen Untergrundes viel dauernder und wirksamer geblieben ist, als wir uns noch vor kurzem vorzustellen vermochten.

Neben der italischen Ostseite sind in der Erhaltung des älteren vorindogermanischen Volks- und Kulturgutes die Inseln des Westens am wirksamsten gewesen. Für Sizilien haben die glänzenden Grabungsergebnisse des Italieners Paolo Orsi die einzelnen Stadien der protosikulischen Entwicklung gegeneinander abgegrenzt. Neben Sizilien ist die altsardische Kultur mit ihren kyklopischen „Nuraghen“, kegelförmigen Turmbauten ohne Mörtelverband in konzentrischen Steinlagen, einer festungsartigen Weiterbildung ältester Rundhäuser, weiter mit Anfängen einer Plastik bronzener und tönerner Votivfiguren, die an altägäische und altägyptische Erzeugnisse erinnern, endlich mit Verehrung des im Ostbecken so häufig vorkommenden Stiergottes mit der Doppelaxt ein Überlebsel aus lange vergangenen Zeiten, als schon einmal die Länder des Mittelmeeres kulturell enger miteinander verbunden waren.

Sicher ist also, daß schon das älteste Italien, bis zu dem wir mit Hilfe der Sprachforschung und der Bodenfunde hinaufzusteigen vermögen, dieselben Beziehungen wie das historische aufzuweisen hat. Sie bewegen sich in drei Richtungen: nach Mittel- und Westeuropa durch die rings um die Westalpen wohnenden Ligurer, nach Nordafrika und dem Westen vielleicht durch die Sikaner, nach dem Balkan hinüber durch die Protosikuler und Sikuler wie später durch die Illyrier, darüber hinaus nach dem Ostmittelmeerbecken durch die altsardischen Kulturelemente. Die berührte Mittlerrolle des Landes ist also eine schon in graueste Vorzeit hinaufreichende Erscheinung. Damit soll aber nicht gesagt sein, daß die alten Völker Italiens nicht auch von sich aus an dem Blühen der altmittelländischen Kultur Anteil gehabt haben. Es ist ganz bestimmt nicht alles von außen gekommen, sondern auch Italiens früheste Bevölkerung hat lebendig mitgewoben an dem großen Gewebe der vorindogermanischen Kultur unseres Erdteiles, wenn auch hier so manches sich noch im Dämmerlicht frühgeschichtlicher Entwicklung abspielt und erst vorsichtig tastend erfaßt werden kann.

3. Die Einwanderung der Italiker, ihre allmähliche Ausbreitung und ihr Verhältnis zur Vorbevölkerung

Von allen indogermanischen Völkern, die in Italien Fuß gefaßt und sich über die eben behandelten Altvölker gelagert haben, sind die sogenannten Italiker die am frühesten hereingekommenen. Sie waren in ihren Anfängen keine einheitliche Masse, sondern in der Sprache, im geistigen Habitus und in ihrer materiellen Kultur aufs stärkste gegliedert. Noch in Italien waren sie in zwei große Sprachgruppen geschieden, die latino-faliskische und die umbrosabellische oder oskische Gruppe, die eine später auf ein kleines Gebiet südlich des Tiber und am Sorakte zusammengedrängt, die andere von Bologna bis in den Süden weithin im Hinterland ausgebreitet. Die sprachliche Verschiedenheit ist sehr alt und erstreckt sich im Wortschatz sogar auf Begriffe wie Feuer, Wasser, Mauer, Mann, Recht, Volk, Gott, einige Verwandtschafts-, Staats- und Staatsteilbezeichnungen, wie sie in einem einheitlichen Volkstum als übereinstimmend vorausgesetzt werden sollten, ja sie zeigt sich auch in wichtigen Teilen der Laut- und Formenlehre. Die beiden Gruppen sind offenbar schon außerhalb Italiens voneinander getrennt worden und sind eine wirkliche Einheit erst nach dem Wiederzusammentreffen auf der Apenninhalbinsel ganz spät und allmählich geworden. Mit den Ergebnissen der Sprachwissenschaft decken sich im allgemeinen diejenigen der Bodendurchforschung des Landes. Der bedeutendste deutsche Kenner Altitaliens, Fr. v. Duhn, kam zu folgender Fassung des Tatbestandes:

Die älteste Welle der Italiker, etwa seit dem Ende des dritten Jahrtausends erfaßbar, hat sich die in der jüngeren Steinzeit nördlich der Alpen einsetzende Verbrennung der Toten zu eigen gemacht und ist damit spätestens um 1800 nach Italien gekommen. Man spricht daher von den „verbrennenden" Italikern, kurz von den „Brennern", wenn man diese erste Welle kennzeichnen will. Die jüngere viel später, etwa erst gegen Ende des zweiten Jahrtausends, dazugekommene Schicht war eine ihre Toten bestattende Masse, bestehend aus vielen einzelnen Stämmen (Umbrer, Sabeller, Volsker, Samniten, Osker, Lukaner usw.). Die „Brenner" sind von Norden, vielleicht über die Zentralalpen, gekommen. Ihre letzten nördlichen Wohnsitze lagen etwa in der Bodenseegegend und in der Nordschweiz, von wo sie das dort übliche Wohnen auf Pfahlbauten übernommen und mitgebracht haben. Eingewandert sind sie in der

Stein-Kupfer-Zeit, nach v. Duhn über einen der mittleren Alpenpässe durch die Ostschweiz, nach anderen über mehrere Pässe weiter östlich, und haben zunächst im mittleren Oberitalien haltgemacht, wo sie ihre jenseits der Alpen betätigte Pfahldorfsiedlung bis tief in die Bronzezeit fortsetzten und von Jagd, Fischfang und Ackerbau lebten. Sie trafen schon hier auf die kulturell weit überlegene Vorbevölkerung, von der sie mancherlei übernahmen. Die zweite Etappe, die von ihnen weiter südwärts jenseits des Po auf beiden Seiten der späteren aemilischen Straße erreicht wurde, ist diejenige der sogenannten „Terramaricoli", deren Blütezeit in die reife und ausgehende Bronzezeit fällt. Der Name ist dialektisch entstellt aus *terra marna* = dunkle, fette Erde, d. h. eine Erde, die durch Zersetzung organischer Stoffe dunkel gefärbt ist. Ihre Siedlungen sind aufs Trockne versetzte Pfahlbauten, die gegenüber der älteren Zeit sich dadurch auszeichnen, daß sie nach einem bestimmten geometrischen Schema (allerdings längst nicht so einheitlich, wie man früher geglaubt hat) gebaut und stets mit Wall und Graben versehen sind. Starke religiöse Gebundenheit der Neusiedler tritt uns überall entgegen, und wie bei den Pfahlbauern ist auch bei den „Terramaricoli" die religiöse Fürsorge für die Toten eine ganz besonders gesteigerte gewesen. In beiden Zeiten sind die Toten streng von den Lebenden getrennt und in besonderen Totenstädten oder später Totenfestungen untergebracht worden, getreuen Abbildern der Ordnung der Lebenden. Zu Jagd und Ackerbau ist jetzt Viehzucht und Handwerkertätigkeit im Spinnen, in der Töpferei und in der Metallbereitung dazugekommen. Die Gesamtkultur, die gegenüber den Pfahlbauern einen gewissen Fortschritt aufweist, ist als eine ausgesprochene Bauernkultur mit Anschluß an die viel höher entwickelte altmittelländische Stufe zu charakterisieren.

Dieser älteste Italikerstrom hat sich dann bei seinem weiteren Vordringen nach Süden am Nordrand des Apennin in der Romagna unmittelbar nördlich des Felsennestes von San Marino an der später durch den Rubikon so berühmt gewordenen historischen Ecke für längere Zeit gestaut. Hier haben die Italikerschwärme offenbar einen unüberwindlichen Widerstand durch Völker der Ostseite gefunden. Man nimmt daher an, daß sie nun in einzelnen Vorstößen über den Apennin gegangen und den Tälern des Tiber und seiner Nebenflüsse bis zur Mündung des Hauptstromes gefolgt sind, um sich dann von hier aus nordwärts über das toskanische Land auszubreiten. Südlich des Apennin sind die „Brenner" dann wie in ihrer nordischen Heimat durchaus wieder Höhensiedler geworden, indem sie sich vielfach in die Burgen der alten bodenständigen Bewohnerschaft hineingesetzt haben. Diese hat ihrerseits in mancher Beziehung die kulturelle Entwicklung der ehemaligen Terramarebevölkerung bis zur Übernahme ihrer Totenverbrennung mitgemacht, aber trotzdem ihre Eigenart bewahrt. Tatsache ist, daß schließlich die latino-faliskische Gruppe auf ihre späteren Sitze in Latium und in der Gegend um den Sorakte (Falisker) zusammengedrängt worden ist.

Die zweite ihre Toten bestattende Italikerschicht stammt allem Anschein nach aus einem dem Nordosten Italiens vorgelagerten Gebiet und hat viel länger mit Kelten, vielleicht auch mit Illyriern und Germanen, zusammengelebt, ist dann aber aus dem Zweistromland der Save und Drau (wohl Karpis und Alpis bei Herodot), dem Mesopotamien Europas, am wahrscheinlichsten über den Paß des Birnbaumerwaldes, das Okra-Gebirge, nach Italien hereingekommen. Die Schicht ist unter sich wiederum, auch sprachlich, in viele Teilgebilde geschieden, von denen die wichtigsten die samnitischen Stämme und die nördlich von ihnen wohnenden umbrischen gewesen sind, „deren Sprache neben dem Oskischen wie ein Volksdialekt neben einer Schriftsprache anmutet" (v. Blumenthal). Die Samniten sind wohl früher als die Umbrer in die Halbinsel eingewandert, obwohl die Alten anderer Ansicht waren. Die Sprachforscher finden ihre Spuren schon in Venetien, sowie in der Gegend von Ravenna und Ariminum. Die Bodenforscher dagegen haben noch kein Material für die Gebiete nördlich von Bologna beigebracht. Erst hier an der wichtigsten Kulturstätte für die Schichten der sogenannten Villanova- oder ersten Eisenzeit (Villanova ein Dorf 8 km östlich von Bologna) beginnt archäologisch die Einsicht in diese neue Gruppe, die aber schon vor der Villanovazeit in Bologna angelangt ist, also diese Kultur keinesfalls geschaffen hat. Man muß überhaupt scharf trennen zwischen dem kulturellen Problem der Villanovazeit und dem völkischen der zweiten Einwanderung der Italiker. Die Villanovakultur hat neben der Emilia und neben Toskana in Latium eine Entstehungsstätte. Diese Gegend, wie überhaupt Mittelitalien, zeigt eine frühe geistige Aufwärtsentwicklung bereits von der jüngeren Steinzeit an, die der dortigen Bevölkerung für die älteste Zeit eine stärkere konstruktive und künstlerische Begabung zuweisen läßt. Die zweite Italikerschicht setzt dagegen erst während der Villanovazeit im Süden des Apennin ein, d. h. rund um die Jahrtausendwende, um welche Zeit die Villanovakultur in Mittelitalien sich umgekehrt nordwärts ausgebreitet hat. Der Platz, an welchem heute die Schichtenfolge der Kulturen am deutlichsten abgelesen werden kann, ist Bologna, und zwar von der altmittelländischen Kultur mit Skelettbegrabung an zu den verbrennenden Stämmen und den jüngeren der Villanovazeit, in der aber der alte Verbrennungsritus sekundär noch beibehalten wird.

Die Siedlungen aus der Zeit der zweiten Welle waren in Bologna lockerer und ungeregelter als in der Terramarezeit mit ihren stark umwallten Festungen. Die neue Überschichtung muß also, wenigstens im Norden, in friedlicher Weise vor sich gegangen sein, während sich im Süden (Toskana und Latium) auch jetzt Konzentration auf festere Höhensiedlungen zeigt. Das Gebiet des toskanischen Erzgebirges mit seinen Beziehungen zu Übersee beginnt bereits wegen der Metalle in den Vordergrund zu treten. Man hat mit Recht die Villanovazeit die erste staatenbildende Epoche der italischen Geschichte genannt. Diese Seite der Entwicklung darf wohl nicht von der damals eingetretenen Verstärkung des italischen Volkselementes auf der Halbinsel getrennt werden. Dagegen ist die jetzt im Laufe der Villanovazeit hergestellte kulturelle Verbindung Italiens mit der gesamten antiken Welt, vor allem des Ostens, nicht allein auf die neue italische Zuwanderung zurückzuführen. Hier zeigt sich schon, daß unterdessen der Zustrom auch anderer Völker eingesetzt hatte, die Italien aus dem Besitz des Italikertums heraus zu einer Welt vieler Völker des Mittelmeergebiets und damit zum Zentrum der europäischen Südwelt machten.

Ehe wir uns zu diesen wenden, noch ein Wort über die Wohn- und Siedlungsweise der italischen Völker im allgemeinen. Im Gegensatz zu den Griechen, bei denen wie bei den Germanen das Dorf die unterste Verwaltungseinheit gewesen ist, geht der italische Stammstaat, ähnlich wie der keltische, vom Gau *(pagus)* aus. Innerhalb desselben wohnten die Italiker entweder in Einzelhöfen oder in Weilern, die nur mit sakraler Selbständigkeit ausgestattet waren. Der Mittelpunkt eines Gaues aber war die oft räumlich sehr ausgedehnte Gauburg *(oppidum)*, wie der keltische Ringwall im Norden der Alpen die Zufluchtsstätte der bäuerlichen Gaubewohner *(pagani)* für Mensch und Vieh in Zeiten der Not. Daher ist die Mauer, oder richtiger ursprünglich wohl ein Erdwall mit Palisaden schon damals ein fester Bestandteil der Siedlung im Gaumittelpunkt gewesen und von da auf die italische Bürgerstadt *(urbs)* übergegangen, die ohne Mauer undenkbar ist. Zur weiteren Sicherung des Ganzen wird natürlich eine gewisse Höhenlage bei diesen Gauburgen, wie später bei den daraus hervorgegangenen Städten, bevorzugt. Seltener als bei den Kelten des Nordens ist bei den Italikern des Südens die Sicherung durch Wald oder Sumpf, oder die Pfahlburg, letztere nur in Gegenden, wo sich keine Höhen befanden, wie in der Poebene. Gau und Gauburg sind also die Grundbestandteile des italischen Wohnens und gehören eng zueinander. Eine Summe von Gauen bildet eine Völkerschaft, eine Summe von Völkerschaften einen Stamm. Aus dem zentralgelegenen größten *oppidum* oder einer Reihe von *oppida* bester Lage eines Gaues oder einer Völkerschaft hat sich dann unter etruskischem Einfluß die Stadt entwickelt, der gegenüber die alten Gauverbände zu Flurbezirken herabsanken.

4. Die Überfremdung der italischen Bauernvölker von Osten her und das Etruskerproblem

Das Überfremdungsproblem von Osten her ist für Italien so alt wie seine vieltausendjährige Geschichte. War es im Altertum vornehmlich die Menschenwelt, so ist es in der Neuzeit auch das Pflanzenkleid, das von Osten her Zuwachs erhielt und die ursprünglich nordisch eingestellte Halbinsel immer wieder der Überfremdung unterwarf.
Die Wende vom zweiten zum ersten Jahrtausend ist die Zeit, da im östlichen Mittelmeerbecken nach einer Epoche höchster Blüte (1600–1200) die Siedlungsverhältnisse weit über den Ostraum hinaus eine große Umgestaltung erfahren haben. Gleichzeitig ist damals die Adria von den Völkern des Balkans, die in vielen ihrer Glieder eine neue Heimat auf italischer Erde gesucht und gefunden haben, entweder umgangen oder überfahren worden.

Das Illyrierproblem steht heute im Mittelpunkt der Forschung über europäische Frühgeschichte. Ihre Einwanderung ist für Italien das eigentliche Problem der Adriaseite. Am frühesten sind aus dieser Schicht die Veneter in das nach ihnen benannte Land im Nordosten der Poebene gekommen, gleich am Anfang des ersten Jahrtausends, und zwar von der Steiermark herüber. Wegen der Gefahren der Versumpfung bzw. Überflutung des erwähnten Landes haben sie sich zunächst am Rande des Gebirges entlang bis zu den vorindogermanisch längst besiedelten euganeischen Bergen festgesetzt. Ihr Hauptzentrum wurde Ateste (Este), bis wohin in alter Zeit die Schiffahrt auf der Etsch sich erstreckte. Der Bodenbefund ergibt vier Schichten (Este I–IV), unter denen Este III (500–400) den Höhepunkt bezeichnet. Das Volk hat frühzeitig Schriftdenkmäler hervorgebracht, die aber noch nicht völlig entziffert worden sind. Weiter im Süden, und zwar jenseits der Völkergrenze bei San Marino erstreckt sich dann das Rätselland Picenum, das durch den Äsis in ein Nordgebiet (nach der späteren Einwanderung der Kelten zum *ager Gallicus* geworden) und ein Südgebiet zerfällt. Diesen Raum kennzeichnet eine große Stetigkeit der Entwicklung von der ältesten Zeit her. Ungezählte Jahrhunderte lebte hier eine Bevölkerung dahin, die sich von Jagd, Ackerbau und Viehzucht nährte: ein stehengebliebenes Stück Altitaliens. In ganz auffälliger Weise haben sich hier steinzeitliche und von daher abgeleitete Formen bis tief in die Metallzeit gerettet. Wir begegnen der seltsamen Tatsache, daß von Novilara bei Pesaro (Pisaurum) ab südwärts durch Picenum hindurch noch in Friedhöfen des sechsten Jahrhunderts v. Chr. die Toten als liegende Hocker bestattet sind, daß noch Steinwaffen als Beigaben in einem Grabe erscheinen, das bereits mit großen Ziegeln gedeckt ist, daß in einem Grabe bei Ankona neben Bronzefibeln noch primitiver Muschelschmuck vorkommt, daß endlich die für die älteste Bevölkerung so charakteristische Benutzung von Höhlen zu Wohn- und Bestattungszwecken nachweisbar ist. Sicher ist, daß die Villanovakultur dieses Gebiet umgangen hat. Anthropologisch betrachtet sind es im Norden, wie die Skelette zeigen, hochgewachsene Menschen, während sich im Süden eine außerordentliche Kleinheit der Körper beider Geschlechter bemerkbar macht, ein Beweis, daß auch hier keineswegs völkische Einheit anzunehmen ist. Eine merkwürdige Schicht ist die nördliche, welche neuerdings als Asiler (s. o. S. 13) und damit als ein Restbestand vorindogermanischer Bevölkerung zu erweisen gesucht worden ist. Die bildlichen Darstellungen der drei Inschriftensteine der Novilaranekropolen sind mit Steinritzungen nordischer Felsenbilder aus der südschwedischen Landschaft Bohuslän (am Kattegatt) und von den dänischen Inseln, besonders Seeland, verglichen worden. Doch liegt hier vielleicht eine ältere Kunstübung altmittelländischer Kultur vor, die nur von den zugewanderten Nordvölkern eine neue Technik übernommen hat. Immerhin zeigt Picenum auch sonst Beziehungen nach Norden (vielleicht von der adriatischen Gegenküste her), z.B. durch das besonders starke Auftreten von Bernstein und Bernsteinschmuck in den Gräbern, von dem die chemische Untersuchung den Nachweis erbracht hat, daß er nicht aus Samland, sondern aus Jütland und

Südschweden stammt. Im Gegensatz dazu zeigt das südpicenische Gebiet, allerdings mehr durch sprachlichen als archäologischen Beweis, eine Bewohnerschaft illyrischen (liburnischen) Stammes aus dem Gebiete jenseits der Adria, ähnlich wie das weiter südlich liegende Paelignerland eine zumindestens gemischte Bevölkerung, bestehend aus Sabinern und Illyriern, aufweist. Die illyrische Einwanderung hier gehört in die Zeit zwischen 1000–800 v. Chr.

Rein illyrisch sind die dann noch weiter südlich wohnenden Japyger (Japudes des Balkans). Sie sind vom Balkan, aufgescheucht durch die dorische Wanderung, zu Wasser herübergekommen und haben sich vom Monte Gargano, ihrem ersten Stützpunkt, südwärts und westwärts (Lukanien, Bruttium, Sizilien) ausgebreitet, während die landeinwärts gedrängten Peucetier (Poediculi) vielleicht zu Land gekommene Illyrier sind. Über das Meer eingewandert sind auch die übrigen illyrischen Teilstämme der Sallentiner, Kalabrer und Daunier.

Aus einem ganz anderen Bereich als alle bisher betrachteten Völker der Ostseite stammen die nichtillyrischen, aber stark illyrisierten Messapier im äußersten Süden der Osthalbinsel, nämlich aus dem ägäischen Wohn- und Kulturkreis mit vorgriechisch-kretischem Einschlag. Auf die Westwanderung gegangen sind sie nach dem Zusammenbruch der minoischen Kultur um 1200, vielleicht der interessanteste Teil der italischen Völkerkarte auf der Ostseite, der ein größeres Sprachmaterial hinterlassen hat. Sie sind auch in der neuen Heimat zunächst in erster Linie Seefahrer und Küstenbewohner geblieben. Sie haben z. B. die Küsten der Adria bis hinauf zur Pomündung und nach Venetien befahren und schon vor der Ankunft der Griechen kulturell befruchtet. Daß Ennius ein Messapier war, hat dem Volke eine besondere Bedeutung für Rom gegeben.

Längst ist bekannt, daß das illyrische Element Italiens sich nicht auf die Adrialänder beschränkt hat, sondern frühzeitig über den Apennin vorzustoßen gesucht hat; man vergleiche die Ortsnamen *Iader* (Zara), *Rider* (ebenfalls balkanisch), *Tuder* (Todi in Umbrien), die *Dolates cognomine Sallentini* in derselben Gegend, während sonst dieser Name

Sallentini nur als Teilstamm der Japyger in Kalabrien vorkommt, ferner den Personennamen Varro und den Ortsnamen Praeneste, die als illyrisch erwiesen sind, das *Iapuzkum numem* in einer sehr alten Gebetsformel der iguvinischen Tafel (Gubbio in Umbrien), hier auch den illyrischen Eichengott *Grabovius*, der von dem illyrischen Stammesnamen *Grabaei* wohl nicht zu trennen ist, weiter den *Messapus* in Falerii und Privernum. Wie Griechenland gelegentlich der dorischen Zuwanderung illyrische Mitläufer aufzuweisen hat *(Hylleis)*, so hat also auch Italien illyrische Volkszusätze gehabt, die an der Adriaseite zusammenhängende Wohngebiete dieses Volkstums, darüber hinaus aber auch noch Enklaven und Überschichtungen mannigfacher Art erzeugt haben. Die Vorder- und Kulturseite Italiens war und blieb aber der Westen, das Land umschlossen von dem großen Bogen des Apennin. Hier hat sich Italiens Schicksal bald nach der Jahrtausendwende durch die Ankunft der Etrusker entschieden.

Wie Picenum das Rätselland ist, so sind noch mehr als die Messapier die Etrusker das Rätselvolk Italiens. Als der junge Mommsen seine Römische Geschichte schrieb, litt die Wissenschaft unter einer „Etruskomanie“, und des großen Forschers Werk steht im Zeichen einer Reaktion gegen die damals allgemein angenommene Überschätzung des Etruskertums durch die Wissenschaft. Heute wissen wir, daß das erste große Werk aus deutscher Feder über das Rätselvolk, dasjenige des genialen Schlesiers K. O. Müller (Die Etrusker, 1828, 3. Aufl. von W. Deecke 1877), die Probleme viel richtiger gesehen hat, als alle folgenden. Die Etrusker sind im Laufe des beginnenden ersten Jahrtausends v. Chr. der Sauerteig der italischen Entwicklung geworden. Wenn man bedenkt, daß nur der Tiber lange Zeit etruskisches und latinisches Land getrennt hat, ja daß Latium und Rom ein Jahrhundert lang in der Königszeit unter etruskischer Herrschaft gestanden haben, dann versteht man das Interesse des römischen Historikers an diesem Problem.

Schon die Alten stritten sich darüber, ob dieses seltsame

Volk in Italien eingewandert oder eingeboren war, und wenn das erste der Fall war, woher und auf welchem Wege die Einwanderung erfolgt ist. Nach unserem ältesten Gewährsmann Herodot, der aus Kleinasien stammt, waren sie aus Lydien nach einer achtzehnjährigen Hungersnot ausgewandert, nach Hellanikos, einem anderen griechischen Historiker, waren es „Pelasger", also Angehörige des großen Urvolkes der Ostländer. Nach dem erst unter Augustus schreibenden Dionys von Halikarnaß dagegen waren sie in Italien altansässig. Die moderne Sprachforschung neigt mehr der Einwanderungsthese, die Bodenforschung mehr der anderen zu, wenngleich auch führende Männer der deutschen archäologischen Wissenschaft auf der Seite der Sprachforscher stehen, allen voran der bahnbrechende Adolf Furtwängler.

Obwohl wir uns im Besitz einer Unmasse von Schriftdenkmälern des Volkes befinden (das größte auf einer Mumienbinde aus Ägypten, die heute in Agram aufbewahrt wird), ist es bis jetzt noch nicht gelungen, die Sprache zu entziffern. Die überwiegende Zahl der Forscher hält die Sprache für nichtindogermanisch. Für die Eingeborenentheorie ist das Volk ein Glied der altmittelländischen Rasse der Halbinsel, für die Vertreter der Einwanderungshypothese dagegen ein Splitter der vorgriechischen Rassen aus den Ländern des Ostmittelmeerbeckens.

Die Annahme einer Einwanderung zur See von Osten her zeigt ihre Überlegenheit aus vielen Gründen, die hier nicht alle erörtert werden können.

Aber so merkwürdige Dinge, wie die Leberschau, die sonst nur noch in Babylonien und bei den Hethitern vorkommt, in Babylonien auch mit Zerlegung der Leber in einzelne Felder und mit Beschriftung, wie auf der Bronzeleber von Piacenza, können nur aus einer Zeit stammen, da das Volk im Bereich der Ausstrahlung babylonischer Kultur, etwa in Ostkleinasien, gesessen hat. Bei den Etruskern steht die Leberschau auch stark im Mittelpunkt der Zukunftsdeutung (Mantik) und erscheint als eine der ältesten Formen derselben, so daß man nicht an eine spätere Übernahme, sondern an einen aus der „Urheimat" mitgebrachten Brauch denken muß, übernommen von einem Volke, das als Viehzüchter frühzeitig kosmischem Denken und Zukunftsglauben verfallen war und die Leber des Tieres mit höheren Funktionen betraut hat, wie etwa der Nordländer das menschliche Herz. Es dürfte nicht zuviel gesagt sein, wenn behauptet wird, daß hier eine Verbindung zwischen sumerischem und etruskischem Denken, allerdings über mehrere Zwischenglieder hinweg, vorliegt, demgegenüber alle anderen Beweise für die Ostherkunft der Etrusker erst in zweiter Linie in Betracht kommen.

Manches im Bestattungsritus hat das Volk ebenfalls aus der Ostheimat mitgebracht. Das etruskische Kammergrab hat Vorbilder in den Felsengräbern Kleinasiens. Dagegen ist das auch von den Etruskern verwendete Kuppelgrab aus italischem Brauch übernommen. Auf die Frage, ob Verbrennung oder Bestattung der Toten, ist bei den Etruskern kein so großer Wert zu legen, vielmehr ist auf die ganz neue Art der Einstellung des Volkes zum Tode und zum Jenseits zu achten. Die reiche Ausstattung etruskischer Grabhäuser zeigt nicht nur den Glauben an das, allerdings zunächst mehr körperlich gedachte, Fortleben im Jenseits, sondern auch einen Ahnenkult, wie ihn nur die orientalische Welt und später Rom unter etruskischem Einfluß aufweisen. Leichenspiele, bei denen man selbst vor Menschenopfern nicht zurückgeschreckt ist, gehören weiter zu dem großartigen Grabkult etruskischer Gedankenwelt, in welchem das von den Lebenden vergossene Blut den Toten zugute kommen sollte.

Wie die Städte der Toten, von denen die eindrucksvolle Totenstadt von Caere jedem Besucher unvergeßlich bleiben wird, sind auch die Städte der Lebenden gegen das Umland sakral abgeschlossen durch den heiligen Streifen des sogenannten „Pomerium"; sie sind durch die „heilige Straße" mit dem Götterberg des Kapitols verbunden, was deutlich an heilige Städte des Orients gemahnt.

Ohne Annahme östlichen (chaldäischen) Ursprungs wird man auch nicht auskommen bei der etruskischen Säkularrechnung, die allem indogermanischen Brauch, nämlich nach Menschengeschlechtern von 30–40 Jahren zu rechnen, entgegensteht. Eine Generation ist bei den Etruskern erst zu Ende, wenn der letzte Mensch einer Epoche gestorben ist. Die Säkularzählung stellt also das längste mögliche Menschenleben (100 Jahre) in die Rechnung ein und nimmt zehn solcher *saecula* für das Leben des Volkes an, wodurch dem tausendjährigen Weltentag, dem „Chiliasmus“, die Wege bereitet worden sind.

Was aber allem Italischen, weniger allerdings dem Voritalischen, widerstrebt, ist die Stellung der Frau in der etruskischen Familie und Gesellschaft. Wenn man auch neuerdings von dem Gedanken an „Mutterrecht“ in Etrurien mit Recht weit abgerückt ist, Tatsache bleibt, daß die Frau in diesem Kulturkreis eine höhere Rolle als in dem griechischen und römischen Dasein gespielt hat. Nicht der Hausvater *(pater familias)* allein wie bei den Römern steht im Mittelpunkt der Familie, sondern auch die Mutter hat ihre große Bedeutung. Die Benennung des Kindes nach der Mutter und nicht nach dem Vater kommt vor. Es ist eine nicht stark genug zu unterstreichende Tatsache, daß dem männlichsten aller indogermanischen Männervölker ein Volk zur Seite und eine Zeitlang übergelagert war, das eine ausgesprochen auf die Frau und Mutter eingestellte Familien- und Gesellschaftsordnung aufweist. Die Etruskerin hatte auch sonst eine freiere Stellung als dies bei den indogermanischen Völkern der Fall zu sein pflegt. Sie nahm an den Gelagen der Männer selbst mitzechend und zutrinkend teil, sie schaute bei den Wettspielen der nackten Männer zu, was z B. in Olympia den Griechinnen verboten war, ja sie trieb selbst Gymnastik gleich wie der Mann. Und wenn wir vom Sprachforscher belehrt werden, daß das Wort „Liebe“ in der lateinischen Form *amor* wahrscheinlich aus dem Etruskischen stammt, so sehen wir auch hier diese Art sich stark abheben vom römischen Brauch, wo uns in allem, was sich auf Frau, Liebe und Ehe bezieht, eine seltene bäuerliche Kühle und Nüchternheit entgegentritt. Hier wie anderswo, z. B. in der Einstellung zum Lebensgenuß, zur Prostitution, zum Tod, zum Grab, zu den Dämonen liegen Gegensätze vor, die uns das Etruskertum als einen Fremdkörper auf italischem Boden empfinden lassen.

Die Geschichte Italiens und besonders diejenige Roms bekommt somit ihre in der alten Geschichte einzigartige Prägung dadurch, daß hier, und nur hier, Teile der östlichen Unterschicht der Mittelmeervölkerwelt sich über die indogermanischen Völker gelagert haben. Mit anderen Worten, nur in Italien ist noch einmal eine Zeitlang und zu später Stunde ein vorindogermanisches Volkstum, wenn auch noch so dünn, Ober- und Herrenschicht geworden. Während sonst die Wirkungen dieser altmittelländischen Welt nur aus der überfluteten, oder vom Sieger niedergetretenen Unterschicht erfolgt sind, ist das Italikertum zwischen die alteinheimische Schicht und diese noch einmal darüber gelagerte Welt derselben Herkunft vom Osten her wie zwischen zwei Mühlsteine genommen worden. Trotzdem hat es seine Eigenart nicht verloren, sondern nur eine starke Beeinflussung von dorther erfahren.

Die erste Etruskerfestsetzung in Italien ist zwischen 900 und 800 an jener Stelle erfolgt, wo das Volk später und für immer am dichtesten gesessen hat, nämlich in der Südhälfte Toskanas. Hier erstreckt sich im Hinterland das toskanische Erzgebirge in zwei Teilen, der Tolfagruppe im Süden und dem großen Erzgebirge im Norden, das sich von dem Erzberg Montieri *(mons aeris)* über das Vorgebirge von Populonia bis zur Insel Elba hinüberzieht. Das Erz hat offenbar die stärkste Anziehungskraft auf das in der Metallverarbeitung gut vorgebildete Ostvolk geübt. Die Hauptstadt der Neuankömmlinge war zunächst Tarquinii (Tarquinia-Corneto), dessen Name von dem mitgebrachten Stammesheros Tarchon nicht zu trennen ist. Neben Tarquinii tritt frühzeitig Caere hervor, beide nicht am Meer gelegen, sondern 4–5 km davon entfernt, offenbar weil alte Gauburgen der Vorbewohner zur Festsetzung einluden. Daneben liegt eine zweite, etwas jüngere Einfallstelle in der Richtung auf das nördliche Erzgebirge in Vetulonia *(vatl)*, kenntlich durch die alten Gräber an dieser Stätte. Obwohl vielleicht Nachschübe der ersten Einwanderung folgten, ist der Zustrom, wie sich aus der Tatsache der Seewanderung von selbst ergibt, kein zahlenmäßig sehr großer und ein an Frauen armer gewesen. Infolgedessen trat, je weiter wir uns von den frühesten Landungsstellen entfernen, an Stelle der Etruskisierung der Italiker immer mehr eine Italisierung der Etrusker, am stärksten in den zuletzt eroberten Außenländern, der Poebene im Norden jenseits Bologna, etruskisch Felsina, und in Latium, sowie in Kampanien im Süden, zumal das Ausgreifen über das toskanische Ausgangsgebiet hinaus erst verhältnismäßig spät erfolgte. Ein an Zahl viel zu kleines Herrenvolk, das zudem allzufrüh unter hellenischen Einfluß geraten ist und manches von seiner nationalen Eigenart früh eingebüßt hat, war schließlich räumlich zu weit vorgedrungen und hat dadurch die Kraft, die vorgefundenen zahlen- und blutmäßig sehr starken italischen Bauernvölker zu überwinden, verloren, sich vielmehr seinerseits der Unterschicht angepaßt. Es ist am Ende so weit gekommen, daß die Etrusker, die als Seepiraten in das Land gekommen sind, dort zu Bauern und in der Oberschicht zu Großgrundbesitzern wurden und vom Seehandel später in auffälliger Weise zum Landhandel übergingen, allerdings unter Beibehaltung des einbringlichen Seeraubs. Die Etrusker sind also auf italischer Erde erst das geworden, was sie später darstellen. Eine etruskisch-italische Mischkultur, stellenweise auch eine italisch-etruskische Mischrasse sind entstanden, wobei man immer wieder fragen muß, was daran etruskisch, was italisch war.

Das Ziel der eingewanderten Etrusker war, wie gesagt, zunächst das toskanische Erzgebirge. Die weitere Ausbreitung vom altetruskischen Tolfagebiet im Süden ist dann in zweierlei Richtung erfolgt, einmal in das Binnenland hinein, von Caere über Veji nach Falerii und von Tarquinii nach Volsinii, dann aber auch an der Küste nordwärts von demselben Tarquinii aus über Vulci und über den Umbro (Ombrone), dessen Name von dem der Umbrer nicht zu trennen ist, nach dem schon erwähnten Vetulonia. Hier im Norden ist schon eine ungemein starke und zäh sich erhaltende Italikerbesiedlung festzustellen. Deutlich zeigt der Gräberbestand in Vetulonia, wie in Populonia, der einzigen im Gebiete einer korsischen Vorbevölkerung und unmittelbar am Meer gelegenen Etruskerstadt, wie gut die einheimische Schicht und das zugezogene Etruskertum lange Zeit friedlich miteinander ausgekommen sind. Auch in der Binnenstadt Volaterrae (Volterra) muß sich das italische Element zunächst lange gehalten haben, während die Stadt später ein stark etruskisches Gepräge zeigt. Ganz ähnlich ist der Tatbestand in der fruchtbaren, geographisch so geschlossenen Landschaft um den trasimenischen See. Hier begegnen wir in Clusium (Chiusi), umbrisch Camars, wie in dem ganzen Gebiet nördlich über Cortona bis Arretium (Arezzo) und östlich bis Perusia (Perugia) einem merkwürdig zähen Festhalten an der heimischen Sitte der Leichenverbrennung und der Übernahme ältester Bestattungsformen durch weite Kreise auch seitens der Etrusker. Diese sind hier erst im siebten Jahrhundert das Herrenvolk geworden und haben sich ebenfalls aus einer dünnen Oberschicht zur besitzkräftigen und politischen Führerschicht des weiten Fruchtlandes zwischen Meer und Apennin, zwischen Tiber und Arno emporzuschwingen und zu erhalten vermocht.

Immer dünner wird dann die Etruskerschicht, je weiter wir von Arretium und Faesulae (Fiesole) nordwärts gehen über die Sperrfeste Marzabotto im Apennin nach Bologna-Felsina und in die Poebene über Mantua, das einen etruskischen Namen trägt, bis hinein in die rätischen Alpengebiete. Immer mehr mischt sich das Italische in das Etruskische hinein, und als zu diesen Außenländern im Süden zuletzt auch noch Latium und Nordkampanien etruskischer Herrschaft unterworfen wurden, da war jenes Etruskertum fertig, das sich zum Schluß nur noch in einzelnen kräftigen Herrengeschlechtern über die italischen Bauernvölker legte und infolgedessen, der Assimilationskraft beraubt, immer mehr italisiert wurde.

Zwei Seiten der etruskischen Welt, in denen sie besonders große Folgewirkung gehabt hat, der Staat und die Religion, bedürfen einer Sonderbetrachtung.

Die Etrusker sind unstreitig die Schöpfer der Städte und der Stadtkulturen in einer bis dahin rein bäuerlichen, auf der Geschlechter- und Stammestradition ruhenden Welt. Ob die ältesten Etruskerstädte der Gründung nach früher anzusetzen sind als die ersten in Italien von den Griechen geschaffenen städtischen Siedlungen – die älteste Kyme (Cumae) etwa 750 v. Chr. –, bleibt fraglich, aber immerhin möglich.

Im inneren Aufbau sind die etruskischen Städte, die vielfach die Plätze alter voretruskischer Siedlungen einnahmen und deren Eigenart sich anpaßten, anderer Art als die griechischen des Südens. Nur darin gleichen sich beide, daß manche ältere Städte Etruriens, wie z. B. Vetulonia, eine unregelmäßige Bauweise zeigen, während die jüngeren wie Marzabotto ganz regelmäßig und geradlinig gestaltet sind. Als Ganzes hat sich das etruskische Städtewesen am frühesten in Toskana entwickelt, und zwar hier in einem System von zwölf bevorrechteten Städten, deren Territorien sich über das Gesamtgebiet zwischen Tiber und Arno und östlich gegen die über den Trasimenersee zurückgedrängten Umbrer erstrecken. Dabei entspricht in merkwürdiger Weise der Reihe der in der Meerzone gelegenen Städte (von Süden nach Norden: Caere, Tarquinii, Vulci, Vetulonia, Rusellae, Populonia, Volaterrae) eine Reihe von Binnenstädten, deren Namen ebenfalls von Süden nach Norden lauten: Veji, Volsinii, Clusium, Perusia, Cortona, Arretium, zusammen allerdings dreizehn an der Zahl, wobei vielleicht anzunehmen ist, daß Populonia erst nach der Zerstörung von Veji in das Zwölfstädtesystem aufgenommen wurde. Das zwischen der Meereszone und dem Tiber-Clanis-Becken gelegene Bergland dagegen ist von Städten frei geblieben. Dieser Zwölfstädtebund, der ähnlich wie bei manchen italischen und illyrischen Völkern der Halbinsel in sehr loser Form geschaffen wurde, hatte ursprünglich wohl die Ausgangsstadt der ganzen Bewegung Tarquinii zum Vorort, neben welchem bald noch Clusium hervorragt. Für die jüngere Zeit wird uns von einem Wechsel des Sitzes des Bundeshauptes berichtet.

Die Verfassungen der einzelnen Städte und des Bundes zeigen bei aller Reichhaltigkeit der Formen eine gewisse Gleichartigkeit der Entwicklung bezüglich des obersten Beamtentums. In der Einzelstadt ist das Königtum sicher die älteste Verfassungsform gewesen, wie sie das abseits gelegene Veji nach einem für die zu allen Zeiten straffer organisierten Grenzgebiete geltenden Gesetz länger beibehalten hat. Sonst ist das Dauerkönigtum mit fortschreitender Entwicklung durch ein Jahreskönigtum, ähnlich wie an der Spitze des Bundes, ersetzt worden, in manchen Stadtgemeinden vielleicht in der Zweizahl, aber mit einer ungleichen Kollegialität. Wichtig an dem normalen Verfassungsaufbau der altetruskischen Städte und von großer Bedeutung für die spätere Verfassungsentwicklung Roms ist dreierlei: 1. Das Einbeamtentum, entwickelt aus dem Königtum mit stark autoritärer Gewalt, scheint etwas spezifisch Etruskisches gewesen zu sein. 2. Magistratur und Priestertum sind anfangs bei den Etruskern nicht scharf geschieden gewesen, aber durch die Existenz von besonderen Priesterkollegien, wie der Eingeweideschauer (Haruspices), nach der fachmännischen Seite ergänzt worden. 3. Unter dem Königtum und dem daraus entwickelten Stadtherrentum, sowie dem Bundesoberhaupt ist eigentlich nur eine Vielheit von großen Herrengeschlechtern unter Geschlechtshäuptlingen *(principes* = etr. *lucumones)* in Heer, Verwaltung und auf religiösem Gebiet mitwirkend gewesen, während die Masse des Volkes etruskischer und noch mehr diejenige einheimischer Herkunft nichts bedeutete. Die etruskischen Staatsgebilde sind also einerseits streng aristokratisch, anderseits stark autoritär, dabei militärisch auf einem waffenfrohen, ritterlichen Herrentum von Streitwagenkämpfern und Reitern aufgebaut gewesen. Die Bundesverfassung war ziemlich locker, über sakrale und militärische Bindung wohl kaum hinausgehend, in der römischen Zeit sogar ausschließlich auf das Sakralwesen beschränkt.

In bezug auf die Religion faßte einst Mommsen sein Urteil in die Worte zusammen: „Sie trägt bei den Tuskern einen trüben phantastischen Charakter und gefällt sich im geheimnisvollen Zahlenspiel und wüsten und grausamen Anschauungen und Gebräuchen, gleich weit entfernt von dem klaren Rationalismus der Römer und dem menschlich heiteren hellenischen Bilderdienst." Die Forschung hat seitdem vor allem die große Schwierigkeit erkannt, zu der alten etruskischen Religion vorzudringen. Denn sie ist früh sowohl von italischen, wie von griechischen Glaubensvorstellungen und Götternamen überdeckt worden und hat im Verlauf des italischen Aufenthalts der Etrusker sehr starke Veränderungen durchgemacht.

Wenn wir altetruskische Götternamen kennenlernen wollen, müssen wir ausgehen von *culsans*, der, in Cortona mit dem Doppelgesicht des Janus (etr. *ani*) dargestellt, von manchen Forschern diesem italischen Gotte gleichgesetzt wird, oder von *turms* (Hermes-Mercurius), oder von *sethlans* (Hephaistos = Volcanus), der in der Eisenstadt Populonia einen Hauptsitz gehabt hat. *turms* ist wohl die männliche Form zu *turan* = Herrin, dem etruskischen Namen der Aphrodite-Venus, der mit dem vorgriechisch-kleinasiatischen Wort *τύραννος* (Tyrann, Herr) in Verbindung gebracht wird.

Damit sind wir schon bei den Göttern angelangt, welche durch Gestalten aus dem Osten als altetruskisch gekennzeichnet werden, so die Schicksals- und Todesgöttin, auch Repräsentantin des Todesschlafes *vanth* (Vanduš in Kleinasien), *culsans* s. o. (dazu Kulsas), *isminthians*, Beiname des Mars (dazu Apollon Smintheus in der Troas und in Mysien), *fufluns*, etr. = Dionysos-Bacchus, nach welchem wohl Populonia genannt ist (dazu Entsprechendes auf Naxos), *tarchon* (dazu *Ζεὺς Ταρχυηνός* in Lydien, Tarku in Ost-Kleinasien). Andere rein etruskische Götter sind nur literarisch bezeugt, wie *Tages*, der Wunderknabe mit grauen Haaren und greisenhafter Klugheit, der von einem Ackersmann in Tarquinii aus dem Boden herausgepflügt wurde, der Schöpfer der etruskischen Geheimlehre, der Gott Vertumnus, Voltumnus, mit etruskischer Maskulinendung auf *a*, also eigentlich *Voltumna*, bei dessen Heiligtum in Volsinii später die Bundesversammlungen stattfanden, oder die Schicksalsgöttin Nortia, ebenfalls in Volsinii, vielleicht eine Lokalform des hohen Fatum (Favor-Fortuna, darüber s. u.), berühmt durch die Sitte der Nagelschlagung in ihrem Tempel zur Jahreszählung und zur Abwehr von Krankheiten, endlich der Todesgott Mantus, von welchem die Stadt Mantua ihren Namen führt.

Demgegenüber stehen die Gottheiten, die als italisch-etruskisch bezeichnet werden müssen: In der höchsten Götterdreiheit neben dem etruskischen *tinia* oder *tina* = Jupiter, *uni* = Juno (Stadtgöttin von Falerii mit vollem Namen Juno Curritis oder Quiritis, auch verehrt in Tarquinii, Veji, hier Juno Regina, und in Perusia) und *menrva* = Minerva (ebenfalls verehrt in Veji und Falerii, wo vielleicht die obige Trias geschaffen wurde), *ani* = Janus, *mari (s)* = Mars, *nethuns* = Neptunus, *selvans* = Silvanus, *satre* = Saturnus, dazu vielleicht *aisna hinthu* der Agramer Mumienbinde, wenn die Deutung als göttliche Seele der Verstorbenen richtig ist, weiter *Furrina*, eine Erdgottheit, lokalisiert auf der etruskischen Seite Roms am Janiculum, griechischerseits gleichgesetzt mit den Erinnyen. Das Geben und Nehmen der beiden Völker tritt nirgends so lebhaft zutage wie hier und erhält einen Höhepunkt in dem kleinen Lande der italischen Falisker am Sorakte mit Falerii, heute Cività Castellana, als Hauptstadt.

Die zweite Schicht, die auf dem Etruskischen liegt, die griechische, äußert sich in der Etruskisierung mancher griechischer Götternamen und Glaubensvorstellungen, so *hercle* = Herakles, *aplu*, *apulu*, *aplun* = Apollon, *charu(n)* = Charon, ursprünglich ein Todesdämon usw. Auch die griechischen Dioskuren sind über Etrurien nach Latium gekommen, hier *Castores* genannt, während der Name des anderen, Polydeukes, in der lateinischen Form Pollux wohl aus etr. *pultuke* entstanden ist. Die Religionsmischerei ist also so alt, wie die etruskisch-italische Geschichte überhaupt. Groß ist die Zahl der Götter, die den Namen von Geschlechtern führen, also vielleicht einmal nur von den einzelnen großen Familien verehrt und von da in den Staatskult überführt worden sind.

Das System der Göttergenealogie, das die älteste römische Religion nicht gekannt hat, war in Etrurien früh voll ausgebildet. Daneben unterschied man drei Klassen von Gottheiten: die erste repräsentiert durch *tinia* (Jupiter), in erster Linie ein Blitzgott, der in Vertumnus für Volsinii eine Sondererscheinung aufzuweisen hat. Die zweite Gruppe wird von zwölf Göttern *(dii Consentes)*, sechs männlichen und sechs weiblichen, nach östlichen Mustern mit den zwölf

Tierkreisbildern identisch, gebildet. Bei den Etruskern noch namenlos, sind sie dann mit Namen in den römischen Bauernkalender übergegangen. Die dritte Gruppe sind „die oberen und ins Dunkle gehüllten Götter" *(dii superiores et involuti)*, auch *favores opertanei*, „die geheimen Begünstiger" genannt, wohl das hohe Fatum in mancherlei Gestalt, die *Διὸς αἶσα* der Griechen, die das Schicksal spinnt und die als Fortuna über das halbetruskische Praeneste hinweg nach Rom gelangt ist. Hier wurde sie im Tempel auf dem Rindermarkt in einem vollkommen verhüllten Holzbild verehrt, ein Kind Jupiters, das viel mächtiger geworden ist als dieser selbst. In solcher Systematik zeigt sich auch noch einmal die starke Mischung in dieser Religion, in der spezifisch Etruskisches (der Blitzgott mit einer bis ins einzelne durchgebildeten Blitzlehre) gemischt ist mit Orientalischem (Zwölftierkreis-Götter) und mit Griechischem, in dem seit alters das Schicksal höher steht als der oberste Gott.

Altetruskisch ist auch das Zahlenspiel dieser Religion. Mit jeder nach etruskischem Ritus gegründeten Stadt war die Götter-Dreiheit *tinia, uni, menrva* aufs engste verbunden. Wenn dieser Trias nicht drei Tore und drei Tempel geweiht waren, galt die Stadt für die Kenner der etruskischen Disziplin nicht als voll. Einer Neunzahl von Göttern (Wochengöttern?) stand das Schleudern bestimmter Blitze zu; *tinia* seinerseits hatte drei Blitzhandwaffen, lat. *manubiae.* Im ganzen unterschied man elf Blitzarten, wie die Chaldäer in Babylonien.

Der Götterverehrung war die etruskische Disziplin *(disciplina etrusca)* gewidmet, die eine reiche, leider nur in Bruchstücken lateinischer Übersetzungen erhaltene religiöse Literatur erzeugt hat, gepflegt von Priestern aus der höchsten Schicht des Volkes. Es gab Blitzpriester, Leber- und Eingeweideschauer, und in der etruskischen Sakralliteratur wurden Blitzbücher *(libri fulgurales)*, Eingeweideschaubücher *(l. haruspicini)* und Ritualbücher *(l. rituales)* unterschieden. Das Römertum, das derartige Priesterweisheiten nicht besaß, hat immer unter dem Einfluß dieser etruskischen Geheimwissenschaften gestanden. Ähnlich wie so viele Ostvölker, befruchtet in letzter Linie von den Babyloniern, lasen die Etrusker die Zukunft aus allen möglichen Zeichen und Naturwundern, insbesondere aber aus der Tierleber heraus. Das Altertum und die moderne Welt unterscheiden sich durch nichts so sehr, wie durch das Verhältnis zur Zukunftsschau. Während dieser Glaube heute in die tieferen Schichten hinuntergesunken ist, waren im Altertum auch die höchste Gesellschaft und die Führer der Völker tief durchdrungen von der Überzeugung, daß die Zukunft wissenswert und regelrecht durch allerlei Zeichen und Wunder wißbar sei. Die Römer sind auch auf diesem Gebiete die gelehrigsten Schüler der Etrusker geworden. Römische Jünglinge sind nach Etrurien geschickt worden, wo es offenbar Priesterschulen gab. Wir besitzen die Antworten und Gutachten etruskischer Haruspices, die römischen Menschen und Behörden auf Anfragen gegeben worden sind. Die Spezialliteratur der Schicksals- und Totenbücher *(libri fatales* und *Acherontici)* gehört wohl in die Reihe der Ritualbücher. Das Menschenleben wird nach etruskischer Lehre auf zwölf „Hebdomaden" (Zeiträume von sieben Jahren) gerechnet. Wenn es 10 Hebdomaden, also 70 Jahre gewährt hat, kann der Mensch das Schicksal nicht mehr durch Sühnriten aufschieben. Dieselbe Lehre begegnet in der schon behandelten Säkularrechnung, die den etruskischen Staat als Ganzes beherrscht. Auch hier nimmt nach dem zehnten Jahrhundert, bis zu welchem man die Gottheit noch beschwichtigen kann, das Schicksal seinen Lauf. Endlich gehen die Beziehungen mancher Tage zu bestimmten Göttern wie der „Iden" (*idus*, der 13. bzw. 15. Tag des Monats) zu Jupiter, vielleicht auch die Übernahme der griechischen Lektisternien, der Götterbewirtungen, vor allem aber die Sitte, den Göttern Tempel zu erbauen, auf etruskische Vermittlung an Rom zurück.

Aber überall treffen wir neben dem etruskischen einen deutlich erkennbaren direkten Einfluß von seiten der Griechen, wie in der Religion, so auch auf dem Gebiete des Kunstgewerbes, das im 6. Jahrhundert mit Hilfe der ins Land verpflanzten ionischen Werkstätten ganz unter griechischen Einfluß zu treten und diesen an Rom zu vermitteln beginnt.

In den Kreis der Ostvölker, die in Italien bzw. Sizilien ansässig wurden, gehören die Elymer. Sie sind ebenfalls aus Kleinasien, allerdings mit Dardanern vom Balkan her, überhaupt Völkern thrakisch-illyrischer Herkunft gemischt, herübergekommen und schon vor dem achten Jahrhundert in ihren westlichen Wohnsitzen um Segesta und am Eryx in Westsizilien nachweisbar, wie die Etrusker in Italien die Schrittmacher der späteren griechischen Kolonisation. Sie haben den Äneas mitgebracht und zugleich auch die Venus vom Eryx, die alte *mater Idaea*, deutlich eine Spielform der großen kleinasiatischen Göttermutter. Äneas, von Sizilien dann nach Latium gekommen, ist den Römern von den sizilianischen Griechen, wohl den Syrakusanern, als Ahnherr aufgenötigt worden, um später die Legitimation für die Weltherrschaft abzugeben. Und noch ein zweitesmal hat dieses Volk im Westwinkel Siziliens in der römischen Geschichte Epoche gemacht. Das Geschlecht der Julier aus dem römischen Uradel hat in der Venus vom Eryx seine Stammutter gesehen und damit an Äneas angeknüpft. C. Julius Caesar hat diesen Gedanken im Hinblick auf die von ihm erstrebte Herrscherstellung im neuen Weltreich so gehegt und gepflegt, daß er um dessentwillen den Blick auf Ilion als zukünftige Hauptstadt gerichtet haben soll. Während die Etrusker für die Staatsgestaltung und das religiöse Leben Roms eine große Bedeutung gewannen, haben diese Elymer die legendäre Ideologie des Weltreichs und später den Höhenflug seines größten Genius aufs stärkste beeinflußt. Ihre Stadt Segesta muß man gesehen haben, um zu begreifen, daß hier, wie in Westsizilien überhaupt, alles unhellenisch gewesen ist. Um die Gunst der Venus haben die dort zur Herrschaft gekommenen Völker, Phöniker wie Karthager, Griechen wie Römer, sich heiß bemüht. Sie ist die stärkste Ausstrahlung der kleinasiatischen Muttererde-Religion in Sizilien gewesen, von wo sie im zweiten Jahr des hannibalischen Krieges auch Italien erobert hat.

Wie die Elymer, so kommen auch die Phöniker zunächst nur für Sizilien, und zwar gleichfalls nur für den Westen dieser Insel, als Siedler in Betracht. Ausgangspunkt ihrer Festsetzung hierselbst war als Vorläuferin von Lilybaeum (Marsala) die Siedlung Motya, wahrscheinlich von phönikischen Webern auf der S. Pantaleo genannten Insel gegründet, mit noch heute gut erhaltenen, sehr interessanten Befestigungswerken aus altphönikischer Zeit. Für Italien sind sie nicht wie jene Zubringer von Ideen, sondern nur Händler mit materiellen Gütern schon in der älteren Epoche der Etrusker, bevor diese dem griechischen Einfluß verfielen. Phönikisches, später punisch-karthagisches Siedlungsgebiet wurden außer Westsizilien auch Südsardinien und ganz vereinzelte Punkte an der italienischen Küste, wie z. B. der Platz, den später Neapel innehatte. Sie blieben immer Kolonialgebiete und Stützpunkte eines Volkes, das im Gegensatz zu Etruskern und Elymern sein heimisches Ausgangsland Syrien festhielt, von wo es seine aus den Ländern des Orientes eingeführten Waren westwärts aussandte, ein Mittlervolk zwischen Syrien und dem Okzident wie die Etrusker zwischen Kleinasien, Griechentum und Römertum. Der phönikische Warenimport, vielleicht auch ihr Handwerksbetrieb fand auf etruskischer Erde am frühesten Eingang in Tarquinii (Bokchoris-Grab, so genannt nach einem Fayencegefäß mit dem Namen dieses Pharao der 24. Dynastie 718–712), dann in Caere, welches immer unter seinen drei Häfen einen phönikischen Sonderhafen (Punicum) aufzuweisen gehabt hat, darüber hinaus bis Praeneste. Als Importeure orientalischer Gebrauchsgüter und Luxusgegenstände sind so die Phöniker, die schon vor den Etruskern westwärts ihre Fahrten machten und in Nordafrika, zuerst in Utika, dann auch in Karthago (Neustadt), den Gegenpolen von Tarquinii und Caere, sich Stützpunkte schufen, von der größten Bedeutung. Nach der älteren Beeinflussung Italiens von dem syrischen Mutterland aus, die im achten und siebten Jahrhundert ihren Höhepunkt erreicht und in Vetulonia deutlich in die Erscheinung tritt, setzt plötzlich eine Stockung ein, die hervorgerufen wird durch die weiter ausgreifende jüngere griechische Kolonisation der Phokäer Kleinasiens. Was dann von seiten des semitischen Ostvolkes seit dem 6. Jahrhundert an Einflußnahme noch folgt, geht von dem unterdessen zur Seekönigin des Westmeeres gewordenen Karthago aus, das in Westsizilien und Sardinien im Anschluß an die alten phönikischen Siedlungen festen Fuß gefaßt hatte. Diese Expansion des punischen Handels beherrscht noch eine Zeitlang den Markt Mittelitaliens, aber stets unter stärkster Konkurrenz der Griechen, die dann langsam und zäh in den Bereich des karthagisch-etruskischen Austausches einzudringen verstehen.

Damit ist die Betrachtung bei demjenigen Volke angekommen, das in seiner Einflußnahme auf Italien unter allen Ostvölkern den größten Erfolg aufzuweisen gehabt hat, den Griechen. Ihr spätes Erscheinen im Westen, seit der Mitte des 8. Jahrhunderts, bringt die Schicksalsstunde Siziliens und Italiens. Mit ihnen erschien ein Volk im Westen, das den seither auf Italien wirkenden Ostvölkern in jeder Weise überlegen war und sowohl den vorher angekommenen Ostvölkern, wie den einheimischen italischen Süd- und Weststämmen, unter letzteren am stärksten den Oskern Kampaniens, seinen Stempel aufgedrückt hat. Die Gründung der Kolonie Kyme (Cumae) auf einer italischerseits altbesiedelten Stätte und von Naxos an der Ostküste Siziliens durch die Chalkidier setzt um oder bald nach 750 v. Chr. ein. Diese erste griechische Ausbreitung westwärts war wie überall zunächst durchaus von agrarischen Gesichtspunkten beherrscht.
Zu der neuen Welt hinüber diente als Trittstein die alte Phäakeninsel Korkyra (Korfu), die früh von Korinth aus besiedelt worden war. Sie ist immer griechischer Außen- und Vorposten gegen Italien geblieben bis auf den heutigen Tag. Fünf Räume auf italisch-sizilischer Erde sind es gewesen, in denen das Griechentum schließlich festen Fuß gefaßt hat: einmal die Gebiete der drei Vulkane, der großen Zerstörer und Lebensspender zugleich, Epomeo (auf Ischia), Vesuv und Ätna, die eine Anziehungskraft sondergleichen auf Agrarkolonisten ausüben mußten, und dann seit dem Ende des 8. Jahrhunderts das am stärksten ostwärts geöffnete Umland des Golfes von Tarent, endlich noch das Mündungsgebiet des Po und seiner Nebenflüsse im äußersten Norden mit den beiden Kolonien Spina

(Comacchio) und Atria. Die Vulkanböden sind die Entdeckung der Chalkidier mit ihren ältesten Siedlungen in Ischia, Kyme und Naxos bei Taormina (um 734). Ihnen sind die Dorier, voran die Korinther, nachgefolgt, zunächst mit der Schöpfung von S y r a k u s auf der vorgelagerten Insel Ortygia. Die südost-italische Kolonisation, die reinste Bauernkolonisation griechischer Herkunft im Westland, ist achäisch, d. h. von der kleinen Küstenlandschaft des Nordpeloponnes stammend, verstärkt durch Lokrer von der mittelgriechischen Gegenküste am korinthischen Golf. Ausgangspunkt ist das um 720 gegründete S y b a r i s am Unterlauf des Krathisflusses, an der fruchtbarsten Stelle dieser italischen Südlandschaft, dem andere, darunter um 650 T a r e n t, folgten. Letzteres ist besonders interessant dadurch, daß es als Spartas einzige Tochterstadt auf ehemals japygisch-messapischem Boden erbaut ist. Hier ist die allerliebste Sage von den „Jungfrauen-Söhnen“, den „Partheniern“, als Gründern entstanden, in denen nichts anderes als der Name einer Vorbevölkerung, der japygischen Parthinier, steckt. Wie sich dann der Kranz der Kolonialstädte von diesen ersten Stützpunkten aus an den Küsten Süditaliens und Siziliens, zum Teil wie in Südost-Sizilien bis tief hinein in das Binnenland ausgestaltet hat, ist ein Stück altgriechischer Kolonialgeschichte. Schon die Siedlungslagen zeigen überall den bäuerlichen Grundcharakter dieser ersten Festsetzung auf der fruchtbaren Halbinsel des Westens. Bäuerlich sind daher auch die ersten Einflüsse, die von hier ausgehen: altgriechische erdgebundene Kulte und Mythen, heimisches Gebrauchsgeschirr, wie es der Bauer im täglichen Betriebe von Haus und Hof verwendet und wie er es in der mitgebrachten Werkstatt fertigen läßt. Menschenansiedlung, nicht Warenaustausch: deutlich erkennbar ist der Unterschied von dem semitischen Händlervolk. Daher sind auch zunächst die griechischen Bauernkolonisten und die phönikischen Händler gar nicht miteinander in Streit geraten.

Dies trat erst ein, als die zweite Welle der griechischen Kolonisation, diejenige der ionischen P h o k ä e r aus Kleinasien, kurz vor 600, mit seltener Seekühnheit einsetzte und im gesamten Westmeer mit viel größerem Radius ausgriff, im Norden bis Massalia (Marseille), im Westen bis Tartessos (Südspanien), und neben der Landbesiedelung nach der Durchführung der Geldwirtschaft in Griechenland viel stärker noch als bisher die Werkstättenproduktion im Ausland und daneben den Handelsbetrieb zu Wasser und zu Land nach allen Richtungen hin aufnahm. Jetzt traten ganz neue Wirkungen auf, die an Tatsachen der griechischen Münzgeschichte ablesbar sind, so z. B. beim Handel, der auf der Westseite bis zum äußersten Norden über den einzigen guten etruskischen Hafen Populonia hinweg seine Wirkung auszuüben begann und auf der Ostseite von Spina an bis über die Alpen hinüber sich erstreckte. Wie zu allen Zeiten ist es die Überlegenheit in der Güte der Waren, die dem griechischen Kaufmann den Sieg über den phönikischen Dutzendwarenimport gebracht hat. Handelseifersucht gegenüber den Griechen verbindet sich jetzt von seiten der Phöniker mit machtpolitischen Tendenzen Karthagos. Jetzt erst wurde das griechische Element, das jahrhundertelang friedlich und kulturspendend gewirkt hatte, ein unbequemer Faktor. Karthager und Etrusker schlossen sich gegenüber dem jüngsten Eindringling in den Westländern zusammen. Als die Phokäer auch in der eigentlich etruskischen Interessensphäre, auf Korsika, durch Gründung von Alalia (Aleria) Fuß fassen wollten, kam es zum offenen Kampf bei dieser Stadt nach dem Jahr 540. Er endete mit dem Siege der Griechen, deren Flotte jedoch große Verluste im Kampfe mit den verbündeten Karthagern und Etruskern erlitt. Alalia, und damit Korsika, mußte von den Phokäern geräumt werden. Die griechische Kolonisation kam seitdem aus politischen Gründen zum Stillstand. Aber sie hatte in den zweihundert Jahren von 750–550 unendlich Großes für Italien und Sizilien geleistet. Was die Etrusker einst begonnen, haben die Griechen jetzt vollendet. Das italische Bauerntum erwachte für immer aus seinem Dornröschenschlaf.

Eingesetzt hat die griechische Einfuhr schon im 8. Jahrhundert vor dem Beginn der Festsetzung der Griechen in Italien, wie zu allen Zeiten die Wareneinfuhr der Kolonisation voranzugehen pflegt. In Sizilien liegt die Einfuhr von Griechischem noch viel früher, schon in den letzten Jahrzehnten der mykenischen Epoche. Diese Insel hat im Warenverkehr die Funktion als ältester Trittstein zum Westen ausgeübt, die Korfu später in der Geschichte der Kolonisation übernommen hat. Die Kolonisation selber steht unter dem Zeichen der sogenannten „protokorinthischen" Dekoration der Gefäße, deren älteste noch unter geometrischem Einfluß befindliche Stufe gerade mit der Gründung Kymes einsetzt. Es ist diejenige künstlerische Epoche des Griechentums, die, wie die damalige phönikische, einen stark orientalisierenden Charakter trägt, d. h. mit Flora und Fauna des Ostens im Vordergrund, wie man ihn wohl auch für das gleichzeitige Goldschmiedehandwerk der beiden Ostvölker angenommen hat. Dieses ist der Anreger des gleichen etruskisch-italischen Gewerbes, das die heimische künstlerische Eigenart zu großer Vollendung gebracht hat. Es ist darauf aufmerksam gemacht worden, daß ein Erzeugnis dieser Kleinkunst, die berühmte Goldnadel *(fibula)* von Praeneste, aus einem phönikisch-orientalisierenden Goldschatz stammend, eine der ältesten lateinischen Inschriften trägt. Das lateinische Alphabet geht auf irgendeinem Weg, sei es über Kyme, sei es über Delphi, wie neuerdings angenommen wird, auf das griechisch-chalkidische zurück, während die etruskischen Schriftformen nach Ansicht mancher Forscher (ob mit Recht, bleibt fraglich) direkt vom Osten her übernommen worden sind.

Als die Hellenisierung der Etrusker im 7. Jahrhundert auf den Höhepunkt zu kommen begann, waren die zahlreichen Stadtgründungen im etruskischen Kernland Toskana schon durchgeführt. Jetzt bekam das erste größere Städteland Italiens auch den breiten kulturellen Hintergrund, dessen die Stadt nun einmal nicht entbehren kann. In weitem Umfang begann damals das Leben in den etruskischen Städten ein Abbild des griechischen zu werden. Griechisches Spiel- und Sportwesen wurde von der etruskischen Herrenschicht übernommen. Wagenrennen, Ringkämpfe, Wettlauf, Schaustellungen der waffenfähigen Jugend wurden in Etrurien ebenso heimisch wie in Griechenland. Zu der schon aus Kleinasien mitgebrachten volkstümlichen Musik trat jetzt noch die griechische. Die Stoffe des griechischen Heldensanges wurden den Etruskern geläufig und traten neben diejenigen des heimischen Epos, wo Caeles Vibenna und andere eine besondere Rolle spielten. Es ist eine der größten Eroberungen fremden Volkstums und einer ganz anders gearteten Kultur, die das mittelalterliche Griechenland in Etrurien vollbracht hat, in einem Umfang, wie sie nur eine solche an Kraft überquellende junge Nation zu vollbringen imstande ist. Losgelöst vom heimischen Boden erstarrte aber die archaische Kultur von Hellas drüben beim Fremdvolk und gibt uns heute die Möglichkeit, eine Stufe griechischer Entwicklung in Italien kennenzulernen, die im Mutterland mit seinen schnellen Fortschritten auf allen Gebieten bald überwunden wurde. Ähnlich wie wir auf dem Gebiete der Religion allein hier einen wirklich tiefen Blick in die vorhomerische Götterwelt Griechenlands zu tun vermögen, so auf dem Gebiete der Kunst in eine ältere Richtung, wie z. B. beim dorisch-tuskanischen Tempel frühere Formen und Teilglieder vor uns erscheinen. Aber die Kultur auf dem Neuland wurde im Schoße des Fremdvolkes stellenweise nur äußerlich aufgenommen, und die Schattenseiten wirkten vielfach stärker als die Lichtseiten, d. h. Luxus und Wohlleben erstarkten auf dem Boden der so plötzlich geweckten höheren Bedürfnisse. Die fremde Kultur befruchtete auch mehr das materielle Leben als das geistige. Dabei kam allerdings das Neue bei den Etruskern ihrer Veranlagung für die Technik entgegen und schuf hier vor allem im technischen Können größte Vervollkommnung. Die hohe künstlerische Vollendung des Griechentums erreichte man natürlich nicht, weil die Begabung dafür fehlte. Aber technisch und raumgestaltend hat unstreitig das zum Westvolk gewordene Ostvolk der Etrusker, zum Teil auch unter dem Einfluß der italischen Unterschicht, manches höchst Bemerkenswerte der Welt geschenkt. Ob wir seinen Mauerbau, seine Gräber in Hausform, den Tempelbau oder endlich das Entwässerungssystem seiner Städte, oder gar die ausgezeichnete Zahnpflege mit fast modern anmutenden

Goldbrücken, Kronen und Prothesenwerk an Zähnen und Kiefern staunend betrachten, überall zeigt sich ein den realen Dingen sehr nahestehendes, mit den besten Vorbedingungen für das praktische Leben ausgerüstetes Volk. Ihm ist die Auflagerung auf dem streng-konservativen, praktisch nüchternen Italikertum im Grunde besser bekommen, als die dann noch hinzugetretene griechische Überfeinerung seiner Lebensgewohnheiten, Geräte und Bedürfnisse. Auf zwei Gebieten sind die Etrusker aber von diesen Anregungen aus Meister geworden: in der Metallbearbeitung und im Mauerbau. Auf dem zuerst genannten Gebiet haben sie die aus Kleinasien mitgebrachte Fertigkeit in Italien zu höchster Vollendung gebracht, vor allem in den herrlichen Metallspiegeln mit mythologischen und anderen Darstellungen, den schönsten Erzeugnissen für die bei ihnen so glänzend ausgestattete Frauentoilette. Was die Vasen bei den Griechen, das sind die Metallspiegel bei den Etruskern: der höchste Ausdruck künstlerischen Könnens beider Völker. Und neben der Metallarbeit stellt der Mauerbau eine etruskische Sonderdomäne dar. Der Polygonalstil und der Quaderbau ihrer kyklopischen Stadtmauern haben nur Gegenstücke in dem vorhellenischen Griechenland, und in dem Gewölbebau stehen die Etrusker völlig auf eigenen Füßen. Hier ist der griechische Einfluß, der im 6. Jahrhundert überall in Etrurien vorherrschte, ausgeschaltet.

Aber wie es auch sonst in der Weltgeschichte gegangen ist, als man von den großen Lehrmeistern gar vieles gelernt und übernommen hatte, hat man sie auf Grund der veränderten politischen Lage im Westmeer (s. o.) später schlecht behandelt und zurückgestoßen. Als nach der Schlacht bei Alalia die griechischen Gefangenen unter die Etrusker und Karthager verteilt worden waren, führten die Leute von Agylla (Caere) die ihrigen auf den Marktplatz der Stadt und steinigten sie. So groß war der Haß zwischen Etruskern und Griechen unterdessen geworden. Als aber dann Mißwachs über die Stadt kam und andere schlimme Vorzeichen sich einstellten, ereignete sich etwas, was die hohe Stellung Griechenlands in der Welt des 6. Jahrhunderts beweist. Man sandte nach Delphi und erbat sich von dem großen Apollo ein Sühnemittel. Der Gott befahl die Darbringung von Totenopfern für die Erschlagenen und die Einführung gymnischer Spiele und Wettrennen. Diesem Befehl gehorchte man. Später baute man wie die griechischen Kolonisten von Spina auch noch ein Schatzhaus in Delphi, womit nur in Vergleich gesetzt werden kann, daß der Etruskerkönig Arimnestos als erster Nichthellene einen Thron dem Zeus von Olympia geweiht hat.

Alles das aber beweist zugleich, daß die Etrusker des 6. Jahrhunderts gar nicht mehr allein mit den italischen Griechen in Verbindung standen, sondern damals mit dem Mutterland auf allen Gebieten Wechselbeziehungen hatten, voran mit Delphi, das gerade damals eine internationale Größe zu werden begann. Das Griechentum in seiner ganzen Schwere vom Mutterland her, nicht nur das italische, fing an, seinen Einfluß über Italien auszubreiten. Aber unterdessen hatte die Landschaft, der die Zukunft gehören sollte, das zwischen den beiden geistigen Großmächten Italiens in der Mitte gelegene Latium, sein Erscheinen in der Geschichte angemeldet. Italien fand sich von hier aus wieder zurück zu seiner uralten Bauerntradition und überwand die fremden Mächte des Ostens, die gerade im Begriff waren, die Apenninhalbinsel zu einer etruskisch-griechischen Filiale Kleinasiens und des Balkans zu machen.

II. BAUERN-ROM

VON DEN ANFÄNGEN BIS 265

„Auf alten Sitten und Männern
ruht römischer Staat."
Ennius

1. Das Erwachen Latiums; Praeneste und Rom (vor 600)

Latium in seiner ältesten Umgrenzung ist das Gebiet südlich vom Unterlauf des Tibers mit der Gruppe der Albanerberge als Mittelpunkt. Das Land und seine Bewohner werden zum erstenmal urkundlich erwähnt in dem ältesten karthagisch-römischen Verkehrsvertrag, der der Zeit um 400 v. Chr. angehört. Hier werden die Gemeinden der Küstenebene von Laurentum bis Terracina als im römischen Interessengebiet gelegen erwähnt. Älter aber als diese Siedlungen der Küstenregion sind diejenigen des Gebirgsmassivs dahinter, wo das Albanergebirge, ein frühzeitig erloschenes vulkanisches Ringgebirge, die ältesten Volks- und Gauburgen des Stammes beherbergt hat. Die Erinnerung hieran haben die Römer in der Sage von der Oberherrschaft von Alba Longa, als dessen Rechtsnachfolgerin sich Rom betrachtete, festgehalten. Noch mehr aber lebt sie in der Tatsache weiter, daß die höchste Spitze des Gebirges, der eigentliche *mons Albanus (Monte Cavo)*, immer das älteste Heiligtum der Latiner, den Altar des Jupiter Latiaris, getragen hat. Am Fuß des altehrwürdigen Gottesberges am östlichen Rande des Albanersees lag Alba Longa im Zentrum der natürlichen Hochburg des Landes. Wie Außenwerke ringsum auf den Rändern saßen im Norden Tuskulum, im Westen Aricia, im Südwesten Lanuvium, im Süden Velitrae, letzteres das Zwischengebiet zwischen Albaner- und Volskerbergen beherrschend. In der historischen Zeit wurde dieses Zentralgebiet eingeschlossen von den ältesten, von Rom aus südwärts ziehenden Straßen, der appischen

Straße in der Meeresregion parallel zur Küste laufend und der latinischen Straße, die über den Nord- und Ostrand des Gebirges ebenfalls nach Kampanien führte. So lag Rom auf der Spitze eines schmalen Dreiecks, dessen Eckpunkte im Süden Aricia und Tuskulum waren. Das dritte große Teilgebiet des Latinerlandes war das nördlich des albanischen Massivs gelegene Vorgelände der Sabinerberge, durch welches der Anio, der letzte größere Nebenfluß des Tiber, hindurchfließt. Dieses Vorland wird am Westrand der Sabinerberge abgeschlossen durch die altlatinischen, aber frühzeitig sabinisch überschichteten Städte Tibur (Tivoli) und Praeneste (Palestrina), die mit Rom verbunden durch die *via Tiburtina* bzw. *via Praenestina* wiederum ein Dreieck bilden. Küstenregion, Albanergebirge und Anioland waren also die drei deutlich sich voneinander abhebenden Bestandteile Altlatiums.

Der das Ganze beherrschende Fluß ist der Tiber, in der Sprache der Vorvölker Albula genannt. Er ist in der historischen Zeit durch das Vordringen der Etrusker bis zum Nordufer seines Unterlaufes zur politischen Grenze geworden, während von Natur aus die Landschaft hüben und drüben aufs engste zusammengehört, und der Nordabschluß eigentlich erst am „ciminischen Waldgebirge“ in Südetrurien zu suchen ist. Völkisch hat sich die Erinnerung an den älteren Zustand darin erhalten, daß auch nördlich des Flusses ein stammverwandtes Glied der latinischen Volksgemeinschaft, die Falisker mit der Hauptstadt Falerii, wohnt. Doch was bedeutet dieser Überrest des Italikertums gegenüber der Tatsache, daß die viel näher bei Rom gelegenen Städte Caere und Veji frühzeitig stärkste Bollwerke des Etruskertums geworden sind? So tritt Rom, von Norden her gesehen, als ein Gemeinwesen ohne Raum in die Geschichte ein und ist bezeichnenderweise als Stadt erst eine Gründung der Etrusker. Sobald es aber als Stadt erstanden war, schuf es sich einen Brückenkopf auf dem rechten Tiberufer (am Janiculum), wie umgekehrt Veji oberhalb von Rom durch die Besetzung von Fidenae auf die latinische Seite des Flusses übergegriffen hat.

Aber weder diese Grenzlage noch die Lage zum Meere, von

welchem die Stadt 25 km entfernt liegt, ist entscheidend gewesen für Roms Entstehung an der Stelle der sieben „Berge". Der Tiber verändert bekanntlich unmittelbar südlich von Rom die Richtung seines Laufes. Während er bis dahin fast nordsüdlich fließt, wendet er sich nunmehr in mehr ostwestliche Richtung. Parallel dem Flusse aber läuft auf seinem linken Ufer von Norden her aus dem Sabinerland eine uralte Straße, wohl die älteste des ganzen Gebietes, da sie nach dem wichtigsten Naturprodukt des Landes die „Salzstraße" *(via Salaria)* genannt ist. Sie verbindet die Ost- und Westküste der Halbinsel. Auf ihr sammelten sich in der ältesten Zeit schon die Händler der Völker aus dem Landesinnern und zogen zum Westmeer zu den nördlich und südlich der Tibermündung liegenden Salzwiesen. Im späteren Weichbild von Rom aber teilte sich die uralte Straße, um sich von da ab auf beiden Seiten des Tiber fortzusetzen. Die älteste nachweisbare Siedlung der Latiner auf dem Palatin beherrschte diese Straßenteilung und zugleich den Übergang über den Fluß unmittelbar unterhalb der dort gelegenen Tiberinsel, wo die erste Brücke, eine Holzbrücke *(pons sublicius)*, über den Fluß gebaut wurde. Rom ist also in seiner ältesten, der oppidanen Urzelle auf dem Palatin als Straßen-Sicherungspunkt entstanden zur Beherrschung der wichtigsten Transportstraßen für das in Italien seit alters so heiß umstrittene Salz. Es gehört nicht viel Phantasie dazu, sich auszumalen, daß da, wo die beiden Salzstraßen vom Meere her zusammenstießen, als frühestes Gewerbe in den Bauernsiedlungen des ältesten Rom der Salzhandel geblüht hat. Da, wo sich die Salzstraße trennte, lag später zwischen Palatin und Kapitol der etruskische Stadtteil *(vicus Tuscus)*, ein Beweis, wie alt das Geschäftsviertel gewesen ist. Rom liegt also am Ende der ältesten ostwestlich verlaufenden Straße Mittelitaliens als Kopfstation und besitzt in der Latium sonst beherrschenden Nordsüdrichtung kein Hinterland, ist vielmehr eingeengt von Norden her durch die früh herangeschobene etruskische Grenze und von Süden her durch die starke latinische Besiedlung des Albanergebirges.

Älter als die Geschichte Roms ist demnach diejenige La-

tiums. Die früheste Entwicklung der Landschaft verläuft aber nicht vom Landesinnern zum Meere, sondern wie die Küste nordsüdlich. Viel mehr jedoch als der Küstensaum ist der Gebirgsrand der Sabinerberge die eigentliche, alles beherrschende große Verkehrslinie, von wo dann später Verbindungen zum Meer, dem ursprünglich „friedlosen" Element, vorstießen. Von hier aus ergibt sich die neben den ältesten Burgen des Albanergebirges so bevorzugte Lage von Tibur und Praeneste, beide über der alten Bergfuß-Straße thronend, die die toskanische Erzlandschaft im Norden und die reiche kampanische Fruchtebene im Süden miteinander verband. Beide Plätze können ihrer Lage nach nur mit Falerii im Norden und mit Kapua und Nola im Süden verglichen werden. In der Nordlandschaft ist durch den Einbruch des etruskischen Elements vom Meere her die Siedlungsreihe an der Küste von Caere bis Populonia in den Vordergrund geschoben worden, während sich die Binnenlandsphäre von Falerii bis Faesulae in der zweiten Linie hält. Etruriens Sonderstellung im Norden wird also frühzeitig vom Meere aus bestimmt, dagegen diejenige Latiums im ältesten Stadium infolge der Hafenarmut und der vorgelagerten pontinischen Sumpfgegend neben dem Albaner Gebirgszentrum von dem Randgebiet der inneren Gebirge, während Kampanien wieder doppelgesichtig ist, wegen des Hafenreichtums und durch die frühe und starke Griechenbesiedelung mehr küstenmäßig, durch die ältere italisch-oskische Bevölkerung dagegen, wie die Landschaft im Norden, mehr auf den Gebirgsrand abgestellt. Die Meeresabgewandtheit der italischen Küstenstämme des Westens erreicht somit gerade in Latium ihren Höhepunkt. Bei dieser Sachlage versteht man es, daß dem Alter nach die albanischen Berg- und Bergrandsiedlungen die bevorzugtesten Latiums gewesen sind, daneben aber auch die Anlieger der bedeutendsten Handelsstraße der frühhistorischen Zeit, Tibur und Praeneste, immer eine hervorragende Rolle in der Geschichte der Landschaft gespielt haben.

Von ihnen ist Praeneste, heute gegenüber Rom ein ärmliches Provinznest, in der ältesten Geschichte der Landschaft einmal viel größer und bedeutungsvoller gewesen, als die kleine Salzstraßen-Schutzburg auf dem Palatin, die Urzelle der heutigen Weltstadt am Tiber. Seine hohe Stellung schon seit dem Ende des 8. Jahrhunderts wird durch die dortigen Gräberfunde, die zu den reichsten des Landes gehören, sowie durch die gewaltige Bedeutung des uralten Fortuna-Orakels, endlich durch gewisse Nachrichten aus dem späteren Altertum, die den Praenestiner als überheblich charakterisieren, aufs deutlichste belegt. Aus dem Landhandel stammt der Reichtum der Stadt schon im 7. Jahrhundert, den uns die mit etruskischem Pomp und einem unerhörten Luxus ausgestatteten Gräber bezeugen. Im Norden sind die Häfen von Tarquinii und Caere, in der Mitte Antium, im Süden Kyme und später Neapel die Eingangstore für die über See von Osten herankommenden Waren aller Art, die dann auf der Nord-Süd-Straße am Gebirgsrand entlang rollten und vor allem in Praeneste den etruskischen Einfluß so sehr früh zur Geltung brachten. Hier an der Grenze Latiums sind wir durch die Gräberfunde auch in den Stand gesetzt, die starke soziale Gliederung der Bevölkerung jener Frühepoche zu erkennen und die Grundlagen zu gewinnen für das Bevölkerungselement, das uns später in Rom als „Patrizier" entgegentritt: reiche Großgrundbesitzer, auf die nicht nur der Landbesitz, sondern hier an der bedeutenden Verkehrsstraße auch der Handel große Reichtümer häufte, und unter ihnen eine arbeitende Schicht von Bauern und sonstigen kleinen Leuten, die Vorläufer der römischen „Plebs". Es ist der Aufbau einer adligen Epoche, die in Etrurien und in den von ihm früh erfaßten Stapelplätzen des Innern durch die Darüberlagerung einer fremden Herrenschicht stärkste Steigerung erfahren hat. Wir sind sonach weit entfernt von primitiven Verhältnissen sowohl in der Gliederung der Gesellschaft wie im Wirtschaftsleben, als auf Rom das erste Licht der Geschichte fällt.

An Alba Longa und Praeneste gemessen, ist also R o m jung, obwohl uns die Tradition das Gegenteil glauben machen will. Denn in der Geschichtsklitterung der späteren Zeit ist die Gründung der Stadt Rom bis in die Mitte des 8. Jahrhunderts hinaufgeschoben worden. Dagegen ist nach den

Ergebnissen der Bodenforschung zu sagen, daß Roms Gründung, wenn man darunter die Schöpfung der ältesten Gauburgen *(oppida)* auf dem Palatin versteht, viel früher liegt, d. h. bis in die Anfänge der Villanovazeit, über das 10. Jahrhundert, hinaufgeht. Anderseits ist die Gründung der eigentlichen Stadt *(urbs)* weit jünger, als das von der antiken Forschung dafür angenommene Jahr.

Hier beschäftigt uns zunächst die Geschichte Roms vor der Gründung der etruskischen Stadt. Ausgangspunkt ist die Siedlung der Latiner auf dem Palatin. Ein Blick auf die Stadtkarte zeigt, daß dieser „Berg" der Mittelpunkt eines Kranzes von Bodenerhebungen ist, die sämtlich um ihn gelagert sind. Dabei ist er auch am meisten abgeschlossen, da auf beiden Seiten Bäche fließen. Ihren Hauptzugang hatte die Siedlung seit ältester Zeit auf der Ostseite durch die Senke des Berges, die sich hinunter nach der Velia, der Stätte des späteren Titusbogens, hinzieht. Über diese hinweg kam man hinüber zum Esquilin *(Esquiliae, Exquiliae* = Außensiedlung). Wie der Name sagt, hat sich in dieser Richtung die erste Erweiterung der Palatin-Burg vollzogen. Deshalb lagen später die Heiligtümer der römischen Hausgötter, der Laren und Penaten, auf der Velia und von hier aus nordwärts in der Richtung auf das spätere Forum das Heiligtum der V e s t a mit dem ewig brennenden Feuer der ältesten Gemeinde, das bezeichnenderweise in seinem Rundbau stets die alte italische Rundhütte erhalten hat. So versteht man denn auch, daß die älteste Begräbnisstätte dieser früh erweiterten Palatin-Siedlung sich über das Tal des späteren Forums hinweg erstreckt hat, mit Brandgräbern der latinischen Palatin-Bewohner in der Tiefe und mit darüber gelagerten Bestattungsgräbern der Sabiner vom Quirinal. Schließlich waren es sieben „Berge" *(montes)*, die latinisch besiedelt waren: die beiden Kuppen des Palatin (Palatium und Cermalus), die Velia, die drei Erhebungen des Esquilin: Fagutal, mons Oppius und mons Cispius, endlich vielleicht die gegen den Palatin hin vorspringende Spitze des Caelius, Sucusa genannt. Diese sieben *montes* feierten noch in der Kaiserzeit am 11. Dezember eines jeden Jahres das Fest des sog. *Septimontium* (Siebengebirge). Sie waren also sehr früh zu einer sakralen Gemeinschaft zusammengewachsen.

Einer etwas jüngeren Zeit gehört die sabinische Besiedlung der „Hügel“ *(colles)* an, voran des *collis Quirinalis* und des *collis Viminalis.* Während die latinischen Ebenenbewohner ihre Höhen als „Berge“ bezeichnet hatten, erschienen die gegenüberliegenden Höhen den aus dem Gebirge auf der Salzstraße neu zugewanderten Sabinern nur als „Hügel“. Die latinischen Bewohner der Berge und die sabinischen Neusiedler auf den östlich anschließenden Hügeln haben eine Zeitlang nebeneinander gewohnt, und zwar offenbar ganz friedlich, da die Begräbnisstätte am Fuße des Quirinal von den Bergbewohnern den Hügelsiedlern überlassen worden ist. Diese haben jetzt über den alten Brandgräbern ihre Toten in länglichen Gruben, primitiven Sarkophagen aus Tuff oder in ausgehöhlten Baumstämmen bis in den Anfang des 6. Jahrhunderts bestattet. Die Ansicht der Alten, daß Rom keine einseitig latinische Stadt, sondern frühzeitig eine latinisch-sabinische Doppelgemeinde gewesen ist, schon ehe die Etrusker dazukamen, ist durch die Forumtiefgrabungen als richtig erwiesen, und die Doppelgemeinde lebt später noch in der Doppelbezeichnung *populus Romanus Quirites* oder *Quiritium,* sowie in der Doppelform des Gemeindekriegsgottes Mars-Quirinus, endlich in der Legende von dem Doppelkönigtum des (lat.) Romulus und (sab.) Titus Tatius weiter. Die älteste italische Götterdreiheit Jupiter, Mars, Quirinus, die uns früh auf dem Boden Roms entgegentritt, ist dementsprechend auch mit diesem Zustand einer latinisch-sabinischen Doppelgemeinde in Zusammenhang zu bringen. Man hat als einen frühen Ausdruck dieser alten Doppelheit auch den sogenannten numanischen Festkalender der Römer betrachtet. Denn er enthält schon den quirinalischen Kriegsgott, daneben allerdings auch schon etruskische und durch Vermittlung der Etrusker übernommene griechische Gottheiten, d. h. der etruskische Einfluß in Rom auf religiösem Gebiet hat offenbar schon begonnen, ehe die politische Herrschaft dieses Volkes dort errichtet wurde. Noch nicht jedoch kennt der Festkalender die spätere, von den Etruskern entlehnte höchste Götterdreiheit Jupiter,

Juno, Minerva, die ein älteres Dasein im sogenannten „alten Kapitol“ *(Capitolium vetus)* auf dem Quirinal schon in der vorstädtischen Epoche Roms geführt hat und erst bei der Stadtgründung auf das Kapitol verpflanzt wurde. Wenn ein Schluß aus dem Schweigen über diese wichtigste religiöse Herübernahme gestattet ist, wird damit der Zeitpunkt gewonnen, vor welchem der Kalender mit den ältesten Gottheiten Roms zum erstenmal festgelegt worden ist, nämlich etwa zu Anfang des 6. Jahrhunderts, nach neuester Ansicht vielleicht im Anschluß an die sakrale Vereinigung der latinischen Siebenberge-Gemeinden mit den sabinischen Hügeldörfern.

Der numanische Kalender enthält in vorderster Linie die altitalischen Götter, wie Jupiter, Janus (Gott der Tür), Vesta (Göttin des Herdfeuers), Faunus (Hirtengott des Palatin mit dem alten Fest der Lupercalia), Saturnus (Gott der Aussaat), Consus und Ops (Götter des Erntesegens), die Kriegsgötter Mars und Quirinus. Viehzucht, Ackerbau und Krieg stehen also noch im Mittelpunkt des Lebens und Treibens dieser alten Bewohner von Rom. Gestaltlos und tempellos sind noch die Götter. In heiligen Hainen, an Wässern oder auf freistehenden offenen Altären werden sie verehrt. Die altitalischen Feste der ältesten Gemeinde häufen sich besonders im März und Oktober, d. h. in den Monaten, in denen die Arbeit des Bauern sowie die ursprünglich auf den Sommer beschränkte Kriegführung einsetzen und schließen. Mit dem Marsmonat (März) begann das auf das frühere Zehn-Monate-Jahr folgende älteste Jahr der zwölf Monate, während mit dem Februar voll von Totenfeiern das alte Jahr zu Ende ging. Neben den italischen Göttern begegnen in diesem ältesten Kalender auch bereits etruskische, die, wohl von den ältesten eingewanderten etruskischen Geschlechtern gepflegt, mit ihnen nach Rom gelangt sind, wie Furrina, die „etruskische Erdmutter“, der in Ostia früh eingebürgerte Volcanus, vielleicht auch Saturnus, der schnell etruskisiert worden ist.

Endlich enthält der älteste Festkalender ehemalige griechische Gottheiten in italischer oder etruskischer Umprägung. Daraus geht hervor, daß diese ersten Aufnahmen indirekt vor sich gegangen sind, entweder durch die am frühesten griechisch beeinflußten Osker im Süden, wie bei Liber-Dionysos, oder gleichzeitig durch Osker und Etrusker, z. B. bei Ceres. Rom hat so bereits unter mittelbarem griechischem Einfluß gestanden, ehe vielleicht ein Grieche Latium betreten hat. Das muß wohl vermerkt werden und gibt der Geschichte von Latium und Rom die besondere Prägung, daß nämlich das Griechische, das die Süditaliker bis zu den Oskern hinauf, die illyrischen Ostvölker und die Messapier an der Adria und vor allem die so leicht beeinflußbaren Etrusker sofort stark ergriffen und stark durchsetzt hat, das latinische Mittelstück der Westküste nur in einzelnen Lebensäußerungen auf indirektem Wege erreicht hat.

Auch in Latium geht dann am Ende des 7. Jahrhunderts die Ausbreitung der Etrusker ähnlich vor sich, wie in Toskana, d. h. einerseits an der Küste und anderseits am Gebirgsrand. Im Küstengebiet sind Ostia mit seinem alten Volcanuskult und Ardea, die Stadt der wohl etruskisierten Rutuler, im Binnenland Tibur und Praeneste die ältesten Niederlassungen der südlich vordringenden Etrusker. Der Ausgangspunkt ist also für die Etrusker der Drang zur Beherrschung der Tibermündung mit den dortigen Salzgewinnungsstätten und des Landwegs nach dem reichen Kampanien über Praeneste hinweg. Zwischen Ardea und Praeneste in der Mitte aber liegt Tuskulum, das sich schon durch seinen Namen als tuskisch erweist. Seitdem war die latinisch-sabinische Doppelgemeinde von Rom geradezu etruskisch eingekreist und ist schließlich ebenfalls, aber spät, auch politisch dem nördlichen Nachbar erlegen, und zwar unter einem etruskischen Teilkönig, dessen Macht offenbar auf einer starken adligen Gefolgschaft ruhte. Sein schneller Sieg erklärt sich dadurch, daß die damalige Vorherrschaft des latinischen Adels im Staate durch die neuen Ankömmlinge eine ungemeine Stärkung erfuhr. Etruskische und latinische Adelsgeschlechter verbündeten sich miteinander. Die Fremdherrschaft wurde eine starke Stütze der Aristokratie.

Vielleicht erst in der bald nach 600 beginnenden, etwa hundertjährigen etruskischen Epoche Latiums ist die eigentümliche Formung des römischen Staates insofern fertig geworden, als der Bürger oberster Stufe gewissermaßen zwei Verbänden angehörte, einem weiteren, dem Staat, und einem engeren, seinem Geschlecht und innerhalb desselben seiner Sippe. Der Römer der historischen Zeit trägt nämlich einen Individual- und einen Geschlechtsnamen. Er ist also nicht nur Einzelmensch, sondern durch Abstammung und Leistung an sein Geschlecht gebunden. Er hat für die Ehre desselben einzutreten und erbt vom Vater nicht nur sein Vermögen, sondern auch die Auflage der Mehrung des Familienruhmes. Dieser aber steht im Dienste des römischen Volksruhmes, der sich gewissermaßen aus den Ruhmestiteln der einzelnen Geschlechter zusammensetzt, wie der Staat selbst ursprünglich eine Summe von Familien und Geschlechtern war, geführt von den Geschlechtshäuptlingen. Die altlatinische Bedeutung des Geschlechtes im Volksganzen hat also zum mindesten durch die jetzt einsetzende Fremdherrschaft eine starke Steigerung erfahren, wie auch die spezifisch einheimische Form der Klientel, die Anlehnung kleiner Leute an einen großen reicheren Besitzer als Patron, durch die etruskische Fremdherrschaft sicher vertieft worden ist.

Alles dies weist auf eine ältere voretruskische Staatsform hin, die entstanden ist aus altindogermanischen genossenschaftlichen Formen und primitiven Sippen- und Familienverbindungen.

Wie aber steht dieses älteste Rom zu Latium? Soweit wir auch hinaufzugehen vermögen, ist die völkische Einheit, das *nomen Latinum*, d. h. alles, was Latiner heißt, nur in der Idee erhalten. In Wirklichkeit ist das Ganze schon früh in einer Anzahl kleiner sakraler Gemeinschaften aufgespalten, die aber gemeinlatinischen Charakter behielten. Neben den ältesten Kult des Landes, denjenigen des Jupiter Latiaris auf dem Albanerberg, sind diejenigen der Diana von Aricia, der Venus von Lavinium getreten. Bünde, die sich an diese Heiligtümer anlehnten, wozu noch der Herkules von Tibur mit zwei abhängigen Gemeinden und die Fortuna von Praeneste mit acht abhängigen kamen, sind die älteste Form, in der uns die der politischen Einheit längst beraubte Landschaft entgegentritt. Der Bund von acht Siedlungen um den Hain der Diana von Aricia stand vorübergehend unter der Führung eines *dictator* oder *dicator Latinus* aus Tuskulum. In diese Reihe gehört auf dem Boden Roms die sakrale Gemeinschaft der sieben Berge, die später durch den Hinzutritt der sabinischen Hügelgemeinden erweitert worden ist.

An der Spitze Roms steht in ältester Zeit ein Volks- und Heeres**könig**, beschränkt durch die alte, vom Norden mitgebrachte Gemeinfreiheit des Volkes und getragen durch die freiwillige Bindung der Krieger an ihn. Er „führt aus" *(imperat)*, was die Volksgemeinde „befiehlt" *(iubet)*. Der König ist so der Willensträger seines Volkes, für das er zu handeln hat auf allen Gebieten. Weltliche und geistliche Macht sind untrennbar in seinen Händen verbunden, d. h. er besitzt das, was der Lateiner *imperium auspiciumque* nennt, und bezeichnenderweise bleibt er später, als er politisch entthront wird, als Sakralkönig selbst in der republikanischen Verfassung erhalten, weil die Vertretung der Gemeinde gegenüber den Göttern stets nur vom König aus erfolgen kann. Die Volksgemeinde ist älter als dieser Volks„leiter" *(rex)*, der nur ein „Erster unter seinesgleichen" war. Das Königtum ist weder Erbkönigtum noch ein reines Wahlkönigtum, sondern der neue König kam dadurch zu seiner Würde, daß in den Zeiten, in denen der Thron leer stand, ein Staatsverweser, der sogenannte „Zwischenkönig", nach Befragung der Götter ihn ernannte und zwar wohl ursprünglich, wie wir vermuten dürfen, aus Mitgliedern des zunächst allein erbberechtigten königlichen Geschlechts. Wenn dieser Zwischenkönig später vom Senat aus seinen Reihen ernannt wurde, so zeigt das ein Eintreten der Körperschaft für das Volksganze in einer vorgeschritteneren Zeit, als der Patriziat schon mächtig erstarkt war. Auch der neue König mußte erst die Götter befragen, ob er ihnen genehm sei.

Das bedeutungsvollste Recht der **Volksgemeinde** war und blieb immer das Recht der Entscheidung über Krieg und Frieden als vornehmster Rest der alten Gemeinfreiheit. Daneben ist das Zusammenwirken von Leiter und Volk bei

Begründung eines rechtsverbindlichen Gesetzesaktes *(lex)* immer geblieben.

Zwischen Volk und Volksleiter steht seit frühester Zeit der Senat. Er ist aus dem Kronrat des Königs entstanden, der aus den über 60 Jahre alten Männern der höchsten Volksschicht seine Ratsleute berief. Sie hießen *patres*, „Väter", nach der einen Auffassung, weil sie die Ältesten der großen ratsfähigen Geschlechter des Staates waren, nach der anderen, weil die in den Senat berufenen ihre Nachkommen erst ratsfähig machten und dadurch die „Väter" ihres Geschlechtes im ureigensten Sinne des Wortes wurden. Auf alle Fälle blieb dieser Titel durch die Bezeichnung Patrizier ständisch gebunden, insofern die späteren, erst in der Republik zugelassenen plebejischen Senatoren nur „Beigeordnete" *(conscripti)* hießen. Die Zahl war sicher ursprünglich wechselnd, die Berufung eine lebenslängliche. Ein Anrecht auf Berufung hatte niemand außer dem obersten Priester des Jupiters *(flamen Dialis)*.

Der Rat der Alten oder Greise *(senatus)* wurde wohl in bestimmten Fällen eingeholt, doch war der König nicht daran gebunden. Ihre durch Abstimmung festgestellte Meinung war nur ein „Ermessen" *(censere)*, nach Abgabe an den König ein „Ratschlag" *(consultum)*. Immerhin bildete die Einrichtung ein konservatives und allzu schnellen Fortschritt hemmendes Glied in dem alten Bauernstaat und war besonders wichtig unter der Herrschaft eines jungen Königs oder in der Zeit der Thronvakanz *(interregnum)*.

2. Die Etruskerherrschaft
(etwa 590—490)

Das entscheidende Ereignis in der Geschichte des ältesten Rom ist der Augenblick seiner Erhebung zur Stadt durch die Etrusker. Die Tatsache ist für uns deshalb von so großer Bedeutung, weil Rom seitdem als Stadt auch den Staat darstellt und den alten Stammstaat aufzulösen beginnt. Was aber die Alten nicht gewußt haben und auch die moderne Wissenschaft lange nicht festzustellen vermocht hat, ist heute durch die Bodenforschung erwiesen worden: Rom ist ein Spätling unter den Städten des westlichen Italien. Die Burgenwachtplätze an der Gabelung der alten Salzstraße aus dem Innern haben durch ihre Doppelbesetzung mit Latinern auf den sieben „Bergen" um den Palatin und den Sabinern auf den „Hügeln" des Quirinal zunächst einen Zusammenschluß zu einem einheitlichen Gemeinwesen aus sich heraus nicht gefunden. Es mußte erst das etruskische, im eigenen Lande schon lange verstädtischte Volkstum nach starker kultureller und religiöser Durchsetzung mit Griechischem zur politischen Herrschaft in diesem hochwichtigen Siedlungsraum gelangen, um Rom als Stadt entstehen zu lassen. Diese ist also dem Namen und der Sprache nach eine etruskische Schöpfung oder, wie die Alten sagten, eine nach etruskischem „Ritus" *(Etrusco ritu)* gegründete Stadt. Zur magischen Abwehr der Dämonen wurde sie bei der Gründung mit einer Furche umgeben. Der Pflug, mit dem diese Furche gezogen wurde, mußte über die nach dem Ritus üblichen drei Tore hinweggetragen werden. Nach außen bezeichneten dann Wall und Graben, nach innen die sakrale Wallstraße *(pomerium)* die Grenze. Diese scharfe Abschließung und Heiligung der Stadt, die durch die Auguralformel „herausgesprochener Boden" *(ager effatus)* wurde, machte die *urbs* als heiligen Bezirk *(templum)* allein fähig zur Einholung der im Vogelflug sich kundgebenden Himmelszeichen (Auspizien) und zur Abhaltung aller an die Befragung der Götter gebundenen Staatshandlungen. Hierin liegt der größte Unterschied der römischen und der griechischen Stadt. Das stadtrömische Gebiet, der in Tribus geteilte *ager Romanus*, zerfiel in das Stadtweichbild *(urbs* im engeren Sinne) und das platte Land *(ager)*. Beide Teile bildeten politisch-administrativ immer eine Einheit, genau so, wie im griechischen Stadtgebilde, aber sakral waren sie aufs stärkste voneinander geschieden. Nur die eigentliche Stadt war durch den Augur „heilig gesprochen". Zur heiligen Stadt aber gehörte auch der heilige Götterberg (Kapitol), daher zur Bezeichnung des Weichbildes auch die Formel *urbs et Capitolium* verwendet wurde.

Die Ausgrabungen auf dem Forumfriedhof haben den Beweis gebracht, daß die jüngsten Bestattungsgräber dort noch bis in den Anfang des 6. Jahrhunderts hinabreichen. Da die Umwandlung des zentralgelegenen Platzes aus einer Stätte der Toten zu einem Versammlungsplatz der lebenden Menschen von der Schöpfung der *urbs* unmöglich getrennt werden kann, sind wir zur Datierung ihrer Gründung in die Zeit frühestens um 590 berechtigt. Die Alten nahmen als Dauer der Herrschaft der etruskischen Tarquinier-Dynastie drei Könige, d. h. drei Generationen an, was einen Zeitraum von mindestens 100 Jahren bedeutet. Die erste Vorbedingung zur Umwandlung des Zentralplatzes war die Regulierung des Forumbaches und seine Fassung in die Cloaca maxima, wodurch die Entwässerung und Trockenlegung der versumpften Niederung herbeigeführt wurde.

Die Erinnerung an die alte Begräbnisstätte und den Totenverbrennungsplatz auf dem Forum aber wurde dadurch wach erhalten, daß dem Gotte Volcanus eine heilige Stätte, das Volcanal, auf dem neuen Platze verblieb. In deren Nähe und zwar auf der Grenze von Forum und Komitium (Versammlungsort der nach Kurien gegliederten Gemeinde) ist unter einem schwarzen, weißumrandeten Marmorpflaster der Kaiserzeit eine in etruskischer Weise durch zwei liegende Löwen kenntlich gemachte Stätte aufgedeckt worden, die, früh verehrt, später als das Grab des Stadtgründers Romulus betrachtet wurde. Dort steht eine oben abgeschlagene Spitzsäule *(cippus)* aus Tuff mit der berühmten ältesten Inschrift vom römischen Boden, in vertikalem „Bustrophedon", d. h. furchenförmig-abwechselnd links und rechtsläufig geschrieben, wie der Bauer pflügt. Sie enthält wahrscheinlich eine sakrale Satzung für den seit Beginn der Republik auf das religiöse Gebiet beschränkten König, der hier das Komitium betrat, ist also wohl erst gleich nach 500 verfaßt. Die Erinnerung an den alten Friedhof auf dem Forum klingt ferner in dem Brauche nach, daß auch später die Leichenprozessionen über das Forum geführt und hier die Grabreden gehalten wurden. So begegnet sich hier Uraltes und ganz Neues, dem streng konservativen Sinne des römischen Volkes gemäß und seiner Ehrfurcht vor der Väter Sitte entsprechend, die selbst das scheinbar abgestorbene

Gut in irgendeiner Weise weiterleben ließ. Aber voran stand jetzt die Verwendung des Ganzen als Zentrum der Stadt: Das Forum wurde Marktplatz, das Komitium Versammlungsplatz der Bürger. Daneben erhob sich die Kurie für den Senat. Dazu kam am anderen Ende des Marktes, gegen die Velia hin, das Amtslokal für den König, die Regia, alles im Schutze des in den Stadtring einbezogenen Götterbergs, auf welchem Jupiter „der König" *(Iupiter Rex)*, in der Republik nur noch „der beste und größte" *(Optimus, Maximus)*, thronte, umgeben von zwei weiblichen Gottheiten, wie sie der etruskische Glaube im Anschluß an die griechische Dreiheit Zeus, Hera, Athena an die Spitze des Staatskultes gestellt hatte. Ein heute noch erhaltenes Bauwerk reicht kaum in die etruskische Königszeit hinauf, das sogenannte Tullianum, am Fuße des Kapitols nach dem Forum hin gelegen, das die einen als ein altes Quellhaus, andere sogar als ein etruskisches Königsgrab gedeutet haben. Von der seitens der Tradition den etruskischen Königen zugeschriebenen älteren Stadtmauer ist noch nichts gefunden. Angenommen aber muß eine solche, der „servianischen" Mauer vorangehende Umwallung werden, weil ohne solche keine nach etruskischem Ritus gegründete Stadt möglich war.

Der Etruskerherrschaft über Rom haftet, wie in allen anderen latinischen Städten, der Charakter einer Fremdherrschaft an. Neben der Gründung und Heiligsprechung der Stadt ist die gewaltig gesteigerte königliche Befehlsgewalt der Beamten *(imperium)* das Hauptergebnis der fremdherrlichen Zwischenepoche. Das Beil im Rutenbündel, der äußere Ausdruck höchster Gewalt über Leben und Tod, geht auf die Etrusker zurück und hat die hohe Führerstellung des römischen Magistrats noch in der Republik zur Folge gehabt. Das militärische Führertum steht seitdem bei dem alten Marsvolk im Königtum immer voran. Der Triumphzug im Falle des Sieges ist ebenfalls etruskisches Erbgut. Ebenso ist etruskisch die gesteigerte Betonung der sakralen Funktionen des Staatsoberhauptes oder die enge Verbindung von Magistratur und Priestertum, endlich die noch engere Verbindung von Wehr- und Staatsverfassung der Stadt.

Neben dem Königtum bestand schon in dem voretruskischen Rom eine höchste Volksschicht, sagen wir ein Adel, der sich nicht nur wie in Griechenland auf Götterblut berief, sondern auch aus wirtschaftlicher Überlegenheit und politischer Bevorrechtung seine Herrenstellung herleitete, daneben allerdings in der Frühzeit auch auf die Erhaltung der Reinheit des Blutes Wert legte. Schon die Art des Siedelns bei den italischen Bauernstämmen in Gauen und Gauburgen mußte, weil in der hochgelegenen Gauburg zunächst allein die Herrengeschlechter saßen, die Entwicklung zu einer aristokratischen Staatsform begünstigen. Dazu kam von Etrurien her der Kampf auf dem Streitwagen, der nur von den Reichen geführt werden konnte. Nur wer einem Geschlecht, einerlei, ob einem etruskischen oder einem latinischen, angehört, daher dem Geschlechtsgott untersteht und das Recht des Ahnenbildes besitzt, zählt zu der Oberschicht der „Patrizier". Wer außerhalb der Geschlechter steht, ist ein Teil der „Plebs", die zunächst im Kleinbauerntum ihre Hauptstütze hat und zu den großen Herren zum Teil im Klientelverhältnis steht, wie später auch die kleinen Leute der anderen Berufsstände. Die Etruskerherrschaft mit ihrer aus der Fremde gekommenen Herrenkaste und ihrem Streben nach Großgrundbesitz in dieser Oberschicht hat die Auflösung der alten Gemeinfreiheit auch weiterhin stark gefördert. Gegliedert war der etruskische Königsstaat in drei „Tribus", die der Sache nach wohl voretruskisch, also italisch, den uns überkommenen Bezeichnungen nach *(Titienses, Ramnes, Luceres)* dagegen etruskisch waren. Die älteste Tribusgliederung ist, wie die Namen zeigen, ursprünglich gentilizisch und umfaßt dann, territorial geworden, auch den Wohnraum der betreffenden Geschlechter und ihrer Hintersassen in Stadt und Land. Jede der drei Tribus zerfiel in zehn „Kurien", so daß im ganzen dreißig Kurien vorhanden waren. Dies waren die alten Opferhäuser, die aber zugleich Bezirke für die militärische Aushebung darstellten. Das älteste Heer heißt *celeres*, von den einen als die „Schnellen", von den andern, aus dem Etruskischen hergeleitet, als die „Erhabenen" gedeutet. Es ist eine Waffe, die zur Heranbewegung in die

Schlacht den Streitwagen oder das Reitpferd verwendet, den eigentlichen Kampf aber meist zu Fuß erledigt, also eine beritten gemachte oder zu Wagen herbeigebrachte, schwer gepanzerte Hoplitenschar. Dieses Ritterheer setzte sich ursprünglich aus 300 Mann zusammen, je 100 aus jeder der drei Tribus, und war in drei bzw. nach der Verdoppelung der Tribus (*priores* und *posteriores*) in sechs Schwadronen (*turmae*) für die taktische Verwendung im Kampf gegliedert. An der Spitze standen drei (später sechs) Offiziere, die *tribuni celerum*, die in der Königszeit bereits neben den militärischen Funktionen auch sakrale gehabt haben müssen. In der Republik sind sie nur noch als Priester nachweisbar, als Leiter des „Trojaspiels" (*ludus Troiae*), eines Waffenreigens zu Pferde. Sie haben also wie der König den Wandel vom Beamten zum Priester durchgemacht. Daß aber auch das Fußvolk, wenigstens als loser Haufe (*milites* = „die haufenweise Marschierenden"), der den adeligen Herren zu folgen hatte, schon vorhanden war, beweist die sakrale Mumifizierung einer zweiten ehemals vorhandenen militärischen Formation, nämlich der „Salier", die noch in historischer Zeit vor dem Kriegsgott Mars den Waffenreigen im Tanzschritt vollzogen. Ihr hohes Alter aus der voretruskischen Epoche wird erwiesen durch die noch in historischer Zeit bestehende Zweiteilung in eine palatinische (*Salii Palatini*) und eine quirinalische Gruppe (*Salii Collini*) und zum anderen durch die Erhaltung der ältesten Ausrüstung der Kämpfer zu Fuß in ihrem Festschmuck. Die Entwicklung ist derart vor sich gegangen, daß dieses Fußvolk, das in der älteren Königszeit nur an zweiter Stelle in die Erscheinung getreten war, unter den Etruskern durchorganisiert und geschult, neben das ältere Reiterheer gestellt und die Hauptwaffe des römischen Staates, später durch die Zenturienversammlung der politische Ausdruck des republikanischen Staates geworden ist.

Neben den militärischen Gehilfen des Königs sind nur noch solche im Mordprozeß (*quaestores*) nachweisbar, um die uralte Blutrache der Willkür der Geschlechter zu entziehen. Darüber hinaus sind nur noch die sakralen Beamten des Staates erkennbar, von denen die Pontifices (Vorsteher des gesamten Sakralwesens) und die Augurn (Beobachter des Vogelflugs) sicher schon aus der voretruskischen Epoche übernommen, aber jetzt als die Helfer des Königs in seinen sakralrechtlichen Funktionen straffer in den Staat eingebaut worden sind. Die Steigerung der königlichen Befehlsgewalt durch die Etrusker tritt darin zutage, daß ein Heer von Helfern und Dienern *(calatores, lictores)* den alten Staatsleiter umgibt.

Aber der Staat ist kein vollkommen etruskischer geworden, wie in den ehemals ebenfalls latinischen Siedlungen Südtoskanas Tarquinii, Caere, Veji. In Sprache, Sitte und Glaube war die römische Großbauernschaft bei der Unterwerfung unter das Herrenvolk bereits so erstarkt, daß selbst eine etwa hundertjährige Fremdherrschaft nicht mehr das nationale Dasein vernichten konnte. Die Sprache des Staates ist auch in der etruskischen Epoche lateinisch geblieben. Die römische Familie, aufs schärfste auf die Vatergewalt und die von hier aus geübte Disziplin abgestellt, erhält sich gegenüber der so ganz anders gearteten etruskischen Familienorganisation. So entstand also ein Staatswesen im Unterbau (Familie) latinisch, im Oberbau (Königtum) etruskisch. Dieser Zweiklang der beiden aufeinander angewiesenen, so grundverschiedenen Völker ergab eine ungemeine Steigerung der Schlagkraft des Staates durch die Erhöhung der Disziplin von der streng patriarchalisch organisierten Familie her. Gerade in dieser jüngeren Königszeit sind der latinische „Hauskönig" und der etruskische „Staatskönig" nebeneinander die Garanten des Ganzen gewesen und haben dem Bauernstaat am Tiber die Überlegenheit über alle anderen verliehen.

Ähnliches zeigt sich in der Religion, in der noch alles geistige Leben der damaligen Gesellschaft zutage tritt. Zwar wurde die neue etruskische, zu Zweidrittel weibliche Dreiheit Jupiter, Juno, Minerva an die Stelle der alten latinischen Männertrias Jupiter, Mars, Quirinus gesetzt und im zentralen Heiligtum des Kapitols zum Mittelpunkt des neuen Staates erhoben. Im ganzen aber blieb in der Religion wie in der Familie die alte angestammte Art der Latiner am stärksten erhalten. Zur Vermenschlichung seiner

Götter und zum Tempelbau ist dieser Glaube auch jetzt erst sehr langsam fortgeschritten, weil er, lange in den alten ganz primitiven, fetischartigen Gottesvorstellungen befangen, die Götter nicht als Personen, sondern als magische, den Menschen und Dingen innewohnende Kräfte, dazu als allgegenwärtig waltende Mächte aufgefaßt hat. Nichts ist so latinisch, wie die Lehre vom *numen*, dem allen Personen und Sachen innewohnenden „göttlichen Walten". Diese altlatinische Religion vollzieht sich aber weniger in der eigentlichen Glaubenssphäre, die eine innere Teilnahme oder gar eine völlige Besitznahme bei den Menschen zu bringen pflegt, als leidenschaftslos im strengen Einhalten der Vorschriften und in der Ausübung des Kultus, wobei der römische Bauer von seinem Gotte, dem er alles ihm Zukommende erfüllt, auch die nötige Gegenleistung (*do ut des*, ich gebe Dir, damit Du gibst) erwartet. Neben der neuen Göttertrias sind alle die alten, früher aufgezählten latinischen Gottheiten wie Janus (Tür), Vesta (Herd), Penaten (Hausinnere) geblieben und beweisen die unausgesetzte Pflege der streng religiös gestalteten Haus- und Familiengemeinschaft. Auch die Arbeit des Bauern bedarf nach wie vor des göttlichen Schutzes von der Saat (Saturnus) bis zur Ernte (Consus), ebenso die Herden (Faunus) und das unentbehrliche Feuer (Volcanus). Hier ist eher noch eine Vertiefung eingetreten, insofern das gesamte Gebiet der landwirtschaftlichen Tätigkeit sozusagen vergöttlicht worden ist durch die Ausbildung bestimmter „Sondergötter" für die ländlichen Arbeiten.

Man sieht deutlich: Über dem ältesten römischen Staat und seinen Bewohnern steht überall eine für den Römer zunächst unfaßbare göttliche Macht. Sie offenbart sich dem Menschen vor allem in ihrem Zorne, und zwar in allerhand Zeichen und Wundern (Prodigien), die sowohl vom armen Einzelmenschen wie von der im Staat vereinigten Gesamtheit aufs ängstlichste beachtet werden müssen. Dem Griechen haben die Prodigien seit alters die Zukunft verkündet. Dem römischen Bauern waren sie göttliche Zornesäußerungen, die man schnellstens sühnen muß, damit frucht- und segenbringender Friede (*pax*) zwischen Göttern und Menschen besteht. Seuchen, Mißwachs, Hungersnöte sind nur Schickungen einer zürnenden Gottheit, und auch manche schlimme Vorkommnisse im Staate sind Anlaß zum Zorn der Götter und daher sühneheischend geworden. Die religiöse Stimmung ist bei diesem immer Landvolk gebliebenen Menschentum viel realistischer und in schweren Zeiten viel düsterer als in Hellas. Auch auf diesem Gebiet hat der harte etruskische Schicksalsglaube ohne Zweifel dann weiter vertiefend gewirkt.

Nach außen muß die Zeit der Etruskerherrschaft für Rom eine Zeit der Staatsausweitung gewesen sein, da der Druck des mächtigsten Nachbarn nunmehr beseitigt und der Anschluß an das große Wirtschaftsgebiet Toskanas erreicht war. Die Expansion muß frühzeitig in der Richtung auf das Albanergebirge und die dem Gebirge vorgelagerte Ebene zum Meere hin erfolgt sein, da nach Norden der Anio und am Sabinergebirge die alten Städte Tibur und Praeneste, sowie das Praeneste gegenübergelegene Tuskulum einen Wall aufrichteten. Wieweit daraus in der Etruskerzeit Roms eine politische Beherrschung von Teilen Latiums geworden ist, bleibt unsicher. Die unmittelbare römische Herrschaftssphäre wird durch die frühzeitig unterworfenen Örtlichkeiten bezeichnet, deren Heiligtümer durch sogenannte „Herausrufung" *(evocatio)* der Götter nach Rom gezogen oder dann von dort aus besorgt worden sind. Neben Alba Longa, dessen Kulte frühzeitig nach Bovillae, dem Ursprungsort des julischen Geschlechtes, übertragen wurden, sind dies vor allem Cabum (Monte Cavo: *sacerdotes Cabenses)*, weiter eine Ortschaft, die in den *sacerdotes Suciniani* erhalten ist, endlich Caenina in der Aniogegend. Ein typisches Bild der hierbei eingetretenen Veränderungen gibt Lavinium, das dem späteren Glauben als die Urheimat des latinischen Stammes galt. Hier ist die in historischer Zeit mit Laurentum vereinigte Gemeinde, sakral mumifiziert, unter die öffentlichen Priestertümer Roms aufgenommen worden. Ganz so weit kam es nicht mit Lanuvium. Dieses bestand wie Tuskulum in der republikanischen Zeit als Gemeinde selbständig weiter. Seine religiösen Belange aber fanden eine doppelte Pflege einerseits durch die heimischen, anderseits durch die römischen Priester. Das älteste stadtrömische Territorium lag also in dem südlichen vom Tiber gelegenen Raume, den wir auf der Karte durch die Namen Lavinium, Lanuvium, Cabum, Tuskulum, Aniofluß abgrenzen können. Zu diesem ältesten Bereich römisch-latinischer Herrschaft gehört auch Gabii, auf dem Wege nach Praeneste hinüber in der Mitte zwischen Tuskulum und dem Anio gelegen. Die Gemeinde soll anfangs nur im Vertragsverhältnis zu Rom gestanden haben. Die Folge war, daß Gabii bzw. der *ager Gabinus* in der römischen Augural-Disziplin immer eine Mittelstellung zwischen dem altrömischen Territorium und dem Feindesland eingenommen hat. Von Gabii hatte Rom auch die sakrale Tracht, die über das Haupt gezogene Toga, übernommen, die daher im Kultus *cinctus Gabinus* hieß. Dagegen gehörten Tibur und Praeneste als selbständige Staaten nicht zum altrömischen Bereich. Das Heiligtum der Diana von Aricia am Nemisee wurde in dieser Zeit das Mutterheiligtum zweier Filialen, derjenigen des Hügels Corne bei Tuskulum und derjenigen auf dem Aventin, welch letztere die Eigenschaft eines gemeinsamen latinischen Heiligtums auch in Rom behalten hat.

3. Die Begründung der Republik (nach 490)

Der römische Staat hat eines Tages den auch sonst in der antiken Welt zu beobachtenden Übergang von der Monarchie zur Republik durchgemacht. Für Rom wurde das Ereignis dadurch besonders bedeutungsvoll, daß die Tarquinier-Dynastie eine Fremdherrschaft gewesen war und daher Republikbeginn und Befreiung Latiums von den Etruskern nach der Tradition zusammengefallen sind. Dadurch ist das Geschehnis doppelt denkwürdig geworden und als das größte und neben dem vorangegangenen Fremdkönigtum in seiner Fernwirkung nachhaltigste in der historischen Rückerinnerung der nachfolgenden Generationen dauernd haften geblieben. Da eine gleichzeitige Überlieferung noch nicht vorhanden war, ist über das Wie und das

Wann der größten Umwälzung in Altrom im Grunde nichts weiteres als die nackte Tatsache des Ereignisses selbst zu berichten. Alles übrige bleibt spätere Kombination, die nur die wahrscheinlichste, dem historischen Verlauf am nächsten kommende Möglichkeit herauszustellen vermag. Betont aber muß hier schon werden, daß der legendäre Charakter der altrömischen Geschichte nicht, wie Mommsen wegen der seiner Ansicht nach auch in ihren ältesten Bestandteilen am Anfang echten Konsulliste glaubte, mit dem Anbruch der Republik geringer ist, sondern daß vielmehr Niebuhr, der eigentliche Schöpfer einer kritischen Behandlung der altrömischen Dinge, hier richtiger gesehen hat, wenn er über den Verfassungswandel hinaus die Glaubwürdigkeit der alten Überlieferung, zum mindesten bis zum Dezemvirat hin, angezweifelt hat. Rückkehr zu ihm muß daher heute für die kritische Forschung die Parole sein.

Die Geschichtsklitterung der Römer, die später gläubig hingenommen worden ist, hat gewisse, sehr alte Institutionen an große, zum Teil erfundene Namen angeknüpft, dem Gesetz primitiver Geschichtsbildung folgend, die die Fortschritte im Leben von Staat und Gesellschaft gern mit dem Namen großer legendärer Staatsschöpfer in Verbindung bringt. Die Königszeit bietet dafür schon sehr lehrreiche Beispiele. Die Gründung von Rom und die älteste Ordnung des Gemeinwesens ist an den Namen des ersten Königs, an Romulus, geknüpft, die Ordnung des Kultwesens und der Abfolge der Feiertage an denjenigen seines Nachfolgers Numa Pompilius. Eine Masse von sonstigen neuen Einrichtungen wie die Zenturienordnung soll der unpersönlichste aller römischen Könige, Servius Tullius, geschaffen haben, weshalb von „servianischer" Ordnung gesprochen wird. Aber auch noch nach der Schöpfung der Republik müssen wir weiterhin zwischen ältesten Institutionen und ihren angeblichen Schöpfern scharf scheiden. Nicht reale Menschen also, sondern imaginäre Sammelpersönlichkeiten und Sammeljahre oder Sammelepochen treten uns auch weiterhin entgegen und verschieben oder verwirren das Bild der organischen Entwicklung Altroms, wie sie wirklich gewesen ist. Gegenüber den Namen, die die Überlieferung bietet, müssen wir also auch fernerhin zurückhaltend sein, wenn wir den wahren Verlauf der Dinge herausstellen wollen.

So ist auch die Schöpfung der Republik für uns anonym. Alle in diesem Zusammenhang überlieferten Namen sind Erfindungen bis hinauf zu jenem ersten „Brutus“, dem angeblichen Bringer der römischen Freiheit. Auch darüber ist lange gestritten worden, ob eine Revolution oder eine kürzer bzw. länger andauernde Evolution den neuen königsfreien Staat geschaffen hat. Mit Recht neigt man heute dazu, daß der Übergang vom Königtum zur Republik wohl nicht ohne Gewaltsamkeit vor sich gegangen ist, wie allein schon die dauernde Verfemung des Königstitels beweist. Es ist auch kein einseitig nationaler Aufbruch gewesen, sondern mit der Wiederherstellung der völkischen Unabhängigkeit verquickte sich eine Bewegung der zum Selbstregiment reifgewordenen obersten Schicht des Staates gegen die durch die Etrusker zum Absolutismus gesteigerte Herrschaft des Staatsleiters. König und Adel im Kampf um die Macht im Staate war seit 500 eine nicht nur auf Rom beschränkte ständische Gruppierung, sondern eine „Zeiterscheinung“. Überall in Etrurien und Latium drängen damals die Geschlechter zur Übernahme der Staatsgewalt durch die Geschlechtshäupter vor. Es ist die Bewegung von der monarchischen zur aristokratischen Staatsform, die Griechenland schon 200 Jahre früher durchgemacht hatte. Der Sage nach wandte sich der vertriebene Tarquinier zu Porsenna von Clusium oder von Veji, wie man heute glaubt, der Rom noch einmal erobert und in erneute Abhängigkeit vom Etruskertum gebracht haben soll. Die abermalige Befreiung der Stadt geschah dann angeblich durch die Latiner, die mit dem damaligen Herrn von Kyme, Aristodemos, verbündet waren. Das latinisch-kymeische Heer schlug den Sohn des neuen Gewaltherrschers Aruns Porsenna bei Aricia und machte Rom endgültig frei, also von Latiums Gnaden, mit welchem das stärker etruskisierte Rom nach der Überlieferung damals verfeindet war. Auch diese Traditionsmasse ist wohl kaum in dieser Form historisch, da sie einen zu ausgedehnten, für die damalige Zeit noch nicht von Rom aus beeinflußten Raum (von Clusium bis Kyme) voraussetzt. An die Stelle des Königtums trat eine streng aristokratische Verfassung, da die Häupter der latinischen Geschlechter die Monarchie beseitigt hatten. Wie konservativ aber die Umwälzung gewesen ist, zeigt die Tatsache, daß das Königtum nicht vollkommen abgeschafft wurde, sondern für zwei Fälle erhalten blieb, einmal für gewisse Funktionen den Göttern gegenüber als Sakral- oder Opferkönig *(rex sacrorum)*, und zweitens für die Zeit der Amtslosigkeit bei nicht zustande gekommener Wahl eines neuen Gemeindeoberhauptes als „Zwischenkönig" *(interrex)*. Der Sakralkönig, der aus der höchsten patrizischen Schicht genommen wurde und aus einer streng religiös geschlossenen Ehe *(confarreatio)* stammen und in gleicher Ehe verheiratet sein mußte, hat für ein Teilgebiet der alten königlichen Befehlsgewalt zwei Dinge in die Republik hinübergerettet, einmal die Lebenslänglichkeit und zum anderen die priesterliche Eigenschaft auch seiner Gattin, der *regina sacrorum*. Er hat aber nicht den sakralen Teil der Pflichten des Königtums in seiner Ganzheit geerbt. In erster Linie blieb er vielmehr der Priester des Janus, und an dem grundlegenden Rechtssatz, daß der höchste Beamte des Staates auch die oberste religiöse Vertretung der Gemeinde besaß, wurde in der Republik nichts geändert. Die Erhaltung der zwischenköniglichen Stellung hängt ebenfalls nur mit der gewissenhaften Erfüllung der Gemeindepflichten gegenüber den Göttern zusammen. In erster Linie war die Beobachtung des göttlichen Willens im Vogelflug unter Beiziehung der Augurn ein Vorrecht der Könige und ihrer Erben im Oberamt der Republik. Während des Interregnums mußte daher ein Mann aus dem Senat bestimmt werden, der den Verkehr mit den Göttern aufrecht erhalten konnte. Der alte Rechtsgrundsatz, der sich in den Worten ausspricht: „Die Auspizien kehren zu den ‚Vätern' zurück", beweist, daß jetzt der Gesamtheit des patrizischen Senates das Recht dieser Form der Willenserkundung der Götter zukam und der Oberbeamte damit nur beliehen wurde. So hat Rom zwar seit der Vertreibung der Etrusker keinen politischen König mehr an der Spitze gehabt, wohl aber einen „Sakralkönig" und einen „Zwischenkönig" als Überbleibsel der vorangegangenen Regierungsform.

Wer aber war der eigentliche Erbe des Königs? Die antike Überlieferung gibt darauf die Antwort, daß sofort zwei Jahr für Jahr neugewählte Prätoren oder, wie sie einige Zeit später genannt wurden, zwei Konsuln mit ganz gleicher Amtsgewalt an seine Stelle getreten sind, gestützt auf eine uns erhaltene Konsulliste, die vom ersten Jahr der Republik an lückenlos, aber zum mindesten am Anfang gefälscht, dargeboten wird. Da jeder der beiden neuen Jahresbeamten die ungeteilte königliche Befehlsgewalt geerbt hatte, wäre die neue Verfassung des patrizisch regierten Ämterstaates neben der zeitlichen Begrenzung durch eine Verdoppelung der Träger der obersten Gewalt gekennzeichnet, und da bei entgegengesetzter Stellungnahme der beiden der Verbietende dem Gebietenden gegenüber Recht behielt, wäre, wie man gesagt hat, die königliche Gewalt gewissermaßen durch sich selber vernichtbar gemacht worden. Ein jährlich wechselndes Doppelkönigtum, bei dem die beiden Träger der Gewalt nur auf den Titel König verzichten mußten, wäre in Rom seit dem Umsturz zu verzeichnen und dies in einem Augenblick, da der Staat durch Loslösung aus dem etruskischen Machtbereich außenpolitisch sicher eine große Schwächung erfahren hat, dazu eine Staatsform von solcher Kompliziertheit, wie man sie der älteren Zeit schwerlich zutrauen darf.

Gegenüber der so gestalteten antiken Überlieferung ist frühzeitig die Kritik laut geworden. Die einen haben eine Übergangsstufe vom etruskischen Königtum zum latinischen Adelsstaat darin sehen wollen, daß, wie am Schluß der Königszeit eine Art Gesamtherrschaft des tarquinischen Geschlechtes, so auch im Anfang der Republik das Übergewicht einzelner Geschlechter wie z. B. des valerischen oder des fabischen anzunehmen sei, wodurch die Verdoppelung des Oberamtes nicht sofort als schädlich in die Erscheinung getreten sei. Viel einleuchtender ist die andere Hypothese, daß die Konsulatsverfassung nicht unmittelbar nach der Vertreibung der Könige eingeführt worden ist, sondern daß die Ersetzung des lebenslänglichen Königs zunächst durch einen jährigen Einzelbeamten ohne den Königstitel, wie auch anderswo, das der schwierigen Situation des Staates mehr Entsprechende darstellt.

Zu allen Zeiten pflegt bei einer Staatsumwälzung das Heer und die Heeresführung aus außen- und innenpolitischen Gründen in den Vordergrund zu treten. Es fragt sich daher, ob nicht schon damals wie so oft auch später die Heeresverfassung der Staatsverfassung die Wege gewiesen hat. Das Heer der Königszeit und der nun folgenden frühen Republik war ein Heer berittener Hopliten. Auf dieses älteste Heer deutet ein Beamter der später nur noch als Notmagistratur der Republik verwendeten Regierungsform der Diktatur hin: der Reiteroberst oder Reiterführer *(magister equitum)*, in der späteren Zeit des Bürgerheeres zu Fuß ein Fremdkörper im Oberamt. Obwohl dem Aufgabenkreis nach im wesentlichen höchster Offizier des Staates, ist er so wenig wie sein Vorgesetzter, der Diktator, auf die militärischen Geschäfte beschränkt gewesen. Allerdings ist seine Befehlsgewalt derjenigen des Diktators unterlegen gewesen. Er ist Inhaber eines sogenannten *imperium minus.* Diese für eine spätere Zeit seltsame staatsrechtliche Stellung wird sofort verständlich, wenn wir annehmen, daß das später nur noch in Notzeiten verwendete Amt des Diktators, der ursprünglich *magister populi* („Volks- oder Gemeindemeister“) hieß, einmal das Normalamt der Republik gewesen ist. Daneben kommt der Titel „oberster Feldherr“ *(praetor maximus)* vor, da „Volk“ hier wie bei allen indogermanischen Völkern ursprünglich der gesamte Heerbann ist. Der Reiterführer als erster Offizier und zugleich Amtsgenosse mit niederer Gewalt paßt eigentlich dem Namen und der Sache nach in seiner Entstehung nur in diejenige Zeit, in welcher das Reiterheer die einzige oder wenigstens die vornehmste Waffe des Staates gewesen war.

Dieser in seiner Spitze so organisierte älteste römische Aristokratenstaat, der die Monarchie durch ein Jahreskönigtum mit bescheidenerem Titel abgelöst haben dürfte, hat auch sonst noch Spuren in der ferneren Sozial- und Rechtsentwicklung Roms hinterlassen. Die „Jugend“ *(iuventus)* im engsten Sinne ist auch im späteren lateinischen Sprachgebrauch immer die ritterliche Jungmannschaft geblieben, die in den eben betrachteten Zeiten des Reiterheeres allein den Armeenachwuchs stellte. Auch die Bezeichnung „Jugenderster", „Jugendführer" (*princeps iuventutis*, daneben auch *praetor iuventutis* in südetruskischen Städten) ist ein Erbstück dieser Ritterepoche, die vielleicht nicht nur für die „Jugend", sondern auch für den Gesamtstaat zunächst die neue jährlich wechselnde Leitung in e i n e r Hand belassen hat.

Der Zeit nach läßt die Überlieferung den Umsturz gleichzeitig mit der Einweihung des kapitolinischen Tempels erfolgt sein. Dieses höchste Staatsheiligtum, angeblich eine Gründung des Tarquinius Priscus, soll am 13. September 507 durch den Konsul M. Horatius geweiht worden sein. Dieses erste Republikjahr aber ist ein Sammeljahr übelster Sorte, wohin alles gelegt worden ist, was in Rom als uralt galt. Das Ereignis, von dem die Tradition ausgegangen ist, dürfte die Tempelweihe gewesen sein, die wohl schon in der Königszeit erfolgt war, aus Nationalstolz aber dann als die erste Tat der jungen Republik gefeiert worden ist. M. Horatius gehört ursprünglich gar nicht in die längst als falsch erkannte Konsulliste des ersten Jahres. Er ist erst hereingebracht worden, als die Tempelweihe hier angesetzt worden war. Auch der erste Vertrag mit Karthago ist ebenfalls spät in das Sammeljahr gelegt worden, um Karthagos Treulosigkeit gegenüber der vom ersten Tag der Republik ab bestehenden Vertragstreue Roms zu kennzeichnen. Eine urkundliche Datierung des Vertrags fehlt. Von außen gesehen kommt dazu: Um 500 stand die Etruskermacht in der höchsten Blüte. Sie hatte sich erst kurz vorher bis nach Kampanien hin ausgeweitet. Wenn ihre Herrschaft in Rom, wie wir gesehen haben, erst nach 600 einsetzte und den Bodenfunden sowie den Einflüssen nach, die die lateinische Sprache von seiten der etruskischen erfahren hat, auf Grund der antiken Überlieferung drei Generationen, d. h. etwas über 100 Jahre, gedauert hat, dann kommen wir auch von hier aus auf ein Jahr n a c h 500, also näher dem ersten, von griechischer Seite überlieferten historischen Datum dieser

Zeit, dem Jahr der etruskischen Niederlage bei Kyme durch die Syrakusaner 474. Zwischen 500 und 474 ist am wahrscheinlichsten die Gründung der römischen Republik erfolgt, und zwar vielleicht für die erste Zeit mit einer Diktatorverfassung, in welcher der damalige Reiter-Heereschef eine hohe Rolle gespielt hat.

4. Römer und Latiner als Erben der Etrusker
(etwa 490/80–390/87)

Die Geschichte der jungen Republik ist im Innern wie nach außen ein fast unbeschriebenes Blatt. Sie war und blieb wie so viele aus der Eingeborenenschicht damals hervorgegangene Gemeinden ein Kleinstaat. Denn sie war zwischen den großen einander feindlichen Mächten des Nordens (Etruskern) und des Südens (Griechen) eingeklemmt und war noch nicht einmal Herr im eigenen Lande. Dem Sturze der Etrusker in Latium folgte derjenige in Kampanien, gleichzeitig die Vernichtung ihrer Herrschaft auf dem bis dahin nicht nur dem Namen nach tyrrhenischen Meer durch die Syrakusaner bei Kyme (Cumae) im Jahre 474. Aber auch der Niedergang des Griechentums in diesem seinem äußersten Ausläufer hatte schon eingesetzt, seitdem die Etrusker vom Hinterland Besitz ergriffen hatten. Schon zum Jahre 524 hören wir in Fortsetzung jener Kämpfe gegen die Hellenen seit der Seeschlacht bei Alalia von einem Ansturm der einheimischen Völker auf die Stadt, um auch hier die Küste italischerseits zu gewinnen. Die Stadt hat sich gehalten, angeblich durch das wunderbare Eingreifen der Götter. Der bei der Abwehr stark beteiligte hochadelige Aristodemos hat dann die in der Stadt herrschende Aristokratie gestürzt und etwa seit 504 eine Tyrannis errichtet, die sich auf eine große, aus Einheimischen gebildete Söldnertruppe stützte. Mit Aristodemos' Tod beginnt von neuem der Niedergang Kymes und damit das Schwinden seines langjährigen Einflusses auf die Völker der Halbinsel. Im Kampf gegen die Etrusker mußte man schon Hieron von Syrakus zu Hilfe rufen.

Wenn wir neben diesem Niedergang von Kyme auch noch

der Zerstörung von Sybaris durch Kroton im Jahre 510 gedenken, wodurch der Weg für den späteren Aufstieg Tarents, allerdings erst nach schwerer Niederlage seitens der Japyger im Jahre 473, freigemacht wurde, und gleichzeitig noch den Sieg der Griechen bei Himera (480) uns ins Gedächtnis rufen, ergibt sich die wichtige Tatsache der Verlagerung des hellenischen Schwergewichts von dem italischen Festland nach Sizilien hinüber. Hier nimmt die „Tyrannis", voran diejenige von Syrakus, eine Gestalt an, die dieser überall sonst so schnell vorübergehenden Verfassungsform der Hellenen einen dauernden und für ihre Machtstellung nach außen entscheidenden Charakter verleiht, allerdings nicht ohne zwischendurch der Demokratie Platz zu machen. Das Hauptergebnis, von Rom aus gesehen, lautete: Die gegnerischen Mächte werden aus der unmittelbaren Bedrohung Latiums, sowie Kampaniens auf ihre innere Basis zurückgeworfen. Die entscheidende Stelle in der Mitte der Westküste Italiens erhält dadurch größere Bewegungsfreiheit. Die kommende Parole „Italien den Italikern" kündet sich im Herzland der Halbinsel zum erstenmal an und bekommt einen Auftrieb dadurch, daß beide italischen Fremdmächte immer mehr dazu übergehen, die Einheimischen, vor allem die Osker, als Söldner in ihre Dienste zu nehmen und dadurch das Selbstbewußtsein der so lange niedergehaltenen Eingeborenenrasse zu steigern. Die dritte Großmacht der Zeit, die Seekönigin Karthago, war durch die Siege der Griechen bei Himera und Kyme für ein Halbjahrhundert von der Möglichkeit einer Bedrängung Italiens vom Meere her ferngehalten. Es ist nicht nur römische Tapferkeit und römischer Freiheitsdrang, sondern auch die politische Gesamtlage in den Küstenländern des tyrrhenischen Meeres gewesen, welche dem westlichen Italien in seinem Kern zum ersten Male für die Aufwärtsbewegung der einheimischen Bevölkerung Luft und Licht gegeben, sowie das Meer geöffnet hat.

Kulturell war natürlich der Druck des Etruskertums durch die römische Befreiungstat keineswegs ganz beseitigt. Er blieb noch über ein Jahrhundert lang auf Rom ruhen, so sehr man sich dort auch mühte, die volle Erbschaft des größeren und reicheren Nachbarn im Norden in jeder Beziehung anzutreten. Daneben liegen wirtschaftlich mannigfache Beziehungen zu den Griechenstädten Siziliens, voran zu den syrakusanischen Tyrannen, vor. Zum erstenmal erscheint in Hungerszeiten infolge der für Altlatium frühzeitig anzunehmenden starken Übervölkerung die Insel Sizilien als Kornspenderin für den Norden. Räumlich zwischen den etruskischen Norden und den griechischen Süden eingezwängt, hat so der frei gewordene Kleinstaat naturgemäß aus dem sich immer mehr verschärfenden Gegensatz der beiden Fremdvölker durch eine geschickte Politik Nutzen zu ziehen gesucht. Aber nur lokale Kämpfe mit seinen Nachbarn, den Latinern, Volskern, Hernikern, Äquern und Sabinern sind anfangs zu verzeichnen, ohne große Bedeutung für die spätere Entwicklung, die bald auf ungeahnte Höhe hinaufführen sollte.

Viel wichtiger war es, daß seit der Mitte des 5. Jahrhunderts Syrakus durch eine erneute etruskerfeindliche Seepolitik das tyrrhenische Meer ganz frei machte und so die Schrittmacherin für die spätere Größe Roms wurde, insofern das Meer, wie vorher den Karthagern, so jetzt endgültig den Etruskern entrissen und letzteren ihre Betätigung auf dem Gebiete der Piraterie genommen wurde. Seitdem das Griechentum Siziliens die Führung an sich gerissen hatte, war die Meerengenfrage bei Messina in den Vordergrund des politischen und wirtschaftlichen Interesses der Völker des Westmeeres gerückt worden, und dadurch war die Bedeutung der Kleininselwelt im Angesicht Südwestitaliens ungemein gewachsen. Hier hatten einstmals Kolonisten aus Rhodos und Knidos um 580 durch Besetzung der liparischen Inseln eine griechische Wacht aufgerichtet, und die tapferen Siedler hatten lange Zeit die Vorstöße der Etrusker auf die Meerenge aufgehalten. Dann aber hat der Tyrann Anaxilaos von Rhegium und Messina schon vor der Schlacht von Himera die Meerenge für die etruskischen Raubfahrten gesperrt. Nach dem Sieg Hierons bei Kyme drang jetzt die syrakusanische Politik weiter nordwärts vor. Die Insel Ischia wurde eine Zeitlang der nördliche Außenposten der Syrakusaner. Im Jahre 453 erfolgte dann nach einem infolge Bestechung des syrakusanischen Feldherrn mißglückten ersten Unternehmen der entscheidende Seezug mit 60 Kriegsschiffen gegen die etruskische Küste und gegen Korsika. Als Ertrag wird angegeben: die Verwüstung dieser Insel, die Unterwerfung von Elba und die Einbringung vieler Kriegsgefangener und reicher Beute. Dies aber bedeutete die endliche völlige Freilegung des Meeres auch für die einheimischen Italiker, voran die Latiner. Wenn wir im ersten karthagisch-römischen Vertrag von Fahrten der Römer und ihrer Bundesgenossen über das Meer hinweg bis Sizilien und darüber hinaus nach Nordafrika, zur Zeit Alexanders des Großen von kühnen Fahrten der Seeleute von Antium bis ins östliche Mittelmeerbecken hören, müssen wir uns immer vor Augen halten, daß erst die sizilischen Griechen es gewesen sind, die seit dem 5. Jahrhundert das Westmeer freigemacht haben. Damals erst entdeckte der latinische Bauer, daß er am Meere wohnte. Frische Seeluft wehte ihm entgegen, und der alte Salzstapelplatz Rom merkte von ferne zum ersten Male, was überseeische Märkte bedeuteten.

Doch unmittelbare Folgen hatte der Kampf der Großmächte um das tyrrhenische Meer, der sich damals abspielte, für Rom noch nicht. Rom verharrte noch in einer von lokalen Landinteressen beherrschten Kleinstaatpolitik. Daneben war es mit der Lösung der inneren Probleme, die der Umsturz ihm aufgegeben hatte, und mit der Regelung des Verhältnisses zu Latium stark beschäftigt.

Ungemein schwer ist es, die innere Geschichte Roms in dieser Epoche des Kleinstaates während des 5. Jahrhunderts wieder zu gewinnen. Die älteste Darstellung stammt aus dem Schoße des Pontifikal-Kollegiums, und zwar aus einer Zeit, die etwa 200 Jahre nach den Ereignissen liegt. Die Priester besaßen nur den alten, bis in die Königszeit zurückreichenden Festkalender, daneben höchstens noch Aufzeichnungen über Jahre, manchmal auch Tage von Tempelgründungen und Tempeleinweihungen. An diese Daten aus der Sakralgeschichte sind die ältesten politischen Ereignisse, soweit sie dunkel in der Erinnerung der Geschlechter fortlebten und durch die Sage zeitlos geworden waren, erst spät angeknüpft und dadurch teilweise zu einer zeitlichen Festlegung gebracht worden, die vielfach mit dem wirklichen Lauf der Begebenheiten, meist durch viel zu hohe Hinaufdatierungen, in Widerspruch steht.

Neben dem angeblichen Einweihungsjahr des kapitolinischen Tempels, der zum Jahr des Republikbeginnes und daneben zum ältesten Sammeljahr nichtdatierter Frühereignisse des Freistaates erhoben wurde, sind in der auf uns gekommenen Tradition die Jahre 497–493 mit Vorkommnissen aller Art überfüllt, wobei abermals die sakralen Zeitangaben im Vordergrund stehen. In das Jahr 497 wird die Gründung des Saturnustempels am Forum verlegt, ins Jahr 495 die Schöpfung des Merkurheiligtums am späteren Circus Maximus, ins Jahr 493 diejenige des Tempels der Götterdreiheit Ceres, Liber, Libera (griech. Demeter, Dionysos, Kore) in derselben Stadtgegend. Es ist dieser Fünfjahresabschnitt weiter die Zeit angeblicher Kämpfe mit Latium, in deren Mittelpunkt die Schlacht am See Regillus (496) steht. In dieser Schlacht wird der im Jahre 484 geweihte Tempel der Dioskuren (Castores) gelobt. Ebenso werden damals die großen Votivspiele *(ludi magni votivi)* gelobt und im Jahre 491 zum ersten Male gefeiert. Diese für die Sakralgeschichte Roms und seine Außenpolitik angeblich so bedeutungsvolle Epoche ist nach der Tradition aber auch für die innere politische Entwicklung grundlegend: In das Jahr 495 ist die Begründung der ersten Landtribus verlegt; 494 geschah die sogenannte erste Auswanderung der Plebs auf den „heiligen Berg“, weiter die Einsetzung des Volkstribunats, angeblich zunächst in der Zweizahl, 493 der Abschluß des Bündnisvertrags des Sp. Kassius mit den Latinern *(foedus Cassianum)*. Mit anderen Worten: die Schaffung des plebejischen Eigenstaates und die Herstellung des latinischen Bundesstaates werden in gleicher Weise in dieser deutlich als Sammelepoche kenntlichen Zeitspanne angesetzt, um den ältesten Tempeln und den heiligen Institutionen einen möglichst bedeutsamen Hintergrund zu geben.

Auszugehen ist auch hier von den frühesten in dieses Jahrzehnt hinaufverlegten Zeitansätzen der „heiligen Geschichte". Manche derselben sind sicher sehr alt. Der griechische Dioskurenkult, der auf zwei Wegen, d. h. über Tarent, daneben vielleicht aber auch über Istrien, also durch die Illyrier, nach Mittelitalien vorgedrungen ist, kann erst nach Übernahme durch die Etrusker auf dem Wege über die Verpflanzung zunächst nach den latinischen Kleinstädten, voran Ardea, wohl auch Tuskulum, Rom erreicht haben. Denn als er dort ankam, war man sich nicht bewußt, daß man einen griechischen Kult aufnahm. Ein solcher hätte außerhalb der Mauern der Stadt angesetzt werden müssen. Den Castores aber gab man ein Heiligtum unmittelbar neben der einheimischen Quellgöttin Juturna auf dem römischen Forum. Dieses Heiligtum gehört also wohl in die etruskische Königszeit oder die erste noch stark unter etruskischem Einfluß stehende Epoche der Republik. Ähnlich steht es mit dem Herkuleskult, der aus Etrurien über Tibur nach Rom gekommen ist. Ihm wurde ein altertümlicher Altar sogar innerhalb der alten Palatingemeinde geweiht, der bis zur Zeit des Zensors Appius Klaudius (312) nach etruskischem Vorbild von zwei stadtrömischen Geschlechtern, den Pinariern und Potitiern, bedient wurde. Nicht anders verhält es sich mit dem Merkurkult in Rom, dessen Tempel auch in jener Sammelepoche erbaut sein soll. Alles dies sind Berührungen mit griechischem Glaubensgut, in einer Zeit, da man in Rom noch ohne genauere Kenntnis der Herkunft dieses Kulturgutes war.

Dagegen ist die Einwanderung der Erdgötter-Dreiheit Ceres, Liber, Libera, deren Tempel auf dem Aventin lag, in Wirklichkeit viel jünger als die erwähnten Kulte. An diesem letzteren Falle kann man neben dem behandelten Beispiel des mit der kapitolinischen Tempelweihe verbundenen Republikbeginns so recht den Nachweis führen, wie stark die Verderbnis in der Überlieferung der römischen Annalisten für die Anfänge der Republik gewesen ist. Er verdient eine genauere Betrachtung, weil in der Tradition mit diesem Bau die Schöpfung des Volkstribunats und damit die Entstehung des plebejischen Sonderstaates verbunden worden ist. Während von der Zeit vor diesem Bauwerk Varro, der beste Kenner der römischen Sakralgeschichte, sagt, daß damals in Rom alles etruskisch gewesen sei, zeigt der Tempel, abgesehen von der tuskischen Giebelbedachung, einen durchaus griechischen Charakter, und zwar nicht mehr griechisch durch etruskische Vermittlung hindurch, sondern griechisch in einer Art und Weise, die auf direkte Beeinflussung aus Süditalien hinweist. Der Tempel spielt in der römischen Kunstgeschichte insofern eine große Rolle, als zwei griechische Künstler mit Namen Damophilos und Gorgasos, wie eine griechische Inschrift am Tempel aussagte, sein Inneres ausgemalt haben. Für die Hauptgöttin der Dreiheit, Ceres, berichtet uns außerdem Cicero, daß ihre Priesterin aus Velia (Elea) in Süditalien oder aus Neapel geholt zu werden pflegte. Da endlich diese Gottheit zu den auf Grund der sogenannten „sibyllinischen Bücher" hereingekommenen griechischen Kulten gehörte, deren erster in Wirklichkeit der Apollokult von Kyme im Jahre 431 war, so muß man mit der Entstehung dieses Heiligtums mindestens in das Ende des 5. Jahrhunderts heruntergehen, nach manchen Neueren vielleicht noch richtiger sogar erst in das 4. Jahrhundert.

Bei dieser unbedingt als notwendig erkannten Herabdatierung des Sakral-Geschehnisses werden nun auch die sämtlichen Kombinationen der Tradition aus der politischen Geschichte einer so frühen Zeit anrüchig. Sp. Kassius, der als Konsul (obwohl Plebejer) nach der Tradition den Cerestempel eingeweiht haben soll, hat angeblich damals auch den Vertrag mit den Latinern geschlossen, der erst dem 4. Jahrhundert angehört. Noch enger verbunden mit der Existenz des Tempels ist nach der Überlieferung die spätere Stellung der Plebejer im Staate, die aber viel zu hoch hinaufdatiert ist. Sicher ist nur, die zwei plebejischen Ädilen waren von Anfang an Aufsichtsbeamte über den Tempel und das später darin aufbewahrte plebejische Archiv. Es bestand auch ein Gesetz, wonach ein jeder, der sich gegen die Unverletzlichkeit der Tribunen vergangen hatte, an die Ceres Strafe zahlen mußte. Damit sind wir bezüglich der beiden Hauptprobleme der Frühgeschichte Roms, Latinertum und Plebejertum, zu dem negativen Resultat gekommen, daß chronologisch für die Anfänge eine Zurechtrükkung der Überlieferung erfolgt ist, die historisch so wenig haltbar ist, wie der überlieferte Republikbeginn.

In der Plebs war in vorgeschrittener Zeit alles zusammengefaßt, was außerhalb der patrizischen Geschlechter des Staates stand, sicher eine ganz ungleichmäßig zusammengesetzte Masse, in der emporgekommene Neureiche mit Kleinbürgern der Stadt und des Landes (Bauern und Landarbeitern) zusammensaßen. Die Abschüttlung des Etruskerjoches hatte die Macht und Rücksichtslosigkeit des Patriziertums sicher noch gesteigert und die Spannungen zwischen den „Ständen" noch erhöht. Man hatte an Stelle des einen Machthabers nur eine Summe von Herren erhalten. Immer schärferer Abschluß nach unten wird dabei das Kennzeichen der neuen Adelsherrschaft. Während früher vornehme auswärtige Geschlechter, die den Eintritt in den römischen Staatsverband nachgesucht hatten, noch in den Patriziat Eingang gefunden hatten, wie das Geschlecht der Klaudier, das aus dem sabinischen Lande jenseits des Anio kam, konnte, wer nachher, selbst aus der Führerschicht der latinischen Gemeinden, zuwanderte, nur noch Plebejer werden. Durch diese frühe Ringbildung wurde das Plebejertum in die Lage versetzt, sich auch in der obersten Schicht der großen Grundbesitzer fortgesetzt von außen her zu vermehren, während die herrschenden Geschlechter durch den scharfen Abschluß, der auch die Ehegemeinschaft mit den Plebejern verbot, der Inzucht und der Nichterneuerung des Blutes von unten her verfiel.

Zu alledem gab es innerhalb des Patriziates noch eine Schichtung in „höhere und niedere Geschlechter" *(gentes maiores et minores)*. Zu den ersteren, den eigentlichen alten Fürstengeschlechtern des Staates, gehörten u. a. die Ämilier, die Klaudier, Fabier, Valerier, vielleicht auch die Manlier. Bei diesem für aristokratische Gemeinwesen so ungemein typischen System der Abstufung von oben nach unten und dem Streben der obersten Schicht nach oligarchischer Beherrschung des Staates war es nur allzu natürlich, daß die reichsten Familien des plebejischen Standes den Anschluß an die „niederen Geschlechter" des Patriziates suchten. Hinter den großen Plebejerfamilien aber stand die breite Masse des nichtpatrizischen Volksteils, der zwar das Bürgerrecht besaß, aber von allen höheren politischen Betätigungen ausgeschlossen blieb. Der Ehrgeiz der führenden plebejischen Familien verband sich daher bald mit der Unzufriedenheit der niederen Bevölkerung und mit den wirtschaftlichen Nöten der Ärmsten, um den Ansturm gegen die Herrenschicht zu unternehmen. Ihre Führer wurden die Volkstribunen.

Von der Entstehung des Volkstribunats, die für uns den Zugang zur Erkenntnis des Werdens des plebejischen Sonderstaates bildet, hat die Überlieferung eine stark geteilte Ansicht. Die Einsetzung der Tribunen, angeblich in der Zweizahl, auf revolutionärem Wege nach Auswanderung der Plebs auf den „heiligen Berg", ist samt der chronologischen Festsetzung ins Jahr 494 bereits als ungeschichtlich zurückgewiesen worden. Aus einer anderen Quelle hat man die Entstehung des Tribunats im Jahre 471 und zwar in der Vierzahl herauslesen wollen. Aber derselbe Schriftsteller, der diese Nachricht gibt, Diodor, berichtet dann zum Jahre 449, d. h. nach dem Dezemvirat, von der Wahl von zehn Tribunen und erörtert hierbei die politische Bedeutung des Amtes in einer Weise, daß man den Eindruck gewinnt, nach Ansicht seiner hier vorliegenden Quelle sei das Amt jetzt erst geschaffen worden. Die Entstehung hängt unstreitig mit der fortschreitend erhöhten Bedeutung des Territorialprinzips in der Gliederung des römischen Staates zusammen. Gegenüber den in den alten drei Stammtribus herrschenden großen Geschlechtern hat sich nämlich eines Tages eine neue, rein auf örtlicher Grundlage aufgebaute Tribusordnung durchgesetzt. Die Schöpfung dieser jüngeren Ordnung ist die Voraussetzung der Entstehung des Volkstribunats. Sie gehört in ihrer ältesten Formung in die frühere Republik und umfaßt von vorneherein, obwohl die Überlieferung anderer Ansicht ist, Stadt und Land, d. h. die nach den alten vier Regionen der Stadt benannten städtischen Tribus (Palatina, Esquilina, Collina, Sucusana), sowie von den sogenannten Landtribus alle nach Geschlechtern (gentilizisch) benannten, d. h. Nr. 5—20 (Aemilia usw.). Erst von Nr. 21 (Clustumina) ab treten wieder Lokalnamen auf: das sind die Tribus auf dem neueroberten Boden, die erst später bei der Vergrößerung des ältesten Territoriums allmählich entstanden sind. Wenn nun die Angabe einer ursprünglichen Zahl von nur vier Volkstribunen historisch ist, wird man zu der Annahme gezwungen, daß anfangs nur die vier städtischen Tribus solche besessen hätten. Oder aber es ist diese Nachricht von den vier Tribunen nur ein Analogieschluß der römischen Antiquare aus dem späteren Bestand von vier Ädilen (zwei der Plebs und zwei „curulischen"). In Wirklichkeit gab es von vornherein immer zehn Volkstribune, die erst nach der Rechtskodifikation eingesetzt worden sind. Sie würden dann zu den zwanzig ältesten nach Geschlechtern benannten Tribus in dem Verhältnis eins zu zwei stehen. Dies scheint immer noch die wahrscheinlichere Lösung, wenn man nicht soweit gehen will, die Schöpfung des Amtes in diejenige Zeit zu setzen, in der erst die Hälfte der zwanzig Tribus errichtet war. Dann gehört die Zehnzahl von Volkstribunen mit einer ursprünglich nur zehn Tribus umfassenden Ordnung zusammen, und die dann folgende Verdoppelung der Tribus hat nicht zu einer Verdoppelung der Tribune geführt.

Der Ausgangspunkt der Volkstribunentätigkeit war der persönliche Schutz des kleinen plebejischen Mannes gegenüber allen Willkürakten der Patrizier und der Magistrate, das sogenannte „Helferecht" *(ius auxilii ferendi)*. Daher hat man die neuen Beamten auch mit Recht als „Volksanwälte" bezeichnet. Ihre Stellung ruhte nicht auf einem Gemeindebeschluß, sondern auf der eidlichen Selbstverpflichtung der Plebs und der dadurch bewirkten Unantastbarkeit ihrer Person *(sacrosanctitas)*, was auf revolutionäre Entstehung hinweist. Alle übrigen Funktionen, das Recht der Verhandlung mit der Plebs, das Recht des Einspruchs gegen gesetzwidrige Handlungen der Magistrate, sowie das Recht der Verhaftung und Bestrafung der Nichtfügsamen sind erst allmählich dazugekommen, sind aber alle aus dem ursprünglichen Schutzrecht zugunsten einzelner plebejischer Volksgenossen hervorgegangen. Das erste der neuen Rechte brachte Versammlungen der Plebejer mit sich, die ursprünglich nichts anderes waren als Zusammenkünfte privater

Vereinigungen (lat. daher *concilia*, nicht *comitia)* und deren Beschlüsse nicht die Gemeinde banden, sondern nur sogenannte „Genehmigungen, Verordnungen" *(scita, plebis scita)* darstellten. Die ablehnende Haltung der herrschenden Geschlechter gegenüber dieser Entwicklung, die etwas Demokratisches und damit für den damaligen Römerstaat etwas Unerhörtes an sich hatte, führte dazu, daß sich ein plebejischer Sonderstaat im Staate bildete und gleichzeitig, wie man es richtig ausgedrückt hat, „Regierung und Opposition in einer Art Symbiose zusammenwuchsen".

Das zeitliche Werden dieser ganzen Entwicklung im einzelnen war schon den Alten nicht mehr durchsichtig. Sie besaßen eine Überlieferung, welche die Befreiung der Plebs in einer großen Magna Charta nach dem Dezemvirat vor sich gehen läßt, während die andere einen langen, mit den Farben der späteren sozialen Klassenkämpfe ausgemalten „Ständekampf" konstruiert hat, der erst mit dem hortensischen Gesetz von 287 sein Ende erreichte. Sicher ist, daß das Volkstribunat als Schutzbehörde der schwächeren Volksschicht und als Kontrollorgan gegenüber den Magistraten immer einen revolutionären Charakter beibehalten hat. Seiner Amtsgewalt fehlten die Kennzeichen der patrizischen Magistratur, das Imperium, die Befehlsgewalt, und das Recht zur Einholung von Auspizien. Die Art der Einordnung in das bestehende Gemeinwesen, das Ertragenkönnen einer organisierten Opposition, ist das spezifisch Römische und zeigt ein durch und durch konservatives Verhalten, das wie in der Religion nichts abstößt, sondern bei jedem neuen Ansturm die Vätersitte aufrecht erhält und das Neue, auch wenn es sich ablehnend gegenüber der alten Ordnung verhält, sich an- und eingliedert.

Ein noch schwierigeres Problem als die Geschichte der Entstehung des Volkstribunats stellt das Verhältnis Roms zu Latium in der Frührepublik dar. Es muß nach Andeutungen der ältesten Annalistik davon ausgegangen werden, daß die Vertreibung der tarquinischen Dynastie einen Rückgang der römischen Machtstellung in Latium gebracht hat. Im übrigen aber ist auch hier die antike Überlieferung in allen Einzelheiten wertlos, indem sie dem republikanischen

Rom von vornherein eine selbständige Stellung neben dem geeinigten Gesamtlatium zugesprochen und einen alten Vertrag zwischen der Stadt und dem Bund nach der sagenhaften Schlacht am See Regillus angenommen hat. Was ans Ende der Entwicklung, d. h. ins 4. Jahrhundert gehört, ist auch hier an den Anfang hinaufgerückt.

Was wir noch dunkel zu erkennen vermögen, ist etwa Folgendes: Rom hat einmal zur Zeit der etruskischen Königsherrschaft versucht, Latium auf dem Wege der Unterwerfung von sich abhängig zu machen, aber dies ist ihm nur teilweise gelungen. Eine vorsichtige Vertragspolitik gegenüber den sakralen Bünden oder einzelnen Gemeinden mit gemeinlatinischen Heiligtümern scheint dann in der Frührepublik an die Stelle getreten zu sein. Dadurch hat Rom eine Anzahl latinischer Siedlungen durch Bündnisse an sich anzuschließen vermocht, und mit ihnen zusammen sind dann mehrere sogenannte „latinische Kolonien" von Rom aus gegründet worden, vor allem südwärts gegenüber den immer stärker vordringenden stammfremden und daher feindlichen Volskern. Dadurch hat der Raum des „alten Latium" *(Latium vetus)* früh eine Ausdehnung über das Volskerland hinweg an der Küste entlang bis zum Vorgebirge von Circei erhalten. Das Gesamtgebiet in seiner vergrößerten Form war aber ein sehr verschiedenartig zusammengesetztes Gebilde. Drei Kultgenossenschaften lassen sich erkennen: die älteste gemeinlatinische um den Jupiterkult auf dem Monte Cavo, der von Alba auf Rom übergegangen war, diejenige um das Dianaheiligtum von Aricia mit starkem Übergewicht von Tuskulum, diejenige um das Venusheiligtum von Lavinium, dem Mutterboden altlatinischer Religiosität. Daneben standen einzelne Städte und Städtebünde, bzw. Städte mit einer Anzahl von untertänigen Gemeinden wie Tibur und Praeneste. Wie mit den sakralen Bünden muß nun Rom mit diesen Städten allmählich auf dem Vertragsweg zu einem befreundeten Verhältnis gekommen sein, das den Oberbefehl Roms wenigstens für den Kriegsfall zur allgemeinen Anerkennung brachte. An dem Beispiel von Tuskulum können wir nachweisen, daß frühzeitig ein wirkliches Vertragsverhältnis mit dem römischen Staat bestanden hat, nämlich durch die Nachricht, daß im Jahre 460*) der tuskulanische Diktator L. Mamilius den Römern Hilfe gegen den Angriff des Sabiners Ap. Herdonius brachte, während umgekehrt die Römer im nächsten Jahr die Tuskulaner gegen die Äquer unterstützten. Bei einem Zwist zwischen Ardea und Aricia über strittiges Gebiet entschied im Jahre 448 die römische Volksversammlung, daß das Gebiet römisches Staatsland sei. Daraufhin erfolgte der Abfall Ardeas von Rom, aber im Jahre 444 die Erneuerung des römischen Vertrages mit der Stadt.

Dieses vergrößerte Latium und seine Stellung zu Rom im 5. Jahrhundert erscheint nun in der frühesten Urkunde römischer Geschichte, dem ersten karthagisch-römischen Vertrag. Mit ihm betreten wir zum erstenmal archivalischen Boden und werden quellenmäßig frei von den Nachrichten der für die ältere Zeit fast alles entstellenden Annalistik. Der Vertrag stammt aus einer Zeit, da der griechische Schutz des Meeres nicht mehr ausreichte und Rom selbst den Schutz seiner Küste, soweit sich seine Interessen damals erstreckten, nämlich von der Tibermündung bei Ostia bis Circei, übernommen hatte. Dementsprechend zählt die Urkunde die latinischen Küstenstädte auf, die bei der Abfassung des Vertrages in einem Naheverhältnis irgendwelcher Art zu Rom standen: Ardea, Antium, Laurentum, Circei, Terracina.

Die Expansion in südlicher Richtung gehört nach der besten Annalistik in das letzte Jahrzehnt des 5. Jahrhunderts. Der Kampf beginnt mit wechselndem Erfolg gegenüber Verrugo, einer kleinen Gemeinde nördlich von Velitrae, am Ostabhang des Albanergebirges. Im Jahre 406 soll Anxur (Terracina) erobert worden sein und nach einer Rückgewinnung durch die Volsker noch einmal im Jahre 400. Von Circei wird zum Jahr 399 erzählt, daß damals eine latinische Kolonie dorthin gelegt worden sei. Von Antium, der ursprünglich mächtigsten volskischen Küstenstadt, für die schon eine wohl kaum historische Kolonisation im Jahre 467

*) Wir geben hier wie im folgenden die Zahlen der römischen Vulgärchronologie, die, wie wir sehen werden, mehrere Jahre **vor** der wirklichen Zeit liegen (s. u. S. 89).

berichtet wird, muß angenommen werden, daß es schon vor dieser Einverleibung des Volskergebietes in irgendein Verhältnis zu Rom gekommen ist; welcher Art, wissen wir nicht. Die Erhebung zur Kolonie erfolgte erst 338. In diesen Zeitangaben, die nur annähernde Geltung haben, liegt die Begründung für die Datierung des Vertrags bald nach 400, anderseits aber vor das größte Ereignis des beginnenden 4. Jahrhunderts, die gallische Katastrophe (387).

In dem zeitlich so abgesteckten Raum der ersten hundert Jahre der Republik (490–390), in welchen der plebejische Scheinstaat und die erneute Angliederung von Teilen Latiums, sowie die Gewinnung der Volskerküste erfolgt ist, liegen auch die weiteren Ereignisse der inneren Geschichte, der Übergang zur Kodifikation des Rechtes und die Ersetzung des alten Aristokratenstaates durch einen solchen, den die Griechen als „Timokratie", d. h. einen Staat mit Abstufung der politischen Rechte nach dem Zensus, in dem Bauernstaate Rom zunächst nach dem Umfang des Grundbesitzes der einzelnen Bürger, zu bezeichnen pflegen. Diese zweite Tatsachengruppe bringt eine große Folgewirkung in der Leitung des Staates zutage: „Militärtribune" als Oberbeamte und damit abermals eine soldatische Führung des Ganzen, da der Staat nicht nur im Süden gegenüber den Volskern, sondern auch im Norden gegenüber den Etruskern zum Angriff übergeht, also zum erstenmal in seiner Geschichte dem Schwersten, was einen Staat treffen kann, dem Zweifrontenkrieg, gegenübersteht.

Die Rechtskodifikation, die erste Großtat der alten Republik, wird von der Überlieferung in die Rahmenerzählung vom sogenannten Dezemvirat eingespannt und zeitlich in die Jahre 451 und 450 gesetzt. Die Rahmenerzählung entbehrt auch in der ältesten Form, die wir bei Diodor zu fassen vermögen, jeglichen Untergrundes gleichzeitiger Aufzeichnung und ist daher legendär oder zum mindesten durch Erfindung stark ausgeschmückt. Ganz deutlich sind die Jahre des Dezemvirats noch einmal Sammeljahre, in welche nicht nur die um diese Zeit sicher erfolgte Entstehung des römischen Landrechtes, sondern auch die Schöpfung der gesamten römischen Verfassung verlegt worden ist. An der Spitze der Zehnmänner steht ein Appius Klaudius, dessen Charakterbild in der Überlieferung vollkommen widerspruchsvoll gezeichnet ist, so daß man in bezug auf die Personen auf alle wirkliche Kenntnis des historischen Verlaufes verzichten muß. Die zweite Dezemvirnliste (450), die zur Hälfte aus Plebejern zusammengesetzt ist, entstammt einer späteren Zeit und ist nur eine Dublette der ersten. Da diese Dezemvirn von 450 gestürzt worden sind, nach der ältesten Tradition durch das Heer, konnte die Fertigstellung der Gesetzgebung erst durch die Konsuln des Jahres 449 erfolgen. Man wird überall schon in der ältesten Fassung der Geschehnisse an die legendäre Darstellung des Sturzes der Könige (Lukretia-Verginia) erinnert und auch durch die Erzählung von der Neuordnung der Verfassung dahin geführt, daß hier eine zweite Fassung der Begründung der Republik gegeben werden soll. Die erzwungenen Zugeständnisse in einem Vertrag zwischen den Dezemvirn und dem meuternden Heere lauten in der uns vorliegenden besten Überlieferung (bei Diodor) wie folgt:

1. Es sollen jährlich zehn Volkstribunen gewählt werden, und zwar, wie diese Quelle offenbar glaubt, zum ersten Male.
2. Von den jährlich wechselnden Konsuln soll der eine aus den Patriziern, der andere aus den Plebejern genommen werden.
3. Die Volkstribunen, die ein Jahr über im Amt gewesen sind, sollen sich Nachfolger bestellen, d. h. doch wohl wählen lassen; andernfalls sollen sie lebendig verbrannt werden.

Von den sogenannten valerisch-horazischen Gesetzen des Jahres 449, die die jüngere Annalistik dann darbietet, weiß diese ältere Überlieferung überhaupt nichts. Sie läßt die beiden höchsten Ämter des Staates, das Konsulat in der gleichmäßigen Verteilung auf Patrizier und Plebejer und das Volkstribunat in der Zehnzahl, auf diesen Vertrag zwischen Dezemvirn und Heer zurückgehen. In Wirklichkeit ist die Tätigkeit des sicher nur einmaligen Dezemvirats ausschließlich auf die Rechtsbildung beschränkt geblieben und alles, was aus dem Gebiet der Verfassungsschöpfung oder -erneuerung von der Annalistik hierher verlegt worden ist, muß zum mindesten im Zeitansatz beanstandet werden. Natürlich hatte die Plebs das größte Interesse daran, daß die Rechtsprechung der Willkür der patrizischen Magistrate und der Priester entzogen wurde. Wahrscheinlich handelt es sich bei der Kodifikation in erster Linie um das Prozeßrecht und das Strafrecht, dessen älteste Form aber sehr schwer aus den später hinzugekommenen Rechtssätzen herauszuschälen ist. Offenbar war die Urform der zwölf Tafeln kein streng systematisch aufgebautes Gesetzbuch, sondern echtrömisch eine aus praktischen Bedürfnissen heraus geborene Behandlung von Einzelfällen, an denen die allgemeine Rechtslösung entwickelt wurde. So ist den Römern damals ein erstes geschriebenes Recht geschenkt worden, das ursprünglich auf Erz- oder Holztafeln verzeichnet wurde.

Es ist im Altertum und in der modernen Literatur viel über die angebliche Beeinflussung dieses ältesten römischen Buches durch die griechische Welt geschrieben worden. Aber auf diesem ureigensten Gebiet römischen Denkens ist nichts von griechischem Einfluß zu spüren, auch nicht von den süditalischen Griechen her, etwa durch die Gesetzgebung des Charondas von Katana (Catania). Übereinstimmungen, wie z. B. der Kampf des römischen Gesetzgebers gegen den Luxus, besonders bei Begräbnissen, ergeben sich aus den gleichgearteten Verhältnissen einer archaischen Adelskultur hüben und drüben, welche beim Erwachen der Masse gleiche Maßnahmen nötig machten. Auf dem Gebiete des Rechts und der Verfassung war Altrom ein durchaus originales Gebilde.

In die zweite Hälfte des 5. Jahrhunderts gehört dann der Beginn des Übergangs von der reinen Aristokratie zu dem Staate, in welchem die politischen Rechte nach dem Grundvermögen abgestuft wurden, gipfelnd in der sogenannten „Zenturienverfassung“. Die neue Staatsform ist unstreitig, wie alles in Altrom, von den Bedürfnissen der auswärtigen Politik bestimmt worden. Die junge Republik war unterdessen soweit erstarkt, daß sie zum Angriff, selbst gegen den mächtigen etruskischen Nachbarn, übergehen konnte. Eine aktivere Politik nach auswärts, wie sie bald nach 440 in

Rom bemerkbar wird, mußte versuchen, die Machtmittel des Staates im Innern in ganz anderer Weise bereitzustellen, als bisher. Wieder sind es also auswärtige Politik, Heeresvermehrung und Staatsumbau, die in der römischen Geschichte in engster Beziehung zueinander stehen. Das Reiterheer und die Ritterzeit der vorhergehenden Epoche werden abgelöst von der Ausgestaltung der Landwehr zu Fuß, die bei der damals geltenden oder vielleicht erst eingeführten Selbstbekleidung und Selbstausrüstung des unberittenen Kriegers nur auf der Grundlage des Besitzes gelöst werden konnte. Die militärische Schichtung aber hat die von dem gleichen Prinzip ausgehende politische zur Folge gehabt.

Vor diese Zeit gehört, falls der von uns angenommene anfänglich jährlich wechselnde „Volksmeister" historisch ist, wohl auch der Übergang zum zweistelligen Amt, in der Überlieferung vielleicht insofern erhalten, als zum Jahre 449 berichtet wird, daß damals die Prätoren zum ersten Male „Konsuln" genannt worden seien. Schon deshalb ist die Annahme nötig, weil bald darauf im sogenannten „Konsulartribunat" der weitere Schritt von der Zweistelligkeit zur Mehrstelligkeit im Oberamt vollzogen worden ist. In dieselbe Zeit setzt die Überlieferung die Aufhebung des Eheverbotes zwischen Patriziern und Plebejern, wodurch das schwerste gesellschaftliche Hindernis für eine politische Annäherung der beiden Stände aus der Welt geschafft wurde. Endlich wird für die gleiche Zeit die Einrichtung der Zensur als eigenes Amt berichtet, verständlich in einem Augenblick, da neben die Geburt das Grundvermögen als der die militärische und politische Berechtigung schaffende Faktor tritt. Denn die ebenfalls zweistellig besetzte Zensur hat in erster Linie die Bürgerschatzung zu vollziehen und auf Grund derselben die Bürgerliste aufzustellen mit einem sittenrichterlichen Aufsichtsrecht, wie es zu dem Geist des alten Staates gut paßt. Daneben haben die Zensoren die Führung des Gemeindehaushaltes, die Verwertung des Staatslandes, die Vergebung staatlicher Lieferungen, die Ausführung öffentlicher Bauten in ihrem Geschäftsbereich und die sakrale Entsühnung des Volkes im sog. „Lustrum".

Alles dies ist nur annähernd chronologisch zu bestimmen: um 440 oder etwas später. Wie groß die Fehlerquelle in den Zeitbestimmungen der Annalistik für diese Epoche noch ist, sei an folgendem Fall klargemacht. Nach einem Bericht des Livius zum Jahre 433 wurde während einer Seuche ein Tempel des diesmal von neuem von Kyme importierten Heilgottes Apollo an einer Stelle vor dem Carmentalischen Tor auf dem Marsfeld in der Nähe des späteren Marcellustheaters gelobt und im Jahre 431 durch den Konsul Cn. Julius geweiht. Die furchtbare Epidemie war offenbar ein Ereignis, das sich in der historischen Rückerinnerung ähnlich wie die Vertreibung der etruskischen Könige erhalten hatte. Es ist nun aber keine Frage, daß diese „Pest" in die Geschichte der großen Volkskrankheiten des Mittelmeerraumes hineingehört, d. h. identisch ist mit der schweren Epidemie, über die wir den berühmten Bericht des Thukydides aus dem Anfang des Peloponnesischen Krieges besitzen. Der Unterschied von sechs Jahren bezüglich des Beginns der Epidemie bei Thukydides (430) und Livius (436) beweist nur, daß für die damalige Zeit die Annalistik in der bei Livius angewandten Zählweise die Ereignisse noch um ein halbes Dutzend Jahre zu hoch datiert, und daß alle antiken Jahresangaben für dieses Jahrhundert nur Höchstzahlen darstellen, bei denen wir bis zu sechs Jahren tiefer herabgehen können.

Im Zusammenhang mit der Bedeutung des Apollokultes in dieser Seuchenzeit steht auch die angebliche Übernahme der sogenannten „sibyllinischen" Bücher, ursprünglich einer Sammlung etruskisch-griechischer Sühnevorschriften, durch Rom, die von vornherein zu diesem Kult in näherer Beziehung gestanden haben. Sie werden im Tempel des Apollo aufbewahrt und sind später von Augustus, nachdem sie vorübergehend beim Jupiter Capitolinus geruht hatten, in den Tempel des Apollo Palatinus gebracht worden. Weiter gehört hierher die Schöpfung des Priesterkollegiums der „Zweimänner" *(duoviri sacris faciundis,* seit 367 *Xviri,* später *XVviri),* d. h. desjenigen Kollegiums unter den großen römischen Priesterschaften, das alle nach griechischem Ritus zu vollziehenden religiösen Handlungen vorzunehmen hatte, darunter auch die damals aus Etrurien nach Rom gekommenen Götterbewirtungen (*lectisternia* auf *pulvinaria*, Liegesofas mit Polstern) von denen die erste zum Jahre 399 für drei Götterpaare, Apollo wieder an der Spitze, zur Abwehr einer Seuche geschildert wird. Die Darstellung durch das Pontifikalkollegium tritt bei diesen ältesten uns hinterlassenen Notizen aus der Sakralgeschichte Roms überall zutage. An der Aufzeichnung von alledem, was die Gottheit an Zeichen gab und was sie zur Entsühnung benötigte, hat sich die älteste römische Geschichtsschreibung entzündet, die dem starkgläubigen Volke eine „heilige Geschichte" bieten wollte.

Der früheste Verlauf der timokratisch eingestellten römischen Republik, die etwa zwischen 440 und 430 sich zu entwickeln beginnt, ist durch drei im Zusammenhang miteinander stehende Tatsachengruppen gekennzeichnet: 1. durch eine an die Königszeit anknüpfende Expansion nach außen, die das eigentliche erregende Moment der Neugestaltung genannt werden muß, 2. durch die Zenturienordnung und 3. durch den sogenannten Militärtribunat mit konsularischer Amtsgewalt. In jeder Hinsicht ist diese aufwärtsstrebende, auf breiterer Grundlage ruhende Entwicklung dann durch den Einbruch der Kelten in Italien gestört worden. Mit ihrem Erscheinen auf italischer Erde setzt erst das neue Jahrhundert ein.

Durch die Beamtenverzeichnisse (*fasti*) ist uns der Übergang zu der neuen Oberleitung des Staates überliefert. An ihr ist das Neue einmal die über die Zweistelligkeit des Konsulats hinausgehende Zahl von drei, vier oder sechs, bei Diodor sogar acht Amtsinhabern, und zum anderen die stärkere Hervorhebung des militärischen Oberbefehls in der Staatsleitung. Die anfangs nur ganz vereinzelt auftretenden Dreimänner-Kollegien hat man wohl mit Recht als Verfälschungen der Konsulliste aufgefaßt und die Neuerung von 426 ab beginnen lassen. Das Ende fällt nach einer vorübergehenden kurzen Unterbrechung 413 bis 409 in das Jahr 367. Da die militärische Eignung für die neuen Beamten ausschlaggebend gewesen ist, hat man von dem starren Festhalten an der Ämterbesetzung aus der Patrizierkaste abgesehen und wenigstens seit 400 auch Plebejer in dieses höchste Amt gelangen lassen. Schon diese Tatsache einer neuen mehr militärischen Oberbehörde im Staate beweist, daß wir uns seit etwa 426 in einer Aufwärtsentwicklung des Staates befinden. Noch mehr aber ergibt sich dies aus der in diese Epoche der Konsulartribune gehörigen Schöpfung der Zenturienverfassung, die für Heer und Volk der Römer eine entscheidende Neuordnung gebracht hat.

Aus außenpolitischen Gründen mußte eines Tages das zu klein gewordene Heer der berittenen Hopliten des alten Adelsstaates durch die Masse der Krieger zu Fuß ergänzt werden. Für den neuen Staat ergab sich daraus die Notwendigkeit einer Klasseneinteilung, die auf dem Vermögen der einzelnen Bürger begründet war, und in welcher die alten „Hundertschaften" *(centuriae)* des Heeres als Stimmkörper einer neuen Volksversammlung *(comitia centuriata)* Verwendung fanden. Die Neuordnung gehört wegen der engen Beziehungen der Zenturien zu den neuen örtlichen Tribus in die Zeit nach der Errichtung des 20 Tribus umfassenden Staates. Die chronologische Ansetzung ergibt sich somit aus der Schöpfung der 21. Tribus, der *tribus Clustumina*, die nach der Eroberung von Fidenae und vor dem Vejenterkrieg, also am Ende des 5. Jahrhunderts, erfolgt ist.

Eine Heeresordnung für die Krieger zu Fuß, von der wir also ausgehen müssen, hat ursprünglich wohl nur die Schaffung von zwei Klassen nötig gemacht, die Klasse der Vollhufner, die die Selbstausrüstung für den Dienst in der schweren Legionsinfanterie leisten konnten, die sogenannte *classis*, und alle Minderbesitzenden, die sich unterhalb des für den schweren Kriegsdienst zu Fuß erforderlichen Grundbesitzes befanden, die Leute *infra classem*, die entweder nur mit leichter Ausrüstung oder gar nicht dienten. Aus dieser Zeit stammt wohl das Grundprinzip der späteren Ordnung, daß die Leute der *classis* fast ebensoviel Hundertschaften (80) besaßen, wie die sicher viel größere Masse der Leute *infra classem* (gegen 90). Daß das Ganze ursprünglich eine Heeresordnung für die Truppen zu Fuß war, beweist das Draußenstehen der Reiterzenturien, anfangs sechs, technisch als „sechs Stimmen“ = *sex suffragia*, bezeichnet, später, als das Heer zu Fuß auf sechs Legionen gewachsen war, 18 an der Zahl, sowie die Übernahme der sogenannten Zusatzzenturien (2 Zenturien Zimmerleute und Waffenschmiede, 2 Zenturien Heeresmusikanten, 1 Zenturie Ordonnanzen) in die politische Ordnung, endlich das Zusammentreten der neuen zur Volksversammlung erhobenen Einrichtung außerhalb der Stadt auf dem Marsfeld bei gleichzeitiger Hissung der roten Kriegsfahne auf dem Kapitol und die Abstimmung in militärischen Formen, d. h. nach Hundertschaften als Stimmkörpern. Dabei stimmten naturgemäß die Reiterzenturien immer mit den Zenturien der Klasse, deren Angehörige ihnen an Besitz nahe kamen. Wann die Gliederung der zweiten Gruppe von Bürgern *(infra classem)* in vier weitere Klassen erfolgte, ist nicht überliefert. Nach Abschluß der Gesamtentwicklung hatte die ganze Ordnung folgendes Aussehen:

I.	Außerhalb der Klassen die Reiter,	
	ursprünglich	6
	später	18 Zent.
II.	1. Klasse	80 „
	je 40 *seniores* und *iuniores*	
	2. Klasse	20 „
	je 10 *seniores* und *iuniores*	
	3. Klasse	20 „
	je 10 *seniores* und *iuniores*	
	4. Klasse	20 „
	je 10 *seniores* und *iuniores*	
	5. Klasse	30 „
	je 15 *seniores* und *iuniores*	
III.	5 Zusatzzenturien	5 „
		193 Zent.

Bei dieser Ordnung standen also 98 Zenturien der Reiter und ersten Klasse den übrigen 95 (II 2.–5., III) gegenüber. Das bedeutete ein Übergewicht von 3 Stimmen der Vollhufner über alle Minderbesitzenden, und da außerdem in II 1.–5. die Gesamtzahl der Zenturien in die gleiche Zahl der *iuniores* (der Felddienstpflichtigen bis 45 Jahren) und der *seniores* (der Reserve- und Landsturmleute) zerfiel, wobei die Zenturien der Altmannschaft naturgemäß nicht die gleiche Stärke an Menschen aufwiesen, bestand noch ein Alterspluralrecht. So sind zwei Faktoren einer konservativen Staatsformung hier fruchtbar gemacht worden, einmal das Vermögen, und zwar zunächst nur das Grundvermögen, und zum anderen das Alter. Wie nicht anders zu erwarten war, hat sich also der traditionsbelastete Bauernstaat eine Ordnung gegeben, die hochkonservativ genannt werden muß, die das neue Heer der Schwerbewaffneten zu Fuß neben das alte Reiterheer stellte und ihm in der Volksversammlung der „Hundertschaften" das Übergewicht verlieh. Wer draußen mit den schweren Waffen in vorderster Linie stand oder einst gestanden hatte, die Gemeinschaft der Frontkämpfer und der Landsturmleute, entschied auch zuhause zusammen mit den Reitern über die wichtigsten Staatsangelegenheiten und wählte die Führer des Staates.

Man versteht es nun, daß der Übergang zum Konsulartribunat und damit zur stärkeren Militarisierung des Staates wohl derselben Zeit angehört, wie diese Zenturienordnung, oder zeitlich ihr bald gefolgt ist, ebenso auch die Abzweigung der Zensur vom Oberamt, die jetzt als Schatzungsbehörde ungemein wichtig wurde. Alles dies aber war in letzter Linie wie so oft bedingt von den größeren Aufgaben, die der außenpolitisch seit dem Jahrzehnt 440/30 emporsteigenden Republik gestellt waren.

Von außen gesehen ist die Zeit ein Kampf, den man überschreiben könnte: „Latium, und zwar ein größeres Latium, den Latinern", ein Vorläufer der später zu betrachtenden größeren völkischen Bewegung „Italien den Italikern". Ungemein eingeengt war der römische Staatsraum immer noch gegen Norden hin. Hier bildete lange Zeit der Anio die Grenze, da auf der „Salzstraße" die Sabiner immer weiter südwärts vorgedrungen waren. Östlich dieser uralten Verkehrsstraße waren es vor allem die Äquer, welche altlatinisches Gebiet immer wieder beunruhigten, ja zeitweise auch besaßen. Sie kamen aus dem Hinterland von Tibur und Praeneste und sind von diesen alten Konkurrenten Roms mit wohlwollender Neutralität behandelt worden. Sie waren eine Zeitlang sogar im Besitze des Algidus, des Nordabhanges der Albanerberge, und mußten gerade um die Wende des 5. Jahrhunderts (418, 410–9, 394–392) mehrfach in ihre Schranken, d. h. hinter die Linie Tibur–Praeneste, zurückgewiesen werden.

Von größter Folgewirkung aber wurde der Kampf um Fidenae, den vejentischen Brückenkopf an der *via Salaria* jenseits des Anio (heute Villa Spada oder Castello Giubileo) nur 8–9 km vom römischen Nordtor, der *porta Collina*, entfernt, weil dadurch die Expansion gegen die Etrusker, zunächst gegen Veji, eröffnet wurde. Die Eroberung wird in unserer annalistischen Tradition zweimal erzählt, zum Jahr 437 und 426. Das historische Ereignis war deshalb so fest in der Erinnerung der Nachfahren haften geblieben, weil damals A. Cornelius Cossus mit eigener Hand den Vejenterkönig Lars Tolumnius getötet und den Panzer des Erschlagenen als Edelbeute *(spolia opima)* heimgebracht und im Tempel des Jupiter Feretrius aufgehängt hatte. Bei der Wiederherstellung des Heiligtums ist die Rüstung hier noch von Augustus gesehen worden. Dieser aber hatte dem Geschichtsschreiber Livius bezeugt, daß auf der Inschrift des Panzers der Sieger als Konsul bezeichnet sei. Wenn dieses schriftliche Zeugnis zu Recht besteht, gehört das Ereignis in das Konsulatsjahr des Mannes, das ist 428, oder man müßte annehmen, falls an 426 festgehalten wird, daß der damals als Konsulartribun in den Fasten geführte Sieger auch in dieser Stellung sich als Konsul bezeichnen konnte. Nach der Tradition ist dann im folgenden Jahr 425 ein zwanzigjähriger Waffenstillstand zwischen Rom und Veji, das Fidenae herausgegeben hatte, geschlossen worden, und zum Jahr 405 wird dementsprechend der Ausbruch des großen Krieges mit Veji gemeldet, der zehn Jahre gedauert haben soll. Dieser Zahlenschematismus läßt noch kein großes Vertrauen in die Zeitangaben der auf uns gekommenen Überlieferung zu. Vor allem die zehnjährige Belagerung von Veji ruft, wie vom Erzähler wohl beabsichtigt, die Erinnerung an die gleiche Dauer der Belagerung von Troja wach.

Nach der Eroberung von Fidenae sind die Römer auf der Salzstraße weiter nordwärts vorgedrungen und haben Ficulea westwärts der Straße, und Crustumerium, schon jenseits des Allia-Baches, erobert. Das Schlußergebnis dieser Ausbreitung im Norden war spätestens um die Jahrhundertwende die Gründung der Tribus Clustumina. Damit hat das römische Territorium für eine gewisse Zeit seine äußerste Nordgrenze gegen das Sabinerland hin erreicht, und die alte Verbindung Caere-Veji-Fidenae-Gabii-Praeneste war zum größten Teil in die Hände der Römer gelangt.

In der Nordausbreitung macht jedoch nicht nur die Eroberung Fidenaes Epoche. Die Ausgrabungen in Ostia haben gezeigt, daß die älteste dort gegründete Kolonie der Römer, eine kleine, rein militärisch ähnlich der späteren Kastellform angelegte Siedlung, aus Steinmaterial gebaut ist, welches in der Nähe von Fidenae gebrochen worden ist. Damit ist der Beweis erbracht, daß die von der Tradition in die Königszeit gesetzte Schöpfung von Ostia erst in die Zeit nach dem Jahre 426 gehört. Nachdem das römische Territorium im Norden am Tiber mit der Schöpfung der Tribus Clustumina gegen die Sabiner hin seine größte Ausbreitung erfahren hat, ist bald darauf auch im Süden durch die Gründung der Kolonie Ostia der Endpunkt der Salzstraße besetzt und damit das gesamte Salzgewinnungsgebiet auf beiden Seiten der Tibermündung durch die Hinausverlegung von Kolonisten nach Ostia in den römischen Herrschaftsbereich gebracht worden. Denn nicht als Hafenort, sondern als Wachtposten für den Salinenbezirk ist Ostia entstanden.

Erinnert sei dann hier noch einmal an die Tatsache der ersten Einverleibung des Volskerlandes bis Terracina im letzten Jahrzehnt des 5. Jahrhunderts. Während im Nordraum am Tiber die Ansiedlung von römischen Bürgern Mann für Mann in der neuen Tribus oder gruppenweise in der Kolonie Ostia erfolgt war und so das in Tribus gegliederte, unmittelbar abhängige Land eine starke Ausweitung erfahren hatte, war im Süden das Bundesgenossenverhältnis und die latinische Kolonie die Form der Ausbreitung.

Dies aber ist der Stand der Dinge, wie sie der erste karthagisch-römische Vertrag gleich nach 400 wiedergibt. Dieser Zeitpunkt der Entstehung des Vertrages wird auch vom Standpunkt der karthagischen Geschichte als der einzig richtige erkannt. Man hat den Satz ausgesprochen, daß der große Krieg Karthagos gegen seine Umwelt, der mit seiner Zerstörung durch die Römer im Jahre 146 endete, im Grunde bereits im Jahre 410 begonnen hat, und zwar zunächst als Krieg gegen die sizilischen Griechen, deren Erben in der Abwehr des afrikanischen Gegners dann die Römer wurden. Man hat auch richtig erkannt, daß das Ziel dieser Kämpfe von vornherein nicht die Grenzfestsetzung des beiderseitigen Gebietes auf Sizilien war, sondern daß es sofort um Sizilien als Ganzes ging, ob nämlich dieses wunderbare Anhängsel Italiens im Süden dem Orient oder dem Okzident gehören sollte, so wie dieselbe Fragestellung im Mittelalter noch einmal eingetreten ist, als die Araber die Erbschaft der Karthager übernahmen. Ein Blick in den ersten Vertrag zeigt, daß in den handelspolitischen Abmachungen zwischen beiden Parteien Sizilien eine Sonderstellung einnimmt. Während römischerseits in den übrigen Teilen des karthagischen Reiches nur unter Zuziehung eines Staatsvertreters (Herolds) und Schreibers Geschäfte abgeschlossen werden dürfen, gilt für Sizilien volle römische Handelsfreiheit und volle Gleichberechtigung mit dem karthagischen Kaufmann. Dies aber erklärt sich nur aus der damaligen Kampfstellung der Karthager gegenüber den Griechen auf Sizilien und verweist unseren Vertrag, auch im Rahmen der karthagischen Geschichte gesehen, in die Zeit nach dem Frieden von 405, durch den Sizilien zwischen Karthagern und Griechen geteilt und der karthagische Anteil weiterhin durch die kräftige Politik des großen Tyrannen Dionysios I. von Syrakus stark gefährdet und schließlich verkleinert worden ist. Die in Frage stehende Vertragsbestimmung erklärt sich aus dem Bestreben der Karthager, den nichtgriechischen Kaufmann durch bevorzugte Behandlung in ihren sizilischen Gebietsteil hineinzuziehen. Als Rache für die einst bei Himera (480) erlittene Niederlage war den Karthagern jedes Mittel recht, und das sizilische Griechentum blieb immer der im Mittelpunkt der karthagischen Außenpolitik stehende Hauptgegner. Das ergab sich aus der zentralen Lage Siziliens für jede punische Expansion im Seebereich, das nun einmal für seine zerstreut gelegenen Dominien das verbindende Element darstellte. So diente die gesamte punische Politik um die Jahrhundertwende diesem einen Ziele der Niederringung der Griechen, und die Verträge, die der seit 410 wieder zur aktiven Außenpolitik übergegangene Staat schloß, wie mit Massalia und Kyrene so jetzt in Anlehnung an ältere mit Etrurien vorhandene Verträge mit Rom, hatten alle den Zweck, das sizilische Griechentum einzukreisen und nach Norden, wie nach Osten hin Flankendeckung zu gewinnen. Es tritt uns somit deutlich eine vertragschließende große Seemacht vor Augen, welche die Herrschaft über das westliche Mittelmeerbecken mit dem Zentrum Sizilien und Sicherung für seinen zerstreuten Besitz nach allen Seiten hin erstrebt. Durch nichts wird dies offensichtlicher bewiesen als durch die im Eingang des Vertrages stehende Bestimmung, daß die Römer und ihre Bundesgenossen nicht jenseits des afrikanischen „Schönen Vorgebirges" Schiffahrt treiben dürfen. Geschieht es dennoch durch höhere Gewalt (Sturm oder feindlichen Angriff), dann darf nur das Notwendigste eingenommen und der angelaufene Platz muß innerhalb von fünf Tagen wieder verlassen werden. Gemeint sind, wie aus den Grenzmark-Bestimmungen des zweiten Vertrages erschlossen werden kann, das Meer und Land westwärts des genannten Vorgebirges. Man will nämlich schon die Monopolstellung Karthagos in der Richtung auf die Meerenge von Gibraltar und das jenseits gelegene offene Meer sicherstellen. So ergibt sich für Karthago, bei welchem die Initiative für diesen ersten Vertrag lag, eine Regelung, die für den Zentralkampf um Sizilien eine gute Unterstützung, daneben aber für das große Geheimnis aller ferneren karthagischen Politik, die alleinige Auswertung des Ozeans und seiner Randgebiete, die grundlegende Bestimmung brachte. Als Gegengabe dafür ließ man sich allerlei Auflagen bezüglich der latinischen Küste und des Hinterlandes gefallen. Die Karthager sollen keiner der aufgezählten latinischen Küstenstädte ein Unrecht zufügen. Auch gegenüber freien Latinerstädten darf kein karthagischer Angriff erfolgen. Sollte es doch geschehen, so muß die Stadt unversehrt den Römern zurückgegeben werden. Eine feindliche Festung darf nicht in Latium erbaut werden, und wenn die Karthager ins Land kommen, dürfen sie darin nicht übernachten. Kein Wort von dem karthagischen Handel in Latium, der nach den Bodenfunden zu urteilen damals schon bestand und nach diesem Schweigen ganz offenbar vollständig ungehindert vor sich gehen konnte. „Die Interessen der beiden Mächte berühren sich also bloß an der Peripherie", und Rom steht durchaus in der Verteidigung gegenüber einem viel mächtigeren, das Meer beherrschenden Staat, für den dieser Vertrag nur das Ergebnis der Verhandlung mit einer kleinen Nebenfigur auf seinem großen politischen Schachbrett bedeutet. Und doch wurde für die emporsteigende römische Republik der Vertrag in den nun beginnenden schweren Kämpfen auf italischer Erde eine ausgezeichnete Seitendeckung gegenüber allen vom friedlosen Meere her drohenden Überraschungen.

Die Nachricht von dem zwanzigjährigen Waffenstillstand mit Veji (s. o.) als historisch vorausgesetzt, kommt man in die letzten Jahre des Jahrhunderts auch mit einem Ereignis, das ungemein folgenschwer geworden ist, nämlich mit dem Kampf gegen Veji und der römischen Offensive über den Tiber hinüber. Das Ereignis ist weder zeitlich noch in den Einzelheiten seines Ablaufs historisch genügend erfaßbar, weil die Legende von M. Furius Kamillus, als dem angeblichen Eroberer der Stadt, alles überwuchert hat. Nur so viel steht fest: Es ist ein schwerer Kampf gewesen, endend in einer langwierigen Belagerung der Stadt. Begonnen hat der Krieg schon in den letzten Jahren vor 400. Zum Jahr 399 gibt unsere Tradition die Nachricht von der schon erwähnten ersten Götterbewirtung *(lectisternium)* für drei Götterpaare während schwerer Krankheiten, die in Rom ausgebrochen und durch den Kriegszustand noch gesteigert worden waren. Damals war also sicher schon die Belagerung im Gange. Die Einnahme und Zerstörung wird in das Jahr 396 verlegt. Auf den Krieg mit Veji soll noch ein solcher mit den weiter nördlich gelegenen, mit Veji verbündeten Städten Kapena und Falerii gefolgt sein, mit denen gleichfalls – mit Falerii angeblich im Jahre 394 – Friede geschlossen wird. Auch Sutrium wird in diesem Zusammenhang zum erstenmal erwähnt – ob mit Recht, bleibt fraglich. Als Abschluß des großen Eroberungszuges steht die Nachricht, daß gelegentlich des Zensus von 389 oder 387 auf dem Boden Vejis im Hinterland des Stadtgebietes von Caere bis hinauf zum *lacus Sabatinus* (lago Bracciano) vier neue Tribus errichtet worden sind: Arnensis, Tromentina, Stellatina, Sabatina, wodurch wir ein sicheres Zeugnis an die Hand bekommen, wann der Vejenterkrieg abgeschlossen worden ist. Die Zeitansätze für die Tribusgründungen sind die besten der älteren römischen Geschichte, während die Nachricht von der Verwandlung Sutriums und Nepets in dieser Gegend in latinische Kolonien im Jahre 383 schon wieder unsicher genannt werden muß. Der römische Machtbereich wurde damit bis in die Nähe des stark etruskisierten Falerii nördlich vom Sorakte herangetragen. Mit dieser Einverleibung von Teilen Südetruriens, und zwar auf der meerabgewandten Seite, hat Rom seinen größten Erfolg in der vorgallischen Zeit zu verzeichnen und dadurch seine bis dahin so schwierige Grenzlage im Norden ungemein verbessert. Der Tiber war jetzt in seinem Unterlauf aus einem Grenzfluß zum römischen Fluß geworden. Groß sind die Ehrungen des Kamillus gewesen, die ihm nach der Tradition für seine Siege zuteil wurden. Livius erzählt von drei goldenen Schalen, die mit dem Namen und Diktator-Titel des Kamillus versehen im Jupitertempel auf dem Kapitol zu Füßen der Juno niedergelegt wurden. Einer anderen Juno mit dem Beinamen Regina, der Burggöttin der zerstörten Stadt, war schon von Kamillus während der Belagerung ein besonderer Tempel in Rom gelobt worden. Er wurde im Jahre 392 auf dem Aventin geweiht. Die Stiftung eines goldenen Mischkruges an den Apollo von Delphi, der im dortigen Schatzhaus der Massalioten aufgestellt wurde, geschah wohl deshalb, weil auch in Veji ein Apolloheiligtum existiert hatte, in welchem die berühmte Tonstatue des Gottes gefunden worden ist. Von dem delphischen Weihgeschenk wissen wir, daß es später der Phoker Onomarchos geraubt und eingeschmolzen hat, so daß nur die Basis erhalten blieb. Zweierlei aber ist interessant an dieser Überlieferung, einmal die Tatsache, daß damals Rom schon zu Massalia in einem Freundschaftsverhältnis stand, wozu gut die Tatsache paßt, daß das Kultbild der Diana auf dem Aventin nach der massaliotischen Artemis gebildet worden sein soll. Ein anderes sehr wichtiges Ergebnis ist, daß Delphis internationales Ansehen damals auch Rom in seinen Bann gezogen hat, wenn auch die weitere Ausgestaltung der Überlieferung von einer Gesandtschaft nach Delphi zur Anfrage über die Ursachen des Steigens des Albanersees wohl Legende ist.

5. Rom zwischen Galliern und Syrakusanern (390–367)

Ein etruskisches Italien im Norden, ein griechisches im Süden waren lange Zeit die bestimmenden Gebilde der Halbinsel. Fremdvölker waren so die Führer und Anreger der italischen Altbewohnerschaft. Aber gegen beide Fremdvölker hatte das eigentliche italische Volkselement schon früh sich aufzulehnen begonnen. Eine blutige Niederlage des mit Rhegium verbündeten Tarent seitens der Japyger im Jahre 473 war der Auftakt der Einheimischen-Bewegung in Süditalien. Neben dem Vordringen der Japyger und Messapier ist es weiter westwärts der Zusammenschluß kleiner italischer Völker zur Gemeinschaft der Lukaner, der dort die nationale Bewegung zum Erstarken gebracht hat. Bald nach der Gründung von Thurii (444) haben die Kämpfe der Griechen mit den Einheimischen auch hier, allerdings siegreich für die Fremden, begonnen. Trotzdem haben sich die Lukaner küstenwärts und südwärts immer weiter ausgedehnt und haben den dortigen griechischen Kolonisten viel zu schaffen gemacht. Um 400 fielen Poseidonia, das fortan Paestum hieß, Pyxus und Laus in ihre

Hände. Nur Elea (Velia) behauptete sich etwas länger. Zu gleicher Zeit mit der lukanischen Bewegung im Süden haben auch die nördlicher wohnenden Samniten den Vormarsch aus dem Innern gegen die Küste begonnen. Er richtete sich zunächst gegen die Etruskerstadt Kapua, die nach der einen Überlieferung 438, nach der anderen erst 423 gefallen ist. Von hier bewegte sich der Kampf gegen die übrigen Städte der kampanischen Ebene, vor allem wohl gegen Nola, und schließlich 421, bzw. nach einer anderen Überlieferung 412, fiel auch die älteste Griechenstadt der Gegend, Kyme, die als italisches Cumae weiterbestand. Das neue Herrenvolk, welches mit der vorhandenen dortigen ervoritalischen Bevölkerung, den Opikern, verschmolz, erhielt den Namen der Osker, von denen gar viele aus Landnot als Reisläufer über See gingen. Schon früher als Kapua war Rom von der etruskischen Herrschaft befreit worden in jener Bewegung, die als Republikbeginn von der Tradition gefeiert wurde. Mit Rom waren auch wohl die übrigen Latinerstädte der heimischen Führung zurückgegeben worden.

Beide Fremdvölker, die im 5. Jahrhundert also immerhin noch die Führung gehabt hatten, waren jetzt bereits im vollen Rückgang sowohl an Gebietsumfang der Stadtterritorien, wie an Machtfülle begriffen. Es war vorauszusehen, daß einmal der Ruf „Italien den Italikern", der sich hinter allen diesen Teilbewegungen verbarg, laut in die Welt erschallen würde. Das aber bedeutete sicher weiteren Niedergang der Etruskermacht im Norden und der Griechenwelt im Süden.

Da trat gleich nach 400 ein Ereignis ein, das die ganze Entwicklung störte: der Einfall eines neuen Nordvolkes, der Kelten oder Gallier, der für gewisse Teile des etruskischen Besitzstandes vernichtend wurde und Rom selbst an den Rand des Verderbens brachte, ja die Halbinsel auf der Ostseite bis tief hinein in den Süden erschütterte. Da wollte es ein für die römische Weiterentwicklung besonders gütiges Schicksal, daß kurz vor dem Beginn des Einströmens der neuen Nordwelle das wichtigste Südvolk, die Karthager, nach siebzigjährigem Stillehalten seit 410 politisch wieder aktiv geworden war. Wie die keltische Südwärtsbewegung für die etruskische Vorherrschaft im Norden verhängnisvoll wurde, so zwang die karthagische Ausdehnung in Sizilien das Griechentum in die Defensive und gleichzeitig zu erneuter höchster Kraftanstrengung, die bereits durch den athenischen Angriff auf Syrakus (415) geweckt worden war. Daraus entwickelte sich in dieser Stadt eine Änderung der Staatsordnung mit einem aus der Militärlaufbahn hervorgegangenen Einzelführer an der Spitze, Dionysios I., in welchem sich der nationale Abwehrwille, allerdings unter Einbuße der Freiheit der Bürgerschaft, mit Erfolg zusammenballte. Dionysios ist wie Cäsar vom Offizier zum Staatsmann großen Formates emporgewachsen, hat der syrakusanischen Politik für ein Menschenalter die Richtung gegeben und Syrakus zur räumlich größten und politisch mächtigsten Griechenstadt, sowie zur gewaltigsten Festung emporgehoben. Mit ihm verengert sich die Herrenstellung des sizilischen Griechentums zum Herrschertum eines einzigen Mannes, der nicht mit Unrecht nach dem zweiten Feldzug gegen Karthago (392), durch den fünf Sechstel von Sizilien an Syrakus gebracht wurden, den Titel eines „Archon von Sizilien“ erhielt.

Zwei Völker also, die wieder von außen kamen, aus Europa und Afrika, bestimmen jetzt plötzlich noch einmal die Geschicke der ewig beunruhigten Halbinsel. In der Abwehr der Südgefahr ist ein einzelner griechischer Mann der bestimmende Faktor geworden, während für die Nordgefahr das römische Volk und sein unterdessen fester gefügter Staat das Bollwerk abgaben. Schauen wir einen Augenblick in die Zukunft, so hat Rom nach Abwendung der Nordgefahr auch die Lösung des Südproblems durch Niederringung des Griechentums übernommen. Jetzt aber war man hiervon noch so weit entfernt, daß man mit Karthago ein Bündnis schloß und froh sein konnte, daß Dionysios im Drange seiner Großmachtpolitik gegenüber dem süditalischen Griechentum zum Angriff überging und dadurch, wie durch die Werbung und Schulung italischer Söldner der nationalen Bewegung in Italien mehr Unterstützung bot, als daß er sie niederhielt. Allerdings hat er dann auch Bündnispolitik und

Truppenwerbung den Kelten gegenüber angewandt, weil vor allem im Adriatischen Meer die politischen und wirtschaftlichen Interessen des syrakusanischen Machthabers über die dortigen Keltenanwohner hinweg bis zu den Venetern und den für den Bezug seiner Renn- und Kriegspferde so wichtigen venetischen Gestüten hinaufreichten. Hierin liegt der tiefere Hintergrund der jetzt zu betrachtenden Abwehr der Gallier durch Rom. Größer als alle sonstigen Erfolge dieser Epoche sind diejenigen des Dionysios, der trotz seiner gleichzeitig keltenfreundlichen Politik Syrakus abermals zur Schrittmacherin des jetzt plötzlich in schweren Existenzkampf hineingeworfenen römischen Staates hat emporsteigen lassen. Die neue Gesamtlage der Halbinsel wird, wenn wir die Bedeutung des Galliereinbruches und die Stellungnahme der Mächte erfassen wollen, am besten durch folgende Skizze dem Auge veranschaulicht:

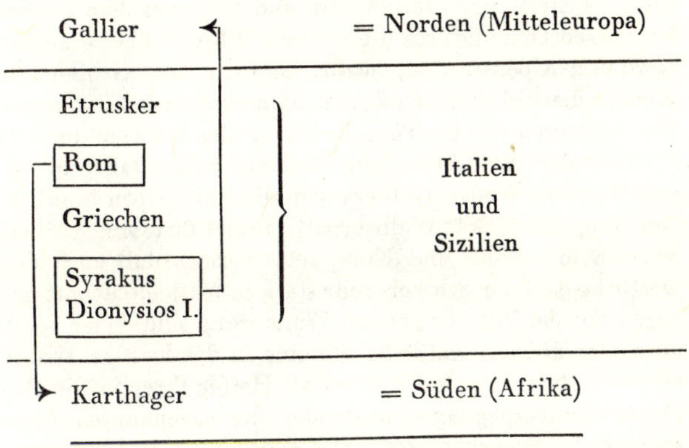

Die Mächte-Konstellation in der ersten Hälfte des 4. Jahrhunderts

(Die Pfeile geben die Vertragsorientierung der entscheidenden Machtfaktoren [Rom und Dionysios I.] zu den außeritalischen Völkern an)

Die Kelten oder Gallier sind das interessanteste Volk von der Nordperipherie der antiken Welt. In ihnen erhebt sich von neuem Mitteleuropa jenseits der Alpen gegenüber der Kulturwelt des Südens. Seit ihrer Eroberung Galliens (Frankreichs) und weiter Gebiete Nordspaniens umgeben sie wie ein gewaltiger eherner Ring die drei südeuropäischen Halbinseln. Wie mit der Ost-West-Wanderung sind die Kelten auch mit ihren Einbrüchen in das südliche Kulturland die Vorläufer der Germanen, die ein paar Jahrhunderte später den Kelten-Schutzring des Nordens durchbrachen und abermals wie ihre Vorgänger Wohnsitze im sonnigen Süden suchten. Aber während die Germanen später Westrom vernichteten und an Ostrom zerschellten, war bei den Kelten das Umgekehrte der Fall. Rom blieb erhalten, dagegen die zerspaltene Staatenwelt des Hellenismus im Osten vermochte ihr Vordringen bis nach Kleinasien (Galatien) hinein nicht aufzuhalten. Gleich nach 400 setzt der keltische Stoß gegen Italien ein, und zwar aus dem Gebiet der oberen Donau durch die mittlere Schweiz über eine der Nordwest-Alpenstraßen, wahrscheinlich den Großen St. Bernhard, wohl gedrängt durch dahintersitzende Germanen. Das Auftreten der La-Tène-Kultur in der Schweiz um 450 bedeutet den Auftakt zu dem etwa ein halbes Jahrhundert später stattfindenden Galliersturm über die Alpen hinüber. Der Zug über den Walliserpaß, ausgeführt von großen Scharen mit Weib und Kind, setzt voraus, daß auch der westliche Teil der Schweiz sehr stark in Mitleidenschaft gezogen wurde. Mit der großen Wanderung sind daher wohl auch vier kleinere gallische Stämme in das heutige Wallis eingewandert, von denen dann als Helfer ihrer in die Poebene hinübergegangenen Brüder die sogenannten Gaesaten, d. h. „Speerkämpfer", als Landsknechte in den Kämpfen der Jahre 237, 225 und 222 gekommen sind. Nach Italien sind im ganzen acht Stämme eingewandert; die vier wichtigsten waren die Insubrer, Cenomanen, Boier und Senonen. Sie besaßen wie alle Kelten schon eine gewisse Kultur auch in künstlerischer Hinsicht, mit besonderer Freude an farbenreicher Gestaltung und an Gold. Wirtschaftlich waren Gold und Vieh ihr Hauptbesitz.

Zuerst erreicht und eingenommen, angeblich am gleichen Tag wie Veji von den Römern (396), wurde das Zentrum des transpadanischen Landes, das etruskische Melpum, das heutige Melzo östlich von Mailand. Nach Überschreitung des Po ging die Vorwärtsbewegung südöstlich etwa in der Richtung der späteren aemilischen Straße vor sich, während nördlich des Po das etruskische Mantua und im Podelta das griechisch-etruskische Spina (Comacchio) beiseite gelassen wurden. Um Felsina, welches keltisch Bononia (Bologna) umgetauft wurde, ist offenbar lange gerungen worden, wie die Bologneser Grabreliefs mit den Darstellungen etruskischer Reiter und Wagenkämpfer zeigen. Aber man hat sich im ganzen durch Städtebelagerungen zunächst nicht lange aufhalten lassen. Schwärme aus dem Stamme der Senonen sind bald in das adriatische Küstenland weitergezogen. Dort aber sind ihre Kriegergräber in der Gegend von Ankona besonders stark gehäuft, ein Beweis, daß man südlich des Aesis auf starken Widerstand gestoßen ist. Nur ein Schwarm hat Apulien erreicht. Durch ihn ist wohl Dionysios I. auf das kriegerische Nordvolk aufmerksam geworden und hat möglichst viele Söldner aus seinen Reihen zu gewinnen gesucht, auch später ein Bündnis mit diesem Stamme geschlossen. An der Adria ist das Gallierland nördlich von Ankona neben der Poebene zwischen Ligurien und Venetien das am stärksten mit Kelten besiedelte Gebiet geworden.

Der Senoneneinbruch in das etruskische Stammland auf der anderen Seite des Apennin hat dagegen dort keine dauernde Besiedlung gebracht. Nur eine Belagerung von Clusium (Chiusi) wird berichtet, die aber aus dem späteren Keltenzug von 225 vorweg genommen zu sein scheint. Ebenso sind die antiken Berichte über die Gründe des weiteren Vormarsches von Clusium nach Rom wertlos. Es liegt einfach auch hier derselbe unwiderstehliche Drang nach Süden vor, wie bei den an der Adria südwärts strebenden Scharen. Vielleicht war es, wie so oft, die Anziehungskraft der Salzgewinnungsstätte an der Tibermündung, die die Gallier auch im Westen so weit südwärts getrieben hat.

Für die Niederlage der Römer an der Allia (18. Juli 387) liegt auch noch keine gleichzeitige Überlieferung, sondern ausschließlich historische Rückerinnerung vor. Dieselbe hat nur die Hauptzüge der Erzählung bis zur ersten schriftlichen Fassung in der alten Priesterchronik festgehalten, während alle Einzelheiten verschwunden und durch spätere Ausmalung ersetzt sind. Auf die Kunde von ihrem Anmarsch auf der Salzstraße rückten die Römer mit ihren latinischen Bundesgenossen an der Spitze des höchstmöglichen Aufgebotes (angeblich 24 000 Mann) an die Nordgrenze ihres Gebietes aus und nahmen an dem Bache Allia (fosso della Bettina) jenseits der Tribus Clustumina zur Sperrung der Straße Stellung, wie das Bauern zu tun pflegen, die nicht nur ihre Stadt, sondern auch ihr Ackerland zu verteidigen gewohnt sind. Den Verlauf der denkwürdigen Schlacht zwischen den beiden Brudervölkern denkt man sich so, daß die Gallier zuerst den auf den Höhen stehenden rechten Flügel der Römer besiegt, ihn auf das Zentrum gedrängt und dann das Ganze in den Tiber geworfen haben. In dessen Fluten hat ein Teil der römischen Kämpfer den Tod gefunden und nur wenige haben das jenseitige Ufer erreicht. Daraus ist die spätere Legende vom Rückzug des geschlagenen Heeres nach Veji entstanden. Das Gros des Heeres ist vielmehr auf demselben Wege, wie es anmarschiert war, nach Rom zurückgeflutet. Die Stadt war abgesehen vom Kapitol, das in Verteidigungszustand gesetzt wurde, schleunigst geräumt worden. Die „Servianische" Mauer ist erst nach der Katastrophe erbaut worden. Vielleicht ist die Zivilbevölkerung und der bei der Burgverteidigung nicht erforderliche Heeresteil über die einzige damals vorhandene, aus Holz gebaute Brücke auf das jenseitige Ufer gebracht und danach die Brücke abgebrochen worden. Daraus ist wohl die Legende von der Rettung eines Heeresteiles nach Veji entstanden. Die Dauer des Aufenthaltes der Gallier in der geräumten Stadt wird auf sieben Monate angegeben. Nicht gerade wahrscheinlich ist ein so langes Stilleliegen plündernder Horden, ebenso nicht eine so lange Dauer der Verteidigung des Kapitols. Wie diese Datierung sind alle uns überlieferten Einzelheiten aus der Kapitolsverteidigung bis auf die schnatternden Gänse, die die schlafenden Wächter geweckt haben sollen, und auf die Rettungstaten des Kamillus spätere Zudichtung. Sicher ist nur: das Ende der gallischen Belagerung wurde durch gütlichen Vertrag herbeigeführt. Nach der besten Überlieferung wurden die Gallier durch einen Einfall der Veneter in ihr Land zurückgerufen und zogen ab, nachdem sie die Reste der Stadt eingeäschert hatten.

Die gallische Katastrophe ist das erste Ereignis aus der Geschichte Roms, welches auch in der griechischen Literatur des Mutterlandes einen Niederschlag gefunden hat. Die Gallier Italiens sind dadurch, daß ein Politiker vom Range des Dionysios I. mit ihnen Verbindung gesucht hatte, ein auch in der griechischen Geschichtsschreibung beachteter Faktor geworden. Man wußte, daß die Schlacht zeitlich mit der Belagerung Rhegiums durch Dionysios I. zusammengefallen war, wußte auch, daß nach der römischen Katastrophe gallische Gesandte bei dem damals noch in Süditalien kämpfenden Dionysios erschienen waren und um ein Bündnis gebeten hatten, das ihnen gewährt worden war. Man hat daher die Gallierschlacht in dem athenischen Archontenjahr des Antalkidasfriedens (387 bis 386) angesetzt.

Das Ereignis war, auch vom griechischen Standpunkt gesehen, ein höchst bemerkenswertes und hat Rom sozusagen in die Weltgeschichte eingeführt. Wie die griechische Historiographie bewertet auch die moderne Forschung im Gegensatz zu Mommsen die Katastrophe für Roms äußere und innere Entwicklung sehr hoch. Allein schon die Tatsache, daß durch das Zusammenwirken der Veneter und Römer die große Frage entschieden wurde, ob das Römertum oder das Keltentum die Erbschaft der Etrusker in der Hegemonie über Nord- und Mittelitalien antreten sollte, darf als ein welthistorisches Ereignis von größter Tragweite bezeichnet werden. Es ist nicht auszudenken, wie die Geschichte am Mittelmeer weiter verlaufen wäre, wenn die Kelten damals Rom und das Latinertum überflutet und in ihren Bann geschlagen hätten, womöglich noch länger und stärker als die Etrusker ein Jahrhundert vorher. Rom war besiegt und materiell aufs schwerste geschädigt; seine Führerstellung in Latium und im Volskerlande, die man gerade vor der Katastrophe so erfolgreich ausgebaut hatte, war verloren. Aber Roms Kraft war ungebrochen, und aus der furchtbaren Not, der man glücklich entronnen war, erwuchs ihm der starke Wille zum Wiederaufbau nach außen und im Innern. Nach dem Lichtstrahl, der in die römische Geschichte durch das Interesse der Griechen an der gallischen Katastrophe gefallen war, wird das Dunkel, welches die Wiederaufbauarbeit Roms nach 387 überdeckt, für uns doppelt lästig.

Das größte Ereignis in der Stadtgeschichte der nachgallischen Zeit war unstreitig die Ummauerung in Gestalt der „Servianischen" Mauer. Das Rom der Berge und der Hügel mit Einschluß des Kapitols und des Aventins, der der alten Sakralstadt noch nicht angehört hatte, wurde in einen starken Mauerring eingeschlossen, der wohl auf das diesseitige Tibergebiet beschränkt blieb, hier aber stellenweise, vor allem auf der Landseite, ohne Rücksicht auf das Gelände ausgeführt wurde. Die große Gefahr, der man entronnen war, legte die Verwandlung der nur in Teilen geschützten Stadt in eine einheitliche gewaltige Festung nahe. Von ihren Mauern sind noch Reste vorhanden; die besterhaltenen Teile sind diejenigen, die heute den Romfahrer bei der Einfahrt in den Hauptbahnhof grüßen. Unwillkürlich schweift der Blick des Historikers in die letzte Zeit Roms zu dem einzigen und noch größeren Mauerbau der Kaiserzeit, demjenigen Kaiser Aurelians. Wie damals die Mauer unter dem Druck der Germanengefahr erbaut worden ist, so die Servianische aus Furcht vor der Wiederkehr der Kelten. Die beiden großen Brudervölker von jenseits der Alpen haben durch ihren Druck Roms Mauerringe in der Großartigkeit, die wir heute noch bewundern, erstehen lassen. Dazwischen liegt eine Zeit der eigentlichen Blüte von Stadt und Reich, da Rom seine Mauern verfallen lassen konnte.

Zwei auswärtige Mächte haben also in dem eben zur Betrachtung stehenden Zeitabschnitt in Italiens Geschicke tief eingegriffen: Kelten und sizilische Griechen. Die beiden Zugaben Italiens (Poebene und Sizilien) bekommen für die eigentliche Halbinsel eine erhöhte Bedeutung. Die Keltisierung des Nordens mit einem Teile gallischen Landes weit südwärts an der Adriaküste und das allmähliche Wiedererstarken Latiums nehmen das Etruskertum in die Zange, so daß schon in dieser Zeit seine politische und kulturelle Bedeutung für Italien weiter stark zu sinken beginnt. Allerdings ist der südetruskische Einfluß für Rom noch nicht völlig beseitigt. Seitdem Veji zerstört war, steigt der Einfluß der am stärksten hellenisierten Etruskerstadt im Süden, nämlich Caeres. Es wird berichtet, daß die Priester Roms während der gallischen Katastrophe mit den Heiligtümern ihrer Heimat nach Caere geflohen seien und dort eine gute Aufnahme gefunden hätten; daraufhin sei dann später ein Gastvertrag mit der Stadt abgeschlossen worden. Zum Jahre 363 ist die Nachricht erhalten, daß gelegentlich einer schweren Epidemie neben einer Götterbewirtung zur Versöhnung der Gottheit seitens des abergläubischen Volkes auch Bühnenspiele zum erstenmal in Rom aufgeführt wurden. Die Schauspieler, die auftraten, seien aus Etrurien herbeigeholt worden. Daß es eigentlich nur sakrale Tänze aufführende Personen waren, ergibt die weitere Beschreibung des Livius, der hier nach kundiger Quelle eine Geschichte der Ursprünge des Schauspiels in Rom liefert.

Vom Standpunkt der politischen Geschichte bedeutet der Einbruch des primitiveren Nordvolkes der Kelten, seine Festsetzung in weiten Gebieten der nördlichen Teile der Halbinsel eine Verlagerung des geschichtlich bedeutsamen Kernes der italischen Westseite mehr nach Süden hin. Diese Verschiebung des geschichtlichen Schwerpunktes aber bringt noch einmal eine Steigerung des Einflusses des süditalischen Volkstums, voran der Osker Kampaniens, und zugleich eine Vermehrung der griechischen Ausstrahlung, jetzt allerdings auch der sizilischen. Die Griechenwelt besaß in Dionysios I. einen auch politisch höchst bedeutsamen Vertreter, dabei den mächtigsten Träger des geschichtlichen Fortschrittes in diesem stärker denn je in Bewegung geratenen Südraume. Kapua, Syrakus und dahinter in weitem zeitlichen und machtpolitischen Abstand Tarent, in dem durch diese Eckpunkte umgrenzten Kräftedreieck beginnt sich die Geschichte der Halbinsel nun abzuspielen, während

Rom zu ihm an der Peripherie liegt, wie bisher zu der etruskischen Großmacht des Nordens. Daher wendet sich eine Zeitlang von jetzt ab Roms Gesicht nach Süden dank der überragenden Gestalt des syrakusanischen Tyrannen. Durch ihn hat das Westgriechentum mit seinem Streben zum Großen, zum Gigantischen, dieses Amerikanertum innerhalb der antiken Hellenenwelt, auch in der politischen Praxis einen Höhepunkt erreicht, der nicht nur Syrakus zur größten Stadt der gesamten Hellenenwelt, sondern auch sein Reich für kurze Zeit zum alles beherrschenden Faktor im westlichen Mittelmeerbecken, ja noch darüber hinaus gemacht hat. Die modernen Darstellungen italisch-römischer Geschichte werden dieser nunmehrigen überragenden Stellung von Syrakus nicht voll gerecht, wie sie auch nicht deutlich genug Rom als Erbin dieses Zustandes kennzeichnen.

Während die Etrusker durch den gallischen Einbruch schwere Einbußen an Land und Einfluß erlitten haben, ist die Karthagergefahr des Südens von Dionysios I. in zwei neuen großen Kriegen wirklich gebannt worden. Der karthagisch-syrakusanische Friede von 392 hat ihm die Grundlage zu einer größeren Reichsbildung auch auf italischem Boden gegeben. Im Gegensatz zum vorhergehenden Jahrhundert ging dann die weitere syrakusanische Expansion nicht sofort im Tyrrhenischen Meer, sondern zunächst an der Adria vor sich. Ältere griechische Bemühungen um Festsetzung an den beiderseitigen Rändern dieses Meeres, die über einzelne Stützpunkte nicht hinausgekommen waren, wurden nun durch die große Militärmacht des Südens wieder aufgenommen. In den Mittelpunkt trat die Schöpfung von Ankona als einer syrakusanischen Kolonie, ausgestattet mit dem besten Hafen der Ostküste. Hier ist dann nach der keltischen Festsetzung nördlich dieser Stadt die Berührung zwischen Griechen und Galliern entstanden, die für beide Teile, das von Gold strotzende Nordvolk und die hohe Verarbeitungskunst der Hellenen, so fruchtbringend geworden ist. Wir bewundern immer wieder die von griechischen Künstlern für keltische Häuptlinge gearbeiteten Goldkränze im Museum von Ankona.

Durch nichts aber wurde Dionysios so sehr der Schrittmacher Roms, als durch sein Übergreifen auch in das Tyrrhenische Meer seit 384. Hier wurde er der Fortsetzer der syrakusanischen Politik des vorhergehenden Jahrhunderts, wie sie Hieron I. seit der Schlacht von Kyme im Jahre 474 betrieben hatte. Auch diesmal richtete sich der Kampf gegen die Etrusker, aber jetzt im Bunde mit dem Neuvolk auf italischer Erde. Der Feldzug richtete sich zunächst gegen Pyrgi, die Hafenstadt von Caere, wo das Heiligtum der Leukothea geplündert wurde, dann gegen Elba und endete mit der Anlage einer syrakusanischen Flottenstation auf Korsika, wohl im Süden der Insel, die in gleicher Weise die Etrusker wie die Karthager in Sardinien in Schach halten sollte. Es ist keine Frage, daß diese Erfolge auch dem geschwächten Rom zugute kamen, dessen Stunde zu erneuter eigener größerer Entfaltung nun zu nahen begann.

Die Schwäche des dionysischen Staates lag in der Innenpolitik, die durch Zwistigkeiten im Herrscherhaus für das Volk immer drückender wurde. Daneben aber lag sie auch in der Zweifrontenstellung des Staates, der gleich nach 380 einen weiteren, den dritten Karthagerkrieg führen mußte. In diesem verband sich der mächtigste Landesfeind mit dem größten Teile der Griechen Italiens, dem italiotischen Bunde. Das Resultat war die endgültige Abgrenzung der beiden feindlichen Südmächte gegeneinander, wobei Dionysios trotz einer Niederlage noch zwei Drittel seines Reiches in Sizilien rettete, während der Westteil der Insel von nun ab in den karthagischen Händen blieb. In Italien dagegen erhielt sich der syrakusanische Besitzstand im großen und ganzen unverändert. Ja, der Bund der Italioten mußte Anschluß an das mächtigste griechische Reich des Westens suchen. Dies zeigt die Politik des Archytas von Tarent, des ersten großen Staatsmannes dieser jetzt emporsteigenden Griechenstadt des Festlandes. Ein letzter Waffengang mit Karthago 367 brachte keine Veränderung des beiderseitigen Besitzstandes mehr. Dionysios I. starb im Winter 367/66. Er war unstreitig der größte Mann des Jahrhunderts; denn er hat die karthagische Gefahr von dem größeren Teil Siziliens für immer ferngehalten, hat daneben, man möchte sagen, durch

Errichtung eines antiken „Königreiches beider Sizilien“ auf dem italischen Festland die politische Oberaufsicht geführt und auch als Freund Spartas in die damaligen Selbstzerfleischungskämpfe des griechischen Mutterlandes eingegriffen. Trotz der nahen Beziehungen zu Sparta erhielt er am Schlusse seines Lebens auch noch das Ehrenbürgerrecht Athens, wo in seinem Todeswinter eine seiner Tragödien mit dem Siegespreis gekrönt wurde: ein Herrscher, der, echt griechisch, ein Dichter zugleich war.

Wie die Verhältnisse in Syrakus nach seinem Tode zeigen, hing das Reich an seiner Person. Aber auch das gesamte Griechentum wurde durch seinen Hingang schwer getroffen. Die politische Lage in dieser Stunde erhält ihr Gepräge durch zwei Tatsachen: einmal durch die Stillegung der Ausbreitung der beiden außeritalischen Eindringlinge, der Kelten im Norden und der Karthager im Süden, und zum zweiten durch die absteigende Linie, die von nun an die beiden italischen Fremdmächte, das Etruskertum und das Griechentum, aufzuweisen beginnen. Damit ist nun endlich die Bahn frei geworden für die italischen Bauernvölker, die schon lange nach aufwärts und nach auswärts drängten, weil der Raum, auf den sie zusammengepfercht waren, bei ihrer starken Volksvermehrung viel zu eng war. In der jetzt beginnenden Epoche, die im Zeichen des Rufes „Italien den Italikern“ steht, ist auch Rom nach dem schweren Rückschlag, den es durch den Kelteneinbruch erlitten hatte, wieder in eine schnell aufwärts führende Bewegung geraten und hat zunächst das latinische Problem energisch angepackt.

6. Latium den Römern, Italien den Italikern
(367—330)

Wir stehen vor dem entscheidenden Jahrhundert der altrömischen Geschichte (367—265), das mit diesem Teilabschnitt eingeleitet wird. Während das verflossene Großjahrhundert seit der Schöpfung der Republik nur den Auftakt gebildet und am Schluß sich durch die Gallierkatastrophe die Entwicklung verlangsamt hatte, regen sich jetzt alle Kräfte im Römertum in der Richtung auf eine neue außenpolitische Aktivierung zur Gewinnung größeren Nahrungsraumes, wie ihn die samnitischen Bauernvölker der Berge bei ihrem viel kargeren Ackerboden durch Ausgreifen nach allen Seiten schon längst erstrebt und teilweise gewonnen hatten. Die festgewordene Grenze der neuen Fremdvölker, Kelten und Karthager, sowie der beginnende Niedergang der Etrusker und Griechen, die Italien immer wieder in den Gesamtbereich ihres politischen Kräftespiels hineingezogen und den Blick der Römer schon frühzeitig über Italien hinaus gelenkt hatten, sie ermöglichten jetzt endlich, daß man sich nun nach der Überwindung der gallischen Nöte auf die Ausweitung des römischen Machtbereichs in Italien mehr als bisher besann.

Das wichtigste Ereignis, das dieser Expansion vorangeht, ist die Wiederherstellung der römischen Vorherrschaft in Latium, vor dem erneuten Einfall der Kelten, demjenigen von 358. In die Zeit unmittelbar vorher gehört das sogenannte kassische Bündnis *(foedus Cassianum)* mit den Latinern, die offenbar seit der Alliaschlacht eine eigene Gemeinschaft gebildet hatten. Der Konsul Sp. Kassius, der Urheber des Vertrages, war plebejischen Geschlechtes und gehört daher nicht in den Patrizierstaat des Republikbeginnes, wohin der Vertrag von der Tradition fälschlich verlegt worden ist. Wie weit sich der Bund der Latiner damals erstreckte, ist schwer zu sagen. Tibur soll sich bei dem zweiten Galliervorstoß von dem Bunde getrennt haben, aber bald darnach (354) wieder zum Anschluß gebracht worden sein. Für dasselbe Jahr wird auch Praeneste als wieder angeschlossen bezeichnet. Die Einheit im gesamtlatinischen Raum war also um diese Zeit erreicht.

Wieweit außerhalb Latiums die Wiederherstellung der alten Verhältnisse erfolgt ist, ergibt sich aus einer chronologisch ziemlich sicheren Tribusgründungsnotiz. Erst zum Jahre 358 wird wieder die Schöpfung von zwei neuen Tribus berichtet, der Pomptina, wie der Name zeigt, im Volskerland und der Publilia, die wohl in der Nähe gesucht werden muß. In diesen Tribusschöpfungen liegt der Beweis, daß damals das Volskerland nicht auf dem Wege des Bündnisses mit Latium, sondern durch gewaltsame Einverleibung dem römischen Gemeindeverband angegliedert worden ist. Roms Hauptfront war also wie bisher nach Süden gerichtet.

In der Innenpolitik ist das Wichtigste, was die neue Zeit nach der Niederlage auszeichnet, ganz offenbar ein stärkeres Entgegenkommen gegenüber den Plebejern in deren Heranziehung zur Leitung des Staates, der nun aus seiner italischen Umwelt immer stärker als ein besonderes, höchst originelles Gebilde herauszutreten beginnt. Seit der Zeit des Konsulartribunats war der reinpatrizische Ring in der Staatsführung durchbrochen. Dazu stimmt, daß die Tradition über die licinisch-sextische Gesetzgebung, die in der Hauptsache unhistorisch ist, für das Jahr 366 bei der Wiederherstellung des Konsulates den ersten plebejischen Konsul zu vermelden weiß. So ist der alte Patrizierstaat in diesen Zeiten des Wiederaufbaues endgültig verlassen und ein erster entscheidender Sieg seitens der plebejischen Oberschicht errungen worden.

Außenpolitisch setzt sich die Ausbreitung südwärts zunächst fort. Bezeichnend ist, daß die römische Politik zur Sicherung des im unmittelbaren Nachbarraum Erreichten wieder stark mit Verträgen zu arbeiten beginnt. Im Jahre 354 wurde ein Vertrag mit den Samniten geschlossen, fraglich ob mit dem Gesamtbunde dieses Volkes oder nur mit einem Teil desselben, der offenbar der ersten Abgrenzung der beiderseitigen Interessensphären gewidmet war und bei Roms Drang nach dem Süden das Stillehalten der stärksten Italikergruppe im Innern des Landes herbeiführen sollte.

Noch wichtiger aber als Flankendeckung für Roms Südpolitik war der neue Vertrag mit Karthago, der bei Polybios als zweiter erscheint, aber hier undatiert ist, während ihn die annalistische Überlieferung angeblich als ersten in das Jahr 348 versetzt hat. Dieser Ansatz in die Zeit vor der Unterwerfung der Latiner wird das Richtige treffen. Karthago ist auf dem alten Standpunkt der Großmacht zur See mit seinen sich abschließenden und monopolisierenden Tendenzen stehen geblieben, ja hat diese noch schärfer herausgestellt: Sperrung des Zugangs zum Atlantischen Ozean jetzt an zwei Stellen, am „Schönen Vorgebirge“ in Afrika und bei Mastia (Cartagena) in Ostspanien, mit genauer Angabe dessen, was dort verboten ist: zu rauben, Handel zu treiben und Städte anzulegen, vor allem aber Fernhaltung des römischen Handels von Sardinien und Libyen, während Sizilien und die Reichshauptstadt Karthago für die Römer, wie Rom für die Karthager, für den Handel wie bisher geöffnet bleiben. Dagegen zeigen die Bestimmungen über Rom eine neue Welt von einer unerhörten Aufgeschlossenheit, in welcher mit der größten Energie die alten Bindungen beseitigt und Grundlagen für die Zukunft gelegt werden. Zwei Punkte sind es vor allem, in denen das Neue zutage tritt, einmal das Verhältnis Roms zu seinen latinischen Bundesgenossen und zum anderen die Tatsache, daß Rom zum Meere und zum Handel in der Zwischenzeit eine stark veränderte Einstellung bekommen hat. Rom zeigt in ganz anderem Umfang als im ersten Vertrag das Gesicht eines mittelländischen Staates, der im Rahmen dieser neuen Position seine Politik, auch diejenige gegenüber den stammverwandten Latinern, mit stark erweitertem Blickfeld betreibt. Der Vertrag als Ganzes wird zwar beiderseits mit Einschluß der Bundesgenossen geschlossen, aber die Verkehrsbestimmungen der Karthager werden nur noch für die Römer allein erlassen, nicht mehr für die Römer und ihre Bundesgenossen wie im ersten Vertrag. Rom ist wohl die Vormacht von Latium, aber immer noch nicht die Beherrscherin aller latinischen Gemeinden. Es gibt in Latium auch jetzt noch neben den an Rom vertragsmäßig gebundenen Städten solche, die unabhängig sind. Von ihnen genießen die ersteren Roms Schutz, während die Karthager im Falle eines Krieges der zweiten Gruppe gegenüber erobernd auftreten dürfen, um sich die Bewohner samt ihrer Habe anzueignen, die eroberte Stadt jedoch an Rom zurückgeben müssen. Diese Bestimmung ist es, die die überlieferte Datierung des Vertrags in die Zeit vor dem Latinerkrieg als richtig erweist. Sie erklärt sich wohl hauptsächlich aus der damaligen feindseligen Haltung Antiums gegenüber

Rom. Denn in einem Atem mit diesem karthagischen Vertragsschluß wird die Aussendung einer antiatischen Kolonie berichtet, und zwar nach dem von den übrigen Latinern unter Roms Führung zerstörten Satrikum, das dann drei Jahre später von den Römern zurückerobert und von neuem vernichtet wurde. Antium war der Ausfuhrhafen des alten Volskerlandes und selbst stark volskisch bevölkert. Es ist das letzte Aufflackern des volskischen Sondergeistes, der einer Einigung von Großlatium unter Rom noch Schwierigkeiten bereitet. Der römisch-karthagische Vertrag vermittelt uns die sehr wichtige Erkenntnis, daß Rom sich nicht scheut, diesen letzten Rivalen im eigenen Lande dem Karthager preiszugeben, um ihn sich endlich durch Zwang gefügig zu machen. Schon sind es gewissermaßen zwei Rom, die uns hier entgegentreten, das eine, welches jetzt in Latium, und zwar im größeren Latium, die ausschließliche Vorherrschaft über alle Teile der Landschaft erstrebt, also ein rein italisches Rom, welches klar erkannt hat, daß in seinem festländischen Machtbereich alles auf die endliche straffe Einigung des vergrößerten Latium ankommt. Nachdem man in der vorhergehenden Zeit in Südetrurien festen Fuß gefaßt und in einem Krieg gegen die vereinigten Falisker und Etrusker (357–354) den ehedem gewonnenen Raum noch einmal zu sichern versucht hatte, allerdings ohne größeren Erfolg, war das nur möglich durch abermalige schärfste Einstellung auf die Südfront. Wir stehen vor derjenigen Politik, die nach der Angliederung der Volsker den Vertrag mit den südlicher wohnenden Aurunkern (345) schuf, während ihre mehr landeinwärts wohnenden Nachbarn, die Sidiciner, zunächst als im samnitischen Interessengebiet liegend unberührt gelassen wurden. Es ist die Politik, die dann den latinischen Aufstand brachte. Das andere Rom hat frühzeitig erkannt, daß für eine aufstrebende italische Landmacht jetzt noch mehr als zu irgendeinem früheren Zeitpunkt auf die Dauer das Fernbleiben vom Meere unmöglich war, zumal bei der Seetüchtigkeit der volskischen Antiaten. Dieses zweite Rom ist es, welches den neuen karthagischen Vertrag abgeschlossen hat und unser besonderes Interesse in Anspruch nimmt, weil ihm die Zukunft gehören sollte. Es steht der großen Seemacht, mit der es den Vertrag abschließt, noch wie ein Zwerg gegenüber und muß sich auch jetzt noch mit einem Mindestmaß von Zugeständnissen begnügen. Während man im ersten Vertrag sich noch kaum berührte, ist man jetzt einander schon nähergekommen; denn Rom schickt sich an, die Erbschaft der Etrusker und Antiaten im Seeraub und Seehandel zu übernehmen. Auch der alte Salinenschutzplatz Ostia hat in dieser Zeit die Wandlung zum Hafen Roms durchzumachen begonnen. Rom schaut nicht nur nach Süden in der Richtung der späteren appischen Straße, sondern Rom schaut jetzt auch bereits über das Meer hinüber gen Westen nach den beiden großen Inseln, die seinen engsten Seebereich westwärts abgrenzen, und sieht sich hier, seitdem das Griechentum und das Etruskertum niederzusinken angefangen haben, viel mehr als früher der punischen Seekönigin gegenüber. Mit ihr schafft man sich zur Sicherung der Festlandspolitik vertragsmäßig von neuem Flankenschutz, allerdings unter der demütigenden Bedingung, daß die unmittelbar vorgelagerte Gegenküste von Sardinien für den römischen Handel und Wandel genau so verschlossen bleibt, wie das ferne afrikanische Gestade außer Karthago selbst. Ein Glück ist es demgegenüber, daß mit Rücksicht auf den gemeinsamen Gegensatz zum Griechentum Sizilien, soweit es karthagisch ist, geöffnet bleibt, gewissermaßen als Vorhalle zu der Hauptstadt des Partners. Dadurch wird der zu Land bereits südwärts gerichtete Blick Roms auch zu Wasser in dieselbe Richtung gezwungen, und es werden die großen Etappen der späteren Entwicklung Roms vorgezeichnet, die da heißen: Kapua als Bundesgenosse und Sizilien als erste Provinz. Die Stärke Roms in der nun beginnenden Epoche ruht also darauf, daß es mit seinem sich bildenden Händler- und Kaufmannsstand den einen Fuß ganz schüchtern und überall noch von dem großen Gegenstaat zu Wasser beaufsichtigt und eingeengt in die mittelländische Welt setzt, aus dem natürlichen Gefühl heraus, daß Italien vermöge seiner zentralen Lage und seiner eigentümlichen langen Küstengestaltung im Grunde kein Eigenleben als Land führen kann, sondern von vorneherein zu einer weitangelegten

Mittelmeerpolitik gezwungen ist. Das alte Bauernrom ist in dieser Stunde politisch zu höherem Leben erwacht und zeigt wirtschaftlich eine neue Seite, die maritim und merkantil zugleich eingestellt ist. Wie das Oskertum im Süden unter dem Einfluß des neben ihm sitzenden Griechentums schon längst, so läßt jetzt auch Latium, geführt von Antium, die Seeluft ins Land streichen, und Rom entdeckt, daß es ohne stärkere Blickrichtung zum Meere als bisher nicht weiterkommen kann. Darin liegt die Bedeutung des Jahrzehnts 350 bis 340 für die römische Geschichte. Damals ist die Keimzelle entstanden, aus der später jenes Rom, das über das Meer hinwegstrebte, groß wurde.
Aber dieses Erwachen Roms, das mit Teilen der stammverwandten Latiner so umsprang, wie mit fremden Völkern, hat zu einer großen Katastrophe geführt, dem Aufstand der Latiner gleich nach 340. Die Überlieferung über diesen Krieg, wie über einen angeblich vorher geführten Samnitenkrieg, ist denkbar dürftig und schlecht. Der letztere Krieg wird heute meist als unhistorisch erklärt und der Verlauf des Latinerkriegs als kaum wiederherstellbar. Fest steht nur, daß die Kampaner hinter der Erhebung standen und daß daher wahrscheinlich der erste entscheidende Sieg der Römer an der Grenze Kampaniens errungen wurde. Denn der römischen Kriegführung mußte es zunächst vor allem darauf ankommen, die Verbündeten zu trennen und die Latiner zu isolieren. Das ist offenbar gelungen. Immerhin hat der Krieg in Latium zwei Jahre lang gedauert, bis der Friede endlich wieder ins Land kam. Die Neuordnung des Landes ist die erste römische Großtat auf dem Gebiete der Landgemeindeorganisation, das Vorbild der späteren Einrichtung Gesamtitaliens nach dem Bundesgenossenkrieg. Der latinische Bund wurde aufgelöst, aber an die Stelle nicht ein Einheitsstaat gesetzt, da ein solcher den Charakter Roms als Gemeindestaat vernichtet hätte. Auch wurde nicht wie früher so oft nach siegreichen Kriegen eine Vergrößerung des römischen Stadtgebietes vermittels neuer Tribusgründungen vorgenommen. Was geschaffen wurde, war vielmehr eine Abschließung der einzelnen Gemeinden auf gesellschaftlichem und wirtschaftlichem Ge-

biet gegeneinander durch Entziehung der Ehegemeinschaft *(conubium)* und der Fähigkeit, Rechtsgeschäfte abzuschließen *(commercium)*, und einer Regelung des Verhältnisses der einzelnen Gemeinden zu Rom in vielgestaltigen, mannigfach abgestuften vertraglichen Rechtsgebilden. Tibur und Praeneste blieben, wenn auch mit verkleinerten Territorien, Bundesstaaten mit voller innerer Selbständigkeit, getrennt allerdings durch das Gebiet der kleinen Gemeinde Pedum. In diese Reihe gehört vielleicht auch jetzt noch das auf dem Wege nach Tibur gelegene Gabii. Hinter diesen selbständigen Bundesstaaten auf der Grenze Latiums und des Sabinerlandes folgten dann die zu römischen Bürgergemeinden auf Grund eines Sondervertrages erhobenen Munizipien. Sie hatten volles römisches Bürgerrecht und eigene Gemeindeverwaltung. An der Spitze dieser Gruppe steht Tuskulum. Es folgen Aricia, Lanuvium, vielleicht auch die Laurenterstadt Lavinium und dann noch eine Anzahl kleinerer Orte wie Nomentum und Pedum. Auch viele andere Gemeinden des alten Latinerlandes, die später unter der Bezeichnung von Kolonien latinischen Rechtes erscheinen, gehören in diese Gruppe, so das früh mit Rom verbündete Ardea, weiter Cora, Norba, Signia, Setia und Circei. Gegenüber den Gemeinden mit Bürgern rein latinischen Blutes wurden die stammfremden, zunächst die ehemals volskischen Gemeinden nur mit sogenanntem „Halbbürgerrecht" ausgestattet. Ihre Angehörigen waren allen Lasten und Pflichten gegen den römischen Staat unterworfen, entbehrten dagegen des aktiven und passiven Wahlrechtes in den römischen Komitien. Sie zerfielen ihrerseits in solche, die ihre eigene Gemeindeverwaltung behielten, und solche, die sie verloren. Als Gemeinden mit eigener Verwaltung begegnen auf ursprünglich volskischem Boden z. B. Satrikum und Velitrae, während Antium Bürgerkolonie wurde unter Ausstattung auch der Altbewohner mit Grundstücken, allerdings wie Ostia zunächst ohne eigene Beamte und Selbstverwaltung, die ihr erst im Jahre 317 zuteil wurden. Das Halbbürgerrecht ohne städtische Selbstverwaltung (Form der *praefectura)* erhielten die südlich vom Volskerland liegenden Aurunkerstädte Fundi und Formiae. Daraus geht hervor, daß der Latineraufstand sich bis an die Grenzen Kampaniens erstreckte, während die im Hinterland von Praeneste seßhaften Herniker offenbar nicht an der Erhebung beteiligt waren. Es war leicht vorauszusehen, daß nach dieser föderativen Gestaltung Latiums Italien als eine Summe von Stadt- und Landgemeinden, im Bundesverhältnis miteinander und in festerer und lockerer Abhängigkeit an die herrschende Stadt angegliedert, zusammenwachsen werde, daß also hier kein einheitlicher Flächenstaat, wie es anfangs in der Zeit der Tribusgründungen scheinen mochte, sondern ein von der führenden Stadt beherrschtes Bundesgebilde entstehen werde.

Entgegen der starken Bewegtheit der Südfront ist man zunächst im Norden in der Verteidigung geblieben. Erst dreißig Jahre nach der gallischen Katastrophe, also 358/7, erneuern die Kelten ihre Einbrüche wieder. Sie kommen bis Alba (Alba Longa?), aber die Römer wagen keine Schlacht, da sie überrascht worden sind und die Truppen der Bundesgenossen nicht aufzubieten vermögen. Weshalb der Gegner seine Überlegenheit nicht ausbeutete, wird nicht gesagt. Wahrscheinlich war unterdessen die Ummauerung Roms zu Ende geführt worden und daher eine Wiederholung der Katastrophe von 387 unmöglich. Ein neuer Einfall der Gallier wird dann erst wieder zum Jahre 346/5 gemeldet. Diesmal sind die Römer auf alles vorbereitet und ziehen zusammen mit den Bundesgenossen gegen den Feind, der sofort wieder den Rückzug antritt. Es handelt sich also offenbar nur noch um feindliche Vorstöße zum Zweck des Beutemachens. Das große Glück Roms in dieser Epoche bestand darin, daß die starke Betätigung auf der Südfront nicht wesentlich von Norden her gestört wurde. Die Gallier waren zur Ruhe gekommen, und der Niedergang des Etruskertums setzte sich fort.

Das entscheidende Ereignis auf der etruskischen Front war der Anschluß von Caere an Rom. Die Stadt soll nach der Tradition an einem südetruskisch-römischen Krieg beteiligt gewesen sein, bei dem es ohne Niederlage auf römischer Seite nicht abgegangen ist, der aber mit einem einigermaßen guten Ergebnis dann endete. Möglicherweise gehört in diesen Krieg das von Aristoteles' Schüler Theophrast geschilderte erste Seeunternehmen der Römer: sie fuhren mit 25 Schiffen nach dem damals etruskischen Korsika hinüber. Aber die Insel erschien ihnen als ein einziger großer Urwald, und so gaben sie die Absicht, dort eine Stadt zu gründen, wieder auf. Ist der Zeitansatz richtig, dann verstehen wir erst voll und ganz die Tatsache der Fernhaltung Roms von Sardinien seitens der Karthager. Im zweiten Vertrag mit Caere soll nach dem erwähnten Krieg im Jahre 353 ein Friede auf 100 Jahre geschlossen worden sein, während der Kampf mit Tarquinii und Falerii erst zwei Jahre später beendet wurde und nur einen Waffenstillstand auf vierzig Jahre brachte. Der hundertjährige Friede mit Caere aber bedeutet wohl die Herstellung eines Vertragsverhältnisses zu dieser in der Folgezeit für Rom so wichtig gewordenen etruskischen Großstadt Südtoskanas. Aus dem bundesgenössischen Zustand ist die Stadt sehr bald in denjenigen einer Halbbürgergemeinde übergegangen. Sie galt später als die älteste Gemeinde dieser Form. Dies folgerte man aus dem Umstand, daß die Listen der Bürger ohne Stimmrecht in Rom immer als „Verzeichnisse der Caeriten" bezeichnet wurden. Ist dieser Schluß richtig, dann muß Caere schon vor 338 in diesen neuen Zustand übergegangen sein, offenbar freiwillig, wie das auch von einer zweiten Stadt auf südetruskischem Boden, Kapena, angenommen werden muß. So rückte Rom ohne großen Kraftaufwand schon allmählich an den natürlichen Abschluß Südetruriens nach Norden hin, das ciminische Waldgebirge, heran.

Doch der für alle Zukunft wirklich entscheidende Schritt wurde nicht im Norden, sondern abermals im Süden getan, durch das Übergreifen Roms in die zweite, und zwar die fruchtbarste Ebene Italiens in Form der Herstellung eines festen Vertragsverhältnisses zu Kapua und den umliegenden nordkampanischen Gemeinden. Wieder ist es kein Sieg auf dem Schlachtfeld, sondern ein großangelegtes diplomatisches Unternehmen, das den Gegensatz des gräzisierten ritterlichen Adels Kampaniens gegenüber seinen zurückgebliebenen samnitischen Brüdern ausnutzte. Dies geschah, als im Osten Alexander der Große den Übergang nach

Asien bewerkstelligte und dem Abendland eine neue Zukunft im Osten eröffnete. Räumlich betrachtet sind es außer Kapua, dem Vorort Nordkampaniens, die Städte Cumae, Kasilinum, Kalatia, Atella, Suessula und zuletzt, ein Jahr später als die genannten, das am fernsten im Landesinnern westlich von Nola gelegene Acerrae, die angeschlossen wurden. Die Form der Angliederung war eine solche durch Vertrag, und zwar ohne Stimmrecht. Rom hat sich also beim Überschreiten des eigentlich latinischen Volksbereiches wiederum der Sachlage angepaßt und den Bürgergemeinden auf stammfremdem Boden eine freiere Stellung gewährt. Wie Cumae, mindestens bis zum Jahre 180, auch als römische Bürgergemeinde sich der griechischen Sprache bedienen durfte, so die kampanischen Gemeinden des Oskischen im inneren Betrieb des Staates. Dazu kam die Erhaltung der oskischen Gemeindeverfassung, der Dienst in eigener Legion, sowie das der Stadt verbliebene Recht der eigenen Kupferprägung. Nebenher geht bald darnach die römisch-kampanische Silberprägung, die in Münzfuß, Aufschrift und Münzbildern immer mehr romanisiert wird. Damit erlangt Rom allmählich den Anschluß an das auf dem Geldwesen ruhende süditalische Wirtschaftsleben der Griechen.

Diese früher besonders von deutscher Seite vertretene Anschauung (zuletzt Regling), daß der Vertrag mit Kapua für die Anfänge der römischen Geldwirtschaft epochemachend sei, ist allerdings von englischer Seite (H. Mattingly an der Spitze) stark erschüttert worden. Die älteste, auf dem Gußweg hergestellte italische Münze, das „Kupfer-Schwergeld“ *(aes grave)* an Stelle des bis dahin gebrauchten vorgewogenen Rohkupfers *(aes rude)* kann darnach erst bald nach 311 (dem Jahr der Einsetzung der „Zweimänner für das Seewesen“ = *duoviri navales*) erfolgt sein, anfangs nur mit dem Wertzeichen I oder L = As, da dessen Einheit ursprünglich der Gewichtseinheit des Pfundes *(libra)* gleichgesetzt war, später auch mit den Bildern von Göttern oder mit dem Schiffsvorderteil *(prora)* auf der Rückseite, auf der Grundlage des attischen Münzfußes. Auch das erste Silbergeld der Römer ist keineswegs nach eigenem Fuß, unabhängig von der griechischen Umgebung, geprägt worden. Die berühmte Stelle bei Plinius (Naturgesch. XXXIII, 13) über das Münzwesen im Jahre 269/8 gibt ganz richtig an, daß damals zuerst die Römer in Silber geprägt haben. Es geschah aber noch nicht in Denaren, sondern in Doppeldrachmen (Didrachmen). Die englische Forschung rückt also die stadtrömische Silberprägung bis in die Zeit des Pyrrhoskrieges herunter und läßt auch noch während des Ersten Punischen Krieges das unbeholfene Kupfer-Schwergeld daneben hergehen. Wird diese ausgezeichnet begründete Ansicht durchdringen, dann ist die ganze Epoche „Bauern-Rom" in ihrem weitaus größten Teil eine in der Hauptsache naturalwirtschaftlich organisierte Zeit gewesen, ursprünglich aufgebaut auf dem Wertmesser „Vieh" (lat. *pecunia* = Geld von *pecus* = Vieh, also „Viehgeld"), daneben mit Metall- (Kupfer-) Verwertung anfangs ausschließlich nach dem Gewicht.

Aber die neue Wirtschaftsformung ist zunächst nicht entscheidend, sondern die politische Gestaltung, die seit dem Zusammengehen Roms und Kapuas geschaffen worden ist, bringt das eigentliche Neue. Rom hat seitdem die Grenze des eigenen Stammes überschritten und hat in das Gebiet des Oskertums, das weit stärker griechisch übertüncht war, von neuem übergegriffen. Etrusker, Osker, Griechen innerhalb des römischen Staatswesens bedeuten den Anfang einer neuen Epoche. Politisch wurde man zum erstenmal in die Aufgabenkreise des etruskischen Nordvolkes und des gräzisierten Oskertums eingeführt und kulturell war man nun ganz anders als bisher den fremden Einflüssen, voran dem griechischen, geöffnet. Der latinische Stamm, geführt von Rom, hatte zum erstenmal den Hauch allgemein italischer Probleme gespürt, während alle übrigen italischen Völker noch im engeren Stammestum aufgingen.
Nicht an der Küste entlang, wie die Latiner, Volsker und Osker, sondern im Innern als Hirten und Bauern in einzelnen Kantonen großgeworden, waren die italischen Mittelstämme, abgeschlossen und auf sich allein angewiesen, aufgewachsen, auf dem Breitengrad von Rom im Innern besonders zersplittert und zerrissen, voll kleinlichen Kantönligeistes, nach der Theorie der Alten von der natürlichen Festung Italiens, dem Sabinerland um Reate, aus immer von neuem gespeist. So war der Innenraum Italiens ein Land der kleinen Völker geworden: Aequikuler, Aequer, Herniker im Hinterland von Latium, dahinter Marser, Vestiner, Päligner, Marruciner, Frentaner, auf der Adriaseite frühzeitig illyrisch überschichtet, daher den Brüdern jenseits der Berge entfremdet: das Ganze ein binnenländisches apenninisches Arkadien um den Fucinersee im Mar-

serland als Mittelpunkt gelagert, in der schon von Natur gegebenen Zersplitterung gegenüber dem neuen geschlossenen Staatsgebilde am Westmeer immer weniger widerstandsfähig.

Weiter südwärts betritt man dann jene Auflockerung des Apennin, der in Querzügen über die ganze Halbinsel hinweg ein Berg- und Hügelland umschließt, das sich vom Westmeer (Kampanien) zum Ostmeer (Apulien) dehnt, das Hochland von Samnium, bewohnt von den Samniten. Dieses Volk ist wie sein Land unruhig und zerrissen. Vor der Loslösung der kampanischen Osker vom Volkskörper des Innern ist schon die Bildung einer in loser Form gehaltenen samnitischen Eidgenossenschaft erfolgt. Sie tritt bereits um die Mitte des 4. Jahrhunderts mit Rom vertragschließend in die Erscheinung und hält zäh an dem einzigen ihr verbliebenen Zugang zum Westmeer im Lande der Picentiner südlich von dem zu Rom übergegangenen Kampanien fest. Noch wichtiger war der Besitz von Nordapulien, das der samnitische Hirte für seine Herden als Winterweide benötigte, zugleich aber auch als Übergangsland für den Zugang zu dem noch wichtigeren Ostmeer südlich vom Monte Gargano, wo Italien sein Gesicht ostwärts zu wenden beginnt.

Ähnlich verläuft der Kampf des letzten Volkes der italischen Bestattergruppe, der Lukaner, deren Land durch die Steilküste des Apennin am Tyrrhenischen Meer gegen Westen völlig abgeriegelt ist, frühzeitig ostwärts gegen die süditalischen Kolonien der Griechen, voran Tarent. Nebenher geht noch ein Ringen mit den weiter südwärts wohnenden Stammesbrüdern, den Bruttiern, bis man sich seit 356 verständigt hat. Sie waren beide längst infolge des Drukkes von außen, die Bruttier durch das Vordringen des Dionysios I., ebenfalls zu Bünden zusammengeschlossen. Beide vereinigt, wurden nun eine große Gefahr für Tarent, während die Osker längst über das Meer hinweg den sizilischen Griechen in den Rücken fielen.

Zu gleicher Zeit, da Rom im Norden zu einem größeren Staatsgebilde erstarkte, setzt somit im Süden eine Bewegung griechisch-italischer Geschichte ein, die von der Heimat Hilfe für das bedrängte Auslands-Griechentum sucht. Wie einst Syrakus an Korinth, so wendet sich jetzt Tarent nach seiner letzten Blüte unter dem Pythagoreer Archytas in seiner Bedrängnis an die Mutterstadt Sparta um Unterstützung. Sparta, durch die Ausbreitung der makedonischen Macht in Griechenland zurückgedrängt, schickt seinen König Archidamos 342 hinüber. Er eröffnet die Reihe jener balkanischen Eroberer-Könige, die aus der engräumigen Heimat hinüberdrängen in das koloniale Neuland des Westens. Während die größten Makedonen-Könige damals ihre Blicke ostwärts wenden zur Eroberung des morschgewordenen Perserreiches, entsteht zunächst für die Griechen des Mutterlandes, dann für ihre nördlichen Nachbarn die Aussicht, daß plötzlich auch ein Ausweichen westwärts möglich ist. Das Wirken des Archidamos für Tarent bleibt allerdings eine Episode. Nach drei- bis vierjährigem Kampf ist er etwa 338 den vereinigten Lukanern und Messapiern erlegen. Die Tarentiner mußten sich nach dem Niedergang Spartas durch Philipps korinthische Bundesschöpfung an einen zweiten Heerführer des Ostens, den Molosserkönig Alexander von Epirus, Oheim und Schwager des großen Alexander, wenden. In demselben Jahr, da der letztere zur Eroberung Asiens auszog (334), kam der kleine Alexander nach Italien, in jeder Beziehung ein Vorläufer und Wegbereiter für Pyrrhos, weil er von vornherein wie dieser über den Beistand für Tarent hinaus eigene Erobererpläne schmiedete. Es hatte den Anschein, als ob Italien das Schicksal Asiens teilen werde, obwohl Rom kurz vorher durch sein Übergreifen nach Kampanien sich südwärts ausgebreitet und damit Anschluß an das stark gräzisierte Oskertum gewonnen hatte. Die Japyger und Messapier wurden von Alexander besiegt, Lukanien bis an die Grenze Samniums durchzogen und die beiden Völker, Lukaner und Samniten, bei Paestum aufs Haupt geschlagen. Die Erfolge waren so groß, daß die Römer Freundschaft mit dem Eroberer-König suchten und mit ihm ein offenbar gegen Samnium gerichtetes Bündnis schlossen. Als auch noch die Bruttier besiegt worden waren, bekamen die Tarentiner Angst vor ihrem Befreier und lösten sich von ihm. Alexander nahm trotzdem den weiteren Kampf selbständig auf, zumal die griechischen Städte zweiten Ranges ihm treu blieben, drang bis zur tarentinischen Kolonie Heraklea vor, eroberte diese Stadt und machte statt ihrer Thurii zum Mittelpunkt des italiotischen Bundes. Die in die Verteidigung gedrängten italischen Völker leisteten aber kräftigen Widerstand. Der König bezog ein festes Lager bei Pandosia in der Nähe von Consentia (Cosenza) im Krathistal, erlitt jedoch hier schließlich eine Niederlage seitens der verbündeten Lukaner und Bruttier. Während der Schlacht wurde er von einem lukanischen Verbannten in seinem Heere meuchlings niedergestochen und starb im Winter 331/0. In dieser Untat zeigt sich, daß Italien politisch mündig geworden war und gewillt, sein Schicksal selbst in die Hand zu nehmen und dies in einem Augenblick, da im Osten ein neues Volk zur Großmacht emporstieg. Es ist nie so recht beachtet und herausgestellt worden, daß die Geburtsstunde des makedonischen Weltreiches Alexanders des Großen zusammenfällt mit der Stunde, da Rom den latinischen Mutterboden überschritt und sich durch den großen Bruderkampf gegen den samnitischen Bundesstaat zur italischen Vormacht bereit machte. Kein Mensch konnte damals ahnen, daß dieser Kleinstaat des Westens schon 150 Jahre später die Großmächte des Ostens, die aus der Alexander-Monarchie hervorgegangen waren, niederringen und an ihre Stelle treten werde. Zunächst war es wichtig, daß die süditalischen Völker das Übergreifen des Balkanfürsten durch die erwähnte grausige Mordtat verhinderten, so daß das Unternehmen auch dieses Vorläufers des Pyrrhos zur Ergebnislosigkeit verurteilt wurde.

Wie sehr aber der Schatten des gewaltigsten Erobererkönigs der Antike über der gesamten Mittelmeerwelt und ihrem politischen Handeln damals schon schwebte, ergibt sich aus der Tatsache, daß selbst den italischen Völkern bange wurde ob der an dem zwiefach Verwandten des Titanen vollbrachten Untat. So erschienen unter den zahlreichen Völkern der Erde, die Alexander im Frühling seines Todesjahres (323) in seiner neuen Welthauptstadt Babylon begrüßten, auch Lukaner und Bruttier aus Italien, offenbar um sich von dem

Geschehnis des Winters 331/0 reinzuwaschen. Die daneben als drittes Volk genannten „Tyrrhener“ sind wahrscheinlich keine Etrusker, sondern nur Anwohner am Tyrrhenischen Meer, wohl die nördlich von Lukanien auf eine kurze Strecke an das genannte Meer angrenzenden Samniten, die schärfsten Gegner Roms. Damit erledigt sich die sehr alte Legende von einer Gesandtschaft auch der Römer nach Babylon. Immerhin scheinen diplomatische Verhandlungen zwischen Alexander und Rom stattgefunden zu haben. Wenigstens besitzen wir eine versprengte Notiz von der Rücksendung italischer Seeräuber nach Rom durch Alexander. Wie dem auch sei, dieser Abschnitt sei abgeschlossen mit dem Ausblick darauf, daß der größte Mann der Zeit schon Rom beachtet, aber sicher seine kommende Größe nicht erkannt hat. Wie einst gegenüber Karthago ist Rom auch gegenüber Alexander noch durchaus der empfangende Teil: ein Kleinstaat gegenüber den Großmächten der Umwelt.

Aber wie verschieden sind damals die beiden südlichen Halbinseln Europas, der Balkanrumpf und das Zentrum der Apennin-Halbinsel, in die große Geschichte eingetreten. Drüben zwei Männer, Vater und Sohn, den Massen ihres Volkes weit vorauseilend, haben sie ihre bisherigen Erbfeinde im Ostraum, Griechen und Perser, nacheinander in etwa dreißig Jahren, unterworfen, sind aber dann frühzeitig zerschellt, weil ihr zu kleines, noch halb im Mittelalter steckengebliebenes Volk die gewaltigen eroberten Räume und seine Bewohner sich nicht zu assimilieren vermocht hat, hüben ein Volk, aus dem bis dahin kein einzelner von wirklicher Bedeutung herausgetreten war, als Ganzes wie von unsichtbaren Schicksalsmächten vorwärts getrieben, ein Volk, dem Recht und Macht eines waren, das langsam Stein zu Stein an seinem Staatsbau fügte, bis das gewaltige Imperium vollendet war. Daß auch des kleinen Alexanders Auftreten in Italien im Gegensatz zum Wirken des großen in Asien Episode blieb und erst Pyrrhos bis zum Kampf mit Rom vorschritt, ist einer der großen Glücksfälle der Tiberstadt, die bald darauf durch den Kampf mit den Samniten mächtig erstarkte und dadurch dem süditalischen Vordringen gegenüber fester gewappnet wurde.

7. Der Bruderkampf zwischen Latinern und Samniten (330–290)

Neu erwachtes Volks- und Heimatgefühl vertieft oft schnell die Gegensätze in einem frisch geformten Volkskörper. Wie in der modernen Geschichte auf den Befreiungskrieg der Balkanvölker von der Türkenherrschaft sofort die gegenseitige Selbstzerfleischung im zweiten Balkankrieg gefolgt ist, so auf der Apenninhalbinsel des Altertums auf die Bewegung „Italien den Italikern“ der große Bruderkampf zwischen Latinern und Samniten. Der von Rom herbeigeführte Anschluß ganz Latiums und der Übergriff auf den kampanisch-oskischen Süden barg von vornherein die Gefahr des Zusammenstoßes mit den ebenfalls in der Ausbreitung befindlichen Samniten in sich. Sie kam zum Ausbruch, bald nachdem der Druck von Süden her seitens des Molosserfürsten Alexander auf die den Samniten sprachverwandten Lukaner beseitigt war und Samnium mit Tarent in Verbindung zu treten sich anschickte.

Für die beginnende große Auseinandersetzung nach Süden hin war es von der größten Bedeutung, daß im Jahre 331/0 der Schlußfriede mit den Kelten geschlossen und dadurch für Rom die Rückendeckung nach Norden gewonnen war. Es heißt, die Kelten hätten die wachsende Macht Roms beobachtet und hätten dadurch bewogen den Frieden angenommen, der nun wirklich auch 30 Jahre Bestand hatte.

Den Anlaß zum großen Samnitenkrieg gaben die Gründung der römischen Feste Fregellae am oberen Liris (Garigliano) im Jahre 328 und der Anschluß Neapels an Rom im Jahre 326. Die römische Annalistik, die vielfach erfundene Kriege in die Geschichte der diplomatischen Siege eingelegt hat, läßt die Stadt wegen ihrer Verbindung mit den Samniten durch die Römer mit Waffengewalt unterworfen werden. Aber der ungemein günstige Vertrag, den die Stadt erlangte, läßt eine gewaltsame Eroberung kaum glaublich erscheinen. Es war das erste Bündnis mit einer griechischen Gemeinde Italiens, allerdings einer nicht mehr reingriechischen, da auch hier schon samnitische Zuwanderer untermischt waren, und galt immer, auch noch in späterer Zeit, als ein Muster der Bevorzugung des Griechentums durch Rom. Die Stadt blieb vollkommen im Besitz ihrer Eigenstaatlichkeit, was sich ausdrückt: 1. in der Erhaltung des griechischen Beamtentums, 2. der völligen Souveränität auf militärischem Gebiet zu Wasser (Ischia blieb neapolitanischer Besitz) und zu Land, 3. dem Recht der eigenen Münzprägung, zunächst in Silber und Kupfer, später (bis 100 v. Chr.) wenigstens in Kupfer, wodurch auch eine gewisse wirtschaftliche Selbständigkeit garantiert blieb. Erst der Ausbau des Hafens von Puteoli, eines antiken Gdingen, hat Roms Konkurrenz nach dieser Seite für Neapel fühlbar gemacht. Dieser in so freien Formen gehaltene erste Anschluß einer Griechenstadt hat Roms Stellung in den Augen der süditalischen Griechenwelt sehr gehoben.

Der große Samnitenkrieg, der von hier aus entstand, ist in seinen Einzelheiten schwer wiedergewinnbar. So viel steht fest, daß er kein ununterbrochenes Ringen der beiden Völkergruppen Jahre hindurch bis 304 gewesen ist. Vielmehr ist zum mindesten nach 321 eine längere Kriegspause anzunehmen, die Rom erst die Möglichkeit gegeben hat, strategisch und taktisch sich dem durch die Landesnatur aufgegebenen schwierigen Kleinkrieg anzupassen. Zudem hat Rom auch hier nicht nur mit den Waffen, sondern auch mit Verträgen, ja schließlich mit Verlockung zum Verrat gearbeitet, vor allem in den Außenländern, in welchen man, wie durch das Bündnis mit Neapel, das Kernland allmählich vom Meere abzudrängen suchte.

Im ersten Kriegsabschnitt von 326–321 war es von entscheidender Bedeutung, daß die Römer die kleinen Völker des Hochapennin, voran die Marser, wohl auch die Frentaner vertraglich an sich zu binden vermochten und den Durchzug nach Apulien, damit zum Ostmeer, erlangten. Als man sich dann endlich entschloß, in Samnium einzudringen, wurde das Heer in den kaudinischen Pässen (Paß von Arpaja) eingeschlossen und zur Übergabe gezwungen. Auf den Rat des Vaters entschied sich der samnitische Oberfeldherr Gavius Pontius für die Freigabe des gefangenen Heeres unter der entehrenden Bedingung des Durchzugs

durch das Joch, der Stellung von 600 römischen Rittern als Geiseln, der Rückgabe des eroberten Samnitenlandes, darunter wohl auch des römischen Außenpostens im Liristal Fregellae und des Abschlusses eines Friedenspaktes auf der Grundlage der Gleichberechtigung. Die Römer haben so den ersten Krieg offenbar ohne greifbaren Erfolg geführt. Es hatte sich gezeigt, daß die Samniten in der Strategie wie in der Schlacht den Römern durchaus gewachsen waren, wohl aber überlegen in der Bewaffnung des Einzelkriegers und in der Beweglichkeit der in der Schlacht eingesetzten Massen. Die Berührung mit dem kriegerischen Gebirgsvolk hat daher für die Römer große Umwälzungen im Militärwesen gebracht (darüber u. S. 154). Gerade die jetzt eingetretene Kampfpause scheint die Zeit zur Einführung dieser Neuerung gegeben zu haben.
Nach fünfjähriger Ruhe ist im Jahre 316 der Krieg wieder aufgenommen worden. Nach einem mißglückten Frontalangriff auf das Zentralland hat man das System der Einkreisung und Abschließung von neuem angewendet. Bündnisse mit den nordapulischen Städten und mit den Lukanern, welche offenbar Anlehnung gegenüber den Tarentinern suchten, wurden abgeschlossen. Dies mußte die Samniten von neuem in den Kampf hineinführen, zumal nach dem Rücktritt der kampanischen Stadt Nuceria auf die samnitische Seite von einem Vorstoß der Römer auf Satikula nordwestlich von Kaudium im Jahr 316 berichtet wird. Doch lag das Hauptkampfgebiet für die Römer jetzt auf der apulischen Seite. Hier wurde in Luceria ein fester Stützpunkt ersten Ranges geschaffen. Die Stadt wurde im Jahre 315 latinische Kolonie, und damit wurde das großartige Festungssystem zu bauen begonnen, das gerade in diesem und den folgenden Jahren zur Stützung der römischen Herrschaft in Mittelitalien durchgeführt wurde. Aber unterdessen hatten die Samniten nach Westen und Norden zum Gegenschlag ausgeholt, nachdem die Ausfallstellung am Liris auf der ganzen Linie wiedergewonnen war. Denn nun drangen sie im Jahre 315 in einem kühnen Vorstoß in das Latinerland vor und brachten den Römern bei Terracina im Engpaß von Lautulae, den Thermopylen Mittelitaliens,

eine schwere Niederlage bei. Der Schlag hatte üble Folgen. Bis nach Satrikum hin, welches von den Römern abfiel, und bis Ardea streiften die samnitischen Scharen. Auch die Aurunker wurden abtrünnig, und in Kapua bekam die romfeindliche Partei die Oberhand. Die Sache der Römer stand abermals verzweifelt, und nur die größten Anstrengungen vermochten die Lage zu retten. Unsere Überlieferung weiß erst für das Jahr 314 von einem entscheidenden Sieg ihrer Waffen zu berichten, der wohl auf dem apulischen Kriegsschauplatz errungen wurde. Der hier erzielte Erfolg brachte Kapua wieder auf die römische Seite. Doch wurde die Stadt nach Gebietsabtretung zur Schaffung der römischen Tribus Falerna durch Abgabe der Rechtspflege an einen römischen Präfekten von jetzt ab schlechter gestellt. Nun wurden auch die Aurunker wieder unterworfen und durch Anlage der Latinerkolonie Suessa (313) die Verbindung von Latium und Kampanien ein für allemal gesichert, sowie durch Belegung von Satikula mit Latinern der Übergang nach Samnium gewonnen. Im gleichen Jahr wurde ferner eine römische Bürgerkolonie auf der Insel Pontia weit draußen im Tyrrhenischen Meer gegründet, als Seestützpunkt für die römische Flotte, an deren Ausbau damals ebenfalls gearbeitet wurde. Auch die römische Ausfallsstellung am Liris wurde im Jahre 312 wiedergewonnen, und nach Fregellae und Interamna latinische Kolonien gelegt. Das Bundesverhältnis mit den kampanischen Städten außerhalb des kapuanischen Landes wurde neu geordnet. Seit Jahren war Samnium von einem Festungsgürtel der Römer rings umgeben. Eine geradezu fieberhafte Tätigkeit wird überall entwickelt, die einen großen Mann im Hintergrund als Gestalter des strategischen Grundplans vermuten läßt. Dies kann kein anderer gewesen sein, als der Zensor Appius Klaudius, dessen frühestes Werk, der Bau der ersten großen Militärstraße zur Verbindung Roms mit Kapua, sich wohl in diesen Zusammenhang einordnet.

Das Kriegsglück schwankte aber zunächst noch hin und her, vor allem auf dem östlichen Kriegsschauplatz an der Adria, der immer mehr in den Vordergrund trat. Im Jahre 312 erfolgte hier ein römischer Vorstoß gegen die Marruciner und die Eroberung ihrer Stadt Pollitium. Dafür fielen die Samniten 311 in Apulien ein, siegten bei Talion (Palion?) und nahmen den „heiligen Hügel". Seit 311 haben die Samniten von ihren Gegnern diplomatisch gelernt, wie vorher die Römer von ihnen militärisch. Die Zange, in die man durch die römische Besitznahme Nordapuliens gekommen war, ist jetzt von ihrer Seite gegen Rom in Anwendung gebracht worden. Es gelang ihnen, die südetruskischen Städte und vielleicht sogar den gesamten etruskischen Bund in den Krieg zu verwickeln und dadurch den Römern die Führung des bis dahin ängstlich vermiedenen Zweifronten-Krieges aufzuerlegen. Die Folge war, daß der Kampf jetzt jährlich mit vier Legionen, nicht wie bisher mit zwei bis drei, geführt werden mußte.

Der Etruskerkrieg begann mit einem Überfall auf die römische Kolonie Sutrium. Um den Belagerten Luft zu schaffen, unternahm der Konsul Q. Fabius einen kühnen Vorstoß ins mitteletruskische Feindesland in der Richtung auf Perusia. Nach unserer besten Quelle sind damals die Römer zum erstenmal über ihre bisherige Nordgrenze, das ciminische Waldgebirge, vorgedrungen. Sutrium wurde dadurch von der Belagerung befreit. Wie schnell und gründlich überhaupt die Römer auf dem nördlichen Kriegsschauplatz die Situation zu ihren Gunsten änderten, zeigt die Tatsache, daß Tarquinii im Jahre 308 seinen vierzigjährigen Frieden mit Rom erneuerte.

Seit diesem Jahre konnte man sich der Beendigung des Samnitenkrieges zuwenden. Es war höchste Zeit, da es dem Gegner gelungen war, auch die Herniker und einige sabellische Stämme Mittelitaliens auf seine Seite herüberzuziehen. Aber schon zum Jahre 306 hören wir von einem Triumph der Römer über diesen Stamm. Ihr entscheidender Sieg fand bald darauf bei Silvium auf apulischem Boden statt. Dann drang man mit zwei Heeren in Samnium ein und verwüstete fünf Monate lang das Land in grauenhafter Weise, wofür sich die Samniten durch einen Einfall in das Falernerland rächten. Erst im Jahre 305 fiel die letzte Entscheidung. In diesem Jahr wurden die Gegner aus besagtem Gebiet wieder hinausgeworfen, ein siegreicher Feldzug gegen die Paeligner unternommen und damit die gesamte mittelitalische Kleinstaatenwelt an Rom angeschlossen. Ein zweiter Sieg über die Samniten erfolgte im Zentralland bei Bola (Bovianum?), allerdings nicht entscheidend. Wichtiger war, daß die abermals verlorengegangene römische Stellung im Liristal bei Sora und Arpinum wiedergewonnen wurde.

Aus einer allgemeinen Erschöpfung heraus wurde dann im Jahre 304 Friede geschlossen. Das eigentliche Samnium hatte sich seine Unabhängigkeit erhalten und ihm wurde das Bündnis wieder zugestanden. Die Erfolge der Römer lagen in den Außenländern. Kampanien war seit den Bündnissen mit Nola und Nuceria als Ganzes an Rom angeschlossen, und Apulien wurde durch die starke Latinerfestung Luceria beherrscht. Dadurch war auch der Zugang zur Adria südlich des Gargano fest in römischer Hand. Ebenso war die mittelitalische Kleinstaatenwelt jetzt ein für allemal an Rom gebunden. Der Herniker-Bund kam zur Auflösung. Die Aequer wurden zur Abtretung des größeren Teiles ihres Landes gezwungen und hier die Tribus Aniensis mit der latinischen Kolonie Karsioli gegründet, das Marserland durch die latinische Kolonie Alba gesichert. Die Liristalstellung wurde gleichfalls durch eine latinische Kolonie in Sora und durch die Erhebung von Arpinum zur Präfektur römisch verankert. Durch Straßenbauten wurden die römischen Stützpunkte miteinander verbunden.

Während im Orient kurz darauf durch die Schlacht von Ipsos (301) das Alexanderreich als Ganzes zu Grabe getragen und sein schon seit einiger Zeit erfolgter Zerfall in Teilreiche abgeschlossen wurde, wuchs in Mittelitalien unter Roms Führung und unter stärkster Heranziehung des latinischen Volkselements ein Staatengebilde zusammen, das sich vom Meer zum Meer erstreckte und den bisherigen Gegner eisern umklammert hielt. Es war vorauszusehen, daß die Lösung, die dieser Krieg gebracht hatte, trotz aller großen Opfer keine endgültige sein konnte.

Seine höchste Bedeutung liegt neben den Änderungen im römischen Heerwesen in der Rückwirkung auf die innere Neugestaltung des Staates. Die militärischen Bedürfnisse waren sehr stark gestiegen und nach deren Befriedigung mußten nun auch, wie es zu gehen pflegt, die politischen Forderungen der von der Staatsleitung bisher ferngehaltenen Bevölkerungsteile erfüllt werden. So ist es zu verstehen, daß gerade in dieser Zeit das Drängen der plebejischen Oberschicht nach Teilnahme an den höchsten Staatsämtern endlich zum Durchbruch und zum Siege gelangt ist, mit Abschluß im Jahre 300, in welchem auch ihre Zulassung zu den hohen Priesterämtern, der Hochburg des Erbadels, erreicht wurde. Dadurch ist der Kreis der regierenden Geschlechter gerade in dieser ungemein schnell vorwärtseilenden Zeit stark ausgedehnt worden. Aber das eigentlich Römische an dieser Entwicklung besteht darin, daß der Kreis sofort auch wieder geschlossen worden ist. Die Summe der durch Höchstleistung für den Staat zum republikanischen Oberamt gelangten Männer bildet die Schicht der neuadligen *nobiles*, und der Begriff der „Nobilität", d. h. des Beamtenadels, tritt an die Stelle des Patriziats. Rom wurde auch jetzt nicht etwa eine Demokratie, sondern der Staat ruhte wie vorher auf seiner konservativen, bäuerlich-aristokratischen Grundlage und blieb in der Führung der großen Geschlechter und der neu emporgekommenen Männer, die wie bisher auf große, in Treue ihnen verbundene Gefolgschaften sich stützten. Auch als man jetzt den mittelalterlich gebundenen Zustand zu überwinden begann, blieben Tradition, Gewohnheit und Sitte der Ahnen die festen Wurzeln des Staates.

Das zeigt sich auch in dem wichtigsten Ereignis der inneren Entwicklung dieser Zeit, in der Zensur des Appius Klaudius, gleich nach dem Jahre 312. Die auf uns gekommene zwiespältige Überlieferung über diesen großen Mann zeigt, daß ausnahmsweise einmal die Wahrheit hier in der Mitte liegt. Es ist die konservative Grundhaltung des 4. Jahrhunderts, die auch noch diesen größten Umgestalter der alten Ordnung charakterisiert, selbst in derjenigen Neuerung, mit der er am weitesten sich vorgewagt hat. Unsere beste Quelle faßt sie in die Worte zusammen: „er gab jedem Bürger die Möglichkeit, sich in diejenige Tribus einschreiben zu lassen, in die er wollte und die Erlaubnis sich schatzen zu lassen, wo es ihm beliebte". Man hat darin die Aufnahme auch der nichtgrundbesitzenden Bürger in die Tribus und die Lösung der Tribus vom Grund und Boden, also die Ersetzung der „Bodentribus" durch die „Personaltribus" zu erkennen geglaubt. Da aber die Zenturienverfassung auf der Tribusordnung ruhte, wurde dadurch auch in dieser vornehmsten Bürgerversammlung die Grundlage des alten Bauernstaates berührt. Deshalb sagt Livius von der Neuerung: „sie verdarb den Markt und das Marsfeld". Da auch die nichtgrundbesitzende städtische Bevölkerung nach diesem Gesetz sich in alle Tribus einschreiben lassen durfte, war die Gefahr vorhanden, daß der bäuerliche Bevölkerungsteil von der Masse der nur Kapital und Arbeitskraft besitzenden Bürger an Zahl übertroffen werden könne. Daher soll nach der Tradition der nächste Zensor, derjenige von 304, die Beschränkung der nichtbodenständigen Bürger auf die vier städtischen Tribus verfügt haben. Damit war dem Bauerntum fernerhin die ausschlaggebende Rolle in den Zenturiatkomitien gesichert. Anderseits aber war für das Heer, von dessen Bedürfnissen in der schweren Kampfeszeit die ganze Reform auferlegt wurde, ein größerer Ersatz ermöglicht. Auch die Vermehrung der Reiterzenturien auf achtzehn gehört wohl erst dieser Neuordnung an. Eine militärische und politische Reform gleichzeitig steht also vor unseren Augen, und zur politischen gehört der Volksbeschluß *(plebiscitum Ovinium)*, wonach die Zensoren alle fünf Jahre aus den Reihen derer, die ein sogenanntes kurulisches Amt (Konsulat, Prätur, kurulische Ädilität) bekleidet hatten, die Senatsliste herstellen bzw. nachprüfen sollten. Dieses Recht der Senatserneuerung gab der Zensur eine Machtfülle wie keinem anderen Amte der Republik. Vollendet wurde die neue Richtung durch das hortensische Gesetz von 287, durch welches die Beschlüsse der Tribusversammlungen bindende Kraft für den Gesamtstaat erhielten. Denn zu ihnen hatten längst auch die Patrizier Zugang erhalten. Nun wurde ein Ausgleich in der Weise geschaffen, daß neben die höher bewerteten Zenturiatkomitien die Tribuskomitien traten, jene für die Wahl der obersten Beamten, für die Entscheidung über Krieg und

Frieden, endlich mit dem Recht der Abstimmung über wichtigere Gesetzesanträge, diese für die Wahl der niederen Beamten und ebenfalls mit dem Recht des Gesetze-Schaffens. So wurde das äußere Zeichen des völligen Aufgehens der Plebs in den Staat die Tatsache, daß Rom zwei Formen von Volksversammlungen hatte, eine auf dem Forum in bürgerlichen und eine auf dem Marsfeld in militärischen Formen. Der vergrößerte Staat der Samnitenkriege hatte sich so ein neues Gewand in Gestalt einer modernen Verfassung zugelegt. Der Hader im Innern war begraben, und der neue Staat zeigte seinen erhöhten Aufgaben entsprechend eine große Geschlossenheit nach innen und eine noch größere Schlagkraft nach außen, die ihn nunmehr befähigten, die Zusammenfassung der Halbinsel unter seiner Führung mit Erfolg durchzuführen.

Als ungelöstes Problem verblieb das samnitische dem eben anbrechenden neuen Jahrhundert, in welchem Roms Schicksal entschieden werden sollte. Der zweite Samnitenkrieg zeigt dasselbe Bild, mit welchem der erste geendet hatte, nämlich Rom in der Zweifrontenstellung nach Nord und Süd, und dadurch gezwungen, allgemein-italische Politik in einem Ausmaß zu treiben, wie noch nie zuvor, und dies in einem Augenblick, da man sich kurz vorher (306) auch überseeisch, diesesmal nach Osten hin, durch Abschluß eines Handelsvertrages mit Rhodos betätigt hatte. Dieser neuen östlichen Blickrichtung der römischen Politik entsprach auch der letzte Vorläufer der zweiten Auseinandersetzung mit Samnium, ein Krieg im Süden gegen Tarent seit 303, in welchem die Römer ihren alten Verbündeten, den Lukanern, zu Hilfe kamen. Dies zwang Tarent, abermals sich mutterländische Unterstützung zu besorgen, diesmal in Gestalt des spartanischen Königssohnes Kleonymos, der als Heerführer der freien Stadt die Messapier auf seine Seite brachte und die Lukaner trotz des Bundes mit Rom zum Frieden zwang. Die später so wichtig gewordene Bestimmung, wonach römische Schiffe nicht über das lakinische Vorgebirge hinausfahren, also nicht in den tarentinischen Golf eindringen durften, stammt wohl aus diesem Friedensschluß. Dieselbe Fahrtgrenze hatte offenbar schon gegenüber den Syrakusanern bestanden. Bei einem Vergiftungsversuch an Kleonymos wird neben dem Peuketier Aulus ein gewisser Gaius erwähnt, der dem Namen nach wohl ein Latiner war.

Die Rolle des Kleonymos als Schirmherr der griechischen Südwelt übernahm nach seinem Abgang Agathokles, seit 317 Herr von Syrakus und als solcher der Erneuerer der Politik des großen Dionysios, seit 310 der letzte große Gegenspieler Karthagos, der Alexanders allerletzten Kriegsplan durch sein Eindringen in Nordafrika zur Ausführung gebracht hat. Mit dem Königstitel von Sizilien seit 305 ausgestattet, hat er die hellenistische Staatsidee der großen Teilreiche auch im Westen zum Siege geführt und hat, von Tarent gerufen, die italisch-griechische Staatenwelt, wie einst Dionysios I., in seinen Schutz genommen. Schließlich hat er nach Korkyra übergegriffen, welches er bald darauf (295) seiner mit dem Epiroten Pyrrhos vermählten Tochter Lanassa zur Mitgift gab. Bei dieser weitumfassenden Politik war es natürlich, daß das „Königreich Sizilien" noch einmal ganz Süditalien beherrschte und ein Bündnisvertrag mit Japygern und Peuketiern in Apulien zustande kam, der wohl gleichzeitig gegen Rom gerichtet war. Sein Tod im Jahre 289 ließ die begonnene Vertreibung der Karthager aus Sizilien unvollendet und vermachte die Lösung des sizilisch-karthagischen Problems den Römern. Hier im äußersten Süden arbeitete also die Zeit in auffälliger Weise zugunsten Roms. Die so lange aufs heftigste umkämpfte Front schien stillegelegt, seitdem die Nordfront plötzlich wieder in Bewegung gekommen war.

Die Kämpfe, die dort das erste Jahrzehnt des neuen Jahrhunderts erfüllten, hatten ihren Vorläufer in einem erneuten Einfall der Gallier 300/299, die im Bunde mit einer Anzahl Etruskerstädte erschienen und beträchtliche Beute aus dem römischen Gebiete mitnahmen. Die Gründung der latinischen Kolonie Narnia am Nar (Nera) an der Stätte von Nequinum jenseits des Sabinerlandes zeigt deutlich das damalige Fußfassen Roms schon im südumbrischen Gebiet.

Der zweite Krieg mit Samnium brach dann im Jahre 298 aus, angeblich weil die Lukaner, vielleicht aus

Furcht vor Agathokles, mit Rom ein neues Bündnis geschlossen hatten. Er begann im Süden, gestützt auf die Lukaner, mit einem Einfall der Römer, wofür sich die Samniten wieder durch Vordringen in das Falernerland rächten. Die Folge hiervon war, daß im Jahr 296 die Bürgerkolonien Minturnae und Sinuessa im Aurunkerland gegründet wurden. Man hat deutlich den Eindruck, daß Rom auf dem südlichen Kriegsschauplatz nur hinhaltend und die Grenzgebiete verwüstend kämpfte, da im Norden die Hauptschwierigkeiten zu überwinden waren. Dort kam die Gefahr für Rom im Jahre 295 auf den Höhepunkt. In diesem Jahre gelang es den vereinigten Gegnern, Galliern, Etruskern, mitsamt den Samniten oder Sabinern, sich in Umbrien zu vereinigen. Die verbündeten Gallier und Samniten schlugen die Römer in einem Vortreffen bei Kamerinum in Umbrien. Trotz dieser Niederlage kam es aber noch im gleichen Jahr, offenbar durch ein neues von den Römern herbeigeführtes Heer, zu der Entscheidungsschlacht bei Sentinum, in der nach der griechischen Überlieferung auch Etrusker (und Umbrer?) in den Reihen der Feinde standen, also die ganze gegnerische Koalition zur Stelle war. Der Sieger war der Konsul des Jahres, P. Decius Mus, der im Dienste seines Volkes den selbstgewählten Opfertod durch Weihung an die unterirdischen Götter *(devotio)* in der Schlacht fand, ein Zeichen, wie schwer das Ringen gewesen ist. Die gewaltige, mit großen Verlusten auf beiden Seiten verbundene Schlacht entschied aber auch den Krieg. Was noch kam, war Nachlese auf dem nördlichen wie auf dem südlichen Kriegsschauplatz.

Im Norden führten die Kämpfe zur Abrundung des römischen Gebietes. Damals wurde Kapena als verbündetes Munizipium angeschlossen und auch Falerii erhielt ein Bündnis mit Rom. Darüber hinaus griff Rom schon nach Mitteletrurien hinüber, und angeblich wurde mit Volsinii, Arretium und Perusia Friede auf 40 Jahre geschlossen.

Im Süden waren die Erfolge wechselnd. Im Jahre 294 wird römischerseits eine Niederlage bei Luceria zugegeben. Dann ist die Angriffsfront noch weiter nach Süden in das Hirpinerland verlegt worden, offenbar wieder von Lukanien aus. Die Einnahme von Venusia im Jahre 291 beendete die dortigen Kriegshandlungen. Die Aussendung einer sehr starken latinischen Kolonie dorthin vollendete das Werk, das einst in Apulien mit der Schöpfung von Luceria begonnen worden war, rückte aber Roms Machtgebiet in bedenkliche Nähe von Tarent.

Im Jahre 290 erfolgte der Friede. Auch jetzt blieb der Besitz der Samniten ungeschmälert. Selbst die Hirpiner, der südlichste ihrer Teilstämme, wurden nicht von ihnen abgetrennt. Sie traten abermals als Ganzes in die römische Wehrgenossenschaft ein. Militärisch waren sie nicht überwunden worden. Gesiegt hatte der zentralisierte Stadtstaat mit seiner besseren politischen und wirtschaftlichen Organisation, vor allem mit seinem höheren diplomatischen Können gegenüber den mittelitalischen Kleinstämmen, wodurch man in den Rücken des tapferen, urwüchsigen Feindes gelangt war. Nach der Überlieferung hat Manius Kurius Dentatus im Jahre 290 nicht nur über die Samniten, sondern auch über die Sabiner triumphiert. Die Angliederung des Sabinerlandes geschah in der Weise, daß größere Teile des Stammes mit dem römischen Halbbürgerrecht beliehen wurden, welches schon im Jahre 268 in die volle Civität verwandelt wurde. Mit dieser Gebietsvergrößerung hängt wohl auch die Schöpfung der latinischen Kolonie Hadria in Picenum und bald darnach die Gründung der Römerkolonie Castrum novum ebendort nördlich von Hadria zusammen. Roms mittelitalische Vormachtstellung war dadurch bis hinüber zum Adriatischen Meer vollendet.

8. Der Krieg gegen Pyrrhos und der Untergang der altitalischen Kultur (290–265)

Das Jahr 289 hat für Rom eine ähnliche Bedeutung wie das Jahr 367 gehabt. Wie damals der Tod des großen Tyrannen Dionysios I. die Bahn freigemacht hatte zur Befreiung Italiens von den fremden Mächten, zuletzt den Griechen Siziliens, so war jetzt der Tod des großen Bürgerkönigs von Sizilien das Zeichen zur Vollendung dessen, was achtzig Jahre zuvor begonnen worden war. Unterdessen aber war Rom so emporgewachsen, daß der Ruf „Italien den Italikern" nur noch als ein solcher zur Vollendung der Herrschaft Roms über die eigentliche Halbinsel ertönen konnte. Syrakus hatte unter Agathokles noch einmal ein starkes Bollwerk gegen die punische Weltherrschaft im westlichen Mittelmeerbecken aufgerichtet und war so zum zweiten- und letztenmal die Schrittmacherin Roms bei dessen Streben zur Großherrschaft gewesen. Die Art aber, wie dann Agathokles unter Heimsendung seiner Kinder von König Ptolemaios I. Stieftochter Theoxene nach Alexandreia den Syrakusanern die republikanische Freiheit zurückgab, bedeutete die Aufgabe der hellenistischen Militärmonarchie für den Westen und den Rückfall auch der Westgriechen in die elende Kleinstaaterei von Hellas. Aus ihr versuchte nur Tarent noch emporzusteigen, aber immer nach dem gleichen Rezept, das es schon seit einem Halbjahrhundert angewendet hatte, durch Hilfe vom Balkan her. So hat Roms Stunde jetzt geschlagen, um auch in Süditalien das Werk zu Ende zu führen, das man mit der Eroberung Samniums begonnen hatte.

Doch ehe dies geschah, wurde noch einmal die Nordfront lebendig und forderte Zusammenballung aller Kräfte dorthin. Im Jahre 285/4, also 10 Jahre nach der Schlacht bei Sentinum, ging der gallische Stamm der Senonen noch einmal zum Angriff über. Sein Vorstoß richtete sich gegen das etruskische Arretium. Die zu Hilfe gekommenen Römer wurden vor der Stadt geschlagen, ihr Konsul L. Caecilius Metellus getötet. Die Führung übernahm der als Feldherr bewährte Manius Kurius, der nach ergebnisloser Verhandlung zum Angriff überging, das Senonenland eroberte und zur Sicherung die römische Kolonie Sena (Gallica) an der Adria nördlich von Ankona gründete. Das veranlaßte die nördlicher wohnenden Boier zu einem schweren Rachezug in Gemeinschaft mit einigen Etruskerstädten, die offenbar zum Anschluß gezwungen wurden. Aber beim Eintritt in das römische Gebiet wurden sie am vadimonischen See gegenüber dem Einfluß des Tiber (beim heutigen Orte) entscheidend geschlagen. Obwohl die gallische Niederlage vernichtend war, haben die Boier und Etrusker unter Aufbietung ihrer letzten waffenfähigen Mannschaften noch einmal das Kriegsglück versucht, wurden jedoch abermals besiegt und haben im Jahre 282 mit Rom Frieden geschlossen. Von da ab ist die Halbinsel Italien von gallischen Einbrüchen verschont geblieben. Der Keltenstrom ergoß sich vielmehr seit 280 auf die Balkanhalbinsel hinüber.

Ein Nebenergebnis dieser letzten Gallierkämpfe war nach einigen Schlägen gegen Volci und Volsinii die jetzt erfolgende Einverleibung Mitteletruriens, während Tarquinii schon vorher zum Anschluß gebracht worden war. Die Gewinnung aller dieser Gemeinden erfolgte auf dem Bündniswege. Auf dem Territorium von Volci wurde im Jahre 273 die Latinerkolonie Cosa angelegt. Weiter nördlich wurde Telamon mit seinem Hinterland römisches Halbbürgergebiet. Volsinii mußte nach schweren inneren Kämpfen noch einmal niedergeworfen werden, und zwar im Jahre 265. Die Stadt wurde damals zerstört und am nahegelegenen See gleichen Namens *(lacus Volsiniensis)* wieder aufgebaut, wo der Name (Bolsena) bis heute erhalten ist. Der Siedlungsplatz der *urbs vetus* (Orvieto) wurde erst im Anfang des Mittelalters wieder besetzt. Die Möglichkeit besteht, daß schon damals auch die Gebiete der nordetruskischen Städte bis zum Arno vertragsmäßig an Rom gebunden wurden. Der Arno selbst ist erst später überschritten worden, gelegentlich des ersten Krieges gegen die Ligurer im Jahre 236.

Viel schneller rollte das Schicksal im Süden ab, seitdem nach Agathokles' Tod wie in Sizilien so auch in Süditalien der Auflösungsprozeß des Griechentums begonnen hatte. Auf der Insel hatten naturgemäß allein die Karthager zunächst den Vorteil. Nur Messina wurde von den aus Syrakus abrückenden kampanischen Söldnern, den „Mamertinern" (genannt nach ihrem heimischen Kriegsgott Mamers-Mars), erobert und zum Mittelpunkt eines organisierten Raubstaates über den Nordosten der Insel gemacht.

Wie einst nach Dionysios' I. Tod erhoben aber auch jetzt wieder die Süditaliker, Lukaner und Bruttier, ihr Haupt und wandten sich gegen die eingekreisten Griechenstädte.

Darob trat schon um 285 eine Schwenkung der römischen Südpolitik ein. Man schloß einen Vertrag mit dem durch die Lukaner stark gefährdeten Thurii. Damit war die Einmischung in die dortigen höchst verwickelten Machtverhältnisse eingeleitet, und es kam nach der Beendigung des gallischen Krieges zu einem aktiveren Auftreten Roms im Süden. Als die Lukaner nach sonstigen Gewalttaten einzelner ihrer Führer im Jahre 282 Thurii belagerten, rüsteten die Römer unter dem Konsul C. Fabricius ein starkes Heer aus und besiegten die vereinigten Lukaner und Bruttier in einer großen Schlacht. Die Belagerung von Thurii mußte aufgegeben werden, und die Stadt wurde auf Bitten der Bevölkerung durch eine römische Besatzung gesichert. Auch Lokri und Rhegium erhielten in diesem oder im nächsten Jahr römisch-kampanische Besatzungen, offenbar zum Schutz gegen die Bruttier, Rhegium auch gegenüber den Belästigungen durch die Mamertiner. Beachtenswert ist das neue Verfahren Roms, durch Besatzungen die römische Herrschaft im Süden zu sichern. Im Zusammenhang mit diesen Kämpfen erschien auch eine römische Flotte und überschritt entgegen der früheren Abmachung die ihr gesteckte Fahrtgrenze am lakinischen Vorgebirge, um sich vor Thurii zu zeigen. Sie wurde von den Tarentinern angegriffen und teilweise vernichtet. Damit nicht genug, rückten diese vor Thurii, eroberten die Stadt und zerstörten sie. Die römische Besatzung erhielt auf Grund eines Vertrags freien Abzug. Die Forderungen Roms, das auf dieses scharfe Vorgehen der Tarentiner nicht gefaßt und selbst nicht kriegslüstern war, lauteten zunächst recht milde: Rückgabe der gefangenen Seeleute und Räumung von Thurii. Da Tarent die zweite Forderung nicht annahm, war der Krieg unvermeidlich.

Obwohl man den Krieg nicht erstrebte, war er über Nacht da, einfach weil Tarent in seinem Lebensnerv getroffen war und um seine Existenz als freie Stadt kämpfte. Rom aber stand vor der letzten großen Entscheidung. Obwohl Tarent sofort mit den Samniten, Lukanern und Bruttiern in folgenreiche Verbindung trat, ging Rom schleunigst zum Angriff über und schrieb dadurch dem Gegner die Gesetze des Handelns vor. Demgegenüber beschritt Tarent wieder den alten Weg, sich einen Heerführer aus dem Osten zu holen, allerdings nicht ohne starke Opposition seitens der Friedenspartei. Diesmal war es König Pyrrhos, der seit 295 auf dem Throne von Epirus saß und gerade kurz vorher (281) von Lysimachos aus der Herrschaft über Makedonien verdrängt worden war, ein Mann, der strategisch wie taktisch gut geschult war und zum erstenmal mit der hellenistischen Elefantenwaffe auf italischem Boden erschien. Er verlangte für sich den unumschränkten Oberbefehl und die Überlassung der Burg von Tarent, so daß die hilfesuchende Gemeinde vollkommen in die Hände des Königs gegeben war. Auf dem Balkan war man unterdessen in eine neue Welt eingetreten. Die republikanische griechische Stadt hatte ausgespielt und die makedonische hellenistische Monarchie war an die Stelle getreten, die nun im Westen – und darin lag der Keim für den unglücklichen Ausgang – eine doppelte Aufgabe anpackte: den Schutz Tarents gegenüber Rom in Italien und den Kampf gegen Karthago zugunsten Groß-Siziliens. Denn Pyrrhos war durch die Vermählung mit Lanassa, deren Sohn Alexander ihn begleitete, der Schwiegersohn des Agathokles, den er in Sizilien beerben wollte.

So wurde das letzte Ringen Roms um seine Führerstellung in Italien durch dieses Eingreifen des Pyrrhos zu einem ersten Zusammentreffen römischer und makedonischer Waffen und Taktik, zugleich zum Kampf des so plötzlich emporgekommenen römischen Staatswesens in Italien mit einem hellenistischen Herrscher des Ostens, der soeben noch das Kernland Makedonien selbst besessen hatte. Es war die Frage, ob jetzt dem Pyrrhos das gelingen werde, was dem Molosser Alexander versagt geblieben war. Der Krieg gegen Pyrrhos gehört in die erste Hälfte des dritten Jahrhunderts, derjenige gegen Hannibal an sein Ende. Beide sind bis zu einem gewissen Grade miteinander vergleichbar. Beide sind von fremden Machthabern auf italischer Erde ausgefochten worden. Sie haben den Römern schwere Niederlagen auf ihrem Heimatboden gebracht und sind bis vor Roms Tore getragen worden. Der den Römern trotzdem zuteil gewordene Endsieg ist beidemal sehr schwer und nur durch den allerzähesten Widerstand errungen worden. Er hat aber beide Male Rom sozusagen mit einem Ruck ein gewaltiges Stück vorwärtsgebracht. Mit Recht hat daher schon der ältere Krieg gegen einen bedeutenden Heerführer aus der hellenistischen Ostwelt die Aufmerksamkeit der griechischen Historiker auf sich gezogen. Wir stehen hier zum erstenmal in der römischen Geschichte quellenmäßig auf doppelt gesichertem Boden. Neben die verfälschte lateinische Annalistik tritt die griechische Historiographie, die in letzter Linie die Memoiren des Erobererkönigs verarbeitet hat.

Nachdem im Jahre 281 eine Abteilung epirotischer Truppen in Stärke von 3000 Mann unter Milon in Tarent gelandet worden war und den im tarentinischen Gebiet eingefallenen römischen Konsul zum schleunigsten Rückzug gezwungen hatte, erschien Pyrrhos selbst im Frühjahr 280 mit 20 000 Mann zu Fuß, 3000 Mann thessalischer Reiterei und 20 Kriegselefanten in Italien. Die Tarentiner stellten an Truppen mindestens die gleiche Zahl. Die erste Schlacht wurde im Juli bei Heraklea geschlagen. Die Römer erlagen nach heldenmütigem Kampf der überlegenen makedonischen Taktik. Pyrrhos' Stärke ruhte in der sehr geschickten Verwendung der drei Waffengattungen Infanterie, Kavallerie und Elefanten, von denen diese beiden, die Elefanten erst beim letzten Stoß, die Entscheidung herbeiführten. Von dem Weihgeschenk an den Zeus von Dodona, den Pyrrhos schon vor seiner Ausfahrt um Rat gefragt hatte, gestiftet von dem siegreichen König zusammen mit den Epiroten und den Tarentinern, ist wenigstens noch die Inschrift erhalten (heute in Berlin). Die strategische Auswirkung des mit einem Verlust von fast 4000 Mann erfochtenen Sieges war eine weitgehende. Süditalien befand sich sofort in den Händen des Eroberers. Die Lukaner, Bruttier und Samniten ließen ihre Truppen zu ihm stoßen. Lokri fiel von Rom ab und lieferte die römische Besatzung aus. In Rhegium dagegen empörte sich die kampanische Garnison der Römer gegen die Griechen und hieb diese zusammen. Pyrrhos selbst unternahm nun einen Gewaltmarsch auf Rom, der ihn durch Samnium und das Liristal bis Anagnia, zwei Tagemärsche vor die Hauptstadt, brachte. Wie später Hannibal, hat auch er vergebens auf den Abfall der mittelitalischen römischen Bundesgenossen gerechnet. Dieser Umstand, sowie die Gegenanstrengungen der Römer ließen ihm den Rückzug im Herbst 280 geraten erscheinen.

Im Jahre 279 wandte sich der König gegen Apulien und eroberte mehrere Städte. Hier kam es zu der zweitägigen Schlacht bei Auskulum. Der Sieg des Pyrrhos gestaltete sich hier noch schwieriger als bei Heraklea, da ein Flußhindernis zu überwinden war und Pyrrhos größte Mühe hatte, die Römer auf einem für ihn günstigen Gelände zum Kampfe zu bringen. Sein Verlust betrug 3500 Tote, derjenige der Römer allerdings die doppelte Zahl, trotz des Opfertodes des P. Decius Mus. Das römische Lager konnte nicht genommen werden. Aber nicht nur dadurch blieb der Sieg unfruchtbar, sondern auch durch den Umstand, daß Pyrrhos die Nachricht vom Tode des Ptolemaios Keraunos erhielt und die Wiedergewinnung Makedoniens nahegerückt schien, endlich durch die Erwägung, daß infolge des unaufhaltsamen Vordringens der Karthager die sizilische Intervention immer dringlicher wurde. Beide kämpfenden Parteien begegneten sich daher in dem Wunsche nach Friedensverhandlungen. Ein vorläufiger Friede wurde mit dem Konsular C. Fabricius abgeschlossen, und Pyrrhos beauftragte den Thessaler Kineas mit den Abschlußverhandlungen. Dieser erschien im Winter 279/8 in Rom, um die Bestätigung zu erlangen. Es kam aber zur Ablehnung durch den Senat, weniger auf eine Rede des greisen Appius Klaudius hin als durch die Aussicht auf die karthagische Hilfe, die der Admiral Mago an der Spitze einer Flotte von 120 Schiffen von Ostia aus anbot, sowie mit Rücksicht auf die allgemeine politische Lage. In dem im Frühjahr 278 zwischen Rom und Karthago geschaffenen Abkommen verpflichteten sich die Vertragsschließenden, nur gemeinsam Frieden mit Pyrrhos zu machen und im Falle eines Angriffes zu Lande einander beizustehen, wobei die Karthager nötigenfalls den Transport römischer Truppen (allerdings ohne Verpflegung) übernehmen sollten. Der Bestimmung des Vertrages entsprechend nahm Mago gleich eine römische Abteilung mit auf seine Flotte zur Landung in Rhegium und zur Unterstützung der Karthager gegen den zu erwartenden Übergang des Pyrrhos nach Sizilien.

Wirklich ging dieser, trotz der nicht zustande gekommenen Einigung mit den Römern, unter Zurücklassung Milons im Spätsommer 278 auf Einladung der Syrakusaner mit etwa der Hälfte seiner Truppen nach Sizilien hinüber. Er wählte nicht den geraden Weg über Rhegium und Messina, der ihm durch die Verbündeten und durch die Mamertiner versperrt war, sondern denjenigen über Lokri, wo er seinen Sohn Alexander zurückließ. In Syrakus angekommen, wurde er zum Oberfeldherrn und „König von Sizilien", sein Sohn zum Thronfolger ausgerufen. Er eroberte in kurzem die Insel bis auf das Mamertinergebiet und das feste Lilybäum im äußersten Westen. Die Karthager, von den Römern im Stich gelassen, waren bereit, entgegen dem Abkommen von 278, das den Zweck, Pyrrhos in Italien festzuhalten, nicht erfüllt hatte, mit ihm zu unterhandeln. Aber Pyrrhos verlangte die Abtretung von ganz Sizilien, belagerte zwei Monate lang bis in den Herbst 277 Lilybäum und drohte mit einem Einfall in Afrika. Da begann der Boden unter seinen Füßen zu wanken, weil die Sizilianer mit seinem strengen Regiment und den ihnen auferlegten schweren Lasten unzufrieden wurden. Als unterdessen auch die Römer in Italien, besonders in Samnium, Fortschritte machten und die Lage für Tarent bedrohlich wurde, ging der König 276, von der karthagischen Flotte beim Übergang belästigt und schwer geschädigt, wieder über Lokri nach dem Festland zurück.

Im folgenden Jahr (275) nahm er den Krieg in Italien wieder auf. Es kam zu einer Schlacht, die in unseren Quellen verschieden angesetzt wird, von den einen bei Benevent, von den andern auf den „arusinischen Feldern" *(campi Arusini)*, wahrscheinlich in Lukanien nahe dem Meer im Hinterland von Pästum. Es gab an beiden Plätzen einen Fluß mit Namen Kalor, wodurch wohl der falsche Ansatz bei dem bekannteren Benevent hervorgerufen ist. Die heiße Schlacht endete zum erstenmal nicht mit einem Siege des

Königs, sondern blieb unentschieden. Da außerdem Pyrrhos' Hilfsquellen sich allmählich erschöpften und in Makedonien durch Antigonos Gonatas ein neues Regiment aufgerichtet war, entschloß er sich zur Rückkehr in die Heimat, um seinen alten Plan der Gewinnung der Herrschaft über Makedonien wieder aufzunehmen. Er gab aber darum seine italische Politik noch nicht auf, ließ vielmehr seinen Sohn Helenos mit Milon als Truppenführer und mit dem größeren Teil seines Heeres in Tarent zurück. Dies ist vielleicht der Grund, weshalb die Römer trotz ihres angeblichen Sieges im Jahre 274 Ruhe hielten. Aber schon im folgenden oder übernächsten Jahr rief Pyrrhos auch den Sohn mit seiner Truppenmacht ab, weil er dieselbe nach der Rückeroberung Makedoniens für einen Feldzug in den Peloponnes gebrauchte.

Seitdem sind die Römer rühriger geworden. Lukanien wurde im Jahre 273 zurückerobert, wie die Gründung der latinischen Kolonie Pästum, vielleicht auf dem Boden des Schlachtfeldes von 275, in diesem Jahre zeigt. Die Stadt Tarent wurde erst nach dem Tode des Pyrrhos, der in Argos im Straßenkampf im Jahre 272 ums Leben kam, von Milon den Römern übergeben. Sie erhielt, weil die Einwohner zum Teil sich gegen die Fremdherrschaft aufgelehnt hatten, ein Bündnis auf gleicher Grundlage, mußte aber eine römische Besatzung aufnehmen und Kriegsschiffe zur römischen Flotte stellen. Mit den übrigen Griechenstädten wurden ähnliche, wenn auch nicht ganz gleichlautende Verträge geschlossen, alle aber mit der Verpflichtung zur Lieferung von Kriegsschiffen, ebenso mit den Lukanern und den Bruttiern. Die letzteren mußten die Hälfte des waldreichen Silagebirges abtreten, wo später die latinische Kolonie Vibo Valentia gegründet wurde.

Das so auch im Süden umfaßte Samnium hat wahrscheinlich bald darauf eine Neuordnung erfahren, wobei eine unterschiedliche Behandlung der einzelnen Landesteile stattfand. Während der Norden nach einem Aufstand enger an Rom angeschlossen wurde (268 Benevent, 263 Aesernia latinische Kolonien), wurden das Gebiet von Kaudium und der Südstamm der Hirpiner im Bundesverhältnis belassen.

Schwieriger lag die römische Sache gegenüber den griechischen Städten im äußersten Süden der bruttischen Halbinsel, Lokri und Rhegium. Die kampanische Besatzung von Rhegium hatte die Zeit der Trennung von der heimischen Zentrale gegenüber den Syrakusanern und Karthagern zu allerlei Gewalttätigkeiten benutzt. Sobald die römische Regierung wieder die Möglichkeit der Einflußnahme in diesen Gebieten bekam, mußte hier Ordnung geschaffen werden, um das Vertrauen der griechischen Gemeinden wiederherzustellen. Lokri prägte seit 274 Münzen mit der Aufschrift „Treue". Dagegen mußte Waffengewalt gegen die zuchtlose Soldateska in Rhegium angewendet werden. Ein römisches Heer erschien zur Belagerung der Aufständischen in der Stadt, wobei Syrakus, durch Hieron II. veranlaßt, Unterstützung leistete. Bei der Eroberung wurde die Mehrzahl getötet, der Rest (300) nach Rom gebracht, auf dem Forum gestäupt und nach Kriegsrecht mit dem Beile hingerichtet. Stadt und Land wurden den Rheginern zurückgegeben (270).

Wie im Norden die Zurückweisung der letzten Keltenraubzüge, so vollendete im Süden die glückliche Beendigung des tarentinischen Krieges und die dann anschließenden diplomatischen wie kriegerischen Erfolge die Aufrichtung der römischen Herrschaft bis an die Meerenge von Messina und dies in einem Augenblick, da die Karthager in Sizilien wieder große Erfolge errangen und im Fortschreiten begriffen waren.

Langsamer ging die Ausbreitung der römischen Macht an der Adria vor sich. Ein Aufstand der bis dahin verbündeten Bewohner von Picenum führte im Jahre 268 zur Unterwerfung dieses Landes, zunächst im Norden in dem von den Galliern eroberten Teil. Die Schöpfung der latinischen Kolonie Ariminum zeigt die dortige Beendigung des Aufstandes an, worauf im Jahre 266 nur noch ein Feldzug gegen die Sarsinaten im Hinterland und auch deren Anschluß an Rom folgte. Aus dem südlichen Teil von Picenum wird die latinische Besiedlung von Firmum erst zum Jahre 264 berichtet. Zum Jahre 266 hören wir endlich noch von einem Kriege gegen die Sallentiner in Kalabrien. Zu deren Gebiet gehörte der einzig brauchbare Hafen dieser Gegend, Brundisium. Eine latinische Kolonie wurde dort aber erst im Jahre 246 oder 244 gegründet. Damit war auch die gesamte Ostküste im Besitz der Römer und die Unterwerfung von Halbinselitalien vollendet. Das Jahr 265/4 bildet so einen Markstein in der römischen Geschichte.

Die Form des neuen italischen Staates in Gestalt einer Wehrgenossenschaft war eine Überraschung für die damalige Mittelmeerwelt. Zwar hatte die Genialität Philipps II. von Makedonien 70 Jahre früher in Griechenland ebenfalls ein vielgestaltiges Staatswesen geschaffen, in welchem der Volkskönig der Makedonen zugleich „Archon" der Thessaler und „Herzog" (Hegemon) der im „korinthischen Bund" geeinigten Hellenen geworden war, wobei die Thessaler ähnlich wie die Latiner eine Zwischenstellung zwischen der makedonischen Vormacht und der großen Masse der Bundesgenossen einnahmen. Aber das Ganze wurde durch den mächtigen Willen eines Monarchen zusammengehalten und trug deutlich den Stempel des Herrenvolkes und einer von allen Nichtmakedonen als Fremdherrschaft empfundenen Schöpfung an der Stirne. Die neue italische Föderation war ebenfalls ein dreigegliederter Organismus: Römer, Latiner *(nomen Latinum)* und italische Bundesgenossen *(socii Italici)*, die wie drei konzentrische Kreise umeinander gelagert, aber gleichzeitig durch die Aussendung von Kolonien, und zwar nicht nur römischen, sondern auch latinischen Rechtes, sowie durch Gründung von Munizipien mit vollem und halbem Bürgerrecht auch im Bundesgenossengebiet römisch und latinisch so durchsetzt waren, daß die römische Faust, stellenweise am latinischen Arm, bis an die äußersten Grenzen des italischen Gesamtraumes reichte, mit einer Freigebigkeit in der Bürgerrechtserteilung, die noch später bei Makedonen und Griechen Aufsehen erregte. Der erste hegemonial aufgebaute Staat des Okzidentes steht damit vor unseren Augen, ein Staat, der beherrscht ist von dem Streben der regierenden Stadt, mehr durch Vertrauen als durch Machtmittel die Wehrgenossen an sich gefesselt zu halten. Die „Treue" und, von den Beherrschten aus gesehen, das „Vertrauen“ wird in den Mittelpunkt des ganzen Systems gerückt und gibt auch fernerhin der Politik Bauernroms einen stark konservativen und zugleich defensiven Charakter. Schutz-, nicht Gewaltherrschaft, Verteidigung zur Erreichung höchster Sicherheit, nicht Angriff sind überall die letzten Ziele dieser altrömischen Außenpolitik.

So bildete den Kern des ganzen Systems der Gemeindestaat Rom. Sein unmittelbar beherrschtes Gebiet reichte soweit wie die Tribus, in die das Land zerlegt war. Politisch war der Zentralstaat noch einmal dadurch gegliedert, daß die oberste Schicht, zunächst der Patriziat, dann nach Zulassung der Plebejer zur Teilnahme am Regiment der Beamtenadel der patrizisch-plebejischen „Nobilität“ die eigentliche Führung des Ganzen in Händen hatte, wie in der Außenpolitik, durch eine Masse von Klientel- und Treueverhältnissen. Die hohe Machtfülle der Beamten leitete sich aus der alten königlichen Gewalt her und wurde von den Angehörigen der großen Geschlechter als ihr höchstes Gut ängstlich behütet, sowie infolge des alleinigen Verkehrs der Magistrate mit den Göttern *(imperium auspiciumque)* auch von höchster Stelle gewährleistet. Ferner wurde sie gehoben durch den Sitz der Beamten im Senat, wie die Tradition, d. h. die Wahrung des „Väterbrauches“, eine Stetigkeit der Politik und ein durch Herkunft und Leistung erworbenes Gewicht *(auctoritas)* der Masse gegenüber ohnegleichen in der Geschichte der indogermanischen Völker des Okzidents geschaffen hat. So wurde hier eine durch hohe Kenntnis göttlichen und menschlichen Rechtes ausgezeichnete Führerschicht erzeugt, die, auf dem Boden der streng aristokratischen Weltanschauung der obersten Kaste stehend, das Aufkommen eines Einzelführers hintanhielt. Und es entstand eine Volks- und Staatsgemeinschaft um diese Führerschicht herum, welche von den Vätern zu den Söhnen, von den Söhnen zu den Enkeln in schärfster Selbstzucht und Disziplin eine Staatskunst entstehen ließ, die durch rückhaltlose Unterwerfung unter die staatlichen Notwendigkeiten Wunderbares geleistet hat. Das Ganze wuchs langsam und stetig unter treuem Festhalten am Altbewährten mit einem konservativen Sinn empor, wie er nur dem schollenfesten Bauerntum eigen zu sein pflegt, zugleich mit Gehorsam gegenüber den selbstgewählten Magistraten, deren Macht nirgends so hoch stieg, wie in dem seltsamsten aller römischen Ämter, der Zensur. Ihre Inhaber wurden die Rügemeister, besser noch die Zuchtmeister dieses stahlharten Volkes. Für die Traditionsfestigkeit des Ganzen aber sorgte besonders der stolze Familiensinn der alten, als Großgrundbesitzer reichgewordenen patrizischen und plebejischen Bauerngeschlechter, die eifersüchtig über der Ehre ihres angestammten Hauses wachten und diese immer von neuem zu mehren suchten, mit einem Kultus der Ahnen, wie er nur noch einmal in der Weltgeschichte an einer ganz anderen Stelle der Erde, in Japan, erschienen ist. Die Ahnentafel im Vorraum *(atrium)* des Hauses mit den Inschriften unter den Wachsmasken der Vorfahren trat jedem Besucher als Erstes vor Augen, und beim Leichenbegängnis wurden Abgüsse dieser Masken von gemieteten Männern in einer Prozession „lebender Leichen" dem Zuge vorangetragen, so daß der Tote gewissermaßen von seinen berühmten Altvorderen zur letzten Ruhe geleitet wurde. Natürlich entstand dadurch, wie ehemals im Patriziat, so jetzt in der Nobilität die Gefahr eines engeren alleinberechtigten Ringes von Familien, in welchen einzutreten immer schwerer wurde. Der trotzdem sich emporarbeitende Mann wurde als „Neuling" *(homo novus)* betrachtet, wenn er nicht bald durch hervorragende Leistungen im Dienste der Gemeinschaft sich auswies, und zwischen den Familien selbst entspann sich ein unheilvolles Ringen um den höchsten Rang im Staate, das aber durch den gemeinsamen Dienst am Vaterland immer wieder geadelt wurde.

Wie aus der breiteren Masse der römischen Bürger, voran der „Reiterfähigen" *(equites)*, so ergoß sich mehr noch aus den Latinern der Landstädte immer von neuem ein Zustrom in die oberste plebejische Herrenschicht. Denn die latinischen Stammesbrüder hatten ein Vorrecht vor allen anderen Bundesgenossen. Sie konnten durch Übersiedlung nach Rom das römische Bürgerrecht automatisch erwerben, allerdings unter Verlust des heimischen Bürgerrechtes und unter der Bedingung, daß sie in der Heimat einen Sohn zurückließen. Von hier aus erklärt es sich auch, daß nach der Niederwerfung der Latiner im Jahre 338 die Gründung latinischer Kolonien durch Rom fortgesetzt wurde. Römertum und Latinertum waren eins geworden, nur dem Grade nach voneinander verschieden. Wie die Nobiles im Zentrum Rom, so waren die Latiner in der italischen Wehrgenossenschaft eine bevorzugte Schicht und die festeste Stütze derselben.

Auf Abstufung ruhte echt ländlich-bäuerlich das ganze System, aber so, daß die Zahl der Minderberechtigten zu den Höhergestellten in einem gesunden Verhältnis stand. Die unterste Schicht bildeten die italischen Bundesgenossen, durch Verweigerung des Ehe- und Niederlassungsrechtes untereinander getrennt und verschieden behandelt, die Griechenstädte außerdem durch römische Besatzungen in Schach gehalten, alle aber irgendwie gebunden an den römischen Herrenstaat, dem sie nach Maßgabe ihrer Volkskraft Truppen, die Bauernstämme Soldaten, die griechischen Städte Schiffe zu stellen und zur Erweiterung des gemeinsamen Machtbereichs in der Außenpolitik zu dienen hatten. In dieser Schicht wuchsen die verschiedenen Völker Italiens, die eigentlich italischen Stämme, die Etrusker, die Kelten, soweit sie unterworfen waren, die Illyrier und Griechen, die sich bisher alle untereinander bekriegt hatten, im gleichen Dienste zusammen zum vollendetsten Staatsgefüge in der alten Geschichte. Ihr Interesse am Staatsganzen wurde erhalten durch die Teilnahme am Kriegsgewinn und durch die Möglichkeit privater Besitzergreifung und Bewirtschaftung des eroberten Landes *(occupatio)*, soweit es nicht sofort aufgeteilt oder zur Schaffung von Kolonien verwendet worden war. Was aber am stärksten alle verband, war das Schwergewicht des neuen Großstaates, der den Mitgliedern neben den erwähnten wirtschaftlichen Vorteilen größere Erwerbsmöglichkeiten nach allen Seiten hin bot.

Die eigentliche Halbinsel Italien war so seit 265 eine Macht, die sich neben den Großmächten der Zeit, auch denen des Ostmittelmeerbeckens, sehen lassen konnte, von etwa 130000 Quadratkilometer Umfang, von denen etwa 24000 unmittelbar römisches Gebiet waren, mit einer Einwohnerschaft von über 4 Millionen Köpfen (1/3 davon römische Bürger). Wenn die Zahlen an heutigen gemessen auch lächerlich klein sind, so beseelte diesen Staat ein politischer Geist, wie ihn bis dahin noch kein okzidentalisches Volk aufzuweisen hatte. Neben das Militärvolk der Makedonen im Osten, das seit 301 seinen Einheitsstaat zu Grabe getragen und in drei größere Machtgebilde, ein europäisches (Makedonien und Griechenland), ein asiatisches (Seleukidenreich) und ein afrikanisches (Ptolemäerstaat) zerfallen war, und neben den Kaufmannsstaat der Karthager, der vom westlichen Afrika aus die europäischen Küsten in Spanien und auf den vorgelagerten Inseln, sowie die Ausfahrt ins offene Meer beherrschte, trat nun eine geschlossene jugendfrische, ganz europäisch gerichtete Landmacht, die militärisch und politisch höchst Beachtenswertes geleistet hatte und finanziell gut unterbaut war, wenn sie auch wegen des unentwickelten Geldwesens hinter den reicheren Nachbarn ringsum noch zurückstand. Dafür besaß sie eine Bauern- und Bürgerschaft, die außenpolitisch und militärisch von einem Gewicht war, wie noch keine Macht des Westens in der ganzen verflossenen Weltepoche. Nichts beweist besser die Einschätzung des neuen Staates weit über seine Grenzen hinaus als die Tatsache, daß im Jahre 273 der zweite Ptolemäer, Philadelphos, sich in einen Vertrag mit dem neuen Gestirn des Westens einließ, der wohl in erster Linie der Ausdehnung des ägyptischen Handels dienen sollte. Genau 50 Jahre früher hatten drei süditalische Völker zu den vielen gehört, die in Babylon bei Alexander antichambriert hatten, und nun war ein mächtiges Gebilde im Westen entstanden, mit welchem der bedeutendste Teilfürst der makedonischen Staatenwelt des Ostens Verbindung suchte. Welch ein Wechsel in einem halben Jahrhundert! Im Osten strebten die Teile vom Ganzen hinweg und schwächten sich gegenseitig im Kampf um ein erträumtes, aber niemals erreichbares Staatengleichgewicht. Im Westen dagegen war in derselben Zeit in langsamem Fortschreiten Stein auf Stein zum Unterbau eines mächtigen Staatengebildes gesetzt worden.

Aber mehr noch als auf politischem Gebiet zeigt sich Roms Geschichte seit der Mitte des 4. Jahrhunderts auf dem Boden des Militärwesens als die eigentlich schöpferische Zeit des Volkes. Der zweimalige furchtbare Bruderkampf mit einem militärisch hochbedeutenden Gegner hat große Rückwirkungen auf Rom geübt. Seine Stärke war zu allen Zeiten, vom Gegner zu lernen, wo immer es möglich war. Wohl hat man die Samniten besiegt und sich angegliedert, aber man hat zugleich auch ihre Bewaffnung und ihre Taktik übernommen. Das ist vielleicht das größte und folgenschwerste Ereignis für die weitere römische Entwicklung geworden. Der alte etruskisch-griechische Einfluß auf dem Gebiete des Heerwesens mit der Bevorzugung des Streitwagens und der geschlossenen Lanzenphalanx sank damals dahin und an die Stelle trat eine andere Bewaffnung, voran das Schwert, und eine mehr aufgelöste Ordnung des Kämpfens, welche in einer allmählichen Entwicklung zur Manipulartaktik der Römer (*manipulus* = „eine Hand voll") führte. Das alte Bauernvolk hatte bis dahin im klugen Verhandeln seine höchste Leistung gesehen, hatte mehr mit diplomatischen Mitteln als mit den blanken Waffen seine Erfolge errungen. Jetzt nahm es von den Brüdern in den Bergen diejenigen Kriegsmethoden an, mit denen es das vorangegangene diplomatische Duell zu sicherem Ende auf der Walstatt zu führen imstande war. Während drüben auf den Schlachtfeldern Asiens die makedonischen Reitergeschwader zusammen mit der heimischen Phalanx die Welt eroberten, schmiedete im Westen das Latinervolk aus den Erfahrungen des Bruderkrieges heraus die Waffe der Zukunft, die bei Pydna dereinst die in der Phalanx zu starr gewordene Ordnung des östlichen Kämpfens überwinden sollte. Was jetzt nach dem Vorbild der Bergvölker Italiens entscheidend wurde, war der Schwerterkampf des aus der Zwangsjacke der geschlossenen Ordnung zur größten Beweglichkeit gebrachten Einzelkriegers, der durch höchste Schulung zugleich ein Einzelfechter wurde.

Aber nicht nur politisch und militärisch, sondern auch wirtschaftlich war etwas Neues geworden. Ein bäuerliches Produktionsgebiet, das an Ausmaß und Qualität das griechisch-balkanische weit übertraf, bildete jetzt eine Einheit und stellte über den Eigenbedarf hinaus her. Die Landwirtschaft, im Norden mit Bevorzugung der Körnerfrüchte, im Süden des Wein- und Ölbaues, daneben die Viehzucht stand die ganze Epoche über im Vordergrund des gesamten Wirtschaftslebens. Dieses aber verlief in der Hauptsache auf naturalwirtschaftlicher Grundlage. Gegenüber dem griechischen Erwerbsleben, das frühzeitig schon wegen der Dürftigkeit des Bodens die agrarische Grundordnung verloren hatte, bleibt das Kennzeichen des römischen Wirtschaftsdaseins die Geschlossenheit im Rahmen der landwirtschaftlichen Urproduktion und der Viehzucht. „Haus- und Viehstand" *(familia pecuniaque)* sind die Pole, um welche das Wirtschaftsleben hier zunächst kreist. Das früh daneben sehr stark entwickelte Handwerk wurde von etruskischer Seite, namentlich im Metall- und Baugewerbe, mächtig befruchtet. Dazu kam der griechische Einfluß von Kampanien her, wo das alteinheimische Töpfergewerbe seine erste Blüte erlebte. Während schon die servianische Zenturienverfassung das Vorhandensein von Handwerkern unter den freien Bürgern Roms voraussetzt, zeigt das 4. Jahrhundert eine noch stärkere Auflockerung der alten reinen Bauernkultur Roms. Die Loslösung immer neuer Handwerksarten von der geschlossenen Hauswirtschaft ist charakteristisch für diese Zeit, ebenso der frühe korporative Zusammenschluß der Fachgruppen. Handwerk und Kleingewerbe beginnen daneben auch schon den später so typischen Übergang an Freigelassene aufzuweisen. Im übrigen aber ist der bäuerliche Grundcharakter der römischen Wirtschaft das eigentlich Charakteristische der Epoche geblieben. Auch ist dadurch die Spaltung in Reiche und Ärmere zunächst keine so tiefe geworden, wie bei den Griechen, die viel früher auf das Meer hinausgetrieben wurden und durch das Reedergewerbe einen der obersten Schicht der Grundherren zufließenden neuen Reichtum erzeugten. Bauern blieben die Römer nicht nur im Besitz, sondern auch im Erwerbsethos, und wirtschaftlich-ständisch betrachtet, war größere Geschlossenheit auf den Fruchtböden der Apenninhalbinsel das vorherrschende Kennzeichen des römischen Staates, daneben ein früher Einsatz des korporativen Gemeinschaftsgeistes, der später auch in die Vergangenheit zurückstrahlte und König Numa zum Erfinder des stadtrömischen Zunftwesens machte.

Die Bodenforschung und die erfolgreiche Durcharbeitung des ältesten erhaltenen landwirtschaftlichen Werkes, Katos Sammelbuch von der Landwirtschaft, haben uns in das Leben auf dem alten römischen Bauernhof tiefere Einblicke gewährt. Auffallend an ihm ist das Überwiegen des Raumes für das Vieh und die gesamte Wirtschaft (Mahl- und Backstube, Kelterräume, Lagerplatz für Materialien), während für die Menschen, Herren und Gesinde, an Platz sehr gespart wird. Vieh und Menschen befinden sich in nächster Berührung, ähnlich wie sich im Norden in der niederdeutschen Diele unmittelbar die Stallungen befinden. Weben und Spinnen sind noch Hausgewerbe, besorgt von der Hausfrau und ihren Mägden. Im Kelterhaus steht in der ältesten uns erreichbaren und wiederherstellbaren Form die altehrwürdige Baumkelter der Römer, die sich durch die Jahrtausende in den Gebieten des Römerreiches, auch bei uns auf süddeutschem Boden, bis heute erhalten hat.

Eine Bauernkultur wie im übrigen Mittelitalien blieb das römische Dasein auch auf geistigem Gebiete. Obwohl man sich politisch der etruskischen Oberherrschaft früh entäußert hatte, blieb man, wie das oft in der Weltgeschichte zu geschehen pflegt, kulturell noch lange in ihrem Bann. Nur erhielt das, was man etruskisch nannte, eine immer stärkere griechische Übertünchung. Man muß also eigentlich von einer etruskisch-griechischen Beeinflussung, die dann zu einer rein griechischen wurde, sprechen. Wie verwickelt manchmal die Probleme liegen, zeigt die Geschichte der Leichenspiele, die im gräzisierten Etrurien vom 6. Jahrhundert ab hervorragend gepflegt wurden, von hier aber nicht nur nach Rom, sondern auch zu den Oskern Kampaniens gelangt sind. So ist Rom in die Lage gekommen, diese Sitte von zwei Seiten her zu empfangen. Hundert Jahre nach den ersten etruskischen Bühnenspielen (363) fanden zum erstenmal (264) in Rom Gladiatorenkämpfe statt, gelegentlich des Leichenbegängnisses, das die beiden Söhne eines Brutus zu Ehren ihres verstorbenen Vaters D. Junius Brutus mit drei Fechterpaaren auf dem römischen Rindermarkt veranstalten ließen. Erst eineinhalb Jahrhunderte später (105) sind diese Leichenkämpfe von ihrer ursprünglichen Bestimmung losgelöst und zum reinen Schauspiel gemacht worden. Theater und Zirkus der Römer können wir so in ihren sakralen Untergründen verfolgen, auch in die verschiedenen Vermittlervölker hinein, die Altgriechisches und Etruskisches in der blutigen Form, die ihm ursprünglich eignete, erhalten haben.

Auf dem Gebiete der Götteranleihen war nach der ersten griechischen Welle vor der gallischen Katastrophe im Beginn des 4. Jahrhunderts eine Ebbe eingetreten. Der Neuaufbau des römisch-latinischen Staates und das Ertönen des Rufes „Italien den Italikern" hatte den griechischen Fremdstrom etwas eingedämmt. Stärker ergoß er sich wieder ins römische Bett seit dem Zusammenschluß von Rom-Kapua, der auch auf geistigem Gebiet den Anbruch der neuen Zeit nach jeder Richtung hin bedeutete. Damals sind vielen alten römischen Göttern und einer Anzahl neuer, voran den für Rom so charakteristischen „Eigenschaftsgöttern", wie *Salus* (Heil), *Concordia* (Eintracht), *Bellona* (Kriegsgöttin), *Spes* (Hoffnung), *Fides* (Treue), *Honos* (Ehre), *Virtus* (Mannestugend), Tempel errichtet worden. Mehr aber noch als die Tempelbauten, die man zuvor schon in den etruskischen Gotteshäusern besessen und nachgeahmt hatte, sind die immer zahlreicher werdenden Götterbilder etwas Neues im römischen religiösen Denken, das sich jetzt rückhaltlos an die hellenische Menschengestaltung der Himmlischen anlehnt, wie in der vorhergehenden Epoche an die etruskische. Nicht nur an Zahl, sondern auch an Reichtum der Ausstattung nahmen die Götterbilder zu. Reicher und geräumiger wurden auch die Tempel. Der Tempel der Bellona gewährte noch später Sitzungen des Senates genügenden Raum. Das Heiligtum der Salus schmückte Fabius Pictor, der Ahnherr des ältesten Geschichtsschreibers Roms, zu Anfang des dritten Jahrhunderts nach griechischem Vorbild mit Gemälden. Dazu paßt, daß das Volk im Jahre 293 an der Feier des Staatsfestes der „römischen Spiele" zum erstenmal nach griechischem Brauch bekränzt teilnahm. Im gleichen Jahr wurde gelegentlich einer schweren Seuche auf Grund eines

Spruches der „sibyllinischen Bücher" der Wundergott Asklepios aus Epidauros nach Rom überführt, der erste griechische Gott des Mutterlandes, der sich Rom eroberte, bezeichnenderweise wieder ein Heilgott. Aber vielfach stehen in dieser Zeit noch unvermittelt nebeneinander römischer Glaube und griechische Form, die nicht recht passen will zu dem harten massiven Bauernglauben von ehedem. Und über diese Welt, die so in voller Umwandlung begriffen war, kommt nun die Berührung mit Süditalien durch die Niederringung des Pyrrhos und die Angliederung Tarents und vieler anderer Griechenstädte an den römischen Herrschaftsraum. Jetzt werden griechische Gottheiten und griechische Riten, deren Herkunft aus Unteritalien man deutlich empfindet, in die kultische Sphäre der Römer übernommen (vgl. die Örtlichkeit *Tarentum* in Rom und die seit 249 daselbst gefeierten *ludi Tarentini)*. Pluton und Persephone erscheinen als Dis und Proserpina. Ihre Spiele gestaltete man eigenen Bedürfnissen entsprechend um und verband mit der griechischen Sitte die etruskisch-latinische Vorstellung vom Säkulum. Nicht wie in der vorhergehenden Epoche wurde noch ein Unterschied zwischen griechischen und römischen Gottheiten gemacht; nein, römische und griechische Götter wurden vielfach einander gleichgesetzt, und so wurde es möglich, daß auch in den Kultformen griechische und etruskisch-römische Bestandteile ineinanderflossen.

Über das religiöse Gebiet hinaus aber ergriff der griechische Einfluß das seit Appius Klaudius' Zensur erwachende lateinische Schrifttum. Auch auf dem Gebiete der Literatur geht in Italien das Etruskische und das Oskische in der Hingabe an das Griechentum dem Lateinischen voraus. Das heimische Schrifttum beginnt mit religiösen Liedern (wie Arvallied der Ackerbrüder für den Flurumgang, Litanei der Salier) und im saturnischen Versmaß gebundenen Bauern- und Zaubersprüchen *(carmina)*, die zum Teil gemeinitalisch sind, dem Inhalt nach alte Bauernregeln, wie sie vom Vater zum Sohne mit dem Kalender weitergegeben wurden. Arbeit und Festfreude beherrschen die ältesten literarischen Erzeugnisse des urwüchsigen italischen Volkstums. Neben Arbeitsliedern stehen Hochzeitslieder, Erntelieder, zum Teil Wechsellieder und zeugen von wilder Ausgelassenheit, wie sie der Bauer zu allen Zeiten nach seinem Wahlspruch „Saure Wochen, frohe Feste" besonders liebt. Bestimmungen gegen Übertreibungen im Festefeiern finden sich schon in den Zwölf Tafeln. Anfänge des szenischen Spieles liegen in der ursprünglich dramatisch gestalteten Satire (*satura*) vor, einer ganz spezifisch italischen Literaturgattung, einer Art von mimischem Variété. Klage- und Loblieder auf die Verstorbenen bei der Bestattung (*naenia*, anfangs gesungen durch Klageweiber) haben durch die aus Etrurien übernommene Flötenbegleitung eine kunstvolle Ausgestaltung erfahren. Aber ganz verschollen war schon zur Zeit Katos die Sitte, beim Mahle in Liedern die Taten der Vorfahren durch die Tischgenossen selbst oder durch Knaben mit oder ohne Flötenbegleitung zu feiern.

Nicht in der Poesie, die erst langsam sich eine Stellung im Geistesleben erwarb, sondern in der Prosa kommt man am frühesten zur literarischen Niederschrift, und zwar zuerst im Sakralwesen und im Recht. Allerdings ist auch hier ursprünglich der Ausschluß der Schrift die Regel gewesen. Selbst der Kalender wurde zunächst nicht schriftlich, sondern mündlich durch Ausrufen weitergegeben. Auch die alten Rituale der Priester waren zunächst nicht aufgezeichnet, und ebenso steht es beim Recht. Der *iudex* ist der „Rechtsprecher", *iudicium*, wie *iuris dictio* der „Rechtsspruch". Das *edictum* (Edikt) ist, wie die Wortbedeutung „Aussage", „Ausspruch" zu erkennen gibt, ursprünglich auch nicht schriftlich gewesen, und als die Schriftlichkeit eingeführt wurde, besorgte nicht der Prätor, sondern ein besonderer Sekretär mit höherer Funktion die schriftliche Formulierung. Das Rechtsverfahren ist beim Römer aus dem Bedürfnis des täglichen Lebens herausgewachsen und dem mündlichen Betrieb untergeordnet geblieben. Dies hat der rechtsfindenden Persönlichkeit eine hohe Bedeutung verliehen und hat dem mündlichen Verfahren im Rechtsbetrieb bis heute den Vorzug gegeben. Was der früh theoretisierende Grieche im Bezirk der höheren menschlichen Erkenntnis durch die bei ihm geschaffene Philosophie geleistet hat, das hat der praktische Römer auf dem Gebiete des dem Alltag dienenden Rechtes nicht wie jener gleich in starre Formeln gebracht, sondern er hat das Leben mit seiner unendlichen Vielgestaltigkeit in der Rechtsordnung früh zum Ausdruck kommen lassen. „Für bürgerliches Recht und Jurisprudenz haben die Griechen nicht einmal ein Wort." Hier kann man an einem Kernpunkt den Unterschied des griechischen und römischen Geistes begreifen, des größten Kulturvolks und des größten Staatsvolks.

Mit Recht ist auch auf die sehr frühe hohe Bedeutung des Pontifikalkollegiums hingewiesen worden, und zwar nicht nur für die Geschichte der sakralen Normen, sondern auch des bürgerlichen Rechtes. Römische Religion und römisches Recht bewegen sich ursprünglich auf der gleichen Fläche. Im Pontifikalkollegium saßen die ersten „Schriftgelehrten" dieses Bauernvolkes, und hier bildete sich das erste Archiv Roms, als einmal Gesetzestexte niedergeschrieben und Akten angelegt wurden. Eine schriftliche Niederlegung des Rechtes bedeutete daher in Rom auch eine erste Verweltlichung desselben. Erbadel und Priestertum waren die Mächte, die mit der Niederschrift des Rechtes ihres überragenden Einflusses im Staate beraubt wurden. Die „Zwölf Tafeln" waren das älteste Buch der Römer und bildeten nicht nur die Grundlage der römischen Rechtsentwicklung, sondern waren auch frühzeitig ein Schulbuch, wie Homer für den griechischen, der Katechismus für den deutschen Knaben, wiederum ein Unterschied, diesmal im Lehrbetrieb, der Bände spricht. Auch nach der Publikation des Gesetzbuches lag seine Deutung noch weiterhin in den Händen der Staatspriester, und als i. J. 304 v. Chr. Cn. Flavius eine Sammlung der Klage- und Geschäftsformulare zusammenstellte und herausgab sowie ein Verzeichnis der Geschäfts- und Gerichtstage durch Anschlag auf dem Forum bekanntmachte, war dies ein zweiter Schlag gegen den Geheimbesitz des Rechtes im Pontifikalkollegium.

Flavius' Herr und Meister, Appius Klaudius Caecus, ist nicht nur die erste große Persönlichkeit der politischen Geschichte und der erste bedeutende Klientelführer Roms, sondern auch der erste Mann, der uns literarische Betätigung greifbar vor Augen führt. Ganz römisch nimmt sich seine Sammlung populär-philosophischer Sprüche in Versform aus; dem Inhalt nach aber ist sie voll von pythagoreischer Spruchweisheit. Daneben ist seine Rede, die er im Senat gegen Kineas gehalten hat, die älteste lateinische Rede, die vielleicht den Späteren noch zugänglich war, falls nicht eine Fälschung vorliegt.

Unliterarisch und unpersönlich ist dann die erste Sagenbildung und Geschichtsklitterung über Rom, die gerade jetzt einsetzt, da das archaische Zeitalter und die altitalische Kultur zur Neige gehen. Es ist keine Frage, daß die ältesten Fabeleien über Roms Ursprung griechischer Feder ihre Entstehung verdanken. Am Anfang der griechischen Geschichte stand einst der Mythos mit seiner geschichtsnahen Allmacht, die allem vorhistorischen Werden auf hellenischer Erde einen tiefen Hinter- und Untergrund gegeben hat. An diesem Mythos der Griechen sucht man nun dem jüngeren Bruder auf der Nachbarhalbinsel Anteil zu geben. Früh ist Odysseus-Ulixes durch die Illyrier in den Westen gebracht worden. Der Anhang der hesiodeischen Theogonie nennt Latinos und Agrios Söhne des Odysseus und der Kirke, die am Cap Circei lokalisiert wird, wohl eine von dem nahen Kyme ausgegangene Kombination. Eine zweite Etappe ist die Äneassage, die durch die Elymer nach Sizilien gebracht und von hier über Syrakus an Rom übermittelt worden ist (s. o. S. 36). Dies alles ist den Römern von griechischer Seite angedichtet worden und gerade während der großen Zwischenzeit zwischen Altem und Neuem durch das römische Weiterdenken stark aktiviert worden.

Das 3. Jahrhundert ist dann über den Mythos und die Sage hinaus auch das „geschichtsbildende Jahrhundert" der Römer geworden. Die eigentliche Geburtsstunde liegt in der Zeit, da Süditalien nach dem Pyrrhoskrieg in den Kreis der römischen Machtausdehnung eintrat. Ein griechischer Schriftsteller der augusteischen Zeit (Dionysios) sagt: „Nicht einen einzelnen alten Geschichtsschreiber oder Geschichtenschreiber gibt es in Rom. Aus alten Erzählungen, die auf ‚heiligen Tafeln' aufbewahrt wurden, übernahm ein jeder etwas und schrieb es nieder." Derselbe Historiker spricht gleich darauf von einer bei den Pontifices liegenden „Tafel" (offenbar Holztafel) als Quelle für die Gründung Roms, die von manchen als eine Beamtenliste aufgefaßt wird, von anderen als die Jahrestafel der römischen Priester, die Kato als früheste Quelle römischer Geschichte erwähnt und die Mommsen als die älteste römische Stadtchronik (*annales*) vermutet hat. Die auf Mommsen weiterbauende jüngere Forschung konnte trotz Widerspruch als feststehend herausstellen: Wie auf dem Gebiete der Sakralvorschriften und des Rechtswesens ist in der Geschichtsschreibung die erste Arbeit von den Pontifices, und zwar erst nach 300, geleistet worden. Aus den Oberpriestern der Pyrrhoszeit oder des Ersten Punischen Krieges ist der Mann hervorgegangen, der die seit der gallischen Katastrophe noch vorhandenen Jahrestafeln seiner Vorgänger zusammenfaßte und an der Hand der für diese Zeit schon einigermaßen verläßlichen Konsulliste die Geschichte des 4. Jahrhunderts bis 387 hinauf rekonstruierte. Was davor lag, war schwer wiederzugewinnen, da nur Reste der Magistratslisten erhalten waren. So verlegte man die Geschichte der älteren Republik in einen Zeitraum von 120 Jahren (507–387) und ließ die Königszeit, zu sieben Generationen gerechnet, in einem doppelt so langen Abschnitt von 240 Jahren verlaufen sein. Damit gewann man ein Datum des Republikbeginns, das mit der Vertreibung des Hippias aus Athen (510) fast zusammenfiel und ein Stadtgründungsjahr, das so hoch hinaufging, wie das Jahr der Schöpfung von Kyme (750). Wie reichgewordene Emporkömmlinge plötzlich Ahnen haben wollen, so will jetzt das von ahnenstolzen Geschlechtern geschaffene Rom als Ganzes nach seinem Eintritt in die griechische Welt und unter die griechischen Städte eine alte Geschichte besitzen, die mit der Gründung der Stadt beginnen sollte.

Aber der Preis, den man dafür zahlte, war ein ungeheurer. Wie der etruskische Einfluß, durch den der älteste Römerstaat so schnell groß geworden war, seit fast 100 Jahren niederging, so jetzt die altitalische Kultur, auf der Rom bisher noch ruhte. Mit dieser Gräzisierung im großen Stil, wie sie sich vor und nach 300 unter gleichzeitigem Emporstreben plebejischer Geschlechter vollzog, erstand ein neues

Rom, das allem übrigen Italischen den Stempel des Provinzialen aufdrückte. Das etruskisch-italische Alt-Bauernrom ist zu Ende. Das Neu-Rom, das jetzt uns entgegentritt, will eine griechische Stadt sein, von ähnlichem Alter und noch größerem Können, als alle Griechenstädte Italiens seither aufzuweisen hatten. Daher schafft es sich nun auch eine Geschichte, die in Wahrheit gar nicht vorhanden ist. Es ist die Geschichte eines Volkes, nicht einzelner Männer. Erst die folgende Epoche verkündet auch den Ruhm der großen Männer, die bisher hinter dem „Ruhm des römischen Volkes" zurückgetreten waren.

Im Familiengrab der Scipionen steht unter dem Namen und den Ämtern des Konsuls vom Jahre 259 L. Kornelius Scipio zum erstenmal eine poetische, um 200 v. Chr. nach griechischem Vorbild verfaßte Grabschrift, aber noch im alten, allerdings künstlerisch vollendeten Saturnier-Versmaß gedichtet:

„Dieser eine nach der meisten Römer Urteil
war unter den Guten der beste Mann,
Lucius Scipio, Sohn des Barbatus.
Konsul, Zensor, Ädil ist er bei euch gewesen.
Er nahm Korsika und die Stadt Aleria.
Er gab den Stürmen zum Dank den gelobten Tempel."

Die Schicht der Edlen *(nobiles)* war längst zur Schicht der „Guten" *(viri boni)* geworden. Nun hob man zum erstenmal aus den Guten den Besten heraus, nachdem man nicht nur in der Form, sondern auch in der Sache dem Griechentum mit seinen agonalen (sportlichen) Tendenzen erlegen war. Es war nur ein Schritt weiter, daß später „der Beste" zum „Ersten der Bürger" *(princeps civium)* emporstieg.

Das alte Rom, jenes Volksrom, in welchem der einzelne dem Ganzen ohne Anspruch auf Ehre und Dank zu dienen hatte, das Volk der „namenlosen Helden", zugleich das Volk mit dem größten Gemeinschaftsethos des Altertums, war zu Ende. Das Rom der großen Männer bricht an. Zugleich war die alte italisch-bäuerliche Volksgemeinschaft und Volkskultur zerbrochen, ein Rom im griechischen Gewande begann langsam zum Weltenschiedsrichter sich emporzuentwickeln, leider aber auch zum Weltenausräuber, da der unbändige Erwerbswille des alten Bauernvolkes an den großen Eroberungen und den schnell zuströmenden Reichtümern ins Ungemessene gesteigert wurde und bald die gute alte Tradition vergessen war, ähnlich wie im „neuen Reich" der Ägypter seit 1500 v. Chr.

Auf altitalisch-bäuerlicher Kultur, die nun auszuklingen begann, hatte sich die Staatswerdung Italiens auf bundesgenössischer Grundlage um den Gemeindestaat Rom herum erhoben. War man kulturell schon am Ende, so war man politisch erst am Anfang. Ein römisch-latinisch-italischer Gesamtstaat sollte unter dem Druck von außen her aus der bisherigen lockeren Wehrgenossenschaft erst wirklich zusammenwachsen.

Im Innern aber hatte die Epoche des rein bäuerlichen Rom, die hinter uns liegt, als höchstes Lebensgesetz seines staatlichen Daseins dasjenige geschaffen, was die Lateiner die „Sitte der Väter" nannten. Sie wurde durch die Fülle der „Beispiele und Vorbilder" *(exempla)* richtunggebend für das neue Rom, das nun zur Mittelmeermacht emporstrebte, und schuf hier für immer eine Traditionsgebundenheit sondergleichen, wie sie in der modernen Welt nur England aufzuweisen hat. Roms Größe lag seitdem in der Anerkennung des gewaltigen ungeschriebenen Gesetzes, das das vorbildliche Handeln der Altvorderen ihm auferlegt hatte. Die „Väter" haben die große Norm geschaffen, nach welcher das spätere Volk aller Zeiten gelebt und seine welthistorische Bahn durchlaufen hat. Darauf ruht die Bedeutung Bauernroms, das dafür eine eigenartige Verherrlichung seitens der späteren Geschlechter erfahren hat. Von ihm redete man nur noch mit einer gewissen romantischen Sehnsucht und einer Resignation gegenüber der Verschlechterung in der eigenen Zeit.

III. DIE AUFRICHTUNG DER VORHERRSCHAFT IM WESTLICHEN MITTELMEER

(264—200)

Der Hauptinhalt dieser Epoche ist das Ringen des neuen gräzisierten Rom mit Karthago bzw. mit den großen Gestalten aus dem Barkidenhaus, am Schluß mit dem bedeutendsten Manne des Westmeerraumes, Hannibal, dessen Überwindung den größten Krafteinsatz Roms verlangt hat. Das Ergebnis des politischen Kampfes war wohl der Sieg Roms. Aber auf dem Gebiet der Wirtschaft folgte ihm später das Kapitulieren des italischen Bauernvolkes vor dem Plantagensystem der Punier. Kulturell gehört derselben Epoche die erste Auseinandersetzung mit dem Hellenismus an, die auf dem Gebiete des geistigen Lebens ähnlich interessante Momente erzeugt hat wie der politische und wirtschaftliche Kampf mit Karthago. Man glaubte in Rom den Griechen gegenüber am Ende zu sein. Nun bemerkte man auf einmal mit Staunen, daß man am Anfang einer neuen Entwicklung stand. Der Hellenismus, die neue Form des griechischen kulturellen Lebens, mit seiner rein individualistisch und rational eingestellten Richtung auf wissenschaftliche Erfassung aller Lebensgebiete, war trotz allem sprunghaft schnellen Vorwärtseilen Roms in den verflossenen Jahrzehnten noch nichts für das sich eben erst mühsam dem mittelalterlich gebundenen Dasein entringende Italikertum. Die Welt des Hellenentums hatte durch Alexanders fast übermenschliche Taten vor und während des großen Samnitenkrieges einen derartigen Sprung vorwärtsgetan, daß gegen ihn der römische Sprung im Pyrrhoskrieg doch nur ein Kinderspiel war.

In ganz anderem Umfang wie Rom hatte in der gleichen Zeit Karthago den Anschluß an die Ostwelt gefunden, und zwar nicht nur an das alte Griechentum, dessen Kultur die Etrusker und ihre römischen Erben übernommen hatten, sondern auch an die neue Welt des Hellenismus. Aristoteles hat dies anerkannt, indem er einen Abriß der karthagischen Verfassung in seine Sammlung der griechischen Staatsverfassungen aufnehmen ließ. Und als Rom im Zweiten Punischen Krieg noch einmal um seine nackte Existenz ringen mußte, zeigte sich der Hellenismus plötzlich mit seinem größten Gegner, mit Hannibal, im Bunde. Man hatte in Rom die altitalische Kultur zugunsten der „Hellenenstadt", der man übereifrig zugestrebt hatte, geopfert und mußte nun sehen, daß das Griechentum im Lager der Gegner stand: eine bittere Erkenntnis, die naturgemäß den nationalen Kräften wieder zu einem größeren Auftrieb verhalf. Im Wettlauf um die Gräzisierung war man Karthago gegenüber unterlegen oder wenigstens ins Hintertreffen geraten. Es kam nun alles darauf an, wie sich die Situation politisch zugunsten Roms gestalten ließ.

1. Der Erste Punische Krieg 264–241

Politisch stand man seit 265 vor ganz neuen Aufgaben, die der führenden Gemeinde durch die über die gesamte Halbinsel erlangte Oberherrschaft auferlegt waren. Nunmehr mußte italische und nicht mehr nur latinische Politik getrieben werden. Seit dem Besitz der gallischen Grenzmark auf der Adriaseite im Norden bis Ariminum und dem Anschluß von Rhegium im Süden seit 270 waren die Ausgangspunkte für das neue Ringen des Staates beim Übergreifen über die Halbinsel hinaus gegeben. Im Norden bestand keine natürliche Grenze mehr gegen die Poebene hin, und von Rhegium aus schaute man über die Meerenge von Messina wie über einen breiten Strom hinüber nach der wundervollen Insel im Süden, die seit Jahrtausenden das Ziel und der Zankapfel der Völker von Nord und Süd, von Ost und West gewesen war. Beherrscher der Poebene waren die Kelten, Besitzer großer Teile Siziliens waren die Karthager. Ein Blick auf die Karte lehrt, daß die Lösung des Punierproblems im Süden und des Keltenproblems im Norden nunmehr einem sich weiterhin expansiv betätigenden Rom als Hauptaufgaben gestellt waren. Die Zusammenfassung Halbinsel-Italiens zu einem Bundesgebilde war, wie sich zeigen sollte, leicht gewesen. Das Schwerste stand noch bevor, im Süden noch schwerer als im Norden, wo das Keltentum sich bereits in einer rückläufigen Bewegung befand. Der Kampf mit Karthago dagegen stellte Rom vor die Auseinandersetzung mit der größten Kapital- und Seemacht im westlichen Mittelmeerbecken. Wenn das Keltenproblem gleichzeitig zur Entscheidung drängte, befand sich Rom wieder in der berüchtigten Zweifrontenstellung, wie sie schon mehrfach äußerst schwierige Lagen gebracht hatte.

Die Hauptwetterseite lag also für Rom, wie bisher, so auch fernerhin zunächst im Süden. Die Stellung Karthagos zu Rom war von Grund aus verändert. Der gemeinsame griechische Gegner, der allein die beiden emporstrebenden Staaten, die Seemacht und die Landmacht, zusammengehalten hatte, war beseitigt bis auf Syrakus, das aber seit Agathokles' Tod (289) trotz Hierons II. Emporsteigen zum Range einer mittleren Macht herabgesunken war. Es liegt eine ähnliche Situation vor wie in der modernen Geschichte vor dem Russisch-Japanischen Krieg in Ostasien. Dem gewaltigen Ringen um die Mandschurei geht eine Zeit engster Zusammenarbeit beider Mächte gegen China voran. Sobald dieses aber überwunden und im Frieden von Shimonoseki 1895 aus der mandschurischen Streitsphäre entfernt war, standen die bisherigen Verbündeten alsbald als die allerschärfsten Gegner einander gegenüber. Gestern noch Freund, heute schon Feind, galt auch einst für Rom und Karthago.

Allerdings hat keine der beiden Mächte den Krieg gesucht. Die auswärtige Senatspolitik jener Jahre ist äußerst vorsichtig und zurückhaltend, mehr auf Sicherung des Erreichten eingestellt als von starkem Eroberungswillen beherrscht. Ehre und Sicherheit des Staates stehen bei der obersten Führerschicht Roms im Vordergrund, nicht der große Erobererwille eines einzelnen, der oft zugleich mit der Vergrößerung seines Staates auch seinen persönlichen Ehrgeiz befriedigen will. So ist die älteste Expansion Roms über das eigentliche Halbinsel-Italien hinaus nicht von einem großen, von vorneherein ausgedachten Eroberungsplan bestimmt. Welteroberung liegt vielmehr diesen Großbauern, die damals im römischen Senate saßen, zunächst und auf lange Sicht hinaus noch vollkommen fern. Die römische Außenpolitik ist an dieser Stelle zugleich ein hervorragendes Lehrbuch zur Erkenntnis der schicksalsmäßigen Verflochtenheit der Dinge, die weit über Menschenwitz und Menschenkunst hinaus den Agrarstaat vorwärtstreibt, vermöge des ihm innewohnenden Macht- und Ausbreitungstriebes für die nach Brot und Betätigung schreienden Massen einer in stärkster Vermehrung befindlichen kräftigen Landbevölkerung. Dem Risiko des Kampfes setzt man sich auch jetzt noch nicht gerne aus, weil der Schaden des Krieges, wie man längst erkannt hat, oft größer ist als sein Gewinn.

Noch stärker fast zeigt sich die Unlust zum Kriegführen auf der karthagischen Seite, wo ein aristokratisches, nach kaufmännischen Gesichtspunkten regiertes Gemeinwesen bereits zur Kriegführung mit Hilfe von Söldnerheeren, einem höchst zweischneidigen Schwert, übergegangen war, wo außerdem die überall vorliegenden Handels- und Verkehrsbelange eine sehr vorsichtige Behandlung der außenpolitischen Probleme erforderten. See- und Handelsmächte mit weitreichenden Geschäftsverbindungen, wie vergleichsweise heute England, sind im allgemeinen kriegsabgeneigt und werden nur im Falle, daß Lebensinteressen des großen Geschäftshauses, das ein solcher Staat darstellt, getroffen werden oder getroffen zu sein scheinen, aktionsbereit bis zum Zücken des Schwertes.

Der Anlaß zum Kriege kam von Sizilien her, das in seinem östlichen Teile nicht nur von Natur aus, sondern auch durch die politische Konstellation zum Vulkan geworden war, der plötzlich über der friedlichen Welt losbrach. Durch die Gründung des Mamertinerstaates in Messina war das italische Volkselement bereits auf der Insel vertreten. Da bald darnach Syrakus durch eine Militärrevolution, die Hieron II. seit 275/4 an die Spitze des Staates brachte, noch einmal an Bedeutung gewann, waren es plötzlich drei Mächte, die auf der Insel in Gegensatz gerieten: Karthager, Syrakusaner und Osker. Hieron gelang es, nach anfänglichen Mißerfolgen über die Söldner von Messina zu siegen und nach dem Sieg das Königtum in Syrakus zu gewinnen. Jetzt blieb den Mamertinern keine Wahl übrig, als sich entweder den Karthagern oder den Römern in die Arme zu werfen. Obwohl man mit den Römern durch Bande des Blutes verbunden war, entschied man sich doch in Erinnerung an das furchtbare Strafgericht, das diese wenige Jahre zuvor über ihre Stammesgenossen in Rhegium verhängt hatten, für den Anschluß an Karthago, zumal dessen Flotte in der entscheidenden Stunde bei den liparischen Inseln stand. Zum Schutze der Stadt, allerdings zunächst ausschließlich gegen Hieron, wurde eine karthagische Besatzung in die Burg aufgenommen, und der Syrakusaner mußte nunmehr von allen weiteren Feindseligkeiten Abstand nehmen. Messina war für ihn verloren, und die beiden Großmächte Rom und Karthago standen plötzlich ohne Pufferstaat Stirn gegen Stirn einander gegenüber.

Zugleich war damit das Meerengenproblem aufgerollt. Zu allen Zeiten entzündet sich an solcher Stelle leichter als irgendwo anders ein Krieg. Eine Meerenge verliert ihren Wert als Durchgangsstraße des Völkerverkehrs, wenn sie von feindlichen Mächten hüben und drüben beherrscht wird. Messina karthagisch, Rhegium römisch – schuf bei dem anerkannten Übergewicht der karthagischen Flotte in diesen Gewässern für die italische Großmacht eine unhaltbare Situation, besonders für den Verkehr seiner Schiffe in das Jonische und Adriatische Meer. Nun wollte es das Geschick, daß ein Teil der Mamertiner sich mit der Aufnahme der karthagischen Besatzung nicht einverstanden erklärte und sich mit einem Hilfegesuch nach Rom wandte. Hier war man jetzt vor die folgenschwerste Entscheidung gestellt. Der Senat kam zu keinem entscheidenden Entschluß. Da brachten die Konsuln die Sache vor das Volk, und dieses entschied, weil ihm für den Staat wie für die private Wirtschaft ganz offenkundige Vorteile aus dem Krieg in Aussicht gestellt wurden, für die Gewährung der Hilfe: ein kritischer Tag erster Ordnung in der Geschichte der auswärtigen Politik Roms. Der Massenegoismus der Volksversammlung brachte die Entscheidung für Krieg. So hat in letzter Linie das Volk den Stein ins Rollen gebracht, und zum erstenmal ist es die Aussicht auf Kriegsgewinn, die das Votum der Masse bestimmt hat. Der erste Krieg, der außerhalb der eigentlichen Halbinsel geführt worden ist, ist also mehr als ein Eroberungskrieg. Er ist ein Raubkrieg. Das Schicksal hat Rom schwer bestraft mit einem dreiundzwanzigjährigen Ringen um Sizilien, und es schneller, als man dort wohl gedacht hat, auf ganz neue Bahnen geführt: einmal zur Schöpfung einer großen Flotte und anderseits zum Vorstoß bis in das Herz des Gegners nach Afrika hinein. Sizilien stellt die Schlüsselstellung für jede im westlichen Mittelmeerbecken politisch im großen Stile auftretende Macht dar, wie Kreta im Ostbecken. Der Kampf um den Brückenkopf Messina erweiterte sich also rasch zum Kampf um Sizilien und ließ Rom die erste Stufe zur Beherrschung des Tyrrhenischen Meeres erklimmen, die sich aus der Niederwerfung des süditalischen Griechentums von selbst ergab.

Nach geschehenem Volksentscheid erhielt der Konsul des Jahres 264 Appius Klaudius vom Senat den Auftrag zur Besetzung Messinas. In seinem Namen knüpfte der Befehlshaber der nach Rhegium gesandten Vorhut Verbindungen mit der römischen Partei unter den Mamertinern an und suchte über die Meerenge hinweg in die Stadt zu gelangen. Er scheiterte an der Wachsamkeit der Karthager und dem Ausbruch eines Sturmes. Der karthagische Führer sandte die weggenommenen römischen Schiffe samt Besatzung wieder zurück mit den höhnischen Worten, die seebeherrschenden Karthager würden nicht dulden, daß die Römer auch nur ihre Hände im Meere wüschen. Aber der Gegner blieb zähe. Bei günstigen Windverhältnissen gelangte er schließlich doch in die besetzte Stadt und brachte es fertig, daß die Mamertiner die karthagische Besatzung vertrieben. Deren Kommandant mußte seine Niederlage mit dem Tode am Kreuze büßen. Sofort sandte Karthago ein starkes Heer an die Front, das bis Solunt vorging, und sicherte sich die Stadt Agrigent, die seit langem als punierfreundlich galt. Alles kam jetzt auf die Haltung Hierons an. Dieser entschied sich für Karthago, obwohl er damit die ganze Vergangenheit seines Staates verleugnete. Der stärkere Druck des neuen Feindes ebnete alte Gegensätze ein. Messina wurde von Norden durch die Karthager, von Süden durch die Syrakusaner eingeschlossen. Der unterdessen in Rhegium angekommene römische Konsul verhandelte noch einmal mit den verbündeten Gegnern, um den Ausbruch des offenen Kampfes zu vermeiden. Es war zu spät. Appius Klaudius erklärte daraufhin den Karthagern, und nur diesen, den Krieg. Mit unerhörter Kühnheit setzte er bei Nacht auf den von den griechischen Bundesgenossen gestellten Schiffen über die Meerenge und kam durch List in die belagerte Stadt. So gelungen dieser Teil von Klaudius' Operationen auch war, so schwer mißlang eine Überrumpelung bei einem Ausfall südwärts gegen die hier stehenden Syrakusaner. Aber trotz seines Sieges zog Hieron heim. Offenbar wollte er dadurch zum Ausdruck bringen, daß sein Bündnis mit Karthago mehr gegen Messina als gegen Rom geschlossen war. Der römische Konsul hatte nun freie Hand gegen die Karthager, deren feste Stellungen im Norden der Stadt, allerdings ohne Erfolg, angegriffen wurden. Der unterdessen herangekommene Winter verhinderte weitere Operationen im Felde. Er wurde dem Ausbau der römischen Stellung Messinas als einer verbündeten Stadt gewidmet.

Im Frühjahr 263 unternahm Appius Klaudius noch einen Schlag gegen Syrakus, konnte aber infolge von Krankheiten und Mangel an Proviant nichts ausrichten. Er war daher froh, als Hieron, der unterdessen mit dem Verlust von Messina sich abgefunden und sein Zusammengehen mit den Karthagern als falsch erkannt hatte, sich auf Friedensverhandlungen einließ. Der Konsul nahm das Anerbieten an und ging auf seinen Stützpunkt Messina zurück.

Die neuen römischen Konsuln, welche etwa zu Anfang Juli mit doppelter Streitmacht erschienen, suchten vor allem eine klare Einstellung Hierons herbeizuführen. Nach Eroberung einer ganzen Anzahl syrakusanischer Kleinstädte schritt man abermals zur Belagerung von Syrakus. Die Folge war eine erneute Friedensbereitschaft des Königs, welcher jetzt offen seine im Volk unpopuläre karthagerfreundliche Politik aufgab und das Steuerruder der Staatsführung vollkommen herumwarf. Er zahlte hundert Talente Kriegsentschädigung in Raten bis 248 und gab die römischen Gefangenen frei. Dafür blieb er im Besitz dessen, was er im Moment des Friedensschlusses noch besaß, einschließlich von Tauromenium in Gestalt einer Exklave im römischen Gebiet. Ein Angriff auf das karthagische Gebiet der Insel führte damals auch zum Übertritt von Segesta. Der Konsul Manius Valerius triumphierte am 17. März 262 und stiftete zur Verherrlichung seiner Taten ein Gemälde in die Curia Hostilia.

Der Kampf um den Brückenkopf Messina wurde jetzt naturgemäß zum Kampf um Gesamtsizilien. Die umfangreichen Vorbereitungen für 262 auf beiden Seiten – große Söldnerwerbungen bei den Karthagern, starke Belegung von Agrigent mit Truppen, Sendung zweier konsularischer Heere nach der Insel – zeigen deutlich, daß das größere Kriegsziel jetzt auf beiden Seiten in nahe Sicht kam. Voran um das feste Agrigent entbrannte nunmehr der Kampf. Das Ziel, die Stadt vom Meere und von der karthagischen Interessensphäre abzuschneiden, wurde erreicht. Aber durch das Erscheinen eines karthagischen Entsatzheeres wurden die Römer nach fünfmonatiger Belagerung aus Belagerern zu Belagerten. Die Not der Stadt zwang schließlich die Karthager von Agrigent zum offenen Angriff. Er wurde abgeschlagen. Aber das hinderte die karthagische Besatzung nicht, bei einem Ausfall in der folgenden Nacht zu entkommen. Nun mußte sich die vom Feinde verlassene Stadt den Römern ergeben.

Auf dem Besitz von Messina, Syrakus, Agrigent und Segesta ruhte seit 261 die Machtstellung der Römer in Sizilien. Das Streben nach Gewinnung von ganz Sizilien trat nunmehr offen im römischen Senat zutage. Geblieben war den Karthagern die Westspitze mit den dortigen starken Seeplätzen und die Herrschaft zur See, die von Sardinien und Sizilien (Panormus) aus für die italische Gegenküste bedrohlich werden konnte und tatsächlich auch immer gefährlicher wurde. Gerade dieser letzte Umstand hat Rom jetzt zu einer Änderung seiner Kriegsweise gebracht, zum Entschluß, den großen Seegegner auf seinem ureigensten Element zu fassen. Es ist auf militärischem Gebiet die Folge der unterdessen überseeisch gewordenen Politik der Römer. Alles, was bisher im Seewesen geschehen war, mußte zurücktreten gegenüber dem jetzt mit Unterstützung der griechischen Städte erfolgenden Bau von hundert Fünfreihern (Penteren) und zwanzig Dreireihern (Trieren). Bei den Penteren baute man nicht nach griechischem Muster, sondern indem man ein gestrandetes karthagisches Schiff als Vorbild nahm, während in der Schiffsverwertung in der Schlacht die römische Kampfesweise zum Ausdruck kam, nicht so sehr durch die Verwendung der Enterhaken und Enterbrücken, der sogenannten „Raben", die schon den Griechen bekannt waren, als durch die Verwandlung der Seeschlacht in eine Landschlacht auf Grund dieser Erfindung. Nachdem die Vorhut der Römer in Stärke von 17 Schiffen von den Karthagern bei Lipara abgefangen worden war, erfolgte der Hauptschlag durch den Konsul C. Duilius im Jahre 260 bei Mylae, wo die Karthager von ihren 120 angreifenden Schiffen beim ersten Angriff 30 und im weiteren Verlauf noch 20 einbüßten. Der Kampf um Sizilien war zum Kampf um die Seeherrschaft geworden. Die Römer haben die Erinnerung an das größte Ereignis ihrer Geschichte auf diesem Element durch einen Triumph des Siegers gefeiert und sein Andenken durch die Stiftung einer mit Schiffsschnäbeln und ehrender Inschrift geschmückten Säule *(columna rostrata)* für alle Zeiten festgehalten.

So groß der taktische Erfolg der ersten Seeschlacht gewesen war, strategisch blieb er zunächst unfruchtbar. Man fühlte sich auf dem neuen Element doch noch zu unsicher. Der Entsatz des unterdessen belagerten Segesta geschah durch ein Landheer.

Eine neue Flottenexpedition im folgenden Jahr (259) richtete sich nicht gegen Sizilien, sondern gegen Korsika und Sardinien. In Korsika wurde Aleria besetzt. Dann wandte sich der römische Konsul Scipio nach Sardinien, besiegte hier die karthagische Flotte unter Hanno und eroberte Olbia sowie andere Städte. In Sizilien ging der Krieg dagegen für die Römer nicht vorwärts, während die Karthager unter Hamilkar Kamarina und Enna einnahmen und an der Nordküste Panormus zu ihrem Stützpunkte machten. Der Kampf um Sardinien dauerte auch im Frühjahr 258 fort. Diesmal erschien der bei Mylae unterlegene Admiral Hannibal. Ihn vermochte erst Scipios Amtsnachfolger zu besiegen, worauf der karthagische Führer den Kreuzestod erlitt. Der andere Konsul von 258 mußte zunächst in Rom bleiben, weil hier viertausend Bundesgenossen, die Schiffe zu stellen hatten, mit Hilfe von 3000 Sklaven bei der Aushebung eine Verschwörung angezettelt hatten, bei der man die Stadt Rom an allen vier Ecken anzünden wollte: ein Zeichen, welche Schwierigkeiten gerade die Ausdehnung des Krieges auf das Meer hinaus den Römern gebracht hat. Infolgedessen mußte dem in Sizilien kommandierenden Konsul die Amtszeit verlängert werden. Die Ablösung erfolgte erst im September 258. Die dortigen Haupterfolge der Römer gehören daher erst in den Herbst des Jahres, darunter die Rückeroberung von Kamarina und Enna. Das Schlußergebnis war, daß die Karthager nur ihr altes Herrschaftsgebiet in Westsizilien, abgesehen von Segesta, fest in der Hand behielten.

Seit 257 wurde die Kriegführung der Römer dadurch gekennzeichnet, daß sie nunmehr wieder von den Nebenkriegsschauplätzen im Norden absahen und ihre Kräfte zu Land und zu Wasser auf Sizilien konzentrierten. Bei der jetzt vom Gegner angewandten Ermüdungsstrategie war aber zu Lande zunächst kein Fortschritt zu erzielen. Die Flotte suchte dafür sich der karthagischen Flottenstützpunkte von Tyndaris und Lipara zu bemächtigen, mußte jedoch nach einer unentschiedenen Schlacht von dem Versuch abstehen. Auch ein Angriff auf die Inselgruppe von Malta brachte keinen nennenswerten Erfolg. Immerhin war damit die Richtung der weiteren Kriegführung gekennzeichnet, da auch bei dem neuen Verfahren, sich auf Sizilien zu beschränken, infolge der geschickten Strategie der Gegner der Schaden für die Römer immer größer wurde.

Das entscheidende Jahr 256 ließ den sicher schon lange gefaßten Plan der Römer, den Krieg nach dem Vorbild des Agathokles nach A f r i k a hinüberzutragen und dadurch Sizilien von karthagischen Truppen zu entblößen, zur Aus-

führung bringen, und zwar mit 330 Kriegsfahrzeugen, die stark mit Landungstruppen, zum Teil auf Transportschiffen, besetzt waren. Die Entscheidungsschlacht wurde bei Eknomus an der Südküste geschlagen. Die Römer griffen in Keilform an, einer für eine Seeschlacht höchst merkwürdigen Kampfesart. Die Karthager bewegten sich in drei Geschwadern in breiter Front vorwärts. Die karthagische Kampfform strebte also nach Umzingelung, die römische nach Durchbruch in dichtester Form. Wieder siegten die Römer durch die Tapferkeit ihrer Schiffsbesatzungen und dadurch, daß die Karthager aus Furcht vor den Enterhaken an der ausgiebigen Anwendung ihrer großartigen Manövrierkunst gehindert wurden. Die Römer verloren 24 Fahrzeuge; von den karthagischen wurden hingegen über 30 in den Grund gebohrt und 64 erbeutet.
Nach Ausbesserung der Schiffsschäden sowie Ersatz der zugrunde gegangenen Mannschaften und des verlorenen Proviants war für die Römer die Bahn zur Überfahrt nach Afrika frei. Man fuhr nicht geradewegs in den Golf von Karthago, sondern am hermäischen Vorgebirge vorbei entlang der Ostküste bis zu dem einst von Agathokles geschaffenen Waffenplatz Aspis-Clupea. Derselbe wurde – unbegreiflicherweise unbehelligt durch die Karthager – genommen und befestigt. Aber das Unternehmen ist nicht mit klarer Zielsetzung ausgestattet gewesen. Darauf deutet nach der Festsetzung in Clupea die Rückfrage der Konsuln nach weiteren Verhaltungsmaßregeln und die darauf folgende Anweisung des Senates, daß nur der eine der beiden Konsuln mit hinreichender Truppenmacht in Afrika bleiben solle. Dementsprechend blieb Regulus mit 15000 Mann zu Fuß, 500 Reitern und 40 Schiffen, ein deutlicher Beweis, mit wie beschränkten Kampfmitteln dieser große Krieg auch militärisch geführt worden ist. So war es in letzter Linie das Verhalten des Senates und die auf ihm lastende Schwere der neuen Verhältnisse, wodurch das afrikanische Unternehmen schon in seinen Anfängen zum Scheitern verurteilt wurde, nicht nur die Unfähigkeit des Regulus. Statt bei seinen geringen Machtmitteln in der Defensive zu bleiben und die karthagerfeindliche Bewegung unter den numidi-

schen Stämmen stärker auszunutzen, ging dieser zu früh zum Angriff über, obwohl sich die Bevölkerung dem Vormarsch durchaus feindlich gegenüberstellte. Ein leicht errungener Erfolg bei der in bergigem Gelände gelegenen Stadt Adys (nicht identisch mit dem heutigen Uthina, wie mich ein Besuch dieser Stadt im Jahre 1901 belehrt hat) öffnete dem Konsul den Weg ins Innere bis nach Tunes, der größten Stadt vor Karthagos Mauern. Einen Augenblick schien es, als ob hier der Krieg beendet würde. Von karthagischer Seite eingeleitete Friedensverhandlungen scheiterten aber an den maßlosen Forderungen des Regulus, der ein noch nicht auf die Knie gezwungenes Karthago in unerhörter Weise zu demütigen suchte, einer der traurigsten Beiträge zu dem so schwierigen Kapitel des Friedensschließens. Bei Überspannung des Bogens oder gar bei Verletzung der Staatsehre des Gegners wird immer das Gegenteil von dem erzielt, was der Sieger gewollt hat.

Frischgeworbene Truppen aus Hellas, dem alten Werbeplatz für bestes Landsknechtsmaterial, trafen in Karthago ein. Die Armee wurde mit Hilfe des tüchtigen spartanischen Offiziers Xanthippos reorganisiert und mit der hellenistischen Taktik in der Verwendung von Elefanten vertraut gemacht. Im Laufe des Sommers 255 ist der entscheidende Schlag seitens der Karthager mit 12000 Mann zu Fuß, 4000 Reitern und 100 Elefanten geführt worden, und zwar in der Nähe von Tunes in der Bagradas-Ebene. Das feindliche Heer wurde völlig eingeschlossen und niedergehauen; 500 Mann, unter ihnen der Oberfeldherr selber, wurden gefangen genommen, nur 2000 Mann entkamen nach Clupea. Der römische Staat hatte eine militärische Niederlage im fremden Lande fern von der Heimat erlitten, mit der aus seiner späteren Kriegsgeschichte nur der Untergang des Varusheeres im Teutoburger Wald verglichen werden kann.

Im nächsten Jahre (254) wurden die Reste der Armee aus Afrika herübergeholt und dabei nach Wegnahme der Insel Kossyra die karthagische Flotte am hermäischen Vorgebirge geschlagen. Doch wurde auch die römische Flotte nach erfolgter Überfahrt auf der Höhe von Kamarina im Juli vom

Sturme vernichtet, wobei nur 80 Schiffe entkommen sein sollen. Die Folge war, daß die Römer das afrikanische Unternehmen völlig aufgaben.

Der Kampf auf Sizilien trat seit 253 wieder in den Vordergrund. Beiderseits war man durch das schwere Ringen mit der gegnerischen Menschenkraft und mit Naturgewalten stark erschöpft. Auf der karthagischen Seite trat auch, wie es scheint, finanzielle Not ein. Wird doch aus dieser Zeit ein, allerdings erfolgloses, Anleihegesuch beim ägyptischen König berichtet. Zudem wurde eine Züchtigung der Numider vonnöten, die von Hamilkar durchgeführt wurde. Diese Umstände, wie bei den Römern die Notwendigkeit, neue Schiffe zu bauen, bewirkten eine Atempause und nach derselben eine Kriegführung auf Sizilien, die beiderseits an den Kriegsleistungen der Vorjahre gemessen nur eine mildere Form der römischen Aktivität und der karthagischen Ermattungsstrategie darstellt. Das durch die Karthager wieder eroberte Agrigent ließ sich nicht halten. Die Römer konzentrierten sich mit Hilfe einer angeblich in nur drei Monaten erbauten neuen Flotte auf die sizilische Nordküste. Hier wurde durch Verrat Kephaloedium (Cefalù) eingenommen, während ein Angriff auf Drepanum (Trapani) mißlang, dafür aber bald darauf das wichtige Panormus fiel. Diese Erfolge hatten den Übergang einer ganzen Anzahl weiterer Städte der Nordküste, darunter Solunt und Tyndaris, zur Folge. Nur Thermae blieb in den Händen der Karthager, deren Hauptstützpunkte aber nach wie vor die Städte der Westspitze waren. Nach einem vergeblichen Handstreich auf Lilybäum unternahmen die Römer noch einmal einen großen Demonstrations- und Plünderungszug nach Afrika bis hin zur Insel Meninx im äußersten Winkel der Kleinen Syrte. Hier gerieten die Schiffe aber zur Zeit der Ebbe auf den Grund und konnten nur durch Überbordwerfen fast der gesamten Beute wieder flottgemacht werden. Auf der Rückfahrt verlor man bei dem kühnen Wagnis, das Tyrrhenische Meer von Panormus aus in der Richtung auf die italische Gegenküste direkt zu überqueren, am lukanischen Vorgebirge Palinurus durch einen Sturm wieder den größten Teil der Flotte. Militärisch ist Rom auf dem Meere nicht besiegt worden, wohl aber von den Elementen, denen die junge Seemacht mit ihren schnell gebauten Schiffen noch nicht gewachsen war. Man stand jetzt von größerer Machtentfaltung auf dem Wasser ab und beschränkte sich auf den Unterhalt von 60 Schiffen für die Verbindung mit Sizilien und zum Schutze der italischen Küsten. Nur noch die Gewinnung von Thermae und der liparischen Inseln gelang im Jahre 252, so daß man, allerdings nur mit Hilfe Hierons, wenigstens Herr in den eigenen Gewässern blieb. Im gleichen Jahr erhielt aber die karthagische Landkriegführung einen neuen Auftrieb durch die Hinübersendung des Feldherrn Hasdrubal, der ein großes Heer mit 104 der gefürchteten Elefanten auf die Insel brachte. Ihnen gegenüber wagte man keine offene Feldschlacht, und der Krieg stockte zunächst vollkommen. Als dann Hasdrubal den römischen Konsul, der in Panormus überwintert hatte, im Sommer 250 nach dessen Zurückgehen auf die Stadt anzugreifen wagte, erlitt er eine schwere Niederlage, wobei seine sämtlichen Elefanten erbeutet wurden. Dieser große Sieg im 14. Jahre des Krieges nahm den Römern nicht nur den lähmenden Elefantenschrecken aus den Gliedern, sondern gab auch dem Gedanken auf Erneuerung des Seekrieges frischen Schwung.

Ein Angriff mit 200 Schiffen und 4 Legionen auf Lilybäum sollte von neuem den Weg nach Afrika freimachen. Aber hier an der Westspitze Siziliens, im Zentrum der karthagischen Machtstellung, scheiterte Rom genau so wie einst Pyrrhos. Die volle Abschließung auf der Seeseite konnte trotz aller Anstrengungen nicht durchgeführt werden. Man mußte sich nach schweren Kämpfen, die mit der Zerstörung der römischen Belagerungsmaschinen endeten, auf eine unvollständige Blockade beschränken. Während der langen Dauer derselben über den Winter hinüber bis ins Frühjahr traten Epidemien und Proviantmangel ein, demgegenüber nur die Getreidesendungen Hierons eine Erleichterung brachten. Trotzdem ließ man nicht von dem schweren Kampfe ab. Der Konsul des neuen Jahres 249 versuchte, sich Drepanums mit Gewalt zu bemächtigen, erlitt aber durch Adherbal eine furchtbare Niederlage zur See. Karthagos Seeüberlegenheit war wieder gewonnen und wurde zum erneuten Angriff auf den Belagerer von Lilybäum verwendet, zunächst noch ohne vollen Erfolg. Um so größer war derselbe gegenüber dem anderen Konsul des Jahres, L. Junius Pullus, der über Syrakus an der sizilischen Küste entlang mit 60 Kriegsschiffen und viel Proviant auf angeblich 800 Transportfahrzeugen herannahte. Seine Vorhut wurde bei Phintias in der Nähe des Vorgebirges Eknomus zum Beziehen einer Verteidigungsstellung an Land gezwungen, während die Hauptmacht auf Kamarina zurückging und an ungünstigster Stelle zwischen Klippen und Untiefen an der Küste Schutz suchen mußte. Hier wurde sie durch einen Sturm völlig zerstört, während die Mannschaft sich noch zum größten Teil aufs Land retten konnte und vom Konsul an der Küste entlang nach Lilybäum geführt wurde. Dieses schwere Unglück brachte nun zusammen mit der Niederlage des Kollegen den römischen Seekrieg im Jahre 248 wieder vollkommen zum Erliegen. Man beschränkte sich auf die Einschließung der beiden karthagischen Seefestungen im Westen von der Landseite her. Dafür war es nach dem vielen Unglück zur See ein großes Glück, daß dem Junius Pullus im Jahre 248 durch einen Handstreich die Eroberung des Berges Eryx nebst der Stadt gelang, wodurch Drepanum vom Hinterlande abgeschnitten wurde.

Nachdem im gleichen Jahr der Vertrag mit Hieron nach Erledigung aller Ratenzahlungen unter Anerkennung seiner Vertragstreue erneuert, sein Staatsgebiet etwas vergrößert und dessen Selbständigkeit in vollem Umfang anerkannt worden war, erstarrte der Kampf um den Rest des karthagischen Besitzes zum Land-Stellungskrieg und dieser führte zu einer Stagnation der gesamten Kriegführung auch auf karthagischer Seite, hier wohl veranlaßt durch den heimischen Zwist mit den Numidern und durch Unbotmäßigkeiten im Söldnerheer auf Sizilien. Zwar erfolgten Angriffe und Küsten-Brandschatzungen in Italien und Sizilien durch die karthagische Flotte, wogegen die Römer in einer erneuten kolonisatorischen Bewegung das Netz der Seekolonien erweiterten und in Sizilien die einheimischen Seestädte stärker ummauerten und mit Strandbatterien ausstatteten.

Demgegenüber hat der neue Mann, der noch junge, aber hervorragend begabte Hamilkar Barkas (der „Blitz"), der seit 247 die Seele der karthagischen Kriegführung in Sizilien wurde, eine glänzende Neuorganisation der Truppen vorgenommen und hat dann seine gesamte Kraft auf den Landkrieg konzentriert. Wie im Anfang des großen Ringens Rom vom Gegner den Seekampf gelernt hatte, so jetzt das Seevolk den Krieg zu Land. Zwar setzte Hamilkar zunächst noch mit der Flotte den Angriff auf die italische Südküste (Lokri und die bruttische Halbinsel) fort, schuf sich dann aber nach der Rückfahrt von dort im Jahre 246 für den Landkampf eine neue feste Stellung auf einem beim Kastell Heirkte gelegenen Bergmassiv, welches als identisch mit der 12 km nordwestlich von Palermo gelegenen südöstlichen Abdachung des Monte Castellaccio (959 m hoch) erkannt worden ist. Die ausgezeichnet gewählte Stellung besaß einen Zugang zum Meere und bedurfte nur auf der Landseite einer Verstärkung. Von dieser Naturfestung aus konnte der Punier gleichzeitig den Hauptstützpunkt der Römer, Panormus, stets beunruhigen sowie die Straße von dort nach Drepanum von der Flanke aus unter Aufsicht halten, endlich, was die Hauptsache war, vom Hafen seiner Stellung aus die gegenüberliegende italische Küste bis nach Cumae hinauf brandschatzen lassen. Drei Jahre lang hat er von hier wie von einem Adlerhorst aus eine Tätigkeit und Beweglichkeit entwickelt, die den Römern durch einen zermürbenden Kleinkrieg unendlich viel zu schaffen gemacht hat. Sie konnten nichts anderes tun, als südlich der feindlichen Stellung ein Gegenlager errichten, um Panormus und seine Verbindung mit Drepanum zu schützen. Im Bereiche der beiden Lager spielten sich die meisten Kleinkämpfe dieser Jahre ab. Die neue karthagische Zermürbungstaktik schien schon hier siegen zu wollen. Da verließ Hamilkar im Jahre 244 plötzlich zu Schiff seine bisherige Stellung, fuhr westwärts, landete am Fuße des Eryx in einer der versteckten Buchten am Nordfuß des Berges und nahm die Stadt gleichen Namens ein. Man schlug ein Lager an der Nordostseite des Berges auf, von wo dauernde Verbindung mit dem Meere möglich war, konnte aber weder das Heilig-

tum oben auf dem Berge ganz einschließen, noch wegen des römischen Lagers auf der Westseite der belagerten Festung Drepanum eine Erleichterung bringen. Zum Überfluß brach auch noch eine Meuterei der gallischen Söldner aus, wobei ein Drittel der Meuternden zu den Römern überging. Wieder entwickelte sich das Bild eines Belagerungs- und Kleinkrieges, der noch bewundernswerter war als der erste, da alles sich auf engstem Raum abspielte.
Zwei Jahre lang (244–242) dauerte noch dieser wechselvolle Kampf am Eryx. Da machten die Römer trotz aller Erschöpfung mit Rücksicht auf die Bundesgenossen die letzte gewaltige Anstrengung und gingen mit Hilfe einer aus Privatmitteln der senatorischen Kreise erbauten Flotte von 200 Schiffen noch einmal zum Seekampf über, dadurch dem Gegner im letzten Verzweiflungskampf doch noch moralisch überlegen. Der zu Beginn des Sommers 242 Konsul gewordene C. Lutatius Katulus wurde mit der Kriegführung zur See betraut. Er bemächtigte sich der Hafenbucht von Drepanum und der Ankerplätze um Lilybäum, da sich die karthagische Hauptflotte in der Heimat befand. Nachdem ein Sturm auf Drepanum nicht gelungen war, obwohl sich der Konsul bis zur Verwundung exponiert hatte, wurde die Stadt weiter belagert und die Ruhe dazu benutzt, die Flottenmannschaften im Rudern und Manövrieren einzuüben und Hamilkar auf dem Eryx möglichst eingeschlossen zu halten. Mit Rücksicht auf die schwer gefährdeten Städte rüstete nun Karthago ebenfalls eine neue Flotte nicht nur von Kriegsschiffen, sondern auch von Lastfahrzeugen mit Proviant und Material für die Belagerten aus. Sie erschien im Frühjahr 241 bei Hiera, der westlichsten der Ägatischen Inseln, um von hier aus Verbindung mit Hamilkar zu suchen. Der römische Konsul griff aber vorher von Ägusa aus an, und es gelang ihm, in heißem Kampf dank der guten Einübung seiner Truppen und dank der Tatsache, daß der Gegner auch schwerbeladene Lastschiffe bei sich hatte, einen vernichtenden Sieg zu erringen. Diese Seeschlacht, in welcher die Römer zum erstenmal auch im Manövrieren siegten, entschied den gesamten Krieg, da Hamilkar jetzt auf keinen Ersatz mehr hoffen konnte.

So wurde von den Karthagern jetzt endlich der Frieden angeboten und Hamilkar, der einzig unbesiegte Feldherr, mit der Führung der Vorverhandlungen betraut. Sie wurden im Sommer 241 abgeschlossen und setzten fest: Abtretung Siziliens und der kleineren Inseln ringsum, Schutz der römischen Bundesgenossen, voran des Hieron, Herausgabe der Gefangenen, Verbot der Werbung von Söldnern im römischen Hoheitsgebiet, Zahlung von 2200 Talenten euböischer Währung als Kriegskostenentschädigung, 200 Talente davon sofort fällig, der Rest in Raten zu je 100 Talenten zwanzig Jahre lang. Die römische Volksversammlung, der der Vertrag zur Bestätigung vorgelegt wurde, ließ ihn durch eine hingesandte, mit Vollmacht ausgestattete Zehnmännerkommission des Senates verschärfen, insofern das abzutretende Gebiet genauer umrissen (alle zwischen Italien und Sizilien liegenden Inseln), die Kriegsentschädigung um 1000 Talente erhöht und die Zahlungsfrist trotzdem um die Hälfte verkürzt wurde. Wir erleben dasselbe Schauspiel, wie am Anfang des Krieges, daß nicht der siegreiche Feldherr und nicht der Senat, sondern die Masse des Volkes es gewesen ist, die den Krieg zum Geschäft machte und möglichst viel herauszuschlagen versuchte. Dies muß einmal dem Dogma entgegengehalten werden, daß zu allen Zeiten die Massen friedlich seien und die Kriege immer nur einzelnen ehrgeizigen oder geldgierigen Kapitalisten zugeschrieben werden müßten.

Der Hauptpreis des 23jährigen Krieges war die Gewinnung der Insel Sizilien, die man zunächst allerdings noch im Umland von Syrakus mit Hieron teilen mußte. Keine der römischen Provinzen, die später erworben wurden, hat den Staat soviel Geld und Blut gekostet, wie Sizilien. Auch der Sieger ist seines Gewinnes nie recht froh geworden. Es war ein Pyrrhos-Sieg. Die Insel ist durch die ewigen Kämpfe bereits abgewirtschaftet in die römischen Hände gelangt und hat auch im römischen Frieden sich nicht wieder voll erholen können. Denn sie ist frühzeitig das Spekulationsobjekt der römischen Kapitalisten geworden.

Das Verhältnis der einzelnen sizilischen Gemeinden zu Rom war höchst verschieden nach den Verträgen, die mit ihnen im Laufe des Krieges geschlossen worden waren. Ein Teil wurde untertan und abgabenpflichtig, in der Hauptsache mit 1/10 des Ernteertrages, ein anderer Teil frei. Anfangs ist die Insel wie Italien von Rom aus verwaltet worden, in finanzieller Hinsicht durch einen hingesandten Quästor. Erst seit 227, als auch ein besonderer Prätor für Sizilien wie für das unterdessen gleichfalls annektierte Sardinien geschaffen wurde, ist Sizilien zur „Provinz“ geworden.

Aber nicht nur hierin liegt die Bedeutung des Jahres 241. Auch in Italien selbst geht im gleichen Jahr eine große Veränderung vor sich: Damals ist die Zahl der römischen Tribus durch die Errichtung der Velina und Quirina (letztere im Sabinerland, jene in Picenum) auf die Gesamtzahl von 35 gebracht und gleichzeitig das ganze Tribussystem zum Abschluß gebracht worden, ob bewußt schon im Jahre der Gründung der letzten beiden Tribus oder etwas später, bedingt durch den Aufbau der reformierten Zenturienordnung auf den Tribus, bleibe dahingestellt. Das Wichtigste ist, daß seitdem die örtliche Geschlossenheit der Tribus ein für allemal aufgegeben und neu hinzukommende Bürgerstädte, auch solche außerhalb der geschlossenen Tribusgebiete, einzelnen Tribus, manchmal ohne Rücksicht auf die örtliche Lage, zugeteilt wurden.

Dieses Ende der Tribusneugründungen fällt mit der Epoche zusammen, in welcher die Römer mit der Verleihung ihres Bürgerrechtes zurückhaltender wurden. Durch die gewaltigen Erfolge der letzten Jahrzehnte und noch mehr durch die der folgenden Zeit stieg dieses höchste Recht bedeutend an innerem Wert. Die alte Freigebigkeit hörte auf, und im gesamten Staatswesen machten sich abschließende Maßnahmen bemerkbar.

2. Die Zeit zwischen den Kriegen (240–220/19)

Rom und Karthago sind beide aufs schwerste erschüttert aus dem furchtbaren Ringen der 23 Jahre hervorgegangen. Man sieht deutlich an den neuen Koloniegründungen und dem Abschluß des Tribussystems, daß die Festigung der Verhältnisse im bundesgenössischen Gebiete gerade jetzt den Römern besonders am Herzen lag, zumal aus dem Schlußjahr des Krieges die Erhebung der Bundesgemeinde Falerii, vielleicht wegen des zu drückenden Kriegsdienstes, berichtet wird. Es gelang, des Aufstandes schnell Herr zu werden. Die Stadt wurde zum abschreckenden Beispiel zerstört. Viel schlimmer war die Notlage Karthagos. Hier brach der furchtbare Söldneraufstand aus, der die Punier bei einer Dauer von drei Jahren und vier Monaten (241–238) an den Rand des Verderbens brachte. Die nur mit Mühe wieder botmäßig gemachten Numider und Libyer schlossen sich den Aufständischen an, schließlich auch die Stadt Utika, die alte Rivalin Karthagos. Ein Konflikt mit Rom wurde vermieden, so nahe man auch einem solchen sehr bald kommen sollte. Italische Kaufleute lieferten nämlich den Aufständischen Lebensmittel. Deshalb nahmen die Karthager an 500 derselben gefangen, worauf der Senat natürlich Beschwerde erhob. Hieron, den ein Zusammenbruch des karthagischen Staates völlig an Rom preisgegeben hätte, gelang es in diesem kritischen Augenblick, eine Vermittlung herbeizuführen. Karthago gab die gefangenen Kaufleute frei, wogegen Rom die letzten noch in seinen Händen befindlichen Kriegsgefangenen zurücksandte, die angebotene Unterwerfung Sardiniens und Utikas ablehnte und seinen Kaufleuten den Handel nur mit der legalen Regierung gestattete. Auf Grund dieser freundlichen Haltung des bisherigen Gegners wurde der Aufstand im Jahre 238 endlich niedergeworfen. Als nun aber Karthago sich anschickte, auch seine in Sardinien meuternden Söldner wieder zu gewinnen, erklärte der Senat Karthago plötzlich den Krieg mit der Begründung, dieser Vorstoß sei in Wirklichkeit gegen Rom gerichtet. Dem Gegner blieb nichts übrig, als sich zu fügen (237). Eine Zusatzbestimmung zum Friedensvertrag von 241 besagte, daß die Karthager Sardinien abzutreten und noch weitere 1200 Talente zu zahlen hätten. Eine solche Erpressung war nur einem Staate gegenüber möglich, von dem man glaubte, daß er sich nie wieder zu einem Kriege werde aufraffen können. Rom machte reinen Tisch, indem es zugleich auch noch Korsika besetzte. Während Sizilien Roms reichste Getreidekammer geworden war, wurden diese wilden Inseln vorzügliche Raubplätze für Menschenmaterial. Gleichzeitig vollendete der Gewinn die politische und militärische Beherrschung des Tyrrhenischen Meeres und vertrieb den Punier endgültig aus dem Besitz von Italiens Gegenküsten. Karthago gegenüber kannte das Volk, das bisher die Theorie vom „gerechten und frommen Krieg" vertreten hatte, schon jetzt keine Bedenken mehr. Man nahm, was im Dienste der Sicherung des Staates auf seiner Stirnseite als notwendig erachtet wurde.

Karthago jedoch war zäher, als Rom gedacht hatte. Aus seiner Nordstellung vertrieben, auf welche die Lage seiner Hauptstadt den punischen Staat von Natur hinwies, wich man, geführt von dem besten Bürger, dem unbesiegten Hamilkar, westwärts aus und warf sich auf Spanien, um aus den Schätzen des neuen Koloniallandes die furchtbare finanzielle Belastung des Krieges tragbar zu machen und sich die zweite Lebensstellung des Staates, den alleinigen Zugang zum offenen Meer an der Straße von Gibraltar, auf die Dauer zu erhalten. Zwei Lehren gibt diese Weiterentwicklung der Dinge, einmal die Lehre vom Segen, den ein Staat aus dem Vorhandensein eines großen Kopfes zu ziehen vermag, und zum anderen die Tatsache, daß ein Volk, das im Krieg und im Friedensschluß bis zum Weißbluten gebracht und hinterher noch vom Sieger vergewaltigt wird, seine Kräfte zu nichtgeahnter Höchstleistung zu steigern vermag. Niemand konnte allerdings damals voraussehen, daß von hier aus die westliche Mittelmeerwelt in einen neuen Krieg getrieben werden würde. Vorläufig hielt man den Frieden im ganzen Bereich der römischen Waffen für gesichert, und nachdem man im Jahre 236 noch einen erfolgreichen Feldzug gegen die Ligurer an der Nordfront unternommen hatte, schloß man zu Anfang des folgenden Jahres das Janusheiligtum zum Zeichen des allgemein hergestellten Friedens, das erstemal in der historischen Zeit.

Aber lange sollte man sich des Friedens nicht erfreuen. Nach Süden und Westen war man jetzt gesichert, nicht aber nach Norden und Osten, namentlich nicht nach Norden, wo man die Erbschaft der Etrusker zur Bekämpfung der Nordvölker übernommen hatte. Es war offenbar der römischen Staatskunst gelungen, während des großen punischen Krieges einen Angriff der Gallier hintanzuhalten, obwohl es vielleicht seitens der Karthager an Versuchen, den Römern im Rücken Schwierigkeiten zu bereiten, nicht gefehlt haben wird. Jetzt rückte das Keltenproblem in nahe Sicht und die Gefahr, von neuem zwischen die großen Mahlsteine des Kelten- und Puniertums zu kommen, erschien abermals wie ein drohendes Gespenst am Horizont. Die größere Gefahr für die römische Nordgrenze lag diesmal darin, daß hinter den seßhaft und bäuerlich gewordenen Galliern der Poebene das gewaltige Meer der jenseits der Berge wohnenden Stammesgenossen brandete und jeden Augenblick eine neue Überflutung südlich der Alpen hervorrufen konnte.

Und wirklich rückten auch im Jahre 236 zum erstenmal wieder Häuptlinge der Boier, durch transalpinischen Zuzug verstärkt, an die römische Nordfestung Ariminum heran. Dies führte zu einer Gegenaktion zweier konsularischer Heere, die sich bei der bedrohten Stadt vereinigten. Die Unternehmung ging am Gegensatz der beiden in Streit geratenen führenden Fürsten zugrunde, noch ehe sie auf römisches Gebiet gelangte. Trotzdem blieben die Römer auch weiterhin den Galliern gegenüber durchaus in der Verteidigung und gingen zum Angriff an anderen Stellen über, gegen das Innere Sardiniens und Korsikas sowie gegen die Ligurer im Nordwesten der Halbinsel. An der Keltengrenze dagegen suchte man einen Bauerndamm durch das volksfreundliche, gegen den Willen des Senates eingebrachte flaminische Ackergesetz vom Jahre 232 zu errichten. Man besetzte das südlich von Ariminum gelegene, einst den Senonen abgenommene Staatsland mit zahlreichen Einzelkolonisten, offenbar um der Latinerstadt im Falle eines Angriffs mehr Rückhalt zu geben. Aber die Maßnahme vergrößerte nur das Mißtrauen der Gallier, die offenbar den Eindruck gewannen, daß es Rom auf Ausrottung ihres Volkstums abgesehen habe. Wie sehr umgekehrt aber auch die Gallierfurcht den Römern in den Gliedern steckte, beweist ein Verbot an die eigenen Bürger, etwa aus dem

Jahre 230, den Galliern Gold und Silber auszuhändigen, selbst wenn damit Kriegsgefangene zurückgekauft werden sollten. Dasselbe beweist eine im Jahre 228 erfolgte Weissagung, nach welcher Gallier und Griechen sich der Stadt Rom bemächtigen würden. Damit hat unser antiker Berichterstatter die ersten Menschenopfer in Rom, die der heimischen Religion bis dahin fremd waren, nämlich das Lebendigbegraben eines keltischen und eines griechischen Menschenpaares, in Verbindung gebracht. Die Zusammenstellung von zwei Galliern und zwei Griechen bei diesem Opfer weist als Erfinder dieser Unmenschlichkeit auf die Etrusker hin, deren Todfeinde seit langer Zeit Griechen und Gallier waren. Nichts zeigt deutlicher den noch stark barbarischen Charakter der derzeitigen römischen Zivilisation, als die Tatsache, daß damals noch dieser etruskische Brauch von Rom übernommen werden konnte. Danebenher geht das Streben der Römer, solche barbarischen Maßnahmen von griechischer Seite her sanktionieren zu lassen. Denn neben der Befragung der „sibyllinischen Bücher" wurde vom Senat im Jahre 228/27 eine Gesandtschaft an den Zeus von Dodona, wie später im Jahre 216 unter Führung des Historikers Fabius Pictor nach Delphi, geschickt.

Abgelenkt wurde man von diesem ewigen Hinstarren auf die gallische Gefahr durch einen Krieg gegen die illyrischen Piraten an der dalmatinischen Küste in diesen Jahren. Noch ehe die Gefahr im eigenen Hause behoben war, mußte Rom zum erstenmal das große Ostproblem in Angriff nehmen und wurde damit in die Richtung gezwungen, die seine Politik im nächsten Jahrhundert beherrschte. Rom hat sich sehr schwer zur Einmischung in die transadriatischen Gegensätze entschlossen, nach der Darstellung seines ältesten Historikers Fabius Pictor mit Rücksicht auf die Griechen. Ein von den Akarnanen an Rom um 232 gerichtetes Hilfegesuch gegen die Ätoler hatte zu dem erfolglosen Versuch einer diplomatischen Vermittlung geführt. Erst auf die Zunahme der illyrischen Piraterie hin erfolgte die militärische Intervention, zumal Issa (Lissa), die am stärksten gräzisierte unter den vorgelagerten dalmatinischen Inseln, als erste den Weg zu Beziehungen mit Rom suchte.

Der Krieg brach im Jahre 229 aus, und dadurch ist dieses Jahr das Epochenjahr für die römische Ostpolitik geworden.

In vorhistorischer Zeit hatte vom Balkan her zur Schwester-Halbinsel hinüber mannigfache kulturelle und völkische Beeinflussung über das Meer hinweg stattgefunden (s. o. S. 20). Nun wandte sich das Blatt, und Rom wurde in die Wirren der seit Alexanders Tod wieder zerrissenen Balkanwelt hineingezogen, den Spuren Dionysios I. folgend, der schon dem griechischen Volkselement auf dalmatinischem Boden Unterstützung geboten hatte. Auf dem Balkan war noch die vorherrschende Macht das Königreich Makedonien, das zwischen 239 und 229 unter der Regierung des Demetrios, des Sohnes des Antigonos Gonatas, stand. Für die zurückgehende Macht seines Staates, der sich gegenüber den nordischen Grenzvölkern und im Süden gegenüber den Griechen schon längst durchaus in der Verteidigung befand, mußte es sehr willkommen sein, in dem Illyrierstaat des Königs Agron, an der heutigen Bucht von Kattaro, einen Bundesgenossen zu finden. Trotz der hellenischen Handelsniederlassungen auf den Inseln und auf dem Festland, sowie einer gewissen Übertünchung mit hellenischer Zivilisation war das neue Staatsgebilde doch in der Hauptsache ein Piratenstaat, der sich von den Atintanen an der epirotischen Küste bis über Narona erstreckte und in seiner Bevölkerung mit den hellenischen Kolonisten stellenweise eine Mischung eingegangen war. Das Bündnis mit Makedonien brachte Agron in Gegensatz zu den Griechen, voran den Ätolern, mit denen auch Rom schon in feindliche Berührung gekommen war. Gestützt auf den mächtigen Bundesgenossen wurden nun die illyrischen Piratenfahrten zu einer Plage von ganz Westgriechenland bis nach Messenien und Lakonien hin und brachten gleichzeitig schwere Störungen in den italischen Osthandel.

Seit Agrons Tod (231) war seine Gemahlin Teuta die Nachfolgerin in der Herrschaft. Bei einer ihrer Raubfahrten gegen die epirotische Küstenstadt Phoinike wurden vorüberkommende Kauffahrer, darunter auch italische, von den Illyriern geplündert und getötet. Dies wurde vom römischen Senat zum Gegenstand einer Einmischung gemacht in Gestalt einer Gesandtschaft an Teuta, die gerade mit ihrer Flotte vor der Insel Issa lag. Auf die Beschwerde gab die Königin die ausweichende Antwort, in Privatangelegenheiten mische sich bei ihnen der Staat nicht ein. Auf der Heimfahrt wurde dann der jüngere der beiden Brüder, der als Gesandter der Königin erwidert hatte, die Römer hätten den trefflichen Brauch, auch privat erlittenes Unrecht von Staates wegen zu ahnden, ermordet.

Dieser Gesandtenmord war der Anlaß zu dem Feldzug des Jahres 229. Er wurde von den beiden Konsuln des Jahres mit einem Heer und einer Flotte eröffnet, und zwar gleich nach dem Tode des Königs Demetrios von Makedonien, etwa im Mai 229. Die römische Flotte ging zunächst gegen Korfu vor, das damals von den Illyriern belagert wurde. Aber trotz Hilfeleistung durch eine kleine ätolisch-achäische Flotte war die Insel schon erobert, ehe die Römer zur vollen Entfaltung kamen. Da geschah das Unerwartete: Der in Korfu kommandierende Vasallenfürst der Teuta, Demetrios von Pharos, wohl ein Grieche oder ein griechisch-illyrischer Mischling, wurde zum Verräter an seiner Herrin und übergab die Insel den Römern. Diese fuhren mit ihm als Führer und Ratgeber an Bord nach Apollonia (nahe Fieri) hinüber, wohin auch das Landheer von Brundisium aus überführt worden war. Die Stadt wurde genommen, ebenso das weiter nördlich gelegene Dyrrhachium (Durazzo). Ein Vormarsch von hier ins Innere brachte den Abschluß einer Anzahl von Schutzverträgen, z. B. mit den Parthinern in Nordalbanien und mit den Atintanen in Nordepirus. Dagegen kann eine Unterwerfung der Ardiäer in Dalmatien im Norden des Teutareiches nur von der hier dem Festland gegenüberliegenden Insel Pharos aus erfolgt sein. Auch die Pharos meerwärts vorgelagerte Insel Issa wurde erobert. Die illyrischen Truppen gingen auf Arbon am Nordrand des heutigen Albanien, dessen ältester Name hier zum erstenmal erscheint, die Königin selbst nach dem festen Rhizon an der Bucht von Kattaro zurück. Hier zwischen dem Ardiäerland in Dalmatien und Arbon scheint das Zentrum ihres Reiches gelegen zu haben. Soweit es jetzt erobert war, wurde es dem Verräter Demetrios von Pharos verliehen. Als dann der Winter eintrat, ging der eine Konsul nach Rom zurück, der andere überwinterte mit 40 Schiffen im neuen Schutzgebiet und schloß im Frühjahr mit Teuta den endgültigen Frieden. Dieser beschränkte ihre Oberhoheit auf einen viel kleineren Raum als bisher, nämlich das Gebiet nördlich von Lissus (Alessio), über welche Stadt die Piraten fernerhin nicht mit mehr als zwei unbewaffneten Schiffen hinausfahren durften. Damit war zweierlei erreicht: einmal die Zerschlagung des Seeräuberstaates und anderseits die Übernahme des Schutzes der griechischen Kolonialstädte jener Gegenden. Die Ätoler und Achäer statteten den Siegern dafür den schuldigen Dank ab, und diese benützten die für sie günstige Lage, um durch Gesandtschaften nach Korinth und Athen zum erstenmal festen Fuß in Hellas zu fassen. Durch einen Beschluß der Korinther, der den Römern Zutritt zu den isthmischen Spielen gewährte, wurde ihre Gleichberechtigung auf griechischer Erde anerkannt und der Makel der Fremdstämmigkeit von ihnen genommen. Vielleicht ist damals aus Dankbarkeit dafür die Fabel erdichtet worden, der Stammvater der Tarquinier sei der Korinther Demaratos gewesen.

Was aber für Rom bedenklich war, man hatte zwar der adriatischen Außenseite Italiens eine gewisse Sicherung gegeben, dafür aber, ähnlich wie seinerzeit Italien durch das albanische Protektorat, die Feindschaft der Balkanmächte eingetauscht, und dies in einem Augenblick, da der Schlußkampf um die Herrschaft im eigenen Hause durch die Eroberung der Poebene vor der Türe stand.

Vorausgenommen sei, daß sich Roms Schützling, Demetrios von Pharos, seit Ausbruch des gleich zu betrachtenden Keltenkrieges des auf ihn gesetzten Vertrauens nicht würdig erwiesen hat. Sobald Makedonien unter Antigonos Doson erstarkt war, orientierte sich der Ungetreue wieder dorthin und unterstützte den König bei seinem Feldzug gegen König Kleomenes von Sparta bis zur Schlacht von Sellasia (222). Dadurch übermütig geworden, brach er nach dem in den Jahren 221 und 220 erfolgten Übergreifen der Römer nach Istrien zusammen mit einem anderen illyrischen Dynasten den Vertrag und nahm im Jahre 220 mit 90 Fahrzeugen das illyrische Räuberhandwerk gegen die griechischen Küsten südlich von Lissus wieder auf. Dies kostete Rom unmittelbar vor dem Ausbruch des Zweiten Punischen Krieges (219) einen zweiten Waffengang mit Illyrien. Man begnügte sich mit Rücksicht auf die drohenden Verwicklungen mit Karthago damit, die Hauptstützpunkte des Demetrios, Dimale auf dem Festland und die Insel Pharos, zu erobern und den Gegner nach Makedonien zu vertreiben. Teile von Illyrien kamen jetzt in unmittelbare römische Verwaltung, und mit den Verbündeten wurden die Verträge erneuert. Die alte Fabel vom römischen Schutze Griechenlands gegen Makedonien wurde weiter verbreitet, so falsch sie auch war, da Rom damals nur italische Politik trieb und treiben mußte. Wie einst das makedonische Erobererveolk seine weitausgreifende Politik gegen Persien mit dem Mantel des Panhellenismus gedeckt hatte, so taten es jetzt die Römer bei ihrer Ostpolitik mit dem Trugbild des Philhellenismus. Die beiden großen Erobererövlker haben also in ganz gleicher Weise ihre politischen Pläne auf dem Rücken des Griechentums ausgetragen. Aber Tatsache war und blieb, daß Rom jetzt nach dem Übergreifen auf den Balkan den Keim zum Konflikt mit der vorherrschenden Balkanmacht Makedonien gelegt hat. Damit ist die italische Politik unwiderruflich auch nach Osten hin in die Weltpolitik verflochten worden.

Aber nirgends wurde nun wieder das politische Wollen Roms fester gebannt als nach N o r d e n hin gegenüber den Galliern der Poebene. Der feste Bauerndamm südlich von Ariminum hatte dem Gegner gezeigt, daß hier, wenn der Sturm losbrach, ein Kampf um Sein oder Nichtsein entbrennen mußte. Denn der Italiker, nicht nur der Römer sah den Gallier als einen Eindringling auf dem Boden der Halbinsel an, als den eigentlichen Erbfeind, mit dem man seit alters niemals um Ruhm oder Machtgewinn, sondern immer nur um die Existenz gestritten hatte.

Die Boier als nächste Nachbarn der römischen Grenzmark an der Adria mußten befürchten, daß sie bald das Schicksal der Senonen teilen würden und schritten wieder zum Angriff. Einem Bündnis mit den Insubrern folgte die gemeinsame Werbung von Söldnern, den sogenannten Gäsaten, „Speerleuten", bei den Stammesgenossen in den Alpen der Rhonegegend, die mit einem stattlichen Heer unter zwei Königen von Norden her Zuzug leisteten. Diese Vorbereitungen zu einem großen Angriffskrieg müssen mehrere Jahre erfordert haben. Von den Römern heißt es, daß sie längst davon wußten, in großem Schrecken Legionen aushoben, Getreide und Heeresbedarf bereitstellten und bald darauf die Truppen an die Grenze führten, gleich als ob die Feinde schon ins Land eingefallen wären.

Statt aber sofort mit den Waffen zum Angriff überzugehen, setzten sie an allen Fronten ihr diplomatisches Spiel wieder in Szene. Der Ebrovertrag mit Hasdrubal vom Jahre 226 erklärt sich aus der übergroßen Keltenfurcht der Zeit und hatte als letztes Ziel, ein Eingreifen der Karthager in die zu erwartenden Auseinandersetzungen im Norden zu verhindern, ebenso der Abschluß eines Bündnisses mit den Venetern, dem ein solches mit den Cenomanen zwischen Etsch und Adda folgte. Dadurch wurde sogar einer der Keltenstämme vom Volksganzen losgelöst, und der Gegner zu einer teilweisen Zurücklassung seiner Truppen gegenüber dem in seiner Flanke stehenden Volksfeind gezwungen. Das Neue an diesem Vertrag bestand darin, daß Rom sich zum erstenmal verpflichtete, keinem Angehörigen des anderen Vertragsteils das Bürgerrecht zu verleihen. Wie wenig man trotz allem den Ausbruch des Kampfes schon im Jahre 225 erwartet hat, beweist die Tatsache, daß der Senat den einen Konsul des Jahres mit seinem ganzen Heere nach Sardinien sandte.

Als dann der Krieg doch plötzlich ausbrach, stand nur das zweite Heer zur Verfügung, und man ordnete in der Not eine großzügige, für ganz Italien geltende Mobilmachung von Truppen, Kriegsbedarf und Proviant an. Alle Bundesgenossen wurden angewiesen, Listen ihrer waffenfähigen Mannschaften nach Rom einzusenden, um dort einen Überblick über das zu Gebote stehende Menschenmaterial zu geben. Unsere älteste Quelle bietet bei dieser Gelegenheit eine Zusammenstellung aller Listen, wie sie damals in Rom gemacht worden ist *(formula togatorum)*: 700 000 Mann zu Fuß und 70 000 Reiter war die Summe der Felddienstfähigen, die erste zahlenmäßige Erfassung der damaligen Wehrkraft Italiens mit Ausnahme der nur Schiffe stellenden Bundesgenossen *(socii navales)*. Es ist keine Frage, daß der furchtbare plötzliche Druck des immer wieder von neuem expansiv gewordenen stammverwandten Volkes von Norden her das Italikertum, die Summe der *togati*, der „Togamänner", gegenüber den keltischen „Hosenmännern" *(bracati)* des Nordens zu einer militärischen und politischen Einheit zusammengeschweißt hat. Viele Völker werden erst durch den Druck von außen geformt.

Im Hochsommer 225 hat die Überschreitung der römischen Grenzen seitens der Insubrer und Boier, verstärkt durch Taurisker und Gäsaten, mit einer auf 50 000 Mann zu Fuß und 20 000 zu Pferd bzw. auf Streitwagen geschätzten Truppenmasse stattgefunden. Während der eine Konsul zur Abwehr bei Ariminum bereit stand, deckte ein zweites, meist bundesgenössisches Heer unter einem Prätor Nordetrurien. Trotzdem überschritten die Gallier den Apennin und standen plötzlich vor Clusium (Chiusi). Sie brachten nördlich der Stadt dem prätorischen Heere eine empfindliche Niederlage bei. Sein Rest aber vermochte sich in fester Stellung solange zu halten, bis der Konsul herankam. Darauf zogen die Feinde in der Richtung zum Tyrrhenischen Meer ab, gefolgt vom Gegner. Es gelang, da unterdessen der andere Konsul von Sardinien hier bei Pisa gelandet war, den Feind bei Telamon, südlich des Umbro (Ombrone) von Norden und Süden gleichzeitig zu fassen und in einer Doppelschlacht zu vernichten. Den Kampf gegen das römische Nordheer führten die Boier und Taurisker, wobei in dem vorbereitenden Reiterkampf der römische Konsul selbst fiel und sein Haupt den keltischen Königen als Trophäe gebracht wurde. Gegen das Südheer kämpften die Insubrer und Gäsaten. Furchtbar war beim ersten Zusammenprall des Fußvolkes der Kriegslärm, verstärkt durch den Kriegsgesang und die Schlachtenmusik der Nordmänner. Von ihnen warfen die Gäsaten die gallische Nationaltracht, Hosen und Mäntel, ab und kämpften nackt, nur mit den landesüblichen Hals- und Armringen am Körper, die bei den Reicheren aus dickem Golddraht geflochten waren. Dieser ungewohnte Anblick setzte die Römer nicht nur in großes Staunen, sondern verdoppelte ihre Kampfeslust, weil die Beutegier der Bauern-Soldaten stark geweckt wurde. Zugleich waren Disziplin und Bewaffnung auf römischer Seite unendlich viel besser als auf der gallischen. Ein geschickt geführter Reiterstoß in die Flanke der wankenden „Hosenmänner“ entschied schließlich alles zugunsten der „Togaleute“.

Der glänzende Sieg erweckte in den Römern die Hoffnung, die Kelten wieder aus dem Pogebiet und damit aus Italien vertreiben zu können. Der Sieger von Telamon machte daher durch Ligurien hindurch einen Einfall in das Boierland. Beim Triumph in Rom schmückte er das Kapitol mit erbeuteten Feldzeichen und Goldringen der Gegner.

Der entscheidende Feldzug gegen die Boier erfolgte dann im nächsten Jahr 224. Er konnte aber infolge einer Epidemie nicht auf die übrigen Stämme ausgedehnt werden. Die Niederwerfung der Insubrer jenseits des Po gehört erst ins Jahr 223. Durch das Land der Anaren gelangte man zum Po. Diesen überschritt der Konsul des Jahres, C. Flaminius, derselbe, der im Jahre 232 das Ackergesetz durchgebracht hatte. Die ersten Operationen im Feindesland verliefen nicht glücklich, vielmehr war der Übertritt zu den befreundeten Cenomanen notwendig. Von Norden aus erfolgte dann ein zweiter Angriff. Gegen ihn boten die Insubrer ihre gesamte Streitmacht auf, an der Spitze die goldenen Feldzeichen, genannt die „Unbeweglichen“, die sie aus dem Heiligtum des Volkes hervorgeholt hatten, um den Volkskrieg zum „heiligen Krieg“ zu stempeln. Der volksfreundliche Konsul bekommt in der Darstellung der Hauptschlacht von seiten des im Dienste des Senates schreibenden Historikers Fabius eine schlechte Note. Denn der Erfolg wird, wohl kaum mit Recht, der römischen Unterführung, die die verfehlte Strategie der Oberleitung durch bessere Taktik wettgemacht habe, zugeschrieben.

Trotz der Bitte um Frieden setzte der Senat den Krieg fort, und nachdem die Insubrer abermals 30 000 Gäsaten vom

Wallis her sich zugelegt hatten, erfolgte dann im Jahre 222 die Entscheidung. Der Belagerung einer Stadt an der Hauptstraße nach Mailand wurde von den Galliern dadurch ein Ende gemacht, daß die Insubrer den Po weiter westlich in südlicher Richtung überschritten und einen Einfall in das Gebiet der römisch gewordenen Anaren unternahmen, um die Stadt Clastidium zu belagern. Diesen Seitenmarsch erwiderten die Römer mit einem Vorstoß auf das südliche Poufer, bei dem es zu der Entscheidungsschlacht bei Clastidium kam. In derselben tötete der Konsul M. Klaudius Marcellus im Zweikampf den gallischen Häuptling Virdomarus und erwarb dadurch die Edelbeute *(spolia opima)*. Der geschlagene Gegner zog sich auf seine Hauptstadt zurück, und der Abschluß war die Einnahme Mailands im Sturm.

So war zwar die Vernichtung der kräftigen Keltenstämme nicht gelungen, wohl aber ihre Niederwerfung und damit die Gewinnung des Landes zwischen dem Apennin und den Alpen. C. Flaminius, der entgegen der unsachlichen Behandlung seiner Taten durch die Senatsquelle doch offenbar Größeres geleistet hat, wurde im Jahre 220 Zensor und hat während seiner Zensur neben der Reformierung der Zenturiatkomitien in demokratischer Richtung die große Heeresstraße nach Norden, die nach ihm genannte *via Flaminia*, die strategische Linie zur Verbindung Roms mit Ariminum, gebaut. Zur Sicherung der Poübergänge wurden im Jahre 218 die latinischen Kolonien Placentia und Cremona angelegt. Das diesseits gelegene Poland war seitdem fest in den Händen der Römer. Das jenseitige bis zu den Alpen stand wenigstens unter römischem Druck, der sowohl von Süden, wie von Osten her, hier durch die Veneter und die Cenomanen, ausgeübt werden konnte. Die Angriffseite für die zivilisatorische Durchdringung der Nordebene lag im Osten, wo bereits die Griechen von Spina (Comacchio) her vorgearbeitet und die Etrusker seit ihrer Festsetzung in Bologna die Erbschaft des Nordhandels übernommen hatten. Nun trat Rom als dritte Macht in diese Reihe ein, im Rücken an der Adria gestärkt durch die erfolgreichen kriegerischen Unternehmungen gegen Dalmatien und Illyrien.

Was der große Krieg gegen die Punier begonnen, hatte die

Zwischenkriegszeit vollendet. Nicht nur die maritime, sondern auch die kontinentale „Zugabe“ Italiens war in Roms Besitz übergegangen. Aber noch nicht vollendet war die eine wie die andere Eroberung. Wie man in Sizilien noch Hierons Reich hatte bestehen lassen müssen, so war auch die Ausgestaltung im Norden noch im Werden begriffen. Aber immerhin: Rom hatte die natürlichen Grenzen Italiens erreicht. Man war Herr im eigenen Hause, und das römische Bauerntum hatte durch das Ackergesetz des C. Flaminius gegen den Willen des Senats auch im Norden neuen Ackerboden für seine Kinder gewonnen.

Während so Italien in seiner Gesamtheit geeinigt, sowie die illyrisch-balkanische Gegenküste, wenn auch nur in einem ganz kleinen Ausschnitt, unterworfen war, hatte der im Jahre 241 niedergerungene Hauptgegner sich auf der dritten südeuropäischen Halbinsel, der iberischen, ein neues koloniales Ausweichgebiet geschaffen. Diese Schöpfung ist die glänzendste Tat Karthagos oder, besser gesagt, seines bedeutendsten Bürgers, des schon im ersten Krieg unbesiegt gebliebenen Hamilkar Barkas und seiner Nachkommen. Etwa mit Miltiades des Älteren Kolonisation der thrakischen Chersonesos (Gallipoli) ist zu vergleichen, was jetzt Hamilkar Barkas in Spanien unternommen hat, vor allem in seiner Losgelöstheit vom Denken und Handeln des heimischen Staates und in der Kühnheit des Ausgreifens in fernes, kaum erschlossenes Neuland. Auf römischer Seite hat Hamilkars Vorgehen in Spanien erst in Cäsars Eroberung Galliens ein Gegenstück erhalten.

Das ganze spanische Unternehmen Karthagos ist in der alten Überlieferung sofort in die Vorgeschichte des Zweiten Punischen Krieges und die früh aufgeworfene Frage nach der „Schuld“ an seinem Ausbruch einbezogen worden. Hamilkar soll wutschnaubend und racheerfüllt nach der Beilegung des afrikanischen Söldnerkrieges im Jahre 237 nach Spanien hinübergegangen sein mit der ausgesprochenen Absicht, seinem Volke für die großen Verluste und die durch die widerrechtliche Wegnahme Sardiniens angetane Schmach neuen Lebensraum und neue Mittel zu einem zweiten Krieg zu schaffen. Dafür schien folgendes zu sprechen: noch im

Alter hat Hannibal, als er im Jahre 193 bei dem Seleukidenkönig Antiochus III. in Ephesos weilte, von seinem Knabenschwur erzählt, den ihm der Vater vor dem Aufbruch nach Spanien am Altar des Baal abgenommen habe, „niemals den Römern mehr freundlich gesinnt sein zu wollen". Daß Hamilkar, ein glühender Patriot wie er war, Rom nach der sardinischen Vergewaltigung nicht mehr lieben konnte und auch seiner „Löwenbrut" diese Gesinnung anzuerziehen bestrebt war, ist aber absolut kein Beweis für die sofortige Aufstellung eines neuen Kriegsprogramms. Sogar seine Feinde im römischen Lager haben gerade ihn später von irgendwelcher „Kriegsschuld" am Zweiten Punischen Krieg freigesprochen. Allein schon dieses Verhalten des Gegners sollte uns hindern, Hamilkars Unternehmen ausschließlich unter dem Gesichtswinkel eines Racheunternehmens gegen Rom zu werten.

Im Grunde war es das Gegenteil. Es bedeutete ein bewußtes Ausweichen vor Rom in ein Gebiet, das außerhalb der gegnerischen Machtsphäre zu liegen schien. Hamilkar ist auch vollkommen verfassungsmäßig in seine bedeutende Stellung gelangt. Nach dem Söldneraufstand ist ihm vom Volke die alleinige Statthalterschaft über Libyen, d. h. alles Gebiet westlich von Karthago, übertragen worden, während er vorher diese Stellung mit Hanno dem Älteren geteilt hatte, und die Ratspartei, d. h. die Geldaristokratie, deren Führer Hanno war, hat sich damit abgefunden, ja sie hat, neben Vertretern der eigenen Partei, auch Hamilkars demokratisch eingestellten Schwiegersohn Hasdrubal im Stabe des neuen Strategen mitgehen lassen. Es war nämlich karthagische Sitte, daß die heimische Regierung durch eine Anzahl dem Strategen beigegebener Ratsherren im Hauptquartier vertreten war. Es sind auch keine außerordentlichen Vollmachten an Hamilkar gegeben worden, sondern die fast königliche Stellung der karthagischen Feldherrn genügt, um Hamilkars Ausgreifen nach Spanien zu erklären.

Nach einem schnell und glücklich niedergeworfenen Aufstand der Numider führte er im Jahre 237 oder spätestens Anfang 236 ein Heer mit Hasdrubal als Schiffsführer, begleitet von seiner Familie, nach Iberien hinüber. Zwei Gründe haben ihn zu diesem Übergreifen auf die spanische Gegenküste bewogen, einmal die Absicht auf dauernde und sichere Beherrschung der Meerenge, an der Karthago seit langem aufs stärkste interessiert war, und zum anderen der Menschen- sowie Metallreichtum der Iberischen Halbinsel. Mehr denn je zuvor trat jetzt in die Erscheinung, daß Karthago nach den schweren Verlusten in den nördlich der Hauptstadt vorgelagerten Ländern sein altes Monopol auf die Beherrschung des Ausfalltors zum offenen Ozean festhalten und sichern mußte. Nichts beweist dies deutlicher als die Tatsache, daß Hamilkars Eroberung Spaniens im äußersten Osten am Ozean, nämlich in Gades (Cadix), der ältesten phönikischen Kolonialstadt, begonnen worden ist. Der Schwerpunkt seiner ganzen Tätigkeit liegt demnach in dem Ausbau Karthagos zu einer von Rom weit entfernt liegenden Land- und Kolonialmacht, wozu auch der Verzicht auf weitere Verstärkung der Flotte ausgezeichnet paßt.

Daß die Römer von vornherein nicht ohne Bedenken der Ausdehnung der karthagischen Macht in Spanien gegenüberstanden, vielleicht von ihren massaliotischen Bundesgenossen, die für ihre spanischen Kolonien fürchteten, aufmerksam gemacht, zeigt das Erscheinen einer römischen Gesandtschaft bei Hamilkar im Jahre 231, als die letzte Rate der Kriegsentschädigung fällig war. Ihr gegenüber begründete der große Punier sein Vorgehen in Spanien geschickt mit dem Hinweis darauf, daß er notgedrungen mit den Iberern Krieg geführt habe, um seine Kriegsschulden an Rom bezahlen zu können. Immerhin war diese römische Einmischung ein erstes Warnungszeichen für Karthago; denn sie zeigte, daß man sich dort seit der Umwandlung der seitherigen Freundschaft mit Massalia in ein Bündnis auch für die fernergelegenen Gebiete des westlichen Mittelmeerbeckens zu interessieren begann. Nachdem dann die Eroberungen des Hamilkar bis nach Ilici an der Ostküste vorgeschritten waren, und der bedeutende, selbst von seinen Gegnern immer mit Bewunderung genannte Mann den Tod vor dem Feinde, den Orissen (Oretanern) jenseits des kastulonensischen Waldgebirges, im Jahre 229 gefunden hatte, muß bald auch Roms verhängnisvoll gewordenes Bündnis mit Sagunt zustandegekommen sein. Diese iberische Stadt lag damals noch außerhalb der karthagischen Machtsphäre, und Rom verstieß nicht gegen den Vertrag von 241, wenn man mit ihr ein Bündnis einging. Da Hannibal beim Tode des Vaters erst 18 Jahre alt war, wurde der Schwiegersohn Hasdrubal vom karthagischen Volke mit der damals wichtigsten Stellung im Reiche betraut. Nachdem der Kriegszug gegen die Orissen mit starker Heeresmacht siegreich zu Ende geführt war, hat dieser mehr durch sein glänzendes diplomatisches Geschick als mit Waffengewalt den karthagischen Machtbereich erweitert. Seine Meisterschaft in der Behandlung der Eingeborenen erreichte ihren Höhepunkt durch seine Verheiratung mit der Tochter eines Ibererkönigs und seine Anerkennung als eines unumschränkten Feldherrn seitens vieler iberischer Stämme.

Fest steht, daß Hasdrubal mit der Schöpfung des „neuen Karthago“ (Cartagena) an der Mittelmeerküste, und zwar an der Stelle von Mastia, das im zweiten karthagisch-römischen Vertrage einst den Römern als Fahrtgrenze nach Westen gesetzt worden war, dem iberischen Kolonialreich ein neues Gesicht gegeben hat, das für Rom wie eine Frontveränderung des ganzen Unternehmens mittelmeerwärts erscheinen mußte. Dazu kam, daß der furchtbare Keltenschreck, der seit Hasdrubals Befehlsübernahme auf Italien lastete, die Römer zu Bittgängern ihm gegenüber machte. Ende 226 erschien abermals eine römische Gesandtschaft in Spanien. Es kam ein Abkommen zustande, welches Karthago den gesamten iberischen Raum bis zum Ebro als Betätigungsfeld freigab (sog. „Ebrovertrag“). Um in Italien vollkommen freie Hand zu haben und bei der seitens der Kelten der Poebene zu erwartenden großen Offensive Karthago und damit den Zweifrontenkrieg von sich fernzuhalten, gab man jetzt Spanien bis auf das von den Massalioten beherrschte Pyrenäenvorland preis. Es war ein glänzender, unter dem Druck der römischen Keltenangst davongetragener diplomatischer Sieg Hasdrubals, daß ihm, obwohl er noch weit vom Ebro entfernt stand, dieser ferngelegene

Fluß als äußerste Grenze für sein militärisches Ausgreifen zugestanden wurde. Denn die einzige Bestimmung des Vertrages lautete, daß es den Karthagern verboten sein solle, den Ebro in kriegerischer Absicht, also mit den Waffen in der Hand, zu überschreiten, während über Spanien selbst kein Wort verloren wurde. Die bei Polybios überlieferte Anerkennung des karthagischen Operationsfeldes durch Schweigen seitens der Römer entspricht dem diplomatischen Brauche aller Zeiten, besonders aber der großen römischen Staatskunst des dritten Jahrhunderts. Rom und Karthago hatten bei dem Vertrag ihr Ziel erreicht: Rom die unbedingte Fernhaltung des Gegners von Berührung mit den Kelten, unstreitig eine „Lebensfrage" für den in seiner Vorherrschaft im eigenen Lande bedrohten Staat, Karthago die völkerrechtliche Anerkennung der bereits getätigten wie der innerhalb der Ebrogrenze noch zu machenden Eroberungen, also eines großen zukünftigen Kolonialreiches mit einem neuen Karthago an der Spitze, wobei der nichtkriegerischen Betätigung, also der Ausbreitung des karthagischen Handels, auch jenseits des Ebro durch den Vertrag keine Schranke auferlegt war.

Gegenüber der späteren starken Belastung des Hasdrubal in der punisch-römischen Kriegsschuldfrage beweist gerade sein Eingehen auf das römische Ansinnen, eine Kriegsgrenze zwischen beiden Staaten aufzurichten, daß er damals sowenig wie sein Schwiegervater Hamilkar, eine Eroberungspolitik großen Stils gegen Rom verfolgt, daß ihm höchstens nur die Herstellung eines Gleichgewichtszustandes vor Augen gestanden hat: Rom als Herrin von Großitalien und der beiden Meere um diese Halbinsel, Karthago als Gebieterin Nordafrikas und Iberiens sowie als Inhaberin des Ausgangs zum offenen Ozean. Die Kleinstaaten mußten sich dann wie im Osten in dieses Großmachtskonzert ihrer Stärke entsprechend einzuspielen versuchen.

Die noch bestehende Unterlegenheit Karthagos wurde im Todesjahr Hasdrubals (221) dadurch ausgeglichen, daß nun ein Mann allerersten Ranges auf der punischen Seite das Heft in die Hand bekam: Hamilkars ältester Sohn, der 26-jährige Hannibal. Er stand also beim Amtsantritt ungefähr in dem Alter, in welchem Friedrich der Große die Regierung übernommen hat. Nur mit ihm aus der neueren Geschichte kann er, wie in der alten mit Alexander und Cäsar, verglichen werden. Im Feldlager vom Vater erzogen, also in erster Linie militärisch ausgebildet, ist er als Offizier ins Leben und in die Arbeit für sein Vaterland eingetreten, hat vom Militärberuf aus den Stempel bekommen und ist immer wie die genannten großen Männer in erster Linie Offizier geblieben mit all jenen großen Eigenschaften, die den Soldaten auszuzeichnen pflegen. Das Werk des Vaters und des Schwagers setzte er daher zunächst im Felde fort und vollbrachte in seinen beiden ersten Amtsjahren 221 und 220 Kriegstaten, die für seine weitere Entwicklung die gleiche Bedeutung hatten, wie für Cäsar später die gallischen Feldzüge. Dabei knüpfte Hannibal auch darin stärker an des Vaters Vermächtnis an, daß er die Eroberungen wieder weit ab vom Mittelmeer ins Innere etwa auf einer dem Ebro parallel laufenden Diagonale vorwärtstrieb, also in einer Richtung, die von Roms Gegenküste weit entfernt war. Deutlich tritt also wieder wie bei Hamilkar das Bestreben hervor, Rom auszuweichen. Innerhalb von zwei Jahren (221–220) war die Achtung vor den karthagischen Waffen bis zum Duero hinaufgetragen und das diesseitige Ebrogebiet in einer ganz anderen Weise als bisher in den punischen Machtbereich eingegliedert.

Den Winter 220/19 verbrachte Hannibal in Neu-Karthago. Da stellten ihn plötzlich die in Sagunt ausgebrochenen inneren Händel vor die wichtigsten außenpolitischen Entscheidungen, die von dem jungen Offizier zum erstenmal ein hohes Maß staatsmännischer Klugheit forderten. In der im Treuverhältnis zu Rom stehenden Gemeinde war schon vor längerer Zeit Bürgerzwist ausgebrochen. Die in der Stadtverwaltung sitzenden Römerfreunde hatten schon mehrmals Gesandtschaften nach Rom geschickt und dort über die großen Fortschritte der karthagischen Waffen in Spanien berichtet, waren aber, solange man dort noch mit den Galliern zu tun gehabt hatte, nicht gehört worden. Nur einmal hat sich Rom in die inneren Verhältnisse der Stadt eingemischt, indem es die Häupter der Gegenpartei rücksichtslos beseitigt und eine Neuordnung der Gemeinde durchgeführt hatte. Im Jahre 220 griff nun aber der Streit über Sagunt hinaus. Die Stadt geriet in Gegensatz zu den benachbarten Torboleten und anderen, bereits unter dem Schutz der Karthager stehenden Stämmen der Gegend. Diese wandten sich beschwerdeführend an Hannibal. Daraufhin ging ein erneutes Gesuch von Sagunt nach Rom, und dieses schickte im Herbst 220 an Hannibal nach Neu-Karthago eine Gesandtschaft mit dem Ersuchen, den karthagischen Schutzbefohlenen keine Unterstützung gegen Sagunt zu gewähren, außerdem streng im Rahmen des Ebroabkommens mit Hasdrubal zu bleiben, obwohl Hannibal gar keinen Anlaß zu einer solchen Ermahnung gegeben hatte. Da trat die große Wendung ein. Vor den Römern stand diesmal nicht Hasdrubal, sondern Hannibal, und hinter ihm befand sich eine ganz andere militärische Macht, als sie noch der Vorgänger besessen hatte. Er parierte den Schlag geschickt durch einen Gegenschlag, indem er den Römern bei ihrem blutigen Eingreifen in Sagunt gelegentlich der Beilegung des dortigen Bürgerzwistes Vertragsbruch gegen Karthago, nämlich kriegerisches Vorgehen im karthagischen Machtbereich, vorwarf und die alte von den punischen Vätern ererbte Beschützerrolle gegenüber allen Unrecht Leidenden hervorkehrte. Nach der Heimat aber sandte er Boten mit der Bitte um Instruktion, wie gegen die Saguntiner zu verfahren sei, die im Vertrauen auf das Bündnis mit Rom gegen die Untertanen der Karthager sich widerrechtliche Handlungen hätten zuschulden kommen lassen. Mit einem Schlage war der Streitfall akut geworden. Dies bemerkten auch die römischen Gesandten, die nach Karthago weitergingen, um dort ihre Mahnungen zu wiederholen.

Die Antwort der karthagischen Regierung an ihren spanischen Oberfeldherrn ist nicht eindeutig überliefert. Nach der einen Darstellung ist Hannibal ohne Anweisung gelassen worden, nach der anderen hat er die vorsichtige Antwort erhalten, er solle handeln, wie es die Verhältnisse nach seinem Gutdünken nötig machten. Im letzteren Falle war von nun an Hannibal der Gegenspieler Roms. Deutlich jedoch ist bis hierher erweisbar, daß Hannibal, so wenig wie sein Vater, den Streit mit Rom gesucht hat. Jetzt aber zeigt sich, daß er im Augenblick, da er ihm durch das Vorgehen des Gegners aufgezwungen war, energisch zugegriffen hat. Sagunt in römischer Hand und immer wieder benutzt, um von hier aus das karthagische Machtgebiet zu stören, war geeignet, die siebzehnjährige Arbeit der Barkiden auf spanischem Boden hinfällig zu machen. Kurz gesagt: Karthago kämpfte um eine „Lebensfrage“ seines neuen spanischen Dominiums. Deshalb hat man dort offenbar schon damals im Anschluß an die von den römischen Gesandten wiederholten Beschwerden die Rechtsfrage aufgerollt. Man hat nämlich auf den Friedensvertrag von 241 zurückgegriffen. Hier waren die Saguntiner in der Liste der Bündner nicht enthalten, waren also nicht von Karthago zu respektieren, wogegen Rom für die neu hinzugekommenen Bundesgenossen die gleichen Rechte in Anspruch nahm, wie für die alten. Der Ebrovertrag Hasdrubals blieb außer Betracht, da die Beziehungen Sagunts zu Rom offenbar schon vor demselben herbeigeführt waren. Hannibal selbst diskutierte nicht mehr, sondern handelte, obwohl er damit rechnen mußte, daß die Römer einen Angriff auf Sagunt als Kriegsgrund ansehen würden. Nachdem er die Saguntiner wegen des Streites mit den Torboleten vor seinen Richterstuhl geladen, diese aber mit der Berufung auf Rom seine Zuständigkeit abgelehnt hatten, schritt er im Frühjahr 219 zur Belagerung der Stadt, die acht volle Monate in Anspruch nahm.

Seltsamerweise haben die Römer während der Belagerung weder militärisch noch diplomatisch eingegriffen, offenbar nicht nur aus außenpolitischen, sondern vor allem auch aus innenpolitischen Gründen. Man hatte den Gegner unterschätzt und stand jetzt im Senat abermals vor dem schwerwiegenden Entschlusse, ob man wegen einer unbedeutenden Stadt in Übersee einen neuen Krieg entfesseln sollte. Auch hatte man sich unterdessen in Oberitalien und im Rücken an der Adria in neue Unternehmungen eingelassen, die zum Teil noch nicht ganz abgeschlossen waren. Endlich war die juristische Grundlage für das Eingreifen höchst unsicher, nachdem man von seiten der Karthager die Rechtsfrage sehr geschickt aufgerollt hatte. Es ist keine Frage, erst das energische Zugreifen Hannibals und die Eroberung Sagunts haben Roms Entschluß zum Kampfe ausgelöst, da es sich nunmehr offiziell herausgefordert und in seiner Ehre verletzt glaubte.

Eine zweite Gesandtschaft ging nach Karthago mit der Forderung der Auslieferung der Schuldigen, d. h. Hannibals und der bei ihm weilenden Regierungsvertreter, und zwar noch im Spätherbst 219. Diesem Ultimatum gegenüber, das gleichzeitig unerhörten Schimpf und großen Schaden den Puniern im Falle der Annahme gebracht hätte, begann nun der diplomatische Schlußkampf. Die Karthager vertraten noch einmal ihren Rechtsstandpunkt, durch den Sagunt, nicht Rom als Friedensbrecher hingestellt wurde. Aber die römische Gesandtschaft ließ sich nach dem ihrer Ansicht nach bereits vollzogenen Rechtsbruch der Karthager auf keine längere Erörterung mehr ein, sondern wiederholte nur die Forderung nach Auslieferung der Schuldigen. Nach Ablehnung erfolgte die Kriegserklärung in der bekannten Weise, daß der Gesandtschaftsführer den Bausch seiner Toga hinhielt, in welcher er Krieg und Frieden trage: sie sollten wählen, was sie wollten. Der leitende Beamte der Karthager erwiderte darauf, sie sollten herausschütten, was sie für gut fänden. Darauf der Römer: nun so gebe er den Krieg. So hat man im letzten Augenblick sehr geschickt die Römer gezwungen, den Krieg zu erklären. Im diplomatischen Vorspiel hatte damit Karthago gesiegt.

Von einer „Schuld“ Karthagos oder gar Hannibals am Ausbruch des furchtbarsten Ringens, das die westliche Mittelmeerwelt je erlebt hat, darf nicht gesprochen werden, so laut auch der Sieger später gerade Hannibal immer wieder als den einzig „Schuldigen“ hinzustellen versucht hat. Es war ein hartes Schicksal für beide Völker, daß Roms unentwegtes politisches Machtstreben mit dem Wiederaufbauwillen der besten karthagischen Bürger so rasch und mit so ungeahnter Wucht von neuem zusammenstieß. Die Unterlegenheit der punischen Staatsmacht glich die Genialität seines Führers aus. Das neue Ringen war ein solches gegen Hannibal, den glänzenden Vertreter der gegnerischen

Macht, weshalb man bereits im Altertum den Zweiten Punischen Krieg richtiger den „hannibalischen" genannt hat. Ein Volk auf der einen, ein Mann auf der anderen Seite, treten in die Arena zum Zweikampf miteinander. Als Kampf zwischen Charakter und Genie hat daher Kromayer das, was jetzt kommt, sehr richtig bezeichnet.

3. Der hannibalische Krieg
(218–201)

> „Ich bin niemals mehr beschäftigt als in den Zeiten der Untätigkeit, und ich bin niemals weniger allein als in der Einsamkeit."
> Scipio Afrikanus

Für den Wiederaufbau seines Vaterlandes, den der Gegner zu stören versucht hatte, zog jetzt Hannibal, noch nicht dreißigjährig, in den großen Verteidigungskrieg seines Volkes mit einem strategischen Grundplan, der sich unterfing, den Krieg in einer überaus kühnen Konzeption in das Feindesland zu tragen unter der Parole: Freiheit für alle eben erst unterworfenen Völker der Apenninhalbinsel. Unwillkürlich steigt das Bild Alexanders des Großen vor unserem geistigen Auge auf, der einst „das Königtum von Asien" mit dadurch von den Persern auf sein Volk übertrug, daß er allen geknechteten Völkern ihr Eigenleben zurückgab. Aber sofort zeigt sich auch der gewaltige Unterschied zwischen diesen beiden größten Größen der außerrömischen Geschichte: Alexander hatte das von seinem Vater zu einer geschlossenen lebendigen Gemeinschaft zusammengeschmiedete makedonische Volk und Heer hinter sich, durch Außenvölker ringsum, Griechen und andere, zahlenmäßig nur in geringem Umfang verstärkt. Hannibal dagegen steht an der Spitze eines weitausgedehnten Händlerstaates, dem militärisch der Kern fehlt, den vielmehr die libyschen und iberischen Krieger sowie die Tank-Waffe des Hellenismus, die Elefanten, ersetzen müssen: eine durchaus ungleichmäßige Masse, die nur durch die gewaltige Persönlichkeit an der Spitze zusammengehalten wird. Die Leistung des Feldherrn wird dadurch bis zum Übermenschlichen gesteigert, zumal die Einsetzung eines gänzlich unbekannten Faktors, der zum Kampfe aufzurufenden Kelten Oberitaliens, das Wagnis stark vergrößert, dazu die Notwendigkeit der Übersteigung des größten Naturbollwerks Europas, der Alpen, vor Augen steht. Alles dies, gemessen an Alexanders Machtmitteln, für einen gewöhnlichen Sterblichen fast Unüberwindliche, erklärt auch den Unterschied in der Zielsetzung beider: Alexander geht von den Randländern aus geradewegs auf sein großes Hauptziel, die Vernichtung des Perserreiches in seiner Ganzheit, los. Hannibals Ziel ist nicht die Vernichtung Roms, sondern nur die Zurückwerfung des Erobererstaates auf sein mittelitalisches Kernland. Er stellt nach dem Muster der hellenistischen Oststaaten die Herstellung eines Gleichgewichtszustandes zwischen Rom und Karthago in den Vordergrund, d. h. neben der Befreiung des eben von Rom unterworfenen Keltenlandes die Rückgewinnung dessen, was Karthago seit 241 verloren hatte, und höchstens noch die Verselbständigung derjenigen Gebiete, um deren Freiheit schon Pyrrhos im Bunde mit Tarent gekämpft hatte. Was beide Männer aber wieder vergleichbar macht, ist der feine Sinn für die Realitäten des Staatslebens, da beiden, wie allen großen Staatsmännern, die Politik doch nur die Ausübung der Kunst des Möglichen und die Bereitstellung des Notwendigen war. Was beide endlich als Menschen verbindet, ist die Tatsache, daß beide, der Makedone und der Punier, an einem höheren Etwas, das außerhalb ihres Volkstumes lag, sich emporrankten. Wie Alexander als Schüler des Aristoteles aufs stärkste griechisch gebildet war und in griechischen Gedankengängen lebte, so hat auch Hannibal, er allerdings nur in einer gewissen Übertünchung, die hellenistische Menschwerdung an sich erfahren, dadurch, daß er den Sosylos aus Lakonien als Lehrer in der griechischen Sprache und Wissenschaft gehabt hat. Beide sind mit einem Stabe griechischer Schriftsteller in den großen Kampf ausgezogen, und in griechischer Sprache sind die Werke verfaßt, die den Ruhm ihrer Taten der Nachwelt verkündet haben. Und als Hannibal nach dem Scheitern seines italischen Unternehmens selbst zur Feder griff, hat er zweisprachig, in heimischer Sprache und in griechischer Übersetzung, seinen Tatenbericht für den Heratempel am lakinischen Vorgebirge verfertigt, und noch im Alter hat er ebenfalls in griechischer Sprache über die Untaten des Cn. Manlius Volso gegen die Galater vom Jahre 189 eine politische Denkschrift an die Rhodier gerichtet. Als Feldherren waren der Makedone und der Punier beide in erster Linie Landeroberer, als solche aber Überwinder gewaltigster Entfernungen, z. T. in verhältnismäßig kurzen Zeitspannen, Alexander allerdings asiatischer, Hannibal nur europäischer Distanzen.

Durch die großen Kriege, die sie zu führen hatten, sind sie beide jahrelang von der Heimat ferngehalten worden. Alexander 11 Jahre lang, bis ihn der Tod mitten im Aufbau weggerafft hat. Hannibal dagegen hat sogar 36 Jahre lang den Boden Afrikas nicht betreten. Erst als reifer Mann nach dem Scheitern seiner Lebensarbeit ist er wieder in die Vaterstadt eingezogen und hat das Schwerste auf seine Schultern nehmen müssen: den geschlagenen und auf seinen afrikanischen Besitz zurückgeworfenen Staat in den engsten Grenzen wieder aufzubauen, gehaßt und verfolgt von seinen Feinden. Alexander haben die Götter auf der Höhe seines Ruhmes sterben lassen. Hannibal mußte noch ein Nachleben über seinen Ruhm hinaus führen, zum Schluß voll schwerster Anfeindung und tiefster Bitternis fern in der Verbannung, in diesem Teile seines Lebens nur vergleichbar dem größten Athener, der, obwohl Sieger von Salamis, im Alter das Gnadenbrot des Perserkönigs essen mußte.

So sind die beiden Titanen antiker Geschichte weit über ihr eigenes Volkstum hinausgewachsen und sind Weltgrößen geworden. Darin jedoch liegt ein grundlegender Unterschied: Alexander hat dem Persertum für die Zeit von mehr als einem halben Jahrtausend die Weltherrschaft entrissen, Hannibal ist an der Zähigkeit des noch agrarisch empfindenden und bäuerlich energievoll handelnden Römervolkes gescheitert. Aber noch als Unterlegener hat er dem gegnerischen Volke die neue Richtung gewiesen. An ihm ist das römische Individuum emporgewachsen; denn er ist zum Wetzstein für seinen großen Überwinder geworden. Feuer entzündet sich am Feuer. Mit Scipio tritt der erste große

Römer aus der Masse seines Volkes heraus. Die römische Volksgeschichte ist zu Ende, das Rom der großen Männer beginnt. Der „Afrikanus“ und Hannibal-Überwinder steht an der Spitze.

Rom ist jetzt in die entscheidende Stunde seines politischen Daseins eingetreten, hat aber zugleich auch die schwerste Krisis in seiner Entwicklung durchgemacht. Der Zweite Punische Krieg hat wohl kürzer gedauert als der erste, aber er war an Gefahren noch reicher als jener. Und während durch den ersten nur Sizilien vernichtet worden ist, hat die punische Kriegswalze des zweiten auch den reichen Süden Italiens veröden lassen. Dafür hat das Land darnach fast für ein halbes Jahrtausend keinen auswärtigen Feind mehr, außer den germanischen Kimbern, in seinen Grenzen gesehen. Denn das am schwersten zu verteidigende Land Europas ist nach den grauenvollen Erfahrungen des hannibalischen Krieges dauernd dazu übergegangen, im Angriff und in der Ausbreitung seine Sicherung zu suchen.

Der große Wandel im militärischen Aufbau der beiden Mächte zeichnet sich sofort in den beiderseitigen Operationsplänen ab. Rom war im ersten Krieg zum Flottenbau übergegangen. Hannibal stützte sich auf ein in den spanischen Kämpfen geschultes Landheer, das jetzt zum Einmarsch nach Italien bereit gemacht wurde. Der römische Gegenplan faßte von Sizilien aus einen Hauptschlag mit zwei Legionen und den entsprechenden bundesgenössischen Kontingenten gegen Afrika und eine Nebenhandlung mit einer Legion gegen Spanien im Bunde mit Massalia ins Auge, also beidemal eine Operation über das Meer hinweg, die sizilisch-afrikanische Unternehmung des Konsuls Sempronius mit 160 Schiffen, das massaliotisch-spanische Vorgehen unter Scipio mit 60 Schiffen ausgestattet. Die Nebenaktion wurde sofort dadurch gestört, daß die gallischen Stämme der Boier und Insubrer schon vor der Ankunft Hannibals sich erhoben und die Legion Scipios zunächst hier eingesetzt werden mußte.

Hannibals Hauptstreben mußte sein, dem Gegner die Gesetze des Handelns vorzuschreiben, also mit größter Schnelligkeit und mit höchster Umsicht den Winter 219/8 auszunutzen, um im Frühjahr 218 sofort loszuschlagen. Die Sicherung Afrikas und Spaniens während seiner für längere Zeit zu erwartenden Abwesenheit war die erste Sorge. Nach den Angaben seines eigenen Tatenberichtes belegte er Afrika mit rund 16 000 Mann spanischer Truppen, dazu die Hauptstadt Karthago selbst mit 4000 Libyern, die gleichzeitig als Geiseln für die Treue ihrer Heimatgemeinden dienen sollten, während umgekehrt im iberischen Kolonialgebiet etwas über 15 000 Mann aus Afrika und 21 Elefanten stationiert wurden, dazu eine Flotte von 57 Schiffen, die allerdings noch nicht alle bemannt waren. Die gleichzeitige Truppen- und Flottenbewegung, wie die Tatsache, daß Hannibals Bruder Hasdrubal mit dem Oberkommando in Spanien betraut wurde, zeigt, daß der Kolonie bereits eine gleich hohe Bedeutung wie dem Mutterland zukam oder daß hier der römische Angriff mit größerer Wahrscheinlichkeit erwartet wurde.

Diese Truppenverschiebungen füllten den größten Teil des Winters aus. Nebenher ging die Vorbereitung des Ausmarsches aus Neu-Karthago, die Festlegung der einzuschlagenden Route, der Entfernungen, Ermittlungen über die Landesnatur, endlich die Bearbeitung der Keltenstämme, durch deren Gebiet man ziehen mußte, vor allem genaue Erkundungen über die Stimmung der Bewohner des Polandes, auf deren Erhebung in erster Linie gerechnet wurde. Als darüber am Ende des Winters günstige Nachrichten eingelaufen waren, auch volle Übereinstimmung zwischen dem Oberfeldherrn und der heimischen Regierung hergestellt war, zog Hannibal seine für den Heereszug in Aussicht genommenen altbewährten Truppen in der spanischen Hauptstadt zusammen.

Bekannt ist, daß er im fünften Monat nach dem Abmarsch von seinem Ausgangspunkt italischen Boden betreten hat. Danach muß er etwa Anfang Mai 218 von Neu-Karthago aufgebrochen sein, und zwar mit etwa 60 000 Mann sowie 60 Kriegselefanten. Schwere Kämpfe waren sofort nach Überschreitung des Ebro zu überstehen, wodurch die Stämme bis zu den Pyrenäen und damit ganz Iberien, wenigstens auf der Ostseite, zur vollen Unterwerfung gebracht wurden. Der hier mit 11 000 Mann zurückgelassene Hanno wurde mit der Deckung der Pyrenäenstraße betraut. Bei ihm blieb auch der größte Teil des Trosses zurück.

Unterdessen hatte Scipio eine neue Legion ausgehoben und ging mit ihr Ende August von Pisa aus in See. Als er fünf Tage darauf im Gebiete von Massalia an der östlichsten Rhonemündung angekommen war, erfuhr er, daß Hannibal bereits im Anmarsch auf den Fluß sei, und zwar so tief landeinwärts, daß er ihn erst oberhalb der Durance-Mündung zu erreichen hoffen durfte. Ein nordwärts beordertes Reiterkorps bestand einen siegreichen Kampf mit Hannibals numidischer Kavallerie. Aber als der Konsul mit dem Heere ankam, hatte der Punier die Rhone bereits überschritten. Nun war nicht mehr daran zu denken, seinen Vorstoß auf der gallischen Seite der Alpen aufzufangen. So schickte Scipio seinen Bruder Gnaeus mit der Legion und der Flotte nach Spanien hinüber zur Durchführung des ihm aufgegebenen Kriegsplanes. Er selbst aber ging mit seinem Stabe nach Italien zurück, um Hannibal beim Austritt aus dem Gebirge im aufrührerischen Keltenland diesseits der Alpen zu empfangen. Der höchste Beamte des Staates im nördlichen Kampfgebiet gehörte jetzt, da man in die Verteidigung der Heimaterde hineingezwungen war, auf den Boden Italiens. Seine Legion aber war wichtiger in Spanien, um sich zwischen die beiden punischen Brüder zu klemmen und den Nachschub für Hannibal aus Spanien unmöglich zu machen: ein für die ganze weitere Entwicklung des Krieges folgenschwerer Entschluß, der dazu noch mit einer selbst Hannibal in Staunen versetzenden Schnelligkeit durchgeführt wurde. Dadurch hat schon Scipio, der Vater, seinem bedeutenderen Sohne den Boden bereitet zum Aufstieg des Geschlechtes sowohl, wie zum Endsieg des Vaterlandes nach tiefem Fall.

Hannibal rüstete sich nun zum schwierigsten Teile seines Unternehmens, zur Alpenüberquerung, nachdem schon beim Rhoneübergang ein italischer Keltenhäuptling zu ihm gestoßen war und die begeisterte Hilfe seiner Landsleute sowie die Führung durch die Alpen zugesagt hatte.

Daß wir heute nicht mehr wissen, wo Hannibal die Alpen überschritten hat, ist die Schuld des Polybios. Wie so oft in geographischen und topographischen Fragen, versagt er auch diesmal, obwohl er sich gerade für den Alpenmarsch auf seine Selbstschau und Selbsterkundung des Geländes beruft und nirgends schulmeisterlich lästiger auftritt als gerade hier. Tatsache ist, daß Hannibal bei den Taurinern aus dem Gebirge herausgekommen ist und daher wohl einen der Mont-Cenis-Pässe benutzt haben muß, vielleicht denjenigen über den Col du Clapier.

Hannibals Ziel in der Poebene war das ihm befreundete gallische Volk der Insubrer. Mit ihnen waren die von ihm mit nur noch 26 000 Mann zuerst erreichten Tauriner, ein Stamm ligurischen Blutes, verfeindet und leisteten daher Widerstand. Dieser wurde durch Eroberung der Hauptstadt Turin schnell gebrochen und das Volk nach Hinrichtung seiner Führer zur Unterwerfung gebracht. Auf römischer Seite hatte man auf Scipios Nachricht von Hannibals Alpenübergang den Angriff gegen Afrika aufgegeben und den nach Sizilien gesandten Konsul, der schon vor Lilybäum angekommen war, zurückbeordert.

Scipio seinerseits marschierte sofort mit dem im diesseitigen Poland stehenden Heere heran. Er überschritt den Po und ging nördlich desselben über den Ticinus (Ticino) hinüber. Westlich des Flusses nahe der Einmündung in den Po kam es gelegentlich einer Vorfühlung beider Feldherren zu einem Reitergefecht, in welchem Hannibal nicht nur an Zahl, sondern auch an taktischem Können überlegen blieb. Scipio mußte verwundet und geschlagen auf sein Lager zurückgehen. Nachdem er westlich von Placentia den Po überschritten hatte, konnte das jenseits des Po gelegene Land, soweit es von den Insubrern bewohnt war, für die Römer als verloren gelten. Nun wurden die Kelten auch des diesseitigen Pogebietes aufständisch und traten mit Hannibal in Verbindung. Dessen Armee wuchs ständig, während die bei Scipio eingestellten Kelten davonliefen. Hannibal überschritt den Po und nahm Stellung gegenüber den Römern. Scipio, viel zu schwach, ging über den Fluß Trebia (Trebbia) zurück und suchte Anlehnung an Placentia. Nachdem aber Sempronius von Ariminum aus sich mit dem Amtsgenossen vereinigt und einen kleinen Teilerfolg in einem Vorgefecht davongetragen hatte, kam es auf des Ankömmlings Drängen zur ersten größeren Feldschlacht am Trebia, um die Wintersonnenwende 218. Hannibal gelang es durch seine Numider, die nach Kosakenart kämpften, den Gegner auf die Westseite des Flusses hinüberzulocken und hier durch Einschließung seitens seiner weit überlegenen Kavallerie, sowie durch einen geschickt angelegten Hinterhalt der Tapfersten aus beiden Truppengattungen an einem sehr kalten Dezembertag zu schlagen. Nur ein Teil von etwa 10000 Römern entkam geschlossen nach Placentia, dem die übrigen Überlebenden aus der Schlacht nachfolgten. Hannibal hatte zwar gesiegt, aber erlitt durch die schwere Kälte des Winters starke Verluste, vor allem an Tiermaterial: der Rest seiner Elefanten ging bis auf einen zugrunde. Von römischer Seite mußte das gesamte Keltenland durch Rückzug auf Ariminum geräumt werden. Nur die beiden Pofestungen Placentia und Cremona hielten sich, allerdings nicht den ganzen Krieg über, wie die römische Tradition behauptet.

Gegenüber diesem unglücklich verlaufenen ersten Kriegsjahr in Italien brachten die Erfolge des Gnaeus Scipio in Spanien ein klein wenig Ausgleich und zeigten, wie richtig sein Bruder mit dem Festhalten an der iberischen Offensive gehandelt hatte. Durch den Herbstfeldzug von 218 wurde im Nord-Ebroland eine, wenn auch nur kleine, Operationsbasis gewonnen.

Für das Jahr 217 setzte nun Hannibal aus dem Winterlager zunächst mit einer groß angelegten Propaganda ein. Er entließ sämtliche Gefangenen aus der römischen Bundesgenossenschaft ohne Lösegeld unter dem Schlagwort, daß er allen Nichtrömern Italiens die Freiheit zu bringen gewillt sei.

Die Römer stellten unterdessen zwei Heere gegen ihn auf, eines zum Schutze der Adriaküste bei Ariminum, das zweite unter C. Flaminius bei Arretium auf etruskischem Boden, beide aus zwei verstärkten Legionen bestehend, der Führer bei Ariminum außerdem noch mit den Resten der vorjäh-

rigen Armee. Sizilien und Sardinien wurden mit je einer Legion und einer Flotte von 60 Schiffen gesichert, ferner Besatzungen nach Tarent und anderen süditalischen Plätzen gelegt, wozu Hieron ein Hilfsheer von 1500 Mann stellte.
Ganz offenbar erwartete man Hannibal auf der Straße nach Ariminum. Dieser bog aber von Modena oder vielleicht erst von Bologna südwärts ab, überstieg den Apennin in der Richtung auf Faesulae (Fiesole) und durchzog das durch Frühjahrsüberschwemmungen unter Wasser gesetzte Gebiet zwischen Pistoja und Florenz in einem mühseligen, 4 Tage und 3 Nächte dauernden Marsch. Dabei zog er sich ein schweres Augenleiden zu, durch welches er ein Auge einbüßte. Den Flaminius umging er durch Ausbiegung nach Westen, wobei er das Land weit und breit verwüstete, um dadurch den alten Bauernführer zum Kampfe zu reizen. Dies gelang auch, und Flaminius folgte, sobald er Nachricht von der Umgehung erhalten hatte, dem Gegner auf dem Fuße. Aber Hannibal legte am Nordufer des trasimenischen Sees sein Heer in Hinterhalt und überfiel den ahnungslos nachmarschierenden Konsul, um ihn in einem der großartigsten Überfallgefechte der Weltgeschichte in der Marschkolonne am Seerande vernichtend zu schlagen und seinen Tod in der Schlacht herbeizuführen. Das Unglück des geschlagenen und getöteten römischen Führers hat in unserer Überlieferung eine sehr krasse Darstellung erfahren. Dem alten „Demagogen" werden von Fabius Pictor auch hier wieder alle militärischen Fähigkeiten abgesprochen, anstatt die Genialität des Puniers und die hervorragenden Eigenschaften seines Offizierskorps, dessen Glieder bei der weiten Ausdehnung der Schlachthandlung vielfach selbständig handeln mußten, hervorzuheben. Die ganze römische Armee wurde vernichtet oder gefangen mit Ausnahme von 6000 Mann der Spitze, die aber nachträglich in einem nahegelegenen Dorfe in Gefangenschaft gerieten. Unter den Gefangenen gab Hannibal auch hier wieder die Bundesgenossen frei.
Als der Senat die Niederlage, die zu Anfang Mai nach dem natürlichen Kalender erfolgte, in Rom bekanntgeben mußte, entstand eine furchtbare Panik im Volke. Ein paar Tage

später wurde auch noch die Reitervorhut des anderen Konsuls, der von Norden her zur Unterstützung seines Kollegen im Anmarsch war, 4000 Mann an der Zahl, fast zur Hälfte zusammengehauen und der Rest zur Kapitulation gezwungen, ein schwerer Verlust für die Römer, die gerade an Reiterei zu schwach waren. Auf diese Nachricht hin geriet auch der Senat in Bestürzung und entschloß sich, einen Diktator, und zwar ausnahmsweise durch Volkswahl, bestellen zu lassen, den Q. Fabius Maximus mit M. Minucius Rufus als Reiteroberst.

Hannibal wandte sich nach diesem zweiten großen Sieg nicht etwa gegen Rom selbst, sondern ging ohne Rücksichtnahme auf das Heer des zweiten Konsuls, der in Nordumbrien stehen geblieben war, alles Land verwüstend, durch Umbrien und Picenum nach Apulien, um der zweiten Achillesferse der Römer, Süditalien, nahe zu kommen, auf den Abfall der süditalischen, meist griechischen Bundesgenossen rechnend. Nach Karthago sandte er, sobald das Meer erreicht war, Siegesberichte. Seinem Heer aber gönnte er, allerdings unter öfterem Lagerwechsel, Ruhe und suchte Pferde und Mannschaften gesundheitlich auf den alten Stand zu bringen.

In Rom machte man große Anstrengungen. Man stellte ein neues Heer von vier Legionen auf und suchte durch allerlei religiöse Maßnahmen den Zorn der Götter zu versöhnen, wobei der Diktator Fabius als Augur eine hervorragende Rolle spielte. Von den vier neuen Legionen wurden zwei dem Fabius überlassen. In Apulien vereinigte er sich mit dem konsularischen Heere, dessen Führer Servilius zum Schutze der römischen Westküste nach Rom zurückbeordert worden war, da karthagische Kriegsschiffe sich vor Pisa gezeigt hatten. Rom wechselte die Strategie, indem man unter ständiger Beobachtung des Gegners zu einer hinhaltenden Kampfesweise überging und das Risiko einer Entscheidungsschlacht zunächst vermied. Diese „Ermattungsstrategie" hat dem Diktator den Beinamen des „Zauderers" *(Cunctator)* eingetragen. Anfangs darob verachtet, hat er allmählich die Anerkennung gefunden, daß sein Verfahren das allein den Umständen entsprechende war. Dabei wußte er sich fortgesetzt allerlei Vorteile kleineren detachierten Abteilungen des Feindes gegenüber zu verschaffen, während er seine Hauptmacht zusammenhielt und schonte. Die Landbevölkerung der besetzten Gebiete vermochte er allerdings dadurch nicht zu schützen, und im Offizierkorps, voran bei dem tatenfrohen Reiteroberst, dem Vertreter des gegnerischen (ämilischen) Adelskreises, kam er allmählich völlig in Mißkredit, da Offiziere und Truppen nun einmal nichts mehr demoralisiert als erzwungene militärische Untätigkeit.

Hannibal ging, nachdem er Apulien ausgeplündert hatte, nach Samnium hinüber, von hier weiter in den Gottesgarten Italiens, das reiche Kampanien bis zum Falernergebiet. Fabius setzte auch jetzt noch seine Ermattungsstrategie unentwegt fort. Nur beim Rückmarsch Hannibals nach Samnium suchte er ihm beim Rückzug durch einen Paß das Schicksal des Flaminius am Trasimenersee zu bereiten. Er scheiterte aber an der Wachsamkeit des Gegners und der Anwendung der bekannten Kriegslist (Ochsen mit brennenden Strohbündeln). Dieser Mißerfolg bei dem einzigen Offensivunternehmen verminderte natürlich noch mehr sein Ansehen in Heer und Bürgerschaft. Es war ihm daher vielleicht erwünscht, daß er zur Vornahme von Opfern nach Rom zurückkehren und das Heer für eine Weile dem Reiterobersten überlassen mußte, allerdings mit der Weisung, an seiner Strategie festzuhalten.

Aber als Minucius während des Winters gewisse Vorteile errang, genügte dies schon, um ihn zum gleichberechtigten Kollegen in der Diktatur zu machen: ein ganz einzigartiges Vorkommnis in der römischen Verfassungsgeschichte. Die Folge war, daß, als Fabius wieder im Felde erschien, bei dem persönlichen Gegensatz der beiden das Heer getrennt und in zwei benachbarten Lagern untergebracht wurde. Der schlaue Punier machte sich aber sofort die Eifersucht seiner beiden Gegner zunutze. Er verwickelte den kampfesbegierigen Minucius sehr bald in ein Gefecht, wobei er ihm durch einen vorher gelegten Hinterhalt eine schwere Schlappe beigebracht hätte, wenn nicht Fabius zu Hilfe gekommen wäre. Dessen Ansehen war nun völlig wiederhergestellt.

Man sah ein, daß er der wahre Feldherr sei. Im Gegensatz zum normalen römischen Draufgängertum war es – eine Ironie des Schicksals in der Geschichte dieses tatenfrohen Volkes – ein „Ermatter", dem hohe Ehre jetzt zuteil wurde, weil dem allesvernichtenden Genius auf der Gegenseite nicht anders beizukommen war. So erzieht ein Großer der Weltgeschichte ein ganzes Volk und wirft es vorübergehend in die entgegengesetzte Bahn. Denn nachdem sich im folgenden Jahr zum Nachteil des Staates der angeborene Schlachtengeist noch einmal durchgesetzt hatte, ist des Zauderers Kriegführung, der Übergang von der Schlacht zum Manöver, für längere Zeit Siegerin geblieben und hat die Welt zum erstenmal gelehrt, „daß selbst eine Niederwerfungs-Strategie größten Stiles durch konsequente und geschickte Anwendung der Ermattungs-Strategie zu Boden gerungen werden kann" (Kromayer).

Für die vorübergehende Rückkehr der Römer zum Schlachtenkampf im nächsten Jahr (216) ist die Massenaushebung charakteristisch. Das Riesenaufgebot, wie es Rom bis dahin noch nicht gesehen hatte, umfaßte mit den bereits im Felde stehenden Truppen acht stark gefüllte Legionen, d. h. rund 77 000 Mann, dazu 6000 Reiter. Demgegenüber hatte Hannibal nur etwas über 40 000 Mann Infanterie und 10 000 Reiter zur Verfügung, ein Heer, in welchem die libysch-iberischen Veteranen, jetzt zum Teil in römischer Schwerbewaffnung, noch nicht die Hälfte ausmachten, das Hauptkontingent vielmehr die neuen keltischen Bundesgenossen stellten.

Infolge der von seiten der Römer für den geplanten schweren Schlag notwendigen großen Vorbereitungen ging das Frühjahr 216 ohne nennenswerte Ereignisse hin. Beide Teile sorgten in Nordapulien nur für ihre Verpflegung, die Römer durch Anlage von Magazinen bei Kannä, die aus den noch unberührten südapulischen Gebieten jenseits des Aufidus (Ofanto) gespeist wurden. Hannibal eröffnete Anfang Mai den Feldzug mit der Wegnahme des großen römischen Proviantmagazins auf der Burg von Kannä. Die Römer folgten, nachdem die Konsuln etwa Anfang Juni mit ihren neuen Legionen im Felde eingetroffen waren, von Norden her und schlugen ihr erstes großes Lager am linken (westlichen) Ufer des Aufidus auf, um die Verwüstung der reichen Gefilde von Kannä und Kanusium zu verhindern und eine Schlacht so bald als möglich zu wagen. Ein kurzes Vorgefecht mit einer starken Aufklärungsabteilung Hannibals verlief für die Römer siegreich. Hannibal setzte auf das westliche Ufer des Flusses über und ließ zum Schutz des Magazins von Kannä nur eine Besatzung zurück. Die Römer gingen daraufhin mit einem Drittel ihrer Truppen über den Fluß auf das rechte Ufer und schlugen hier das sogenannte kleine Lager auf. So standen beide Teile rittlings des Flusses mit der Hauptmasse auf dem linken Ufer. Hannibal bot hier die Schlacht an. Die Römer aber marschierten auf dem Ostufer auf und erzwangen auf dem für sie günstigeren Gelände die Schlacht mit der Front nach Süden. Sie ist nach dem unrevidierten römischen Kalender der Zeit am 2. August, in Wirklichkeit Mitte Juni 216 geschlagen worden und ist das größte Muster einer Einkreisungsschlacht geworden vor Hindenburgs Tannenbergsieg.

Das römische Ziel war, vom Zentrum aus mit stärkstem Massendruck die feindliche Front auseinanderzusprengen, und zwar mit möglichster Beschleunigung, ehe die Überzahl der feindlichen Reiterei von den Flügeln her sich geltend machen konnte. Man stellte sich daher in der gewohnten Manipularordnung, aber im ersten Treffen stark gehäuft, auf. Hannibal dagegen suchte mit seiner starken Reiterei von den Flügeln her zu wirken, ehe sein viel zu schwaches Zentrum überrannt wurde. Dieses, bestehend aus Galliern und Spaniern, hatte er in seinem mittleren Teil in Halbmond-Form, d. h. in einem konvexen Bogen, vorgeschoben, so daß es von dem weit überlegenen Gegner wohl zurückgedrängt, nicht aber gleich eingedrückt werden konnte, vielmehr durch das Zurückweichen auf einen engeren Raum in seiner Dichtigkeit noch vergrößert wurde. Weiter hat er dem Zentrum dadurch Halt zu geben versucht, daß er selbst hier Stellung nahm und seine libyschen Kerntruppen beiderseits des Halbmondes, d. h. an den Wurzeln der vorgetriebenen Formationen, in Reserve hielt, so daß sie im kritischen Augenblick die Schlacht von hier aus entscheiden konnten. Während so Hannibal im Zentrum zunächst dauernd in der Verteidigung blieb, ging er auf den Flügeln zum schärfsten Angriff über. Schon während der Plänkler-Gefechte der seitwärts aufgestellten Leichtbewaffneten begann der Reiterkampf des Hasdrubal auf dem Fluß-Flügel gegen die dort aufgestellte römische Bürgerreiterei, und zwar mit ausgezeichnetem Erfolg. Dadurch ist das römische Heer auf der Fluß-Seite mit offener Flanke in die Schlacht zu treten gezwungen worden, und nun verläuft der Kampf im Zentrum ganz dem Plane Hannibals gemäß. Der Halbmond wird eingedrückt, aber die römische Armee gerät in die von den in Reservestellung befindlichen Libyern gebildete Zange und wird hier bereits umfaßt. Durch den anfänglichen Erfolg getäuscht und dadurch siegesgewiß gemacht, drängten die Römer immer mehr im Zentrum vorwärts und immer tiefer in die in der Mitte des Gegners entstandene Sackgasse hinein, wobei die Manipeln völlig in Unordnung gerieten. Auf dem rechten punischen Flügel hatten unterdessen die numidischen Reiter die gegnerischen bundesgenössischen der Römer mehr beschäftigt als in regelrechten Kampf verwickelt. Als dann der siegreiche Hasdrubal vom linken Flügel her zu Hilfe gekommen war, wurden auch die von Varro geführten Bundesgenossen in die Flucht geschlagen, und nun konnte sich Hasdrubal in selbständiger Beurteilung der Gesamtlage ganz der Entwicklung auf die scheinbar im Zentrum siegreichen Römer vom Rücken aus widmen. Er tat das geschwaderweise an vielen Stellen und immer wiederholt. Durch den Schlachtenlärm im Rücken wird der Kampfeseifer der Römer des Zentrums gelähmt, dagegen der Mut der von vorne einkreisenden Libyer stark gehoben. Der Ring um die Eingekreisten, von den Libyern begonnen und von Hasdrubal mit seinen Reitern vollendet, schließt sich immer enger: das römische Schicksal ist besiegelt. Drei Viertel des Heeres decken das Schlachtfeld; nur ein Teil ist auch hier wieder nach vorne durchgebrochen. Ein zweiter „schwarzer Tag“ *(dies ater)* wurde dieser Junitag von 216. Ein lähmender Schrecken ergriff wiederum das Volk. Nur die Jugend der Nobilität riß sich zusammen. Der noch nicht 20jährige Scipio (der spätere Afrikanus) forderte einen Treueid für den Staat zum Einsatz der letzten Kraft.

Als dann im Herbst desselben Jahres auch noch eine nach Oberitalien gesandte Legion von den Galliern im Hinterhalt vernichtet worden war, mußten die Römer in dem nun beginnenden Kampf auf Leben und Tod wiederum auf die Ermattungsstrategie des Fabius zurückgreifen. Einen anderen Ausweg gab es nicht mehr, so schwer auch die Rückwirkungen auf die italischen Bundesgenossen sein mochten. Wie nach der Schlacht am Flusse Trebia das Poland, so war nach Kannä Unteritalien, wenn auch nicht in gleichem Umfang, für die Römer verloren. Hannibal ging dann nach Kampanien hinüber, während sein Bruder Mago nach Bruttium gesandt wurde.

Das wichtigste Ereignis des Winters war der Übergang Kapuas zu Hannibal und der Abschluß eines Bündnisses mit der Stadt auf der Grundlage der Gleichberechtigung. Die Folge war der Abfall weiterer kampanischer Städte bis auf Kasilinum, dessen Widerstand aber gebrochen wurde. Nur einige griechische Seestädte, voran Neapel, welches im Jahre 217 schon Rom seine Unterstützung angeboten hatte, und im Binnenlande Nola blieben der römischen Sache treu. Das bis dahin völlig unbedeutende Puteoli wurde damals mit einer Besatzung von 6000 Mann belegt und wurde der Hauptstützpunkt der Römer für den Kampf um Kampanien. Von dieser Zeit datiert sein Aufstieg als Hafen neben Ostia. In Süditalien gingen Lokri, Kroton und Petelia, letzteres nach langwieriger Belagerung, zu Hannibal über. Aber die wichtigsten Griechenstädte, wie Tarent und Rhegium, blieben auch hier römertreu. Entscheidend war das Festhalten der mittelitalischen Bundesgenossen an Rom. Sie erwiesen sich als die feste Burg Roms. Ebenso entscheidend war vielleicht die Tatsache, daß die neuen süditalischen Bündner Karthagos keine Leistungen und Truppengestellungen auf sich nehmen wollten, und daß Hannibal nach der Ankündigung, daß er die Freiheit bringe, keinen Zwang ausüben konnte und wollte.

Der Krieg in Italien war so zu einem gewissen Abschluß gekommen. Rom war militärisch auf Mittelitalien beschränkt. Zwei Momente traten von jetzt ab in den Vordergrund, einmal der spanische Nebenkriegsschauplatz und anderseits Hannibals Koalitions- und Einkreisungspolitik, die seinem Krieg einen breiteren Hintergrund gegeben und die Römer mit ihren eigenen Waffen, den diplomatischen, zu schlagen versucht hat.

In Spanien hatte das Jahr 217 für die Römer Fortschritte gebracht, zunächst den Sieg in einer Seeschlacht an der Ebromündung, dann die Ankunft des P. Scipio mit zwanzig Schiffen und einer entsprechenden Landmacht, wodurch die beiden Brüder die Überlegenheit zur See bekamen. Die Folge war, daß sie noch im Jahre 217 den Ebro überschritten und auf Sagunt marschierten, dessen Festung als karthagischer Stützpunkt und als Sammelplatz für die iberischen Geiseln benutzt wurde. Die Stadt kam durch Verrat in römische Hände, die Geiseln wurden in die Heimat zurückgesandt mit dem Auftrag, für die römische Sache zu wirken. Größere Bewegung kam auf den spanischen Kriegsschauplatz erst im Sommer 216 dadurch, daß die karthagische Regierung nach Kannä beschloß, Hasdrubal nach Italien zu entsenden. Aus diesem Grunde erschien Himilko zu seiner Ablösung in Spanien. Dem abmarschierenden Hasdrubal aber wurde am Ebro der Weg verlegt. Trotz Anwendung der hannibalischen Taktik wurde er geschlagen. Italien war zunächst vor einem neuen Einbruch von Norden her bewahrt.

Dafür erweiterte sich politisch das Netz, das nunmehr über Rom geworfen wurde, durch den Vertrag, den Hannibal im Jahre 215 mit dem jungen König Philipp V. von Makedonien schloß. Nach der Schlacht bei Kannä erschien der Athener Xenophanes im Lager des Siegers, um mit ihm für Makedonien einen Bündnisvertrag gegen Rom zu vereinbaren. In demselben wurden gegenseitige Waffenhilfe und gemeinsamer Friedensschluß zugesichert. Dem Makedonenkönig soll alles an und vor der Balkanküste von den Römern eroberte Gebiet zurückerstattet werden. Umgekehrt ist wohl den Karthagern die Rückgewinnung des seit dem Ersten Punischen Krieg abgetretenen Staatsgebietes zugesichert worden. Das Ringen gewann so mit einem Schlag ein gigantisches Ausmaß. Große Teile Iberiens und der Balkanhalbinsel standen seitdem vereint mit Afrika und den in Italien bereits zum Abfall gebrachten Untertanen und Bundesgenossen im Kampfe gegen Rom. Der militärischen Erdrückung folgte jetzt die politische Einkreisung. Der Staatsmann Hannibal zeigt sich plötzlich so groß wie der Stratege und Taktiker. Sein Lager wurde der Mittelpunkt der Weltpolitik und zugleich der Kriegführung des gesamten Mittelmeergebietes. Schlimm war nur, daß die karthagische Regierung mehr um den spanischen Kriegsschauplatz als um den italischen besorgt war. Die Truppensendung, die in der zweiten Hälfte des Sommers 215 Bomilkar mit einer Flotte in Lokri dem Hannibal brachte, blieb vereinzelt. Im übrigen verzettelte man die Truppennachschübe, eine üble Folge der Ausdehnung des Kriegsschauplatzes, zumal auch Sardinien seit 215 zurückerobert werden sollte. Die heimische Regierung war also nicht im gleichen Maße wie der fern von ihr weilende Oberfeldherr der neuen großen Gesamtlage gewachsen, und daran ist dieser mit zugrunde gegangen.

Das Jahr 215, im militärischen Betrieb sowohl in Italien wie in Spanien vorwiegend ein Ruhejahr, wurde so zum tiefen Einschnitt im Gesamtverlauf des Krieges. Im Frühjahr starb Hieron II. von Syrakus. Die Vormundschaftsregierung für seinen erst fünfzehnjährigen Enkel Hieronymos wandte sich von Rom ab und schloß Ende des Jahres ebenfalls einen Freundschaftsvertrag mit den Karthagern. Rom kämpfte von jetzt ab um seine Existenz, und in diesem Kampfe wuchs es mit den letzten und höchsten Zwecken seiner neuen Staatswerdung wie nie zuvor. Höchste Anspannung der Volkskraft, Zusammenfassung aller militärischen und finanziellen Hilfsmittel ermöglichten aber einen genügenden Einsatz an mehreren Fronten.

Neben den italischen Kriegsschauplatz traten der spanische, der sizilische, der makedonisch-griechische, und Hannibals Fürsorge für alle diese Nebenkriegsschauplätze minderte seine Kraftentfaltung in Italien. Für die Römer aber gewannen die Nebenkriegsschauplätze, voran der spanische und dann der sizilische, eine stark erhöhte Bedeutung. Das spricht sich z. B. darin aus, daß der spanische genau wie der italische jetzt regelmäßig mit zwei Legionen, dazu noch mit Seestreitkräften beschickt wurde. Der fruchtbare Gedanke, der den P. Scipio einst seinen Bruder nach Spanien hatte schicken lassen, weil sich hier der Urquell der punischen Neumacht befand, erwies sich auch weiterhin grundlegend für die römische Politik und Kriegführung. Auffällig ist auch jetzt die Vernachlässigung des Seekrieges durch die alte Flottenmacht Karthago. Man hat wohl auch weiterhin noch Flotten ausgerüstet, gar manche sogar, die der römischen überlegen war, aber man hat sie entweder an falscher Stelle eingesetzt, oder es fehlte den Führern im entscheidenden Augenblick der Mut, sie zu gebrauchen. Es ist eine nicht hoch genug zu bewertende Tatsache, daß in den folgenden Jahren des Kampfes auf mehreren Fronten das Meer von den Römern beherrscht wurde. Auch der Eintritt Makedoniens und seiner griechischen Bundesgenossen in die gegnerische Koalition hat daran nichts ändern können. Makedonien hatte seine Flotte, die noch Antigonos Gonatas gepflegt hatte, vollkommen verfallen lassen.

Die Kämpfe der folgenden Jahre auf den drei Hauptkriegsschauplätzen Italien, Sizilien und Spanien gipfeln in der Rückgewinnung dreier Städte durch die Römer: Syrakus (212), Sagunt (212) und Kapua (211).

In Italien kam alles darauf an, den großen Angreifer durch mehrere kleinere Feldarmeen mit scharfem Vorgehen auf engerem Raume und unter stetiger Verweigerung einer Schlacht in die Verteidigung zu manövrieren, und zwar in den beiden von ihm am stärksten beherrschten Landschaften Apulien und Kampanien, während Hanno als Vertreter des Oberfeldherrn Bruttium in Händen hatte. Auf und nieder ging das Kriegsglück in diesen Jahren. Den Römern gelang es 214, das sehr wichtige Kasilinum zurückzuerobern und dadurch das abtrünnig gewordene Kapua abzuschließen. Außerdem glückte es, Hannos bruttisches Korps, das Vereinigung mit Hannibal suchte, vorher bei Benevent zu schlagen. Das Jahr 213 brachte den Rückfall des apulischen Arpi an Rom, aber Ende desselben Jahres geriet der Konsul Ti. Sempronius Gracchus in Lukanien in einen punischen

Hinterhalt und wurde getötet. Und nun stieg wieder Hannibals Glück. Es gelang ihm, im Winter 213/2 Tarent zu überrumpeln und bis auf die Akropolis zu erobern, ein ungemein wichtiger Fortschritt in der Beherrschung Süditaliens, dem die Gewinnung von Metapont, Heraklea und Thurii folgten. Dafür traf ihn schwer der Verlust von Kapua. Seit dem Fall von Kasilinum war die Stadt sehr gefährdet. Jetzt schritten die Römer zur Belagerung im Winter 212/1. Im Frühjahr 211 erschien daher Hannibal selbst frühzeitig in Kampanien. Da ein Entsatz unmöglich war, entschloß er sich zu einem Demonstrationszug durch Samnium auf Rom. Jenseits des Anio machte er im Angesicht der Stadt halt. Aber abgesehen von einem schweren Schrekken, den er dem Feinde einjagte, war der Marsch ergebnislos. Die Wegziehung der römischen Belagerungsarmee von Kapua glückte nicht. Die Stadt mußte kapitulieren, mit ihr andere Städte Kampaniens wie Atella. Kapua wurde der Mauern und des Stadtrechtes beraubt und die Verwaltung des Gebietes nach den alten Gauen im Anschluß an bestehende Heiligtümer organisiert. Kampanien wurde zurückgewonnen, und die Auswirkung des Ereignisses auf die gesamte untreu gewordene Bundesgenossenschaft war groß. Hannibal wurde auf Apulien und Süditalien beschränkt. Der erste große Rückschlag war eingetreten. Das Vertrauen zu Rom begann wieder zurückzukehren. In der Verteidigung und im Kleinkrieg, sowie in der Belagerungskunst hatte Rom seine Überlegenheit erwiesen. Man hatte die Technik und die Zeit sich zu Bundesgenossen gemacht und begann dadurch langsam des Sturmes, der über das Land hinweggefegt war, Herr zu werden.

Aber schon fing der Schwerpunkt an, sich räumlich zu verlagern. Nicht in Italien, sondern in Sizilien ist in diesem zweiten Kriegsabschnitt das Wichtigste geschehen. Es war für Rom unerträglich, daß durch den Abfall von Syrakus auch der größte Gewinn aus dem ersten Krieg wieder in Frage gestellt wurde. Um die militärische Besetzung der Insel zu verstärken, schickte man die Reste der bei Kannä geschlagenen Armee, etwa 3000–4000 Mann, nur Stamm-Material von zwei Legionen, nach Sizilien hinüber. Der

Krieg wurde von syrakusanischer Seite mit einem Angriff auf Leontini eröffnet. Hieronymos wurde aber nach nur dreizehnmonatiger Regierung ermordet und Syrakus zur Republik erklärt. In den Mauern der Stadt brach infolgedessen eine wilde Revolution aus, in welcher neben den Fragen, ob Königtum oder Republik, ob Aristokratie oder Demokratie, ob Bürgerschaft oder Söldnerheer, auch das wichtigste Problem der Außenpolitik, ob Rückkehr zu Rom, wie die obere Schicht wollte, oder Verharren im Abfall von neuem erörtert wurde. Von Rom aus schickte man im Jahre 214 dem Provinzialstatthalter Appius Klaudius den Konsul M. Marcellus zu Hilfe, der sich als Offizier bei der Rückgewinnung Kasilinums sehr bewährt hatte. Leontini wurde erobert und schwer bestraft. Darob bekam die punische Partei in Syrakus endgültig die Oberhand. Strategen wurden Hippokrates und Epikydes, die Vertrauensleute Hannibals in der Stadt. Ein von den Römern unternommener Sturmangriff von der Seeseite (213) scheiterte. Die vortrefflichen Abwehrgeschütze des großen Mathematikers und Ingenieurs Archimedes waren der römischen Schiffsartillerie überlegen. Man mußte vom Sturm abstehen und seit Spätherbst 213 sich auf die Einschließung der Stadt zu Wasser und zu Land beschränken. Gleichzeitig warf man sich auf die syrakusanischen Landstädte. Nun griff die karthagische Regierung ein. In Heraklea Minoa landete man ein Heer von 28000 Mann und 12 Elefanten unter Himilko. Agrigent ging zu dem Feinde über. Marcellus kam zu seiner Rettung zu spät, schlug aber ein Heer des Hippokrates, das von Syrakus aus die Verbindung mit den Karthagern suchte. Unterdessen erschien eine karthagische Flotte von 55 Schiffen, die den Transport der Armee gedeckt hatte, vor Syrakus. Rom verstärkte daraufhin seinen sizilischen Heeresbestand um eine Legion. Noch blieb man zu Lande dem Punier unterlegen, aber zur See hatte man mit 90 Schiffen durchaus die Überlegenheit, so daß die karthagische Flotte nach Afrika zurückging. Der Kampf beschränkte sich auf Operationen gegen die karthagische Landarmee, die im Innern der Insel einzelne Städte erobert hatte. Dabei richtete der römische Kommandant von Enna unter den Einheimischen ein furchtbares Blutbad an. Eine große Zahl von sizilischen Städten sagte sich daraufhin von Rom los und machte mit Syrakus und den Karthagern gemeinsame Sache.

Im Jahre 212 kam es endlich im sizilischen Krieg zur Entscheidung. Nach einem mißglückten Versuch des Marcellus, durch Verrat sein Ziel zu erreichen, gelang es ihm, im Frühsommer dieses Jahres gelegentlich eines städtischen Artemisfestes nächtlicherweise Epipolae, den westlichen Stadtteil von Syrakus, durch einen Handstreich zu nehmen, dem bald danach die Gewinnung des Forts Euryalos folgte. Nun erschien aber die karthagische Flotte unter Bomilkar, diesmal in Stärke von 100 Schiffen, von neuem vor Syrakus, und die Landarmee unter Himilko machte von Agrigent aus einen Entsatzversuch. Es kam zum Kampfe und gleichzeitig zu einem Ausfall der Belagerten unter Epikydes. Da verhinderte der Ausbruch einer Seuche den Austrag des Kampfes. Unter den Führern auf der Gegenseite starben Himilko und Hippokrates. Noch einmal versuchten die Karthager durch den nach der Hauptstadt zurückgekehrten Bomilkar den Entsatz von der See her. Die Kriegsflotte wurde von 100 auf 130 Schiffe gebracht und ein neues Landungskorps beigegeben. Marcellus stellte sich, obwohl zahlenmäßig unterlegen, zum Kampfe am Kap Pachynon. Da wich Bomilkar im letzten Augenblick der Entscheidung aus und ging mit seiner Flotte nach Tarent, während die Transportschiffe heimkehrten: ein unerhörtes Glück für Rom!

Syrakusens Schicksal war nun besiegelt. Übergabe-Verhandlungen wurden zunächst durch italische Überläufer hintertrieben. Da gelang es Marcellus durch Verrat eines übergegangenen Iberers, die Insel Ortygia mit der Burg in seine Hand zu bekommen, worauf sich auch die Altstadt auf dem Festland ergeben mußte. Die Stadt wurde der Plünderung preisgegeben. Auch Archimedes fand dabei seinen Tod. Mit ihm, den man nicht mit Unrecht den „Gauß" des Altertums genannt hat, verlor die griechische Wissenschaft einen ihrer fähigsten Köpfe. Die Beute war groß, auch an griechischen Kunstwerken, die damals nach Rom verschleppt wurden. Syrakus hörte auf, ein freier Staat zu sein. In das

Tyrannenschloß zog der römische Statthalter von Sizilien ein.

Was noch punisch gesinnt blieb, wurde von Agrigent, dem Zentrum des karthagischen Widerstandes, beherrscht. Aber Himilkos Nachfolger Hanno geriet mit dem von Hannibal entsandten Libyphöniker Muttines, einem tüchtigen Reiterführer, in Gegensatz. Dadurch ging ein Gefecht am Himerafluß für Marcellus günstig aus. Obwohl man noch einmal 8000 Mann zu Fuß und 3000 Reiter in Agrigent landen ließ und Muttines mit seinen Reitern noch kleinere Erfolge erzielte, konnte schließlich die völlige Wiederunterwerfung der Insel nicht aufgehalten werden. Die letzte Stadt, die an Rom zurückfiel, war Agrigent, und zwar durch Verrat des Muttines, der seines Kommandos zugunsten von Hannos Sohn enthoben worden war und deshalb zu den Römern übertrat. Zum Dank dafür erhielt er das römische Bürgerrecht und erscheint später auf einer uns erhaltenen Inschrift unter den Ehrenbürgern von Delphi.

Der Krieg auf dem Balkan begann erst 214, weil Philipp V. im Jahre zuvor wegen seiner römerfeindlichen Politik mit einigen seiner hellenischen Bundesgenossen in Gegensatz geraten war. Zunächst versuchte er mit einer Flotte von 120 leichten, offenen Booten illyrischen Typs den Römern ihre transadriatischen Besitzungen wieder zu entreißen, scheiterte aber schon vor Apollonia, dem eine römische Flotte unter M. Valerius Laevinus zu Hilfe kam. Der König mußte auf dem Landweg zurück und behielt nur die Gebiete im Hinterland von Apollonia in Händen. Im nächsten und übernächsten Jahr setzte er aber seine Eroberungen im heutigen Albanien fort. Als die Römer so mit den Waffen in der Hand im Osten nichts ausrichten konnten, setzte ihre Diplomatie ein. Dem Bündnis Hannibals mit Philipp wurde im Herbst 212 nach dem Fall von Syrakus ein solches der Römer mit Philipps Hauptfeinden in Griechenland, den Ätolern, entgegengestellt. In dem Vertrag verpflichteten sich diese zu sofortiger Eröffnung des Krieges gegen die Makedonen, wofür ihnen eine kleine römische Flottenunterstützung zuteil werden sollte. Zum Dank für das Zugeständnis nur gemeinsamen Friedensschlusses wurde ihnen

Akarnanien zugesagt. Der Vertrag war in allem ein Gegenstück zum karthagisch-makedonischen Bündnis, aber mit so barbarischen Bestimmungen ausgestattet, daß er in Rom lange Zeit nicht ratifiziert wurde. Sparta trat auf die ätolische Seite, seine Hauptgegner, die Achäer, dagegen auf die makedonische. Die Operationen der Ätoler begannen sofort. Aber militärisch angesehen kam eine irgendwie merkliche Einwirkung der balkanischen Katzbalgereien auf das große Ringen im Westen nicht in Frage. Hannibal hatte sich mit Philipp V. verrechnet.

In Spanien setzte im Jahre 214 wieder ein lebhafter Kleinkrieg ein, der im folgenden Jahr fortgesetzt wurde, jetzt auch mit einheimischen Söldnern, da es an Nachschub fehlte: ein echter Kolonialkrieg, der die Methoden von den Puniern und den Eingeborenen übernahm. Im Jahre 212 erfolgte die Wiederherstellung von Sagunt und eine Strafexpedition gegen die Torboleten, seine feindlichen Nachbarn. Das Jahr 211 brachte dann die Katastrophe, weil man in das karthagische Stammland in Iberien einzudringen wagte. Die beiden Scipionen-Brüder trennten sich nach ihrem Aufbruch von Sagunt: P. Scipio mit zwei Dritteln der spanischen Truppen zog gegen Mago und Hasdrubal, den Sohn des Gisgo, Gnaeus mit einem Drittel gegen den Barkiden Hasdrubal. Sein Heer, das an den Pässen im Innern stehen geblieben war, wurde von der gegnerischen Übermacht einfach erdrückt. Daraufhin wurde der Bruder von seinen spanischen Hilfstruppen verlassen und ebenfalls vernichtet. Beide fielen. Nur schwache Reste ihrer Truppen retteten sich hinter den Ebro. Selbst das Nordebroland konnte kaum noch gehalten werden.

Hier, wo der Fall am tiefsten war, trat nun aber die Wendung im Gesamtkriegsverlauf ein. Nach einem kurzen Zwischenspiel, in welchem der Proprätor C. Klaudius Nero die Reorganisation der geschlagenen Truppen vollzog, wurde im Senat die offensive Führung des spanischen Krieges als Hauptziel aufgestellt. Dafür war niemand geeigneter als der Sohn des einen der gefallenen Feldherren, P. Kornelius Scipio, vermählt mit Ämilia, der Tochter des bei Kannä gefallenen Konsuls Ämilius Paulus, dadurch der

Erbe der beiden vornehmsten Geschlechter Roms, der Ämilier und der Kornelier, und ihr geborener Führer. Obwohl damals erst 25 Jahre alt, wurde er durch Volksbeschluß mit dem spanischen Kommando betraut. Iberiens Schicksal wiederholte sich. Wie es in der punischen Epoche Domäne der Barkiden gewesen war, so wurde es jetzt unter den Römern, man möchte fast sagen, Hausmacht der Scipionen. Im Herbst 210 erschien der junge Mann in prokonsularischer Stellung, obwohl er eben erst Ädil gewesen war, begleitet von dem Proprätor D. Junius Silanus und seinem gleichaltrigen treuen Freunde C. Laelius, in Spanien, das ihm, gleich wie Hannibal, zur hohen Schule im militärischen Führerdienst und zum Sprungbrett zur höchsten Stellung in Heer und Staat wurde. Spaniens Bedeutung für die römische Geschichte beginnt zum erstenmal in die Erscheinung zu treten.

Da das sizilische Zweilegionen-Heer nach der Wiedereroberung der Insel freigeworden war und in Italien eine ganze Reihe von Garnisonen mobil gemacht werden konnten, betrug das Heer Scipios einschließlich der noch in Spanien stehenden und von Klaudius Nero reorganisierten Truppen über 30 000 Mann, denen die Punier allerdings noch etwa 45 000 Mann gegenüberzustellen vermochten. Den Herbst und Winter 210 benutzte der junge Oberbefehlshaber zu einer Besichtigungsreise in dem den Römern noch verbliebenen Gebiete, um dann die Winterquartiere in Tarraco zu beziehen und den Kriegsplan für das folgende Jahr zu entwerfen.

Im Jahr 209 setzte er dem großen Gedanken Hannibals, die Römer in ihrem eigenen Lande zu schlagen, den Plan seines Vaters gegenüber, in Spanien die Entscheidung herbeizuführen. Im Gegensatz zu allen bisherigen römischen Unternehmungen in Iberien geht er auf die Gewinnung einer neuen Operationsbasis aus, und zwar erwählt er sich dafür die punische Hauptstadt Neu-Karthago selbst. Denn er hatte in Erfahrung gebracht, daß sie nur mit 1000 Mann Besatzung belegt sei. Auch von den drei feindlichen Armeen stand nur eine, die des Barkiden Hasdrubal, etwa zehn Tagemärsche von der Hauptstadt entfernt bei den Karpetanern.

Sein erster Vorstoß geschah in einem kombinierten Land- und Seefeldzug. Während er selber zu Land mit 27 500 Mann, nach Erreichung Sagunts in Gewaltmärschen, vorstieß, führte sein Freund Laelius eine Flotte von 35 Schiffen mit geheimer Weisung südwärts. Sofort nach der Ankunft vor Neu-Karthago und Errichtung eines Lagers auf dem Hügel, der die Wurzel der Halbinsel gegen das Festland abschließt, wurde der Angriff zu Wasser und zu Land begonnen. Es gelang, nach einem Handstreich auf das nächstgelegene Stadttor unter Benutzung der Ebbe die Stadt von Norden her unter Mitwirkung der Flotte einzunehmen.

Schon dieser erste große Erfolg zeigte, daß Scipio kein Durchschnittsfeldherr war. Die Schnelligkeit der Bewegungen wie die scharf durchdachte Anlage der Maßnahmen zur Eroberung der Stadt mit überall prompt eintretendem Erfolg hat die Aufmerksamkeit seiner Soldaten und seiner Unterführer erregt, und das Wunder der Gezeiten, das plötzlich den Zugang zur Stadt trocken legte, hat sofort bei seinen Soldaten die Legende entstehen lassen, daß die Gottheit dem jungen Führer die Wege geebnet habe. So ist die Fabel von der göttlichen Inspiration Scipios gleich bei seinem ersten großen Schlag entstanden und hat ihn früh in die Nähe der gewaltigen, in antiker Weise der Gottheit genäherten Heldengestalten der Weltgeschichte gerückt. Ihm selbst lag vorerst so etwas noch völlig fern. Ihm war genug, daß der Eindruck des unerwarteten Erfolges seinen Namen neben diejenigen der Eroberer von Kapua und Syrakus in vorderste Linie gestellt hatte, und daß er sich neben einer großen Beute an Edelmetall, Kriegsgerät (darunter achtzehn Schiffen) und Lebensmitteln eine Operationsbasis ersten Ranges, viel wichtiger als Sagunt, geschaffen und die in Neu-Karthago festgehaltenen 300 spanischen Geiseln aller Stämme in seine Hände bekommen hatte.

Die Stadt wurde sofort für Kriegszwecke hergerichtet und eine römische Garnison hineingelegt. Die bewußt vornehme Behandlung der Geiseln, auch der Frauen, hat bei der ritterlichen Art der Spanier ihre volle Wirkung gezeigt. Sie wurden zum größten Teil in ihre Heimat entlassen, um dort zu melden, daß Iberien einen neuen Herrn habe. Die Folge war der schon bald beginnende Abfall einzelner Stämme im punischen Herrschaftsgebiet. Die vornehmsten 18 Karthager unter den Gefangenen wurden neben dem Verteidiger der Stadt und samt dem erbeuteten Gold unter Laelius' Führung nach Rom gesandt. Darin war Scipio ein Neuerer, daß er die in Kriegsgefangenschaft geratene Bevölkerung der Stadt nicht verkaufte, sondern die Bürger sofort freiließ und nur die niedrige Handwerkerschicht für die Dauer des Krieges als Eigentum des römischen Volkes erklärte, mit der Verpflichtung zur Lieferung von Arbeiten für Heer und Flotte. Den Rest des Sommers verbrachte er — seltsamerweise ungestört vom Feinde — in Neu-Karthago mit organisatorischer Arbeit, unter anderem in den Bergwerken der Nachbarschaft und mit Ausbildung seiner Truppen beschäftigt. Dann überwinterte er 209/8 in Tarraco. Unstreitig hatte Scipio durch diesen Handstreich die spanische Herrschaft der Punier im Herzen getroffen, vor allem dadurch, daß die Silberminen zum größeren Teil sich nunmehr in Roms Hand befanden und Karthago der Mittel zur Bezahlung seiner Söldner beraubt war. Es war klar, daß die tollkühne Tat den Gegner zur Abwehr auf den Plan rufen mußte. Der Abfall weiterer iberischer Stämme im Laufe des Winters beschleunigte den Gang der Ereignisse.

Scipio kam zuvor und schritt im Frühjahr 208 wieder zum Angriff, nachdem er die tüchtigsten Flottenmannschaften in das Heer eingereiht und der Abfall unter den Iberern bis in das karthagische Heer übergegriffen hatte. Diesmal wandte er sich gegen die eigentliche iberische Kernprovinz jenseits des kastulonensischen Waldgebirges (Sierra Morena), wo die letzten den Karthagern verbliebenen Silberminen bei Bäkula (Bailén) lagen. Auf einer Höhe vor dieser Stadt hatte der Barkide Hasdrubal eine feste Stellung eingenommen, das Lager mit der Front gegen Osten gerichtet, von wo Scipio zu erwarten war. Dieser zögerte jedoch zunächst zwei Tage lang mit dem Angriff auf die feste Stellung des Feindes, wagte aber am dritten Tage die Schlacht. Sie ist nach einer neuen, auf dem Exerzierplatz vorher eingeübten Taktik geschlagen worden und zeigt Scipio als gelehrigen Schüler der Kannä-Taktik Hannibals, nur mit dem Unterschied, daß der Römer da, wo dieser seine Reiterei zur Umzingelung einsetzte, mit der schweren Infanterie von den Flanken her vorging. Hannibals große Überlegenheit hatte darauf beruht, daß er während des Kampfes Schwenkungen vornehmen, seine Flügel verlängern, Flankenangriffe und Umgehungen machen konnte. Gerade in dieser Beziehung hatte Scipio vom Gegner gelernt. Zum erstenmal hat er es bei Bäkula gewagt, die einzelnen Teile seiner Schlachtreihe zu selbständig operierenden Truppengebilden zu machen. Hasdrubal stellte sich im Vertrauen auf die Festigkeit seiner Stellung zu spät zur Schlachtordnung auf, wurde also am dritten Tage vom Gegner überrascht. Gegen seine leichten Truppen, die auf einer niedrigen Terrasse vorgeschoben standen, schickte Scipio nur die Plänkler als Schleier vor. Das schwere Fußvolk dagegen teilte er in zwei Trupps. Der eine, von ihm selbst geführte, ging von links, der andere unter dem Kommando des Laelius von rechts im Sturmschritt gegen die Flanken des Feindes vor. So wurde dessen Hauptmacht schon beim Aufmarsch von den Seiten her gepackt und geworfen. Im ganzen waren 12000 Gefangene das Ergebnis. Hasdrubal, vom Gegner mit Rücksicht auf die beiden anderen Heere nur von einem Beobachtungskorps verfolgt, konnte mit dem Rest nach Norden in der Richtung auf den Tajo entfliehen und überstieg mit 10000 Mann, aber mit allen Elefanten und mit der Kriegskasse, die vorher schon in Sicherheit gebracht worden war, die Pyrenäen, um dem Bruder in Italien Hilfe zu bringen. In Spanien aber war man in die Verteidigung geworfen. Die iberischen Kriegsgefangenen wurden ohne Lösegeld in die Heimat geschickt, und die Stämme drängten sich nunmehr zur Unterwerfung. Sie boten Scipio den Titel eines Königs an, wie einst dem Schwiegersohn Hamilkars. Der Römer lehnte ab und wünschte nur nach heimischem Brauch als Imperator begrüßt zu werden.

Im Jahre 207 bot der spanische Kriegsschauplatz auf der karthagischen Seite ein ähnliches Bild, wie der römische in Italien nach Kannä. Man setzte sich in den Städten und

Burgen der Eingeborenen fest und ließ sich nicht herauslocken. Militärischer Entscheidung ging man möglichst aus dem Wege, obwohl Scipio wieder in die Südprovinz einrückte. Er konnte sich daher mehr organisatorischer Tätigkeit widmen.

Nach beiderseits gewaltigen Anstrengungen in der Aushebung fiel dann im Jahre 206 die iberische Entscheidung. Gisgos Sohn Hasdrubal und Mago, die sich unterdessen zu einer neuen Feldschlacht entschlossen hatten, verfügten zusammen über 50 000 Mann zu Fuß, 5000 Reiter und 32 Elefanten. Ihnen konnte Scipio mit Hilfe der spanischen Stämme nur 45 000 Mann und 3000 Reiter entgegenstellen. Mit dieser Armee eilte er sehr früh im Jahre nach Turdetanien am unteren Bätis, nachdem er bei Bäkula die Vereinigung mit dem dort stehenden Korps des M. Silanus vollzogen hatte. Die Schlacht des Jahres, die für Spanien alles entschied, wurde bei Ilipa nördlich von Sevilla geschlagen. Sowohl im Reiter-Vorgefecht während der Errichtung des Lagers wie in der Hauptschlacht zeigte sich wieder, was die Römer unterdessen auf dem Exerzierplatz gelernt hatten. Für das Reitergefecht wird ausdrücklich hervorgehoben, daß sie jetzt geübt waren, kavalleristische Bravourstücke zu vollbringen, wie sie bis dahin kein römischer Reiter aufzuweisen hatte. In der Hauptschlacht, zu der Scipio nach vorabendlicher Beratung mit den Unterführern sehr früh am Morgen ausrückte, hat er die spanischen Hilfstruppen im Zentrum mehr zum Scheine aufgestellt, während das schwere römische Fußvolk die Flügel innehatte, um wie bei Bäkula durch infanteristische Umfassung zu wirken. Im Gegensatz dazu standen bei Hasdrubal die karthagischen Kerntruppen im Zentrum und die spanischen Bundesgenossen auf den Flügeln mit den Elefanten davor. Nachdem Scipio die Reiter und Leichtbewaffneten zurückgezogen und hinter der Linie seiner Flügel aufgestellt hatte, ging er zunächst frontal auf den Feind los. Als er auf etwa vier Stadien (zirka 740 m; die Überlieferung bietet fälschlich nur ein Stadium) herangekommen war, ließ er sein Zentrum nur verhalten weitermarschieren. Die beiden Flügel dagegen zog er seitwärts auseinander, den rechten Flügel unter seinem eigenen

Kommando, den linken unter zwei seiner besten Offiziere. Nachdem die für notwendig erachteten Abstände vom Zentrum erreicht worden waren, wurden die Flügel beiderseits in Zugkolonnen umgesetzt und gingen mit den Reitern und Leichtbewaffneten auf den Flanken im Sturmschritt gegen den Feind vor. An diesen herangekommen, marschierten die Infanteristen nach innen, die Reiter und Leichtbewaffneten nach außen auf. Dadurch wurde die Überflügelung erreicht. Die Spanier der Flügel vermochten den Anprall der vorzüglich einexerzierten römischen Legionäre nicht auszuhalten. Hasdrubal aber wagte mit Rücksicht auf das nun auch herannahende römische Zentrum seine Schlachtreihe nicht auseinanderzureißen, um den Flanken Hilfe zu bringen. So mußten seine Kerntruppen in der Mitte untätig zusehen, wie seine Aufstellung von den beiden Flügeln aus aufgerollt wurde. Als der punische Oberführer das Zeichen zum Rückzug gab, um sich der Umklammerung zu entziehen, ging dieser anfangs noch in leidlicher Form vor sich, bald aber artete er infolge des immer stärker werdenden seitlichen Druckes in wilde Flucht aus. Erst ein Wolkenbruch machte der römischen Verfolgung ein Ende und bewahrte den Rest der punischen Armee vor der Vernichtung.

Mit der völligen Liquidierung des Krieges wurde M. Silanus an der Spitze von 11 000 Mann betraut. Am längsten hielt sich Gades, bis es schließlich als letzte Stadt in die römische Bundesgenossenschaft eintrat. Mago fuhr mit den ihm verbliebenen Truppen nach den Balearen, um später von hier aus ebenfalls seinem Bruder Hannibal zu Hilfe zu kommen. Da Scipio seine Flotte aufgelöst hatte, konnte er die Abfahrt nicht hindern.

Ein glänzendes Resultat war erreicht. Die karthagische Herrschaft in Spanien war nach dreißigjähriger Dauer beseitigt. Der spanische Krieg aber hatte den jungen Feldherrn und ein in neuer Taktik geschultes Heer ausgebildet, das sich bald Hannibal gewachsen zeigen sollte. Was Trebia und Kannä für Hannibals Aufstieg, waren Bäkula und Ilipa für Scipio, den neuen Taktiker und Exerziermeister der römischen Armee, der von Hannibal zu lernen verstanden hatte, wie die modernen Heerführer des 19. Jahrhunderts von Napoleon I.

Daß aber in dem spanischen General auch ein Staatsmann steckte, zeigten seine weiteren Maßnahmen. Es war keine Frage, neben Sizilien besaß man nun in Spanien die zweite Brücke nach Afrika hinüber. Scipio säumte nicht, auf diplomatischem Wege sofort Verbindungen mit den libyschen Fürsten anzuknüpfen. Mit M. Silanus war bereits der später so bedeutungsvoll gewordene Berberscheikh Massinissa in Berührung gekommen. Scipio selbst ist mit dem westnumidischen Fürsten Syphax in Unterhandlungen getreten und zu diesem Zweck zusammen mit Laelius nach Siga in Nordafrika hinübergefahren. Er zeigte bei dieser Gelegenheit dem Berber nur den Glanz des römischen Namens. Zu einem Bündnis kam es noch nicht. Zurückgekehrt nach Neu-Karthago, ist er nach einer Erkrankung und nach der Niederwerfung einer Soldaten-Meuterei wieder nach Südspanien gegangen. Hier traf er selbst mit Massinissa zusammen, der aus Gades herübergekommen war. Auch diese Zusammenkunft deutete auf das neue Ziel Scipios, auf Afrika, hin. Er hat damals schon in dieser Richtung sondiert, um die Stärke oder Schwäche der afrikanischen Machtstellung Karthagos kennenzulernen.

Das Neue seit 210 in der Geschichte des Krieges außerhalb Spaniens ist die Tatsache, daß Italien jetzt zum Nebenkriegsschauplatz herabsinkt. Im genannten Jahr sind die Römer infolge einer schweren Hungersnot, in welcher eine römische Gesandtschaft von Ägypten Korn erbitten mußte, an der Ausnützung der neuen, durch den Fall von Kapua geschaffenen Lage behindert worden. Das Jahr 209 brachte die Wiedereroberung von Tarent, angeblich durch Verrat, während Hannibal in Bruttium gegen räuberische, aus Sizilien nach Rhegium hinübergeworfene Freischärler zu kämpfen hatte. Tarent wurde der Plünderung preisgegeben. Hannibals Machtbereich in Apulien und Kalabrien war seitdem des Hauptstützpunktes beraubt. Im folgenden Jahre hatte er nur kleinere taktische Erfolge in Lukanien und in Bruttium zu verzeichnen, wobei der Konsul Marcellus zugrunde ging. Außerdem sind die Jahre 209 und 208 die er-

sten, in denen es wegen der langen Kriegsdauer und der damit verbundenen ewigen Aushebungen in den Städten Mittelitaliens und Etruriens zu gären begann.
Hannibal brauchte jetzt unbedingt Truppen-Nachschub. Da erschien endlich sein Bruder Hasdrubal. Er hatte im Vorwinter 208 noch die Pyrenäen überschritten, hatte in Gallien überwintert und war im Frühjahr 207 über die Alpen gegangen, wohl über denselben Paß wie sein Bruder. In Oberitalien erhielt auch er starken keltischen Zuzug, so daß sein Heer auf über 30 000 Mann anschwoll. Über Ariminum marschierte er an der Adriaseite südwärts, um mit seinem Bruder in Nordumbrien zusammenzutreffen und nach gemeinsamem Siege Mittelitalien zu revolutionieren. Die große Stunde für die karthagische Heeresleitung schien noch einmal gekommen, nicht minder aber auch für die Römer. Von ihrer Seite wurde der Anfang damit gemacht, daß die Depesche Hasdrubals an seinen Bruder über den Treffpunkt aufgefangen und dadurch das Handeln der Konsuln bestimmt wurde. Man setzte alles daran, die Vereinigung der Brüder zu verhindern. Hasdrubal war bis Sena Gallica vorgestoßen und war hier, weil Umbrien als Treffpunkt angegeben war, stehen geblieben. Sein Gegner M. Livius bezog ihm gegenüber ein festes Lager. Hannibal dagegen hatte unterdessen im Süden die damalige Grenze seines Machtgebietes bei Kanusium erreicht. Da faßte der andere Konsul Klaudius Nero den kühnen Entschluß, den größeren Teil seiner Armee gegenüber Hannibal stehen zu lassen und dem Amtsgenossen durch eine Diversion mit 6000 Mann zu Fuß und 1000 Reitern in Gewaltmärschen zu Hilfe zu kommen, um ihm die zahlenmäßige Überlegenheit für den Kampf mit Hasdrubal zu verschaffen. Als dieser bemerkte, daß er zwei Konsuln vor sich hatte, ging er in dem Glauben, seinem Bruder sei ein Unglück zugestoßen, in einem Nachtmarsch auf den Metaurus-Fluß zurück, und an dessen Ufern, wahrscheinlich auf der rechten Seite, ist die Entscheidung gefallen. Von den Konsuln verfolgt, stellte sich Hasdrubal aus seinem notdürftig geschlagenen Lager heraus mit seinen ermüdeten Truppen und ohne die Reiterei zum Kampfe. Dabei machte er aus der Not eine Tugend:

er ging sofort in einem kräftigen Offensivstoß zum Angriff auf Livius los, die Spanier, in einer nicht allzu breiten Front, aber tief gegliedert und mit den Elefanten an der Spitze, während die Gallier links davon in ungünstigem Gelände stehen blieben. Eine regelrechte Schlachtlinie war nicht vorhanden. Hasdrubal gelang es nicht, den Gegner im ersten Ansturm zu werfen; der Kampf stand vielmehr längere Zeit. Nero befand sich währenddessen den Galliern gegenüber und war wie diese durch das Gelände zur Untätigkeit verurteilt. Da hat er sein strategisches Manöver taktisch wiederholt und durch Umfassung die Niederlage herbeigeführt. Der letzte Stern für den Kampf in Italien war erloschen. Hannibal zog, nachdem er Gewißheit über des Bruders Schicksal erlangt hatte, die einzig mögliche Folgerung und ging unter Aufgabe seiner nördlichen und östlichen Stellungen auf Bruttium zurück, um den nun drohenden Übergang der Römer nach Afrika hintanzuhalten.
An dem Niedergang konnte im Jahre 205 auch die Landung von Hannibals jüngerem Bruder Mago in Ligurien bei Genua nichts mehr ändern. Sein Landungskorps war viel zu schwach, und die Ligurer waren keine Kelten. Die Römer brauchten nur eine Beobachtungstruppe gegen ihn aufzustellen. In Bruttium litten im gleichen Jahre beide Heere schwer unter Seuchen. Militärische Operationen fanden kaum noch statt. Daß Hannibal damals schon seine Tätigkeit in Italien so gut wie beendet ansah, zeigt sich darin, daß er seinen Tatenbericht verfaßte und an dem Altar im Tempelbezirk der Hera am lakinischen Vorgebirge eingraben ließ.

Auf das militärische Ende Hannibals folgte das politische, wie zehn Jahre zuvor auch der Aufstieg erst militärisch und dann politisch stattgefunden hatte. Wie damals nach dem Auftrieb des Puniers durch Kannä das Bündnis mit Philipp V. zustande gekommen war, so begann dasselbe jetzt an Wert zu verlieren.

Griechenland und der weitere Osten waren in zwei feindliche Lager gespalten. Wer Gegner Makedoniens und der Achäer war, neigte zu Rom, so Attalos I. von Pergamon. Der König trat bald dem ätolisch-römischen Vertrag bei und versprach den Ätolern Hilfe mit Flotte und Mannschaften. Von den peloponnesischen Verbündeten der Ätoler nahmen die Eleer, die Messenier und die Spartaner seit 211 ebenfalls am Kriege teil. Zum ersten Male zeichnet sich die Mächtegruppierung hier im Osten ab, die für die Ausbreitung von Roms Macht ostwärts später entscheidend wurde. Eine „kleine Entente" öffnete den Römern den Weg in die hellenistische Großstaaten-Gesellschaft, die im Niedergang mehr denn je ihr Gleichgewicht zu erhalten suchte. Der karthagischen Politik aber schwammen die Felle, die sie von Osten her erhofft hatte, immer weiter fort. Die Römer dagegen bekamen durch ihre geschickte Regie ein neues Feld der Betätigung für ihr diplomatisches Können. Wie so oft, bereiteten sich die neuen Auslandsprobleme zunächst als Nebenhandlungen an der Seite der zur Zeit im Vordergrund stehenden vor. Mit militärischen Mitteln brauchten die Römer hier zunächst nicht viel zu leisten.

Im Jahre 209 erschien dann eine karthagische Flotte noch vor dem Fall von Tarent in den griechischen Gewässern, aber ohne irgendwelche Erfolge. Auch im folgenden Jahr wurden noch einmal karthagische Schiffe von Philipp gegen Ägina aufgeboten. Das Glück im Kleinkrieg des Ostens schwankte hin und her. Die neutralen See- und Handelsstaaten des Ostens aber wie Chios, Rhodos und Ägypten wurden dadurch beunruhigt und verdoppelten ihre Anstrengungen, den Kämpfen ein Ende zu machen, die in letzter Linie doch nur Rom Vorteile bringen konnten. Der Senat ging auf die Friedensvorschläge nicht ein, sondern sandte eine Verstärkung von 11 000 Mann, die im Jahre 208 oder im folgenden den Berg Ambrakos bei Ambrakia eroberte, allerdings ohne ihn lange behaupten zu können. Im Jahre 207 wurde die Lage der Römer im Osten schwächer, weil man mit Rücksicht auf den Einbruch Hasdrubals in Italien alle erreichbaren Truppen dorthin zusammenziehen mußte. Dadurch gewannen Philipp und seine Bundesgenossen, voran die Achäer unter ihrem neuen Strategen Philopoimen, das Übergewicht. Infolgedessen hielten sich die Ätoler nach vergeblichem Hilfegesuch nicht mehr an ihren Vertrag von

212, sondern schlossen einseitig für sich und ihre peloponnesischen Bundesgenossen im Jahre 206 Friede mit den Gegnern.

Philipp bekam dadurch freie Hand zum Kampfe gegen die illyrischen Besitzungen der Römer. Aber diese waren nach der Unterwerfung Spaniens und der Niederlage des Hasdrubal am Metaurus plötzlich wieder imstande, sich stärker ihrer Ostpolitik zu widmen. So kam es unter Vermittlung der Epiroten aus Widerwillen gegen die ewige nutzlose Kriegführerei schließlich auch zum einseitigen Friedensschluß zwischen Rom und Makedonien im Jahre 205. Die Römer behielten ihre wichtigsten Inseln in der Adria und die Hauptplätze an der illyrischen Küste, während das Hinterland im heutigen Albanien dem Makedonen zufiel. Rom hatte gerettet, was zu retten war. Ein Übergreifen Makedoniens nach Italien war unmöglich gemacht. Umgekehrt hatte Rom in den griechischen Händeln sich als beachtlicher Machtfaktor erwiesen. „Die große Wolke vom Westen“ war zum erstenmal über den Balkan aufgezogen und ließ vorausahnen, was im nächsten Jahrhundert Wirklichkeit werden sollte. Hannibal aber war nicht nur militärisch in die Verteidigung zurückgeworfen, sondern stand nunmehr auch politisch allein. Der letzte Abschnitt des großen Krieges zog herauf.

Die entscheidende Stunde für Hannibals größten Gegner, den jungen Scipio, war gekommen. Im Herbst 206 aus Spanien als Sieger heimgekehrt, wurde er vom Volke für 205, erst 30jährig, zum Konsul gewählt, neben ihm der Oberpontifex P. Licinius Krassus, der durch sein geistliches Amt an Italien gebunden war. In der Senatssitzung am Antrittstag der neuen Konsuln forderte Scipio für sich die Provinz Sizilien, um von hier aus den Krieg nach A f r i k a hinüberzutragen. Demgegenüber vertraten seine Gegner den Standpunkt altrömischer Kriegspolitik, daß erst Hannibal aus Italien vertrieben sein müsse, ehe ein konsularisches Heer das Land verlassen dürfe. Scipio setzte sich durch. Er erhielt Sizilien und damit die Führung des afrikanischen Krieges. Den Sommer 205 über war er auf der Insel, um die Waffe gegen Hannibal zu schmieden und um Sizilien zur Operationsbasis für den großen Schlußkampf herzurichten. Von Rhegium aus gelang zwischendurch mit Hilfe verbannter Aristokraten der Stadt die Wegnahme von Lokri durch die von Scipio hingesandten Offiziere und damit eine weitere Verkleinerung des hannibalischen Machtbereiches. Das Schreckensregiment des Kommandanten der Stadt führte zu einem neuen Angriff im Senat auf den daran gänzlich unbeteiligten Scipio. Dieser verbrachte unbekümmert darum den Winter 205/4 in Syrakus, bei aller Arbeit zum Ärger seiner Standesgenossen dem hellenischen Sport ergeben, und ging dann im Sommer 204 von Lilybäum aus mit 35 000 Mann nach Afrika hinüber. Die Landung erfolgte nicht weit östlich von Utika, wo ein befestigtes Lager bezogen wurde.

Die Schwäche der afrikanischen Stellung Karthagos, der völkische Gegensatz der punischen und libyschen Bevölkerung, trat beim Erscheinen eines wirklich großen Gegners sofort zutage. Hier setzte Scipio wieder ein. Aber schon war der bedeutendste Berberscheikh Syphax vom Gisgo-Sohn Hasdrubal, dem damaligen Leiter der karthagischen Politik, durch Vermählung mit seiner Tochter Sophonisbe für die punische Sache gewonnen. Syphax griff in die Thronstreitigkeiten Ostnumidiens im Gebiete von Cirta nach dem Tode des damaligen Fürsten Gaïa ein und bekämpfte hartnäckig den dortigen Hauptthronanwärter, dessen Sohn Massinissa, den geistig höchststehenden aller dieser Wüstensöhne, der in Spanien im karthagischen Heere als Reiterführer eine ausgezeichnete Ausbildung erfahren hatte. Von dem alten Syphax, der seine Residenz von Siga nach Cirta verlegte, vertrieben, erschien jetzt Massinissa plötzlich als gescheiterte Existenz mit einigen hundert Reitern bei Scipio. Der schon in Spanien vorbereitete Bund zwischen dem größten römischen Feldherrn und dem besten numidischen Reitergeneral der Zeit wurde erneuert: die Verbindung beider hat zum Untergang Karthagos beigetragen.

Ein Angriff Scipios auf Utika scheiterte. Nur Vorpostengefechte zwischen den beiden Armeen wurden geschlagen. Der römische Oberfeldherr bezog dann die Winterquartiere 204/3 in seinem Schiffslager am „schönen Vorgebirge“

(Castra Cornelia), während seine Gegner Hasdrubal und Syphax sich in zwei Lagern festsetzten und seine Bewegungsfreiheit stark einengten. Hasdrubal benutzte den Winter unter Heranziehung aller nur möglichen Kräfte zur Organisation einer großen Armee, beinahe in der Stärke der römischen. Daneben schuf Syphax ein fast gleich großes libysches Heer.

Schon im Winter mit Syphax eingeleitete Scheinverhandlungen benutzte Scipio in Wirklichkeit dazu, sich über die Stärke der Gegner und ihre Lager genau zu unterrichten. Dementsprechend eröffnete er den Feldzug von 203 mit einem überraschenden nächtlichen Überfall, nachdem er 2000 Mann gegen Utika abgezweigt hatte, er selbst auf das Lager des Hasdrubal, Laelius, verstärkt durch Massinissa, auf das des Syphax. Die Überraschung gelang vollkommen. Scipio hatte seine Bewegungsfreiheit wieder erlangt. Er erneuerte darauf die Belagerung Utikas, während die Gegner ihre zersprengten Heere wieder aufbauten, Syphax durch 4000 keltiberische Söldner verstärkt.

Als dann gemeldet wurde, daß sie auf den sogen. „großen Feldern" im Bagradastal ein verschanztes Lager aufgeschlagen hätten, zog Scipio nach Zurücklassung eines Belagerungskorps vor Utika gegen sie. Nach einem fünftägigen Marsch erreichte er sie Anfang Mai in dem heutigen Fruchtlande von Souk el Kremis. In der Schlacht schlug sich nur die keltiberische Truppe hervorragend, wurde aber nach dem Sieg der römischen und numidischen Kavallerie auf den Flügeln ebenfalls umgangen und vernichtet. Syphax zog sich nach Numidien, Hasdrubal auf Karthago zurück. Die abermalige Trennung des Gegners war das Hauptergebnis des Sieges. Mit einem Teil der Legionen und Massinissas numidischen Reitern wurde Syphax verfolgt. In kurzer Zeit war er auf sein eigentliches Reich im Westen beschränkt. Mit einem schnell zusammengerafften Heer kehrte er noch einmal zurück, wurde aber bei Cirta abermals geschlagen und gefangen genommen. Dem Scipio ergaben sich viele der libyschen Bezirke im karthagischen Untertanenland und, was die Hauptsache war, die glänzende numidische Reiterei stand von jetzt ab unter einem ausgezeichneten Führer den Römern zur Verfügung, bei der Bedeutung der Reiterwaffe in Afrika ein unschätzbarer Gewinn. Scipio bewegte sich darauf in der Richtung auf Karthago und nahm feste Stellung bei Tunes. Die Stimmung in der Hauptstadt war bereits unter dem Eindruck der Niederlage auf den „großen Feldern“ sichtlich schlecht geworden. Man raffte sich aber noch zu einem Entsatzversuch zugunsten Utikas auf, und zwar von der See her mit Hilfe der während des Winters neu hergerichteten und bemannten Flotte. Er mißlang infolge der Langsamkeit der Durchführung und der Umsicht Scipios, welcher herbeieilte und seine Flotte durch eine vierfache Front von verketteten Lastschiffen sicherte, allerdings einen Teilerfolg der Gegner nicht verhindern konnte.

Als dann die Kunde von der Niederlage und Gefangennahme des Syphax die Hauptstadt erreichte, sank dort die Stimmung auf Null. Die Friedenspartei gewann die Oberhand. Man trat in Unterhandlungen ein, Scipios Bedingungen lauteten: sofortige Räumung Italiens, Verzicht auf Spanien und auf alle Ansprüche bezüglich der Inseln im westlichen Mittelmeer, Rückgabe der Gefangenen und der Überläufer, Beschränkung der Kriegsflotte auf 20 Schiffe, Zahlung von 5000 Talenten Kriegsentschädigung. Schweren Herzens nahm man in Karthago an. Eine Gesandtschaft ging Ende 203 zur Ratifikation des Friedens nach Rom ab. An Hannibal und Mago erging der Befehl, sich nach der Heimat einzuschiffen. Mago starb auf der Rückfahrt an einer im Krieg erhaltenen Wunde, Hannibal aber, der zuletzt nur noch Kroton und Thurii mit Umgebung besessen hatte, betrat nach 16jährigem Kampf in Italien im Winter 203/2 den Boden seiner Heimat bei Leptis minor und schlug ein festes Lager bei Hadrumetum (Sousse) auf.

Die Ankunft des bis dahin unbesiegten Feldherrn ließ die Hoffnungen der Karthager auf einmal wieder aufflackern. Die Massen waren außerdem durch die in der Stadt herrschende Lebensmittelknappheit schwer erregt. Eine bei einem Sturme gescheiterte römische Getreideflotte mit Proviant für die Armee wurde von Hasdrubal in die karthagischen Häfen geschleppt und hier von der hungrigen Menge geplündert. Scipio ließ über den Bruch des Waffenstillstandes durch eine Gesandtschaft Beschwerde führen. Da die radikalen Elemente die Oberhand bekamen, wurde die Beschwerde abgewiesen, ja sogar ein Angriff auf die zu Schiff heimkehrenden Gesandten unternommen. Damit war der kaum angebahnte Friede gebrochen. Die Leidenschaft hatte wie so oft über die Vernunft gesiegt, und die Waffen mußten noch einmal entscheiden. Das größte Schauspiel des Krieges, der Kampf zwischen den beiden bedeutendsten Heerführern der Zeit, zwischen dem Meister und seinem Schüler, stand bevor. Beide Männer nahten der größten Stunde ihres Lebens und Wirkens, wie Hektor und Achill im Kampf um Troja unmittelbar vor seinem Falle. Es gibt Fälle in der Weltgeschichte, von denen man selbst aus weiter zeitlichen Ferne her noch zu spüren glaubt, wie die Menschen der Mitwelt den Atem angehalten haben mögen ob der furchtbaren Spannung, in der man sich auf beiden Seiten befand.

Scipio ging nach Zurücklassung einer Besatzung im Lager von Utika sofort zum Angriff über und durchzog mit etwa 25 000 Mann das reiche Land in der Nähe von Karthago, überall raubend und mit harter Siegerhand alles knechtend, um Rache für den gemeinen Vertragsbruch und die Verletzung des Gesandtenrechtes zu üben. Gleichzeitig schickte er Boten an Massinissa und forderte ihn auf, mit einem Hilfsheer zu ihm zu stoßen. Die Karthager umgekehrt wandten sich unter dem Eindruck der Verwüstungen ihres fruchtbaren Umlandes an Hannibal mit dem Ersuchen, unverzüglich loszuschlagen. Dieser aber lehnte jede Einmischung in sein militärisches Handeln ab und vollendete erst seine Rüstungen. Nicht viel über 10 000 Mann wird er vom italischen Schauplatz mit herübergebracht haben. Am empfindlichsten war der Mangel der Reiterei, seiner Hauptwaffe. Ein Berberführer mit Namen Tychaios, ein Freund des Syphax und damit ein Feind des Massinissa, wurde mit Erfolg angegangen, seine Reiterei zur Verfügung zu stellen. Zuletzt müssen auch, nachdem Scipio das karthagische Gebiet in der Richtung auf das obere Bagradastal verlassen hatte, die Truppen des Mago, Ligurer und Balearier, weiter Mauren, die unter dem Gisgo-Sohn Hasdrubal in Spanien gedient hatten, sowie die in der Hauptstadt ausgehobenen Mannschaften zur Feldarmee gestoßen sein. Ein Heer von 40 000 Mann ist aber die Höchstzahl, die für Hannibal angenommen werden darf, dazu mehr als 80 Elefanten, die er durch Leerung aller erreichbaren Depots zusammenbrachte, offenbar um den Mangel an Truppen, besonders an Reiterei, durch diese afrikanische Spezialwaffe zu ersetzen. Scipio hatte die Zwischenzeit benutzt, um sich mit Massinissa zu vereinigen, der ihm 4000 Reiter und 6000 Mann zu Fuß zuführte, so daß wohl eine etwa gleiche Stärke auf beiden Seiten angenommen werden darf. Der römische Vormarsch in das Innere wird neben dem Streben nach möglichst schneller Heranziehung der Truppen Massinissas von dem Gedanken bestimmt gewesen sein, Hannibal zum Kampfe zu stellen, ehe er im eigenen Lande wieder militärisch zu stark geworden war. Umgekehrt hat dieser vielleicht die Möglichkeit noch ins Auge gefaßt, eine Vereinigung seiner beiden Gegner stören zu können. So gehört die letzte Schlacht zeitlich in Ende Mai oder Anfang Juni 202. Kurz vor dieser Zeit muß der Aufbruch Hannibals von Hadrumetum erfolgt sein. Sein Marsch ging zunächst bis Zama, genauer Zama Regia, die westlichste der Städte, die diesen Namen tragen. Hier machte er halt, weil er sich bereits im Bereiche von Scipios Truppen befand. Denn sobald er ein Lager geschlagen hatte, sandte er drei Kundschafter aus, um festzustellen, wo die Römer ständen und wie ihr Feldherr es mit seinem Lager halte, offenbar bezüglich der Wasserversorgung, die im dortigen Steppengebiet das entscheidende Problem war. Die geringe Zahl der zur taktischen Aufklärung ausgesandten Kundschafter beweist schlagend die Nähe Scipios schon damals und schließt die lang geglaubte antike und moderne Hypothese aus, daß die Schlacht auf numidischem Boden bei Naraggara stattgefunden habe, da dieses drei Tagemärsche westlich von Zama gelegen ist.

Die drei Kundschafter oder Spione Hannibals wurden von Scipios Leuten gefangen genommen, aber statt sie zu bestrafen, ließ ihnen der Oberfeldherr durch einen Tribunen sein

Lager zeigen und gab ihnen für den Heimmarsch noch Geleit und Wegzehrung mit. Dieses Verfahren hat starken Eindruck auf Hannibal gemacht, der sofort erkannte, daß er zum erstenmal einem Feldherrn von großem Format gegenüberstand. Da soll bei ihm der Wunsch nach einer Unterredung mit Scipio wach geworden sein. Dieselbe kam nach einer Hinzögerung durch Scipio zustande. Zu ihr erschienen die beiden Führer nur von wenigen Reitern begleitet. Zuletzt auch von diesen verlassen, kam jeder nur noch mit einem Dolmetscher. Sie sprachen also nicht die damalige Diplomatensprache, das Griechische, das sie beide beherrschten, sondern jeder seine Muttersprache.
Die Unterredung ist ohne Ergebnis zu Ende gegangen. Nirgends in unserer Überlieferung tritt uns das Römertum als „kasuistische Soldateska" so handgreiflich vor Augen wie hier, wo Scipio erst mit Gesetzesparagraphen und formaljuristischen Deduktionen, dann mit den Waffen in der Hand den Gegner niedergeschlagen hat. Es ging jetzt nach Polybios für die Karthager um ihre Existenz, für die Römer aber um die Gewinnung der Weltherrschaft.
Vom Standpunkt des Kriegshistorikers ist die Schlacht, die nun folgt, eine der interessantesten, die die alte Geschichte zwischen Alexander und Cäsar aufzuweisen hat. Der Meister und der Schüler sind in jedem Teile des Kampfes ideenreich unter großartiger Bewältigung auch der schwierigsten Situationen.
Hannibal zeigte ein ganz neues Gesicht. Er, der in erster Linie mit Reiterei zu kämpfen pflegte, war in dieser Waffe erheblich schwächer, dagegen an Fußvolk etwas überlegen. Darauf baute er seinen neuen Schlachtplan auf, der gegenüber allen seinen früheren Schlachten eine Abweichung vom eigenen System darstellt. Er schlug nämlich seine letzte Schlacht mehr infanteristisch unter Benutzung der römischen Dreitreffen-Taktik, im vordersten Treffen die 12000 Söldner mit den Elefanten vor der Front, dahinter im zweiten Treffen das karthagisch-libysche Bürgerheer, im dritten Treffen mit 200 m Abstand, also von vornherein als Reserve gedacht, das aus Italien mitgebrachte Veteranenkorps mit dem Feldherrn in der Mitte, der von hier aus ganz modern

die Schlacht leitete. Die Zwischenräume der Treffen wurden beim Vorrücken noch vergrößert, so daß bei dieser großen Tiefenstaffelung der Reservecharakter des Veteranenkorps noch erhöht wurde, offenbar gedacht als Gegenwirkung gegen Scipios Lieblingsmanöver der doppelseitigen infanteristischen Umfassung. Auf den Flügeln stand die Reiterei, links die 2000 Numider des Tychaios, rechts die karthagische.

Scipio bot die römische Aufstellung der drei Treffen nicht in der gewöhnlichen Form, d. h. schachbrettartig gegliedert, sondern die Manipeln der einzelnen Treffen hintereinandergeordnet, so daß sich breite Gassen von der Front bis in den Rücken für den Vorstoß der Elefanten bildeten. Den linken römischen Flügel hatte die italische Reiterei unter Laelius inne, den rechten Massinissa mit seinen 4000 Reitern, seinem Landsmanne Tychaios um das Doppelte überlegen. Die Folge war, daß beide Reiterflügel Hannibals alsbald von den feindlichen Geschwadern weggefegt wurden: zum erstenmal also eine hannibalische Schlacht, bei der die Reiterei nicht den Ausschlag gab, sondern ausgeschaltet war.

So kam alles auf das Fußvolk an. Der Kampf der vordersten Treffen auf beiden Seiten, der zahlenmäßig überlegenen Söldner und der an Können hervorragenden Römer, stand lange unentschieden. Da geschah etwas Unvorhergesehenes. Die Söldner, auf die neue Taktik nicht eingestellt, glaubten sich vom zweiten Treffen, das befehlsgemäß nicht mitangriff, verraten und kämpften auch rückwärts gegen die vermeintlichen Verräter. Trotzdem erkannte Scipio, daß eine Umfassung, wie sie auch diesmal mit dem zweiten und dritten Treffen durch Seitwärtsschieben beabsichtigt war, bei der großen Tiefengliederung des Gegners nicht ausgeführt werden konnte.

Dadurch trat eine ziemlich lange Gefechtspause ein, welche den Römern erwünscht war. Während derselben änderte Scipio die Schlachtidee, eine äußerst riskante Sache mitten im Kampfe. Er ließ nämlich neben dem neu geordneten Zentrum der vordersten Linie das zweite und dritte Treffen tiefgegliedert auf den Flügeln aufmarschieren, entschloß

sich jetzt also zu einer Frontalschlacht, um wenn möglich mit den verstärkten Flügeln am Ende doch noch zur Umfassung zu gelangen. Zugleich zeigt sich hierin, daß er seinerseits einen Flankenstoß des Gegners befürchtete. Aber diesem war durch das Wüten seiner eigenen Truppen gegeneinander die zahlenmäßige Überlegenheit genommen und er mußte seine Veteranen ebenfalls in vorderster Linie einsetzen, um der breiter gewordenen Front Scipios entgegentreten zu können. Dadurch verlor er seine Reserve und zugleich die Schlacht. Zwar haben die Veteranen noch durchaus ihren Mann gestellt, und der reine Infanteriekampf wäre vielleicht auch diesmal noch zugunsten der Karthager entschieden worden. Da kam die siegreiche römisch-numidische Reiterei auf das Schlachtfeld zurück, packte die verzweifelt kämpfenden Truppen Hannibals im Rücken und entschied die Schlacht zugunsten der Römer. Was nicht fiel, wurde gefangen genommen. Die Lieblingstruppe des großen Heerführers hat ihm diesmal nicht den Sieg, sondern den Untergang gebracht. Das war die Tragik in Hannibals Leben und militärischem Schaffen, nachdem er zum ersten Male zum Kampfe mit einer einheitlichen und selbständigen Reserve wie im modernen Krieg übergegangen war.
Während sein Stern sank, strahlte derjenige seines großen Gegners um so heller. Er hat in dieser Schlacht die Meisterprobe seines Feldherrntums abgelegt. Nachdem sein Schlachtenplan durchkreuzt war, hat er mitten im Schlachtengetümmel eine Umgruppierung seiner Truppen vorgenommen und eine zweite Schlacht in die Wege geleitet, ein Beweis nicht nur für die Leistungsfähigkeit des mutigen, seiner selbst sicheren Führers, sondern auch für die glänzende Durchbildung seiner Truppen. Das geschlossene Volksheer mit einem jungen Führer ersten Ranges an der Spitze, der alle großen Eigenschaften des damaligen römischen Volkes gesteigert aufwies, siegte so über die buntzusammengewürfelten Massen auf der Gegenseite, die diesmal selbst Hannibals Genie nicht mehr zusammenzuzwingen vermochte.
Er floh nach der Niederlage mit wenigen Reitern nach Hadrumetum und ging von da nach Karthago. Hier trat er rückhaltlos für Friedensverhandlungen ein. Eine Gesandt-

schaft erschien vor Scipio, der nach Utika zurückgekehrt war, wo unterdessen die neue römische Kriegsflotte mit großen Transporten eingetroffen war. Scipio rückte der Gesandtschaft noch einmal die Sünden ihrer Stadt vor Augen, voran Kriegsschuld und Vertragsbruch, ließ aber trotzdem Milde und Großmut walten.

Gegenüber den früher vereinbarten Friedensbedingungen wurde die Zahl der Karthago verbleibenden Schiffe auf 10 herabgesetzt und die Kriegskostenentschädigung von 5000 auf 10 000 Talente (47 Millionen Goldmark), zahlbar in 50 Jahresraten, erhöht, endlich fiel die Verpflegung und die Löhnung des römischen Heeres bis zum Friedensschluß Karthago zur Last. Entscheidend aber waren die Bestimmungen über neue Kriege Karthagos – es darf keinen Krieg außerhalb Afrikas führen, in Afrika dagegen nur mit Wissen und Zustimmung der Römer – und über die Aufrichtung des Massinissa-Reiches. Alle Häuser, Ländereien und Städte, sowie alle sonstigen Besitztümer des Massinissa oder seiner Vorfahren waren innerhalb noch zu bestimmender Grenzen an diesen zurückzugeben. Das alte und doch ewig neue Rezept, den niedergeworfenen Gegner in die Zange zu nehmen, wurde auch hier wieder in die Wirklichkeit umgesetzt. Rom hatte einen Wächter für Karthago bestellt, der mit Hilfe dieses Kautschukparagraphen stets benutzt werden konnte, um den am Boden liegenden Feind fest am Zügel zu halten. Man sieht deutlich, der Friedensschluß raubte Karthago nicht nur die militärische, sondern auch die politische Selbständigkeit. Es hat aufgehört, ein vollsouveräner Staat zu sein.

Scipio zog zum glänzendsten Triumphe in Rom ein, den man bis dahin gesehen hatte. Sein Ehrenbeiname „Afrikanus“ ist der erste in der Reihe jener stolzen Siegertitel römischer Imperatoren, von den Namen besiegter Völker oder Länder genommen. Durch die Niederwerfung Afrikas ist Rom erst Herr im engeren Mittelmeerbereich geworden.

Rückblickend müssen wir uns noch einmal klar machen, welche Kriegsanstrengungen Rom in den nun verflossenen 125 Jahren seit 326 auf sich nehmen mußte, um Italien durch die Gewinnung eines Sicherheitsgürtels ringsum zu einem festen Besitz der herrschenden Stadt zu machen. Die Samnitenkriege und der Pyrrhoskrieg haben zusammen 36 Jahre gedauert, die beiden punischen Kriege 39 Jahre, im ganzen also 75 Kriegsjahre. Die Hauptkriegslast nicht nur an Menschen, sondern auch an materiellen Gütern haben Italien und Sizilien tragen müssen. Dies ist der Preis für die Gewinnung der „Weltherrschaft“ Roms. In den Samnitenkriegen und im Pyrrhoskrieg war die italische Wehrgenossenschaft nicht nur durch Verträge, sondern auch mit Blut und Eisen zusammengeschweißt worden. In der zweiten Kriegsepoche, der punischen, hat dann das neue föderative Gebilde politisch und soldatisch seine Feuerprobe bestanden, und der Glaube Hannibals an die Entfesselung der partikularen und zentrifugalen Kräfte war an dem gesunden völkischen Gemeinschaftssinn der italischen Bauern und an dem aus dem Besitz eines gemeinsamen Heimatbodens erwachsenen Zusammengehörigkeitsgefühl auch der übrigen Völker der eigentlichen Halbinsel kläglich zuschanden geworden. Alles aber war gelenkt und auf höchste Ziele gerichtet durch den unvergleichlichen Opfersinn der römischen und latinischen Bürgerschaft, die mit seltener Disziplin den schwersten politischen Notwendigkeiten sich unterworfen und den Staat zu einer sittlichen Größe emporgehoben hatte, wie er bis dahin von der europäischen Menschheit noch nicht geschaut worden war. Ein solches Durchhalten in den Zeiten bitterster Not, verbunden mit Hingabe von Gut und Blut der Bürger bei immer wieder erneuten großen Anforderungen der Staats- und Heeresleitung, hatte moralische Werte erzeugt, die nicht so bald wieder verloren gehen konnten. Ein großes Volk mit gesunden, allen Spannungen des Lebens gegenüber offenen Sinnen und einem kraftstrotzenden Bauernblut in seinen Adern (nicht nur seine gute Verfassung, wie Polybios von seinen griechischen Anschauungen her gemeint hat) war es gewesen, das die Tatzenschläge des afrikanischen Löwen, schließlich auch den furchtbaren Schlag von Kannä, ausgehalten hatte, allerdings nur dadurch, daß man sich mächtig zusammenraffte und immer neue Scharen des „heiligen Lenzes“ der Nation opferte, belohnt schließlich mit dem höchsten Glück eines kämpfenden Volkes, daß einer aus seiner Herrenschicht es führte, dem von der Natur alle hohen Gaben des heroischen Menschen verliehen waren.

Aber als europäische Qualität jetzt zum zweitenmal triumphierte, als, wie einst Alexander zum „Großkönig von Asien“, Scipio zum „Afrikanus“ geworden war, da hat das siegreiche Volk in diesem übermenschlichen Ringen unendlich viel hergeben müssen. Das italische Bauerntum, auch im dritten Jahrhundert noch der Kern und Halt des römischen Staates, war schwer getroffen, besonders im reichen, strichweise sehr dicht bevölkerten Süden, durch die immer wieder erfolgten Verheerungen seiner Ländereien, bei der Baumzucht des Mittelmeergebietes dreifach verderblich, noch mehr aber im Gesamtraum der Halbinsel durch den ewigen Kriegsdienst der Bürger und Bundesgenossen, endlich durch das Brachliegen vieler besetzter oder zu Staatsgut erklärter Besitzungen. Der Verfall Süditaliens, eingeleitet durch den vorhergegangenen Niedergang des Griechentums, wurde so durch diese furchtbaren langdauernden Kriege aufs stärkste beschleunigt. Einst der Ausgangspunkt italischer Aufwärtsentwicklung, wurde es jetzt, was es heute noch ist, zum Anhängsel des Ganzen. Mittelitalien, das von den Nöten des Krieges weniger betroffen war, bekam auf allen Gebieten die Führung. Roms Übergewicht gegenüber den Bundesgenossen wuchs gleichzeitig zusehends, zumal einige in das Untertanenverhältnis hinuntergestoßen waren, anderswo das altbewährte Kolonisationssystem auch nach dem Kriege zur Versorgung von Scipios Veteranen in weitem Umfang durchgeführt wurde und zu einer Stärkung des römischen und latinischen Einflusses beitrug.

Zum erstenmal mußte also durch bevölkerungspolitische Maßnahmen in den am schwersten betroffenen Landschaften künstlich ein erträglicher Zustand geschaffen werden. Anderswo, wie in Mittelitalien, machte sich in den durch den Krieg reich gewordenen Schichten ein Hunger nach Land geltend, der den Großbesitz stärkte. Durch den häufigen Besitzwechsel wurde der Grund und Boden in ganz anderer Weise als bisher Ware, deren Freigabe von den Gläubigern der im Krieg aufgenommenen Staatsschulden dringend verlangt wurde. Einer künstlichen Neuschöpfung des Bauernstandes, die sich nur auf eine sehr teilweise Linderung der Not beschränken konnte, steht also eine Bewegung auf Vermehrung des Großgrundbesitzes gegenüber, zumal den Senatoren als Kapitalanlage nur der Bodenerwerb gestattet war. So muß der hannibalische Krieg und die auf ihn unmittelbar folgende Zeit als die erste Epoche bezeichnet werden, in welcher der italische Raum begonnen hat, eine wirtschaftliche und soziale Strukturveränderung durchzumachen, die Staat und Gesellschaft von der seither in ihr dominierenden Bauernschicht wegführte und den Anfang jenes Zusammenströmens der vom Lande vertriebenen und entrechteten Elemente in der Hauptstadt brachte. Nicht nur der Großgrundbesitzer, sondern auch der mittlere Besitzer wurde gleichzeitig in ganz anderer Weise als bisher Kapitalist, der seine Wirtschaft nicht mehr allein nach bäuerlichen Gesichtspunkten führte.

Der ewige Kriegszustand hat zudem manche neue Berufe geschaffen, allein schon durch die einträglichen Heereslieferungen, welche viele Menschen beschäftigten und von Haus und Scholle loslösten, weiter durch die Finanzoperationen, wie Kriegssteuer, Kriegsanleihen, zu denen der um seine Existenz ringende Staat gezwungen war. Der modernen Industrialisierung der am weitesten fortgeschrittenen europäischen Länder, voran Englands, entspricht im Altertum jetzt in Rom eine Kommerzialisierung, die den Händlergeist des besiegten Karthago in der römischen Welt emporzüchtete, das Italikertum von Italien loszulösen begann und, den Heeren folgend, in die neugewonnenen Länder einziehen ließ. Das Geschäft dieser ehemaligen Bauern Italiens, die sich mit den Soldaten die Welt eroberten, war naturgemäß in erster Linie der Handel mit Agrarprodukten, sehr bald aber auch, hervorgerufen durch das Anleihewesen des Staates, das Bank- und Wechselgeschäft. Der alte bäuerliche Erwerbssinn bekam so ganz neue Betätigungsgebiete und begriff schnell, auf welchen Gebieten am meisten zu verdienen war, während den in der hauptstädtischen Masse untergehenden Elementen jeder Beruf recht sein mußte, um das Leben zu fristen.

Noch mehr aber als der Soldat und der Geschäftsmann waren es der Beamte und der Stab seiner Mitarbeiter und Angestellten, der dem neuen Rom den Stempel aufgedrückt hat. Der Staat stand auch politisch vor ganz neuen Aufgaben. Was außerhalb Italiens gewonnen wurde, ist für die schweren wirtschaftlichen Lasten, die der Bürgerschaft durch die immerwährenden Kriege aufgebürdet waren, nach Kriegsrecht als Eigentum des römischen Volkes eingezogen worden. In diese unterworfenen Gebiete wurden römische Magistrate zur Verwaltung gesandt, und vom alten Begriffe des römischen Amtsgebietes = *provincia* erhielten diese außeritalischen Besitzungen des Volkes den Namen „Provinzen" nicht in dem Sinne, wie wir heute das Wort verwenden. Vielmehr blieb diesen römischen „Provinzen" immer der Begriff des untertänigen Landes verhaftet, dessen Bewohner für die Benutzung ihres Bodens Abgaben zu entrichten hatten. Neben das Bundesgebiet Italien trat das außeritalische, in sich vielfach gegliederte Untertanenland, in welchem der römische Vogt nicht wie der römische Beamte zu Hause kollegial gebunden, sondern als einzelner herrschte, wie ein kleiner König in seinem Reiche — kein Wunder, daß später aus dem Kreise dieser Provinzialstatthalter dem römischen Staate der monarchische Lenker erwachsen ist.

Die Aristokratie von Rom hatte es bis dahin geliebt, mit einer Mindestzahl von Beamten auszukommen, die ehrenamtlich ihren Dienst taten. Als diese Ämter aber jetzt in der Abschlußstufe des Provinzialstatthalters sehr schnell zu Bereicherungsstätten für die Inhaber wurden, begannen sich neue Verhältnisse zu entwickeln. Der schnelle Zuwachs an Provinzen bedeutete zudem schon bald tatsächlich das Eintreten des Reichsstaates an Stelle des bisherigen Stadtstaates und politisch ein Denken in Ausmaßen, welches die alte rein italische Politik weit hinter sich ließ. Die im römischen Senat vereinigte Nobilität mit ihren Beamtenorganen und deren Gehilfenschaften bekam ein ungeahntes Betätigungs- und Versorgungsfeld, und hinter ihr erhob sich aus der bürgerlichen Gesellschaft das Heer der Unternehmer, Händler und Geldverleiher, die nun auch politisch eine

Machtstellung im Staate zu erringen suchten, je mehr ihr wirtschaftlicher Einfluß auf Grund der überall angelegten Kapitalien sich vergrößerte.

Gleichzeitig ist innerhalb der Nobilität auch das Ringen der großen Fürstengeschlechter um die Macht niemals schärfer gewesen als in diesen harten Kriegszeiten. Voran stehen damals drei Häuser, das fabische, das klaudisch-fulvische und das scipionisch-ämilische Geschlecht, die miteinander ständig um die Palme gerungen haben. Das Haupt der fabischen Gruppe war der so oft genannte Kunktator, der nach seiner Diktatur noch zweimal das Konsulat bekleidete (215 und 214) und seinen Sohn schon für 213 zur gleichen Würde brachte. Seit 212 rangen der fabische und der fulvisch-klaudische Adelsverband um die Macht, bis im Jahre 209 der große jetzt 70jährige Fabier als Konsul zum dritten Male und als „Vormann im Senat" das Rennen gewann, und zwar mit Hilfe der ämilisch-scipionischen Gruppe, welche von da ab zu ungeheurem Glanze emporstieg, weil ihr durch den Afrikanus die Rettung Roms verdankt wurde.

Inmitten dieses starken Rivalisierens der Geschlechter im Innern und dieses unendlich nach außen vergrößerten Betriebes standen nach wie vor die Militärs voran, die die eigentlichen Schöpfer des Ganzen waren. Bekanntlich gab es in Rom keine Berufsoffiziere an der Spitze der Beamtenhierarchie. Die ungeteilte Befehlsgewalt der alten Könige war auf die Führer der Republik übergegangen und verlangte von jedem Zivilbeamten an höchster Stelle auch militärische Befähigung und militärisches Können. Die Konsuln waren also nicht nur „Volksmeister" oder „Bürgermeister", sondern auch Leiter der Heere und Lenker der Schlachten. Nun war aber anderseits die Heerführung viel komplizierter geworden, und man hatte, um der großen Gegner Herr zu werden, unendlich viel von dem Feinde lernen müssen. In noch höherem Maße als in den Samnitenkriegen ist dies in den punischen und gallischen Kriegen der Fall gewesen. Der Erste Punische Krieg hatte Rom den Übergang zum Flottenbau und zum Seekampf aufgenötigt, so schwer dies auch für ein wasserscheues Bauernvolk war, und die Gallierkämpfe hatten ähnlich wie die Samnitenkriege gar manche Verbesserung der römischen Ausrüstung gebracht. Der alte „Bürgermeister“ als Heerführer und Exerziermeister reichte erst recht nicht mehr aus, seitdem Hannibal mit seinen derben Schlägen den Römern handgreiflich gemacht hatte, daß das Kriegführen in der Strategie wie in der Taktik eine hohe Kunst ist. Die Weltpolitik, deren Tage jetzt anbrachen, erforderte nunmehr von den Römern auch ein starkes Maß von Können auf militärischem Gebiet, nachdem das alte Diplomatenspiel immer und immer wieder in die Kriegsform übergegangen war. Der tiefe Gegensatz Scipios zu seinen Standesgenossen hatte in letzter Linie seinen Grund darin, daß er den neuen Typus des beruflich geschulten Staatsfeldherrn (Generalissimus) darstellte, welcher sich allein imstande zeigte, Hannibal niederzuwerfen. Mit dem jährlich wechselnden Kommando unter dem jeweils militärisch tüchtigsten Konsul war die Aufgabe nicht mehr zu lösen. Die Dauer des Kommandos wurde jetzt durch die Länge der für die Lösung der Aufgabe erforderlichen Zeit bestimmt und ließ das reine Jährigkeitsprinzip der römischen Ämtervergebung in den Zeiten der Not einfach aus Not verschwinden. Der Imperator Scipio mit seinem alle Standesgenossen überragenden militärischen Können sprengte so die Fesseln, die die aristokratische Verfassung dem einzelnen, auch dem größten Manne angelegt hatte. Neben dem Einzelstatthalter in den Provinzen ist dieser Generalissimus der Republik einer der neuen Faktoren geworden, an denen der Gemeindestaat und die Aristokratie, die ihn durch den Senat regierte, dereinst zugrunde gehen sollte. Von Scipio zu Sulla und Cäsar führt eine gerade Linie, die dann im Prinzipat und Dominat der Kaiserzeit endet. Rom, das das Individuum länger als irgendein anderes Volkstum in der Gemeinschaft ängstlich zurückgedrängt hatte, erhöht zugleich den ersten wirklich großen Mann, dem der Lorbeer des Triumphators ob eines bis dahin nicht erlebten Siegeszuges die Stirne kränzte, sofort über Menschenmaß hinaus – besonders gefährlich allerdings in einem Staate der großen Geschlechter, denen der ungekrönte König gerade so ein Greuel war, wie ehedem der gekrönte, dessen Namen man verfemt hatte.

Aber auch auf geistigem Gebiete zeigte sich der gewaltige Umbruch in Roms Dasein durch die großen Kriege. Es ist keine Frage, daß im religiösen Leben vor allem der hannibalische epochemachend geworden ist. Not lehrt beten zu allen Zeiten. Man ist sich damals nicht nur der Eigenart des heimischen religiösen Denkens wieder stärker bewußt geworden, sondern hat auch, als Roms Götter zu versagen schienen, noch einmal mancherlei Neues übernommen, woher es auch kommen mochte. An der Spitze steht die Einrichtung oder Wiedereinrichtung der Säkularspiele im Jahre 249. Kaum war die Puniergefahr gebannt, da hat der furchtbare Gallierschreck das Zurückgreifen auf die grausige etruskische Sitte des kultischen Menschenopfers gebracht (s. o.), um die durch ein Orakel verkündete Einnahme der Stadt zu verhüten. Unter allen Hellenisierungserscheinungen, die das römische religiöse Denken dieser Zeit aufweist, ist vielleicht die stärkste die erneute Hinwendung zu den international gewordenen griechischen Orakelstätten. Wie schnell die Entwicklung auf italischer Erde hier gegangen ist, zeigt allein die Tatsache, daß der Senat noch am Ende des Ersten Punischen Krieges eine Befragung der einzigen großen einheimischen Orakelstätte im Fortunaheiligtum von Präneste abgelehnt hatte, weil er sich an auswärtige Orakel nicht wenden wollte. Die geradezu kindische Angst der Römer vor den Galliern und die dann unmittelbar darauf folgende Furcht vor Hannibal haben die so überaus schnelle und große Wandlung des gesamten religiösen Lebens hervorgebracht.

Vom ersten Tage des hannibalischen Krieges an setzten die römischen Versuche ein, alle Äußerungen aus der göttlichen Sphäre genau zu buchen und den Zorn der Götter zu versöhnen, sehr bald aber auch nach griechischem Muster die Pläne der Gottheit mit ihrem auserwählten Volke zu erforschen. Schon im Jahre 218 traten die bösen „Vorzeichen" (Prodigien) in einer bis dahin ungeahnten Fülle auf. Eine schwere Erregung bemächtigte sich sogleich der Massen. Kein Schlag aber hat erschütternder auf das Volk gewirkt als die vernichtende Niederlage am trasimenischen See. Die alte Sammlung römischer Sühnevorschriften, die „Bücher" im Sinne von „heilige Bücher", „Schicksalsbücher", damals „sibyllinische Bücher" umgenannt, wurden durch den Diktator Q. Fabius als Augur hervorgeholt, und das Priesterkollegium der „Zehnmänner" verkündete, daß die Bücher folgendes verlangten:

Was man dieses Krieges wegen dem Mars gelobt habe, sei nicht den Vorschriften gemäß erfüllt worden und müsse von neuem und in umfassenderer Weise vollzogen werden, dem Jupiter müsse man „große Spiele", der Venus Erycina und der Mens Tempel geloben, ferner einen Bittgang *(supplicatio)* und eine Götterspeisung *(lectisternium)* veranstalten, auch einen „heiligen Lenz" *(ver sacrum)* müsse man geloben, d. h. nach altitalischem Brauch den Ertrag eines Frühlings an Menschen und Tieren dem obersten Gotte verfallen erklären, wenn der Staat die nächsten fünf Jahre über in derselben Verfassung bleibe, in der er vor dem Kriege gewesen sei, ein merkwürdiger religiöser Fünfjahresplan, durch den die Gottheit gewonnen werden sollte. Wie in der schwersten Zeit der Samnitenkriege sind in der hannibalischen Kriegsepoche die Tempelgelobungen wieder zahlreicher als je geworden. Echt römisch, weil in die Reihe der Eigenschaftsgötter gehörig, ist dabei die Gelobung eines Tempels an *Mens,* den „Verstand", nachdem durch *dementia,* d. h. Mangel an Verstand, die trasimenische Niederlage mitverschuldet worden war. Unmittelbar daneben ist eine Ausländerin, die Venus vom Eryx, damals in den Vordergrund getreten und hat auf dem Kapitol eine Stätte der Verehrung gefunden. Sie ist die Schrittmacherin für die im Jahre 204 zugelassene große kleinasiatische „Göttermutter" *(Magna Mater)* selbst geworden. Rom öffnete sich mit einem Schlag in seiner Not nicht nur vielen griechischen, sondern bereits auch den orientalischen Gottheiten, die mit der exzentrischen Orgiastik der dortigen Kulte behaftet waren. Mehr als alle früheren und späteren hat diese größte Notzeit die römische „Kirche" in hervorragender Weise gestärkt.

Durch die Katastrophe von Kannä ist dann die Befürchtung aufgetaucht, daß nun wirklich alles verloren sei. So ist es nicht zu verwundern, daß gerade im Jahre 216 zum zweiten Male das grausige Menschenopfer je eines Kelten- und Griechenpaares durch Lebendigbegrabenwerden dargebracht wurde: diesmal aus Anlaß eines Vestalinnenvergehens gegen das ihnen auferlegte Keuschheitsprinzip, das zur Verurteilung bzw. zum Selbstmord der beiden Vestalinnen und ihres Liebhabers führte, ein Prodigium allererster Ordnung. Als die Not trotzdem nicht nachließ, ergab sich die Masse den falschen Propheten, die überall auftauchten und mit ihren Trostspenden, zum Teil aus fremden Religionen, die Herzen, vor allem der Frauen und des vertriebenen Landvolkes, gefangennahmen. Der Schwindel führte im Jahre 213 zum Eingreifen des städtischen Prätors, der die Ablieferung aller Bücher und Schriften wundertätigen Inhalts verlangte. Dabei wurden die sogenannten „marcischen Hymnen“ gefunden. Deren erster Spruch hatte die Niederlage von Kannä vorausgesagt, während der zweite den römischen Sieg prophezeite, wenn dem Apollo Spiele gelobt würden. Damals hat auch die große Wandlung der sibyllinischen Bücher zur Orakelpoesie im Stile der gleichzeitigen hellenistischen stattgefunden. Rom hat schnell im religiösen Dasein griechisch denken gelernt. Auch bei der Einführung der phrygischen „großen Mutter“ wurde das delphische Orakel bemüht. Es befahl, die Göttin solle vom „besten Manne unter den Guten“ empfangen werden. Echt römisch und bezeichnend für die damalige Zeit ist es nun, daß nicht etwa der damalige „Erste“ des Senates oder gar Scipio genommen wurde, sondern ein unbekannter Jüngling, P. Kornelius Nasika, der noch nicht einmal Quästor gewesen war. Für die offizielle Heraushebung eines wirklich „besten Bürgers“ selbst im religiösen Bezirk war das aristokratische Rom noch nicht reif.

Dies sind die dunklen Hintergründe einer großen Zeit. „Gottesfurcht“, im ursprünglichsten Sinne gefaßt als Furcht vor Gott, liegt wie ein Alp auf diesem religiös immer primitiv gebliebenen Bauerntum. Ohne vorher Versöhnung und Frieden mit den Göttern herbeigeführt zu haben, geht es keinen Schritt vorwärts. Der verstandesklare Sinn des sonst so realistisch denkenden Volkes wird dabei auch von allerlei Spuk und Wahrsagerei umnebelt, weil zeitweise der Zweifel die Herzen ergreift, ob der über alles gestellte Staat wieder emporkommen könne. Die großen Kriege haben so für Rom nicht nur die Anfänge der Weltherrschaft, sondern auch die erneute Unterwerfung unter die dunklen Mächte des Irrationalen und des Aberglaubens gebracht.

In dieser religiös so schwer erregten Zeit ist das Römertum endgültig zum literarischen Dasein erwacht. Was jetzt als römische Literatur auftrat, war allerdings zunächst nicht das Werk der eigenen Söhne, sondern der Südländer Italiens, der Griechen und der Gräzisierten von dort, die seit der Niederwerfung Tarents von Rom angezogen worden waren. So ist die lateinische Literatur an der griechischen emporgewachsen. Aber es gibt gegenüber der griechischen Vielstämmigkeit und Mundartenliteratur sofort nur eine einheitliche lateinische Literatursprache, weil Rom schon der Mittelpunkt der Halbinsel geworden war, als das Italikertum in die allgemeine Weltbildung hineingezogen wurde. Wer lateinisch schriftstellern wollte, mußte nach Rom ziehen, da man hier allein zur literarischen Verwendung der Sprache übergegangen war.

Der erste römische Literat aus dem Auslande, Livius Andronikus, ist nicht freiwillig, sondern als Sklave aus seiner Heimatstadt Tarent um 272 nach Rom gekommen, hat zu seiner Muttersprache Lateinisch hinzugelernt und hat sich als Erzieher im Hause des Livius Salinator solche Verdienste erworben, daß er freigelassen wurde. Seine Haupttat ist die Übersetzung der homerischen Odyssee *(Odusia)* ins Lateinische, und zwar in einer freieren Umbildung und mit Verwendung des heimischen Saturniersversmaßes. Wenn er auch nicht das römische Sühnelied von 249 verfaßt hat, so sicher dasjenige von 207, mit welchem er den späteren Hymnendichtern Roms das Vorbild gegeben hat. Es war nach Hasdrubals Erscheinen in Italien, als ein sibyllinisches Orakel zur Sühne des Zwitters von Frusino eine öffentliche Feier befahl. „Da zogen“, so erzählt die alte Chronik, „27 Jungfrauen im langen Gewande durch die Straßen und sangen das Lied auf Juno Regina, das vielleicht damals dem des Schönen noch ungewohnten Volke gefiel.“ Neben dem Epos und dem alteinheimischen Kultlied hat der Tarentiner auch das Drama, Tragödie und Komödie, gepflegt, in der Tragödie hat er sich eng an das große griechische Vorbild bester Zeit angeschlossen. Im Lustspiel dagegen hat er auch die neue attische Komödie als Vorbild benutzt und damit den ersten Griff in die hellenistische Literatur getan. Die früheste Aufführung eines seiner Dramen gehört in das Jahr 240. Dieses Jahr ist daher das Geburtsjahr der römischen Literatur im engeren Sinne. Der Senat hat Andronikus' Tätigkeit dadurch geehrt, daß ihm zum Danke der „Verein der Dichter und Schauspieler" von Rom gegen Ende seines Lebens Korporationsrechte bekam mit dem Sitz im Minervatempel auf dem Aventin, dem Kultzentrum der Handwerkergilden. Dadurch ist auch von Staats wegen anerkannt worden, daß der Tarentiner seiner Wahlheimat ein neues Gewerbe zugelegt hat, das allerdings mehr als ein Handwerk war.

Wie in der politischen Geschichte der Römer, so hat auch im Geistesleben ein rasendes Tempo der Entwicklung den Stempel aufgedrückt. Die Literatur war in Rom nicht ein von innen herausgewachsener Baum, wie die griechische, sondern ein auf dieser aufgepfropftes Reis, ein wilder Schößling, welcher wie der Wildling der Natur unendlich schnell ins Kraut schoß.

Wie P. Licinius Tegula, der zweite Hymnendichter, so ist auch der bedeutendere Cn. Nävius, ein Osker, im Epos und in der dramatischen Dichtung, in Tragödien und Komödien (letztere auch mit national-römischen Stoffen, z. B. *Clastidium*), der Fortsetzer des Andronikus geworden. Die Kriegsgeschichte des Ersten Punischen Krieges ist der Vorwurf seines epischen Gedichtes, ebenfalls im altertümlichen Saturniervers abgefaßt, die erste historische Monographie in lateinischer Sprache, etwa im Stile unserer ältesten Reimchroniken. Erst im Alter, gleich nach dem hannibalischen Kriege, hat er in der Verbannung in Utika gedichtet, also in persönlicher Berührung und mit offenem Blick für das Volk, das der Gegenspieler der Römer gewesen war. Was Nävius' Wirkung in die Ferne verhindert hat, ist neben der altertümlich „gravitätisch-zopfigen Form" der Umstand, daß sein Krieg von dem hannibalischen so schnell verdunkelt wurde. Immerhin blieb das Ergebnis, daß der größte Dichter der nächsten Epoche, Ennius, in seinen Annalen auf eine ausführliche Darstellung des Ersten Punischen Krieges seinetwegen verzichten konnte. Für diesen hatte Nävius in der lateinischen Literatur die Grundlagen gelegt und damit neben Andronikus' Odyssee gewissermaßen eine römische Ilias aus der Zeitgeschichte geformt. Der dritte große literarisch tätige Römer der hannibalischen Zeit ist Fabius Pictor, der Gesandte nach Delphi vom Jahre 216, und neben ihm, aber erst in weitem Abstand, sein jüngerer Zeitgenosse Cincius Alimentus, Prätor i. J. 210: gegenüber dem Kampaner und Plebejer nun zwei stadtrömische Männer senatorischen Ranges, die sich, von dem Streben geleitet, die römische Politik dem griechischen Auslande verständlich zu machen, der griechischen Sprache in ihren Geschichtswerken bedienten. Eine merkwürdige Umkehrung der Verhältnisse: während die Dichter des Südens die lateinische Sprache benutzten, zuletzt auch der bedeutendste dieser Reihe, der Messapier Ennius, gingen die Stadtrömer, allerdings lediglich aus praktischen Gesichtspunkten, zur Benutzung der griechischen Weltsprache über: eine lateinische Dichtung von Nichtlateinern und eine griechische Prosa geschaffen von Lateinern! Aber auch in dieser griechisch niedergeschriebenen Volksgeschichte ist die von den Staatspriestern der vorhergehenden Epoche geschaffene Chronikenform bis zu einem gewissen Grade beibehalten worden. Dazu gehört in erster Linie der Beginn mit der durch die griechische Mythographie weiter ausgestalteten Sage vom Ursprung Roms. Sie ist schon der poetischen Monographie des Nävius vorangestellt gewesen und von da ab ein wesentlicher Bestandteil der römischen Stadtchronik geworden, unter welchem Namen diese auch auftritt, ob als *annales*, „Jahrbücher", oder *origines*, „Anfänge", in welchen die Gründungsgeschichte schon im Titel in den Vordergrund gerückt wird. Die Disposition der Werke des Fabius und Cincius war so gehalten, daß die Gründungsgeschichte Roms breit, die Epoche zwischen der Gründung und den punischen Kriegen nur in kurzer Übersicht, dagegen die Zeitgeschichte wieder ausführlich behandelt war. Gegenüber Nävius war also das kurze „Zwischenstück" zwischen Gründung und selbsterlebter Zeit mit Hilfe der Pontifikaltafeln neu hinzugekommen. Damit aber war die Chronik „vom Anfang der römischen Dinge an" fertig wie die israelitische vom Anfang der Welt.

Der Hauptwert der neuen, griechisch abgefaßten Geschichtswerke ruht aber zunächst auf der Zeitgeschichte. Die zu Historikern gewordenen Staatsmänner wollen nicht nur das Ausland über Rom „aufklären", sondern auch ihre eigenen Standesgenossen über den Wert der Geschichte unterrichten, verfolgen also auch pädagogische Zwecke, wie etwa Kato später, oder wie Polybios, der auch in dieser Pflege der „angewandten Geschichte" Römer geworden ist. Die Geschichte ist für den Römer von vorneherein nicht nur eine Lehrmeisterin des Lebens, sondern auch eine Mehrerin des Volksruhmes geworden, wie ihre Vorläuferinnen, die Aufschriften auf den Ahnenbildern und die Leichenreden, das gleiche für die Geschichte der großen Geschlechter besorgt hatten. Dem größten Staats- und Tatvolk der antiken Weltgeschichte sind in den Chroniken seine Taten nicht nur erzählt, sondern es ist hier auch sofort sein Ruhm verkündet worden, um die Nachfahren an den Leistungen der Väter teilhaben und von dort Stärkung erfahren zu lassen. Es steckt also schon ein gewisser Chauvinismus in diesen ersten Anfängen römischer Historiographie. Er stammt aus der unbegrenzten, allerdings ursprünglich noch streng disziplinierten Ruhmsucht der Römer, die diese selbst für den Urgrund der Blüte des Staatswesens gehalten haben.

Selbstverherrlichung *(gloire)* und Sicherheit *(sécurité)* sind bei dem neuen Volke auch die Triebfedern zum literarischen Schaffen auf historischem Gebiete geworden. Als das Individuum dann erwachte, hat der Afrikanus selbst in einer ebenfalls griechisch geschriebenen Broschüre an König Philipp V. von Makedonien (wohl erst um 190 gelegentlich des Antiochoskrieges verfaßt) die Grundzüge seines politischen und militärischen Wirkens in Iberien klargelegt, hat also wie Hannibal auch im geistigen Leben seiner Nation frühzeitig seinen Mann gestellt. Wie Fabius und Cincius sich an die Griechen gewandt hatten, so Scipio jetzt an den größten Staatsmann und Feldherrn aus makedonischem Blute. Die Führerschicht wie der erste Einzelführer des neuen Staates haben beide in gleicher Weise sofort erkannt, daß Taten nicht nur vollbracht sein wollen, sondern sofort ins rechte Licht gerückt werden müssen, in diesem Falle gegenüber den Völkern des kulturell weit überlegenen Ostens.

Wie in der Literatur, so hat auch in der Kunst Rom schon in dieser Epoche sich über alles italische Schaffen ganz langsam zu erheben begonnen. Bis um 400 war Etrurien der Exponent des mittelitalischen Kunstschaffens, seinerseits genährt, nicht nur aus zweiter Hand, vom westhellenischen und mutterländischen Griechentum. Seitdem steigt das einheimische Element höher empor, empfängt aber von dem alten Kunstzentrum immer noch seine Anregungen. Von Norden her tritt dazu das keltische Volkstum auf den italischen Boden über, und die früher schon durch die Einfuhrwaren des Südens nach Mitteleuropa hin erfolgende etruskisch-griechische Fernwirkung erhält nun durch die räumliche Berührung der beiden Völker auf italischer Erde eine starke Steigerung. Mit der Ausbreitung ist auch bei den Etruskern wie so oft die Tiefenwirkung im eigenen Siedlungsraum und seiner Umgebung verringert worden. Seit 300 begegnet man endlich den allerersten Anfängen einer eigenen stadtrömischen Kunst. Im Vordergrund stehen die großen Zweckbauten für Staat und Kirche, die uns sofort das starke technisch gerichtete Können dieses Volkes erkennen lassen, voran im Straßenbau, wohl dem ureigensten Können dieses Volkes bis heute, und im Bau von Wasserleitungen.

Auf dem Gebiete der Architektur befinden wir uns beim Tempel im 3. Jahrhundert noch durchaus in der Epoche des Holzfachwerkbaues mit Terrakottaverkleidung. Im Theaterbau erklärt sich die Ablehnung des Steinbaus bis in die Mitte des 2. Jahrhunderts aus religiösen Gründen. Denn alle szenischen Aufführungen waren an die Verehrung bestimmter Gottheiten und dementsprechend der Schauplatz für die Aufführungen an die Umgebung der betreffenden Tempel gebunden.

In der Plastik steht, wie in der etruskischen Kunst, das Porträt im Vordergrund. Im 3. Jahrhundert steigt aus der Tiefe der auf dem Lande unberührt gebliebenen italischen Volksseele eine neue Richtung empor, die gegenüber der etruskischen Kunst einen viel echteren Naturalismus zeigt. Daran beteiligt ist ganz Mittelitalien, voran Latium. Zwei Wurzeln hat diese im Gegensatz zum idealisierenden Porträt des klassischen Griechentums stehende realistische Auffassung des Menschenantlitzes, einmal eine religiöse in der Votivbildnerei aus Ton und eine familiäre in der Sitte des Adels, Totenmasken verstorbener Familienmitglieder herstellen zu lassen. Die Umsetzung der alten Tonplastik in Stein hat dann offenbar große Schwierigkeiten bereitet, wie der noch höchst altertümlich wirkende Kalksteinkopf im Museum zu Palestrina aus dem 3. Jahrhundert zeigt. Ein Palestriner, Novios Plautios, war es auch, der die elegant ziselierte ficoronische Cista mit der bekannten altlateinischen Inschrift in Rom gefertigt hat, ein Werk, das ebenfalls aus einheimischem Kunstempfinden geboren ist.

Aber dahinter zeigt sich auch hier schon die hellenistische Kunst zunächst in der süditalischen Brechung. Ihr wird der frühzeitige Übergang zur statuarischen Plastik verdankt. In der Darstellung des Gesamtmenschen bleibt die italisch-römische Kunst insofern selbständig, als sie von vornherein gegenüber der von den Griechen bevorzugten Nacktheit die Darstellung im Gewande bevorzugt. Der Betonung des rein Menschlichen bei der griechischen Statue tritt das Würdevolle, Feierliche *(gravitas)* des Römers gegenüber, wie sie besonders dem Beamten und Priester eigen war. Mit den Wandlungen des altrömischen Glaubens in die griechische Denksphäre hinein nahm auch die Darstellung von Göttern in Menschengestalt in der römischen Kunst zu, hier durchaus nach dem Vorgang der Etrusker (Apoll von Veji).

Aber alles war auch in der Kunst bei den Römern auf den Staat ausgerichtet, wie außerdem die historischen Malereien und Reliefs zeigen. Während der griechische Künstler sich für seine Darstellungen in die Heroenzeit flüchtete, waren beim Römer, wie in der Literatur, so auch in der Kunst die Schilderungen von historischen Ereignissen der eigenen Zeit (Schlachten und Belagerungen) in gesteigertem Maße seit dem heroischen Zeitalter des hannibalischen Krieges stark beliebt, besonders auf den Triumphalbildern, so genannt, weil sie beim römischen Triumphe gezeigt wurden. Das älteste uns erhaltene stammt vom Esquilin, frühestens um die Zeit von 200 entstanden, mit Kriegstaten eines M. Fannius und Q. Fabius. Selbst Episoden aus dem Leben des Volkes, wie der jubelnde Empfang des römischen Konsuls Ti. Gracchus durch die Bürgerschaft von Benevent wurden im Bilde festgehalten. Das Problem der Darstellung des Raumes war damit frühzeitig gestellt und gibt der italischen Malerei eine selbständige Bedeutung in der antiken Kunstgeschichte. Das hohe Ansehen, das unter allen Künsten in Rom zuerst die Malerei genoß, zeigt sich darin, daß selbst Mitglieder des hohen Adels schon in früher Zeit als Maler tätig waren, und daß die Tempel jetzt vorzugsweise durch Bildwerke ausgeschmückt wurden.

In der Kleinkunst zeigen neben der erwähnten ficoronischen Cista die rotfigurigen Vasen mit den lateinischen Aufschriften ebenso wie die Schmuckformen der ältesten Scipionensarkophage bereits hellenistischen Einschlag. Der Hellenismus ist also auch hier im Vordringen. Aber zunächst ist sein Einfluß auf Rom größer in der Religion als in der Literatur und Kunst. Es war vorauszusehen, daß er infolge der Umformung des religiösen Innenlebens bald auch die künstlerische Gestaltungskraft in neue Bahnen lenken werde. Aber im Angesicht des gewaltigen nationalen Erlebnisses unserer Epoche gegenüber dem fremdstämmigen Puniertum konnte Rom sich selber nicht ganz verloren geben. Besonders durch die Heldentaten im hannibalischen Krieg wurde das Latinertum als Ganzes in seiner völkischen Eigenart gerettet und konnte auf keinem Gebiet ganz von der Kultur der Griechen und des Ostens verschlungen werden. Hatte es am Ende der vorigen Epoche noch den Anschein, als wenn Rom eine „griechische Stadt" werden wolle und werden könne, so hatten sich jetzt in einem heroischen Zeitalter Rom und Latium, gestählt durch den Kampf um das nackte Dasein, auch geistig wiedergefunden. Makedonien war einst in Griechenland aufgegangen; Rom blieb

Rom, wie einst gegenüber den Etruskern, so jetzt gegenüber den politisch und militärisch immer wieder anrennenden Puniern und den kulturell ihre Fangarme ausstreckenden Hellenen, die in Süditalien seit Jahrhunderten festen Fuß gefaßt und Teile der Halbinsel zu einem größeren kolonialen Griechenland erhoben hatten.

IV. DER AUSBAU DER WESTSTELLUNG UND DER AUFSTIEG ZUR VORHERRSCHAFT IM ÖSTLICHEN MITTELMEER

(200—133)

**„Du bist ein Römer, dies sei Dein Beruf:
Die Welt regiere, denn Du bist ihr Herr.
Dem Frieden gib Gesittung und Gesetze,
Begnad'ge, die sich Dir gehorsam fügen,
und brich in Kriegen der Rebellen Trutz."
Vergil**

Das alte Bauernrom hatte in der vergangenen Epoche seine Feuerprobe bestanden. Die italische Wehrgemeinschaft unter römischer Hegemonie hatte sich für die so schwer zu verteidigende Halbinsel einen Sicherheitsgürtel ringsum geschaffen: Im Norden die Poebene, im Süden Sizilien, im Westen Spanien, im Osten Teile von Illyrien an der adriatischen Gegenküste. Die Hauptsache aber war: das Jahrhunderte hindurch meerfremde Bauernvolk hatte sich auf die See hinausgewagt. Rom beherrschte das Meer jedoch zunächst nur insoweit, als dies zum Schutze Italiens und zur Sicherung seiner Verbindungswege nach den Provinzen hin notwendig war. Die Flotte hatte immer noch eine untergeordnete Bedeutung. Dies hatte, abgesehen von der Meer-Abgewandtheit der latinischen Bauern, seinen Hauptgrund darin, daß man in Italien selbst noch gar nicht vollkommen Herr der Lage war, als man die herrschende Stellung im westlichen Becken erworben hatte. Kaum war man im Westen Sieger geworden, verquickte sich jetzt noch der Kampf um das Ostbecken mit dem ferneren Ausbau der italischen Stellung und mit der Notwendigkeit, in der neu und nur teilweise eroberten Provinz Spanien Ruhe und Ordnung zu schaffen. Den großen politischen Problemen gegenüber, die plötzlich die Ostpolitik jetzt für Rom stellte, blieb jedoch alles, was in Italien und Spanien weiter geschah, in die zweite und dritte Linie verbannt. Die Verhältnisse haben sich gegenüber der vorhergehenden Epoche völlig umgekehrt. Damals standen Italien und Spanien breit im Vordergrund, und der östliche Schauplatz war vollkommen nebensächlich. Jetzt trat das gerade Gegenteil ein.

1. Die Entwicklung bis Pydna (168)

Für Italien und seine Nachbarländer im Norden und Süden lautete nach dem furchtbaren Krieg die Parole Aufbau und Ausbau, besonders in den Randgebieten. Der Süden Italiens bedurfte größter Fürsorge. Die schweren Wunden an Gut und Blut mußten durch bevölkerungspolitische Maßnahmen geheilt werden. In Samnium und Apulien wurden seitens des Senates ausgedehnte Staatsdomänen zu diesem Zweck verwertet, und zum erstenmal in der römischen Geschichte ist langer Kriegsdienst mit Landanweisung an die heimgekehrten Krieger belohnt worden. Schon am Ende des Jahres 201 beschloß der Senat die Wahl von Zehnmännern zur italischen Ackerverteilung an die Veteranen des Scipio Afrikanus, die in den folgenden Jahren durchgeführt worden ist. Es handelt sich hierbei nicht um Koloniegründungen, sondern um Einzelansiedlungen. Im griechischen Süden blieben nur Neapel und Tarent verbündete Gemeinden und haben den griechischen Stadtcharakter auf italischer Erde am längsten erhalten. Tarent wurde allerdings an Gebiet stark verkleinert und hatte in dem latinische Kolonie gewordenen Brundisium (Brindisi) eine durch die Lage am Außenmeer stark begünstigte Konkurrentin im Osthandel, wie Neapel in Puteoli an der Westküste, das im Jahre 194, ebenso wie die nördlicher gelegenen Gemeinden Volturnum und Liternum, römische Bürgerkolonie wurde, berufen, dereinst Ostia als Hafen am Tyrrhenischen Meer abzulösen. Wie Puteoli zu Neapel, so verhielt sich weiter südlich die ebenfalls im Jahre 194 gegründete Bürgerkolonie Salernum zu dem altgriechischen Poseidonia (Paestum), welches allerdings längst eine latinische Kolonie aufgenommen hatte.

Am stärksten waren die Eingriffe der römischen Regierung noch weiter südlich, wo offenbar durch den Krieg starke

Entvölkerung eingetreten war. So sind Buxentum in Lukanien und Sipontum in Apulien, weiter Tempsa (Temesa) und Kroton in Bruttium sämtlich auch im Jahre 194 römische Bürgerkolonien geworden, während Thurii unter dem Namen Copia und Hipponium als Vibo Valentia in den darauffolgenden Jahren latinisch wurden. Anderes entvölkertes Land wurde römischer Gemeindebesitz und ist erst später neu besiedelt worden.

Im Gegensatz zu Unteritalien behielt das Griechentum Siziliens eine gewisse Bedeutung auch nach der Neuordnung, die nach dem Kriege zu Ende geführt wurde. Die Insel wurde aber auch jetzt nicht ein gleichberechtigtes Glied der italischen Staatsgemeinschaft, sondern die Kornkammer Roms. Damit ist ihr Schicksal im Gesamtreich für alle Zeiten bestimmt worden, zugleich aber auch der Ruin, an dessen Folgen dieses Paradies des Südens noch heute zu tragen hat, und wodurch der noch in der Gegenwart lebendige Gegensatz der Inselbewohner zu den Festländern begründet worden ist.

Zum Unterschied vom Süden, wo somit seit dem hannibalischen Krieg der Friede des Friedhofs eingezogen ist, wurde der Norden Italiens gerade nach diesem Krieg noch einmal für Jahrzehnte ein Tummelplatz der Waffen von dem ewig unruhigen Ligurien im Westen durch die Polandschaft hinüber bis nach Istrien im Osten.

Das Keltenproblem, durch den Abfall der bedeutendsten Stämme zu Hannibal verschärft, drängte jetzt zur letzten Lösung und fand eine solche in höchst grausamer Weise. Die alten Feinde, voran die am stärksten bedrohten Boier, dann auch die Insubrer, erhoben sich unter der Führung des aus der Mago-Expedition zurückgebliebenen karthagischen Offiziers Hamilkar und eroberten im Jahre 198 Placentia, wurden aber bei Cremona aufs Haupt geschlagen. Trotzdem setzte man den Kampf fort und, während mit den Insubrern schon im Jahre 196 ein Ende erreicht wurde, zog sich die völlige Unterwerfung der hartnäckigen Boier noch bis 191 hin. Zum Abschluß der Kämpfe wurde bis zum Po die Latinisierung mit Feuer und Schwert durchgeführt. Im Jahr 190 erfolgte die Neuordnung der alten latinischen

Bollwerke Placentia und Cremona, im folgenden Jahre wurde Bononia auf die gleiche Stufe erhoben, während Mutina und Parma im Jahre 183 als Bürgerkolonien erstanden; endlich wurde seit 187 die ämilische Straße als Fortsetzung der flaminischen von Ariminum bis Placentia erbaut. Bis zum Po hin wurden so in dem unter dem Namen *Gallia* Provinz gebliebenen Gebiet die römische Stadtverfassung und die wirtschaftliche Erschließung des Landes durchgeführt. Jenseits des Flusses begnügte man sich mit Verträgen und ließ die alte keltische Gau- und Clan-Verfassung bestehen. Das transpadanische Land wurde so ein Zwischengebiet und zugleich ein Bollwerk gegen den Norden und das Alpenland, verlor aber auch, wenngleich langsamer als der Süden, allmählich seine völkische Eigenart. Je mehr man so diesseits der Alpen der Romanisierung die Wege bereitete, desto schärfer wachte man über der Absperrung jeglichen Zuzuges aus dem Keltenland von Norden und Osten her. Zu diesem Zweck wurde an der Ostgrenze des befreundeten Veneterlandes im Jahre 181 die latinische Kolonie Aquileia gegründet, später das Ausfallstor italischen Handels und italischer Kulturausstrahlung nordostwärts. Hieraus entwickelte sich ein Krieg gegen Istrien, der im Jahre 177 mit der Eroberung der Halbinsel endete.

Eine ganz neue und erhöhte Bedeutung erhielt durch die Eroberung Spaniens in denselben Jahren der Nordwestrand Italiens diesseits und jenseits des Apennin, das Ligurerland. Die zu erstrebende Landverbindung westwärts, zunächst bis zu der Bundesgenossin Massalia, erforderte die Gewinnung und Sicherung der italischen Küstenstraße dorthin. Mit den Ligurern hatte man schon in der Epoche zwischen den punischen Kriegen gekämpft. Jetzt setzte eine endlose Fehde ein, am frühesten gegen die Apuaner nördlich von Pisa bis zum heutigen Golf von Spezia. Unter dem Konsulat des P. Kornelius und M. Baebius, im Jahre 180, wurden die Reste dieses Volkstums aus der Heimat zu Schiff weggeführt und in Ostsamnium im Gebiete von Taurasia nordöstlich von Benevent unter dem Namen der *Ligures Baebiani* und *Corneliani* angesiedelt. Einen vorläufigen Abschluß fanden die Eroberungen im Nordwesten mit der

Gründung der Bürgerkolonie Luna im Jahre 177. Was jenseits von Luna lag, wurde nach schweren Kämpfen, die zu einer hohen Kriegsschule für die römischen Offiziere und Soldaten wurden, wie Transpadanien, durch Verträge an Rom gebunden, wobei die größeren Gemeinden des Landes, wie Genua, durch Angliederung kleinerer umliegender Bezirke, sogenannter „attribuierter" Gebiete, verstärkt wurden. Auch das nördliche Paradies des heutigen Italiens, die Riviera, war im Altertum lange Zeit ein totes Glied am Staatskörper.

Auch andere Eroberungen außerhalb Italiens im Westen waren noch unfertig und erforderten in dieser Epoche weitere kriegerische Unternehmungen. Im Jahre 177 mußte man in Sardinien, 173 in Korsika kämpfen.

Aber das Schmerzenskind im Westen waren und blieben die beiden neuen Provinzen in Spanien, deren völlige Eroberung unter dem sofortigen römischen Ausgreifen nach Osten besonders gelitten hat. Dort waren es aber auch die Natur des Landes, die große Traditionsgebundenheit seiner zum Teil noch altmittelländischen Bevölkerung und der heldenhafte Sinn nicht nur der Männer, sondern auch der Frauen, welche die Kriegführung im Lande, von vorneherein in der Hauptsache Kleinkrieg (*guerilla*), unsäglich erschwerten. Die Halbinsel, die auch in der modernen Geschichte ihre eigene Note hat und selbst der „Eroberungsbestie" Napoleon zum erstenmal zum Bewußtsein gebracht hat, was ein freiheitsstolzes Volkstum zu leisten vermag, ist auch in der Geschichte des Römerreiches von unheilvoller Bedeutung für Staat und Heer geworden und hat die Römer den hier betätigten Metall- und Salzhunger — er ist die letzte Ursache für die weitere Eroberung des Landes[1]) — schwer büßen lassen. Je weiter von der Ost- und Südküste entfernt und damit außerhalb des Einflusses der griechisch-massaliotischen Kolonien am Mittelmeer und der phöni-

[1]) Aus der von Kato seinem Geschichtswerk eingefügten Landeskunde Spaniens ist uns folgendes Bruchstück überliefert: „In diesen Gegenden gibt es sehr gute Eisenbergwerke, Silberbergwerke und einen großen Berg aus lauter Salz, wieviel du davon wegnimmst, soviel wächst nach."

kisch-karthagischen Zone im Süden und um Neu-Karthago herum, um so tiefer lag die Zivilisation der Iberer, Keltiberer und Kelten, die noch in einem epischen Zeitalter mit ritterlichen Anschauungen und teilweise aus sehr alter Vorzeit überkommenen Bräuchen lebten. Der früheste römische Besitzstand in Spanien setzte sich aus dem alten punisch-karthagischen Gebiet im Süden (Andalusien und Granada) und dem Ebroland (Katalonien) im Norden, verbunden durch eine schmale Küstenzone am Mittelmeer, zusammen. Daraus ergab sich von vorneherein eine Doppelprovinz, getrennt durch die Sierra Morena *(saltus Castulonensis)*, ein diesseitiges *(citerior)* und jenseitiges *(ulterior)* Spanien, von denen jedes seit 197 durch einen römischen Prätor mit meist zweijähriger Amtsdauer verwaltet wurde. Aber bald kam man, da man von Anfang an bemüht war, auch das innere Hochland zu erobern, ohne Eingreifen von Konsuln nicht aus, so im Jahre 195, in welchem nach dem Übergreifen eines Aufstandes von der jenseitigen Provinz in die diesseitige Kato hierhergesandt wurde. Er hat den Aufstand der Ebrostämme blutig niedergeschlagen und einen ersten, allerdings erfolglosen, Angriff auf das keltiberische Hochland südlich des Ebro unternommen, dabei auf dem Rückmarsch auch Numantia berührt, dessen Name damals zum ersten Male in der Geschichte erscheint. Seine Beute betrug 150000 Pfund Silber und 1400 Pfund Gold.

Nicht von der Nordprovinz, sondern von der Südprovinz aus ist dann die Eroberung des Binnenlandes vorwärtsgetrieben worden, zunächst bis zum kastilischen Scheidegebirge. Damit war die Schwelle des keltiberischen Hochlandes von Süden her erreicht. Dies brachte die westwärts im heutigen Portugal wohnenden Lusitaner, nach den Keltiberern die kriegerischsten Stämme der Halbinsel, in feindliche Haltung zu den Römern. Von ihrer Seite erlitt der Prätor der Südprovinz, kein Geringerer als L. Ämilius Paulus, der spätere Sieger von Pydna, Ende des Sommers 190 eine schwere Niederlage, die aber zu Anfang des folgenden Jahres durch einen Sieg ausgewetzt wurde, der ihm den Ehrentitel Imperator eintrug. Das innere Tafelland wurde dann, nachdem sich die nördlich davon wohnenden

Lusoner zur Auswanderung entschlossen hatten, vom Statthalter der Nordprovinz Q. Fulvius Flakkus seit 181 vollkommen unterworfen, allerdings unter schweren Strapazen, die vorübergehend eine Weigerung der beteiligten Truppen, weiter in Spanien zu kämpfen, zur Folge hatten. Epochemachend wurde die ebenfalls zweijährige Tätigkeit seines Nachfolgers, des Ti. Sempronius Gracchus, des Vaters der beiden berühmten Volkstribunen. Nach anfänglichen Eroberungen hat er eine mehr diplomatische Regelung durch besonders milde Verträge und Gewährung von Freundschaftsverhältnissen, sowie durch ein stärkeres Eingehen auf die spanische Eigenart eintreten lassen. Vor allem die Keltiberer wurden durch Verträge, die ihnen die staatliche Selbständigkeit beließen, aber die Anlage neuer Festungswerke verboten und vorübergehend sogar Steuerleistungen und Heeresdienst auferlegten, zu Freunden der Römer gemacht. Gracchus lebte infolgedessen durch die vielen spanischen *Sempronii*, die Nutznießer seiner zahlreichen Bürgerrechtsverleihungen, und die Stadtgründung Graccurris im oberen Ebrotal in dankbarer Erinnerung bei den Eingeborenen weiter. Auf die Vertreter der brutalen Richtung in der römischen Oligarchie von der Art des bäuerlichen Geschäftsmannes Kato, die nur Ausbeutung als Ziel aller Provinzialpolitik kannten, folgt hier also zum erstenmal eine Richtung, die menschlicher denkt und von Anfang an die Romanisierung über die Ausplünderung stellt. Von Gracchus führt eine gerade Linie zu Sertorius, dem Vorläufer Cäsars, und zu jener Richtung, die später in der kaiserzeitlichen Provinzialverwaltung gesiegt hat. Nach dem Provinzialtypus Sizilien, der wegen seines starken griechischen Untergrundes mehr zu den Provinzen des Ostens zu rechnen ist, haben wir in Spanien den ersten rein romanischen Provinzialsprößling Roms vor Augen. Wie später in Gallien setzt auch hier, vor allem im Süden, wo das Puniertum vorgearbeitet hatte, die friedliche Durchdringung ein, und zwar in letzter Linie schon seit Scipios weitschauendem Wirken. Wie richtig dieses neue Verfahren gewesen ist, beweist die Beruhigung, die durch Gracchus in Spanien für etwa 25 Jahre geschaffen worden ist.

Leichter als die unmittelbare Beherrschung Spaniens wurde die mittelbare Nordafrikas. Die Kautschukbestimmungen des römischen Friedensvertrages und die Nachbarschaft des stark vergrößerten numidischen Königreiches unter einem so hochbefähigten Fürsten, wie Massinissa, vermochten mehr als ein römischer Statthalter und römische Legionen gegenüber Karthago auszurichten. Das römische System wohlwollender Patronisierung und gleichzeitig perfider Nadelstiche feierte hier zum erstenmal außerhalb Italiens wahre Orgien. Stück um Stück strittigen Grenzlandes ging von Karthago an Numidien über, weil bei Zwistigkeiten die Entscheidung Roms stets gegen den alten Gegner ausfiel. Als es schließlich zu schlimm wurde, kam Hannibal, der sich zunächst vorsichtig zurückgehalten hatte, wieder empor und wurde im Jahre 196 zum Staatsoberhaupt gewählt, und zwar als Führer der Opposition gegen das noch plutokratischer gewordene Herrenregiment der Geschlechter. Als solcher reformierte er den Staat im demokratischen Geiste, vor allem durch die Einführung der Volkswahl bei der Zusammensetzung des allmächtigen Staatsgerichtshofes der Hundertvier an Stelle der bisherigen Erblichkeit der Sitze, beseitigte die in der Verwaltung eingewurzelte Korruption und organisierte das Finanzwesen auf ganz neuer Grundlage. Die ihrer Macht beraubten großen Familien wurden dadurch seine Todfeinde und schwärzten ihn beim römischen Senate an, er stehe in geheimer Verbindung mit König Antiochos von Syrien. Dies führte nach Ablauf des Amtsjahres zur Flucht Hannibals aus seiner Vaterstadt und zum Übergang zu dem großen hellenistischen Herrscher des Ostens. Rom hatte ganz gegen den Willen Scipios sein Ziel erreicht. Karthago lag jetzt wirklich am Boden, als sein größter Bürger in die selbstgewählte Verbannung ging und im Jahre 193 der Ächtung anheimfiel.

Der führerlos gemachte Staat war nun dem harten Sieger ganz zu Willen. Wie so oft in der Weltgeschichte, zeigt sich auch hier, wie vergeblich es ist, wenn man einem rache- und angsterfüllten Gegner den führenden Mann opfert. Der Argwohn und die ewige Beunruhigung Karthagos in Gestalt einer langsamen Hinschlachtung durch Massinissa ging daneben immer weiter. In der Stadt kam die alte Oligarchie wieder ans Ruder, welche nur noch an dem wirtschaftlichen Wiedererstarken des Staates im Rahmen einer kleinen Landmacht mit gutem Handelsprofit über See ein Interesse hatte. Wenn die Nachricht richtig ist, daß der karthagische Staat im Jahre 191 bereits die Bezahlung der ganzen Rest-Kriegsschuld von 8000 Talenten anbot – sie wurde allerdings abgelehnt, weil man den Gegner im Tributverhältnis halten wollte –, dann hat Hannibals Finanzreform und der wiedererwachte Erwerbssinn seiner Mitbürger wahrhaft Großes vollbracht.

Mit der dauernden Niederhaltung des besiegten Gegners ging Hand in Hand die weitere Begünstigung des numidischen Königs. Massinissa wurde der Erbe des großen Puniers. Dies bedeutete die Verlagerung des Schwergewichtes nach dem neuen afrikanischen Staate hinüber, der Karthago schon durch seine Westlage ein für allemal seines Handelsmonopols zum offenen Ozean, damit des Nerves seiner politischen und wirtschaftlichen Weltstellung, beraubte.

Rom hat nicht nur Staaten zertrümmert, sondern auch neue geschaffen. Seine erste Großtat auf dem Gebiete des später so überaus wirksam gewordenen Klientelstaatensystems ist Numidien. Was das spanische Reich der Barkiden einst für Karthago werden sollte, das wurde jetzt für Rom der Numiderstaat: der Werbeplatz für die immer notwendiger werdende Spezialwaffe der Reiterei und zugleich die politische Zange zur Niederhaltung des besiegten Gegners von Westen her. Das Volk und sein Herrscher, die jetzt in die Geschichte eintreten, sind gleich bedeutsam. Die Berberrasse, ein Stück nordischen Volkstums, in altersgrauer Vorzeit über die Straße von Gibraltar eingewandert, war von starker völkischer Lebenskraft. Der langlebige Mann an der Spitze, der über 50 Jahre mit seltener Energie Numidiens Geschicke leitete, hat organisatorisch und zivilisatorisch unendlich Großes geschaffen, hat das schweifende Volk der Nomaden *(lat. Numidae)* in den fruchtbaren Flußgebieten des oberen Bagradas (Medjerda) und in seinen südlichen Nebentälern zu Bauern umgeformt, hat Siedlungen aller

Art und Städte gegründet und vermittels der schnell angeeigneten punischen Zivilisation auf allen Gebieten, auch im Bauwesen, ungemein rasch sein Volk emporgeführt, vergleichbar etwa mit Philipp II. und dessen gewaltiger Arbeit am makedonischen Volke. Die Parallele läßt sich noch dadurch erweitern, daß der niedergehende Kulturstaat an seiner Seite von dem ergebnisreichen Schaffen des einheimischen Monarchen so beeindruckt wurde, daß sich eine Partei bildete, die unter Anlehnung an den Berberfürsten in einem großen nordafrikanischen Reich das Heil erblickte. Aber der Vergleich hört sofort auf, wenn man die Weltstellung Makedoniens unter Philipp und Alexander mit der Stellung Massinissas vergleicht, der als Klientelfürst doch nur für Rom arbeitete, das zu gegebener Stunde ohne Anerkennung der geleisteten Dienste sein Reich wieder zerschlug. Was in dieser Epoche in Afrika vor sich ging, war rückwärts gesehen doch nur ein Zwischenspiel, das später nach der Zerstörung Karthagos zur allmählichen Aufrichtung der provinzialen Verwaltung führte. Immerhin bleibt dem großen Numiderfürsten der Ruhm, durch einen weitangelegten Bauernschutz die Blüte der nordafrikanischen Landwirtschaft, die bis dahin ausschließlich auf dem punischen Plantagensystem ruhte, begründet zu haben, so daß später dem kaiserlichen Rom hier eine neue Kornkammer neben der schnell heruntergewirtschafteten sizilischen entstand. Weiterhin ist der Königshof von Cirta (Constantine) von hellenistischer Verfeinerung auf allen Gebieten bis hin zu höherer Tischkultur und Tafelunterhaltung ergriffen worden. Ja sogar der hellenistische Königskult ist dem großen Manne nach dem Tod von seinen Untertanen zuteil geworden. Das Ganze stellt also auch eine vorübergehende Etappe auf dem großen westwärts gerichteten Siegeszug griechischer Kultur dar. Rom gegenüber hat sich Massinissa für alle die falschen Richtersprüche mit Zuweisung losgerissener karthagischer Gebietsfetzen durch Unterstützung in den Ostkämpfen, zuletzt im Kampf gegen Perseus, immer wieder erkenntlich gezeigt. Schon damals streckte er die Hand ostwärts aus nach den Gebieten der drei reichen Handelsstädte im heutigen Tripolitanien, damit zur völligen Umklammerung Karthagos, zunächst allerdings noch ohne Erfolg. Dieser wurde ihm erst nach Pydna zuteil, zuletzt mit offener Gewalt, und leitete jene neue Epoche schnell aufeinanderfolgender noch gröberer Rechtsbrüche ein, die zum Verzweiflungsausbruch Karthagos und damit zum Dritten Punischen Kriege hinführten.

Das Jahr 200 bekommt seinen Epochencharakter wirklich erst durch das Übergreifen Roms in die Ostmittelmeer-Politik in weit größerem Umfang als bisher im hannibalischen Krieg. Diese Ostwelt war der Tummelplatz der makedonischen Weltpolitik gewesen. Über dem Gesamtraum von der Adria bis zum Indus schwebte noch der Geist Philipps II. und Alexanders des Großen. Das niedergehende Griechentum war im 4. Jahrhundert durch das über Nacht mit Hilfe dieser beiden Genies zum Herrn der Welt gewordene Staatsvolk des Nordens überschattet worden. Kein größerer Gegensatz ist denkbar, als das damalige Makedonentum und Römertum, die jetzt in der Beherrschung des Ostmittelmeer-Beckens einander ablösen sollten. Drüben kurzlebige große Männer, hier ein langlebiges Volk, dort nach dem gewaltigen Wirken der Genies, die aber in ihrer unmittelbaren Umgebung viel Blut haben fließen lassen und alle Konkurrenten austilgten, bald wieder Zerfall, hier trotz vieler Pausen und Rückschläge unentwegtes Fortschreiten des in Zucht und Selbstzucht gleich großen Staatsvolkes von Stufe zu Stufe, bis dann der Zusammenstoß der beiden ungleichen Welten des römischen Westens und des makedonisch regierten Ostens eintreten mußte. Als die erste Generation der führenden Männer der Alexanderreiche bereits dahingegangen war, hatte Rom im Kampf mit Pyrrhos römische und makedonische Kriegskunst aneinander erprobt, um dann im hannibalischen Krieg schon mit Philipp V. in dessen Machtbereich die Klingen zu kreuzen. Die Pyrrhosschlachten auf italischer Erde und die ersten römischen Übergriffe in das Feindesgebiet jenseits der Adria seit 229 waren das Vorspiel zu dem, was sich jetzt zutragen sollte. Zunächst ist es die Notwendigkeit der Einschaltung in das politische Kräftespiel des Ostens auf diplomatischem Wege, nicht neue Kriegslust, was Roms Vorgehen wieder über die Adria hinüberlenkte. Aus der Beherrschung des Westbeckens ergab sich sofort bei dem jetzt im Römertum tief verwurzelten Willen zur Machterweiterung der Versuch einer Übernahme der politischen Führung auch in dem in Gegensätzen und Kämpfen verstrickten makedonisch-griechischen Staatensystem des Ostens einfach deshalb, weil dort nicht nur politischer Einfluß, sondern auch wirtschaftliche Macht zu gewinnen war.

Wie sah es dort aus? Die makedonisch-griechische Führerschicht hatte noch die Herrschaft in den drei Großreichen, Makedonien selbst, dem asiatischen Seleukidenreich und dem afrikanisch-mittelmeerischen Ptolemäerreich, fest in den Händen, so sehr auch die einheimischen Völker in den beiden letztgenannten Staaten infolge der eingetretenen falschen Herrenpolitik der Diadochen sich zu regen begannen. In Ägypten waren die Zentralisation und das absolute Regiment, als Erbe der Pharaonenzeit, am stärksten ausgeprägt; aber die nördlichen und westlichen Außenländer waren schon seit dem bereits unter dem dritten Ptolemäer einsetzenden Niedergang der Krone stark gefährdet. Das Seleukidenreich stand unter dreifachem Druck: im Westen dadurch, daß der alte Partikularismus Kleinasiens in den neu entstandenen Teilländern Bithynien, Kappadokien, Pontos, Galatien sich wieder vorgewagt und in dem festgefügten Staatsgebilde von Pergamon einen besonders mächtigen Rivalen der Zentrale hervorgebracht hatte. Im Süden schuf der ewige Kampf mit dem Ptolemäerreich um Südsyrien eine dauernd offene Stelle am Reichskörper. Im Osten war das Widerstandszentrum der schnell aufgestiegene Partherstaat mit seiner stark hellenisierenden Richtung. Man stand aber trotzdem unter Antiochos III. (seit 223) mächtiger da denn je. Ein innerasiatischer Feldzug hatte diesen großen Kriegsfürsten wie einen zweiten Alexander im Jahre 205 bis an die Grenze Indiens geführt, und den Gefahren des Partherstaates war man dadurch wirksam entgegengetreten.

Im Gegensatz zu den rein dynastischen Schöpfungen im Osten war das alte europäische Stammreich Makedonien völkisch eine Einheit geblieben und konnte als einziger

Nationalstaat des Ostsystems bezeichnet werden. Seine Schwäche aber lag einmal darin, daß seit der Eroberung Asiens die besten Teile der Bevölkerung ans Ausland abgegeben worden waren, wie in der neueren Geschichte in Spanien und Portugal nach den Eroberungen in Amerika und Ostindien über See hinweg, zweitens in dem nicht überbrückten und offenbar nicht überbrückbaren Gegensatz zwischen Makedonentum und Griechentum, endlich in dem unausrottbaren Partikularismus der Hellenen, welcher immerfort Überraschungen aller Art in die Politik des führenden Staates brachte. Das große Ziel, welches sich Philipp II. einst gesteckt hatte, politisch die griechischen Republiken zu beherrschen, stand auch den Antigoniden, die jetzt Makedonien lenkten, immer noch vor Augen, ließ aber den alten Gegensatz zwischen den beiden durch das Schicksal aneinandergeketteten, im Raume jedoch zu stark beengten Völkern immer wieder zum Ausbruch kommen.

Griechenland war zudem durch die makedonische Welteroberung aus seiner politischen und wirtschaftlichen Zentralstellung im östlichen Becken verdrängt worden, und die Alexandernachfolger hatten durch ihren Übergang zur reinen makedonischen Herrenpolitik auch die Griechen, ähnlich wie die eingeborenen Völker des Ostens, in noch stärkere Opposition getrieben. Dazu kam: nicht die von Philipp II. eingeleitete, von Alexander dem Großen und Antigonos Monophthalmos sowie dessen Sohn Demetrios Poliorketes weiter betriebene Einigungspolitik für Gesamthellas war siegreich geworden, sondern die bundesstaatliche Organisation hatte einzelne Teile Griechenlands, am stärksten die Ätoler und die Achäer, zwei Rand- und Außenvölker, die bis dahin wenig bedeutet hatten, ergriffen. Diese neue Staatsform schuf zwar für die betreffenden Gebiete eine größere Zentralisation der staatlichen Machtmittel. Aber durch den Gegensatz, in den diese beiden größten hellenischen Bünde bald zueinander gerieten, haben sie die alte Kleinstaaterei nicht überwunden, sondern obendrein noch der Einmischung auswärtiger Mächte die Wege bereitet. Wie schon in der vorhergehenden Epoche sind auch fernerhin die makedonenfeindlichen Ätoler die Schrittmacher

Roms auf dem Balkan geblieben und haben ihre Gegner, die Achäer, an die Seite Makedoniens getrieben. Umgekehrt suchten dann wieder alle den Achäern feindlichen Kleinstaaten des Peloponnes Anschluß an die Ätoler und an Rom. Hinter die romfreundliche „kleine Entente" in Griechenland stellte sich aber frühzeitig Pergamon, der stärkst expansive Staat Vorderasiens.
Ein weiteres Charakteristikum der neuen Zeit nach Alexander ist das Emporsteigen des Inselgriechentums im Ägäischen Meer gewesen, das an die alten Zeiten der kretischen Seebeherrschung erinnert. Der „Bund der Inselgriechen", der anfangs unter ägyptischem, dann unter makedonischem Protektorat gestanden hatte, lebte seit 200 unter der Führung von Rhodos wieder auf und gab dieser alten Handelsrepublik mit ihrer jetzt so ungemein günstigen Verkehrslage einen mächtigen Hintergrund. Unter ihrer Vorstandschaft wuchs allmählich eine ägäische Hansa empor, die die Beherrschung des Ostbeckens und seiner Zugänge am Hellespont und Bosporus von den Großmächten ringsum möglichst unabhängig zu machen suchte. Diese auf Freiheit der Meerengen und des Seehandels gerichtete rhodische Politik brachte aber naturgemäß die Insel und den hinter ihr stehenden Bund in einen Gegensatz zu den östlichen Großmächten und erhob auch sie frühzeitig zur Schrittmacherin Roms.
Ätolien, Rhodos, Pergamon wurden so zunächst die Trittsteine der römischen Ostpolitik. Aus der Wahrnehmung der Interessen dieser Kleinstaaten, wenn sie mit der römischen Politik zusammentrafen, ergibt sich nunmehr die Einschaltung Roms in das Kräftespiel des Ostens, die zunächst nur im alten Geleise der Sicherung Italiens sich bewegte. Dabei trat allerdings oft eine künstliche Überbelichtung dieser Gefahren ein, wie sie eine weitschauend und vorbeugend arbeitende Großmachtpolitik zu allen Zeiten gern zu schaffen pflegt. Die großartige Kunst Roms im diplomatischen Spiel, die gekennzeichnet ist durch eine feine Abgewogenheit des politischen Denkens, bekam hier plötzlich ein Betätigungsfeld, wogegen aller bisheriger Erfolg auf diesem Gebiete ein Kinderspiel war. Als anfangs alles

gut ging, steuerte man einfach unter möglichster Ausschaltung des Krieges auf eine mittelbare Beherrschung der östlichen Staatenwelt hin. Man wollte offenbar mit geringstem Einsatz, indem man die vorhandenen Gegensätze, voran diejenigen zwischen Makedonentum und Griechentum, geschickt ausnutzte und nötigenfalls noch verschärfte, das Ganze mühelos beherrschen, unbekümmert darum, daß man der seit langem abwärts gehenden Ostwelt dadurch schweren Schaden zufügte und allen bis dahin niedergehaltenen Kräften einer völkischen Unterschicht, vor allem denjenigen des undurchsichtigen Orients, Auftrieb verschaffte. Das Tragische war, daß man später selbst, als man die durch die Kraft des Makedonentums geschaffene Oberschicht zerschlagen hatte, den Völkern der Unterschicht plötzlich unmittelbar gegenüberstand.

Den Anlaß zum ersten Einsatz der römischen Politik im Osten gab die Rücksicht auf Ä g y p t e n , den stärksten Träger der Gleichgewichtspolitik im Rahmen der alexandrischen Nachfolgestaaten, zugleich den ältesten Freund Roms im Orient. Dieser Staat, der dank der guten Führung durch die beiden ersten Ptolemäer früher die Vorherrschaft im Osten gehabt hatte, war unter dem dritten Herrscher, Euergetes I., bereits im Niedergang begriffen, und unter seinem Nachfolger Philopator hatte nach vorübergehendem Aufstieg dieser Niedergang Fortschritte gemacht. Zu Verlusten im Außenbesitz des Reiches kamen finanzielle Krisen wirtschaftlicher und währungspolitischer Art (Verschwinden des Silbergeldes aus dem Verkehr seit Ende des 3. Jahrhunderts), sowie der Beginn einer völkischen Auflehnung der alteinheimischen Bevölkerung des Niltales gegen die Herrenschicht. Entscheidend wurde die niedergehende Entwicklung dann beeinflußt durch den Tod Philopators im Jahre 204 und die Einrichtung einer Vormundschaftsregierung für den unmündigen Nachfolger Epiphanes unter zwei Männern mit Namen Agathokles und Sosibios. Dadurch wurden Antiochos III. von Syrien und Philipp V. von Makedonien veranlaßt, einen Vertrag zur Aufteilung des ägyptischen Reiches, zunächst der Außenbesitzungen, zu schließen. Diese Zielsetzung der Rivalen auf Verschwinden Ägyptens als einer Großmacht im östlichen Mächtegebilde ist es gewesen, die Roms aktives Eingreifen zuwege gebracht hat, nachdem Agathokles sich sofort durch einen Gesandten dorthin gewandt und nach den ersten Schlägen seiner mächtigen Gegner auch Athen, Rhodos und Pergamon um Roms Eingreifen ersucht hatten.

Eine Dreimännergesandtschaft, geführt von C. Klaudius Nero, dem Sieger von Sena Gallika, neben ihm P. Sempronius Tuditanus und M. Ämilius Lepidus, ging im Frühjahr 200 nach dem Osten ab, und zwar zunächst nach Griechenland, dann zu Philipp V., der gerade Abydos belagerte, und nach Rhodos, schließlich auch nach Alexandreia, wo sie frühestens Ende 200 angelangt sein kann. Die Gesandtschaft zielte vor allem darauf hin, Philipp einzukreisen und durch Verschärfung des Gegensatzes zu den griechischen Kleinstaaten, von denen die Athener sich bereits im Kriege mit ihm befanden, jede weitere Stärkung der makedonischen Macht zu verhindern. Daher war auch der Ton gerade gegenüber diesem König ein besonders schroffer, fast ultimativ gegenüber seinen Angriffen auf die ptolemäischen Besitzungen und die erwähnte freie griechische Stadt am Hellespont mit der Forderung einer Entschädigung an Rhodos und an Pergamon. Dagegen Antiochos gegenüber war man äußerst zurückhaltend und fiel ihm nicht in den Arm, offenbar um seine Neutralität für eine mögliche Auseinandersetzung mit Makedonien sicherzustellen. Dadurch wurde allerdings der Schutz Roms für Ägypten nach dieser Seite hin vollkommen unwirksam. Lepidus hat seit dieser Gesandtschaft eine Art Patronat der ägyptischen Regierung im römischen Senate innegehabt. Daraus hat sich in der Familiengeschichte des Geschlechtes die falsche Legende gebildet, er habe vorübergehend die Vormundschaft über den jungen Epiphanes ausgeübt.

Der diplomatisch allein scharf angegriffene Makedonenkönig hat sich natürlich zur Wehr gesetzt und dem Senate auf seine die Rechte eines souveränen Staates berührenden Forderungen eine glatte Absage erteilt. Daraufhin ist die Kriegserklärung gegen ihn noch im Jahre 200 erfolgt. Wie im diplomatischen Vorspiel befand sich der König auch im

Krieg von Anfang an in der Verteidigung gegenüber einer übermächtigen, allseitigen Koalition. In einem gutorganisierten, langdauernden Widerstand mit Hilfe einer großangelegten Ermattungsstrategie mußte er daher die Hauptstütze suchen. Während das Makedonentum der alten Zeiten weitausgreifend und angriffslustig gewesen war, strategisch und taktisch draufgängerisch wie kein zweites Volk, saß der jetzige Inhaber des Thrones gleichsam in einer Festung, die gegen Angriffe von allen Seiten geschickt verteidigt werden mußte. Nachdem die Römer noch Ende 200 ein Heer nach Illyrien übergesetzt und ihre Flotte mit der rhodischen und pergamenischen im Ägäischen Meer vereinigt hatten, wo vorübergehend die Eroberung des makedonischen Stützpunktes Chalkis auf Euböa gelungen, sowie noch im Winter mit der Werbung von Bundesgenossen in Griechenland, Illyrien und Dardanien begonnen worden war, geschah im Jahre 199 ein kräftiger Vorstoß von der albanischen Küste in die Gegend des heutigen Monastir. Aber Philipp zwang den Gegner trotz Sieg in einer Feldschlacht durch Unterbindung der Verpflegung, Anwendung des Kleinkrieges in dem gebirgigen Gelände und stete Ausnutzung seiner kavalleristischen Überlegenheit zum Rückzug an die Adria. Da jedoch gleichzeitig die römische Flotte im Ägäischen Meer weitere Fortschritte machte, traten nun die Ätoler erneut in ein Bündnis mit Rom. Zu der Bedrohung der makedonischen Nordflanke durch Illyrier und Dardaner kam noch die Südgefahr, da die Ätoler in Thessalien einfielen und von dort aus in Makedonien – allerdings vergeblich – einzudringen suchten.
In der richtigen Voraussicht, daß die Römer im neuen Kriegsjahr (198) den Angriff auf Obermakedonien nicht wiederholen, sondern der Ätoler wegen weiter südlich vorgehen würden, besetzte der König die Pässe bei Antigoneia am Aoosfluß oberhalb des heutigen Ortes Tepeleni südöstlich von Valona, um dem Gegner den Weg von Südillyrien aus in sein Kernland, zugleich aber auch nach Epirus und Thessalien zu sperren. Gegen diese äußerst geschickt gewählte Verteidigungsstellung konnte zunächst der neue Führer der römischen Truppen nichts ausrichten. Es war der

erst dreißig Jahre alte, als Gegner der Scipionenpartei emporgekommene Konsul T. Quinctius Flamininus, ein Römer, der militärisches und diplomatisches Können in seltener Vollendung verband, dabei durch seine Kenntnis der griechischen Sprache und griechischen Wesens für die Leitung dieses Krieges wie geschaffen war. Nach einem vergeblichen Versuch, unter epirotischer Vermittlung zum Frieden zu kommen, gelang es Flamininus, 4000 Mann seines Heeres auf unbewachten Pfaden von Norden her in den Rücken der makedonischen Stellung zu bringen und Philipp aus seiner festen Position zu verdrängen.

Die Vereinigung der Römer und Ätoler sowie Philipps Rückzug nach Thessalien waren die unmittelbare Folge der Niederlage. Flamininus verwandelte durch kluges Verhalten seiner Soldateska die Makedonenfreundlichkeit der Epiroten in eine wohlwollende Neutralität und rückte dann in Thessalien ein. Hierher waren die Ätoler von Süden her wieder vorgestoßen, hatten aber keine sonderlich freundliche Aufnahme gefunden. Auf dem Marsch nach Larissa wurde der römische Feldherr durch die Stadt Atrax aufgehalten, die ihre Tore schloß und lange belagert werden mußte. Währenddessen hatte die verbündete Flotte unter dem Befehl von Flamininus' Bruder Fortschritte, vor allem auf Euböa, gemacht. Flamininus gab den Versuch, Atrax zu erobern, auf und ging südwärts nach dem makedonischen Phokis, das schnell erobert wurde, und von hier in die Winterquartiere nach Antikyra.

Dort setzte während des Winters ein diplomatischer Großbetrieb ein. Der Erfolg war, daß der militärisch schwache achäische Bund unter dem Druck der Flotte und unter der Beihilfe des Attalos von seinem Bündnis mit Philipp losgelöst wurde. Nur Korinth und Argos blieben der makedonischen Sache noch erhalten wie im Norden Chalkis und Demetrias. Aber im allgemeinen wurde Philipp jetzt aus Hellas dank der hohen politischen Fähigkeiten seines Gegners hinausgedrängt, der sich bei den Hellenen wie noch kein zweiter Römer beliebt zu machen verstand. Abermals wurden Friedensverhandlungen, diesmal von Philipps Seite aus, in Fluß gebracht gelegentlich einer Zusammenkunft in

Nikaia am Malischen Golf, wo Flamininus zusammen mit seinen griechischen Verbündeten und dem Vertreter des Attalos erschien. Eine Einigung kam nicht zustande, vielmehr wurde der römische Senat als entscheidende Instanz angerufen. Dort aber wurde durch die Vertreter der griechischen Bundesgenossen jede Friedensvermittlung zu Fall gebracht, so sehr man in Rom, schon mit Rücksicht auf die neue Erhebung der Gallier, für Beendigung des Krieges war.

Dem Flamininus wurde das Oberkommando für das neue Kriegsjahr verlängert, und nachdem es gelungen war, auch noch den Tyrannen Nabis von Sparta sowie die Böoter für Rom zu gewinnen, begann der entscheidende Feldzug des neuen Jahres. In diesem ist Philipp von seinem defensiven Verhalten wenigstens taktisch zu einem energischen Offensivstoß nach Thessalien gegen Pherae übergegangen, einmal um seine wirkungsvollste Waffe, die thessalische Reiterei, nicht zu verlieren, und anderseits, um vor dem Hinschwinden seiner militärischen Machtmittel zum Ziele zu gelangen. Ehe der König von Pherae aus das westlich dieser Stadt gelegene, wenig günstige Hügelgelände von Kynoskephalai („Hundsköpfe") durchschritten hatte, um in die nachmals so berühmt gewordene Ebene von Pharsalos zu gelangen, entwickelte sich an einem nebeligen Vormittag aus einem Begegnungsgefecht eine folgenschwere Schlacht. Nach einem ersten plötzlichen Zusammenprall der Reiter und Leichtbewaffneten mit ungünstigem Ausgang für die Makedonen siegte noch einmal die Phalanx auf dem zuerst und schnell geordneten rechten Flügel, während auf dem linken Flügel der Makedonen die noch im Aufmarsch befindliche Truppe vom Feinde, voran seinen Elefanten, gepackt und geworfen wurde. Die Schlußentscheidung wurde dadurch herbeigeführt, daß ein Kriegstribun an der Spitze von 20 Manipeln seiner Legion der auf dem anderen Flügel siegreich gewordenen Phalanx des Gegners in den Rücken fiel und sie vernichtete. Noch einmal hat die alte Phalanx der Makedonen wenigstens einen Teilsieg errungen, um im Schlußkampf durch die beweglichere Manipulartaktik der Römer und das römische Schwert überwunden zu werden. Man merkte, daß die lange hannibalische Kriegszeit die

Kampffähigkeit und das militärische Können der römischen Armee, Führer wie Soldaten, ungemein gesteigert hatte. Neben den Römern hatten aber auch die Todfeinde der Makedonen, die Ätoler, ein großes Verdienst an dem Sieg.

Die Niederlage war so entscheidend, daß Philipp, nachdem er auch auf den übrigen Schauplätzen, besonders auf dem Meere, Schlappen erlitten hatte und von Norden her die Dardaner einen Einfall in Makedonien machten, zum Abschluß des Krieges bereit war. Auch auf der römischen Seite war man nicht abgeneigt, da das Hauptziel, die Verdrängung Makedoniens aus Griechenland, erreicht war. Nur die Ätoler waren für Fortsetzung des Kampfes. Aber ohne sie zu fragen, bewilligte der römische Feldherr dem Gegner sofort eine 15tägige Waffenruhe zur Einleitung der Friedensverhandlungen. Gegen den Einspruch der Ätoler wurde der eigentliche Friedensschluß nach Rom verlegt und beschleunigt, weil sich bereits Antiochos als die größere Gefahr von Osten her bemerkbar machte und eine Wiederaufnahme des Krieges mit etwaiger Anlehnung Philipps an ihn unbedingt vermieden werden mußte. Nach lebhafter Debatte, in welcher die Ätoler abermals den Frieden zu hintertreiben suchten, genehmigten Senat und Volk den endgültigen Abschluß, und der Senat ernannte eine Zehnmännerkommission, die mit Flamininus die Ausführung übernahm. Der Vertrag legte Philipp folgende Bedingungen auf: 1. die Freiheit und Autonomie der Griechen in Europa und Asien anzuerkennen, 2. die makedonischen Besatzungen aus Griechenland herauszuziehen, 3. alle seine Erwerbungen in Thrakien und Kleinasien aufzugeben, 4. seine Kriegsflotte bis auf einen ganz kleinen Rest auszuliefern, 5. 1000 Talente Kriegsentschädigung, die Hälfte sofort, den Rest in 10 Jahresraten, zu bezahlen, 6. Geiseln, darunter seinen Sohn Demetrios, zu stellen.

Von allen diesen Bedingungen war die schwerste die Aufgabe der Beherrschung von Hellas durch Makedonien. Damit zerbrach eine der starken Klammern, die Makedoniens Vorherrschaft auf dem Balkan, auf den Inseln und nach Asien hin begründet hatte, zumal auch das wichtigste, enger verbundene Thessalien von dem Nordreich losgelöst wurde.

Der erste große Rückschlag gegen das Werk Philipps II. war erfolgt, Makedonien war aus seiner Machtstellung im Ostbecken herausgedrängt und auf sein Mutterland zurückgeworfen worden. Vom Standpunkt der Römer gesehen, war die gleichzeitig erfolgende „Freierklärung" Griechenlands nicht nur eine große Geste, sondern sie enthielt auch einen gewaltigen realpolitischen Wert. Bei der weiten Ausbreitung des Griechenvolkes durch alle Nachfolgestaaten Alexanders hindurch wirkte diese Tat Roms auf alle Menschen griechischer Zunge erregend und schuf der römischen Politik einen breiten Zugang ostwärts bis tief nach Kleinasien hinein, damit einen Pfahl auch ins Fleisch des damals noch mächtigsten Reichskörpers im Orient, des syrischen des Antiochos, treibend.

Dies zeigte sich gleich, als die Ausführung der Friedensbedingungen in Korinth gelegentlich der Isthmien von 196 in Gestalt einer feierlichen Verkündigung der Griechenfreiheit durch Flamininus selbst erfolgte. Mit ungeheurem Jubel wurde die Nachricht sofort aufgenommen und der Befreier überall als „rettender Gott" des Hellenentums verherrlicht. Dann erging ein Bescheid über das Geschehene an die zur Feier erschienenen Gesandten des Antiochos. Ihnen wurde die Freigabe der dem Ptolemaios Epiphanes und dem Philipp entrissenen griechischen Städte, die Achtung vor der Autonomie der freien Hellenenstädte in Asien, Einstellung aller militärischer Operationen diesen gegenüber und Rückzug des Königs aus Europa auferlegt. Zur persönlichen Verhandlung suchten einige Mitglieder der Senatskommission den Antiochos im Herbst 196 in Lysimacheia auf, und dazu erschien obendrein noch eine Gesandtschaft aus Rom unter der Führung des L. Kornelius Lentulus.

Aus der Aufstellung dieses römischen Freiheitsprogrammes für alle Griechen in Europa und Asien, das in das politische Innenleben der übriggebliebenen hellenistischen Reiche von außen eingriff, hat sich in letzter Linie der Krieg mit Antiochos entwickelt. Für die Griechen aber war die „Freierklärung" ein Danaergeschenk, wie diejenige durch den Perserkönig einst im Antalkidasfrieden (386). Denn wie damals fiel die durch eine unglückliche historische Entwicklung längst zerspaltene und dadurch zur Ohnmacht verurteilte Staatenwelt auch jetzt der mittelbaren Beherrschung durch die Befreier anheim. Schon in der Einbeziehung der asiatischen Griechen zeigt sich das Streben Roms nicht nur zu „befreien", sondern auch durch „Befreiung" ein Protektorat über alle Griechen zu gewinnen. Dazu kam, woran vor allem die Ätoler, nach ihren üblen Erfahrungen jetzt die schärfsten Kritiker der römischen Politik, Anstoß nahmen, daß die bisher von den Makedonen besetzten Städte Akrokorinth, Chalkis und Demetrias in die Hände der Römer übergingen und von ihnen mit Truppen belegt wurden, daß also tatsächlich Hellas nicht „befreit" wurde, sondern nur den Herrn wechselte. Die „Freierklärung" war also im Grunde nur eine milde Form der Übernahme der Herrschaft in römische Hände, so ernsthaft auch der Akt von dem großen Philhellenen Flamininus durchgeführt wurde, und obwohl auf Drängen der Ätoler schließlich die Besatzungen aus den drei genannten Städten zurückgezogen wurden. Die allgemeine Neuregelung von Hellas, die willkürliche Abgrenzung der einzelnen Gemeinden und Bünde gegeneinander, die unzureichende Belohnung der zuerst übergegangenen Staaten, wie der Ätoler, die Begünstigung der besitzenden Klassen und die stellenweise dadurch eintretende Verschärfung der sozialen und wirtschaftlichen Gegensätze, alles dies schuf auch wieder viel Unzufriedenheit. Sie wurde aber zunächst von dem Freudentaumel übertönt und von den Dankesbeschlüssen einzelner Gemeinden, sowie von den Ehrungen der Römer als Brüder und Stammverwandte zurückgedrängt. Politisch war es unstreitig ein Fehler, Hellas mit seinen schweren inneren Gegensätzen von der Beherrschung der Großmächte, voran Makedoniens, loszulösen und einen leeren Raum zu schaffen, in welchem das Intrigenspiel von außen sofort wieder einsetzen konnte. Der tiefer blickende Scipio Afrikanus hat dies gleich erkannt, aber seine Gegner hatten damals die Führung des Staates in Händen und setzten ihren Willen durch. So wenig wie später der römische „Kaiserfriede", hat diese große Geste der Griechen„befreiung" Kriege verhindert. Sie machte vielmehr Rom zum Garanten der Machtverhältnisse im gesamten griechischen Raum, verwickelte die Vormacht in alle hellenischen Streitigkeiten und zwang sie im griechischen Mutterland zur offenen Stellungnahme gegenüber dem Gegensatz zwischen den beiden führenden Bundesstaaten. Die im Jahre 195 notwendige, unter grollender Nichtbeteiligung der Ätoler erfolgende Niederwerfung des Tyrannen Nabis von Sparta, der das ihm einst von Philipp eingeräumte Argos nicht herausgeben wollte, geschah einseitig zugunsten der Achäer, die die von Nabis abgetretenen Seestädte Lakoniens für sich einheimsten.

Das Befreiungsprogramm enthielt also von vorneherein für die Römer vielerlei Verpflichtungen, und dies trat sofort zutage, als sich unmittelbar hinter dem makedonischen Problem das syrische erhob. Antiochos III., infolge seines starken Ausgreifens nach Osten und Süden kurz vorher mit dem Beinamen „der Große“ geschmückt, entwickelte sich gerade damals zum Erben Alexanders. Nach der Eroberung Südsyriens hatte er sich gegen Westen gewandt, immer noch in freundschaftlichen Beziehungen zu Rom. Bei einem Streit mit Attalos im Frühjahr 198 hatte der Senat eine militärische Unterstützung des letzteren abgelehnt, aber durch eine Gesandtschaft erreicht, daß der Seleukide sein Heer aus dem pergamenischen Lande zurückzog. Im Winter darauf weilte eine Mission des Antiochos in Rom und wurde vom Senat freundlich empfangen. Die Wendung begann erst im Jahre 197. Durch die Niederwerfung Philipps erreichte Roms Machtgebiet das Ägäische Meer, während Antiochos damals die kleinasiatische Küste unterwarf unter Zurückgreifen auf die Rechtsansprüche seines Hauses auf den Besitz der dortigen Griechenstädte, darunter des hochwichtigen Ephesos und des hellespontischen Brückenkopfes Abydos. Dadurch wurden die beiden in stärkster Ausdehnung begriffenen Großmächte zu Nachbarn und gleichzeitig zu natürlichen Gegnern und Rivalen. Und nun erfolgte im Spätsommer und im Herbst 196 im Verfolg der Griechenbefreiung die Aufforderung an den König, die hellenischen Städte in Asien nicht anzugreifen, was im wesentlichen die Herstellung einer neutralisierten Zone an der kleinasiatischen Küste bedeutete.

Dies war ein deutliches Heraustreten Roms aus seiner gegenüber Antiochos seither bewahrten Zurückhaltung. Der Grund lag in dem im Frühjahr 196 erfolgten Übergang des Antiochos von Asien nach Europa und in dem Wiederaufbau des von den Thrakern zerstörten Lysimacheia auf Gallipoli. Zum zweitenmal wie einst nach dem Sturz des Lysimachosreiches (281) rollte der Seleukidenstaat das Meerengenproblem im Sinne einer ausschließlich von Asien aus zu beherrschenden Handelsstraße auf. Jetzt stand ihm aber die große Republik des Westens gegenüber, die nun auf einmal die stärkste Aktivität entfaltete. Während noch im Winter 197/6 die Gesandten der Stadt Lampsakos beim Gesuch um römischen Schutz für ihre Stadt allerlei schöne Worte, aber nicht die gewünschte Einbeziehung in den römisch-makedonischen Friedensvertrag erlangt hatten, trat plötzlich im Spätsommer 196 Flamininus für Lampsakos und andere kleinasiatische Städte, darunter Smyrna, ein. Schon im Juli war Philipp V. nahegelegt worden, in ein Bundesverhältnis zu Rom zu treten, und im Herbst berichtete die nach Rom zurückgekehrte Zehnmännerkommission, daß ein neuer schwerer Krieg bevorstehe. Im Zusammenhang damit erhob der Senat im Sommer 195 in Karthago Einspruch gegen Hannibals Verbindungen mit Antiochos. Man sieht deutlich, das Erscheinen des Syrers auf *europäischem* Boden hat mit *einem* Schlage die Sachlage verändert. West und Ost standen sich am Hellespont wieder einmal gegenüber, wie einst Griechen und Perser, Alexander und Dareios III. Aber diesmal hat Rom die Verteidigung Europas übernommen und nun seine griechische Befreiungsgeste politisch im Dienste der eigenen Sicherheit auszuwerten begonnen.

Antiochos parierte den Angriff höchst geschickt. Er schloß sofort Frieden mit Ägypten, durch welchen ihm die ptolemäischen Besitzungen in Europa und Asien überlassen wurden. Den Römern gegenüber berief er sich auf sein Siegerrecht und wehrte sich entschieden dagegen, daß lediglich auf diplomatischem Wege die staatsrechtliche Autonomie einzelner griechischer Städte seines Reiches in eine völkerrechtlich von den Römern garantierte umgewandelt werde.

Welche Folgen das römische Vorgehen haben konnte, beweist die Tatsache, daß das widerspenstige Smyrna bereits im Jahre 195 einen Tempel der *Roma* errichtete. Rom hatte sich unstreitig zu weit vorgewagt und erlitt diplomatisch eine Schlappe. Mit den Waffen sofort darauf zu antworten, war nicht möglich, da gerade in den Jahren 196 und 195 die militärische Lage in Oberitalien und in Spanien den Einsatz großer Kampfmittel an beiden Stellen erforderte. Nachdem noch einmal eine Gesandtschaft des Antiochos den Flamininus im Winter 196/5 in Korinth mit dem angeblichen Vorschlag eines Freundschafts- und Neutralitätsvertrages aufgesucht hatte, ruhten die Verhandlungen zwischen beiden Mächten mehr als zwei Jahre lang. Es schien, während Scipio Afrikanus als Konsul (194) vor Optimismus warnte, keine Gefahr von Osten her zu drohen, trotzdem Antiochos seine asiatischen Länder damals durchorganisierte, Lysimacheia als Festung ausbaute und seine thrakische Satrapie abrundete. Im Gegensatz dazu löste Rom, da Antiochos sich weiterhin nicht unangenehm bemerkbar machte, seine Ostarmee auf und räumte im Sommer 194 Griechenland.

Im Frühjahr 193 wurden von Antiochos die Verhandlungen mit Rom wieder aufgenommen unter abermaliger Vorlage eines Freundschafts- und Neutralitätsvertrages. Man stellte aber erneut demgegenüber das Verlangen auf, daß der König auf seine europäischen Besitzungen verzichten sollte. Im Senat wurde man noch deutlicher und erklärte, wenn Antiochos in Europa bleibe, werde Rom die hellenischen Städte in Asien wirklich „befreien". Es wird in der neueren Forschung als der unheilvollste Fehler des antiochenischen Hofes bezeichnet, daß dieser römische Vorschlag abgelehnt wurde. Vom Kriegsausgang her gesehen, ist dies richtig. Aber wie sollte damals Antiochos dazu kommen, ohne Schwertstreich auf die thrakische Satrapie, die Festung Lysimacheia und die allein dadurch mögliche Beherrschung des Hellespontes freiwillig zu verzichten? Die Republik des Westens benutzte dagegen das Schlagwort von der „Griechenbefreiung", um ihre politischen Zwecke zu erreichen und brachte dadurch ungewollt den Gegensatz westlicher freier Verfassung und östlicher Monarchie in die Debatte.

Die aus Rom zurückkehrende seleukidische Gesandtschaft machte nun bei den Ätolern halt, und diese gewannen die Überzeugung, daß sie im Falle eines Krieges auf Antiochos rechnen könnten. Sie suchten gleichzeitig Philipp V. und Nabis auf ihre Seite herüberzuziehen, was bei letzterem auch gelang. Bald darauf erschien eine römische Gesandtschaft in Asien und wurde nach einem Besuche bei König Eumenes in Pergamon von Antiochos in Ephesos empfangen, nachdem dieser im Winter vorher ein Bündnis mit Ptolemaios V. durch Verheiratung seiner Tochter Kleopatra besiegelt hatte. Von Eumenes veranlaßt und instruiert, brachten nun Gesandte der griechischen Städte ihre Klagen und Wünsche vor die römische Mission, die sich wie eine dem König gleichberechtigte Schiedsrichterin aufspielte. Antiochos erklärte, nur Rhodos, Byzanz und Kyzikos als freie Städte anerkennen zu können, nicht aber die alten ionischen und äolischen Gemeinden in seinem Reichsgebiet. Tiefstes Mißtrauen ergriff ihn plötzlich ob des Vorgehens der Römer, und nachdem er lange den Vorstellungen des Hannibal, der seit 195 an seinem Hofe weilte, und denjenigen der Ätoler widerstanden hatte, entschied sich der im Herbst 193 zusammengerufene syrische Kronrat für den Krieg, und man schloß im Winter einen Angriffspakt mit dem ätolischen Bunde. Es ist keine Frage, der wilde Haß der Ätoler gegen die Römer hat schließlich den Krieg entzündet und Antiochos in denselben hineingezogen. Daneben ist es die Kühnheit des diplomatischen Vorgehens, die Rom in diesen augenblicklich nicht gewollten Krieg hat hineingeraten lassen. Ein Glück war es, daß Antiochos mit der Belagerung der widerspenstigen Griechenstädte viel Zeit verlor und Rom dadurch die Möglichkeit zur Vorbereitung gegeben wurde.

Was jetzt kam, war wieder ein Weltkampf zwischen Europa und Asien, entzündet an dem ewig neuen Problem der Dardanellen-Wasserstraße. Griechenland lag als Zwischenzone, oder besser gesagt als Vorland der Asiaten, zwischen den Kämpfern, bestimmt, wie leicht vorauszusehen war, erster Kriegsschauplatz zu werden.

Denn der Plan des einzig wirklich großen Mannes am Seleukidenhofe, Hannibals, wurde nicht ausgeführt. Er allein hat den Krieg von Anfang an als Vernichtungskrieg gegen das offensichtlich jetzt zur Herrschaft im Osten emporstrebende Rom geführt wissen wollen. Auf das erschöpfte Hellas sei kein Verlaß, nur durch das Hinüberspielen des Krieges nach Italien, wie vor 25 Jahren seinerseits, könne Rom überwunden werden. Mit einem mäßigen Expeditionskorps von noch nicht 12000 Mann und 100 Kriegsschiffen in Unteritalien gelandet, hoffe er Karthago wieder in den Krieg hineinzureißen. Aber schon das Scheitern der Sendung des Antiocheners Ariston nach Karthago zeigte, daß Hannibal seine Landsleute zu hoch eingeschätzt hatte. Ganz abgesehen von der Unsicherheit dieses Faktors in der Rechnung fehlten dem Antiochos aber Zeit und Mittel zur Vorbereitung auf einen so weitausgreifenden Plan, der vielleicht auch gar nicht zu seiner sonstigen politischen Richtung paßte. Denn er hatte doch überall, wo er auch gekämpft hatte, bewiesen, daß seine Politik in der Gleichgewichtstheorie des hellenistischen Machtsystems erstarrt war.

So siegte der Vorschlag der Ätoler, daß Antiochos dem zu erwartenden schnellen Angriff der Römer durch einen Vorstoß nach Hellas hinein zuvorkommen solle. Denn hier wurde schon ein kleiner Krieg der Achäer gegen den immer unruhigen Nabis geführt, und die Ätoler hatten die Vertretung der asiatischen Interessen gegen Rom übernommen, in ihrem Kampfe gekrönt durch die Einnahme von Demetrias, der damals stärksten Festung in Nordgriechenland. Nach diesem Erfolg luden sie im Herbst 192 den König ein, nach Europa herüberzukommen. Sie fügten dadurch ihren Hetzereien noch die Schuld hinzu, daß der König rüstungsunfertig in den Krieg eintrat; denn sie brachten ihm die sichere Hoffnung bei, daß sein Erscheinen und seine Verkündigung der Hellenenfreiheit Griechenland in das Ostlager überschwenken lasse. Der Erfolg entsprach nicht den erweckten Erwartungen, da eine römische Gesandtschaft unter Flamininus in den griechischen Gemeinden, vor allem bei den Achäern, energisch Propaganda machte. Als Antiochos Ende Oktober 192 in Demetrias angelangt war, ließ sich der abermals um Rat angegangene Hannibal noch einmal hören: es komme jetzt alles darauf an, Philipp herüberzuziehen oder wenigstens seine volle Neutralität sicherzustellen. Weiter müsse Antiochos seine Stellung in Hellas durch größere Truppenmassen festigen und dann den Angriff nach Italien tragen, statt in dem ausgesogenen Griechenland den Feind zu erwarten. Die Flotte müsse geteilt werden, die eine Hälfte müsse bei Korkyra Aufstellung nehmen, die andere gegen Italien an der ligurischen Küste in der Nähe des Gallierlandes operieren. Das Landheer müsse nördlich von Epirus hinter Apollonia aufgestellt werden und mit Überschreiten des Adriatischen Meeres drohen. Zum zweitenmal hat sich Antiochos den Vorschlägen des größten Romkenners verschlossen. Viel schlimmer war es, daß sein Vorstoß nach Griechenland durch unzureichenden Kräfteeinsatz und gleichzeitiges Abschwenken Philipps und der Achäer zu Rom ohne Flankendeckung zur Wirkungslosigkeit verurteilt wurde.

Die Römer eröffneten unter dem Konsul Manius Acilius Glabrio den Feldzug des Jahres 191 auffallend früh mit starker Heeresmacht von Illyrien (Apollonia) aus und benutzten Makedonien als Aufmarschgebiet, sowie das dortige Jungvolk als Hilfstruppe. Da das Hauptheer Antiochos' noch nicht in Hellas stand, mußte dieser der feindlichen Übermacht gegenüber hinter den Thermopylen eine Verteidigungsstellung beziehen und die engste Stelle des Passes am Ostausgang durch Befestigungen schützen. Die Position wurde aber römischerseits während einer frontal geführten Schlacht durch ein Umgehungskorps unter Kato unhaltbar gemacht, und Antiochos fast bis zur Vernichtung geschlagen. Mittelgriechenland fiel den Römern schnell wieder zu. Der König begab sich nach Asien zurück und bezog sein Hauptquartier in Ephesos. In Griechenland nahm die Unterwerfung der Ätoler den Rest des Sommers 191 und den Anfang des folgenden Frühlings in Anspruch. Für den Angriff auf Asien war die Gewinnung der Seeherrschaft unerläßlich. Sie wurde nach Vereinigung der römischen und der pergamenischen Flotte durch einen Seesieg des C. Livius an der kleinasiatischen Küste zwischen Chios und Ephesos im September 191 vorbereitet.

Der Konsul des Jahres 190, L. Scipio, dem sein Bruder, der Afrikanus, als Prokonsul und Legat, d. h. als eigentlicher militärischer Leiter des Unternehmens beigegeben war, überschritt nach Abschluß eines sechsmonatigen Waffenstillstandes mit den Ätolern, unterstützt von Pergamon und Makedonien, zu Anfang November 190 den Hellespont. Antiochos' Flotte war unter Hannibals Führung im Laufe des Sommers am Eurymedon bei Side von den Rhodiern und dann ein zweites Mal am Vorgebirge Myonnesos von den vereinigten Römern und Rhodiern geschlagen worden. Daraufhin hatte der König seine europäischen Besitzungen, voran Lysimacheia, bis auf wenige Punkte geräumt. Prusias von Bithynien, der durch die Lage seines Landes an den Meerengen von größter Bedeutung für den Asiaten war, konnte infolge der geschickten diplomatischen Behandlung durch die Römer nicht aus seiner neutralen Haltung herausgebracht werden. Die römischen Flottensiege und Prusias' Haltung haben die Absicht des Antiochos, den Römern schon beim Übergang über den Hellespont entgegenzutreten, zur Aussichtslosigkeit verurteilt. Er ging in das Binnenland zurück, und der großzügige Plan des Afrikanus, den Krieg nach Asien hineinzutragen, konnte jetzt zur Ausführung kommen. Eine Verzögerung erlitten die Operationen nur dadurch, daß – echt römisch – der geistige Führer des ganzen Unternehmens Salier war und während der Zeit des großen Salierfestes in Rom 30 Tage lang an demselben Platze stehen bleiben mußte. Antiochos benutzte diese Zeit, um durch Verhandlungen die letzte Entscheidung mit den Waffen zu vermeiden. Seine Bemühungen scheiterten aber, da die Römer schon die Abtretung aller seleukidischen Besitzungen bis zum Tauros verlangten. Es blieb bei der Entscheidung durch das Schwert.

Die römische Armee nahm zunächst die Kernlandschaft des befreundeten Pergameners, die weite und fruchtbare untere Kaïkosebene, als Marschziel. Dann ging sie landeinwärts über Pergamon in der Richtung auf Thyatira, welches der Feind verlassen hatte, um sich südwärts auf Magnesia am Sipylos zurückzuziehen. Nordöstlich dieser Stadt, jenseits des Hermosflusses, ist am Ende des Jahres 190 die große Entscheidungsschlacht geschlagen worden. Trotz doppelt so großer Zahl an Fußvolk (60 000 Mann gegen 30 000) und dreifach überlegener Reiterei (12 000 Mann), trotz seiner Elefanten und Sichelwagen ist der Asiate in einer Schlacht, die stark an Gaugamela erinnert, unterlegen, und zwar dank der ausgezeichneten Führung auf der Gegenseite durch den Konsul L. Scipio – sein großer Bruder war während der Schlacht krank – sowie dank der auf dem rechten Flügel der Römer angehäuften römisch-pergamenischen Reiterei, die unter Eumenes das Glanzstück eines an Alexander erinnernden Reiterkampfes lieferte. Während Antiochos selbst gegen den linken Flügel der Römer, der nur durch Flußanlehnung gedeckt war, den Sieg errungen hatte, aber durch die römische Reserve an der Eroberung des Lagers verhindert wurde, war das Schicksal seines Heeres nicht mehr zu wenden, als seine im Zentrum stehende, zu lange zurückgehaltene Phalanx zum Weichen gebracht worden war und das römische Schwert in den geworfenen Massen zu wüten begann. Um den Gesamtsieg aber hatten wie im vorigen Jahr die Rhodier zur See, so jetzt die Pergamener in der Landschlacht die größten Verdienste. „Heer, Schlacht und Großmachtstellung waren für den König auf einmal unwiederbringlich verloren." Wie ein Wunder mutet es an, daß in 10 Jahren das hellenistische Staatensystem des Ostens von der römischen Republik über den Haufen geworfen worden ist.

Antiochos ging nach der Niederlage über Sardes und Apollonia nach Syrien zurück. Damit war Vorderasien für ihn verloren. Die Vorverhandlungen zum Frieden wurden in Sardes eingeleitet. Die vom Sieger gestellten Bedingungen lauteten: Der König solle alle seine Besitzungen in Europa und diejenigen in Kleinasien diesseits des Tauros herausgeben, die große Summe von 15 000 Talenten (über 70 Millionen Goldmark) zahlen. Ferner wurde die Auslieferung Hannibals verlangt und einiger Führer seiner griechischen Bundesgenossen, darunter des Ätolers Thoas. Endlich wurde ihm die Verpflegung des römischen Heeres bis zum eigentlichen Friedensschluß auferlegt. Nach Annahme dieser Bedingungen traten die Waffenruhe und die Verlegung der

Schlußverhandlungen nach Rom ein, während das römische Heer noch spät im Jahr die Winterquartiere um Ephesos bezog.

Der Sommer des Jahres 189 sah in Rom eine glänzende Versammlung aller am asiatischen Friedensschluß interessierten Mächte. Eumenes erschien persönlich, weil ein Gegensatz zwischen ihm und den Rhodiern über die zu erhaschende Landbeute entstanden war. Die Entscheidung des Senates ging dahin, daß Karien bis zum Mäander und Lykien, abgesehen von Telmessos, welches Enklave des Eumenes wurde, rhodisch blieb, bis auf einen kleinen Teil, der dem Telmessier Ptolemaios, einem Verwandten des ägyptischen Hauses, zufiel. Alles Gebiet nördlich des Mäander und die thrakische Chersonesos wurden zum pergamenischen Reiche geschlagen, das die stärkste Gebietsvergrößerung erlangte. Rom behielt sich nur die Verfügung über die griechischen Städte Kleinasiens vor. Sie wurden zum größten Teil als „frei" erklärt, und damit das Hauptziel des Feldzuges erreicht. Die mittelbare Beherrschung der östlichen Gebiete erhielt dadurch ein weiteres Moment, durch welches jederzeit die Einmischung in dem neugewonnenen Raum ermöglicht wurde. Eine Kommission von zehn Senatoren wurde dem Konsul des Jahres Cn. Manlius beigegeben. Ihr fiel die Durchführung der neuen Ordnung zu.

Während das seleukidische Reich durch den Tag von Magnesia so sehr um seine Großmachtstellung gebracht wurde, daß es auch im Orient nicht mehr die alte Autorität zu wahren vermochte und in den aufstrebenden Parthern einen gefährlichen Rivalen erhielt, stieg damals Roms Schützling P e r g a m o n zu ungeahnter Macht empor. Es verlieh seiner Stellung in Vorderasien durch den Bau des herrlichen Zeusaltares auf der Burg einen äußeren Ausdruck, der an den Glanz des perikleischen Athen erinnert. Zu der Konkurrenz mit Athen auf dem Gebiete der Kunst kam diejenige mit Alexandreia im Reiche der Literatur. Dem ägyptischen Papyrus trat als asiatischer Beschreibstoff das „Pergament" zur Seite, und die Bibliothek der kleinasiatischen Geistesmetropole zerstörte die Monopolstellung Alexandreias. Der Hellenismus hatte ein zweites geistiges Zentrum bekommen. Dem anderen Schützling Roms, der Handelsmacht Rhodos, wurde seine bedeutende Stellung zwischen Ägypten und dem Bosporus als internationaler Bank- und Wechselplatz des Ostens, vor allem auf das kleinasiatische Festland hinüber, sowie als altbewährtes Bollwerk gegen die Piraterie erhalten. Im Friedensvertrag stand ausdrücklich eine Anerkennung seiner Stellung als Geldmacht, insofern sein Grund- und Kapitalbesitz im Gebiete des Antiochos, einschließlich Abgabenfreiheit, von Rom garantiert wurde.

Der Neuordner von Asien bekam noch mancherlei zu tun, um Roms unsichtbare politische Überwachung der neugestalteten Welt des Ostens etwas sichtbarer in die Erscheinung treten zu lassen. Jenseits des pergamenischen Staates, in Paphlagonien, Galatien, Pisidien, Kappadokien wohnten Völker, die leicht wieder den Anschluß an die Seleukiden suchen und finden konnten. Vor allem das räuberische Volk der Galater mußte allein schon im Interesse der Pergamener in seine Schranken zurückgewiesen werden. Ihnen galt ein Feldzug des Konsuls Cn. Manlius, der im Frühsommer 189 unter Mitnahme pergamenischer Truppen von Ephesos aus landeinwärts begann. Der Zug ging durch Karien, Südphrygien nach Pamphylien, von da nordwärts wieder durch Phrygien gegen Galatien. Überall wurden Kontributionen auferlegt, so daß das Ganze als ein erster Raubzug der Römer bezeichnet werden muß und später von Manlius' Gegnern in Rom als solcher hingestellt wurde. Schon nahe dem galatischen Gebiete angekommen, wurde der Konsul durch ein Hilfegesuch der Stadt Oroanda zu einem Marsch zurück in das südlicher gelegene Grenzland gezwungen und erreichte von hier aus am oberen Sangarios-Fluß zum zweitenmal das Feindesland. Hier kamen ihm die Priester des Heiligtumes der großen Göttermutter in Pessinus, das unter galatischer Herrschaft selbständig geblieben war, freundschaftlich entgegen. Mit Hilfe des einzigen auf pergamenischer Seite verbliebenen Fürsten Eposognatos wurde der weitere Vormarsch vollzogen und zuerst der Stamm der Tolistobogier mit schweren Verlusten besiegt. Nach einem verräterischen Überfall auf den Konsul wurden darnach die im Gebirge bei Ankyra verschanzten Tektosagen, die durch ein Aufgebot des dritten Stammes, der Trokmer, sowie durch Kappadoker und Paphlagonen verstärkt waren, unterworfen. Auch hier war der Sieg der Römer ein vollständiger. Die Tektosagen zogen sich über den Halys in das Gebiet des erwähnten dritten Stammes zurück.

Immer noch waren diese drei keltischen Stämme, die erst im Jahre 278 über den Hellespont herübergekommen waren, barbarische Fremdlinge auf kleinasiatischer Erde. Auf den schlechtesten Teil der inneren Hochflächen zusammengedrängt, dabei äußerst kinderreich und als Hirten zu Raubzügen geneigt, waren sie der Schrecken der umliegenden Landschaften und Völker.

Für den heldischen Geist, der in diesem Volke noch lebte, ist nichts bezeichnender als die Erzählung von Chiomara, der Gemahlin des Tolistobogier-Häuptlings Ortiagon. Sie war beim ersten Kampfe mit anderen Frauen und Kindern ihres Stammes in die Hände der Römer gefallen. Der Hauptmann, der zur Bewachung der Gefangenen in Ankyra kommandiert war, hatte sie nach Kriegsrecht geschändet, beschloß aber später, von ihren Angehörigen bestochen, sie gegen ein hohes Lösegeld auszuliefern. Bei der Übergabe gelang es ihr, dem Landsmanne, der sie in Empfang nahm, in heimischer Sprache den Befehl zur Tötung des sich verabschiedenden Hauptmanns zuzuflüstern. Mit dem Kopfe des Erschlagenen erschien sie dann bei ihrem Gatten, und auf dessen Worte: „O Weib, es ist doch etwas Schönes um die Frauentreue", erwiderte sie: „Ja, aber noch schöner ist es, daß nur einer lebt, der zu mir sich gesellt hat." Unser Berichterstatter Polybios bemerkt nach Erzählung der Geschichte, daß er diese galatische Judith später selbst noch in Sardes gesehen, mit ihr gesprochen, ihren hohen Sinn und ihre Klugheit bewundert habe. Damit ist dieses erste Beispiel von Reinheit und Stolz der Keltenfrauen aufs allerbeste bezeugt und wirft ein helles Licht auf die auch in anderen Dingen zutage tretende lange Erhaltung ihrer ursprünglichen Wesensart bei diesen so spät eingewanderten Kleinasiaten. Man versteht es, daß sie in der Kaiserzeit die

Stütze des römisch-italischen Regiments im Osten geworden sind.

Obwohl auch kappadokische Hilfstruppen beim letzten Kampf der Galater gegen Rom beteiligt gewesen waren, erkaufte sich jetzt der dortige König Ariarathes gegen Zahlung von 200 Talenten Schonung für sein Land. Manlius ging im Herbst beutebeladen in die kleinasiatischen Küstenlandschaften zurück und nahm in Ephesos Winterquartier. Ein zweiter Feldzug im Jahre 188 führte ihn als Prokonsul noch einmal bis nach Pamphylien, wo die Zahlung der ersten Rate der seleukidischen Kriegsentschädigung (2500 Talente) entgegengenommen wurde. In Apameia wurde der unterdessen in Rom ratifizierte Friede mit Antiochos unter Bekanntgabe weiterer Verschärfungen dessen Gesandten vorgelegt und feierlich beschworen. Der Vertrag, der auf Friede und Freundschaft lautete, legte dem König endgültig neben der Abtretung aller Gebiete diesseits des Tauros das Verbot irgendwelcher Ausdehnung auf die Inseln und nach Europa hinüber auf, weiter neben der Auslieferung der an seinem Hofe befindlichen Römerfeinde die Abgabe aller Kriegselefanten und der Kriegsflotte bis auf zehn Schiffe; ja für diesen kläglichen Rest wurde noch eine Fahrtgrenze (bis zum sarpedonischen Vorgebirge in Kilikien) festgesetzt. Bis zur Zahlung der gesamten Kriegsschuld waren 20 Geiseln zu stellen, darunter Antiochos' Sohn gleichen Namens.

An diesen Frieden schloß sich derjenige mit dem Kappadoker-König Ariarathes an. Er hatte unterdessen seine Tochter Stratonike mit Eumenes von Pergamon verlobt und wurde dafür in die römische Freundschaft aufgenommen. Den Galatern wurde ihr seitheriges Raubsystem in den Staaten ringsum verboten und auferlegt, sich fortan in ihren Grenzen zu halten, worüber eitel Freude unter den Nachbarvölkern herrschte. Die Aufsicht über sie erhielt Eumenes. Er wurde der eigentliche Sieger im kleinasiatischen Raume. An sein Reich wurden auch diejenigen Griechenstädte der Küste, die bisher auf Seiten des Antiochos gestanden hatten, als abgabenpflichtig angegliedert. Er, der Mitsieger von Magnesia, wurde zum Danke der Platzhalter

Roms im Osten, gewissermaßen der Massinissa im dortigen Gebiete, zum Schaden der Rhodier. Diese fühlten sich seitdem stark zurückgesetzt. Ihre Lage nutzte Hannibal aus und schrieb seine letzte griechisch abgefaßte Broschüre „An die Rhodier über die Untaten des Cn. Manlius in Asien". Damit hoffte er allem Anschein nach die klugen Geschäftsleute der Insel von der Seite Roms abzuziehen. Aber die Entscheidungen des Manlius und der ihm beigegebenen Zehnmännerkommission des Senates zur Fertigstellung des Friedens waren unabänderlich. Manlius zog im Herbst 188 aus Kleinasien ab und ging anfangs unter schweren Angriffen seitens der einheimischen Völker durch Thrakien, Makedonien und Thessalien nach Epirus, um dann von Apollonia aus nach Rom zurückzukehren.

Seit dem Siege über Antiochos hingen die Ätoler sozusagen in der Luft. Ihr Schicksal wurde durch den Konsul des Jahres 189 M. Fulvius Nobilior mit Hilfe der umliegenden Völker besiegelt. Nach der Eroberung von Ambrakia und der Wegnahme der dortigen Kunstwerke wurde auf Zureden der Athener und Rhodier ein noch einigermaßen glimpflicher Friede für sie erreicht, allerdings unter Loslösung eines Teiles ihrer auswärtigen Besitzungen und Zahlung einer nicht unbedeutenden Kriegsentschädigung. Zu dem politischen Niedergang des europäischen Kriegspartners kam dann im Jahre 187 das Ende des großen Seleukiden selbst. Nachdem er infolge von Aufständen und finanziellen Schwierigkeiten harte Maßnahmen in seinem Reiche hatte durchführen müssen, ist er bei einem Aufstand im Osten erschlagen worden.

Sein Tod bedeutete das Aufhören der syrischen Vorherrschaft im hellenistischen Staatensystem. An seine Stelle trat Rom, gegen dessen Willen auch im gesamten Ostraum nichts mehr geschehen konnte. Das mußten sowohl die Achäer, seit dem Niedergang der Ätoler die vorherrschende Macht in Griechenland, wie Hannibal, der seit dem Diktat von Apameia vogelfrei war, am eigenen Leibe verspüren. Die Achäer benützten ihr gutes Verhältnis zu Rom, um sich an ihren alten Feinden, den Spartanern und Messeniern, Roms seitherigen Schützlingen, zu rächen. Die Führung hatte der bedeutende Stratege Philopoimen. Er fiel aber bei dem Unternehmen in die Hände der Messenier und mußte den Giftbecher trinken (183 v. Chr.). Auch eine selbständige achäische Politik war nicht mehr möglich. Dies merkten sein Nachfolger im Bundes-Feldherrnamt Lykortas und dessen Sohn Polybios, der es später in seinem Geschichtswerk offen eingestanden hat.

Hannibal verließ nach dem Kriege mit Rom den Hof des Antiochos, ging zunächst nach Armenien und dann nach Kreta. Von hier wurde er durch König Prusias, als dieser in Kampf mit Eumenes geriet, nach Bithynien gerufen und zum Führer der Flotte bestellt. Nach dem Friedensschluß zwischen den beiden Kämpfern blieb er am Hofe seines neuen Schutzherrn. Aber gelegentlich einer Gesandtschaft des Senates unter Flamininus wurde auch hier seine Auslieferung verlangt. Von dem Bithyner preisgegeben, nahm sich der große Karthager selbst das Leben, um dieser Schande zu entgehen (183, oder vielleicht erst Anfang 182). Sein Leben war eine große Menschentragödie. Trotz höchster Gaben, die die Natur ihm verliehen, trotz unsagbarer Anstrengungen und Leiden, die er getragen, hat er keines seiner hohen Ziele erreicht. Die mächtige Volksgemeinschaft der Apenninhalbinsel, der getreu dem Knabenschwur zeit seines Lebens sein Kampf gegolten hatte, war stärker als dieser einzelne Titane aus punischem Blute, und eine Zusammenballung aller Mächte gegen den so schnell emporsteigenden Römerstaat hatte sich bei der politischen Zerrissenheit und der Kurzsichtigkeit der hellenistischen Ostmächte als eine Unmöglichkeit erwiesen. Der Vertreter einer antiken Einkreisungspolitik war mit ihm gefallen und damit der größte Feind Roms von außen her.

Um so stärker erhob nun der innere Feind sein Haupt und führte den Niedergang des großen Geschlechtes, das Rom durch den Afrikanus gerettet hatte, herbei. Gegenüber dem ersten Jahrzehnt nach dem hannibalischen Krieg, in welchem die Scipionenpartei unbestritten den Vorrang im Staate gehabt hatte, etwa wie in England der Sieger von Waterloo lange Jahre hindurch, begann mit dem zweiten Jahrzehnt unmittelbar nach dem asiatischen Sieg der Rückgang, schon durch die Konsulwahl des Jahres 189, die M. Fulvius und Cn. Manlius an die Spitze des Staates brachte. Die Scipionen behielten allerdings in der zehngliedrigen Senatskommission für die Neuordnung Asiens noch die Oberhand, vor allem durch das kraftvolle Auftreten von Scipios Schwager L. Ämilius Paulus. Aber die Pause, die in den Kriegen im Osten nach dem Antiochos-Frieden eintrat, ließ die Diplomatie wieder mehr in den Vordergrund treten und hob dadurch mächtig das Selbstgefühl der diese Politik mit Erfolg betreibenden Geschlechter der Nobilität. Je mehr aber der Stolz der Herrenschicht stieg, desto mehr empfand man das Hervortreten eines einzelnen weit über die Standesgenossen hinaus als etwas dem inneren Wesen der damaligen Staatsform Entgegengesetztes, zumal dieser einzelne aus seiner Auffassung, daß er im besonderen Dienste der Götter stehe, keinen Hehl mehr machte. Eine zur Führung sich berufen dünkende Herrenkaste erträgt den Prinzeps viel schwerer, als eine demokratisch regierte Masse. Rom, das so lange durch das Vorherrschen der Geschlechter dem großen Individuum die Entwicklung versperrt hatte, war mit anderen Worten noch nicht reif für den einzelnen vom Formate des Scipio. Dies war die Tragik im Leben und Wirken des Afrikanus.

Die Opposition gegen ihn schmiedete ihre Waffen aus der Kritik vornehmlich an seiner auswärtigen Politik. Sie erschien der Masse zu nachgiebig und in dem materiellen Ertrag für den Staat nicht einbringlich genug. Die Führerschicht dagegen nahm Anstoß an dem starken Temperament des leitenden Mannes, das mehrmals im Senat wild ausbrach. Der naive Glaube seiner alten Soldaten an eine göttliche Inspiration ihres Führers wurde im politischen Kampf durch den Haß seiner aristokratischen Feinde zu dem vollkommen unberechtigten Vorwurf des Strebens nach dem Königtum verschoben. Als die Führung der gegnerischen Kreise gar noch in die Hände des verbissenen Kato gekommen war, ist dann zu allem noch das häßliche Kampfmittel des politischen Skandalprozesses gegen den größten Römer der Zeit angewendet worden. Sein Bruder L. Scipio Asiatikus ist tatsächlich wegen Unterschlagung im syrischen Kriege verurteilt worden. Als man gegen den Afrikanus mit einer Anklage, daß er dem Antiochos gegen Geld und gegen Freilassung seines gefangen genommenen Sohnes einen zu günstigen Frieden gewährt habe, vorging, zog es der große Mann vor, mit seinen Anhängern zu einem Dankfest am Jahrestag der Schlacht von Zama statt in die Verhandlung zu gehen. Als er gar noch seinem Bruder zu Hilfe kommen wollte, ist durch das Dazwischentreten des Volkstribunen T. Gracchus eine Lösung gefunden worden, wonach der größte Römer sich freiwillig vom politischen Leben zurückziehen konnte. Die letzten zwei Jahre seines Daseins hat er verbittert auf seinem Gute bei Liternum in Kampanien zugebracht und ist hier im Jahre 183 gestorben. Wie einsam der erste aus der Masse des Volkes emporgestiegene Römer am Schlusse seines ruhmvollen Lebens geworden ist, zeigt sein Gebot, daß seine Leiche nicht nach Rom in die Gruft seiner Väter gebracht werden dürfe.

Die Ausschaltung der Scipionen aus der äußeren und inneren Politik gab einer Richtung Oberwasser, welche am schärfsten durch die Persönlichkeit Katos charakterisiert wird. Sein Leben und Schaffen erreichte im Jahre seiner berühmten Zensur von 184 den Höhepunkt. Diese neue Richtung hat in dreierlei Beziehung Rom vorwärtsgetrieben, einmal vom stadtrömischen mehr ins italisch-provinziale Dasein, zum andern von neuem in die mehr agrar-demokratische Denkform, nach außen aber, getragen von dem egoistisch gemeinen Gewinnstreben des Volkes, in eine Politik der radikalen Unterwerfung und Austilgung der Gegner, weit hinausgehend über die scipionische vornehme Duldung und das Lebenlassen auch anderer Völker und anderer kultureller Daseinsformen. In unvergleichlicher Weise ist der seltsame Mann, einer der „Langlebigen“ der Weltgeschichte, der bis zum höchsten Alter, ja auch noch im Alter einen furchtbar unheilvollen Einfluß auf die römische Weiterentwicklung ausgeübt hat, seinerzeit von F. Klingner charakterisiert worden, als der Mann, „in dem die Urkraft des italischen Blutes noch einmal brutal und fast erschrekkend pulste, der nach seinem achtzigsten Jahr (wie der Numider Massinissa) noch einen Sohn gezeugt hat, durch den er Urgroßvater eines der größten römischen Helden, des Hauptfeindes Cäsars, Kato Uticensis, geworden ist". In dem Tuskulaner, dem ersten und größten der Emporkömmlinge, der „neuen Männer" *(homines novi)*, reagieren also Latium und Italien, die beiden Mächte, die zwar von Rom aus von Hannibal befreit worden waren, aber bei dieser Befreiung das Blut ihrer Söhne vergossen und ihren Boden preisgegeben hatten, gegen Stadtrom. Von außen her dringt so frisches Blut in die rasend schnell emporsteigende Weltstadt Rom. Man kämpft gegen alles Fremde, vor allem gegen das in abermaligem raschen Vordringen befindliche Griechentum, dessen geistiger Kraft und menschlichem Zauber die großen Geschlechter, voran die Scipionen, zu erliegen beginnen. Man kämpft, allerdings ohne siegen zu können, weil dieser Gegner kraft seiner inneren Werte einfach unbesiegbar ist. Römisches Leben und römisches Handeln wird durch Kato zugleich primitiver als in den bisher tonangebenden stadtrömischen Kreisen, zugleich aber auch lebenswahrer und realistischer.

Nach außen aber ist dieselbe Schicht in ihrem politischen Auftreten brutaler und durchgreifender, in ihren Methoden skrupelloser. Sehr häufig, wie das schon der Verlauf der griechischen Geschichte gezeigt hatte, ist die Masse, der Demos, radikaler und vor allem egoistischer als die den Dingen mehr auf den Grund gehende Führerschicht. In der Masse, wo die Sorge um die Erhaltung des nackten Lebens oft das Dasein regiert, wo die Bildung nur Firnis ist, treten die Triebe und die Leidenschaften offensichtlicher hervor, weniger gezügelt von der Vernunft. Dazu kam, der alte bäuerliche Erwerbswille brach jetzt noch stärker hervor und wünschte die Früchte der furchtbaren Anstrengungen und der großen Blut- und Sachopfer schneller und reicher einzuheimsen als der Mensch der Herrenkaste, der früh einsah, daß allzuscharf schartig macht. Die Wandlung aus dem agrarischen Erobererstaat zum Händlerstaat und von da zum Räuberstaat hat ihre tiefsten Wurzeln in dieser stärkeren Mobilmachung sowohl der Masse wie des italischen Provinzlertums innerhalb der Nobilität. Aber im Gegensatz zum nächsten Jahrhundert, in welchem deutlich die römische Geschichte von einzelnen Großen gemacht zu werden beginnt, darf man für diese Zeit das Individuum in seiner Einflußnahme auf die weitere Entwicklung noch nicht überschätzen. Wir lesen in dieser Epoche das Neue an einer Persönlichkeit wie Kato mehr ab, als daß wir glauben dürfen, daß er dieses Neue geschaffen hat, er, der in vielem die Schäden gerade dieser Richtung, was die Masse betrifft, deutlich erkannt und daneben auch die Auswüchse des alten Adelsregimes bekämpft hat.

Tatsache bleibt, daß nur ein Römer das Gefüge des seitherigen Staates wirklich gesprengt hat: das ist der Besieger Hannibals, der dafür aber auch aus dem Staate als politisch führender Mensch schließlich ausgebootet worden ist. Alle übrigen, selbst der große Griechenbefreier Flamininus, dem zum erstenmal unter allen Römern von dem begeisterten Griechentum göttliche Ehren zuteil wurden, sind aus dem Rahmen des Ganzen nicht herausgetreten, sondern haben trotz aller Erfolge, Ehren und wirklichen Verdienste jenen alten Römerstil bewahrt, der darin zum Ausdruck kommt, daß der Staat alles, der einzelne daran gemessen nichts bedeutet. Abgesehen vom Afrikanus sind es noch nicht die starken Persönlichkeiten, sondern die großen Strömungen einer sich ungemein rasch wandelnden Zeit, die den Staat vorwärtstreiben.

In der auswärtigen Politik wurde die Lage im Osten seit der Niederwerfung des Antiochos wieder durch Makedonien bestimmt. Hier in einem Staate mit geschlossenem Volkstum lebte in ganz anderer Weise, als in den übrigen hellenistischen Staaten ein kräftiges Empfinden für eine auf Wiedergeburt und Aufstieg gerichtete Gesamtpolitik weiter. Die Schwäche Makedoniens lag aber wie zuvor in seinem Gegensatz zu der Mehrzahl der griechischen Staaten, so große Zurückhaltung sich Philipp auch hier jetzt auferlegte. Zwar war der Hauptgegner Ätolien durch den Friedensschluß von 189 bei aller Milde Roms stark verkleinert und auch Philipp an der ätolischen Gebietsminderung, vor allem auf thessalischem Boden, als Erbe beteiligt, wozu noch makedonische Erwerbungen an der thrakischen Küste hinzukamen. Aber seine Gegner hatten in Rom Verwahrung dagegen eingelegt und von einer Senatskommission war ihm das meiste wieder abgesprochen worden. Auch die Sendung seines jüngeren Sohnes Demetrios nach Rom, wo er früher als Geisel gelebt und sich viele Freunde erworben hatte, brachte keinen Wechsel der Dinge zugunsten Philipps. Haß gegen alles Römische erfaßte den leidenschaftlichen Fürsten. Die schon früher begonnenen Kriegsrüstungen betrieb er im geheimen noch eifriger und faßte viele Maßnahmen ins Auge, die seine Herrscherstellung im Lande zu festigen imstande waren. Daneben gingen Feldzüge in das Innere Thrakiens und Anknüpfung von Beziehungen zu den Bastarnern und den Keltenstämmen an der Donau einher. Die Verbindungen mit den Kelten wurden dazu nutzbar gemacht, Makedoniens Stellung gegen Illyrien hin und im Rücken der römischen Herrschaft in Norditalien zu verstärken.

Echt makedonisch wurde das Ende des Königs im Herbst 179 durch schwere Greueltaten im Königshaus verdüstert. Zuerst fiel auf Betreiben des älteren Sohnes Perseus, der schon Anteil an der Regierung hatte, dessen Stiefbruder Demetrios, den die Römer so gern als Nachfolger des Vaters gesehen hätten, durch Gift, dann unmittelbar nach des alten Königs Tod auch ein zum Schluß von ihm bevorzugter Neffe des Antigonos Doson, gleichfalls mit Namen Antigonos.

Nach der Thronbesteigung des Perseus wurde sofort der Freundschaftsvertrag mit Rom erneuert. Jedermann wußte aber, daß auch der neue König ein Römerfeind war. Amnestie im Innern, eine aktivere Politik in Griechenland, wo viel Unzufriedenheit angehäuft war, und anderes ließen eine neue Zeit für den Balkan erwarten. Ganz von selbst sammelte sich alles, was mit dem römischen Regiment unzufrieden war, um den jungen Fürsten. Durch die Vermählung mit Seleukos' IV. Tochter Laodike, die ihm auf rhodischen Schiffen zugeführt wurde, bekam er Verbindung mit Syrien, durch die Verheiratung seiner Schwester mit Prusias II. solche mit Bithynien. In einem neuen Kriege der Bastarner gegen ihre alten Feinde, die Dardaner, wurden die Angreifer trotz Roms Einspruch unterstützt. In Thrakien und Illyrien wurde geschickt eingegriffen. Am wichtigsten aber war die Einmischung überall in den hellenischen Staaten, vor allem in Böotien und Ätolien, wo sich neben römischen Parteien wieder makedonische zu bilden begannen. Ein Aufstand der damals unter makedonischer Herrschaft befindlichen Doloper wurde niedergeschlagen. Dagegen eine Annäherung an den makedonenfeindlichen Achäerbund gelang nicht, abgesehen von einem gewissen Stimmungsumschwung in den Massen. Neue Unruhen in Ätolien und Thessalien, die auf Perseus' Konto gesetzt wurden, weckten Mißtrauen in Rom, so daß schon seit 174 das Gespenst eines abermaligen makedonisch-römischen Krieges am politischen Himmel erschien. Das Mißtrauen der Römer wurde stark genährt durch Eumenes, der seinen Einfluß in Hellas und Thrakien durch das Wachsen des makedonischen überall bedroht sah und der durch die Annäherung von Rhodos an Perseus nervös wurde. Im Jahre 172 erschien er in Rom und hetzte im Senat gegen seine Rivalen, worauf Perseus und die Rhodier ebenfalls Gesandte dorthin schickten. Die Mehrheit des Senates lieh aber dem Eumenes ihr Ohr, und der Krieg rückte in noch bedrohlichere Nähe. Denn das Zusammengehen des seither immer römertreuen Rhodos mit Makedonien wurde auch in Rom sehr unangenehm empfunden. Ein Attentat auf den aus Rom zurückgekehrten Eumenes gelegentlich eines Besuches in Delphi trieb die Dinge in der Richtung auf den Krieg weiter. Griechenland und der Osten wurden zunächst römischerseits durch Gesandtschaften unter diplomatisches Sperrfeuer genommen, um überall Bundesgenossen zu gewinnen und den Gegner, der in derselben Richtung Anstrengungen machte, für den bevorstehenden Kampf zu isolieren. Die Herrscher des Ostens, an ihrer Spitze Eumenes, ebenso unter den westlichen Massinissa versprachen Hilfe bzw. wohlwollende Neutralität wie Prusias II. Auch Hellas wurde im römischen Fahrwasser gehalten und aller makedonische Einfluß zurückgedämmt, selbst in Böotien, das sich offen an Perseus angeschlossen hatte. Die Rhodier, von Perseus um Vermittlung angerufen, verlangten plötzlich, nicht in einen Gegensatz zu Rom gebracht zu werden. Eine letzte Gesandtschaft des Königs nach Rom im Winter 172/1 wurde abschlägig beschieden, da der Verdacht der Schuld am delphischen Attentat an ihm hängen blieb. Perseus hatte so, obwohl isoliert und in der Zange befindlich (Eumenes rüstete offensichtlich von Thrakien aus zum Angriff), keine andere Wahl mehr, als den Kampf aufzunehmen, da ihm auch bei völliger Nachgiebigkeit der Verlust der Krone bereits sicher war.

Der dritte große und eigentlich entscheidende Waffengang zwischen Rom und Makedonien brach daher im Frühjahr 171 aus. Die einzige Hoffnung für Perseus war sein ausgezeichnet gerüstetes Heer, das größer war als das einst von Alexander nach Asien hinübergeführte (fast 40000 Mann zu Fuß und 4000 Reiter) und eine ebenso treffliche finanzielle Mobilmachung. Ein Aufruf an die Untertanen hatte vollen Erfolg. Noch einmal trat ein geschlossenes Volkstum mit starkem Nationalgefühl im Osten den Römern entgegen. Die letzte Verteidigung der makedonischen Weltstellung durch den in der Heimat verbliebenen Rest des bis dahin stärksten Herrenvolkes stand bevor in einem furchtbaren Zweifronten-, ja sogar Dreifrontenkrieg, da neben Eumenes auch die nördlichen Todfeinde der Makedonen, die Dardaner, von Rom aus mobil gemacht worden waren. Ja schließlich war, da die Römer nach dem Übergang mit Heer und Flotte nach Apollonia nicht von Westen her anzugreifen wagten, sondern von Thessalien aus vorgingen, der Ring um Makedonien völlig geschlossen.

Doch der König war dem Gegner zuvorgekommen und durch das Tempetal in Thessalien eingedrungen, wo er in einem ersten Treffen einen vollen Sieg davontrug. Der Kampf nahm zunächst die Form eines Kleinkrieges an, bis Perseus zum Winter nach starker Befestigung des Tempetales und unter Behauptung der Halbinsel Magnesia nach Makedonien zurückging. Nachdem die Römer den Winter dazu benutzt hatten, um die noch in makedonischen Händen befindlichen griechischen Besitzungen, die meisten in Böotien, wegzunehmen, versuchten sie im neuen Kriegsjahr (170), in Makedonien von Süden her einzudringen. Dies mißlang aber, vielmehr erfolgte ein abermaliger Einfall des Königs in Nordthessalien. Von Osten her geschahen gleichzeitig Angriffe der römisch-pergamenischen Flotte, wobei zwar Abdera durch Verrat genommen, aber sonst kein größerer Erfolg erzielt wurde. Dagegen wies der König die Dardaner in einem wuchtigen Angriff gegen Norden zurück, unternahm zu Anfang des Winters einen Vorstoß nach Illyrien und suchte den König Genthios (um Skodra-Skutari) auf seine Seite zu ziehen, allerdings ohne sofortigen vollen Erfolg, da er zu sehr mit dem Gelde sparte. Gleichzeitig stiegen in Hellas, was wichtiger war, die Sympathien für den König. Die Epiroten erhoben sich zu seinen Gunsten und öffneten ihm den Weg nach Ätolien, wo viel Stimmung für ihn vorhanden war. Perseus' Sache stand also verhältnismäßig gut, und von Ägypten her wurde, vielleicht in Übereinstimmung mit Rhodos, im Winter 170/69 der Versuch einer Friedensvermittlung gemacht. Er wurde aber im Senat überhaupt nicht zur Sprache gebracht, zumal der eigentliche Gegenstand der ägyptischen Gesandtschaft, die Schlichtung des zwischen Ägypten und dem Seleukidenreich bestehenden Streites um Südsyrien, nicht lockte. Durch diesen Konflikt waren die beiden Staaten hinreichend beschäftigt und wurden von einer Einflußnahme auf den Krieg mit Perseus abgehalten.

In Rom hatte sich unterdessen der große Umschwung im Innern von der bisherigen mehr demokratischen Richtung (im Jahre 172 standen zum erstenmal zwei Plebejer an der Spitze) hinweg vollzogen, offenbar weil man deutlich merkte, daß in der Außenpolitik und in der Kriegführung die Dinge einen unbefriedigenden Verlauf nahmen. Von den Konsuln des Jahres 169, Q. Marcius Philippus und Cn. Servilius Caepio, wurde der erstere, der schon zum zweitenmal das hohe Amt innehatte und militärisch besser geschult war, mit dem Kriege im Osten betraut.

Ein gleichzeitiger Land- und Seeangriff wurde in die Wege geleitet, wobei Eumenes und Prusias zu Wasser Unterstützung versprachen. Der Konsul umging die makedonische Verteidigungsstellung im Tempetal vermittels eines Seitenmarsches durch das Olympmassiv, während die Flotte im Rücken gegen die pierische Küste in Südmakedonien in Bewegung gesetzt wurde. Der König gab vorübergehend Dion, die südlichste der makedonischen Königsstädte, preis und ging auf Pydna zurück. Die Gegenoperationen der Römer glückten infolge von Proviantschwierigkeiten nur teilweise, und der König bezog unmittelbar südlich von Dion am Flusse Elpeios (Mavrolungo) ein festes Lager, wo sich der Krieg zum Stellungskampf wandelte. Nur die römische Flotte blieb beweglich und fiel verschiedene Küstenstädte, darunter Thessalonike, plündernd an. Nach einem schnell wieder aufgegebenen Anschlag auf Demetrias ging sie dann nach Euböa zurück, um von da der Armee Proviant zuzuführen. Dem König gelang es unterdessen, endlich das Bündnis mit dem Illyrierkönig Genthios zustande zu bringen. Zugleich streckte er neue Friedensfühler bis zu Antiochos und nach Rhodos hin aus, ging daneben aber nach Aufstellung einer makedonischen Flotte auch zum Seekampf über, der die Truppentransporte der Gegner störte und Rhodos von neuem für den Gedanken einer Vermittlung gewann. Diese hatte jedoch wiederum keinen Erfolg. Dagegen gelang es den Römern, Genthios in einem ganz kurzen Feldzug im Frühjahr 168 zu unterwerfen.

Die große Wendung auf dem Kriegsschauplatz geschah dann im selben Jahr durch den neuen Konsul L. Ämilius Paulus, den zur Stunde tüchtigsten Offizier, der zudem das Vertrauen des Volkes in hohem Grade genoß. Nachdem ein frontaler Vorstoß gegen die feste Elpeiosstellung des Königs als unmöglich erkannt worden war, ließ Ämilius durch seinen Schwiegersohn P. Scipio Nasika, dem sein eigener Sohn beigegeben war, mit über 8000 Mann eine sehr gewagte, aber glücklich verlaufende Umgehung vom Tempetal aus um den Olympos herum vornehmen. Da gleichzeitig die römische Flotte an der Küste im Rücken des Gegners demonstrierte, räumte Perseus seine feste Stellung und ging abermals in der Richtung auf Pydna zurück. Scipio und Ämilius vereinigten sich und waren nun endlich imstande, dem Gegner die Gesetze des Handelns vorzuschreiben. Einen sofortigen Angriff aus der Marschkolonne heraus vermied aber der römische Oberfeldherr, zumal eine Sonnenfinsternis am 21. Juni die beiden kämpfenden Parteien schreckte. Ämilius hat hier durchaus nach dem Grundsatz gehandelt, den er gelegentlich einmal seinem Sohne Scipio Ämilianus gegenüber ausgesprochen hat, daß man nämlich eine Schlacht nur im Falle des unzweifelhaft sicheren Erfolges wagen dürfe. Er blieb daher am Schlachttag noch in der Defensive, angeblich gewarnt durch ein im Sinne der Verteidigungsschlacht zu deutendes Stieropfer, in Wirklichkeit, um die Phalanx aus der Ebene auf das für sie ungünstige Gelände unmittelbar vor der Römerstellung zu locken. Aus einem Vorpostengefecht entwickelte sich am frühen Nachmittag des 22. Juni die Schlacht, die beiderseits aufs sorgfältigste vorbereitet war, und zwar mit fabelhafter Schnelligkeit aus der Initiative des Makedonenkönigs heraus. Denn bei ihm war alles auf einen überraschenden Stoß der Phalanx angelegt. Die Abteilungen der römischen Vorhut wurden glatt geworfen. Da packten selbst seinen bedeutenden Gegner einen Augenblick Bestürzung und Furcht. Aber er blieb Herr der Situation und bewies dadurch sein Führertum. Vom rechten Flügel aus faßte er mit Hilfe der Elefanten, die diesmal nur auf seiner Seite vertreten waren, den wuchtig vordringenden Feind und ließ die Legionen in die bei der Phalanx entstandenen Lücken eindringen. Dadurch löste er geschickt den makedonischen Massenkampf in Einzelgefechte auf, in welchen die glänzend einexerzierten Römer Meister waren. Auf der Seite des Königs war die Reiterei, die einst in den Alexanderschlachten den Kampf eröffnet hatte, in der Reserve gehalten worden und dadurch alles auf den Massenstoß der Phalanx abgestellt. Das Fußvolk ist in einer der kürzesten Schlachten der Weltgeschichte (sie dauerte noch nicht eine Stunde lang) zur Hälfte niedergemetzelt worden, während die Reiterei mit dem König an der Spitze nach der Stadt Pydna entkam. Der auch in den schwierigsten Lagen immer kaltblütig gebliebene Römer hat über den unruhigen, den Anforderungen seiner Schicksalsstunde nicht voll gewachsenen Makedonen, das römische Schwert und die römische Disziplin haben über die Stoßlanze und die veraltete Taktik der Gegner, die aufgelöste Kampfesform hat über den Massenvorstoß gesiegt. Pydna ist das Jena und Auerstedt Makedoniens, allerdings mit dem großen Unterschied, daß Preußen aus dem furchtbaren Falle eine glänzende Wiederauferstehung erlebt hat, während das Makedonentum durch Pydna aus der Führung der Welt ein für allemal verdrängt worden ist.

Der regierende König war kein Philipp II. und kein Alexander. Das Wunder, das er während der Schlacht von einem Opfer an den göttlichen Ahnherrn Herakles erhofft hatte, geschah nicht. Thron und Reich brachen nach schwerer Niederlage zusammen. Der König, allen Rückhaltes in seinem Volke beraubt, floh nach der Insel Samothrake in das hochberühmte Heiligtum der Kabiren. Hier wurde er mit seiner Frau und seinem ältesten Sohne von den Römern gefangen genommen. Die große militärische Führerpersönlichkeit stand auf der Feindesseite: nach Scipio Afrikanus jetzt dieser Ämilius Paulus, der wie jener über die Masse seines Volkes weit emporragte.

Man hat gestritten, ob der tiefste Einschnitt in dieser Epoche das Jahr der Schlacht von Pydna (168) oder das Jahr der Zerstörung von Karthago und Korinth (146) gewesen ist. Außenpolitisch war es unstreitig das erstgenannte Jahr, innenpolitisch das zweite, weil nach Beseitigung des letzten großen Gegenspielers Rom hemmungslos dahinstürmte. Wer Roms Geschichte außenpolitisch betrachtet, tritt auf die Seite derer, die mit Polybios dem Jahre 168 die größere Bedeutung beimessen. Der Hellenismus in seiner an- und ausgleichenden Wirkung hatte aus den Ostvölkern „Kulturnationen“, aus den Staaten auf außereuropäischer Erde rein dynastische Schöpfungen gemacht. Bei Pydna war nicht nur ein Staat, sondern auch das diesen Staat tragende Volk der Makedonen zu Boden geworfen worden. Nach der Schlacht fiel Makedonien zum größten Teil freiwillig den Römern zu. Der König, der den Mut, den Tod zu suchen, nicht aufbrachte, wurde glimpflich behandelt. Er wurde als Gefangener nach Italien gebracht und mit ihm viele königliche Beamte. Die Unterwerfung der Epiroten geschah durch den Prätor L. Anicius, den Wiedereroberer des Genthiosreiches in Illyrien.

Mit der lockeren, nur mittelbaren Beherrschung des Ostens war es jetzt für den Balkan vorbei. Das römische Gewaltregiment trat offen zutage. Mit dem siegreichen Feldherrn ordnete eine Senatskommission die Verhältnisse. Mit einzelnen Staaten wurde eine besondere Regelung getroffen. Rhodos fiel durch seine dem Perseus zuneigende Politik in Ungnade. Seine zur Herstellung des Friedens damals in Rom weilende Gesandtschaft mußte dies fühlen. In Hellas wurde Ämilius mit den höchsten Ehren empfangen. In Delphi ließ er das unvollendete Siegesmonument des Perseus in ein Denkmal seines eigenen Ruhmes umwandeln. Makedonien blieb, abgesehen von den griechischen Besitzungen, in vollem Umfange erhalten, wurde aber in vier Teilstaaten mit den Hauptstädten Amphipolis, Thessalonike, Pella, Pelagonia zerlegt. Die fast wehrlos gemachten Teile wurden republikanisch regiert. Zwischen ihnen wurde jede Rechts- und Ehegemeinschaft aufgehoben, das Schlimmste, was dem stolzen Volke passieren konnte. Auch materiell wurde das Land stark geschädigt. Eine gewaltige Kriegsbeute ging nach Rom, und als Zeichen der Anerkennung der römischen Oberherrschaft wurde die Hälfte der Landesabgaben als jährlicher Tribut abgeführt. Ähnlich wie Makedonien wurde das illyrische Reich des Genthios zerlegt, und zwar dieses in drei, von Rom abhängige Teile. Dieses Zerschlagungssystem eroberter Reiche hat sich nicht bewährt. Denn der Schutz gegen die nordischen Randvölker des Balkans konnte von diesen ohnmächtigen Kleingebilden nicht hinreichend geleistet werden. Dies zeigte sich bereits im Jahre 162 bei einem Angriff der Dalmater auf die illyrischen Zwergstaaten.

Über Hellas, soweit einzelne Staaten makedonische Sympathien gezeigt hatten, erging ein furchtbares Strafgericht. Eine Masse Verdächtiger oder Verdächtigter wurde nach Rom befohlen und dort wurden ihre „Fälle“ untersucht. Viele wurden hingerichtet, andere suchten den Freitod. Am schlimmsten erging es den Ätolern, deren Sache zuerst zur Entscheidung kam. Auch die römerfreundlichen Achäer mußten 1000 Geiseln nach Rom senden. Darunter befand sich Polybios. Außerhalb des hellenischen Gebietes ist Epirus, und hier vor allem das Land der Molosser, in der grausamsten Weise behandelt worden. Es wurde auf Befehl des Senates zugunsten der Soldateska durch Ämilius selbst ausgeplündert und die dortige Anhängerschaft des Perseus versklavt. Das Molossergebiet wurde wahrscheinlich römisches Staatsland.

Die endgültige Ordnung der griechischen Angelegenheiten erfolgte dann nach dem glänzenden Triumph des Ämilius von Rom aus im Laufe des Winters 167/6. Den Athenern wurden die Inseln Lemnos und Delos bewilligt, Delos mit der Auflage, daß ein Freihafen für den Osten daraus gemacht wurde. Diese Erhebung des berühmten Sklavenmarktes zum Freihafen lag in erster Linie im Interesse Roms; denn sein Osthandel war hier konzentriert und hatte schon viele Süditaliker zur Ansiedlung gelockt. Zugleich aber war die Großhafenschöpfung von Delos ein Schlag gegen das in Ungnade gefallene Rhodos. Dieser älteste Bundesgenosse Roms im Ägäischen Meer hat zudem damals seinen Festlandsbesitz in Lykien und Karien verloren, blieb jedoch auf Fürsprache Katos von einem Kriege verschont. Seine große, an die deutsche Hansa erinnernde Stellung in der Ostwelt war ein für allemal erledigt, mochte man auch im heimischen Athenaheiligtum dem römischen Volke ein kolossales Standbild von 30 Ellen Höhe errichten. Rom dagegen mußte später schwer dafür büßen, daß es dieses große Bollwerk gegen die Ostpiraten seiner Schlagkraft beraubt hat.

Auch Eumenes von Pergamon hat infolge seines starken Entgegenkommens gegenüber Perseus die Rolle als Schrittmacher Roms im Osten ausgespielt. Als er 167 alter Gewohnheit gemäß nach Rom reisen wollte, um seine Sache selbst im Senat zu vertreten, wurde ihm nach Brundisium ein Quästor entgegengeschickt mit dem Ersuchen, diesem seine Wünsche mitzuteilen und in einer bestimmten Frist Italien wieder zu verlassen.

Die neue Situation, die durch Pydna im Ostbecken geschaffen war, zeigte sich aber im hellsten Licht erst gelegentlich des syrisch-ägyptischen Streites. Unter dem Mißregiment der beiden Vormünder des Philometor hat Antiochos IV. von Syrien in zwei Feldzügen der Jahre 169 und 168 Ägypten zu erobern versucht. Der erste Krieg war hervorgerufen durch die Absicht der ägyptischen Regierung, Südsyrien, das alte Streitobjekt beider Staaten, wieder zu gewinnen, gestützt auf den Gegensatz, in welchem Palästina damals zu dem syrischen Herrscher stand. Antiochos parierte den Angriff durch einen erfolgreichen Vorstoß gegen die ägyptische Grenze, der nach Eroberung fast ganz Unterägyptens bis an die Tore Alexandreias vorgetragen wurde. Das Vormünderregiment über den unterdessen mündig erklärten König stürzte zusammen. Ein Eingreifen griechischer Staaten des Mutterlandes wurde durch den diplomatisch geschickten Syrer beiseitegeschoben, und bei einer Zusammenkunft der beiden Herrscher kam dann ein Vertrag zustande, in welchem dem Antiochos Vermundschaftsrechte über den jungen ägyptischen Neffen (Philometor war der Sohn der aus dem syrischen Königshaus stammenden Kleopatra I.) zugestanden wurden. Darauf hat der Syrer sich in Memphis zum ägyptischen Könige krönen lassen, mit ganz offenem Betrug an dem Neffen, indem er sich nur als zeitweiligen Verweser des Reiches ausgab. Die Reaktion dagegen war die Königsproklamation von Philometors jüngerem Bruder Euergetes durch Heer und Bürgerschaft von Alexandreia und die Anrufung des römischen Senates. Die unterdessen durch Antiochos eingeleitete Belagerung Alexandreias endete mit einem Mißerfolg. Der König ging in sein Reich zurück, da die religiöse Reformbewegung in Palästina seine rückwärtige Verbindung bedrohte. In Ägypten einigte man sich auf ein gemeinsames Regiment der beiden Brüder unter Vorzugsstellung des älteren, was einem Bruche der mit Antiochos getroffenen Abmachungen gleichkam.

Nach sorgfältigen Vorbereitungen trat dieser daher zeitig im Frühjahr 168 den zweiten Feldzug an, diesmal mit einer Flotte neben dem Landheer, und nahm von Memphis aus von neuem den Kampf gegen Alexandreia auf. Aber schon befand sich der römische Gesandte Popillius Laenas, ein Mann von altrömischer Schroffheit, mit dem Ultimatum des Senates in Griechenland. Unmittelbar nach dem Sieg des Ämilius Paulus reiste er nach Ägypten ab. Antiochos stand mit seinem Hauptquartier bereits in dem alexandrinischen Vorort Eleusis, nur anderthalb Kilometer vom Mauerring der Stadt entfernt. Das Ultimatum lautete auf sofortige Beendigung des Krieges und kurzfristige Räumung Ägyptens. Bei der Überreichung des Schriftstücks an den König hat sich die allbekannte Szene abgespielt. Als dieser um Zeit zur Beratung bat, zog der Römer mit seinem Rebstock einen Kreis im Sande um ihn und erklärte, daß er, in diesem Kreise stehend, eine klare Antwort mit Ja oder Nein zu geben habe. Oft ist diese berühmteste Szene aus der Diplomatengeschichte Roms geschildert worden. Zuletzt hat Walter Otto ihre Bedeutung in die Worte gefaßt: „Der Tag von Eleusis war der monumentale Schlußstein in einem vom römischen Senat weitschauend angelegten und meisterhaft durchgeführten diplomatischen Spiel. Und Popillius Laenas hat diesen Schlußstein mit einer genialen Geste gelegt, die an Eindrucksfähigkeit unübertreffbar ist, und den Tag in seiner Auswirkung weltgeschichtlich nicht weniger bedeutsam macht, als den Tag von Pydna. Wurde doch erst dadurch, daß beide gleichzeitig errungen wurden, das Geschick der drei hellenistischen Großstaaten endgültig besiegelt und eine neue Weltenwende heraufgeführt.“

Das wunderbare Ineinanderspielen von Kriegs- und Staatskunst ist nirgends wieder so deutlich geworden, wie in diesen für die römische Geschichte so bedeutungsvoll gewordenen Sommertagen, den ergebnisreichsten seit der Besiegung des genialen Hannibal durch den Afrikanus. Wie damals Roms Wille in Afrika und Spanien allein gebietend geworden war, so jetzt über das zusammengebrochene Staatensystem des Ostens, das allerdings schon an sich selber, an der überaus traurigen Zerklüftung und dem ewigen Kampf um Gebietsvergrößerung, zugrunde gegangen war.

Daß Rom dann infolge seiner Allmacht im Osten hier so furchtbar brutal wurde, hängt damit zusammen, daß sich seine Gegner nur allzu oft mehr als würdelos benahmen, nicht nur die „Griechlein“, sondern auch die Nachfolger jenes stolzen Volkes, das einst Philipp und Alexander von Sieg zu Sieg und damit zur Weltherrschaft geführt hatten. Die geschmacklose Art, wie sich Antiochos IV. nach Erfüllung des Ultimatums vor dem römischen Senate demütigte, ohne dadurch natürlich irgend etwas zu erreichen, ist kurz darauf nur noch von Prusias II. von Bithynien übertroffen worden: Er ging einer römischen Gesandtschaft in der Tracht eines Freigelassenen, d. h. im Hute und mit geschorenem Kopfe entgegen und rief ihr von ferne zu: „Ich bin euer *libertus*", was er dann selbst noch dadurch übertrumpft hat, daß er im Jahre 167 den Senat in Rom mit den Worten anredete: „Seid gegrüßt, ihr rettenden Götter." So ist das römische Herrenmenschentum, das auf dem stolzen Bewußtsein der eigenen Kraft und des überlegenen Könnens ruhte, damals durch dieses hündische Benehmen der Ostherrscher unendlich gesteigert worden. Zu allen Zeiten der Weltgeschichte wird die Brutalität der Herren durch das Nichtmaßhaltenkönnen im Dienen und Kriechen seitens der Knechte erzeugt, am schlimmsten hier, wo sogar Könige unköniglich handelten und vor den führenden Bürgern der Westrepublik im Staube lagen.

Diese Aufrichtung der römischen Weltherrschaft seit 168 wurde aber gleichzeitig der Anfang von der Weltausbeutung mit ungeheueren Rückwirkungen auf das siegreiche Staatswesen in seinem Innern. Der alte Bauernstaat begann in der plötzlichen wirtschaftlichen und geistigen Umwälzung schnell und vollkommen zugrunde zu gehen. Die vielen durch die ewigen Kriege um ihre heimische Scholle gebrachten Bauernsoldaten wurden zu Händlern und lösten sich, dem Drange süditalischer Griechen und Halbgriechen nach dem Osten folgend, von Italien los, um in den Provinzen und den Schutzgebieten ihr Glück zu versuchen. Im Osten wurde vor allem der Freihafen Delos mit seinen Aussichten, dort schnell reich zu werden, ein Sammel- und Tummelplatz des Italikertums. Andere näher bei Rom wohnende ehemalige Bauern suchten Zuflucht in der Hauptstadt, die räumlich und an zweifelhaften Bewohnern rasch wuchs. Die Nobilität erlebte eine noch stärkere Umbildung als bisher durch den Zustrom unermeßlicher Kriegsbeute und durch wahnsinnige Spekulationen seitens schnell reichgewordener Emporkömmlinge und machte daher, vor allem in der jüngeren Generation, einen auffälligen Strukturwandel nach der materiellen Seite hin durch. Der Staat erhob seit Pydna in Italien keine Grundsteuern mehr, so daß der römische und latinische Bürger, sowie der italische Bundesgenosse abgabenfrei wurden. Nur zweimal in der Weltgeschichte haben Herrenvölker die Steuerfreiheit ihrer Oberschicht durchgeführt, wie der römische Staat jetzt für seine italische Bevölkerung, so später die islamischen Großreiche für die Bekenner ihrer Staatsreligion, hier also aus religiösen Motiven. Beide Male hat diese Befreiung von der vornehmsten Pflicht des Staatsbürgertums ungemein entsittlichend auf das Herrenvolk gewirkt. Wohl steht man in diesen Jahren der Schlacht von Pydna diplomatisch und militärisch auf dem Gipfelpunkt des Könnens, aber gleichzeitig wird auch im wirtschaftlichen Ausbeuten der großartigen politischen Leistungen ein Höhepunkt sondergleichen erreicht und in der Folgezeit beibehalten, ja noch gesteigert. Eine mammonistische Entartung ist die Folge, wie sie seitdem das Kennzeichen alles römischen Wesens geworden ist.

2. Die Niederwerfungs- und Zerstörungspolitik der Oligarchie (168–146)

Für Roms Politik nach Pydna zerfiel der Osten jetzt in zwei Zonen, den balkanisch-griechischen und den außereuropäischen Raum. In dem ersteren herrschte nach der Zerschlagung des makedonischen Staates die harte Faust des Siegers in gleicher Weise über dem unfrei gewordenen Makedonien wie über dem „frei" erklärten Griechenland. Die außereuropäische Zone war durch die Selbstentwürdigung der Könige und in Ägypten durch den Bruderzwist innerhalb des Königshauses zu voller Bedeutungslosigkeit herabgedrückt, und den römischen Intrigen war bis tief hinein in die inneren Verhältnisse der nur noch halbsouveränen Staaten des Ostens Tür und Tor geöffnet. Seitdem die Raffgier des Siegers geweckt war, neigte die römische Politik hier immer mehr dazu, den Bogen zu überspannen. Man begegnete diesen Übergriffen seitens der Betroffenen durch immer größere orientalische Unterwürfigkeit und Geschmeidigkeit.

Auf dem Boden des Balkans führte die Brutalität des Siegers erst zu kleineren Bedrückungen, dann zu einer größeren Katastrophe. Die unsinnige Zerschlagung des makedonischen

Landes in vier Teilstaaten schuf mancherlei Schwierigkeiten politischer und wirtschaftlicher Art. Schwere innere Unruhen erschütterten das Land. Der Höhepunkt war jene Mordszene auf der Burg von Pella im Jahre 163, bei der ein gewisser Damasippos die Mitglieder des Rates erschlug. Erleichterungen, die Rom nach und nach gewährte, wie die Wiedereröffnung der makedonischen Bergwerke im Jahre 158, halfen nicht hinreichend. Auf eigenen Wunsch der Makedonen sollte daher Scipio Ämilianus im Jahre 152 der Helfer in der großen Not werden, aber er hat es vorgezogen, das wichtigere Kommando in Spanien zu übernehmen, wohin seit 154/3 aller Römer Augen gerichtet waren.

In Hellas zeigte es sich bald, daß man sehr falsch gesetzt hatte, als man Rom gegen das verhaßte Königreich im Norden ausgespielt hatte. Jetzt, da man durch den Sturz des makedonischen Widersachers nach dieser Seite frei geworden war, merkte man, daß man nur den Teufel durch Beelzebub ausgetrieben hatte. Griechenland hatte gar manche Zeit schweren Selbstruins hinter sich; keine der bisherigen war aber so schlimm wie diese letzte, da der Römer über das große Leichen- und Trümmerfeld einer Nation seine schwere Faust walten ließ. Zu der politischen Zerstückelung kam arge wirtschaftliche Not und als deren Folge stärkster Geburtenrückgang über das gänzlich verarmte Land. Nur wer es mit dem allmächtigen Römer hielt, sei es als einzelner Römling, sei es als Angehöriger der Römerpartei, kam vorwärts. Grausige Gesinnungslumperei und Korruption sondergleichen bis zu ungeschminkter Käuflichkeit machten sich breit. Wo die Gegensätze zu groß wurden, mußte der Römer eingreifen. Die einheimischen Römerfreunde hausten, wie das oft zu geschehen pflegt, schlimmer als die Römer selbst. Berüchtigt ist das Wüten des Epiroten Charops in seiner Heimat. Es wurde selbst den Römern zu toll, so daß ihm bei seinem Aufenthalt in Rom anständige Männer der Nobilität wie Ämilius Paulus das Betreten ihres Hauses verboten. In den übrigen griechischen Staaten ging es nicht viel weniger schlimm zu, zumal der schnelle wirtschaftliche Niedergang den Gegensatz von reich und arm stark verschärfte. Nur etwas ruhiger blieb es bei den Achäern, wo die Bemühungen, die nach Rom verschleppten 1000 Geiseln wieder heimzubekommen, alles andere zurückdrängten. Gesandtschaften über Gesandtschaften gingen nach Rom in dieser Sache. Einer derselben gegenüber fiel das berüchtigte rohe Wort Katos: „Als ob wir nichts zu tun hätten, sitzen wir den ganzen Tag da und beraten, ob ein paar alte Männer aus Griechenland von unseren oder den achäischen Leichenträgern hinausgetragen werden sollen.“ Anderseits hat dieses traurige Kapitel auch lichtere Seiten aufzuweisen, wie die Anbahnung des berühmten Freundschaftsverhältnisses zwischen dem bedeutendsten Mann unter den Achäern, Polybios, und dem kommenden Sterne Roms, Scipio Ämilianus, von dem Historiker selbst geschildert an einer der schönsten Stellen seines Werkes (XXXII, 9).

Das furchtbare Unglück von Hellas in diesen Jahrzehnten wird etwas gemildert durch diesen Glücksfall, daß sich der edelste Römer der Epoche den Polybios zum Lehrer und Berater erkor und durch ihn in griechisches Denken und Fühlen hineinwuchs. Was Aristoteles einst an Alexander vollbrachte, das tat jetzt der Arkader Polybios an dem Sohne des Siegers von Pydna. Im Lehren und Erziehen spielt die Persönlichkeit eine so große Rolle wie in keinem anderen menschlichen Beruf. Daß sowohl einer der größten Philosophen wie einer der größten Historiker der Hellenen auf führende Männer der beiden hervorragendsten Tat- und Staatsvölker des Altertums einen entscheidenden persönlichen Einfluß als Lehrer gewonnen haben, gehört zu den seltenen Gnadengeschenken des Schicksals an diese Erobervölker.

Wie klein mutet gegenüber dieser Anbahnung säkularer Fernwirkungen aus der gegenseitigen Befruchtung der beiden Völker die politische Geschichte der gleichzeitigen hellenisch-römischen Beziehungen an. Die am Raum- und Machtproblem zugrunde gegangenen Hellenen stritten sich auch jetzt unentwegt um Gebietszipfel ihres Landes und machten die großen Raumbewältiger zu Schiedsrichtern in ihren lächerlich kleinen Grenzstreitigkeiten, die Spartaner um arkadische Randgebiete, die 188 zu Megalopolis geschlagen worden waren, die Ätoler um das wider seinen Willen achäisch gewordene Pleuron, die Athener um Oropos und das dortige Amphiaraos-Heiligtum, die seit langem Streitpunkte zwischen Attika und Böotien gewesen waren. Hier war es nicht die kleine Sache und ihre Erledigung (Oropos blieb selbständig), was uns heute interessiert, sondern der Umstand, daß die Athener im Jahre 155 ihre berühmtesten literarischen Größen, die Häupter der drei angesehensten Philosophenschulen, Karneades, Kritolaos und Diogenes, als Gesandte nach Rom schickten. Als bei deren längerem Verweilen die römische Jugend sich zu ihren interessanten Vorträgen drängte, wurde Kato wieder bissig und verlangte schnell einen Entschluß, „damit die Griechen sich wieder ihrer Schule zuwenden und mit griechischen Knaben wissenschaftliche Gespräche führen könnten, die jungen Leute der Römer dagegen wie früher auf die Obrigkeit und Gesetze hören".

Ein Spielball aller Gegensätze, die damals im Ostbecken des Mittelmeeres tobten, wurde die unglückliche Insel Kreta, seit langem in gesteigerter Form ein Abbild der griechischen Zerrissenheit, die des römischen Arztes immer wieder bedurfte, zugleich ein Werbeplatz für Landsknechte aller Staaten, die gut bezahlten. Denn das Reisläufertum war in jener Zeit immer noch die beste Lösung des Erwerbslosenproblems, soweit nicht die gerade auf dieser Insel sehr beliebte Piraterei ein Ventil öffnete. Das Piratentum der Kreter war es auch, das seit etwa 155 einen Krieg mit Rhodos herbeiführte. Er verlief zunächst für die Rhodier ungünstig und fand erst durch Roms Eingreifen ein Ende.

Während so im europäischen Herrschaftskreis das römische Schiedsgericht in großen und kleinen Fragen eingriff und das Zusammenleben der Staaten regelte, wurde weiter östlich das diplomatische Kräftespiel fortgesetzt. Wie die römischen Menschen selbst wurde ihre Politik dort immer machiavellistischer. Dies zeigt sich vor allem gegenüber Syrien, das noch einmal eine Politik auf eigene Faust und in größerem Stile gewagt hatte. Hier aber war von nun an jedes Mittel recht, um diesen immer noch gefährlichen Oststaat zu Boden zu drücken. Als die Juden damals in den Makkabäerkämpfen aufständisch wurden, hat man dem in

Rom wenig beliebten Volke das Bündnis nicht verweigert, hat illegitime Prätendenten in Syrien unterstützt, überhaupt an Schikanen alles getan, was imstande war, die seleukidische Regierung zu schwächen. Ja man ist so weit gegangen, in ganz brutaler Weise auch in die inneren Verhältnisse dieses letzten halbsouveränen Oststaates einzugreifen, wenigstens nach dem im Frühjahr 163 erfolgten Tode des Antiochos IV., den man mit Recht den großen „Totengräber" seines Staates genannt hat. Unmittelbar darnach faßte Rom zu, um die seiner Ansicht nach zu stark angewachsene Kriegsmacht, besonders an Elefanten und Schiffen, zu beschränken. Eine Gesandtschaft unter dem gewesenen Konsul Cn. Oktavius betrieb im Jahre 162 mit äußerster Schärfe eine vom Senat verlangte Entwaffnungsaktion, wobei man den Elefanten, um sie kriegsunbrauchbar zu machen, kurzerhand die Sehnen der Hinterfüße durchschnitt. Die Folge war, daß der eben genannte Führer der römischen Gesandtschaft der entfesselten Volksleidenschaft zum Opfer fiel. Der in Rom bis dahin als Geisel weilende Demetrios, ein jüngerer Sohn Seleukos' IV., entwich daraufhin mit Hilfe seines Schicksalsgenossen Polybios von dort und landete in Syrien. In kurzer Zeit vermochte er seine Anerkennung von seiten Roms durchzusetzen und seinem Vaterland noch eine letzte zehnjährige Nachblüte zu sichern, durch die der römische Einfluß im Osten seit 160 wenigstens etwas gemildert wurde.

Das eigentliche Betätigungsfeld der römischen Ostpolitik bis hin zur Oberaufsicht aber wurde Ägypten. Hier trat man seit 161 nach Bruch mit Philometor verstärkt für die Sache seines jüngeren Bruders Euergetes ein. Dieser war in seiner Liebedienerei vor Rom kurz vorher schon so weit gegangen, daß er als erster unter den hellenistischen Fürsten, für den Fall, daß er ohne Leibeserben sterben sollte, Rom für sein Teilreich Kyrene testamentarisch zum Erben eingesetzt hatte, um dafür dessen Hilfe zur Eroberung von Kypros (Zypern) zu erlangen. Zunächst geschah dies in einem geheimgehaltenen Dokument, das nur dem in Aussicht genommenen Erben bekannt war. Rom hat demgegenüber eine hinhaltende Politik geführt, weil ihm dieser jüngere, schon in seiner äußeren Gestalt wenig angenehme Sproß des Königshauses (im Volksmund hieß er Physkon, der „Dickwanst") keineswegs sympathisch war. Ein Fallenlassen des Philometor bedeutete daher noch kein volles Eintreten für den jüngeren Bruder, trotz des Testamentes, das ja auch nur eine bedingte Erbeinsetzung der Römer aussprach. Nach einem Attentat auf sein Leben hat sich Euergetes im Frühjahr 155 zur Veröffentlichung des Dokumentes und der damit verbundenen Abreden mit Rom entschlossen. Es ist also damals das hochpolitische Schriftstück erschienen, das durch die Ausgrabungen der Italiener in Kyrene in unsere Hände gelangt ist. Es stellt einen Auszug aus den Testamentsakten dar, die in dem Archiv des Apollotempels in Kyrene aufbewahrt waren. Durch diesen klugen Streich hat Euergetes endlich im Jahre 154 freie Hand zum Kampf um Kypros erhalten, der allerdings an dem entschlossenen Widerstand des Bruders gescheitert ist. Aus Furcht vor Rom hat aber Philometor dem Bruder große Schonung angedeihen lassen. Das Resultat war die Einräumung Kyrenes an ihn, Verpflichtung zur jährlichen Getreidelieferung, Zusage der Vermählung mit seiner ältesten Tochter Kleopatra Thea (die Ehe ist aber an Roms Widerspruch gescheitert), endlich Übergang der Herrschaft über Kypros an Philometors ältesten Sohn und Mitregenten Eupator. Euergetes bewarb sich seinerseits, allerdings vergeblich, um die Hand von Afrikanus' Tochter Kornelia, der Mutter der beiden nachmals so berühmt gewordenen Tribunen, die nach dem Tode ihres Gatten Ti. Sempronius Gracchus schon in jungen Jahren, um 152, Witwe geworden war. Es ist dies eine familiengeschichtlich höchst interessante Episode der Zeit, weil dadurch erwiesen wird, daß die römische Herrenschicht den makedonischen Königen des Ostens ebenbürtig geworden war.

Philometor konnte einen Erfolg seiner Politik darin sehen, daß er Kypros gegen den Willen des Senates behalten durfte, allerdings nur in der Form einer Belehnung seines ältesten Sohnes Eupator, der dafür aus der bisherigen Mitregentschaft ausscheiden mußte. Für Rom wurden jetzt andere Dinge wichtiger als diese ägyptischen Händel. In das

Jahr 154/3 fällt die schärfere Anspannung seiner Politik und Heerführung in Spanien, wo man Niederlagen einstecken und große Opfer bringen mußte. Zudem begann die Stimmung in Griechenland zur Entladung gegen Rom reif zu werden, und die Wolken über Karthagos Endschicksal heraufzuziehen.

Unter dem Einfluß dieser Rom näher berührenden Ereignisse wurde die Ostpolitik plötzlich etwas lauer betrieben. Ein Krieg um Kypros war jetzt nicht mehr angezeigt, wie auch in der gleichen Zeit bei den bithynischen Unruhen, die zur Beseitigung des Königs Prusias II. führten, zugunsten dieses Rom ergebenen Fürsten wenig geschah. Die einzige Stelle, an der man politisch noch aktiv blieb, war Syrien, die Stätte des ewigen Mißtrauens Roms. Hier war Demetrios I., der, innerlich zerbrochen, sich immer mehr dem Trunke ergeben hatte, vom Senat fallen gelassen und der Prätendent Alexander Balas seit 152 bis zur völligen Besitznahme des Landes unterstützt worden. Hierbei leistete Philometor von Kypros aus, das nach dem Tode Eupators wieder mit dem Hauptreich vereinigt worden war, den Römern Sekundantendienste und vermählte seine älteste Tochter Kleopatra Thea im Jahre 150 mit dem Syrer. Wenn er bald darauf schon im Jahre 147 mit dem Schwiegersohn wieder brach und die Tochter an Demetrios II., den ältesten Sohn des Demetrios I., vergab, so geschah das alles nur, um ägyptische Ausdehnungspolitik nach Südsyrien hin zu treiben. Es zeigte sich aber auch, daß sich die römische Einflußnahme nicht mehr in der Weise wie früher bemerkbar machte. Der plötzliche Tod des ägyptischen Herrschers (145) erledigte dann die Sache von selbst.

Der Schwerpunkt der römischen Politik lag jetzt nicht mehr im fernen Osten, sondern neben Spanien auf dem Balkan und in Karthago.

Nach Pydna setzte durch den unterdessen in Rom Liebkind gewordenen Numiderkönig Massinissa eine afrikanische Außenpolitik etwas größeren Stiles ein, die von den kleinen Räubereien zu massiveren Okkupationen gegenüber Karthago überging, zum ersten Male im Jahre 161. Damals bemächtigte sich Massinissa der getrennt vom karthagischen Staatsgebiet an den Syrten liegenden tripolitanischen Handelshäfen, und Rom war mit seinem Schiedsspruch dem Räuber zu Willen, zeigte also offenkundiger als je zuvor die bewußte Benachteiligung Karthagos. Das Ergebnis war, daß das numidische Reich nunmehr an einer zweiten Stelle das Meer erreichte und Karthagos Restbesitz von allen Seiten numidisch umklammert war. Seitdem standen die beiden afrikanischen Mächte noch unfreundlicher als bisher einander gegenüber, und die in der Bildung begriffene Numiderpartei in Karthago erfuhr zugunsten der Patrioten einen schweren Rückschlag. Der Radikalismus begann in einem dem Tode geweihten Staatswesen drohend sein Haupt zu erheben.

Massinissas Appetit war durch den Schiedsspruch von 161 stark gereizt worden. Er begann sein Spiel von neuem an einer anderen Stelle, d. h. gegenüber den reichen Fruchtgebieten im Bagradastale um Thugga herum. Es kam schließlich darob zu einem Kampf zwischen den beiden Gegnern, weil Karthago, im Innern politisch und wirtschaftlich etwas erstarkt, sich infolge der unterdessen eingetretenen Bindung der Römer in Spanien weiter vorwagte. Die römischen Gesandtschaften, die zur Schlichtung des Streites seit 153 auf afrikanischem Boden erschienen, bei der ersten der greise Kato, haben das Problem der Zukunft der unglücklichen Stadt aufgerollt. Katos aus tiefstem Haß und Mißtrauen längst geborenem Entschluß der Zerstörung Karthagos trat Scipio Nasika mit dem Streben nach Erhaltung der Stadt entgegen, nicht aus Milde gegenüber Karthago, sondern aus Gründen der Staatsräson. Die katonische Richtung auf Zerstörung war schon am Ende des Zweiten Punischen Krieges aufgetreten und ist aus der furchtbaren Hannibalangst leicht zu erklären. Von dem großen Afrikanus war sie schnell überwunden worden, da er nicht nur zu siegen, sondern auch wie Bismarck die noch größere Kunst, Frieden zu schließen, verstanden hatte. Für die haßerfüllte gegnerische Partei hieß aber aufgeschoben nicht aufgehoben. Von ihr lebte jetzt nur noch Kato, der nach persönlicher Einsichtnahme in die afrikanischen Verhältnisse auf seinen alten Lieblingsplan jetzt zurückkam. Schon 153 begehrte die alte

Kriegspartei unter seiner Führung im Senate wieder auf, weil Karthago gegen Massinissa losgeschlagen und dadurch angeblich das Friedensdiktat von 201 verletzt hatte. Man stand vor dem Kriegsbeschluß. Die Gegner konnten ihn nur dadurch zurückdrängen, daß sie eine genügende Kriegsursache als nicht vorhanden bezeichneten und Karthagos Bereitwilligkeit, sofort zu Wasser und zu Lande zu demobilisieren, unterstrichen. Scipio Nasika vertrat eine Politik, die sich in der Richtung von Afrikanus', seines Schwiegervaters, Milde bewegte, zugleich aber eine Politik, die eine Ersetzung der seitherigen Methode kleinlicher und aufreizender Polizeiaufsicht durch ein Verfahren, das wieder größeres Vertrauen schuf, in den Vordergrund schob. Denn das alte System hatte den bisherigen Großstaaten jeglichen Wiederaufbau unmöglich gemacht und den kleinen Nutznießern der römischen Gunst angeblich nicht genug Vorteile zugeschanzt. Die Folge war eine allgemeine Unzufriedenheit mit der römischen Vorherrschaft und schließlich Ausbrüche gegen dieselbe in Ost und West.

Karthagos Erhaltung hat Nasika schließlich als eine Notwendigkeit für den römischen Staat bezeichnet; denn jeder Staat, am meisten der allmächtig gewordene, benötige einen Wetzstein, um vor Überhebung nach außen und innen bewahrt zu bleiben. Umgekehrt setzte Kato dem täglich wachsenden Haß der romfeindlichen Welt den noch wilderen Haß der Römer entgegen. Haß aber erzeugt Brutalität, die nun in einer alles Maß übersteigenden Weise das Leitmotiv der römischen Politik wurde: ein schlechter Führer, zumal für ein so überschnell groß gewordenes Staatswesen. Das römische Vorgehen gegen Karthago ist aber derart gewissenlos, daß es kaum nur aus den erwähnten Gründen Katos und seiner Gesinnungsgenossen erklärt werden kann. Man hat daher nach letzten und tieferliegenden Motiven gesucht. Mommsens Auffassung von der Handels-Eifersucht der römischen Kapitalistenwelt hat sich als unhaltbar erwiesen, ebenso die Meinung von der Angst der agrarischen Kreise Italiens vor Überflutung mit den billigen Lebensmitteln aus dem reicher gesegneten Afrika. Höher als alle wirtschaftlichen Bedenken standen auch hier, wie so oft in Rom, die politischen Gesichtspunkte. Nur ist die Ansicht, als habe man Karthago nicht in Massinissas Hände fallen lassen wollen, vielmehr es aus Furcht vor einem zu mächtig werdenden Numiderreich zerstört, ebenfalls abzulehnen. Karthago allein war, zumal bei seiner ewigen Bedrängnis durch Massinissa, sicher kein Gefahrenpunkt mehr für Rom, wohl aber war es bei einem allgemeinen Ausbruch der romfeindlichen Mächte im gesamten Mittelmeerbereich bei seiner großen Nähe zu Rom ein sehr wohl zu beachtender Faktor. Dazu kam, daß Rom gerade damals in seinem inneren Aufbau und im Auftreten nach außen einen ersten Niedergang durchmachte. Der alte Staat des Scipio Afrikanus hatte noch die Kraft in sich gefühlt, im Vertrauen auf seine Wehrhaftigkeit und seine zu höchster Kunst gesteigerte Diplomatie der Weltenschiedsrichter zu sein und den Frieden durch Rom allüberall zu gewährleisten. Jetzt trat eine Richtung auf, welche die brutale Niederringung widerspenstiger Gegner, wenn nötig, deren Zerstörung und Austilgung auf ihr Programm schrieb. Dieser Richtung genügte bei Karthago, der nach Katos Ansicht ewig vertragsbrüchigen Stadt, die geringste Verfehlung, um zur höchsten Strafe zu schreiten. Was geschah, war eine späte Rache an der verhaßten Gegnerin und an Hannibal.

Zuletzt haben sich die Römer vor der außeritalischen Welt nur noch bemüht, einen anständigen Kriegsgrund zu finden. Ein solcher war aber zunächst nicht vorhanden. Daher wurde ein Senatsbeschluß laut verkündet und unterstrichen: im Falle, daß Karthago zu Wasser und zu Land völlig demobilisiere, wolle man von einem Krieg vorläufig absehen, während man im geheimen schon damals fest entschlossen war, endlich dem verhaßten Gegner die Kehle zuzuschnüren.

Die Sachlage änderte sich, als im Jahre 150 der Krieg zwischen Karthago und Massinissa offen ausbrach. In der punischen Hauptstadt hatte man die numidisch eingestellte Minderheitspartei samt den Anhängern Massinissas vertrieben. Es kam zu einer Schlacht, die unter den Augen des Scipio Ämilianus, der als Kommissar des Prokonsuls Lukullus bei dem Numiderkönig weilte, für die Karthager verlorenging.

Der Versuch eines Friedensschlusses scheiterte. Der Krieg ging weiter und führte zur völligen Vernichtung der karthagischen Armee. Nach Eintreffen eines Vermittlungsgesuches der Karthager ging im römischen Senat der Kampf um die Kriegserklärung von neuem los. Diesmal siegte die katonische Gewaltpolitik, die in der Zwischenzeit durch den immer wiederkehrenden Antrag auf Zerstörung der Stadt (*ceterum censeo Carthaginem esse delendam*) bei jeder passenden und unpassenden Gelegenheit wachgehalten worden war. Karthago habe wieder ohne römische Erlaubnis Krieg geführt und dadurch offenkundig den letzten Friedensvertrag verletzt. Nichts half es, daß die längst zum Tode verurteilte Stadt Unterwerfung und Geiselstellung anbot, ja bis zur tiefsten Erniedrigung eines souveränen Staates, zur Verurteilung Hasdrubals, des führenden Feldherrn, fortschritt. Nach dem Abfall Utikas, der zweiten Stadt im punischen Reiche, im Winter 150/149, wurde der Krieg wegen Vertragsbruch beschlossen, und die Rüstungen begannen. Einer noch einmal von Karthago gesandten Bevollmächtigtenkommission von fünf Männern wurde die Stellung von 300 Geiseln aus den vornehmsten Familien auferlegt, dafür aber das bewegliche Eigentum und die Autonomie für das Landgebiet zugesichert, ohne daß über die Stadt selbst ein Wort gesprochen wurde. Nach Absendung der Geiseln landeten die römischen Konsuln des Jahres 149 in *Castra Cornelia* und besetzten den Hafen von Utika. Daß sie mit 84 000 Mann gegen eine sich freiwillig unterwerfende Stadt kamen, ließ Schweres ahnen. Dem römischen Befehl der Entwaffnung kam man nach: 200 000 Rüstungen und 3000 Geschütze wurden abgeliefert. Eine römische Kommission mit Scipio Nasika an der Spitze nahm alles in Empfang. Nun erst erging das Todesurteil über die wehrlos gemachten Feinde seitens der Römer, die so oft die „punische Untreue" gegeißelt, jetzt aber alles, was von dort aus geschehen war, an Perfidie übertroffen haben. Die Stadt sollte niedergerissen und die Bevölkerung in unbefestigten Ortschaften landeinwärts, mindestens zehn römische Meilen vom Meere entfernt, angesiedelt werden. Man mag über Karthago, seine geschichtlichen und seine kulturellen Erfolge urteilen, wie man will: was jetzt geschah, verlangt unsere tiefste menschliche Teilnahme. Das niedergetretene, der Besten aus seinen Familien und der Waffen beraubte Volk erhob sich wie ein Mann. Die Verzweiflung brachte auch hier, wie zu allen Zeiten der Weltgeschichte, unmenschliche und übermenschliche Taten zustande. Was sich an Italikern noch in der Stadt befand, wurde hingeschlachtet. Um alle Hände zur Verteidigung bereit zu haben, wurden die Sklaven freigelassen. Die Befestigungswerke der Stadt wurden instand gesetzt. Die Hauptsorge aber galt der Herstellung neuer Waffen. Alles vorhandene Metall wurde zu Schwertern und Lanzenspitzen verarbeitet, das Haar der Frauen zu Bogen- und Katapultsehnen. Den Römern gegenüber wurde Nachgiebigkeit geheuchelt, um Zeit zur Herstellung des Allernotwendigsten zu gewinnen. Wichtig war, daß nicht alle Städte und Stämme des Binnenlandes zum Römer übergegangen, sondern ein kleiner Teil noch in letzter Stunde treu geblieben war, und daß Hasdrubal, der schon zum Tode verurteilte, aber jetzt wieder zum Oberbefehlshaber ernannte Führer der Stadt, ein nicht unbeträchtliches Heer noch in Händen hatte, mit welchem er vom Hinterland aus die Stadt mit Zufuhr versorgte, endlich, daß Massinissa, der sich beiseite geschoben fühlte, wohl Versprechungen, aber keine Truppen zur Verfügung stellte.

So geschah das Wunder, daß die unglückliche Stadt noch eine zweijährige Belagerung aushalten konnte, zu der die Konsuln im Frühjahr 149 neben dem Kampf gegen Hasdrubals Heer schritten, beides längere Zeit ohne nennenswerten Erfolg. Man kämpfte auf karthagischer Seite um die nackte Existenz. In Rom aber hielt man das, was jetzt in Afrika vor sich ging, für eine politische Notwendigkeit. Selbst der sittlich höchststehende Mann der damaligen Zeit, der junge Scipio Ämilianus, stellte sich sofort als Kriegstribun zur Verfügung und erfüllte seine militärischen Pflichten mit seltener Hingabe und Tapferkeit. Nachdem er im Jahre 148 der Testamentsvollstrecker des verstorbenen Massinissa geworden war und entgegen dem letzten Willen des Toten den für Rom viel wichtigeren Partikularismus durch Teilung des Reiches wieder entfesselt hatte, ging er

Ende des Jahres nach Rom, um sich um die Ädilität zu bewerben. Aber er wurde durch den ausdrücklichen Willen des Volkes nicht Ädil, sondern, obwohl erst 37 Jahre alt, sofort Konsul und unter Entbindung vom Gesetz über die Erlosung der Provinzen mit dem afrikanischen Oberkommando betraut. Wieder wie bei seinem Adoptivgroßvater wurde die militärische Leistungsfähigkeit über alles andere gestellt, und zwar war es nicht der Senat, sondern das Volk, das den Staatsnotwendigkeiten zuliebe dem Tüchtigsten die Führung des Krieges verschaffte.

Das Ergebnis war, daß nun der edelste Römer die scheußliche Henkersarbeit an Karthago vollziehen mußte, die einst der viel größere Afrikanus abgelehnt hatte. Der Rest der karthagischen Feldarmee unter Hasdrubal war unterdessen näher an die Stadt herangegangen und bezog auf der Landseite ein befestigtes Lager, wurde aber durch einen Angriff Scipios zum Eintritt in die Stadt gezwungen. Der Ring um dieselbe wurde immer enger gezogen und die Aushungerung begann, anfangs noch erträglich für die Bürgerschaft, da vom Meer her noch manche Transporte hereinkamen. Aber nach einer Seeschlacht wurde auch der Hafeneingang vom Belagerer durch einen Damm gesperrt und die volle Einschließung der Stadt vollendet. Nachdem im Jahre 148 die Gewinnung eines karthagischen Führers (Phameas) gelungen war, bemühte man sich jetzt, allerdings vergeblich, auch Hasdrubal herüberzuziehen, um dadurch die Stadt führerlos zu machen.

Dieser erkannte, daß die Todesstunde für Karthago nahte und benutzte den wildgewordenen Fanatismus seiner Landsleute zur letzten Kraftanstrengung, um mit Ehren unterzugehen. Vom Hafen aus brach der Sturmangriff Scipios los. In einem blutigen, sechs Tage und sechs Nächte dauernden Straßenkampf von Haus zu Haus, von Stockwerk zu Stockwerk (die Karthager sind wie ihre Vorfahren, die Tyrier, die ersten Erbauer von Hochhäusern im Altertum) vollendete sich Karthagos Schicksal. Erst am siebten Tage ergab sich die Burg (Byrsa), nachdem der Schlußkampf um den Tempel des Eschmunen lange getobt hatte. An 50 000 Menschen – Männer, Frauen und Kinder – sollen in die Hände des Siegers gefallen und zu Sklaven gemacht worden sein. Wie der Senat gegen einen letzten Einspruch Nasikas befohlen hatte, wurde die Stadt von dem Erdboden vertilgt und über den Platz ein feierlicher Fluch ausgesprochen. Als Schafweide sollte sie ewig unbewohnt bleiben.

In einer Augenblicksstimmung zitierte Scipio, wie berichtet wird, unter Tränen den bekannten Homervers:

„Einst wird kommen der Tag, da die heilige Ilios hinsinkt,
Priamos auch und das Volk des lanzenkundigen Königs",

offenbar in tiefster Besorgnis, daß auch einmal über seine eigene Vaterstadt ein gleiches Schicksal kommen könne. Zwei Seelen wohnten schon in seiner Brust: neben der Kampfesseele des alten Bauernrom die Seele des hellenistisch durchtränkten Aristokraten, der zum erstenmal auch an das eigene und seines Volkes Ende denkt. Als echter Römer kämpft Ämilianus aber alle Gemütserregungen nieder und ordnet mit einer Senatskommission die neue Provinz Afrika.

Der Name der Provinz läßt die Kleinheit des in unmittelbare Verwaltung genommenen Gebietes nicht ahnen, dafür aber die große Zielsetzung für die Zukunft erkennen. Wer rechtzeitig den Weg zum Römer gefunden hatte, wurde geschont, bzw. noch belohnt, an der Spitze die Verräterin an der punischen Sache, Utika. Alles übrige mußte, wie die Hauptstadt, die harte Faust des rohen Siegers fühlen. Das Puniertum hörte auf, politisch etwas zu bedeuten, lebte aber in der Sprache und in seiner kulturellen Mission für Nordafrika weiter, bis es durch die Neugründung Karthagos von Cäsar zu neuem Leben erweckt wurde. Auch in Rom erwachte so, wenn auch spät, das Empfinden, daß sinnloses Zerstören und Niedertreten keinen Nutzen bringt, sondern den Sieger selbst in das allgemeine Chaos mit hineintreibt.

Durch diesen afrikanischen Krieg ist Rom in ganz anderer Weise in Atem gehalten worden als durch die gleichzeitigen Ereignisse im Osten, die schließlich ebenfalls zur Zerstörung einer Stadt, Korinths, geführt haben. Sie treten an Bedeutung zurück, sind aber an häßlichen Begleiterscheinungen mindestens ebenso reich wie die Vernichtung Karthagos.

Das makedonische Problem wurde im Jahre 151/0 durch einen Mann niederer Herkunft, Andriskos aus Adramyttion in Kleinasien, noch einmal aufgerollt. Er gab sich als Perseus' längst verstorbener Sohn Philipp aus, unterstützt durch eine auffallende Ähnlichkeit mit dem angeblichen Vater. Nach einem ersten mißlungenen Versuch, sich in Makedonien Anhang zu verschaffen, war er als Söldner zu Perseus' Schwager, Demetrios I. von Syrien, gegangen, wo er mehr Glauben und Anhang fand. Von diesem wurde er aber an die Römer ausgeliefert und in einer italischen Kleinstadt gefangengesetzt, entfloh jedoch bald nach Milet, um dort neue Helfer um sich zu sammeln. Der thrakische Fürst Teres, ebenfalls ein Schwager des Perseus, erkannte ihn jetzt als König an und unterstützte ihn mit anderen thrakischen Dynasten beim Einfall in Makedonien (150/49). Erst beim zweiten Vorstoß wurde er Sieger, aber beim Übergreifen nach Thessalien stieß er auf den Widerstand der Achäer. An der Spitze des achäischen Aufgebotes suchte der als Gesandter eben angekommene Scipio Nasika der Bewegung Einhalt zu tun, aber ohne Erfolg. Ebenso wurde der im Jahre 148 mit einer Legion hinübergesandte römische Prätor P. Juventius in Thessalien entscheidend geschlagen und getötet. Ganz Thessalien fiel in die Hände des Prätendenten. Seine Erfolge versetzten Hellas in Aufregung und machten die Karthager auf ihn aufmerksam. Von hier stellte man ihm Geld und Schiffe in Aussicht. Nun entschloß sich Rom zum Durchgreifen. Zur See unterstützt von Attalos von Pergamon, gelang es dem Prätor Q. Caecilius Metellus, den Abenteurer aus Thessalien zurückzudrängen und in Südmakedonien zu überwältigen. Er entfloh nach Thrakien, machte von dort noch einen letzten Versuch zur Macht zurückzugelangen, wurde aber ausgeliefert und in Rom von dem mit dem Beinamen Macedonicus geschmückten Sieger im Triumphe aufgeführt, um dann dem Henker überantwortet zu werden. Gleich darauf trat noch einmal ein zweiter angeblicher Sohn des Perseus, Alexander mit Namen, als Prätendent auf, wurde jedoch von demselben Metellus nach Norden über die Grenze Makedoniens zu den Dardanern verjagt.

Rom benutzte die willkommene Gelegenheit, Makedonien als Provinz einzuziehen. Sie wurde auf Epirus und die illyrischen Gebiete an der Adria ausgedehnt und dieses Meer durch die egnatische Straße direkt mit Thessalonike (Saloniki) verbunden. Die bisherigen Teilgebiete Makedoniens blieben als Gerichtssprengel der neuen Provinz erhalten. Der makedonischen Weltherrschaft wurde durch diese Provinzialisierung des Mutterlandes der Rest gegeben, und Rom mußte als Beherrscherin der Balkanhalbinsel den Nordschutz gegen die Barbarenvölker übernehmen.

Viel wichtiger für den Augenblick war sein Eingreifen in Hellas, wo die römerfeindliche Stimmung wieder zum Ausbruch gekommen war. Die im achäischen Bunde herrschende Unruhe wurde durch den Ausbruch des alten Streites mit Sparta noch gesteigert, der jetzt in Rom anhängig gemacht wurde. Solange man in Makedonien noch nicht Herr der Aufstandsbewegung war, stellte der Senat die griechischen Angelegenheiten zurück. Im Frühsommer 147 aber wurde in einer achäischen Bundesversammlung zu Korinth durch eine römische, vom gewesenen Konsul L. Aurelius Orestes geführte Gesandtschaft eine starke Schwächung des Bundes durch Abtrennung wichtiger Gebietsteile vorgenommen. Das brachte die Massen in neue Erregung und führte zu höchst unklugen Handlungen gegenüber den Spartanern und andern Fremden, schließlich gar zur Beschimpfung der römischen Gesandten. In dieser Stimmung erfolgte die Wahl von Roms Hauptgegner, Kritolaos, zum Oberfeldherrn des Bundes. Man trieb zum Kampfe gegen Sparta, was den Krieg mit Rom zur Folge haben mußte. Ringsum im Peloponnes wurde für die achäische Sache Stimmung gemacht. Im Innern des Bundes wurden die unteren Klassen mobilisiert. Auf der Bundesversammlung vom Frühjahr 146 wurde der Krieg gegen Sparta beschlossen.

Schlagartig warf sich Metellus plötzlich von Makedonien aus auf Mittelgriechenland. Hier wurde ein gegen Herakleia am Oeta operierendes achäisches Heer geschlagen, Kritolaos getötet und Theben eingenommen. Metellus rückte bis an den Isthmos vor. Jetzt übernahm der neue Konsul

L. Mummius die weitere Niederwerfung. Sie wurde durch einen Sieg bei Korinth und den Einzug in die keinen Widerstand leistende Stadt beendet. Eine Zehnmännerkommission des Senates erhielt den Auftrag zur Neuordnung Griechenlands.

Die letzte größere Bundesorganisation wurde durch Auflösung zerstört. In den Teilstaaten wurden die Demokratien beseitigt und allgemeine Tributpflicht gegenüber Rom auferlegt, während Sparta und Athen durch Bündnisse an Rom angeschlossen blieben. Korinth wurde zur Sühne für die Verletzung des Gesandtenrechtes und zur Abschreckung, also aus rein politischen Motiven, völlig zerstört, die Kunstwerke wurden, soweit sie nicht zugrunde gegangen waren, in dem glänzenden Triumph des Siegers dem Volke gezeigt und dann auf Rom und einzelne italische Städte verteilt. Die Feier der isthmischen Spiele ging auf Sikyon über. Die Stadt, die so oft vom Erderschütterer Poseidon umgeworfen worden war, wurde durch Menschenhände noch gründlicher ruiniert als durch die Naturmächte. Auch mit der hellenischen Scheinfreiheit war es zu Ende. Hellas wurde als römisches Verwaltungsgebiet Achaia an Makedonien angeschlossen.

Polybios, der seit 149 als technischer Berater an der Belagerung Karthagos teilgenommen hatte, wurde jetzt nach Griechenland geschickt. Er hat als der gegebene Mittler zwischen Siegern und Besiegten manche Härten gemildert und manche übereilten Maßnahmen zur Revision gebracht, nicht zuletzt durch die Wiederherstellung der alten Stammesverbände. Von beiden Seiten her ist ihm dafür viel Ehre zuteil geworden. Das große Opfer seines Lebens, der Übergang zu dem Feinde seines Volkes, hat so für sein Vaterland doch noch Nutzen gebracht und das grausame Verhalten des römischen Oberfeldherrn nach vollzogener Strafe in Freundlichkeit und Güte gewandelt. Aber alles dies vermochte nichts daran zu ändern, daß die römische Gewaltpolitik neben der Zerstörung der alten Widersacherin Karthago im gleichen Jahre noch die Vernichtung der harmlosen, schönen Griechenstadt der Welt als häßliches Schauspiel geboten hat. Jene kann man verstehen als letzten Fußtritt gegen das Volk, das einen Hannibal hervorgebracht hatte, diese war ein sinnloser Gewaltakt gegenüber einem völlig ungefährlichen Gegner.

Die Griechen wurden seitdem der Typus eines politisch vernichteten Volkes, das nur noch durch die Pflege des kulturellen Lebens in der Welt wirksam blieb. Im Innern wurde durch Aufhebung der demokratischen Verfassungen dem politischen Raubrittertum einzelner, die auf die römische Fahne schworen, Tür und Tor geöffnet. Gleichzeitig nahm die Bereicherung dieser „wendigen“ Leute sehr schnell große Dimensionen an. Die ins Land strömenden Italiker machten mit ihnen nicht nur Geschäfte, sondern pflegten mit ihnen auch Gemeinschaft. Die breite Masse des griechischen Volkes aber versank in Verarmung, und das längst in den oberen Schichten eingeführte Zweikindersystem machte sich jetzt immer mehr nach unten hin breit.

Der Übergang zur unmittelbaren Beherrschung der Balkanhalbinsel schuf bald auch neue Verhältnisse im weiter ostwärts gelegenen griechischen Raum. Davon wurden vor allem die beiden wichtigsten Bundesgenossen, Pergamon und Rhodos, betroffen. Der seit 159 in Pergamon regierende Attalos II. hat das Reich in engstem Anschluß an Rom auf der alten Höhe zu erhalten gesucht. Er blieb wie bisher im Bunde mit Kappadokien, wo seit 164/3 Ariarathes V. an der Spitze stand. Aber er war kein großer Soldat, sondern mehr in den Werken des Friedens tätig, so daß der kulturelle Aufschwung Pergamons seinen Höhepunkt erreichte. Die Rhodier blieben auch nach ihrem Herabsinken in Ungnade mit Rücksicht auf ihre Flotte von einiger Bedeutung im Dienste der Seepolizei. Später wurden sie die politischen Briefträger Roms zu den Höfen des Ostens.

Einen gewissen Abschluß der römischen Ostpolitik brachte die große Inspektions-Gesandtschaft des Senates, welche Scipio Ämilianus, der persönliche Freund mancher östlicher Herrscher, führte (140/39). Sie erstreckte sich auf die Höfe von Ägypten und Syrien, sowie auf Kleinasien und Griechenland und ist das bedeutendste Beispiel dafür, wie Rom damals das System der mittelbaren Beherrschung durchführte. Die Reise begann mit einem Aufenthalt in Alexandreia und Ägypten. Man überzeugte sich, daß das Land unter einer tüchtigeren Führung als derjenigen des derzeitigen Herrschers Euergetes zu großer Machtentfaltung gebracht werden könne, ohne daß daraus auf irgendwelche Annexionsabsichten der römischen Regierung geschlossen werden darf. Die Gesandtschaft reiste über Kypros weiter nach Syrien. Hier griff sie in die Thronwirren zugunsten des Antiochos VII. Sidetes ein. Dieser Herrscher stand seitdem in freundschaftlichem Verhältnis zu Scipio und sandte ihm Truppen zum numantinischen Kriege. Wahrscheinlich ging man über Pergamon und Griechenland nach Rom zurück. Das Ansehen Scipios ist durch die Ergebnisse dieser Reise stark gestiegen, nicht nur im Ausland, sondern auch zu Hause bei Senat und Volk. Denn der römischen Politik dem Orient gegenüber ist seitdem eine gewisse Stetigkeit eigen gewesen.

Ganz anders und viel bewegter liegen die Dinge im äußersten Westen, in Spanien. Der Scheinfreiheit, wie sie Rom den Griechen gebracht hatte, um sie bald wieder zu rauben, steht hier eine wahre Freiheit, geboren im Schoße eines noch urwüchsigen Volkstums, gegenüber. Kluge Männer der römischen Nobilität wie Ti. Sempronius Gracchus hatten hier den richtigen Weg eingeschlagen, um mehr durch diplomatisches Können als durch Waffengewalt römischem Wesen und Machtstreben Eingang zu verschaffen. Die friedliche Durchdringung erhielt aber seit dem Jahre 154/3 eine plötzliche Unterbrechung. Was jetzt kam, hat in Roms politisches Gesicht ganz neue Züge eingegraben. Was man sich im Osten leisten durfte, war auf dem heißen Volksboden Spaniens, wie sich bald zeigen sollte, schlechterdings unmöglich. Die neuen dauernden Erpressungen der römischen Paschawirtschaft hatten dort schon in den Jahren 175 und 171 schwere Aufstände zum Ausbruch gebracht und im zuletzt genannten Jahre zur erstmaligen Einsetzung eines Gerichtshofes gegen Erpressungen geführt, einer Einrichtung, die seit 149 dauernd wurde.

Im Jahre 154/3 brach dann der große spanische Aufstand aus, weil die Langmut der bedrückten Völker zu Ende war. Der neue Krieg ist von Polybios mit einem furchtbaren

Waldbrand verglichen worden, der erst nach 20 Jahren, auch diesmal durch das radikale Mittel der Zerstörung einer Stadt, Numantias, gelöscht werden konnte.
Er entstand an zwei ganz verschiedenen, für Rom sehr gefährlichen Stellen, im Jahre 154 in der jenseitigen Provinz bei den Lusitanern im heutigen Portugal und ein Jahr darauf im diesseitigen Spanien, im Quellgebiet des Duero und Tajo unter Führung des Karos aus dem Stamme der Beller. Gegen ihn wurde der Konsul von 153 Q. Fulvius Nobilior geschickt, der mit Rücksicht auf die sofortige Übernahme der Kriegführung sein Amt am ersten Januar statt wie bisher am ersten März antrat. Er war Vertreter der schärfsten Richtung in der römischen Spanienpolitik und forderte unverzüglich Unterwerfung, erlitt aber am 23. August 153 beim Anmarsch auf Numantia eine furchtbare Niederlage durch einen überraschenden, aus dem Hinterhalt geführten Angriff des Feindes, wobei 6000 Mann vom Legionsheer auf dem Schlachtfeld blieben. Es war im kleinen eine Niederlage wie diejenige am trasimenischen See, kostete aber dem Feind den Tod des glänzenden Führers. Auch der erste damals erfolgende Angriff auf Numantia endete, obwohl man sich in einem Lager verschanzt hatte, mit einer Niederlage. Das Ergebnis war ein Gesamtverlust von etwa 10 000 römischen Kämpfern in einem halben Jahre, der erste der großen Aderlässe Roms in Spanien. M. Klaudius Marcellus, der im Jahre 152 gegen das Gesetz, das damals einen 10jährigen Zwischenraum zwischen zwei Konsulaten vorschrieb, gewählt worden war, versuchte es noch einmal, aber vergeblich, mit Milde vor allem dem starken und gefährlichen Stamme der Arevaker gegenüber. Als darauf Ende des Jahres 152 die Frage der Weiterführung der Kämpfe im Senat abermals zur Debatte stand, bekam hier die Kriegspartei, bei der sich der damals noch junge Scipio Ämilianus befand, die Oberhand, und Marcellus erhielt die Weisung, den Krieg in Keltiberien wieder aufzunehmen. Doch setzte er entgegen den Wünschen des Senates die Erledigung mit diplomatischen Mitteln fort. Demgegenüber wurde vom Senat die Forderung nach schärfstem Vorgehen von neuem erhoben, obwohl die Aushebung für den ver-

haßten spanischen Kriegsdienst schon große Schwierigkeiten zu machen begann, schließlich (151) sogar Dienstverweigerung eintrat und die Unbotmäßigen bezeichnenderweise den Schutz der Volkstribunen genossen. Die Folge war die Herabsetzung der Dienstzeit für Spanien von 16 auf 6 Jahre und die Einführung der Losung statt der Auswahl der Mannschaften.

Dem mit der diesseitigen Provinz betrauten Konsul Licinius Lukullus wurde im Jahre 151 der sich freiwillig zum Kriege meldende Scipio Ämilianus 34jährig als Legat beigegeben. Als solcher nahm er an dem ohne Auftrag des Senates erfolgten großen Raubzug gegen die Vakkäer und gelegentlich desselben an der feigen Hinschlachtung der Bewohner von Kauka teil. Bei einem Zweikampf mit einem iberischen Häuptling vor Interkatia zeigte er aber seine hervorragende soldatische Tüchtigkeit, die er von nun an in den Dienst einer rücksichtslosen Bekämpfung der spanischen Völker stellte.

Noch schlimmer als Lukullus verfuhr im Jahre 150 dessen Amtsgenosse Sulpicius Galba als Statthalter der jenseitigen Provinz. Er ließ die freiwillig zur Unterwerfung gekommenen Lusitaner nach Trennung in einzelne wehrlos gemachte Abteilungen niedermetzeln, wurde aber trotz Katos Anklage ebenso wie Lukullus später in Rom freigesprochen. Dafür erwuchs den Lusitanern in dem aus dem Gemetzel entkommenen Viriathus ein glänzender Rächer. Langsam stieg er zum Führer seines Volkes empor, um im Jahre 147/6 in einem ersten großen Aufstand an die Spitze seiner Landsleute zu treten, der erste jener großen Freiheitshelden, die der spanische Boden hervorgebracht hat, vergleichbar nur mit dem Gallier Vercingetorix und dem Germanen Arminius.

3. Die Vollendung der römischen Zerstörungspolitik (146–133)

Während in der diesseitigen Provinz bis zum Jahre 143 Friede herrschte, erfolgte römischerseits bei den Lusitanern gerade vom Jahre 146 ab eine stärkere Aktivierung des

Krieges. Jetzt wurde dorthin wieder ein Konsul, Q. Fabius Maximus Ämilianus, Scipios Bruder, geschickt, gleichzeitig ins diesseitige Spanien Lälius als Prätor. Beiden wurde das Kommando, wie das in Spanien immer mehr üblich wurde, auf ein zweites Jahr verlängert. Fabius schlug nach Zurückdrängung des Viriathus den lusitanischen Aufstand in zwei Sommerfeldzügen nieder. Aber nicht das Jahr 146, sondern 143 ist das entscheidende in der spanischen Kriegsgeschichte. Die scharfen Schläge, die Scipios Bruder Fabius ausgeteilt hatte, veranlaßten Viriathus in diesem Jahre, nachdem bis dahin jede gemeinsame Unternehmung mit Stämmen jenseits der lusitanischen Grenzen vermieden worden war, den Keltiberern, voran den kriegerischen Arevakern, die Hand zu reichen und nun einen zehnjährigen Krieg zu entfachen, der erst mit der Zerstörung Numantias enden sollte. Wie so auf der Feindesseite Viriathus in den Vordergrund tritt, so umgekehrt Scipio Ämilianus für die Jahre 143–137 in den Hintergrund, anfangs durch den Sieg seiner politischen Gegner bei den Wahlen, dann durch die Teilnahme an der bereits betrachteten Orientgesandtschaft. Die spanische Politik kam zu ihrem Unglück in die Hände der gegnerischen „Größen“ der Nobilität.

Obwohl im Jahre 143 in die diesseitige Provinz kein Geringerer als der Konsul Q. Metellus Macedonicus, der Sieger im Ostkriege, gesandt wurde und wieder zwei Jahre lang die militärischen Operationen leitete, ist gegenüber der gegnerischen Kleinkriegführung kein nennenswerter Erfolg erzielt worden, ebensowenig in der jenseitigen Provinz, wo Viriathus die Seele des auch hier auf hinhaltender Strategie ruhenden Widerstandes war und blieb. Die römische Oberleitung versagte einem solchen Kleinkriege gegenüber in dem schwierigen spanischen Gelände vollkommen, und es half nichts, daß von tapferen Unterführern manche schöne Heldentat vollbracht wurde.

Der Nachfolger des Macedonicus im diesseitigen Gebiet war sein persönlicher Feind Q. Pompeius, der Konsul vom Jahre 141, der erste aus dem Geschlechte der Pompeier, der zum Oberamt der Republik emporstieg, und zwar aus innenpolitischen Gründen. Er war für diesen schweren Krieg so ungeeignet wie nur möglich. In einem und demselben Jahr, nämlich 140, haben Viriathus und die Numantiner wieder einmal die hinterhältige Friedensmacherei der Römer in schwierigen Kriegslagen am eigenen Leibe erfahren müssen. Pompeius ging so weit, einen von ihm geschlossenen Frieden, der ihm manche Vorteile und Geldwerte gebracht hatte, nachträglich abzuleugnen. Den gleichzeitigen schmählichen Vertragsabschluß mit Viriathus hat der Senat später verworfen, während er Pompeius' Friedensbruch anerkannte und sich dadurch zum Mitschuldigen machte. Man erstrebte jetzt um jeden Preis, selbst um den Preis der Ehre des römischen Volkes, die Niederringung der höchst lästig gewordenen spanischen Rebellen. Das gemeine Verfahren des Pompeius machte, wie einst dasjenige des Lukullus, Schule bei seinem Nachfolger Popillius, der in das jenseitige Spanien zugunsten des von Viriathus stark bedrohten Amtsgenossen Caepio übergreifen mußte. Er betrog den Viriathus um die vertragsmäßig ausgelieferten iberischen Häuptlinge, indem er sie nach Bruch des Vertrages nicht wieder herausgab. Aber der Gipfel der Gemeinheit wurde durch Caepio selbst erklommen. Er ließ den bis dahin unbesiegten großen Freiheitshelden im Jahre 139 durch bezahlte Häscher töten. Als die Mörder ihren Lohn verlangten, wurde dieser vom Senat verweigert, mit dem nach solcher Untat merkwürdig anmutenden stolzen Worte, daß es den Römern nicht genehm sei, wenn Feldherren von ihren Soldaten ermordet würden. Rom hatte die punische Treulosigkeit immer an den Pranger gestellt, ist aber in Spanien jetzt in kurzer Zeit viel treuloser geworden als sein größter Gegner.

Mit der politischen Demoralisation der Oberschicht ging Hand in Hand die militärische der in Spanien eingesetzten Truppen und machte unter schlechten Führern schnelle Fortschritte. Während in der jenseitigen Provinz durch den Konsul des Jahres 138 D. Junius Brutus noch einmal größere Erfolge erzielt wurden, indem von Lusitanien aus ein kühner Vorstoß in das Land der kriegerischen Nordweststämme, der Brakarer und Kallaeker, gemacht wurde, hat im diesseitigen Gebiet der Konsul des Jahres 137, C. Hostilius Mancinus, die spanische Schmach bis zum Übermaß vollgemacht.

Nach unglücklichen Gefechten vor Numantia auf dem Rückzug zum Ebro in einem Engpaß eingeschlossen, entschloß er sich, obwohl zahlenmäßig überlegen, zur Kapitulation durch einen Vertrag, der gegen die Zusage der Autonomie an den Gegner seinen Truppen freien Abzug verschaffte. Die Numantiner schlossen den Vertrag im Vertrauen auf den im Heere des Mancinus als Quästor dienenden Ti. Gracchus, weil der Name seines Vaters in Iberien einen so guten Klang hatte. Aber wieder trat der Fall ein, daß der Senat das Abkommen verwarf. Während Gracchus seinem Oberfeldherrn für Annahme des Vertrages im Senate sekundierte, stand sein Schwager Scipio auf der Gegenseite, der erste Anlaß zur Verfeindung der Verwandten. Den Numantinern aber half es nichts, daß der Senat den Mancinus auszuliefern beschloß. Sie nahmen die Übergabe nicht an. Die Szene, wie der römische Feldherr einen Tag lang in der Tunika mit gebundenen Händen vor den Mauern von Numantia gestanden hat, ist von einem modernen Forscher mit Recht als das kläglichste Schauspiel in der Geschichte Roms bezeichnet worden.

Der betrogene Feind mußte für diese Blamage Roms später hart büßen. Der Krieg gegen die Numantiner wurde von jetzt ab nur noch mit dem Ziele der gänzlichen Vernichtung des Gegners betrieben, und die Henkersarbeit mußte wieder Scipio leisten, nachdem alle Nachfolger des Mancinus versagt und nur neuen Schimpf auf den römischen Namen geladen hatten. Anders als der Senat, der einseitig die Erhaltung des Ruhmes seiner führenden Familien im Auge hatte, erkannte wieder das Volk die unbedingte Notwendigkeit der Wahl eines fähigen Offiziers, der obendrein reine Hände hatte. So fiel die Wahl zum Konsul für das Jahr 134 wieder auf Scipio, obwohl dieser alles andere als ein „Volksmann“ im gewöhnlichen Sinne des Wortes war. Was hier geschah, war etwas, was in der römischen Geschichte immer wieder in den kritischsten Augenblicken so wohltuend berührt: die Ehrfurcht auch der Massen vor der Sachkenntnis und dem wirklichen Können. Wieder wurde ein verfassungsmäßiges

Bedenken, nämlich, daß seit 151 eine zweimalige Bekleidung des Konsulates untersagt war, kurzerhand beiseite gesetzt, und wieder wurde statt der Auslosung Spanien auf Beschluß des Volkes dem neuen Konsul übertragen. Das Ganze war eine große Vertrauenskundgebung seitens des Volkes gegenüber dem für die Beendigung des Krieges allein geeigneten Manne. Dagegen machte der Senat durch kleinliche Schikanen gelegentlich der Aushebung und der finanziellen Mobilmachung (Verweigerung einer Pauschalsumme für den Krieg, dafür Zuweisung gewisser Zölle, die aber noch nicht fällig waren) seinem Ärger über den Sieg des die Herrenkaste wieder weit überragenden Mannes Luft. Im zweiten Falle half sich der geschädigte Feldherr mit seinem eigenen und seiner Freunde Geld. Es ist dies das erstemal, daß ein führender Mann Roms sein Privatvermögen in den Dienst einer vom Volk als notwendig erkannten Staatsaufgabe gestellt hat. Er darf deshalb nicht in den Geruch monarchischen Strebens gebracht werden. Ebensowenig darf dies aus der Tatsache erschlossen werden, daß Fürsten des Orients und Afrikas ihm Unterstützung liehen – z. B. sandte Micipsa von Numidien seinen Neffen Jugurtha mit Elefanten, Schleuderern und Bogenschützen –, da der Senat schließlich die nötige Rekrutierung in Italien mit Rücksicht auf den sizilischen Sklavenkrieg ganz unterbunden hatte. Alle diese Tatsachen zeigen nicht Scipio als einen verfrühten Monarchen von Rom, sondern den Senat als seinen Aufgaben nicht gewachsen, wodurch der neue Oberfeldherr zur Selbsthilfe gezwungen wurde. Nur in einem Punkte hat Scipio die republikanische Form ein klein wenig verlassen, daß er nämlich seine zahlreiche nähere Umgebung und Klientel, die ihm in den Krieg folgte, zu einer „Schwadron seiner Freunde" in der Stärke von etwa 500 Menschen formierte. Mochte dies auch scheinbar an die alte „Leibschwadron" der makedonischen Könige erinnern, in Wirklichkeit nützte das Verfahren die alte römische Sitte des Gefolgschaftswesens zu rein praktisch-militärischen Zwecken aus. Es vervielfachte Augen und Hände des Oberfeldherrn gegenüber einem verlotterten Heere, sowie gegenüber einem verschlagenen Feinde, der im Angesicht der heranziehenden schweren Gefahr alle Register spielen ließ. Das Ziel Scipios, die Eroberung Numantias, wurde von vornherein nicht auf Sturm, sondern auf Einschließung und Aushungerung abgestellt, um ohne Rücksicht auf die Zeit mit möglichst geringem Risiko und Kräfteeinsatz zum Ziele zu gelangen, gemäß den Lehren, die er von seinem Vater und aus der Kriegsliteratur empfangen hatte. Wie später bei Alesia, das durch Cäsar auf gleiche Weise genommen wurde, lud das Gelände zur totalen Umwallung geradezu ein.

Nach der Ankunft des Oberfeldherrn im Herbst 134 wurden hinter einem vorläufig hergerichteten Palisadenschutz zunächst Mauer und Graben angelegt und für die Winterunterkunft 7 Lager und 2 kleinere Kastelle in einer Entfernung von jeweils 1000 m erbaut, von denen das Nordlager (Castillejo), ein Legionslager über den Resten älterer Anlagen, wahrscheinlich Scipios Hauptquartier enthielt. Die ganze Befestigung in einem Umfang von 9000 m, mit einer vier Meter dicken und drei Meter hohen Mauer, mit den vielen Türmen, Lagern und Kastellen stellte ein gewaltiges Werk dar und war zugleich ein großartiges Zeugnis für römische Beharrlichkeit und Disziplin, ein Werk, das bis zu Beginn des Winters fertiggestellt wurde, besetzt von einer dreifachen Übermacht gegenüber der armseligen Stadt, die selbst unter Einrechnung der kampffähigen Weiber höchstens 10000 Verteidiger stellen konnte. Der glänzende deutsche Ausgräber dieser ausgedehnten Anlagen (Schulten) hat uns im Gelände eine Illustration zu der polybianischen Darstellung des römischen Militärwesens der Zeit geschenkt. Er hat aber auch aus seiner vertieften Kenntnis der Sache heraus den richtigen Satz geprägt: „Die stolze altrömische Losung, daß man mehr auf Waffen, als auf Wälle sich verlassen solle, war in ihr Gegenteil verkehrt." Die Einschließung der Belagerten tat allmählich ihre Wirkung, so tapfer und zäh auch die Numantiner in zahlreichen Ausfällen dagegen anrannten. Im Frühjahr 133 gelang einem der kühnsten Männer der Stadt, dem Reiterführer Rektugenos, mit fünf Gefährten der Durchbruch zur Aufwiegelung der übrigen Städte der Arevaker zwecks Hilfeleistung. Der Versuch glückte nur in Lutia, hatte aber hier die traurige Folge, daß Scipio über diese Stadt ein furchtbares Strafgericht verhängte, wobei 400 jungen Männern die Hände abgehauen wurden. Als dieses letzte Unternehmen, Luft zu schaffen, gescheitert war und die Hungersnot immer stärker wurde, bat man um eine ehrenvolle Kapitulation. Genau wie Karthago gegenüber bestand der Römer aber auf bedingungsloser Unterwerfung nach Ablieferung aller Waffen. Dies war für die kampfesstolzen und waffenfrohen Iberer das Härteste, was ihnen auferlegt werden konnte. Erst als auch das Menschenfleisch auszugehen begann, fand die Übergabe nach neunmonatigem heldenmütigem Widerstand statt. Vorher gelangte die Bitte um noch einen einzigen Tag Aufschub in das römische Hauptquartier. An diesem Tag töteten sich alle diejenigen selbst, die den Untergang ihrer Heimatgemeinde nicht überleben wollten. Dann zerstörte Scipio die Stadt und verkaufte den Rest der Bevölkerung bis auf 50 Menschen, die für den Triumph aufgespart wurden, in die Sklaverei.

Es ist ein anderes Ding, ob Rom Welt- und Handelsstädte wie Karthago und Korinth zerstört hat, oder dieses von allem Kulturleben ferne Rebellennest in Spanien. Die Schande gelegentlich des Mancinusvertrages und die Wut ob des unerwarteten kräftigen Widerstandes hat hier das Handeln des Siegers bestimmt. Fair play kannte die Oligarchie von Rom auch dieser ritterlichsten aller Nationen gegenüber nicht mehr, während noch der Adoptivgroßvater des Siegers und sein Vater vor der Zerstörung von Städten zurückgeschreckt waren. Rom kommt in diesem Augenblick nahe an assyrische Grausamkeit heran. In Spanien ist Scipio noch einmal in die harte Schule des Handelns lediglich aus Staatsräson hineingetrieben und schon seit 153 zum Vertreter rücksichtslosester römischer Kriegspolitik geworden. Aber für ihn, der durch den Übergang zum stoischen Lebensbekenntnis unterdessen viel menschlicher geworden war, muß sicher das numantinische Erlebnis noch niederschmetternder gewesen sein als das punische. Man hat mit Recht Scipio eine tragische Figur genannt. Als er vor Numantia stand, war bereits das erste Anzeichen der kommenden Umgestaltung des Staates erfolgt. Der schüchterne Reformversuch seines Schwagers Ti. Gracchus gegenüber der fortschreitenden Entbauerung seines Volkes war in der Revolution untergegangen, und in ihr hat der tapfere Tribun sein Leben lassen müssen, tief angefeindet und verflucht von seinen Standesgenossen, darunter von Scipio selbst, dem letzten großen Vertreter der alten, sich dem Ende zuneigenden Staatsform.

So erweist sich die Tragik im Leben Scipios als die Tragik des römischen Staates überhaupt. Man hatte wohl weite Gebiete der Mittelmeerwelt in einem Siegeslauf sondergleichen erobert. Aber man kehrte nun, nachdem man den furchtbaren spanischen Widerstand auch in den beiden stärksten Kraftzentren, dem lusitanischen und dem keltiberischen, niedergerungen hatte, mit einem Siegespreis heim, der alles Errungene weit zurücktreten ließ. Man hatte das Köstlichste des alten Staates, sein Bauerntum, dem Wahnbild der Weltherrschaft zum Opfer gebracht, und die vielen der Scholle beraubten und dadurch enterbten Menschen bevölkerten nun die Straßen Roms, das nach Art einer modernen amerikanischen Stadt des Westens der Union emporwuchs mit einer Quantität der Bevölkerung, der die Qualität keineswegs entsprach. Die Nobilität aber entwickelte sich immer mehr zur Oligarchie, d. h. zur Herrschaft einzelner großer, von einer Unzahl von Klienten umlagerter Fürstenhäuser. Und wie jede Oligarchie der Weltgeschichte erstarrte auch die römische zu einer Ringbildung von Familiengruppen, die alles außer und um sich niedertrat, ähnlich wie die Gesamtheit der römischen Bürger und der an sie angeschlossenen Latiner und Italiker das in den Provinzen unterjochte fremde Volkstum.

Aber nicht nur, daß der alte Bauernstaat jetzt in immer fortschreitender Weise entbauert wurde, bei dem Fehlen von Aufnahmemöglichkeiten der ihrer Scholle beraubten Menschen in neue Berufe trat das soziale Problem mit einem Male in seiner ganzen Nacktheit in die Erscheinung. Man hatte sich wohl die Welt ringsum zu Füßen gelegt, aber die schnelle imperialistische Entwicklung hatte den Staat in zwei Lager geteilt: auf der einen Seite sinnlos bereicherte Menschen in der Oberschicht und auf der anderen Seite eine verarmte Masse, eine Menge von Lazzaroni, welche die Straßen der Hauptstadt anfüllten. Nicht mehr e i n Staat, sondern zwei Staaten, die scharf einander gegenüberstanden, um mit Platon zu reden, ein Staat der Armen und ein Staat der Reichen, war das Ergebnis.

Aber das ereignisreiche Jahr 133 hat noch ein drittes für Roms Stellung, diesmal im Ostbecken, entscheidendes Geschehnis gebracht: das Ende des p e r g a m e n i s c h e n R e i c h e s. In hohem Alter war Attalos II. im Jahre 139/8 nach 21jähriger Regierung gestorben. Sein Nachfolger war Attalos III., ein natürlicher, nachträglich legitimierter Sohn seines Bruders Eumenes II., für den königlichen Beruf weder geboren noch erzogen, daher eine unglückliche Gestalt auf dem Throne: unverheiratet, einsam, menschenhassend, den Regierungsgeschäften fern, nur botanischen Studien, besonders der Kunde der Giftpflanzen ergeben, Verfasser eines Buches über Gartenbau und Landwirtschaft, eine Figur ähnlich wie später Kaiser Klaudius von Rom. Er regierte nur 5 Jahre bis zum Frühjahr 133. Seine einzige Tat, die ihn in der Geschichte unsterblich gemacht hat, ist der Umstand, daß er sein Reich teilweise den Römern vermacht hat. Die Griechenstädte, voran Pergamon selbst, wurden für frei erklärt, während das flache Land, das „Königsland", vererbt wurde. Endlich wurden offenbar alle königlichen Sklaven freigelassen; denn die in Pergamon ansässigen wurden von den Stadtbehörden unmittelbar nach des Königs Tod mit dem Rechte, städtische Beisassen zu sein, bedacht, um die Stadtbevölkerung in den zu erwartenden Unruhen zu verstärken.

Während der römische Senat die Erbschaft annahm und im Jahre 132 eine Fünfmännerkommission, an der Spitze P. Kornelius Scipio Nasika, zur Einziehung des Erbes nach Asien sandte, war unterdessen dort schon eine aufständische Bewegung in Fluß gekommen. Aristonikos, ein zweiter Bastardsohn des Eumenes II., hatte das Testament nicht anerkannt, sondern eine Revolution entfacht, die eine soziale Bewegung im Lande seitens der unruhig gewordenen nichtköniglichen Sklavenmengen sich zunutze machte. In der Verwendung des Namens „Heliopolis", d. h. „Sonnenstadt" (der Titel des berühmten Romans des Jambulos) für die neue Staatsgründung zeigt sich die fast kommunistische Zielsetzung des Aufstandes, die schnell auch unter dem freien Proletariat große Werbekraft entfaltete. Da die umliegenden Römervasallen gegen Aristonikos nichts auszurichten vermochten, mußten die Römer selbst eingreifen. Aber der Konsul des Jahres 131 P. Licinius Krassus erlitt im Frühjahr 130 eine schwere Schlappe und fiel in die Hände der Rebellen, ließ sich jedoch von einem thrakischen Wächter töten. Erst sein Amtsnachfolger M. Perperna vermochte den Sieg zu erringen, worauf der Konsul von 129 Manius Aquilius den letzten Widerstand brach, den Aristonikos gefesselt nach Rom schickte und die Ordnung der neuen Provinz mit einer senatorischen Kommission bis zum Jahre 126 durchführte. Sie erhielt den stolzen Namen „Asia". Name und Umfang stehen wieder in einem merkwürdigen Gegensatz zueinander. Auch hier ist wie in Afrika nach der Zerstörung Karthagos das kleine Provinzgebilde mit dem hochtönenden Namen des Kontinentes kein Ende, sondern der Anfang einer imperialistischen Entwicklung ins Innere des Neulandes, und dies in einem Augenblick, da der Ausbruch der Revolution in Rom alles weitere ungemein komplizierte. Was in den verflossenen zwei Menschenaltern über das Reich gekommen war, hat sich als ein Kinderspiel erwiesen gegen das, was in dem neuen etwas über 70jährigen Zeitraum (133—60) außen- und innenpolitisch vor sich gehen sollte.

In letzter Linie ist es der Zusammenbruch des Staates der alten Familien und der geschlossenen Bauernwirtschaft, der die neue Zeit heraufgeführt hat. Dahinter steht der Individualismus, wie ihn die jetzt vordringende hellenistische Kultur über Rom brachte. Die großartige Expansion auch über die Länder des Ostbeckens löste im Innern des Staates eine Menge von Spannungen aus, wie sie bisher in Rom noch nicht beobachtet worden waren.

In dem Staatsaufbau ist die Epoche dadurch so ungemein vorwärtstreibend geworden, daß sich in ihr bereits jene Entwicklung vorbereitet hat, die vom Staate der Nobilität zu dem des Prinzipats hinführt. Sie darf in ihren Ursprüngen nicht auf Einfluß von griechischer Seite her zurückgeführt werden. Im römischen Staatsgebäude dieser Zeit zeigt sich noch kein irgendwie als hellenisch anzusprechender Pfeiler der Gesamtkonstruktion. Die langsam und fast unmerklich einsetzende Verfassungsänderung geht echt römisch aus rein praktischen Bedürfnissen hervor. Zunächst sind es die drückenden außenpolitischen Notwendigkeiten, die in einer Zeit schnellster Expansion sich geltend machen, dann Momente der inneren Entwicklung, das Versagen der bisherigen Heeresorganisation in den spanischen Kämpfen und das alles überschattende Agrar- und Bauernproblem, welche die Verfassung als nicht mehr zureichend offenbar machten. Bei der rasend schnellen Entwicklung nach außen und im Innern geriet alles in Fluß. Vermittels des Senats, dessen Bedeutung in diesen Zeiten des außenpolitischen Hochbetriebs unendlich stieg, wurde jetzt die Nobilität im Staate völlig herrschend und erhielt eine festere Organisation durch den Ausbau des obersten Standes. Die Magistrate wurden gleichzeitig aus Köpfen des Staates zu führenden Organen des „Rates". Die gesamte auswärtige Politik, der Nerv aller Staatsführung, gelangte in die Hände der tatsächlich regierenden Körperschaft, und zwar unter Einschluß der Heeresverwaltung. Daneben waren es die Verfügung über den Staatsschatz und seine Quellen, sowie die Fürsorge für die öffentliche Sicherheit, die im Innern den Senat allmächtig machten, zumal zur Erhaltung der staatlichen Ordnung sein Eingreifen bereits über ganz Italien ausgedehnt wurde. Dagegen hat er, von ganz wenigen Ausnahmen abgesehen, die militärische Exekutive den leitenden Beamten überlassen und auch durch die seit den Ostkriegen in der Regel beigegebenen senatorischen Legaten keinen unmittelbaren Einfluß auf die eigentliche Kriegführung auszuüben versucht. Hier trat er, wie in der Vorbereitung, so auch erst in der Auswertung der kriegerischen Ergebnisse in die Erscheinung.

Die Souveränitätsrechte des Volkes blieben im Gebiete der Wahlen und des Gerichtswesens durch Erhaltung der Berufung *(provocatio)* unangetastet. Dagegen in der Gesetzgebung, der Entscheidung über Krieg und Frieden, sowie im Vertragsabschluß wurde durch die Vorberatung im Senate die tatsächliche Entscheidung nach hier verlegt. Auch die Hoheit *(maiestas)* des römischen Volkes blieb erhalten, ebenso wurde die magistratische Befehlsgewalt *(imperium)* besonders in ihrem militärischen Bestandteil aufs höchste geachtet. Dazu trat aber jetzt als drittes konstitutives Element im Staate die Autorität des Senates, worin die glänzende politische Erfahrung und die erhöhte Sachkenntnis der „Väter" zur Anerkennung gelangte.

In den Strukturveränderungen der Gesellschaft ist vielleicht neben der Vollendung der Ringbildung der Nobilität die größte die Entstehung des späteren „Ritterstandes". Das römische Staatswesen neigte seit alters zur ständischen Gliederung. Geburt und Ratsfähigkeit hatten früh den Erbadel des Patriziertums geschaffen. Aber der Patriziat war längst infolge der geringen Kinderzahl in den höchsten Familien in die Minderheit geraten. Er wurde trotzdem über seine Zahl hinaus bevorzugt. Von den 200 Konsulaten des Jahrhunderts vor den Gracchen kamen 159, also 80 Prozent, auf nur 26 alte Familien. Erst das Gesetz gegen die organisierte Wahlagitation *(ambitus)* vom Jahre 182 und das Altersgesetz für die Ämterbewerbung *(lex Villia annalis)* vom Jahre 180 mit der gleichmäßigen Regelung der längst üblich gewordenen Vorbedingungen zur Wahl für alle Kandidaten hat den einseitigen Einfluß der alten Familien zu untergraben begonnen. Die Regimentsfähigkeit bis zum Konsulat hinauf hatte längst einen engeren Kreis aus der Masse derer, „denen das Rathaus offen stand", denjenigen der Nobiles, hervorgehoben. Nichts aber blieb wirksamer als der Grundbesitz, seitdem den senatorischen Familien durch Gesetz vom Jahre 218 die Beteiligung am Seehandel unmöglich gemacht war und andere Einschränkungen für die Betätigung der Senatoren im Wirtschaftsleben bald nachfolgten.

Diese Erhaltung des bisherigen agrarischen Grundcharakters des Staates für die oberste Klasse war bereits ein Kennzeichen der vorhergehenden Epoche gewesen. Was jetzt geschah, war nur die Folge des älteren Zustandes. Neben den

Amtsadel der Nobilität, der von der Geburt losgelöst war, trat eine dem Amte und überhaupt dem Staatsdienst gegenüber gleichgültigere Schicht, welche die schnelle Ausweitung des Reiches in erster Linie zur persönlichen Bereicherung ausnützte, eine ungemein rasch wachsende Gruppe von „Neureichen". Amtsadel und amtsloser Reichtum kamen aber natürlich frühzeitig in einen Gegensatz zueinander, und dem Abschluß des zweiten Standes nach oben folgte jetzt derjenige nach unten.

„Reiter", „Ritter", „Reiterstand", „Ritterstand": diese Schlagworte geben die Art des Werdens der neuen Klasse wieder. Der Ausgangspunkt liegt auch hier, wie so oft in Rom, auf militärischem Gebiete. Die Reiterei der Römer war seit alters im Gegensatz zum Fußvolk eine ständige Truppe. Der Zahl nach gab es zum Schluß 18 Reiterzenturien, d. h. 1800 *equites Romani*. Da aber diese 1800 Reiter auf den Staatspferden bald nicht mehr genügten, wurden auch Männer zur Reiterei ausgehoben, die sich das Pferd aus eigenen Mitteln verschafften. Als dann die ganze Institution politische Bedeutung zu gewinnen begann, gab es drei Klassen von „Reitern": 1. die 1800 Staatspferdeinhaber, 2. die Privatpferdebesitzer und 3. die in den Zensusrollen als zum Reiterdienst qualifiziert eingeschriebenen Bürger, was beweist, daß frühzeitig ein bestimmter Zensus für diese Schicht in Anspruch genommen wurde. Militärisch war also der Ausgangspunkt, plutokratisch die Grundlage der neuen Klassenbildung. Im Heere gingen die Stabsoffiziere (Kriegstribunen) aus der Reiterklasse hervor, während der Gemeine es nur bis zum Hauptmann *(centurio)* brachte. Im außermilitärischen Bereiche hatte diese Gruppe daher die nächste Anwartschaft auf die Ämter, weil die Offiziersbetätigung immer mehr als die beste Vorbereitung für den Beamten galt.

Der Gegensatz der Amtsanwärter *(equites)* und der Amtsinhaber *(nobiles)* übertrug sich auch auf das politische Gebiet, und zwar dadurch, daß eines Tages durch ein Plebiszit den Senatoren die Möglichkeiten der Zugehörigkeit zu den Reiterzenturien entzogen und damit der Besitz des Reiterpferdes als unvereinbar mit dem Senatssitz erklärt wurde, ein Gesetz, das aber erst in den Anfang der nächsten Epoche gehört. Zwischen Senat und Volk schiebt sich so allmählich eine Zwischenschicht von reinen Unternehmern, die von C. Gracchus für die von ihm beabsichtigte Umformung des Staates geschickt benutzt wurde. Die allgemein übliche Verpachtung der staatlichen Liegenschaften, wie der Bauten aller Art an Großunternehmer, vor allem aber das aus den hellenistischen Staaten übernommene mittelbare Steuererhebungssystem in den Provinzen durch Verpachtung der Abgaben an Steuerpächter (Publikanen) hat der hier betrachteten ungemein kapitalkräftigen Zwischenschicht die später zu beobachtende große Macht im Staate verschafft. Mit dem Geld waren also auch die Geldmänner, die Großspekulanten, emporgekommen und begannen gar bald dem Staate die Gesetze des Handelns zu diktieren, vergleichbar etwa dem Gebaren der mächtigen Industriekapitäne in modernen industrialisierten Staaten in Zeiten schwacher Staatsgewalt.

Man darf sich allerdings im Anfang die neue Schicht ihrer Struktur nach nicht zu einheitlich vorstellen schon mit Rücksicht auf die Art ihrer Entstehung. Die alten militärisch noch verwendeten Mitglieder, Senatorensöhne und Nachkommen der vornehmsten nichtsenatorischen Familien, waren zunächst anders ausgerichtet als die nur durch Reichtum hereingekommenen Elemente. Doch bald hat auch hier, wie zu allen Zeiten, die Übermacht des Kapitals für Einebnung der Gegensätze gesorgt. Aber noch ehe auch äußerlich die Absonderung als eigener Stand nach oben gegen die Senatoren hin und nach unten durch Einführung eines Ritterzensus von mindestens 400 000 Sestertien und die Erlaubnis zum Tragen des goldenen Ritterringes durchgeführt war, ist die Schicht deutlich fühlbar gewesen, und zwar als zweite, die, früh aus der Masse der Gemeinfreien herausgehoben, den im Senat sitzenden Amtsadel umgab. Aus dem bevorzugten Militärdienst erwuchs also ein sozialer Stand, aus dem Reitertum das Rittertum, welches durch C. Gracchus zum „Ritterstand“ erhoben wurde.

Das Kapital aber bekam vermittels dieser Schicht einen immer größeren Einfluß auf den Staat, je mehr das Tempo der inneren Entwicklung zunahm und dauernd schwierige Situationen für den herrschenden Amtsadel schuf. Dieser Umstand rief fortwährend Neugruppierungen und Neuorientierungen alter und neuer Adelsfaktionen hervor. Ein so schneller Wechsel in den politischen Zielen und in der Zusammensetzung der verschiedenen Machtgruppen war bis dahin noch nicht erlebt worden. Kein Wunder, daß sich jetzt die Geschlechter- und Familienpolitik in verstärktem Ausmaße breitzumachen begann. Denn nur noch durch engen Zusammenschluß mehrerer Fürstenhäuser konnte größere Durchschlagskraft für die einzelnen Familien erreicht werden. Aus rein politischen Momenten heraus ist auch zum Teil das Adoptionswesen der Zeit zu verstehen. Wenn Ämilius Paulus seine beiden Söhne, und zwar den ältesten in das Geschlecht der Fabier, den zweiten in das Haus der Scipionen weggab, so geschah das aus ganz nüchternen familienpolitischen Erwägungen heraus im Dienste der Erhaltung der Nobilitätsherrschaft. Der unablässige Drang nach Erziehung und Schulung demgegenüber durch die sich immer mehr zu staatlichen „Zuchtmeistern" entwickelnden Zensoren, vermehrter Druck des Kapitals und der Massen auf die Staatsführung brachten einen Zug der Nervosität in die oberste Herrenschicht, deren Stunde zu schlagen beginnt. Die Epoche ist unstreitig mit Recht die Zeit der Lebenskrise des römischen Volkes genannt worden. In dem hannibalischen Kriege war das italische Wesen in seiner ganzen Eigenart und zugleich in seiner stellenweise recht primitiven Wildheit zum letztenmal zum Vorschein gekommen. Alles, was jetzt eintrat, ergab sich aus dieser Überhitzung von Körper und Geist in der langen schweren Kriegsepoche. Die Zusammenfassung aller staatlichen und wirtschaftlichen Kräfte, wie sie der Existenzkampf nötig gemacht hatte, blieb bestehen und gab gerade jetzt der Zensur die hohe Bedeutung. Der Zensor wurde Volkserzieher, für die Innenentwicklung dasselbe, was der Generalissimus der Republik nach außen bedeutete. Die Zensuren des Kato (184) und des Scipio Ämilianus (142) stellen die Höhepunkte dar. Nicht umsonst trägt Kato den Beinamen *Censorius*, da er gewissermaßen auf Lebenszeit der Zuchtmeister des römischen Volkes geworden ist, und über der Zensur des Ämilianus steht in goldenen Lettern als Leitsatz die Rückkehr zur Sitte der Väter. Der Zweifel daran, daß er das Schlußgebet beim zensorischen „Lustrum“, dem Entsühnungsakt des Volkes, habe ändern lassen, insofern seitdem nicht mehr für die Erweiterung, sondern für die Erhaltung des Imperiums gebetet wurde, ist gänzlich unberechtigt. Es paßt zu dieser tragischen Gestalt sehr gut, daß er eine Beschränkung des Reiches auf seine erreichten Grenzen zum erstenmal für der Weisheit Ende hielt. In diesem Punkte führt eine gerade Linie der Entwicklung von Ämilianus zu Augustus. Der Zensor im Innern, der Generalissimus nach außen: mit diesen beiden höchsten Stellungen verfügte der Staat über diejenigen Ämter, in denen Raum im Staate für die jetzt empordrängende große Persönlichkeit geschaffen wurde. Denn noch ging im Rom des zweiten Jahrhunderts das Emporsteigen des Mannes über das Amt, im Gegensatz zu später, als auch das Übermenschentum des Privatmannes Chancen bekam.

Der Höhepunkt der politischen Macht der Nobilität zeigt, wie so oft, auch den Beginn der Erkrankung, die im nächsten Jahrhundert dann die Staatspolitik der Geschlechter in eine eigennützige Familienpolitik mit wirtschaftlichen Sonderzielen der einzelnen hat übergehen lassen. Bei dem agrarischen Grundcharakter des Staates war es vor allem das Okkupationsunwesen (s. u.), durch welches die wirtschaftliche Macht des ersten Standes ungeheuer gesteigert, aber anderseits auch Luxus und Wohlleben erzeugt wurden, wie sie das alte Römertum nicht gekannt hatte. Wie schnell dadurch die Verderbnis der Sitten um sich gegriffen hat, ergibt sich u. a. daraus, daß Polybios es für nötig erachtet hat, bei Ämilius Paulus, der nicht in glänzenden Verhältnissen lebte, seine Sauberkeit in Geldsachen besonders zu betonen. Und auch von seinem Sohn, dem Ämilianus, wissen wir, daß er für einen Römer der Zeit nicht gerade reich war.

Neben dem Aufkommen eines plutokratisch gerichteten neuen Standes, dessen Lebensstil schnell alle höheren Kreise unheilvoll beeinflußte, steht der Niedergang des römischen Bauernstandes als das hervorstechendste Charakteristikum dieser Epoche. Der hannibalische Krieg mit dem durch ihn bedingten Wirtschaftsverfall ist für Italien vielleicht noch über den Dreißigjährigen Krieg mit seinen Folgen für unser Vaterland zu stellen. Man hat als Ertrag der dadurch notwendig gewordenen inneren Kolonisation des Landes nach dem Krieg die Schaffung von etwa 100 000 neuen Bauernfamilien geschätzt. Am Schluß ist neben dem Süden auch Norditalien von ihr erfaßt worden, während die dazwischen liegenden Gebiete, die näher bei Rom lagen, vor allem Etrurien, bereits dem um sich fressenden Großgrundbesitz stärker überlassen wurden. Hier zuerst hat trotz aller Anstrengungen die staatliche Fürsorge des Hauptübels, der Verdrängung der Kleinbauern aus ihrem Besitze, nicht Herr zu werden vermocht. Dazu beigetragen hat der Umstand, daß infolge der Expansion Roms in die Ostländer gleich wieder neue schwere Zeiten für den Bauernstand heraufzogen. Vor allem aber zehrte der Dienst in der spanischen Vierlegionenarmee, die zur Niederhaltung der unruhigen Eingeborenenbevölkerung dauernd, d. h. Sommer wie Winter, erforderlich war, stark am Marke der römischen Bauernschaft und führte gleichzeitig zu einer stärkeren Belastung der italischen Bundesgenossen, die man immer mehr für diesen lästigen Kolonialdienst heranzog.

In derselben Richtung wirkte seit der Gewinnung umfangreicher überseeischer Provinzialgebiete und Schutzstaaten, die der Römer zunächst nur finanziell auszubeuten versuchte, die große Umstellung in den Berufen, die jetzt mit dieser starken Vergrößerung des von Rom aus beherrschten Raumes verbunden war und viele Italiker nach Übersee brachte.

Umgekehrt strömte mit den vielen siegreichen Kriegen durch die Beutemassen der Feldherren und die großen Einnahmen der den Heeren folgenden italischen Kaufleute immer stärker eine große Menge von Kapitalien in Rom und Italien zusammen, die entsprechend der antiken Art der Geldverwertung nach Anlage in italischem Grund und Boden strebte. Wie die Senatoren auf Grund gesetzlicher Bestimmungen schon lange, so suchten jetzt auch die Kapitalisten Zuflucht in der gleichen Richtung. „In gigantischen Formen wiederholt sich hier die zunehmende Aufsaugung der Bodenrente von seiten des Kapitals durch Auswucherung des bäuerlichen Klein- und Mittelbesitzes, das Legen zahlloser Bauernstellen durch Auskauf oder Austreibung und das unaufhaltsame Umsichgreifen des reinkapitalistischen Betriebs der Bodenwirtschaft der großen Weidegüter und Plantagen, die systematische Verdrängung der freien Lohnarbeiter und Pächter durch unfreie Arbeiter und als notwendige Folgeerscheinung die Entstehung eines zahlreichen ländlichen Proletariates, für das es meist keine andere Hoffnung mehr gab, als die Verwertung seines Bürgerrechtes in Rom" (Pöhlmann). Seit 168 hat der Staat dann mit dem Aufhören der Kolonisation und der Bürgerbesteuerung der Wirtschaft keine Fesseln mehr angelegt, und nicht nur das staatliche, sondern auch das soziale Gefüge hat von da ab ganz neue Formen erhalten.

Die Entwicklung der obersten Klassen zum Großgrundbesitzertum wurde unterstützt durch das Bestehen des erwähnten Okkupationsrechtes, d. h. des Rechtes der römischen Bürger und Bundesgenossen, brachliegendes Staatsland gegen eine Abgabe unter den Pflug zu nehmen und bis auf Widerruf in Besitz zu behalten. Hiervon konnten naturgemäß nur größere Besitzer Gebrauch machen und taten es auch in solchem Umfange, daß frühzeitig ein Gesetz gegen dieses Okkupationsunwesen auf italischem Boden erlassen werden mußte, welches fälschlich durch die spätere Tradition unter die licinisch-sextischen Gesetze des vorhergehenden Jahrhunderts eingereiht worden ist. Es bestimmte den zulässigen Höchstbesitz an italischem Gemeindeland auf 500 Joch und erließ ein Verbot der Benutzung des staatlichen Weidelandes mit mehr als 100 Stück Großvieh oder 500 Stück Kleinvieh. Wenn ein zweites Bauernschutzgesetz, welches auf den Großgütern einen bestimmten Prozentsatz von freien Arbeitern neben den unfreien zu beschäftigen vorschreibt, etwa gleichzeitig erlassen worden ist, dann gehören diese Gesetze erst der Zeit unmittelbar nach dem hannibalischen Kriege an, sicher vor 167, da Kato in diesem Jahr das Okkupationsgesetz erwähnt. Auf alle Fälle haben wir in diesen beiden Gesetzen den ersten Versuch einer Bauern- und Landarbeiter-Schutzgesetzgebung vor Augen, die gut zu der oben betrachteten umfassenden Siedlungsarbeit des Staates in derselben Zeit paßt.

Ihre Stillegung nach Pydna sowie die dauernde Überschreitung der der Okkupation gesetzten Höchstgrenzen zeigt das Überhandnehmen des kapitalistischen Erwerbsgeistes auch in der Bodenwirtschaft. Hier hat gleichzeitig das Übergreifen des punischen Plantagensystems auf Rom verheerend gewirkt. Das Charakteristische dieses Systems war seit alters der ländliche Großbetrieb einer reichgewordenen Kaufmannschaft. Sie benutzte durch die Verbindung von Boden- und Kapitalwirtschaft auch das Ackerland ganz einseitig zur Gewinnung einer möglichst hohen Rente und versuchte auch die Ausgaben für Arbeitskräfte sehr niedrig zu halten durch Heranziehung eingeborener Pächter („Kolonen") oder durch Ankauf von Sklaven. Den damaligen Einbruch kapitalistischer Wirtschaftsgrundsätze in die Bauernwirtschaft sehen wir schon in den mittleren Betrieben bei Kato sich vollziehen. Wie längst im Großbetrieb, beobachten wir auch hier die Ersetzung des bäuerlichen Körnerbaues durch einbringlichere Kulturen, nämlich Wein- und Ölproduktion, die mit jedem Jahr weiter nordwärts vordrangen. Dadurch bekam das alte Getreideland in den besten Bodenlagen allmählich ein ganz neues Aussehen. Und was die Art der Bewirtschaftung betraf, so trat bei der früh üblich werdenden Abwesenheit des Gutsherrn die Überlassung des Gutes an einen Verwalter meist aus dem Freigelassenenstande ein, der gern mit Sklaven statt mit freien Arbeitern schaffte. Wie rasch unter diesen Umständen damals das Bedürfnis nach einem Handbuch für den landwirtschaftlichen Großbetrieb sich einstellte, bezeugt die Tatsache, daß der Senat nach der Zerstörung Karthagos das große Werk des Puniers Mago in 28 Büchern, eine Enzyklopädie der gesamten Landwirtschaft, ins Lateinische übersetzen ließ. Im Plantagensystem wurde so Karthago die Lehrmeisterin des Siegers. Die Plantagenbesitzer-Aristokratie aber brachte bereits frühzeitig die Anfänge einer ländlichen Feudalisierung der Gesellschaft, die in der Folgezeit immer weiter fortschritt.

Wie verändert schon nach einem Menschenalter durch alles dieses die Stellung des Staates zum Bauernproblem geworden war, zeigt sich im Konsulatsjahr des Lälius 140 v. Chr. Damals machte der Scipionenkreis durch diesen vertrautesten Freund des Ämilianus den Versuch einer Lösung der Schwierigkeiten, stieß aber sofort im Senat auf den schärfsten Widerstand. Bezeichnend für die Denkweise der Nobilität ist die Tatsache, daß der gescheiterte Antragsteller mit dem Beinamen *Sapiens* geehrt wurde. Hier war „verständig", wer den Dingen den Lauf ließ und seine völlige Machtlosigkeit trotz der unhaltbar gewordenen Verhältnisse kundgab. Zugleich aber ließ die bisherige Entwicklung leicht vorausahnen, daß dieses größte Problem des Bauernstaates, wenn es wirklich verantwortungsvoll und mit Einsatz der ganzen Persönlichkeit angepackt wurde, den Staatsbau sprengen mußte. Das einfache Haus, das bis dahin Italien dargestellt hatte, war nach oben und nach unten erweitert worden, nach oben durch ein aufgesetztes Stockwerk in Gestalt der Grundherren, die als Bodenrentner in der Stadt von der Arbeit der Bauern mitlebten, nach unten durch die starke Vermehrung der unfreien Arbeitskräfte neben den ackerlos und damit erwerbslos gewordenen freien Bauern. Im Oberstock hatte man nicht das Bedürfnis nach einer Änderung der Dinge, weil man beim derzeitigen Zustande gut „verdiente". Die Umwälzung dagegen kam aus den Untergelassen und den Kellern.

Wie im Osten war es auch im Westen nicht das freie Proletariat, sondern die Masse der Unfreien (Sklaven), von der die revolutionäre Strömung der Zeit ausging. Und unter den Westländern war es Sizilien, die unglückliche, gleichzeitig dem punischen und hellenistischen Latifundienwesen allzu früh verfallene Insel, die als erste schon seit 136 der Schauplatz eines Sklavenkrieges wurde. An die Spitze trat ein syrischer Sklave namens Eunus, der bezeichnenderweise unter dem Namen „Antiochos" den Königstitel annahm, das erste Auftreten des Syrertums im Abendlande. Diese Gruppe wurde verstärkt durch den kilikischen Sklaven Kleon, der bei Agrigent eine zweite Revolte entfachte. Tauromenium und Katania fielen in die Hände der vereinigten Aufrührer, deren Zahl mit Einschluß der zu ihnen übergegangenen freien Proletarier bis auf etwa 100000 emporschnellte. Prätorische Heere vermochten nichts auszurichten. Seit 134 wurden regelmäßig Konsuln mit der Kriegführung betraut, und erst dem Konsul des Jahres 132 gelang die Befriedung der Insel und ihre völlige Neuordnung. Diese Auflehnungen der niedersten Menschenschicht, die gleichzeitig auch in Attika, auf Delos und in Kleinasien (Aristonikos) ausbrachen und nach Italien übergriffen, waren das erste Zeichen der heranziehenden Revolution gegen die so schnell kapitalistisch entartete römische Oberschicht. In dieser Unterwelt der menschlichen Gesellschaft erscheint also führend der Orient in Gestalt jener syrischen und kilikischen „Sklavenkönige". Es ist nun aber auch die Eigentümlichkeit der geistigen, und vor allem der religiösen Entwicklung des zweiten Jahrhunderts, daß der Osten, wie am Schluß des hannibalischen Krieges, an der Spitze marschiert. Das Griechentum Süditaliens und Siziliens, das nicht nur räumlich, sondern auch seiner Ausstrahlung nach Kampanien und Rom am nächsten steht, hat immer stärker als das mutterländische ein dem Orient gegenüber aufgeschlossenes Wesen gehabt. Der von dort stammende Pythagoras ist orientalischer als alle griechischen Philosophen gewesen und daher in ganz anderer Weise auf die italische Seele wirksam geworden, als die übrigen. Das Aufkommen der Sage, daß König Numa ein Schüler des Pythagoras gewesen sei, gehört wohl dieser Zeit an, in welcher auch das Geschlecht der Ämilier sich von einem seiner Nachkommen ableitete und Ennius sich deutlich als Pythagoreer zu erkennen gibt. Aber für die Einstellung des Staates zu dem damals offenbar sehr schnell um sich greifenden Pythagoreismus ist bezeichnend, daß bei Aufdeckung eines Grabes in Rom und der angeblichen Auffindung „pythagoreischer Schriften" des Numa im Jahre 181 der Senat sofort die aufgefundenen Buchrollen verbrennen ließ. Dieses Einschreiten der hohen Körperschaft paßt gut zu der damaligen philosophenfeindlichen Stellung der Regierung. Sie wurde erst durch das Vordringen der dem römischen Wesen geistesverwandten stoischen Philosophie überwunden.

Anders ging es auf dem Gebiet des eigentlichen religiösen Lebens zu, wo das berühmte Vorgehen des Senates gegen die Bacchanalien im Jahre 186 durch die neuen orientalischen Formen dieses Geheimdienstes verursacht war, wie die Auffindung eines etwas älteren ptolemäischen Erlasses gegen die Dionysosmysterien in Ägypten gezeigt hat. Man hatte offenbar aus politischen Gründen noch eine starke Scheu von den ekstatisch, mystisch und sexuell übersteigerten Kulten des Ostens. Das erhaltene Dokument, gefunden in der süditalischen Ortschaft Tirioli *(ager Teuranus)*, enthält den Wortlaut des Konsulschreibens an die italischen Bundesgenossen gelegentlich der Übermittlung der künftigen Kultvorschriften des Senates. Der Senatsbeschluß verfügte die Zerstörung unzulässiger Heiligtümer, wandte sich hier also direkt an die bundesgenössischen Behörden, welche allein das Recht der Ausführung hatten.

Was alles sich hinter diesem zugewanderten Dionysos-Bacchus verbarg, ist bis in die Tiefe des Problems heute längst noch nicht voll erfaßbar. Wenn man sich vergegenwärtigt, daß die Dionysosreligion im Osten frühzeitig in den Dienst des Herrscherkultes trat und politisch-propagandistisch ausgebeutet wurde, versteht man, wie instinktiv richtig der Senat so früh die Bacchanalien als einen Fremdkörper für Italien abgelehnt hat, da gegenüber der von den Vätern ererbten Religion diese Neuerungen zu Verderb und Zügellosigkeit führen mußten.

Aber Dionysos war nur orientalisiert. Hinter ihm erschienen sogleich die echten Gottesgeschöpfe des Ostens: der ptolemäische Hauptgott Sarapis, zuerst von den römischen Kaufleuten in Delos verehrt, und seine Partnerin Isis, die schon zur Zeit des Agathokles in Sizilien begegnet. Beide sind dann über den neuen Welthafen Puteoli auch in Italien gelandet. Daß der Senat auch hier nicht völlig passiv geblieben ist, zeigt die Abschiebung der „Chaldäer", der Vertreter einer babylonischen Geheimlehre, durch den Fremdenprätor Cn. Kornelius Hispalus im Jahre 139. Damit verbunden war die Vertreibung einer hellenisierten jüdischen Sekte, die den phrygisch-thrakischen Gott Sabazios verehrte. Auch ein syrisches Gottwesen erscheint damals bereits in Gestalt der *dea Syria* (Atargatis). Bezeichnend ist, daß der Anführer im sizilischen Sklavenkrieg Verehrer dieser Göttin war.

Auch auf dem Gebiete des religiösen Lebens sind es also mit die niedersten Schichten der menschlichen Gesellschaft, welche auf Rom, das durch seine etruskische Durchgangsepoche schon orientalisch geöffneter war, umwälzend wirkten. Ohne die gleichzeitige Umschichtung der römisch-italischen Gesellschaft in dem beginnenden großen Entbauerungs- und Entvolkungsprozeß der Zeit wäre die Geschwindigkeit der auch hier sich vollziehenden Entwicklung nicht denkbar. Daß das Altertum seit dem griechischen Mittelalter auch im Okzident zur Sklaverei übergegangen und davon nicht wieder freigekommen ist, vielmehr in diesen Zeiten des römischen Imperialismus den Menschenraub auf einen Höhepunkt sondergleichen getrieben hat, das muß man sich immer vor Augen halten, wenn man die schnellen Strukturveränderungen auch im religiösen Leben verstehen will. Unter der völkisch immerhin noch geschlossenen Herrenschicht lagert durch das Überhandnehmen der Menschenversklavung eine von ihrem Heimatboden losgelöste, vielgestaltete Dienermasse. Sie bringt in ihre neue Umgebung alten heimischen Brauch mit und beginnt durch ihre Eigenart sowohl wie durch ihre Masse auf die untersten Klassen des Herrenvolkes stark zu wirken. Während die materiell schnell gesättigte obere Rentnerschicht der Gesellschaft auch geistig seßhaft wird, kommt Bewegung von unten aus der Religiosität der „sozial negativ Privilegierten" herauf in alle Gebiete mit einem seltsamen internationalen Einschlag. Aller echten Religion haftet etwas Geheimnisvoll-Mystisches an. Mit den orientalischen Religionen, die der *Magna Mater* mit ihren im Westen zunächst noch gemilderten Kulten und Riten folgten, erschienen orgiastische Formen der religiösen Betätigung, die in Italien noch viel mehr Anklang fanden als ehedem in Griechenland. Das Dunkel der Nächte und die Frauenwelt traten im religiösen Getriebe in den Vordergrund und brachten einen Rückfall in primitivere Formen auf dem nun zum zweitenmal orientalisch durchtränkten Boden der Halbinsel.

Wurde so der wahre Hellenismus auf dem religiösen Gebiet gewissermaßen übersprungen und seinen orientalischen Inhalten gleich der Boden bereitet, so ist es echteres Griechentum, das jetzt in der Literatur der Zeit hervorzutreten beginnt. Mit der Ausbreitung der römischen Herrschaft über den Osten wuchs die Berührung mit dem Griechentum und umgekehrt die Überflutung Roms vom Mutterland her. Die Art, wie weit man von seiten einzelner Römer der hellenischen Geistesinvasion entgegenkam, bildet den Prüfstein für die Menschen dieser Epoche, sowohl diejenigen des tätigen wie die des beschaulichen Lebens. So alt wie das Hellenentum auf italischer Erde ist auch die Philhellenie der Italiker. Als man jetzt das Mutterland kennenlernte, sproßten die Philhellenen in seltener Fülle empor, an der Spitze Titus Flamininus, der Verkünder der „Freiheit" der Hellenen, der dafür im ostländischen Heiland- (Soter-) Kult die ersten göttlichen Ehren empfing und in „Titusfesten" und in „Titusliedern" (Päanen) bis in die Kaiserzeit hinein gefeiert wurde. Es hat sich also schon gelohnt, Freund der Hellenen geworden zu sein. Sie öffneten dafür in ihrer überschwenglichen Weise dem Befreier aus der makedonischen Not den Himmel auf Erden und machten die zu Göttern, die wir Modernen höchstens zu Übermenschen erheben würden.

Dem Philhellenen Flamininus sei der Griechenhasser Kato gegenübergestellt, der jede griechische Kunst und Bildung in den Staub zog und der seinem Sohne ins selbstverfaßte Lehrbuch den Satz schrieb: „Und das soll dir sein wie das Wort eines Propheten: wenn uns einmal dieses Volk seine Literatur gibt, so wird es alles verderben." Aber ihm hat alles Sichsperren und Sträuben nichts geholfen. Auch er ist, als er im Alter unter die Schriftgelehrten ging, dem griechischen Genius erlegen. Das Ringen des größten römischen Sonderlings hat sich aber ebenfalls gelohnt. „Der Kampf hat zu einer tieferen Prägung der Römer durch den Griechengeist geführt als die willenlose Hingabe — wie sich überhaupt manchmal zwei Leben dann besonders tief berühren, wenn ihre Begegnung ein Ringen ist" (Klingner). Die Tatsache, daß man sich an der fremden Form der heimischen Eigenart besonders stark bewußt wurde und diese Eigenart dann treuer bewahrte, war das Ergebnis von Katos innerem Kampf mit dem Griechentum.

Dadurch bekam die Hingabe des dritten großen Römers, des Scipio Ämilianus, an hellenisches Wesen ihre besondere Note. Sie ist getragen von dem ernsten Willen des Römers, sich seiner Ahnen würdig zu erweisen und dem heimischen Staate mit seinem ganzen traditionsbeschwerten Können zu dienen. Scipio hat von hier aus nach seinen eigenen Worten die Freundschaft des Polybios gesucht und damit die Liebe zu den Griechen gefunden. Der Freundschaftsbund des bedeutenden Römers und des großen Arkaders hat aber nicht nur Scipio zum Philhellenen, sondern auch Polybios zum Wahlrömer werden lassen. Und als auch noch der große rhodische Philosoph Panaitios in den Kreis eintrat, hat die stoische Philosophie die weltanschauliche Grundlegung für die seither nur aus der Erfahrung gewonnene Pflichtenauffassung der Römer gebracht. Aber selbst hier ist es wieder so gegangen, daß nicht Hellas nur gegeben und Rom nur empfangen hat. Nein, die Übernahme der im römischen Denken verankerten hohen Einschätzung alles politischen Handelns hat an Stelle der unpolitischen Art der alten Stoiker die positive Einstellung zum Staat in der durch Panaitios unter dem Einfluß Platons heraufgeführten „mittleren Stoa" gebracht. Ja noch mehr: erst aus diesem griechisch-römischen Zweiklang heraus hat jenes vertiefte hellenische Menschentum in dem lateinischen Worte *humanitas* (Humanität) seinen letzten und höchsten Ausdruck erhalten. Der heroische Abwehrkampf gegen Hannibal und das Puniertum hat dem Römertum als Volk seine Existenzberechtigung wieder gegeben. Aber in dem ebenso grandiosen Ringen der größten italischen Geister mit dem Griechentum nach dem Untergang der altitalischen Kultur haben das Latinertum und die lateinische Kultur ihre Weltprägung erhalten.

Im Gegensatz zu der Verwendung der fremden Sprache durch die aristokratischen stadtrömischen Annalisten der vorigen Zeit kennzeichnet die jetzt beginnende Epoche eine mehr volkstümliche geistige Bewegung in lateinischer Sprache. Sie war keine spezifisch römische, sondern eine italische Angelegenheit, wobei die Bedeutung Stadtroms nur darin anerkannt wurde, daß man, woher aus Italien man auch kam, in lateinischer Sprache dichtete oder schrieb, wie das Heer seit langem nur eine Kommandosprache, die lateinische, kannte. Daß das außerrömische Italien jetzt geistig zu gleicher Zeit erwachte und die Talente überall auch in den Landstädten, ja selbst außerhalb Italiens, emporwuchsen, ist das Große und Neue der Epoche: Kato aus Tuskulum, Plautus aus Sarsina in Umbrien, Ennius aus Rudiae in Messapien, sein Neffe Pakuvius aus Brundisium, Statius Caecilius, ein Kelte aus dem Stamme der Insubrer bei Mailand, Terentius, wie sein Beiname Afer sagt, sogar ein aus Afrika importierter punischer oder libyscher Sklave, der in Rom freigelassen wurde: Italiens Mitte, der Norden und der Süden, ja schon Nordafrika haben so Rom die Literatur der neuen Zeit geschenkt. Rom selbst gab die Sprache, das Griechentum die Versmaße und die Stoffe, der Geist aber, in welchem alles verfaßt wurde, war italisch. Das Ganze bedeutete die Umsetzung hochentwickelter Literaturgattungen aus der Feder von Männern eines aufs höchste gezüchteten Volkes in die Sprache und Denkweise eines viel primitiveren: eine ungemein interessante Rückwärtsbewegung, insofern man selbst auf die Gefahr hin, höhere Kunstformen zu zerstören, der eigenen Volksstufe entsprechende Werke zu schaffen sich bemühte. Zum ersten Male erscheint also am Rande des Weltgriechentums ein Volk, das gegenüber dem übermäßigen Druck der höheren Geistigkeit und der klassischen Tradition des Hellenismus um seine Selbständigkeit kämpft und nach hartem Kampf seine Eigenart bewahrt.

„Rom und der Hellenismus" ist das reizvollste, aber auch das schwierigste Thema, hier vom Standpunkt der Literatur gesehen. Literarisch gliedert sich die Gesamtepoche genau so wie politisch. Das Jahr von Pydna (168) ist auch jetzt der tiefste Einschnitt. Eine ältere Generation, geführt von Plautus (254 bis etwa 184) und von dem gräzisierten Messapier Ennius (239–169), geben dem römisch-italischen Wesen noch mehr Raum als die späteren. Mit ihnen in dieser Beziehung vergleichbar ist nur noch der Tuskulaner Kato (234—149). Das in seiner hellenistischen Denkform den Römern zunächst ganz wesensfremd gewordene Griechentum muß von neuem erobert werden. Plautus sucht sich mit ihm zu messen. Er versetzt die italisch-ländliche Weise und die Volkskunst italischer Posse und italischer Musikalität in die von ihm allein gepflegte Komödie griechischer Herkunft *(palliata)* und in deren für das primitivere Volkstum höchst ungeeigneten Stoffe hinein und macht dadurch etwas dem lauten und überschwenglichen Wesen seiner Landsleute Entsprechendes aus dem feinen attischen Kunstwerk, d. h. er vergröbert alles durch die Umsetzung ins Italisch-Volkstümliche. Es ist zeitlich und lokal aufs stärkste gefärbtes Hellenentum, wobei das Italische oft das Fremde übertönt, das Ganze in einer Reichhaltigkeit der metrischen Formen dargeboten, die immer von neuem überrascht und fesselt.

Hatte sich bei diesem Führer der älteren Generation der Meister in der Beschränkung auf eine Literaturgattung gezeigt, so überrascht uns Ennius, ein „geistiger Kondottiere", durch seine unendliche Vielseitigkeit. Alle Gebiete der hohen Poesie hat er gepflegt, das nationale Epos wie Nävius, die griechische und römische Tragödie und Komödie, die Satire, daneben viele Zweige hellenistischen Schrifttums in gebundener und ungebundener Form, in denen er bald als Mystiker, bald als Rationalist erscheint, zum Teil wohl bestellte Augenblicksarbeit vornehmer Gönner. Wie in dieser Vielseitigkeit ist er auch darin altertümlich, daß er noch einmal auf das klassische Griechentum als Vorbild zurückgreift, allen voran auf Homer und Euripides. Der Umstand, daß er als Messapier, aus der Ferne des Südostens gekommen, schon die griechische Seele in sich trägt, dabei von höchster Bewunderung für Rom erfüllt ist, hat aus ihm den ersten Wahlrömer gemacht. Er hat aber nicht wie sein Nachfolger Polybios nur den römischen Geist und das starke römische Lebensgefühl in sich aufgenommen, sondern auch Roms Sprache mit einer seltenen Meisterschaft anzuwenden gelernt. Dabei will er nicht nur Homer nachahmen, nein, er fühlt seinen Geist in sich lebendig, dieser „zweite

Homer“, wie ihn Horaz einmal treffend genannt hat. Hatte also Plautus mit dem Hellenismus noch gespielt, so hat Ennius ihn durch größere Leistung zu überwinden gesucht. Er, der Kriegsteilnehmer Roms gegen Hannibal, wenn auch nur auf dem Nebenschauplatz Sardinien, gewesen war, durfte diesen Wurf wagen und so aus dem Kriegserlebnis wie aus der Erfahrung der weiteren römischen Expansion heraus in seinem Alterswerk der Annalen einen Stoff formen, der über den rein mythischen der homerischen Ilias hoch erhaben war. Es ist das größte Denkmal römischer Mannestugend *(virtus)*, gesetzt von einem, der die schwerste Krisis Roms und ihre gewaltigen Folgewirkungen miterlebt hat, selbst ein Mann von Geist, Wille und Blut. So hat er die Kraft gehabt, im Gegensatz zu seinem Vorgänger Nävius, die g a n z e römische Geschichte, sowohl die erfundene der älteren Zeit, wie die wahre Historie der späteren wirklich dichterisch zu durchdringen mit den Kunstmitteln der homerischen Poesie und der attischen Tragödie. Erst als die gewaltige römische Geschichtsklitterung „vom Anfang der römischen Dinge“ an durch den Genius eines Dichters von diesem großen Format hindurchgegangen war, hat sie die feste Gestalt gewonnen und bis zu Livius hin bewahrt. In Sardinien von Kato entdeckt, ist er nach Rom übergesiedelt und dort in die großen Gegensätze innerhalb der Nobilität hineingezogen worden. Auch des Philhellenen Fulvius Nobilior schwer erstrittenen Triumph hat er durch seine Tragödie „Ambracia“ verherrlicht und zum Dank durch dessen Sohn gelegentlich einer Koloniegründung das römische Bürgerrecht erlangt. Und wenn Ennius’ „Scipio“ erst im Jahre 183 n a c h dem Tode des Mannes entstanden ist, dann hat der größte Römer in ihm seinen Homer gefunden. Daß es in dem großen Volke von Rom, wie es Kato geschildert hat, auch große Männer gegeben hat, ist die Entdeckung des Ennius.

Aber über allem steht die Tatsache, daß der Halbgrieche Ennius die römische Geschichtsschreibung im l a t e i n i s c h e n Gewande und in der von den Staatspriestern erfundenen Annalenform wiedererstehen ließ, während Fabius und Cincius gleichzeitig in der griechischen Gestaltung Nachfolger fanden in Kornelius Scipio, dem Sohne des Afrikanus, in C. Acilius und A. Postumius Albinus. Über den letzteren ergießt sich der Zorn Katos, der als literarische Persönlichkeit nicht minder seine nationalrömische Eigenart zur Schau trägt, wie im politischen Leben. Ihm ist, ob bewußt oder unbewußt, zum erstenmal klargeworden, daß er am Grabe einer dahinsinkenden Welt steht, daher sein geradezu borniert-wilder Haß gegen alles Neue, den man in Zeiten großer Umwälzungen bei konservativ eingestellten bäuerlichen Menschen oft zu treffen pflegt.

Nirgends tritt uns der römische Landmann in seiner nationalen Art und seinem kämpferischen Wesen reiner entgegen als in Katos zahlreichen Reden, die er selbst für den eigenen Gebrauch zur Niederschrift gebracht hat: die erste Redesammlung großen Stiles. Kein Wunder, daß Kato auch eine Redelehre verfaßt hat, in welcher das berühmte, für die lateinische Sprech- und Lebensart so unendlich wichtige Wort geprägt war: „Halte dich an die Sache, die Worte kommen von selbst." Bei der Erziehung des spätgeborenen Sohnes hat er die notwendigen Unterrichtsbücher selbst verfaßt: über Hausmedizin, über Landwirtschaft, eine Schrift über das Heerwesen, wohl für den in die Armee eintretenden Sohn, ein Spruchbuch über Sitten der Altvorderen *(carmen de moribus)*.

In dem merkwürdig übereinandergeschichteten Landwirtschaftsbuch (s. o. S. 156) erscheint überall noch einmal das Lob des Landwirtes der alten bäuerlichen Daseinsform. Mit ehernen Schritten geht aber die vorwärtsstürmende Zeit auch über diesen letzten, bis auf die Knochen konservativen, bäuerlichen Mann Altroms hinweg. Der in sparsamster Wirtschaft ausgebildete starke bäuerliche Erwerbssinn wirft sich jetzt auf die Fülle der neuen Einnahmemöglichkeiten: er treibt nicht nur Bodenspekulation, sondern beteiligt sich auch durch Mittelsmänner an den üblen Geschäften auf dem Gebiete des Seedarlehens und lobt seinem Sohne gegenüber den Mann, der mehr Erworbenes als Ererbtes hinterlassen hat.

Sein Geschichtswerk ist in doppelter Hinsicht neu, einmal,

wie das des Ennius, durch die Rückkehr zur lateinischen Sprache und anderseits durch die Überwindung der reinen Chronikenform der Annalen. Daß er mit dem Übergang zu *Origines* („Ursprünge"), wie der Titel lautete, der griechischen Literaturgattung der „Gründungsgeschichten" verfallen ist und mit ihr der griechischen Sage von den Anfängen der Menschen und Dinge, ist das Tragische an dem Manne. Höher zu bewerten ist der Umstand, daß er, als nichtstadtrömischer Latiner, die Ursprünge auch der italischen Stämme und Städte behandelt hat. Neben dem Erwachen Italiens in dem Werke ist es aber die Frontstellung gegen die alten Geschlechter, die den landgeborenen Verfasser dazu gebracht hat, die Namen einzelner Römer zu vermeiden und die Geschichte des römischen Volkes als Geschichte „namenloser Helden" zu schreiben. Nirgendwo ist dasjenige, was Rom dem Hellenismus mit seiner rein individualistischen Kultur entgegenzusetzen hatte, stärker als hier hervorgetreten. Daneben ist auch der erzieherische Wert der Geschichtsschreibung in den Vordergrund gerückt, verständlich bei einem Manne, der, wie so viele Männer großer Umwälzungsepochen, eine übertriebene Vorstellung von der Möglichkeit der Menschenschulung gehabt hat. Aber was ihm an sich selbst nicht vollkommen gelungen ist, hat er auch seinem Volke gegenüber nicht zustande gebracht. Die größte Schicksalswelle, die über Rom hinweggegangen ist, die Durchdringung mit dem hellenischen Geistesgut, war nicht mehr aufzuhalten. Zweierlei jedoch hat Katos Kampf ermöglicht, einmal, der Entvolkungsprozeß ist viel langsamer vor sich gegangen, als es anfangs schien, und zum anderen ist Rom nicht nur gräzisiert, sondern umgekehrt das Griechentum in mancher Hinsicht auch verrömert worden.

Die Periode nach Pydna wird charakterisiert durch eine neue Haltung zum Griechentum, die von dem Scipionenkreis um Ämilianus ausgeht und in dessen Freundschaft mit Polybios und später mit Panaitios den vornehmsten Ausdruck erhält. Diese drei Männer sind die Schöpfer des neuen Römertums, das die alte Staatstradition mit einem aus der griechischen Philosophie gewonnenen persönlichen Lebensideal zu verbinden gewußt hat. Dadurch hat der römische Staat in einem der kritischsten Augenblicke seines Daseins für seinen politischen und wirtschaftlichen Aufstieg eine neue sittliche Grundlage erhalten. Es entstand in der Nobilität eine Führerschicht, die das Wort „Optimaten“ im höchsten ethischen Sinne zur Geltung zu bringen vermochte. Die römische Weltherrschaft wurde zum sittlich die Herrenschicht verpflichtenden Weltreich, und die griechische Philosophie gewann, wie in ihrer größten Zeit, zur Ethik wieder die Politik als den wichtigsten Zweig theoretischer Betrachtung über menschliches Massendasein. Platon hat mit seinen späten, der Wirklichkeit näheren Werken durch Panaitios noch in Rom Wurzel gefaßt, nachdem er einst bei seinem eigenen praktischen Staatsgründungsversuch in Syrakus so traurig gescheitert war. Eine sittlich vertiefte Auffassung vom Staatsbürgertum und vom Staatslenkertum, sowie die Gewinnung echter Menschlichkeit in Staat und Gesellschaft geht von dieser Periode aus. Daher ist sie von Cicero in den Mittelpunkt seiner Bücher „vom Staate“ gerückt worden, und die Darstellung hat im „Traume des Scipio“ ihren End- und Höhepunkt erreicht, der noch einmal „griechische Geistigkeit und römische Staatlichkeit in zwar persönlicher und zwiespältiger, aber wirkungskräftiger und folgenreicher Weise vereinigt“ (Harder), um die Tragödie des Politikers auch für den römischen Raum in ergreifender Nachgestaltung des Sokrates-Motivs zur Darstellung zu bringen.

Jetzt war ein Weg gefunden, auf welchem Griechentum und Römertum nebeneinander und in gewisser Weise auch ineinander existieren konnten. Ein Beweis hierfür ist bereits der Komödiendichter Terentius Afer (ca. 200 bis 159). Für die volkstümliche derbere Art des Plautus ist kein Raum mehr bei diesem Vertreter einer verfeinerten Welt, der die literarische Gattung reiner und technisch vollendeter zur Darstellung zu bringen vermocht hat. Dieser ehemalige afrikanische Sklave „führte die Komödie einen entscheidenden Schritt weiter zu der geschlossenen Technik der Tragödie hin und verstärkte ihre Fähigkeit, dem Lustspiel aller Völker als Grundlage zu dienen“ (Leo). Nirgends zeigt sich also deutlicher das Hineinwachsen des Römertums in hellenistische Technik und Grazie und sein Mittlertum zur modernen Literatur. Der Kampf war zu Ende, der Hellenismus hatte hier bis zu einem gewissen Grade gesiegt. Nicht mehr Römisches wird in die griechische Fabel gemischt, sondern allgemein Menschliches, Typisches, der römische Einschlag im Gewebe wird überall herausgearbeitet, wie es der Erbe der Antike auf diesem Gebiete, das moderne klassische Drama, übernommen hat.

Zwischen den Jahren 166 und 160 hat Terenz seine erhaltenen Werke auf die Bühne gebracht, das letzte *(Adelphi)* bei den Leichenspielen für Ämilius Paulus. Rom beginnt eine wirkliche Theaterkultur zu entwickeln, und die Zensoren des Jahres 154 ziehen die Folgerung daraus und vergeben den Bau des ersten steinernen Theaters. Wie hart aber gerade um die Mitte des Jahrhunderts das alte und das neue Rom im Kampfe aufeinanderstießen, beweist die Tatsache, daß Scipio Nasika mit Rücksicht auf den uralten religiösen Brauch, daß alle szenischen Aufführungen vor Tempeln stattzufinden hatten, im Jahre der Dienstverweigerung von neu für den spanischen Krieg ausgehobenen Mannschaften (151) gemäß einem Senatsbeschluß den bereits begonnenen Bau wieder einreißen ließ. Der spanische Krieg zeigt bereits in den Anfängen seine Erziehertätigkeit an dem römischen Volk. Was von Osten her an Verweichlichung und Gewöhnung an Luxus in schneller Entwicklung hereinkam, wurde durch die harten Staatsnotwendigkeiten, die der Kleinkrieg des Westens dem Volke auferlegte, wieder wettgemacht. Aber nicht lange währte dieser Ausgleich. Dann senkte sich die Schale nach der Seite der fortschreitenden Verderbnis, wie sie durch die alleinige Großmachtstellung Roms seit 146 heraufgeführt wurde. Das haben schon die Alten beobachtet und herausgestellt, voran der große Philosoph Poseidonios. Die Tragödie des Politikers Ämilianus erscheint in etwas milderem Lichte, wenn man hier seine Wirkung auf die geistige Entwicklung Roms in der Folgezeit ins Auge faßt. Katos Ringen mit dem Griechentum und Scipios frühe Erkenntnis seiner unendlichen Werte sind die geistigen Grundelemente, auf denen das Römertum des nächsten Jahrhunderts aufgebaut ist.

Unter Ennius' und Katos Einfluß steht die wieder lateinisch schreibende Annalistik, voran der beiden Plebejer L. Kassius Hemina und L. Kalpurnius Piso Censorius Frugi, Konsul im Entscheidungsjahr 133, Zensor 120, der mit seinem Geschichtswerk erst in der nächsten Epoche herausgekommen ist, aber dem Geiste nach ein Spätling der eben betrachteten Zeit genannt werden muß. Dieser Frugi, d. h. der Mann von altem Schrot und Korn, ist durchaus Vertreter der Vätersitte, zugleich Rationalist und pädagogischer Moralist, als Geschichtsschreiber chronologisch genau, dabei ein Anekdotenerzähler alten Stiles. Während sich alles geistige Leben in stärkstem Flusse befindet, ist durch ihn die Geschichtsschreibung noch archaisch geblieben. Polybios, der noch die Gracchenzeit erlebt hat, beginnt erst im Laufe der neuen Epoche wirksam zu werden. Immerhin, Kato ist auf der römischen Seite so wenig übertroffen worden, wie Polybios unter den Griechen. Sie sind die großen Bannerträger der beiden Welten, die sich nach schwerem Ringen endlich gefunden haben.

In der Kunst der Epoche hat das Römische gegenüber dem auch hier gewaltig vordringenden Hellenismus deshalb einen stärkeren Rückhalt, weil man erst im vorhergehenden Jahrhundert aus der etruskischen Umarmung siegreich hervorgegangen und durch diesen Sieg offensichtlich erstarkt war. Der letzte Ausläufer der altitalischen Kulturblüte war eine Volkskunst mit durchaus gesundem Naturalismus. Die klassisch-hellenische Hochentwicklung und der Hellenismus haben, so wenig wie auf das niedergehende Etrurien, so jetzt auf diese emporsteigende italische Volkskunst zu wirken vermocht. Für eine solche Aufwärtsbewegung, wie sie damals Griechenland bis zu den Höhen phidiasischer Kunst und darüber hinaus durchgemacht hatte, war diese Bauernkultur noch nicht reif.

Dafür hat sie im zweiten Jahrhundert auf ihrem ureigensten Gebiete, dem Porträt, in Gestalt der stadtrömischen Entwicklung mit ihrem gewaltigen Realismus und Verismus eine Höhe erklommen, die daneben nicht unberührt von griechischem Einfluß geblieben ist. Man hat dafür die schöne Fassung gefunden: „Der Grieche schuf das Idealbild des abendländischen Menschen, der Italer das wirkliche Bildnis eines abendländischen Menschen – wie es geworden unter Einwirkung dieses Ideals“ (West). Die Richtigkeit dieses Satzes erkennt man nirgends besser, als wenn man sich die glänzendsten Schöpfungen der Porträtkunst am Ausgang unserer Epoche vor Augen führt, die ohne Nachwirkung etruskischen Könnens und ohne den bereits beginnenden hellenistischen Einschlag nicht verständlich sind, den Knabenkopf im Archäologischen Museum zu Florenz und den „Brutus“ im römischen Konservatorenpalast, zwei Meisterleistungen in Bronze, die man früher viel zu hoch hinauf datiert hat. Nie ist bis dahin das Erwachen des Knaben zum Jüngling, nie der reife Mann in seiner Durcharbeitung durch die harte Schule des Lebens glänzender dargestellt worden, als hier – einfach deshalb, weil das hohe Ideal vom Menschentum, das das Griechentum geprägt hatte, durch allen Realismus des neuen Volkes schon hindurchblickt und das Etruskertum, von hier rückwärts betrachtet, auf italischer Erde nicht umsonst gelebt und gewirkt hat. Es ist kein Wunder, daß man in dem alten Idealrömer den Schöpfer der Republik, den man nicht einmal dem Namen nach kannte, gesucht hat. In Wirklichkeit steht ein vollendeter Typus aus der vornehmsten Schicht der Nobilität vom Ende des zweiten Jahrhunderts vor unseren Augen.

Ein hartes Schicksal für unser Erkennen römischen Wesens muß es genannt werden, daß gerade die führenden Männer dieses alle Werte umwertenden zweiten Jahrhunderts im Bilde nicht erhalten sind. Wir besitzen von ihnen nur auf Münzen die Porträts des Scipio Afrikanus und des Flamininus: das eine ganz realistisch, wahrscheinlich mit Hilfe der Wachsmaske hergestellt, das des Griechenfreundes auf einer in Makedonien geprägten Goldmünze bereits im Stile hellenistischer heroisierender Auffassung, „ein völkisches Familienbild und ein hellenistisches Repräsentationsbild“ im Kleinformat der Münze nebeneinander. Wie Stadtrom und Hellenismus dann, ineinander übergegangen, sich ausnehmen, zeigt der Kopf des viel jüngeren „Arringatore“, einer Gewandstatue, die am Rande des trasimenischen Sees gefunden worden ist. Der etruskischen Inschrift nach ist es das Werk eines heimischen Künstlers, aber gearbeitet im Stile der stadtrömischen, vom Hellenismus nicht mehr unabhängigen Kunst, wahrscheinlich sogar erst ein Erzeugnis des Beginns der nächsten Epoche, in welcher Italien auch politisch eine eigene Macht geworden ist. Der etruskische Künstler ist in seinem Schaffen Italiker, ja Römer geworden.

Sicher ist: seit Pydna steigern sich mit dem Übergang großer hellenischer Kunstmassen innerhalb der Kriegsbeute nach Rom die hellenistischen Einflüsse von Osten her, auch in der Porträtkunst. Aber das Gegengewicht bleibt hier immer die römische Wachsmaske und die alte schlichte Grabmalkunst mit ihrer Erziehung zur Naturtreuheit des dargestellten Menschen, wie sie seit dem dritten Jahrhundert schon deutlich als gemeinitalisch hervortrat. Besonders der Verismus des Maskenporträts hat immer wieder durchgeschlagen und hat der „europäischsten" der drei Halbinseln des Mittelmeeres, bedingt durch Land, Luft und unbesiegbares Volkstum, schon im Altertum die große Aufgabe gestellt, den menschlichen Kopf und an ihm das menschliche Antlitz in seiner unendlichen Mannigfaltigkeit zur Darstellung zu bringen, eine Aufgabe, die zum zweiten Male die spätmittelalterliche Erneuerung des Landes in Gestalt der Renaissance wieder aufgenommen hat.

Auch andere Seiten der italischen Kunst sind in der Zeit nach Pydna dem Hellenischen mehr genähert, aber auch nur genähert worden. Ämilius Paulus hat den Metrodoros aus Athen, der Philosoph und Maler zugleich war, mit nach Rom genommen, nicht nur um seine Kinder zu erziehen, sondern auch im Gemälde seinen Triumph zu verherrlichen. Die Reliefs des delphischen Siegesdenkmals für Pydna mit der Darstellung des Kampfes zwischen Römern und Makedonen sind vielleicht von einem unteritalischen Künstler ausgeführt worden.

In der Architektur des zweiten Jahrhunderts herrscht noch durchaus das Arbeiten mit dem weichen vulkanischen Tuff, erst seit der Mitte auch mit heimischem Kalkstein (Travertin), von denen besonders der erstere durch die Verkleidung mit Stuck für das Auge erträglicher gemacht wird.

Neben den reinen Steinbau tritt dann später die Mörteltechnik mit einem eigentümlichen Gußverfahren für den Innenkern, Techniken, welche die Übernahme des Bogen- und des Gewölbebaues aus dem Orient möglich machen. Sie wurden im römischen Bauen besonders heimisch, ja sie kamen hier zu großer Vollendung, weil sie „dem altitalischen Gefühl für die Wirkung ungeteilter Innenräume entgegenkamen“ (Rumpf). Beides hat zur Folge gehabt, daß die römische Baukunst wohl in den äußeren Schmuckformen von der griechischen abhängig wurde, sonst aber eigene Wege ging, die gerade in der Lösung der Raumfrage weit ab von der griechischen verliefen.

Alles in allem ist auch in der Kunst gelegentlich der Auseinandersetzung Roms mit dem Hellenismus die Entwicklung unter Erhaltung römischer Eigenart in einem Umfange vor sich gegangen, wie man erst jetzt allmählich einzusehen beginnt, und das Zeitmaß des Hellenensieges ist hier noch langsamer gewesen als in der Literatur.

V. DIE REVOLUTIONSZEIT
(133–60)

„Weltgeschichte ist wohl Weltgericht, aber Weltgeschichte wird nicht in der Frist einer Generation zum Weltgericht.“ E. G. Kolbenheyer

Bis zum Jahre 133 hatte in der römischen Geschichte die äußere Politik wie in jedem gesunden Staatswesen im Vordergrund gestanden. Nun auf einmal wird durch die allzu stürmische Vorwärtsentwicklung des letzten Menschenalters das soziale Problem aufgerollt und dadurch in einer bis dahin in Rom nicht bekannten Weise die innere Politik in die erste Linie geschoben. Die Ausbreitung des Staates steht aber auch in der Revolutionszeit nicht still. Ob Männer des Senates oder Männer des Volkes die Führung der Außenpolitik in Händen haben, vor dem Feinde gibt es abgesehen von wenigen Ausnahmen nur eine Parole: Rom.
Dazu kam: schon in der vorhergehenden Epoche hatte die Geschichte der alten Volksgemeinschaft abzuebben begonnen. Einzelne Große waren als Kriegshelden aus der Masse stärker herausgetreten und hatten Roms Geschichte geformt. Die Individualität der Führer erhielt jedoch jetzt eine starke Ausweitung. Die Notwendigkeit des gleichzeitigen Anpakkens außen- und innenpolitischer Probleme durch dieselben Männer drückte bald der neuen Zeit den Stempel auf und stellte das führende Individuum vor ganz neue Aufgaben. Nur wenige sind der Situation Herr geworden, wie der Optimat Sulla, die letzte für die zerfallende Republik sich einsetzende Größe und der Popularparteiler Cäsar, der Republikzerstörer. Es ist nun einmal so in der Weltgeschichte: das Vorhandensein höchsten staatsmännischen und höchsten militärischen Könnens in einer Person darf als Ausnahme bezeichnet werden. Daß sowohl das Ende der Republik wie der Beginn der neuen Zeit ganz kurz hintereinander diese Ausnahme erlebt hat – als Folge der langen Züchtung der

Geschlechter sowohl in den Künsten des Friedens wie des Krieges –, gehört zu den großen Glücksfällen in der Geschichte der römischen Reichswerdung.

1. Die gracchische Bauernreform und ihre Folgen (133–105)

Der Mann, der die neue Zeit in Rom heraufgeführt hat, war ein Dreißigjähriger: Ti. Sempronius Gracchus, der älteste Sohn des gleichnamigen bedeutenden Mannes, der einst in Spanien zuerst und allein eine Politik des Aufbaues und der Romanisierung durchgeführt hatte. Vermählt war der Vater seit etwa 175 in einer über 20 Jahre dauernden glücklichen Ehe mit der jüngsten Tochter des Scipio Afrikanus, der jüngeren Kornelia, die von ihren zwölf Kindern nur drei aus dem Kindesalter hinübergerettet hatte: Sempronia, die seit 147 mit Scipio Ämilianus verheiratet war, und die beiden späteren Volkstribunen Tiberius (geb. 163) und Gaius (geb. 154). Die ältere Kornelia des Afrikanus dagegen war vermählt mit P. Kornelius Scipio Korkulum, dem Vater des P. Kornelius Scipio Nasika, dem Konsul des Jahres 138, unter dessen Führung sein Vetter Tiberius erschlagen wurde. Der Volkstribun gehörte darnach dem höchsten römischen Adel an, und der Riß, der durch sein Auftreten im Staate entstand, ging nicht nur mitten durch die herrschende Nobilität, sondern auch mitten durch das damals an ihrer Spitze stehende Scipionengeschlecht.

Tiberius hatte neben der häuslichen Erziehung durch seine hochgebildete Mutter eine gute Schulbildung genossen. Seine Weltanschauung war die stoische. In der Rechtswissenschaft hatte ihm der Umgang mit den als Juristen berühmten beiden Muciern, den besten Freunden des C. Laelius, Q. Mucius Scaevola und P. Licinius Krassus Mucianus (Konsul 131 und später Schwiegervater des Bruders Gaius) große Kenntnisse verschafft. Dem auch als Augur bekannten erstgenannten Manne verdankte Tiberius vielleicht die frühzeitige Aufnahme in das Augurenkollegium, dessen Bedeutung in der Spätrepublik stark gestiegen ist. Durch die

Heirat mit der Tochter des Appius Klaudius Pulcher trat er mit einem der vornehmsten Geschlechter Roms in verwandtschaftliche Beziehungen und erhielt auch von hier aus Unterstützung.

Die ersten tiefen Eindrücke von dem sozialen Elend seines Vaterlandes empfing Tiberius gelegentlich der Durchreise durch Etrurien zum spanischen Kriegsschauplatz im Jahre 137. Er war entsetzt über die Masse unbebauten Landes und über die große Zahl von Sklaven aus aller Herren Länder auf den dortigen Großgütern. Bereits im Jahre 136 vertrat sein Schwiegervater als Zensor Ideen, die sich in der Richtung auf eine Reform bewegten. Der in Sizilien gleichzeitig ausgebrochene Sklavenkrieg zeigte die Unruhe, die durch die unfreien Massen im Westen ging und offenbarte die große Gefahr, die von der zunehmenden Sklavenwirtschaft auch politisch drohte. Das Jahr 135 ist das Jahr der Ruhe vor dem Sturm. Scipio Ämilianus wurde damals zum zweitenmal zum Konsul gewählt und ging 134 nach Spanien zur Vernichtung Numantias hinüber. Sein Schwager aber trat am Ende des gleichen Jahres (10. Dezember) sein Volkstribunat an, das die Reform bringen sollte.

Das Ackergesetz, das gleich im Anfang des Amtsjahres beantragt wurde, ist einem tief innerlichen Erfassen des sozialen Problems entsprungen und verdankt erst in zweiter Linie militär-politischen Erwägungen zur Hebung der italischen Wehrfähigkeit seine Entstehung. Dies zeigen die Reste der programmatischen Rede gelegentlich der Einbringung des Gesetzes. Hier heißt es, daß Italien an Not und Menschenarmut schließlich zugrunde gehen müsse, und das einzige erhaltene größere Bruchstück enthält eine leidenschaftliche Anklage gegen die bestehenden unsozialen Zustände des Vaterlandes. „Die wilden Tiere Italiens haben ihre Schlupfwinkel und jedes einzelne von ihnen hat Lagerstatt und Zufluchtsort. Die Männer aber, die für Italien kämpfen und sterben, haben wohl an Luft und Licht, aber an nichts anderem Anteil. Obdachlos und heimatlos irren sie mit Weib und Kind umher. Die Feldherren lügen, wenn sie in den Schlachten die Soldaten auffordern, im Interesse ihrer Gräber und ihrer häuslichen Heiligtümer die Feinde abzuwehren, denn keiner von so vielen Römern besitzt noch einen Hausaltar oder ein Ahnengrab. Für fremden Luxus und Reichtum vielmehr müssen sie Krieg führen und sterben. Sie, die die Herren der Welt genannt werden, können nicht mehr eine Scholle ihr eigen nennen." Ein hoher, fast einzig dastehender Sinn für Gerechtigkeit offenbart sich in dieser wie in anderen Reden und Handlungen des Tribunen. Sein Streben, der „gemeinen Sache" zu dienen, wird von einem seltenen Glauben an die Überzeugungskraft seiner Beweise beherrscht. Das eigentlich Neue aber ist das nicht mehr nur römische, sondern italische Denken in dieser entscheidenden Frage. Ganz Italien, aber auch nur Italien, sollte Ziel der Reformbewegung sein. Hierin aber lag der Keim zu den späteren Verwicklungen.

Im übrigen war das Vorgehen des Tribunen sehr vorsichtig und eingehenden Sachberatungen mit den juristischen Freunden entsprungen. Echt römisch wurde kein Privateigentum angetastet, wie das Solon einst auf griechischer Erde getan hatte. Nur Staatsland, und zwar dasjenige, das durch „Okkupation", d. h. langjährige Nutznießung, von Privaten in Besitz und Bewirtschaftung genommen war, sollte zum Zwecke der Schaffung neuer Bauerngüter eingezogen werden. Das Gesetz gab sich als Erneuerung des alten, formell niemals abgeschafften, aber praktisch außer Übung gekommenen licinischen Ackergesetzes aus. Dieses hatte die durch Okkupation geschaffene Nutznießung von Staatsland bis zur Höhe von 500 Joch (*iugera* = ca. 115 Hektar) gestattet. Tiberius ging darüber hinaus, insofern er für zwei vorhandene Söhne noch je 250 Joch, also ein Höchstmaß von 1000 Joch, noch nicht zu freiem Eigentum, wohl aber in staatlich garantiertem Besitzverhältnis unter Verzicht auf irgendwelche Abgabe an den Staat bewilligte. Nur was jenseits dieser Höchstquote lag, sollte ursprünglich sogar mit dem Plan einer Entschädigung für Meliorationen der bisherigen Nutznießer eingezogen und in Hufen zu je 30 Joch gegen eine Anerkennungsgebühr an landlos gewordene Bürger zu unveräußerlichem Besitz gegeben werden, in einer Art von Erbpacht oder freier bäuerlicher Erbleihe. Die Einsetzung einer Dreimännerkommission mit einem jährlich wechselnden Turnus der Amtsführung zur Feststellung des verfügbaren Grund und Bodens sowie der dann folgenden Aufteilung war vorgesehen.

Das Ganze war also gedacht als Neusiedlung auf dem Boden von Staatsland, das der Senat unter Mißachtung des etwa erst vor 100 Jahren erlassenen Ackergesetzes zu Unrecht in die Hände von Privaten hatte gleiten lassen. Ein reformfreundlicher Autor des Altertums versteigt sich zu dem Satze: „Gegen so viel Unrecht und Habgier ist noch niemals ein Gesetz mit größerer Milde und Schonung eingebracht worden."

Trotzdem löste es eine heftige Gegnerschaft aus. Die tatsächlich vorhandenen Schwierigkeiten, die vom Antragsteller nicht für unüberwindlich gehalten wurden, waren in der damaligen politischen Struktur Italiens begründet. Vergebbar sollte das eingezogene Land zunächst nur an römische Bürger und höchstens noch an Latiner sein. Dagegen ist sicher, daß auch das von italischen Bundesgenossen okkupierte Staatsland eingezogen werden konnte. Der Übergriff der römischen Gesetzgebung auf das Bodenrecht im bundesgenössischen Gebiete ließ aber im Hintergrund drohend das Italikerproblem aufsteigen, und dies wirkte wie ein kalter Wasserstrahl auf die herrschende stadtrömische Nobilität.

Konsuln im entscheidenden Jahr waren der erwähnte reformfreundliche Jurist Q. Mucius Scaevola und der gegnerisch gesinnte L. Kalpurnius Piso, der spätere Geschichtsschreiber. Unter den im Senat führenden Persönlichkeiten verhielt sich Q. Metellus Macedonicus (Zensor im Jahre 131) nicht ganz ablehnend. Dagegen war der großen Masse der Senatoren der neue Plan unbequem. Einzelne höchst einflußreiche Großgrundeigentümer, die sich als die Stützen der bestehenden Staatsordnung betrachteten, wurden in ihrem Besitz sehr empfindlich getroffen. Die Rechtsverhältnisse im Okkupationsland lagen zudem in manchen Fällen recht unklar. Die Gefahr des auftauchenden Bundesgenossenproblems erschien vielen unheilvoller als die Reform. Als sich herausstellte, daß der Senat nicht zu haben war, wurde von den Reformern eine wilde Agitation in der Volksversammlung eingeleitet. Da beschritt der Senat den gewohnten Weg, gegen einen ihm nicht genehmen Antrag durch den Einspruch eines anderen Volkstribunen die Abstimmung zu hintertreiben. Und wirklich fand sich ein Judas im Kollegium, M. Oktavius, der das ganze augenfällig im Volksinteresse eingebrachte Gesetz zu Fall brachte. Die Folge war, daß der Antrag im laufenden Amtsjahr nicht zur Abstimmung gebracht werden konnte.

Tiberius suchte zunächst den Amtsgenossen umzustimmen. Schließlich machte er den ebenfalls vergeblichen Versuch, mit dem Senat eine Verständigung herbeizuführen. Dann erst stellte er nach einem harten inneren Kampf den folgenschweren Antrag, dem Oktavius das Amt, welches er gegen den Willen und die Interessen des Volkes verwalte, abzuerkennen. Er wurde geschlossen angenommen und ein Parteigänger des Tiberius bald darauf als Ersatzmann gewählt.

Diese Absetzung des Gegners machte aus dem Sozialreformer den Revolutionär. Die Aberkennung einer magistratischen Amtsgewalt war schon früher vorgekommen. Aber das Volkstribunat war kein gewöhnliches Amt. Die Beseitigung des „sakrosankten" Volkstribunen war eine bis dahin nicht vorgekommene Verletzung der Verfassung. Nur die Versetzung in Anklagezustand nach Ablauf der Amtsperiode war bisher zulässig gewesen.

Gegenüber dieser Staatspraxis hat Tiberius – sicher zunächst ganz unbewußt – mit seinem Antrag einen Grundsatz des griechischen Staatsrechtes übernommen, welches allein die unmittelbare Volkssouveränität kannte, und das Volk hat, wenn auch nicht ganz leicht, im Dienst seiner materiellen Interessen die neue Lehre gebilligt. Die Mobilmachung der unzufriedenen Masse durch die „Männer des Volkes" *(populares)*, die in dem bisher auf den Gefolgschaften großer Häuser aufgebauten Römerstaat etwas ganz Neues darstellte, öffnete dem Demagogen Tür und Tor zur Beseitigung der einseitigen Nobilitätsherrschaft. Denn dadurch wurden die in der Stadtstaatsform allein erfaßbaren städtischen Volksmassen ein gefährliches Werkzeug in den Händen ehrgeiziger Machthaber.

Dies hat die Senatsmajorität auch instinktiv erfaßt. Zwar wagte sie sich nicht gegen den Volksentscheid aufzulehnen.

Aber der für die Durchführung des verfassungsmäßig angenommenen Gesetzes gewählten Dreimännerkommission, bestehend aus Tiberius selbst, seinem Schwiegervater und seinem erst zwanzigjährigen Bruder Gaius, also einem ganz einseitig zusammengesetzten Familienrat, bewilligte man ganz lächerlich niedrige Tagesgelder.

Der Riß im Staatswesen war vorhanden und vertiefte sich fortgesetzt zusehends. Manche der seither der Reform nicht unfreundlich gegenüberstehenden Männer wie Metellus Macedonicus oder Popillius Laenas (Konsul 132) wandten sich von Tiberius ab.

Der Volkstribun schritt demgegenüber auf der einmal eingeschlagenen Bahn unentwegt fort. Als der Ackerkommission wegen der verworrenen Eigentumsverhältnisse des einzuziehenden Landes Schwierigkeiten entstanden, bekam sie durch Gesetz auch noch die Berechtigung der richterlichen Untersuchung und Entscheidung der strittigen Fälle. Um den Neubesitzern die Mittel zur Einrichtung der Wirtschaft zu geben, wurde beantragt, das Volk solle über die attalische Hinterlassenschaft als der eigentliche Erbe selbst die Verfügung treffen und die dem Senat zugefallenen baren Geldmittel zur Beschaffung des nötigen Ackergerätes an die Inhaber der neuen Bauerngüter verteilen. Dies bedeutete aber einen schweren Eingriff in die Finanzverwaltung des Senates und konnte nur mit der Einzigartigkeit und Ausdehnung des erworbenen Gegenstandes entschuldigt werden. Als das Volk auch diesem Antrag mit Begeisterung zustimmte, wurde der Gegensatz noch größer, zumal Eingriffe in die zukünftige Verwaltung der neuen Provinz Asien in Aussicht gestellt wurden. In der Provinzialverwaltung aber war wiederum der Senat so gut wie Alleinherrscher.

Auf Grund aller dieser Vorkommnisse war es sicher, daß der zum Revolutionär gewordene Reformer nach Ablauf seines Tribunates zur Rechenschaft gezogen werden würde. Um dem vorläufig zu entgehen, bewarb er sich auf Anraten seiner Anhänger, abermals im Widerspruch mit der Verfassung, um das Volkstribunat für das folgende Amtsjahr. Zum Zweck des Stimmenfanges unter den städtischen Massen – die Landbevölkerung war durch die im Gang befindliche Ernte am Erscheinen verhindert — wurde die Verwirklichung eines größeren volkstümlichen Programms (Verkürzung der militärischen Dienstzeit, andere Zusammensetzung der Geschworenengerichte) in nahe Aussicht gestellt.

Ungesetzlich war auch die Bewerbung um ein Amt während der noch laufenden Amtszeit. Daher ließen die Gegner am Wahltag nach der Stimmabgabe zweier Tribus für Tiberius durch einen Volkstribunen Einspruch erheben. Die Entscheidung wurde auf den nächsten Tag verschoben.

Die neue Wahlversammlung wurde auf dem Platz vor dem kapitolinischen Jupitertempel angesetzt, während der Senat sich im nahegelegenen Tempel der „Treue" versammelte. Das Schauspiel vom vorhergehenden Tage wiederholte sich. Nach dem Veto verschwinden aber die Tribunen aus der Mitte der Versammlung, und es wird von den Gegnern die Vermutung ausgestreut, Tiberius habe sie alle abgesetzt und wolle sich selbst ohne Abstimmung als wiedergewählt erklären. Es entsteht ein Tumult, in welchem Tiberius, da er mit der Stimme nicht mehr durchdringen kann, durch Hinführen der Hand zum Kopf ein Zeichen gibt. Diese Geste wird von seinen Feinden dahin gedeutet, er fordere für sich das Diadem.

Unterdessen versucht die äußerste Rechte des im genannten Tempel versammelten Senates, voran Gracchus' Vetter Scipio Nasika, damals Oberpriester des Staates, den leitenden Konsul Mucius Scaevola zu einem Einschreiten zu veranlassen. Als dieser sich weigert, den Ausnahmezustand beschließen zu lassen, erhebt sich Nasika und ruft alle, die es mit dem Staate gut meinen, auf, ihm zu folgen. Mit der Toga über den Kopf gezogen, d. h. in der Tracht seines priesterlichen Amtes, besetzt er an der Spitze der gegen die tobende Menge vorstürmenden Senatoren die obersten Stufen des Jupitertempels und bricht von hier aus mit seinen Begleitern in die Masse ein. Es kommt zu einem Handgemenge mit Hölzern und Stuhlbeinen, d. h. allem, was von den Sitzgelegenheiten der Versammlung zu greifen war. Eine regelrechte „Holzerei" entsteht. Tiberius wird mit seinen nächsten Freunden den Kapitolhügel hinuntergetrie-

ben, aber schließlich eingeholt und mit einem Stuhlbein erschlagen, mit ihm 200 seiner Anhänger. Die Leichen werden in den Tiber geworfen.
Seit dem Tage der Wiederbewerbung um das Tribunat war Tiberius zum zweitenmal auf die abschüssige Bahn der Revolution geraten. Aber es gab keine andere Rettung mehr für ihn. Von seinen Standesgenossen auf der Gegenseite aber wurde der Straßenkampf im Dienste der Notwehr in die Politik eingeführt und damit ein Schritt getan, der für das Staatswesen noch verhängnisvoller werden sollte als des Tiberius' Verfassungsbrüche. Daß die Reform so schnell zur Revolution ausartete, daran sind also beide Parteien schuld. Ed. Meyers Wort besteht zu Recht: „Wer die eine oder die andere Partei schlechthin verurteilt, verkennt die tragische Gewalt der Ereignisse."
Tiberius Gracchus und ein Teil seiner Anhänger waren tot. Die Überlebenden wurden grausam verfolgt. Aber die Situation war trotz alledem nicht ungünstig für die Reformer. Das Ackergesetz lebte weiter. Um die Revolution durch Übernahme der Reform zu überwinden, wagte der Senat nicht das Gesetz anzutasten, nachdem sein Schöpfer zum Märtyrer geworden war. Jedem Einsichtigen war es klar: der Senat war durch die Untat des Herbstes 133 von dem gracchischen Übel nicht befreit, vielmehr standen unendlich größere Kämpfe bevor.
Der vor Numantia stehende Bruder des Erschlagenen war zunächst noch zu jung. So richteten sich in dieser schwersten Stunde des Staates aller Augen auf den ebenfalls in der Ferne weilenden Scipio Ämilianus, der bisher eine mehr vermittelnde Stellung in der Reformfrage eingenommen hatte. Ende des Jahres kam er aus Spanien zurück und feierte einen nicht gerade sehr prächtigen Triumph. Auf die Frage nach der Rechtmäßigkeit von Tiberius' Beseitigung soll er geantwortet haben: „Wenn er im Sinne gehabt hat, den Staat in seine Gewalt zu bringen, dürfte er mit Recht gefallen sein", womit er den unsinnigen Vorwurf des Strebens nach der Alleinherrschaft als möglicherweise berechtigt anerkannt hat. Die Konsuln des neuen Jahres 132 haben durch strenge Untersuchung und Bestrafung vieler Grac-

chaner deren Reihen weiter gelichtet. Aber der eine, Popillius, hat im Sinne des Senates der Ausführung des Ackergesetzes keinen Widerstand entgegengesetzt.

Im Laufe des Jahres begann dann die Gracchenpartei ganz langsam wieder zu erstarken, und schließlich wagte einer der Extremsten aus ihren Reihen, M. Fulvius Flakkus, den Nasika als Mörder des Tiberius aufs heftigste anzugreifen. Es kam schließlich so weit, daß der Senat dem im Volk tief verhaßten Manne, obwohl er als leitender Oberpriester an die Stadt gebunden war, eine Scheinmission nach Asien gab, wo er bald darauf gestorben ist. Ein weiterer Erfolg der Reformer war die Wahl zweier ihrer Anhänger, darunter des P. Licinius Krassus Mucianus, eines der Ackerkommissare und seit dem Tod des Nasika Pontifex Maximus, zu Konsuln für 131, des Metellus Makedonikus zum Zensor für das gleiche Jahr, endlich des C. Papirius Karbo zum Volkstribunen.

Er war seit Tiberius' Sturz der tätigste unter den populären Volkstribunen. Mit einem Gesetz auf Einführung der geheimen Abstimmung vermittels Stimmtäfelchen *(lex tabellaria)* für die gesetzgebenden Volksversammlungen drang er ohne Widerstand durch, nachdem entsprechende Gesetze schon 139 *(lex Gabinia)* und 137 *(lex Cassia)* für die Beamtenwahlen und die Volksgerichte mit Unterstützung des Ämilianus angenommen worden waren, unstreitig ein Schritt weiter in der Demokratisierung des Staates. Dieser Erfolg veranlaßte Karbo, durch einen Antrag auch die Gesetzmäßigkeit der Tribunenwiederwahl zu schaffen.

Ämilians Ansehen sank jetzt immer mehr. Die Zensoren des Jahres 131, zum erstenmal zwei Plebejer, übergingen ihn bei der Bestimmung eines neuen „Vormannes des Senates". An Stelle des im Osten gegen Aristonikos gefallenen Mucianus und des unterdessen gestorbenen Appius Klaudius Pulcher wurden, neben Gaius, Fulvius Flakkus und Karbo Mitglieder der Ackerkommission und übten deren richterliche Befugnisse gegenüber der Nobilität sowie gegenüber reichen Latinern und Italikern in strengster Weise aus. Die letzteren begannen daraufhin eine lebhafte Agitation gegen die Kommission und wandten sich schließlich an Ämilianus mit der Bitte um Vertretung ihrer Interessen. Dieser setzte im Jahre 129 nach Verhandlungen im Senat bei der Volksversammlung auch wirklich durch, daß der Kommission die Gerichtsbarkeit über das strittige Ackerland entzogen und einer der Konsuln des Jahres, nämlich sein Anhänger Tuditanus, damit betraut wurde. Der Konsul übernahm aber sehr bald darauf, während sein Amtsgenosse gegen Aristonikos in Asien im Felde stand, den damals in Gang befindlichen Krieg gegen Istrien (s. u.) und entzog sich dadurch der neuen Aufgabe im Innern. So war tatsächlich durch Ämilians Eingreifen die Siedlungsarbeit lahmgelegt, und das Volk merkte zu spät, daß es hinters Licht geführt worden war.

Von seiten der Reformpartei wurde Scipio jetzt heftig angegriffen, als er noch weiterging und die Tätigkeit der Kommission gegenüber latinischem und italischem Ackerland ganz zu unterbinden suchte. Aber am Morgen des Tages, an dem er zur Empfehlung dieses Standpunktes in der Volksversammlung eine Rede halten sollte, wurde er in seinem Bett tot aufgefunden, erst 56 Jahre alt.

Sofort ist das Gerücht aufgetaucht, er sei das Opfer eines politischen Mordes geworden, und die bedeutendsten Führer der Popularen sind als Anstifter des Mordes verdächtigt worden. Frühzeitig ist auch Freitod in Betracht gezogen worden. Nach keiner Seite wurde der Beweis erbracht. Eine gerichtliche Untersuchung fand nicht statt. C. Laelius hat in seiner dem Freund gehaltenen Leichenrede von einem natürlichen Tod gesprochen. Tatsache ist, daß der Tod des großen Mannes ein sehr plötzlicher gewesen ist und in einem entscheidenden Augenblick seines Lebens eingetreten ist. Auch ohne die Sensation eines politischen Mordes gilt Mommsens Wort, daß Scipio „in seiner stillen Kammer nicht minder für Rom gestorben ist, als wenn er vor Karthagos Mauern gefallen wäre."

Ein tüchtiger Offizier ist er unstreitig zeit seines Lebens gewesen, dabei als Charakter und an sittlicher Höhe seinen Standesgenossen weit überlegen. Aber seine staatsmännische Begabung war ziemlich gering, so sehr ihn auch Cicero verherrlicht hat. Durch seine großen Erfolge auf den Schlachtfeldern ist er zu hohem Ansehen und hervorragender Macht im Staate gelangt. Aber er hat sich den draußen erworbenen Ruhm auf dem Gebiete der inneren Politik nicht zu erhalten vermocht ähnlich wie später Marius und Pompeius. Der Senat hat schon in dieser Epoche der beginnenden Revolution wohl an guten Militärs, nicht aber an wirklich großen Staatsmännern Überfluß gehabt. Die politischen Talente sitzen in den Reihen der Popularen, alle überragend Gaius Gracchus.

Die Folge von Scipios Tod war das nunmehr stärkere Aufeinanderplatzen der radikalen Richtung auf beiden Seiten. Bei der Jugend des Gaius blieben Karbo und Fulvius Flakkus die popularen Führer und scheinen im geheimen für die Wiederherstellung der Gerichtsbarkeit der Kommission gearbeitet zu haben.

Um den Widerstand der latinischen und bundesgenössischen Nobilität zu brechen, trat jetzt zum erstenmal in greifbarer Gestalt der Plan auf, durch Verleihung des römischen Bürgerrechts den Betroffenen eine Entschädigung für ihre Verluste an okkupiertem Staatsland zu bieten. Daraufhin verlegten viele Latiner und Bundesgenossen in den folgenden Jahren ihren Wohnsitz nach Rom, und die Latiner ließen sich, was ihnen rechtens zustand, zahlreich in die Tribus aufnehmen, um einen Druck auf die Regierung auszuüben. Der Senat veranlaßte daraufhin im Jahre 126 den Volkstribunen M. Junius Pennus, wohl mit Rücksicht auf den nächstjährigen Zensus, die Ausweisung sämtlicher Nichtbürger aus Rom zu beantragen. Aber Gaius Gracchus, der in diesem Jahr durch die Wahl zum Quästor seine politische Laufbahn begann, trat gegen den Antrag auf. Trotzdem nahm ihn das Volk an, vielleicht weil von der Gegenseite durch das Gespenst einer Minderung der Volksrechte der Massenegoismus bereits aufgepeitscht wurde. Gaius begab sich nach dem Mißerfolg in die Provinz Sardinien und wurde bis zum Jahre 124 dort festgehalten.

Für das Jahr 125 wurde Flakkus Konsul, Karbo Prätor. Aber während seines Amtsjahres ging Karbo in charakterloser Weise plötzlich zu den Gegnern über. Flakkus dagegen rollte von neuem das Bundesgenossenproblem auf; denn die

Führer der Italiker erklärten offen, sie würden im Falle der Verleihung des Bürgerrechtes den Widerstand gegen das Ackergesetz fallen lassen. Der Konsul brachte gleich beim Amtsantritt die durchaus milden Anträge ein, daß zunächst wenigstens die Latiner Gesuche um Verleihung des Bürgerrechtes an die Volksversammlung einreichen dürften und allen Latinern, vielleicht auch den übrigen Bundesgenossen, soweit sie nicht den Besitz des Bürgerrechtes erstrebten, zum mindesten die Berufung an die römischen Komitien gegenüber Strafurteilen zustehen solle. Flakkus scheiterte am Widerstand seines Amtsgenossen und des Senates, der auf diesem Gebiet überempfindlich geworden war, und nahm gern nach der Schlappe im Innern die ihm gebotene Gelegenheit zur Führung des Krieges gegen die transalpinen Ligurer und Kelten wahr. Damit hat er zum erstenmal den Boden Galliens (Frankreichs) betreten, der für die Popularen über Marius hinaus bis zu Cäsar hin das Sprungbrett zur Reichserneuerung werden sollte.

Die Nordfront des Reiches: Die Ausbreitung in den mitteleuropäischen Raum ist in diesem Jahrzehnt zwischen 125 und 115 das wichtigste Kapitel der Außenpolitik. In der vorhergehenden Epoche hatte man Spanien teilweise in Besitz genommen und auf der Balkanhalbinsel das makedonische Reich zertrümmert. Es fehlte nun noch die Landverbindung zu den beiden Schwesterhalbinseln im Westen und im Osten und die Sicherung des neuen Mittelmeerreiches gegen Mitteleuropa sowie alle von dort drohenden Vorstöße. In ihrem Dienst standen die ersten Kriege der Revolutionszeit.

Auch dieser von den Popularen im Jahre 125 eröffneten neuen Reichspolitik haftet von vornherein jener defensive Zug an, der gewissermaßen in Vorahnung des steten Drukkes von Norden her den dort immer schadhafter werdenden Keltenschutzring durch eigene Sicherung zu ersetzen suchte, also nur Krieg führte, um Ruhe im eigenen Hause zu haben.

Die Ausgangspunkte für die Expansion gegen Norden waren im Osten die große latinische Kolonie Aquileia, im Westen die befreundete Griechenstadt Massalia (Marseille), beide lange Zeit die Vorposten südlicher Kultur gegenüber den Nordvölkern am östlichen und westlichen Eckpunkt Italiens.

Von ihnen hat Massalia seit Jahrhunderten dem Süden Frankreichs bis auf den heutigen Tag eine besondere Note gegeben und hat Roms Mission jenseits der Alpen in entscheidender Weise durch die Ausbreitung griechischer Kultur vorgearbeitet.

Im Nordosten Italiens war es vor der Gründung Aquileias die frühzeitig griechisch durchtränkte venetische Kultur und dahinter die gräzisierte etruskische, die nord- und ostwärts in die Alpengebiete und das Drau-Save-Zweistromland ausgestrahlt hatten mit einer Stärke, daß sie, wenn auch spät, dem römischen Kaufmann den Weg in die Eisenlagerstätten Norikums und in das Fruchtland Pannoniens gewiesen haben. Hier war dann Aquileia mehr Nachläuferin und Übernehmerin eines schon vorhandenen Überlandverkehrs nord- und ostwärts geworden.

Im Vorland von Aquileia saßen im weiten Bogen der Ostalpen und ihrer Vorberge norisch-illyrische Stämme, die frühzeitig von den Kelten überschichtet worden waren, voran den Tauriskern in Norikum und den Skordiskern weiter östlich im Savegebiet. Sie neigten als ausgesprochene Herrenvölker in den damals dichtbevölkerten Ostalpenländern frühzeitig zur Expansion. Die Römer haben zunächst kriegerische Zusammenstöße mit ihnen zu vermeiden gesucht und mehr eine friedliche Durchdringung durchgeführt, und zwar, seit dem Knapperwerden des italischen Eisens in den etruskischen Erzlagerstätten, zwecks Ausbeutung der im Tauriskerland entdeckten mächtigen Gold- und Eisenlager. Die Ergebnisse waren derart, daß bereits zwei Monate nach Eröffnung des norischen Bergbaues ein Preissturz des italischen Goldes um ein Drittel eintrat. Bei dem Überhandnehmen der Belange des beweglichen Kapitals am Anfang der Gracchenzeit suchte man sich daher auch weiterhin sowohl mit den Tauriskern wie mit den ihnen südlich vorgelagerten Karnern, Histrern und Japuden möglichst auf friedlichem Wege durch Verträge zu verständigen.

Ein viel unruhigeres Element waren die weiter östlich bis

nach Serbien hinein wohnenden Skordisker. Sie waren schon dem makedonischen Königreich lästig gefallen und machten jetzt nach dessen Zertrümmerung und Provinzialisierung fortgesetzte Einfälle in die römischen Grenzgebiete auf dem Balkan. Nach wechselnden Kämpfen in den Jahren 156 und 141, letztere offenbar zur Sicherung der makedonischen Nordgrenze, hatte der erste große, für Rom siegreiche Zusammenstoß mit ihnen im Jahre 135 stattgefunden. Aber schon im Jahre 114 wurde der Konsul C. Porcius Kato in den serbischen Bergen von ihnen überfallen und sein Heer aufgerieben, und es hat noch einmal längerer Kämpfe bis zum Jahre 109 bedurft, um hier endlich Ruhe zu schaffen.

Durchschlagenden Erfolg dagegen hatte C. Sempronius Tuditanus (Konsul 129) in einem Feldzug gegen Histrer und Japuden mit einer Nebenexpedition gegen Teile der Taurisker und vielleicht auch die Karner, alles zur Sicherung des von diesen Völkern immer wieder bedrohten Aquileia. Für diese Kolonie wurde die große Handelsstraße über Triest, Nauportus und Laibach (Emona) durch den niederen Paß des Birnbaumerwaldes ein für allemal sichergestellt und später durch ein erneutes Bündnis mit den Tauriskern seitens des Konsuls von 105, M. Ämilius Scaurus, die wirtschaftliche Ausbeutung bis zum Donauraum ermöglicht. Es scheint, daß der Krieg von 129 sowie ein zweiter in den Jahren 119–117 gegen Japuden und Dalmater, geführt von L. Metellus, seitdem mit dem Beinamen Dalmatikus, die Nordostgrenze Italiens etwa bis zu den Grenzen Italiens nach dem Versailler Frieden vorgeschoben hat. Südlich von Istrien hielt man die hauptsächlichsten Küstenpunkte, einst Siedlungen griechischer Kaufleute, voran Salonae, im Besitz, als Stützpunkte der Römerherrschaft zur Verbindung nach der Provinz Makedonien hinüber.

Ruhiger als in den Ostalpen waren die Verhältnisse im Vorland des Zentralalpengebietes, obwohl auch hier noch ganz unabhängige, zum Teil sehr räuberische Stämme saßen, so z. B. die Salasser im Tal der Dora Baltea beim heutigen Aosta. Sie waren im Besitz einträglicher Goldwäschereien und sind zum erstenmal im Jahre 143 bekämpft worden. Dann folgte in den Jahren 118/7 ein Krieg gegen die zur Gruppe der Lepontier gehörigen, westlich vom Comersee wohnhaften Stoener. Der Stamm wurde nach einem heroischen Widerstand fast vollständig ausgerottet.

Das Hauptereignis des Jahrzehnts aber war das Übergreifen der Römer in das transalpinische Gallien durch M. Fulvius Flakkus. Es ist eine Fortsetzung der alten Dauerkämpfe gegen die nördlichen Ligurerstämme, welche nicht nur an der italienischen Riviera, sondern auch jenseits der Seealpen in den Küstengebieten Südgalliens saßen. Der Schutz Massalias ließ den neuen Krieg entstehen. Fulvius' Feldzug in den Jahren 125 und 124 erfolgte gegen die keltischen Vocontier. Fortgesetzt wurde der Krieg in den Jahren 123 und 122 durch den Konsul von 124, C. Sextius Kalvinus, dem die Einnahme der Salluvierhauptstadt auf dem Plateau von Entremont gelang. Das eroberte Gebiet fiel zum Teil an die Massalioten, der Rest wurde römisches Untertanenland um das damals gegründete römische Kastell Aquae Sextiae (Aix) herum. Nachdem der Salluvierkönig bei den Allobrogern Zuflucht gesucht und gefunden hatte, entstand eine zweite Phase des Kampfes auf größerem Raume. Die Arverner, der damals mächtigste keltische Stamm jenseits der Rhone unter Bituitus, verwandten sich bei den Römern für den vertriebenen König, wurden aber abgewiesen und verbündeten sich daraufhin mit den Allobrogern, während die Häduer ein Freundschaftsbündnis mit Rom schlossen. Der Konsul des Jahres 122, Cn. Domitius Ahenobarbus, kam mit starker Streitmacht, auch Elefanten, nach Gallien, leitete aber zunächst nur Unterhandlungen ein. Nach ergebnislosem Verlauf derselben kam es im Anfang des Jahres 121 zur siegreichen Schlacht von Vindalium an der Rhone (nördlich von Avignon). Die Arverner machten daraufhin ihre gesamte Heeresmacht mobil. Rom sandte noch den Konsul von 121 Q. Fabius Maximus nach Norden. Die vereinigten römischen Heerführer siegten zum zweitenmal am 8. August entscheidend, worauf die Allobroger sich unterwarfen. Die endgültige Befriedung der Arverner blieb Sache des Domitius. Er richtete auch die neue Provinz ein und baute die große Verbindungsstraße nach Spanien hinüber *(via Domitia)*. Die römische Finanz bemächtigte sich bald des reichen gallischen Südlandes; auf ihre Bemühung hin wurde Narbo (Narbonne) unter dem Namen *Narbo Martius* römische Bürgerkolonie, die erste von Dauer außerhalb Italiens.

Kurz vorher, in den Jahren 123 und 122, war auch die Unterwerfung der Balearen, die von den Seeräubern als Stützpunkt benutzt wurden, durch Q. Caecilius Metellus (Balearikus) erfolgt und ihre Verwaltung an diejenige der Provinz Spanien angeschlossen worden. Dagegen hatten in Sardinien die Kämpfe des Konsuls L. Aurelius Orestes (126–123), mit C. Gracchus als Quästor, nur die Küste in den sicheren Besitz der Römer gebracht, woran auch die Feldzüge des M. Caecilius Metellus in den Jahren 115–112 nichts änderten.

Das Gesamtergebnis der auswärtigen Politik und der damit verbundenen Kriegführung dieser Zeiten war, gemessen an demjenigen der vorhergehenden Epoche, immerhin ein mageres. Die Zufuhr an Kriegsbeute ging merkwürdig zurück und dies gerade in einem Augenblick, da die materiellen Bedürfnisse der oberen Stände und des Volkes stark zu steigen begannen. Italien hatte darunter zu leiden.

Hier waren infolge der Ablehnung von Flakkus' Latiner- und Bundesgenossenanträgen schwere Unruhen ausgebrochen. Aufständisch geworden war die Latinerkolonie Fregellae, nördlich vom Liristal am Übergang von Latium nach Kampanien gelegen, nach einer versprengten Nachricht auch die Stadt Askulum in Picenum, beides vereinzelte Vorläufer des großen Bundesgenossenkrieges von 91 v. Chr. Fregellae wurde nach Verrat eines Bürgers von dem Prätor L. Opimius eingenommen, seiner Mauern und seines Stadtrechtes beraubt. Auf einem Teilgebiet wurde im folgenden Jahr 124 die Bürgerkolonie Fabrateria nova errichtet. Den Ausbruch der Revolution hat man dem aus Sardinien vorzeitig heimgekehrten Gaius Gracchus anhängen wollen. Doch ist er freigesprochen worden. Die Bahn zur Bewerbung um das vom Senat so sehr befürchtete Volkstribunat stand ihm offen. Er wurde gewählt.

Im Gegensatz zum Bruder trat Gaius von vornherein mit

einem breit angelegten und ins einzelne durchgearbeiteten Plane zur Gewinnung der Volksgunst und zur Umgestaltung des Staates in einer mehr demokratischen Form auf, wie er offenbar schon in der Einsamkeit der sardinischen Quästur in seinem Kopf gereift war.

Nach zwei mehr gegen einzelne Personen (die Konsuln des Jahres 132 und gegen M. Oktavius) gerichteten Gesetzen begann das große Reformwerk, das zunächst die Oligarchie in ihrer Beherrschung des Staates von allen Seiten einzuengen suchte. Da er überall an die Tätigkeit des Bruders anknüpfte, nahm Gaius dessen Ackergesetz sicher als erstes wieder auf und gab der Kommission die Gerichtsbarkeit zurück. Doch liegt schon der Schwerpunkt seiner Tätigkeit nicht mehr auf diesem Gesetz. Ganz deutlich hat auch das Siedlungswerk jetzt nicht mehr solche Fortschritte gemacht, da das aus römischen Bürgerhänden erfaßbare Staatsland meist aufgeteilt war und man an das im Besitz von Latinern und Bundesgenossen befindliche Okkupationsland bereits ungern heranging.

Im Interesse des Bauerntums lag vor allem neben dem Ackergesetz ein Militärgesetz. Es verbot die Aushebung vor dem 17. Lebensjahr und die Festhaltung im Heer über 6 Jahre hinaus, wie sie im verhaßten spanischen Heeresdienst nur allzu oft vorgekommen war, bestimmte weiter die Übernahme der Bekleidung auf den Staatsschatz ohne Abzug vom Solde. Möglicherweise dehnte es auch schon das im bürgerlichen Strafrecht geltende Recht der Berufung auf das Militärstrafgesetz, soweit Bürger in Betracht kamen, aus.

Der Gewinnung des städtischen Proletariats diente das ebenfalls frühzeitig erlassene Getreidegesetz. Danach sollte jeder römische Hausvater das Recht haben, monatlich fünf Scheffel (ca. 33 Kilogramm) Weizen gegen Bezahlung eines vom Staate besonders niedrig gehaltenen Preises ($6^1/_3$ As), etwa des Schleuderpreises der besten Getreidejahre, in Empfang zu nehmen. Es handelte sich also noch nicht um Getreideschenkungen, sondern um Staatslieferungen zu einem festgesetzten niedrigen Preis, wobei natürlich an die Bedürftigen aus der Plebs als die tatsächlichen Empfänger gedacht wurde. Das Neue war, daß nach dem Muster der an Fruchtböden armen hellenistischen Gemeinden des Ostens der Staat als solcher, nicht mehr wie bisher nur einzelne reiche Familien, solche „Frumentationen“ durchführte. Es war klar, daß dadurch die städtische Plebs statt von einzelnen Familien der Nobilität nunmehr von den Volkstribunen abhängig wurde. Auf der andern Seite wurde durch die Parole „billiges Brot“ die an sich schon vorhandene Anziehungskraft der Weltstadt auf das ländliche Proletariat vergrößert und damit eine Entwicklung eingeleitet, die in dem „Brot umsonst und ewiges Volksfest“ *(panem et circenses)* der Kaiser ihr Ende fand. Die Kosten des Gesetzes trug die Staatskasse. Es sollte den Tribunen in Rom populär machen, worauf zunächst alles ankam, hat dann aber Folgen gezeitigt, die man nicht voraussehen konnte. Es entstand nämlich dadurch der Charakter des Fürsorgestaates in den Augen der Plebs, und anderseits wurde der Massenegoismus in traurigster Weise geweckt.

Im Zusammenhang mit dem Getreidegesetz stand die Anlage großer staatlicher Getreidespeicher in Rom und auf Grund eines besonderen Wegegesetzes der Ausbau des italischen Straßennetzes zur Heranführung des einheimischen Getreides. Auf diesem Gebiete entfaltete der Tribun ein bis dahin bei einem römischen Staatsmann noch nicht erlebtes persönliches Eingreifen überall, kam in einer seiner gesamtpolitischen Tätigkeit sehr dienlichen Weise in engere Berührung mit weiten Kreisen der Unternehmer und Arbeiter und wurde hier überall als der eigentliche Geldverdienst und Arbeit schaffende Faktor empfunden. Seine ungeheure Tatkraft beim öffentlichen Auftreten imponierte der Masse ungemein, und sie verhimmelte ihn infolgedessen immer mehr. Sein Biograph sagt von ihm: „Ein ganzes Heer von Bauunternehmern, Handwerkern, Gesandten und Beamten, Militärs und Gelehrten umlagerte ihn ständig.“

Aber all das kostete viel Geld, welches beschafft werden mußte. Dem diente das Provinzialgesetz für Asien, mit dem Gaius an die Wirksamkeit des Bruders bei Einziehung der attalischen Erbschaft anknüpfte. Auch von Gaius

wurde so der Senat auf seinem ureigensten Betätigungsfeld durch das Volk beiseite gedrängt. Die sizilische „Zehnten"-Abgabe wurde in die neue Provinz im fernen Osten eingeführt und gleichzeitig die Steuerverpachtung an die Publikanen den Zensoren übertragen. Dadurch schlug der Tribun zwei Fliegen mit einer Klappe. Er schaffte Geld für die verbilligte hauptstädtische Lebensmittelversorgung und gewann gleichzeitig den Ritterstand für sich, brachte allerdings auch durch die schamlose Ausbeutung Asiens unsägliches Elend über die neue blühende Provinz.
Aus dem richtigen staatsmännischen Gedanken heraus, daß eine dauernde Herrschaft im Staate nicht ausschließlich auf den Massen aufgebaut werden kann, ergab sich diese neue Richtung auf Gewinnung des zweiten Standes von selbst. Ihm diente auch das wichtigste der großen konstitutiven Gesetze aus Gaius' erstem Tribunat, das Richtergesetz, das allerdings erst nach der Wiederwahl eingebracht worden ist. Durch dasselbe wurde den Angehörigen des Senates das Recht aberkannt, als Geschworene in ordentlichen und außerordentlichen Gerichtshöfen gewählt zu werden, und dieses Recht einzig und allein den Leuten, die nach der Zensusordnung den 18 Reiterzenturien angehörten oder nach ihrem Vermögen dorthin gerechnet werden konnten, zugestanden. Das neue Gesetz, welches bei dem Widerstand der Nobilität nur mit außerordentlicher Anstrengung durchgebracht werden konnte, hatte große Bedeutung für den seit 149 bestehenden Gerichtshof gegen Erpressungen. Es waren gerade höchst anstößige Freisprechungen von Standesgenossen durch die bisherigen senatorischen Geschworenen vorgekommen, Vorfälle, die Gaius jetzt zur Empfehlung seiner Neuerung benutzte. Mit ihr hat Gaius einen Keil zwischen die herrschenden Stände des Staates getrieben, allerdings um einen Preis, der in nichtrevolutionären Zeiten als zu hoch betrachtet worden wäre, nämlich um den Preis der Hereinziehung der Gerichte in den politischen Tageskampf. Dem Senat mit seiner Allmacht auf dem Boden der Staatsverwaltung trat jetzt überall der zweite Stand als der Inhaber der Rechtsprechung in den Weg. Nun saß, wie der Tribun sich einmal treffend ausgedrückt hat, dem

Gegner das Schwert an der Kehle. Auch ein zweites, noch bösartigeres Wort, er habe Dolche auf das Forum geworfen, mit denen sich die Bürger von nun an untereinander zerfleischten, kann nur auf dieses Gesetz bezogen werden, das ihm den stärksten Hebel zur Machtübernahme im Staate gebracht hat. Durch das Richtergesetz ward auch ein neues Gesetz gegen die Erpressungen notwendig. Es ist das inschriftlich erhaltene acilische Gesetz, das im Jahre 122 von dem mit Gaius befreundeten Volkstribunen Manius Acilius Glabrio beantragt worden ist. Auch hier steht deutlich zu lesen, daß kein Senator als Geschworener Verwendung finden dürfe.

Dieselbe Tendenz wie das Richtergesetz hatte auch das Gesetz über die konsularischen Provinzen. Es verlegte die Festsetzung der den neuen Konsuln eines Jahres jeweils zugedachten amtlichen Wirkungskreise bereits vor die jährlichen Konsulwahlen. Dadurch wurde den höchsten Beamten des Staates eine größere Selbständigkeit dem Senate gegenüber gewährleistet.

Auf Grund dieser Gesetze stand Gaius am Ende seines ersten Tribunats auf dem Höhepunkt seiner Macht. Nach erfolgter Wiederwahl für 122 wurde das neue Amtsjahr eingeleitet mit dem Gesetz über die Kolonien nach Kapua und Tarent, und zwar unter Auswahl der Kolonisten aus bevorzugten Elementen der Bürgerschaft. Das bedeutete offenbar, daß diese alten Zentren Mittel- und Süditaliens als Handelsmetropolen wieder aufleben sollten. Es war abermals eine Begünstigung der Ritter neben den Italikern. Die tarentinische Gründung ist unter dem Namen *colonia Neptunia* zur Ausführung gekommen, dagegen diejenige in Kapua nicht.

Tatsache ist, daß jetzt endlich eine großzügige Gegenaktion des Senates in Gang kam. Als Konsul für 122 war C. Fannius, der spätere Annalist, gewählt worden. Zur Zeit der Wahl im Herbst 123 war er noch Anhänger des allmächtigen Tribunen und ist als solcher von ihm bei der Wahl lebhaft unterstützt worden. Ein erster großer Erfolg des Senates war es, daß dieser bedeutende Mann vom Amtsantritt an sich von seinem Freunde zurückzuziehen begann.

Daneben wandte der Senat jetzt das schon gegen Tiberius erprobte Mittel an. Der von dem Senat gewonnene Volkstribun M. Livius Drusus brachte drei viel weiter gehende Anträge ein, die Gaius verdrängen sollten:

1. Aussendung von 12 Bürgerkolonien, diesmal aus den Reihen der Proletarier,
2. Abgabenfreiheit für alle nach dem gracchischen Ackergesetze angesiedelten Neubauern,
3. Gleichstellung der im Heere dienenden Latiner mit den römischen Bürgern durch Befreiung von der Prügelstrafe als Übertrumpfung des Militärgesetzes.

Und nun begann ein wahres Wettlaufen um die Gunst der Masse. Als Gegenmine gegen diese demagogischen Senatsminen wurden von Gaius zwei Anträge veranlaßt, nicht mehr von ihm selbst beantragt, um das Gerede der Gegner von seiner „monarchischen Stellung" im Staate zu entkräften:

1. Gründung einer großangelegten außeritalischen Kolonie (für Bürger und Italiker) in K a r t h a g o auf Antrag von Gaius' Kollegen Rubrius, wie die Kolonien des Drusus zur Entlastung Roms von Proletariern,
2. das schon besprochene neue Gesetz des Acilius gegen Erpressungen mit verschärften Strafbestimmungen und mit dem Versprechen des Bürgerrechtes an nichtbürgerliche Denunzianten, bzw. Latinern gegenüber mit der Verleihung des Berufungsrechtes bei Verurteilungen.

Der Plan, die alten großen italischen Geschäftszentren Kapua und Tarent wieder auferstehen zu lassen, hatte schon den Geist des neuen popular-demokratischen Regimentes, das Gaius durchzuführen gedachte, gezeigt. Ein noch deutlicheres Verlassen konservativer Staatsführung war die Inangriffnahme der römischen Besiedlung der Provinzen von Staats wegen, der die Popularen über Marius bis zu Cäsar hin treu geblieben sind. Die Provinzen sollten nicht mehr nur Ausbeutungsobjekte sein, sondern auch als Siedlungsböden für den enterbten, landlos gewordenen Italiker benutzt werden. Der Waren- und Luxuseinfuhr der Nobilität aus den alten „Volksdomänen" wird nun die staatlich organisierte Menschenausfuhr in die „Provinzen“ seitens der Popularen gegenübergestellt. Durch einen geschickten Schachzug der Gegner wurde jetzt Gaius zum Mitleiter der Dreimännersiedlungskommission für Karthago gewählt. In dieser Eigenschaft begab er sich, obwohl er als Volkstribun die Stadt nicht verlassen durfte, mit gern erteilter Genehmigung der Gegenpartei nach Afrika, begleitet von Fulvius Flakkus, der sich, obwohl er schon Konsul gewesen war, für 122 noch einmal zum Volkstribunen hatte wählen lassen. Um die neue Kolonie zu gründen, verweilte der Tribun dort etwa 70 Tage in den Monaten März bis April 122, ein Beweis, daß er seine Stellung in Rom für völlig gefestigt hielt, trotz der noch nicht erledigten Anträge des Drusus. Aber nach der Heimkehr war die Stellung des zuvor allmächtigen Tribunen stark erschüttert. Offenbar hatte Drusus in der Zwischenzeit im Volke Boden gewonnen. Demgegenüber hat Gaius jetzt durch Verlegung seiner Wohnung vom Palatin in das Armeleuteviertel am Forum wieder eine engere Verbindung mit dem Proletariat angestrebt. Er war bei seiner Neigung zu einem gewissen Luxus in der Lebensführung überhaupt nicht in dem Maße beliebt, wie sein Bruder. Unter den politischen Neuerungen dieser Zeit war wohl die Erhöhung der Kolonistenzahl für Karthago auf 6000, zum Teil aus den Bundesgenossen, als Gegengewicht gegen die erfolgreiche Agitation des Drusus gedacht. Andere Gesetzesanträge, wie eine Reform der Zenturiatkomitien, durch die das Übergewicht der ersten Klasse gebrochen werden sollte, sind nicht zur Ausführung gekommen. Einzig und allein die Versprechungen an die Bundesgenossen hat Gaius noch einzulösen versucht, indem er noch das Latiner- und Bundesgenossengesetz, nachweislich das letzte seiner verfassungsändernden Hauptgesetze, zur Abstimmung in der Volksversammlung gebracht hat. Das Gesetz bezweckte, den Latinern das volle römische Bürgerrecht und den übrigen Bundesgenossen die bisherige Rechtsstellung der Latiner, d. h. gleiches Stimmrecht mit den Römern für die in Rom Anwesenden, zu verschaffen. Um dieses Gesetz ist der Kampf von beiden Seiten mit der größten Heftigkeit geführt worden. Der Senat hat mit Vorbedacht den leidenschaftlichen Gegner wie ein wildes Tier immer wieder zu reizen versucht, und Gaius hat, nervös überarbeitet, mit größter Schroffheit seinen Standpunkt zu vertreten begonnen. Daraufhin hat der Konsul Fannius allen Nichtbürgern für den Tag der Abstimmung den Zutritt in die Stadt verboten, ist in einer breit angelegten Rede selbst gegen das Gesetz aufgetreten und hat an die niedrigsten Triebe der städtischen Massen appelliert, so daß ihn selbst Gaius nicht mehr zu überbieten vermochte. Als alles nichts half, hat Drusus bei der Abstimmung noch Einspruch erheben müssen. Das Gesetz war in den Massen, die keine weiteren Mitgenießer an den Vorteilen des Bürgerrechtes wünschten, nicht populär genug, als daß Gaius nun den Weg des Bruders gegen den Amtsgenossen hätte beschreiten können. Aus dem Sozial- und Wirtschaftskampf war der politische Kampf um die Verbreiterung des Staatswesens durch die Bürgerrechtsverleihung an die Bundesgenossen geworden, ein Kampf, der, wie sich später zeigen sollte, nur mit dem Schwert ausgefochten werden konnte.

Seit dem Scheitern dieses wichtigsten Gesetzes im Rahmen der Gesamtreform ging es mit dem Tribunen noch schneller bergab. Er geriet mit den übrigen Volkstribunen in Streit, als er den Proletariern, um wieder hochzukommen, neue Zugeständnisse machen wollte, und wurde im Hochsommer bei den Tribunenwahlen für das nächste Jahr nicht wieder gewählt. Anderseits ging im Herbst aus den Konsulwahlen einer seiner schärfsten Gegner, L. Opimius, hervor. Seitdem war Gaius ein politisch toter Mann, gegen den nun mit allen Mitteln weiter intrigiert wurde. Als das zweite Tribunat am 9. Dezember 122 zu Ende gegangen war, schützte ihn nur noch eine Zeitlang seine Stellung als Mitglied der Ackerkommission und als Triumvir der karthagischen Kolonieschöpfung vor einer Anklage wegen Verfassungsbruch. Aber die Gegner standen jetzt im neuen Jahre auf Tod und Leben einander gegenüber. Der Senat mußte bestrebt sein, nicht nur das Werk des Tribunen zu vernichten, sondern womöglich auch den Mann zu beseitigen, der mit dämonischer Gewalt über das Volk zwei Jahre lang wie ein Monarch geherrscht hatte. Und der Konsul Opimius war nicht der Mann, der vor irgendeiner Konsequenz zurückscheute.

Im Frühjahr 121, als sein Amtsgenosse in den Allobrogerkrieg nach Gallien abgegangen war, benutzte er die Gelegenheit, um die Katastrophe herbeizuführen. Er veranlaßte den Volkstribunen Minucius Rufus, einen Antrag auf Aufhebung der Kolonie Karthago einzubringen, angeblich weil sich böse Vorzeichen bemerkbar gemacht hatten, in Wirklichkeit um Gaius noch die letzte und wichtigste Beamtung zu nehmen. Bei der Abstimmung über den Antrag kam es zu einem Auflauf, weil vor Beginn des Aktes ein Mann aus dem Gefolge des Konsuls beim Opfern erschlagen worden war. Das führte eine Vertagung herbei.

Die Untat wurde Gaius zur Last gelegt, und der Senat erteilte dem Konsul außerordentliche Vollmacht zur Aufrechterhaltung der öffentlichen Ordnung. Gaius und sein getreuester Anhänger, Fulvius Flakkus, rüsteten sich zur Gegenwehr. Vom Konsul zur Verantwortung aufgefordert, besetzten sie am Morgen des folgenden Tages den Aventin mit dem dortigen Dianatempel als Stützpunkt und schickten den jüngeren Sohn des Flakkus zu Verhandlungen an den Senat. Als die Forderung, die Waffen niederzulegen und sich zur Verantwortung zu stellen, nicht erfüllt wurde, vielmehr der Gesandte noch ein zweites Mal erschien, ließ ihn Opimius ins Gefängnis werfen, wo er später hingerichtet wurde, und eröffnete, die bedeutendsten Männer der Senatsmehrheit um sich geschart, mit einer in der Stadt gerade anwesenden Abteilung kretischer Bogenschützen den Angriff. Flakkus wurde in einer Werkstatt auf dem Berg ergriffen und getötet. Gaius gelang es, den Abhang des Aventin auf der steilen Tiberseite, allerdings unter Verstauchung des Knöchels, hinabzuspringen und über die alte Holzbrücke das jenseitige Tiberufer zu erreichen. Dort schleppte er sich noch bis zu dem heiligen Haine der Furrina und ließ sich hier, als ihm die Verfolger auf den Fersen waren, von seinem treuen Sklaven töten. 250 Menschen sind bei der Katastrophe zugrunde gegangen, und weitere 3000 haben nachträglich durch richterlichen Spruch ihr Ende gefunden. So fürchterlich war das Wüten der Optimaten gegen die führerlos gewordenen Popularen. Nach dem Blutbad wurde die Stadt feierlich gereinigt und von Opimius ein Tempel der „Eintracht" errichtet.

Die zwölf Jahre 133—121 sind die inhaltsschwersten Jahre in der so wechselreichen Geschichte Roms. Spät ist damals Roms soziales Gewissen in einzelnen Männern zugunsten der der Weltpolitik geopferten römisch-latinischen Bauernschaft erwacht, um von der unterdessen kapitalistisch entarteten Nobilität niedergeschlagen zu werden. Zugleich ist es die einzige Periode, an deren Ende der streng aristokratisch aufgebaute Staat der Römer durch Gaius für eine kurze Zeit eine Demokratie unter einem starken Führer wurde, wie einst der attische Staat unter Perikles. Aber Gaius scheiterte wie sein Bruder an der harten Reformfeindlichkeit der herrschenden Kaste, an der Unmöglichkeit der gleichzeitigen Befriedigung der Bedürfnisse seiner stadtrömischen Anhängerschaft und der Forderungen der latinisch-italischen Bundesgenossenschaft, endlich und vor allem aber an der historisch festgewordenen Gestaltung seines Staates. Sein gemeindestaatlicher Aufbau genügte nicht für die neuen Aufgaben. Die Volksversammlung in Form der Tributkomitien war kein attischer Demos des 5. Jahrhunderts, vielmehr eine bereits viel zu stark proletarisierte, daher egoistische und nur auf materielle Vorteile bedachte, wetterwendische Masse.

Der altrömische Staat war innen- und außenpolitisch auf einer Unmenge alter Treueverhältnisse der unteren Klassen zu einzelnen großen Fürstengeschlechtern aufgebaut. Die Zerstörung aller dieser Treueverhältnisse durch eine auf die Gesamtmasse sich stützende Bewegung und die Ersetzung durch eine einzige große Gefolgschaft des führenden Volkstribunen hat schließlich das Gewitter auch über Gaius' Kopf zur Entladung gebracht, ihn wie den Bruder aus dem Reformer zum Revolutionär werden lassen und seine Vernichtung im Bürgerkrieg herbeigeführt.

Gaius Gracchus gehört trotzdem zu den größten Staatsmännern, die Rom gesehen hat. In der Politik muß die neue Idee, das rücksichtslose Eintreten für sie, und zwar mit allen verfügbaren Mitteln, auch dann geehrt werden, wenn der

Träger der Idee sich manchmal in der Wahl der Mittel vergriffen hat und an zuviel Temperament zugrunde gegangen ist. Die Leidenschaft hat man mit Recht als die Mutter großer Dinge bezeichnet, wohlgemerkt die wirkliche Leidenschaft, „die etwas Neues und nicht nur das Umstürzen des Alten will“ (J. Burckhardt). Aus der Saat, die die beiden Brüder ausgestreut haben, ist gar mancherlei emporgesproßt, was der römischen Reichsleitung und ihrer Staatsverwaltung in der Folgezeit neue Wege gewiesen hat. Allerdings das Hauptproblem, von dem die Bewegung ausgegangen war, erwies sich als unlösbar. Der römische Agrarstaat gehörte der Geschichte an und war nicht wieder zum Leben zu erwecken. Viel wichtiger war, daß die Frage nach der inneren Berechtigung der ausschließlichen Nobilitätsherrschaft, einmal von Gaius gestellt, nie wieder zur Ruhe gekommen ist. Der längst überlebte Gemeindestaat Rom ist durch das Herrenland Italien, allerdings erst nach einem schweren Krieg, ersetzt worden und dadurch die Umbildung in den Reichsstaat Cäsars vorbereitet worden, und der neue Reichsstaat hat dann die Romanisierung der unterworfenen Länder im größten Maßstab in Angriff genommen. Die Keime zu allem diesem aber liegen in der über Jahrhunderte nachwirkenden Tätigkeit der Gracchen, vornehmlich des genialen Gaius. Sie haben, wie so viele große Vertreter neuer Ideen, sterben müssen, weil die Gegner sie nicht verstehen wollten, aber sie haben durch ihren Märtyrertod dem damals innerlich und äußerlich sich mächtig weitenden Vaterland neue Kraft gegeben.

Was aber in der Nachwirkung auf die spätere Entwicklung Roms die Hauptsache bleibt und uns die Macht der wirklich großen Persönlichkeit in der Geschichte vor Augen führt: Gaius Gracchus hat den Typus eines neuen römischen Einzelführers geschaffen, diesmal auf dem Boden der inneren Politik. Während Scipio Afrikanus als Generalissimus die Geschichte der großen Männer im Römerstaat einst eröffnet hat, in der stärksten Ausdehnungsepoche des Staates, vom Soldaten und vom Kriege her, tritt jetzt der größte Staatsmann des Forums uns entgegen, zugleich der erste Staatsmann, der in Rom die Verbundenheit mit der Menge erstrebt und längere Zeit auch besessen hat, weil er nicht nur wie sein Bruder ein großer Redner, sondern auch ein politischer Agitator von einem bis dahin in Rom nicht erlebten Format gewesen ist. Er hat, wie einst Perikles auf griechischer Erde, in Italien zum erstenmal die Bedeutung der Masse im Staatsleben erkannt und ist der erste Römer gewesen, der massenpsychologisch zu denken verstanden hat, darin vielleicht nur noch von Cäsar und Augustus übertroffen. In einer programmatischen Rede am Anfang seiner Reformarbeit hat er selbst es einmal offen ausgesprochen, daß der Wille der Massen die Macht sei, die ihn nicht zur Ruhe kommen lasse. In der großartigen Wechselwirkung zwischen dem dämonischen Vorwärtsgetriebenwerden dieses einzigartigen Führers und der Hingabe der Menge an ihn auf dem Höhepunkte seiner Macht ruht das letzte Geheimnis seiner Erfolge. Dadurch hat er dem Volke *(populus)* und der auf dem Volke ruhenden Popular- oder Volkspartei eine Bedeutung gegeben, die Tiberius ihr nicht zu verschaffen vermocht hätte. So hat er in dem bis dahin als große Volksgemeinschaft so erfolgreichen Römertum eine neue Epoche erst wirklich heraufgeführt: die Zeit der gewaltigen Führergestalten, die bald darnach infolge der Heeresreform des Marius von neuem auch Feldherrn in diese erhöhte Stellung gebracht hat, bis dann Cäsar als Offizier und Massenagitator ersten Ranges in einer Person die Umwälzung von Staat und Gesellschaft im Sinne der Popularen zu Ende geführt hat. Beide, Gaius Gracchus und Cäsar, verbindet eine auf höchster Leidenschaft und fanatischster Hingabe an die erwählte Sache und als richtig erkannte Idee aufgebaute Genialität. Beider überragende Persönlichkeit trägt mit die Schuld daran, daß bei der nun beginnenden Wandlung der Verfassung nicht eine Demokratie, sondern eine Monokratie das Ende geworden ist.

Wie die Zensur mit ihren hohen diskretionären Machtbefugnissen so recht der Ausdruck des alten, auf den Geschlechtern ruhenden Bauernstaates von ehedem gewesen ist und in dem großen Zuchtmeister Kato Censorius ihren Höhepunkt erreicht hat, so ist durch Gaius der Volkstribun der Republik vom Volksanwalt zum Volksführer im besten

Sinne des Wortes emporgestiegen. Von hier aus erst ist die Tribunengewalt das Palladium der späteren Monarchie geworden und hat der neuen Staatsform durch Cäsar, den ersten Inhaber der „tribunizischen Gewalt", den bekannten Tropfen demokratischen Öls mitgegeben. Nicht das Amt, sondern der Geist, mit dem es der größte Volkstribun Roms und aller folgenden Zeiten erfüllt hat, ist über die Jahrhunderte hin wirksam geworden. Nicht Scipio Ämilianus mit seinem ewigen Schwanken in der inneren Politik, sondern Gaius mit seinem volksverbundenen, organisatorisch hochstehenden und vor allem immer ziel- und treffsicheren Können schwebt über der ganzen folgenden Epoche, die Rom in eine von den Popularen allerdings nicht vorausgesehene neue Staatsform hinübergeführt hat.

So schöpferisch die vorhergehende Zeit gewesen war, so ideenarm ist das Jahrzehnt nach dem Sturz des zweiten der beiden Adlersöhne. Auch diesmal wagte sich der Senat an das Lebenswerk des dahingegangenen größten Mannes der Zeit nicht heran, sondern regierte auf dem Boden der gracchischen Neuerungen weiter. Das Ackergesetz allerdings, das schon bei Gaius nicht mehr im Vordergrund gestanden hatte, wurde bald allerlei Abänderungen unterworfen. Dagegen das Getreidegesetz mit seiner Begünstigung der Plebs mußte voll und ganz aufrechterhalten werden, sehr zum Schaden des Staates. Das Richtergesetz und dasjenige über die Besteuerung von Asien blieben in Kraft, weil man es mit dem Ritterstand als dem aufstrebenden Teil der Bevölkerung nicht verderben wollte. Nicht der Bauernstand also, in dessen Interesse die Reform eingesetzt hatte, sondern das städtische Proletariat und der Kapitalistenstand hatten den Vorteil von der Reformbewegung. Sie erwiesen sich in der Atmosphäre der beginnenden Weltstadt als die stärkeren Faktoren in Staat und Gesellschaft.

Die Kosten der ersten Senatsrestauration aber trug neben dem Bauernstand das Italikertum. Wirtschaftlich wurden die landlos gewordenen Bauern, politisch die militärisch ausgebeuteten Italiker immer mehr in die zweite Linie zurückgedrängt. Wie die Entbauerten weiterhin nach Land, so strebten die Italiker in ihrer Mehrheit unentwegt nach dem Bürgerrecht. Als die Agrarreform steckengeblieben war, ist auch die Entscheidung über das Bundesgenossenproblem vertagt worden, und zwar so lange, bis es für eine friedliche Lösung zu spät war.

Überhaupt gingen die großen Gesichtspunkte für das politische Handeln schnell verloren. Kleinliches Treiben drängte sich in den Vordergrund, vor allem armseliger Streit um Personen. So rief man den Popillius Laenas nach Aufhebung der gegen ihn gerichteten Gesetzesbestimmungen noch im Jahre 121 zurück. Als aber im gleichen Jahr die Kolonie Karthago, unter Belassung der bereits Angesiedelten, beseitigt und auch das erste Reaktionsgesetz gegen die gracchische Siedlungsarbeit, das die Unveräußerlichkeit des bereits verteilten Landes aufhob, angenommen worden war, begann die populare Richtung langsam wieder zu erstarken. Schon im Jahre 120 wurde der Vernichter des Gaius, L. Opimius, von dem Volkstribunen P. Decius in Anklagezustand versetzt, weil auch er Bürger ohne gerichtliches Verfahren zu Tode gebracht hatte. Sein Verteidiger war der Konsul Papirius Karbo, der nicht davor zurückscheute, die Beseitigung des Gaius geradezu als zu Recht erfolgt hinzustellen, wie einst Ämilianus die Erschlagung des Tiberius. Opimius wurde freigesprochen, weil Popillius, obwohl mit gleicher Schuld beladen, eben erst hatte zurückkehren dürfen. Karbo aber erhielt schon im folgenden Jahr den verdienten Lohn für seine Charakterlosigkeit. Von dem damals erst 21jährigen, nachmals als Redner so hoch gefeierten L. Licinius Krassus angeklagt, hat er sich durch Selbstmord dem Richterspruch entzogen und so ein Ende gefunden, das allein dieses Lebens würdig war.

In das Jahr 119 gehört das Volkstribunat des C. Marius, der, ritterlicher Abkunft aus Arpinum, Ciceros Heimatstadt, frühestens 155 v. Chr. geboren, durch die Protektion eines Metellers, vielleicht des Balearikus, spät emporgekommen war. Während seines Kriegsdienstes vor Numantia hatte er durch seine militärische Strammheit und hohe altrömische Disziplin die Aufmerksamkeit Scipios auf sich gelenkt. Als Volkstribun brachte er im genannten Jahr ein Gesetz gegen

Wahlbeeinflussung, welches engere Gestaltung der „Stimmbrücken“, d. h. des Zuganges zu den Wahlurnen, durchführte, gegen den Willen des Senates zur Annahme. Daß der „Neuling“ damals aber noch nicht ausschließlich auf seiten der Popularen stand, beweist seine ablehnende Stellungnahme gegenüber einem Nachtrag zum gracchischen Getreidegesetz, in welchem eine Herabsetzung des für die einzelne Getreideration zu zahlenden Preises in Vorschlag gebracht worden war.

Ein Erfolg der Volksmänner (Popularen), und zwar diesmal im Bunde mit den Rittern, war im Jahre 118 das Gelingen der Gründung der römischen Bürgerkolonie Narbo Martius (Narbonne) in Südgallien. Damit ist, gewissermaßen als Ersatz für die aufgehobene Kolonie Karthago, der gracchische Gedanke der außeritalischen Kolonisation zum erstenmal auf Dauer in die Wirklichkeit umgesetzt worden.

Die nun folgende Zeit, die unfruchtbarste in dieser traurigen Reaktionsepoche, wird dadurch charakterisiert, daß in ihr der alte patrizische Adel auffällig niederzugehen und die plebejischen Geschlechter noch stärker als seither im Konsulat und in der Zensur in den Vordergrund zu treten begannen. In den Jahren 120–117 und 114–112 fehlen die Patrizier gänzlich im höchsten Amt des Staates. Im Jahre 116 wurde ein Fabier Konsul und 115 ein Sproß des heruntergekommenen Geschlechtes der Ämilier, M. Ämilius Scaurus. Er stand schon im 48. Lebensjahr, wurde aber später noch „Vormann des Senates“ und im Jahr 109 Zensor, ein beachtenswerter Typ für die Mittelmäßigkeiten der Senatsmajorität, ein Mann von großer Würde, aber ohne tiefere politische Gedanken. Bezeichnend für die einseitige Familienpolitik einzelner Adelsgeschlechter dieser Zeit ist die Geschichte der Meteller, die sowohl aus ihrem Kinderreichtum, wie aus glücklichen Ehebünden mit andern einflußreichen Adelsfamilien in sehr geschickter Weise Vorteile gezogen haben, um der demokratischen Hochflut und dem Kampfe gegen die Vorrechte der Geburt und des Standes einen Damm entgegenzusetzen. Den vier Söhnen des berühmten Q. Caecilius Metellus Macedonicus (Konsul 143,

Zensor 131) sowie zwei Söhnen seines Bruders L. Metellus Kalvus (Konsul 142), diesen sechs Metellern ist es durch geschickte Familienpolitik gelungen, in der kurzen Zeit von 123—109 sämtlich zum Konsulat, mit Ausnahme eines einzigen auch zum Triumph, zu gelangen; manche von ihnen erreichten auch die Zensur, obwohl sie alle keine großen Leuchten, sondern nur die Söhne ihrer Väter waren. In der inneren Politik wurde es fast ganz still. Man suchte sich seitens der Spitzen der niedergehenden Nobilität lieber draußen in neuen Kämpfen an der Nordfront oder anderswo, z. B. in Sardinien, billige Lorbeeren zu erwerben, wie im Jahre 111, wo zwei Meteller-Brüder gleichzeitig zum Jupitertempel im Siegeszug hinauffahren konnten.

Kurz vorher war der entscheidende Schlag gegen die gracchische Ackergesetzgebung durch ein zweites Gesetz der Reaktion geführt worden. Darnach sollte weitere Verteilung von Land aus dem Staatsacker in Zukunft unterbleiben. Außerdem sollte das von Privaten okkupierte Land, soweit es noch nicht zur Verteilung gekommen war, in das Eigentum der Besitzer übergehen, allerdings bei Überschreitung des Höchstmaßes gegen Zahlung eines Bodenzinses, dessen Ertrag unter die armen Bürger verteilt werden sollte. Dies war der Köder für die Masse, auf den sie auch angebissen hat. Die Geldspende war manchem Proletarier lieber als die Ackerzuteilung, welche ihm die Mühe der Landarbeit an Stelle des Faulenzertums in der Stadt brachte: ein Beweis, wie schnell auch die Popularen in dieser Zeit entarteten und für die geplante bäuerliche Wiederherstellung des Staates untauglich wurden. Die ebenfalls niedergehende Nobilität hat durch dieses Gesetz auf der ganzen Linie gesiegt.

Im Jahre 111 wurde dann durch ein drittes und letztes Gesetz die erwähnte Bodenabgabe wieder aufgehoben und das von der gracchischen Gesetzgebung irgendwie berührte Staatsland in volles Privateigentum umgewandelt, während der noch verbleibende Rest als Gemeindeweideland erklärt und als solches der Gebühr für Weidevieh unterworfen wurde, soweit dieses über die Höchstzahl der gebührenfrei zugelassenen Tiere aufgetrieben wurde. Gleich nach dem Beginn des jugurthinischen Krieges wurde der so hoffnungsvoll begonnenen Agrarreform der gracchischen Brüder damit ein trauriges Ende gesetzt. Das einzige wirkliche Ergebnis war, daß man jetzt zwei Herren an der Spitze hatte, von denen sich die Ritter immer mehr als die mächtigeren erwiesen. Der Staat als solcher aber verfiel rasend schnell, weil bald beide führenden Stände das Klasseninteresse über dasjenige der Gemeinschaft stellten.

Das letzte Jahrzehnt des zweiten Jahrhunderts wird durch zweierlei charakterisiert: einmal durch das Wiedererstarken der Popularen im Innern und zum andern durch eine neue außenpolitische Gestaltung, die, im Süden und Norden schnell aufeinanderfolgend, Rom zum energischsten Handeln gegenüber gefährlichen Feinden zwang, Numidern in Afrika und Germanen aus Mitteleuropa, in einer Zweifrontenstellung wie ehedem gegen Punier und Kelten. Wieder wurde man wie damals vorübergehend in die Verteidigung gezwungen. Dazu kam, daß sich plötzlich Probleme der Innen- und Außenpolitik in unheilvoller Weise ineinander verflochten und den verfallenden Staat aus den Bedürfnissen der Außenpolitik heraus zu nicht vorausgesehenen Umstellungen zwangen.
Kein Ruhmesblatt in der Geschichte Roms ist der jugurthinische Krieg, der im Jahre 112 ausbrach. Infolge des wilden Hasses der Römer gegen Karthago und dank der hohen politischen und militärischen Fähigkeiten Massinissas hatte der numidische Schutzstaat eine Ausdehnung erhalten, die schon längst nicht mehr mit den Interessen des Herrenlandes in Einklang zu bringen war. Er erstreckte sich vom Flusse Mulucha an der Grenze Mauretaniens (Marokko) bis an Kyrene (Benghasi) heran und war mit dem Grenzschutz der kleinen Provinz Afrika gegen die Wüste hin betraut. Massinissas gewaltige Arbeit an seinem Volke hatte nicht nur die punische Kultur über weite Strecken afrikanischer Erde verbreitet, auch Griechen und Italiker waren in großer Zahl ins Land eingewandert, am stärksten in die Landeshauptstadt Cirta (Constantine), um Grund und Boden zu erwerben oder Handel mit den Produkten des reichen Landes zu treiben.

Nach dem Tode des bedeutenden Herrschers hatte Scipio Ämilianus im Jahre 148 das Land entgegen dem hinterlassenen Testament unter die drei Söhne des Verstorbenen, Micipsa, Gulussa und Mastanabal, zu gemeinsamer Verwaltung geteilt. Von den dreien war nur der älteste am Leben geblieben und in den Besitz der Alleinherrschaft gelangt. Nichts kennzeichnet die überaus schnelle Entwicklung dieses Berberreiches und die Anpassungsfähigkeit seiner Fürsten stärker als die Tatsache, daß Micipsa als Philhellene sich mehr mit Studieren als mit Regieren befaßte. Schon zu seinen Lebzeiten bekam so, da seine Söhne für die Übernahme von Geschäften noch zu jung waren, sein verschlagener Neffe Jugurtha, ein illegitimer Sohn seines Bruders Mastanabal, Einfluß bei Hofe. Er wurde im Jahre 120 mit Rücksicht auf seine Tüchtigkeit adoptiert, um dann nach Micipsas Tod (118) mit dessen beiden Söhnen Adherbal und Hiempsal laut Testament die Regierung wieder gemeinsam zu übernehmen. Bei der großen geistigen Ungleichheit der drei jungen Männer war diese Regelung aber nicht durchführbar; ebensowenig gelang eine Reichsteilung. Den Hiempsal ließ Jugurtha schon während der Verhandlungen beiseiteschaffen, und zwischen ihm und Adherbal brach unter dem Vorwand, Jugurtha trachte dem Adoptivbruder nach dem Leben, der offene Bürgerkrieg aus.
Jugurtha zeigte sich in jeder Hinsicht dem Gegner überlegen. Vor Numantia hatte er nicht nur Einblick in das römische Staats- und Heerwesen gewonnen, sondern auch mancherlei Verbindungen mit römischen Großen verschiedenster Richtungen angeknüpft. Er war wie einst Massinissa wieder ein ausgesprochener Typus seines Volkes: hochbegabt, bildungsfähig, politisch geschult, verschlagen, als Soldat ungemein kampfeslustig.
Nach dem Siege wurde sein Gegner gezwungen, über die römische Provinz nach Rom zu flüchten, um von dort Hilfe zu erbitten. Daraufhin schickte auch Jugurtha eine Gesandtschaft und kargte nicht mit Bestechungsgeldern. Vom Senat kam eine Zehnmännerkommission, an der Spitze L. Opimius, zum Zweck der Durchführung der Reichsteilung nach Numidien. Jugurtha erhielt den Westen, wo das kräftigste

Volkstum saß, Adherbal den Osten mit der Hauptstadt Cirta. Schnell aber wurde deutlich, daß Jugurtha damit nicht zufrieden war, sondern sich als Anwärter auf das Gesamtreich fühlte. Er reizte den anderen wieder zum Krieg, und Adherbal beschritt nach einer Niederlage abermals den Weg der Beschwerde in Rom, wurde aber in Cirta eingeschlossen, wo auch der dort seßhafte italische Bürgerverband mit in den Krieg verwickelt wurde. Die erste römische Gesandtschaft mit dem Senatsbescheid, die Feindseligkeiten einzustellen, wurde von Jugurtha nicht in die belagerte Hauptstadt hineingelassen. Anstatt nun, wie der Senat wollte, sofort den Krieg zu erklären, ging eine zweite Gesandtschaft nach Afrika, diesmal unter Führung des gewesenen Konsuls M. Ämilius Scaurus. Aber Verhandlungen in Utika verliefen wieder ergebnislos. Statt die Belagerung von Cirta einzustellen, zwang Jugurtha die Stadt zur Übergabe; Adherbal wurde trotz der vorhergehenden Zusicherung des Lebens getötet. Die Bevölkerung mußte einschließlich vieler Italiker über die Klinge springen.

Es war keine Frage, das römische Ansehen in Afrika hatte durch diese Ereignisse schwer gelitten. Aber die Nobilität zögerte immer noch energisch durchzugreifen, da an der Nordfront durch das Erscheinen der Kimbern größere Gefahren heraufzuziehen begannen. Dagegen trieb die Ritterschaft, deren afrikanisches Geschäft schwer geschädigt worden war, zu sofortigem Krieg. Auch die Popularen begannen sich zu regen. Der zum Volkstribun gewählte C. Memmius aus Rittergeschlecht drohte sofort nach seinem Amtsantritt (112), die hohen Herren, welche die Verhandlungen mit Jugurtha seither geführt hatten, zur Rechenschaft zu ziehen. Damit setzte er die Kriegserklärung gegen Jugurtha durch. Die Verbindung von Ritterschaft und Volk, wie sie einst Gaius Gracchus als Gegengewicht gegen den Senat ins Auge gefaßt hatte, brachte jetzt eine schärfere Tonart in die Politik gegen den afrikanischen Ruhestörer

Aber die Kriegführung entsprach nicht dem Kriegsbeschluß. Der Konsul des Jahres 111, L. Kalpurnius Bestia, gestützt auf seinen Legaten M. Ämilius Scaurus, setzte vielmehr auch im Kriege die vom Senat betriebene Politik der Duldung fort. Nach einer kurzen Strafexpedition wurde dem Numider ein billiger Friede bewilligt oder, wie man in Rom annahm, erkauft. Jugurtha blieb im Besitze seines Reiches gegen eine mäßige Buße sowie gegen Auslieferung der römischen Gefangenen und der Kriegselefanten. Die Ratifikation des Friedens wurde aber durch den Volkstribunen C. Memmius hintertrieben, und es folgte der Antrag auf Einsetzung eines außerordentlichen Volksgerichtes gegen die angeblich bestochenen Mitglieder des Senates und auf Vorladung des Jugurtha. Dieser erschien in Rom. Aber bei seinem Verhör in der Volksversammlung gebot plötzlich ein Tribun dem König Schweigen. Jugurtha, dadurch übermütig gemacht, benahm sich schamlos. Unter den Augen des Senates ließ er einen anderen in Rom anwesenden Anwärter auf den numidischen Thron beiseiteschaffen und den Mörder in Sicherheit bringen. Daraufhin mußte er heimlich Rom verlassen. Damals fiel sein bekanntes Wort von der Käuflichkeit der Stadt.

Die Wiederaufnahme des Krieges durch den Konsul von 110, Sp. Postumius Albinus, wurde beschlossen und gleichzeitig die Untersuchung vor dem Volksgericht durchgeführt. Aber der afrikanische Krieg hat sowohl durch das ungünstige Gelände wie durch die Gerissenheit des gegnerischen Führers und die Kleinkriegstaktik des numidischen Volkes große Schwierigkeiten gebracht. Das römische Heer war außerdem nicht in der besten Verfassung. An Reiterei und Leichtbewaffneten, an denen der Feind stark überlegen war, hatte man großen Mangel.

Der Konsul eroberte nur einige Grenzstriche Numidiens, wurde dann aber vom Gegner durch eingeleitete Verhandlungen so lange hingezogen, bis er zur Abhaltung der Wahlen nach Rom zurückkehren mußte. Sein als Stellvertreter in Afrika zurückgebliebener Bruder Aulus wagte in einem Winterfeldzug einen mißglückten Angriff auf den festen Platz Suthul östlich von Cirta. Nach einem Seitenmarsch Jugurthas in die Wüste zur Oasenstadt Thala folgte ihm der Römer auch dorthin, wurde hier geschlagen, mußte mit Abzug unterm Joch ohne Waffen kapitulieren und einen ungünstigen Frieden annehmen (109). Zu den Bestechungsskandalen kam nun noch die militärische Schande seitens eines nicht für ebenbürtig gehaltenen Feindes. Der Senat verwarf den Friedensvertrag und gab sich der Hoffnung hin, daß der zurückzusendende Prokonsul die Sache wieder in Ordnung bringen werde. Aber die Volkstribunen erzwangen die Bestellung des militärisch tüchtigen Konsuls von 109, Q. Caecilius Metellus, zum Oberfeldherrn in Afrika.

Unterdessen war auch in der Untersuchungsangelegenheit ein Schritt vorwärts getan worden. Auf Antrag des Volkstribunen C. Mamilius Limetanus waren drei Sondergerichtshöfe eingerichtet worden, mit ritterlichen Geschworenen, aber unter Leitung je eines Senators, einer unter M. Ämilius Scaurus, der im Jahre 109 dazu noch die Zensur errang. Obwohl ebenfalls belastet, blieb er also außerhalb der Anklage. Mit der Untersuchung der „Fälle" wurde weit zurückgegriffen. L. Opimius, L. Kalpurnius Bestia, die beiden Postumier wurden in Anklagezustand versetzt und zur Verbannung verurteilt. Als Spitzname haftete ihnen die Bezeichnung „Jugurthiner" an, etwa wie im modernen Panamaskandal von „Panamisten" gesprochen wurde.

Die Popularen hatten mit Hilfe des Ritterstandes ihren Willen durchgesetzt. Die unter das Maß erträglicher Mittelmäßigkeit herabgesunkene Nobilität stand nun dauernd unter dem Druck des zweiten Standes, auch als ihr bestes Pferd in Gestalt des eben erwähnten Metellus aus dem Stall gezogen worden war. Unter seinen Legaten ist der militärisch am höchsten begabte C. Marius von vornherein als Vertreter der Popularen und der Ritter betrachtet worden und hat die Rolle eines Aufpassers über den vornehmen Nobilis im Kriege gespielt. Vom militärischen Gesichtspunkt aus gesehen, hatte man so vom Jahre 109 ab endlich eine hinreichende Führung durch nichtkäufliche und soldatisch auf der Höhe stehende Männer. Aber der politische Gegensatz zwischen Metellus und Marius vergiftete die Arbeit der römischen obersten Heeresleitung in Afrika bis zur Unerträglichkeit, vor allem für den stolzen Aristokraten an der Spitze, da es der Emporkömmling an Taktlosigkeiten nicht fehlen ließ.

Als Ziel des Krieges wurde jetzt die Vernichtung des numidischen Königs ins Auge gefaßt. Mit Hilfe des Marius und des P. Rutilius Rufus, der sich damals schon mit Verbesserungen des Exerzierreglements befaßte, reorganisierte Metellus zunächst das Heer und wies gleichzeitig von Jugurtha angebotene Friedensverhandlungen zurück, so daß im Jahre 108 der Kampf auf Leben und Tod endlich beginnen konnte.

Nach Belagerung der Stadt Vaga blieb Metellus in der Doppelschlacht am Muthul, einem Nebenfluß des Bagradas (Medjerda), nach hartem Kampf zwar Sieger, vermochte aber den Sieg nicht strategisch auszuwerten. Er fiel nur in das numidische Kulturland an der römischen Grenze ein, verheerte dasselbe, scheiterte aber wie Marius, der als Unterführer beim Versuch der Eroberung der festen Stadt Zama wenigstens das verlorengegangene römische Lager rettete.

Während dann aus den Winterquartieren Verhandlungen mit Jugurtha eröffnet wurden, erfolgte plötzlich der Verlust der erwähnten Stadt Vaga, die aber nach zwei Tagen unter furchtbarem Blutvergießen wieder erobert werden konnte. Über den geretteten Kommandanten der Stadt wurde, obwohl er mit dem Oberfeldherrn befreundet war, auf Drängen des Marius das Todesurteil gesprochen.

Auch für den neuen Feldzug hatte Metellus zwei schwere Gegner, den unbeherrschten Ehrgeiz seines Legaten Marius, der nun offen auf die Bewerbung um das Konsulat für 107 lossteuerte, und die Landesnatur Afrikas, die der Gegner in immer ausgiebigerer und geschickterer Weise für sich ausnützte. Es war schließlich höchste Zeit, daß Marius endlich die lange vorenthaltene Einwilligung zur Reise nach Rom erhielt, wo eine geschickte Agitation, besonders seitens der Ritter, alles vorbereitet hatte. Seine Wahl zum Konsul gelang mit überwältigender Mehrheit.

Metellus hatte unterdessen den Feldzug wieder eröffnet und durch die schwierige Eroberung des fernen Thala nach 40tägiger Belagerung sich zum Herrn von Ostnumidien gemacht. Aber Jugurtha hatte gleichzeitig im Westen seines Reiches den Widerstand der dortigen wilden Gätuler orga-

nisiert und mit seinem Schwiegervater, König Bocchus von Mauretanien, ein Bündnis geschlossen, die Folge einer Ungeschicklichkeit der Römer, die im Anfang des Krieges dem Marokkaner das nachgesuchte Bündnis verweigert hatten.
Beide Könige zogen jetzt vereint auf Cirta, die bedeutendste römische Etappenstation und Materiallagerstätte. Hier erwartete sie Metellus in einer wohlgewählten festen Stellung. Da erfuhr er, daß der neue Konsul, sein erbitterter Gegner, durch Beschluß des Volkes die Provinz Numidien gegen den Willen des Senates erhalten hatte, also zu seinem Nachfolger ausersehen war. Er erlitt darob einen schweren Nervenzusammenbruch, beschränkte sich nur noch auf Verhandlungen mit dem mauretanischen König und übergab dem Legaten Rutilius das Heer, der es, nach Aufgabe von Ostnumidien, dem Nachfolger in Utika überlieferte.
In Rom wurde Metellus mit großen Ehren empfangen, erhielt den Beinamen Numidikus, und das Volk beteiligte sich an der Feier seines Triumphes. Man hatte Achtung vor dem unstreitig militärisch tüchtigen, charakterfesten Mann, dessen Hände auch auf dem heißen afrikanischen Boden von Geld reingeblieben waren. Erst sein unsinniger Widerstand gegen die Wahl des Marius hatte die schwere Niederlage der Nobilität zuwege gebracht.
Der jugurthinische Krieg, im Grunde doch nur die Revolte eines Klientelfürsten, trat jetzt an Bedeutung weit zurück gegenüber der Wandlung, die Rom in dieser Epoche im Innern durchgemacht hat. Die Nobilität, nur durch Gewalt gegenüber den Gracchen noch einmal zur unumschränkten Macht im Staate gelangt, hatte schneller abgewirtschaftet, als man erwartet hatte. Der Ausbruch des Gewitters über ihrem Haupt hatte sich schon lange angekündigt. Im Dezember des Jahres 114 war das Volk durch die furchtbare Entdeckung des Inzestes bei dreien der damals amtierenden fünf Vestalinnen in eine hochgradige Aufregung versetzt worden, da dieses Vergehen als eines der schwersten Prodigien galt. Sie steigerte sich noch, als nur eine der Angeklagten verurteilt wurde, die zwei anderen aber nach glänzender Verteidigung durch den damals erst 27jährigen Redner Krassus freigesprochen wurden. Ein Wiederauf-

nahmeverfahren seit 111 war die Antwort. Dazu kamen dann die Fehlschläge im Kriege, die die Untersuchung gegen die „Jugurthiner“ im Jahre 109 als die Schuld der Nobilität erwies.

Dasselbe Jahr ist aber auch aus einem anderen Grunde ein erster Höhepunkt für die wiedererstarkenden Popularen geworden. Derselbe Volkstribun, C. Mamilius Limetanus, der die Untersuchung der jugurthinischen Händel in die Wege geleitet hatte, brachte zusammen mit fünf popular gesinnten Amtsgenossen ein großes Ackergesetz ein, das bewußt zum erstenmal wieder auf die gracchische Reform zurückgriff. Im vergangenen Vierteljahrhundert war sowohl durch die Reformgesetzgebung wie durch die Gesetze der Reaktionszeit eine sehr starke Verschiebung von Staatseigentum in privaten Besitz vor sich gegangen, viel stärker allerdings in das Eigentum der Reichen als in bäuerliche Hände, wie die Gracchen beabsichtigt hatten. Die Antragsteller des Gesetzes von 109 haben das Geschehene nicht mehr rückgängig machen können, dafür aber den ganzen Fragenkomplex von einer neuen Seite angegriffen. Sie haben den gesamten privaten Neubesitz (Groß-, Mittel- und Kleinbesitz) einer in ganz Italien durchgeführten Neuvermessung *(limitatio)* und Abgrenzung *(terminatio)* unterworfen. Das bedeutete die Anlage von Grundbüchern *(tabulae)* und die Anfertigung von Flurkarten *(formae)*. Das Ganze war also eine Bestandsaufnahme der seit Tiberius Gracchus gewandelten Agrarverhältnisse Gesamtitaliens. Sie gab einmal die Möglichkeit eines genauen Nachweises von Überschreitungen im Latifundienbesitz auf ehemaligem Staatsland, anderseits, was vom Standpunkte des Volkes besonders wichtig war, einen gewissen Schutz für die kleinen Eigentümer gegen Vergewaltigung durch die großen Nachbarn. Mit diesem auf Begrenzung und Vermessung des Abgegrenzten bezüglichen Teile des Gesetzes waren Bestimmungen verbunden über Ausführung von Kolonien und Neuordnung der Verfassungen aller Gemeindekategorien, wie sie durch die Gesetzgebung der letzten Jahrzehnte entstanden waren, sowie über Einrichtung einer geordneten Rechtspflege in Grenz- und Eigentumsfragen auf dem Boden der einzelnen städtischen oder ländlichen Territorien unter Einsetzung von besonderen Kuratoren für diesen Zweck.

Der Erfolg des Gesetzes war, abgesehen von der Durchführung der Vermessung, ein geringer. Der Zeitpunkt der Wiederherstellung des Bauernstandes, auch in einem beschränkt noch möglichen Umfang, war verpaßt. Eine erschreckend fortschreitende Verarmung der Massen bei gleichzeitigem Anschwellen der Riesenvermögen in den beiden oberen Ständen, besonders im Ritterstand, ist die Signatur des Jahrzehnts, nicht minder aber die Erfolglosigkeit des Ansturmes dagegen, von welcher Seite er auch kam. Die Entbauerung weiter Räume Italiens und die dadurch bedingte Umstellung in der Wirtschaft sowie der Umbau der Gesellschaft brachten eine neue revolutionäre Welle mitten hinein in die Süd- und die gleich zu besprechenden Nordkämpfe, die die sinkende Republik zu bestehen hatte.

Der zweite Höhepunkt der neuen popularen Bewegung war die Wahl des M a r i u s zum Konsul und der Auftrag an ihn seitens des Volkes und besonders der Ritter, den ihre Geschäfte ungemein störenden jugurthinischen Skandal endlich zum guten Ende zu bringen. Aber durch Marius wurde jetzt das höchste Amt der Republik in die Revolution, die von den Volkstribunen ausgegangen war, hineingezogen. Ja mehr noch: da Marius' ganze Veranlagung auf dem militärischen Gebiete lag, wurde auch das mit dem Konsulat damals aufs engste verbundene Heerführeramt und damit das Heer selber zum erstenmal, unter dem Druck der Außengefahren, in der Umgestaltung des Staates ein überall deutlich zutage tretender Faktor.

Der Grundsatz, daß die römische Legionaraushebung neben dem Nachweis des Bürgerrechtes auf Grund des allerdings schon stark herabgesetzten Zensus erfolgte, wurde jetzt von Marius bei der Zusammenstellung des neuen Heeres gegen Jugurtha zum erstenmal verlassen, und zwar nicht durch Gesetz, sondern einfach durch die Praxis, wie sie durch den Zusammenbruch des bäuerlichen Mittelstandes hervorgerufen war. Marius hob nicht mehr nur aus den begüterten, sondern meist aus den untersten nur nach Köpfen und nicht nach dem Vermögen geschätzten Bürgern (*capite censi*) die Soldaten aus, und zwar auf dem Wege der freiwilligen Werbung und in Weiterführung volksfreundlicher gracchischer Maßnahmen unter Übernahme der Ausrüstung auf den Staat. Die besitzlosen Menschen blieben aber solange bei der Fahne, als nur irgend möglich war, weil der erwerbslos gewordene Bauer und Bürger in der Verwendung als Soldat wieder einen Beruf fand. Die zusammenhängende Dienstzeit wurde auf sechzehn, später auf zwanzig Dienstjahre gebracht ohne Rücksicht auf Krieg und Frieden. Die Armee wurde also, allerdings erst im Laufe einer längeren Zeitspanne, stärker proletarisiert, das Proletariat dagegen militarisiert.

Es ist keine Frage: Rom hat mit dieser Neuerung des Marius den entscheidenden Schritt in eine neue Welt getan. An die Stelle des alten Bürgerheeres trat ein Berufsheer. Dieses aber ging, wie sich bald zeigen sollte, mehr für seinen Feldherrn, der es in der Regel selbst aufgeboten hatte und von dem man als Belohnung eine besonders große Beute erwartete, als für den Staat in den Krieg. Als Führer des Berufsheeres entstand damit ganz von selbst nach einiger Zeit der Berufsfeldherr, der mit einem größeren Heereskommando ausgestattet wurde und bis zur Lösung seiner ihm gestellten kriegerischen Aufgabe an der Spitze des Staates zu stehen bestrebt war, auf alle Fälle länger, als dies bei der bisherigen Einjährigkeit des obersten Amtes oder der durch Verlängerung (Prorogation) ermöglichten Zweijährigkeit geschehen war. Ob bei der Umwandlung der alten Bürgermiliz in ein Berufsheer der sozialpolitische Gedanke einer Entlastung des ruinierten Bauernstandes durch Heranziehung der Besitzlosen zum Heeresdienst von vornherein eine Rolle gespielt hat, ist sehr fraglich. „Aus der militärischen Notwendigkeit wurde aber sehr bald eine soziale Tugend“ (Veith). Tatsächlich trat durch die Zivilversorgung der entlassenen Proletariersoldaten durch Zuweisung von Ackerland eine neue Lösung der Agrarfrage ein.

Marius, emporgetragen von der allgemeinen Lage in der auswärtigen Politik, die dem tüchtigsten Offizier des Staates plötzlich die Bahn zu allem freigemacht hatte, ist so durch seine Heeresreform, die größte Tat seines Lebens, der erste republikanische Feldherr einer ganz neuen Art geworden.

Zwei große militärische Aufgaben waren dem neuen Konsul und seinem Heere gestellt, die endliche Vernichtung des Jugurtha und die Beseitigung der seit einiger Zeit aufgetretenen Nordgefahr. Die Germanen sind in einem der bedeutungsvollsten Momente der inneren Entwicklung Roms auf der Bildfläche des Südens erschienen und haben den römischen Neuerungen des entscheidenden Jahres 107 sowohl in der Gestalt der Dauerkonsulate des Marius wie in der Weiterbildung des Berufsheeres eine feste Form gegeben und den Übergang der römischen Verfassung zum Prinzipat mit vorbereitet. Die kriegerischen Entscheidungen traten wieder in den Vordergrund. Sie mußten erst fallen, ehe die drängenden Probleme der inneren Politik wieder aufgenommen werden konnten.

Die Beendigung des jugurthinischen Skandals bedeutete für Marius mehr eine Vorbereitung und Einübung für die größeren militärischen Taten im Norden als eine wirklich abschließende Leistung, zumal die eigentliche Entscheidung durch seinen Quästor L. Kornelius Sulla herbeigeführt wurde. Es wiederholt sich bis zu einem gewissen Grade das Schicksal des Metellus. Wie damals Marius, tritt jetzt Sulla in einer Weise hervor, daß man fragen muß, ob nicht der Untergebene mehr geleistet hat als der Führer der Armee.

Marius hat unstreitig das Verdienst, das neue Heer unmittelbar nach der Ankunft in Afrika ausgezeichnet gedrillt und in dem Kleinkrieg, wie ihn beide Könige unter Benutzung der Landesnatur weiterführten, geübt zu haben. Zuerst wurde die südtunesische Oasenstadt Kapsa (Gafsa) im Spätsommer 107 durch eine kluge Verschleierungstaktik in einem Handstreich genommen und furchtbar grausam, ganz in der Art und Weise der Kriegführung des Metellus, behandelt. Dadurch wurde die Autorität des neuen Oberfeldherrn beim Heer wie beim Feinde stark gehoben.

Ins Jahr 106 gehört die Besetzung und Befriedung Numidiens in einem Bürger- und Städtekrieg und im Anschluß daran nach der Ankunft des Quästors Sulla, der ein neues, dringend notwendiges italisches Reiterkorps brachte, der Angriff auf ein festes Kastell Jugurthas mit dem Königsschatz im äußersten Westen am Grenzfluß Mulucha. Die Burg wurde mit Hilfe einer bei den ligurischen Hilfstruppen vorhandenen vorzüglichen Kletterertruppe erobert. Aber man hatte sich zu weit vorgewagt, und das Ziel einer Sprengung des gegnerischen Bündnisses wurde nicht erreicht. Auf dem Rückmarsch in die Winterquartiere wurde Marius zweimal sogar von den verfolgenden Königen angegriffen und schwer bedrängt. In dem zweiten Treffen gab Sulla mit der Reiterei den Ausschlag. In dem vorübergehend wieder verlorengegangenen Cirta wurde überwintert.

Der Verlauf des Feldzuges von 106 hatte bereits die Stärken und Schwächen des Höchstkommandierenden gezeigt. Er war ein überaus tüchtiger Offizier und Exerziermeister, aber kein Diplomat. Zugleich wurde es immer klarer, daß der Krieg nur durch die Gefangennahme oder Beseitigung des feindlichen Führers zu gewinnen war. Dazu bot sich bald Gelegenheit, als sich Bocchus unter dem Eindruck des starken römischen Widerstandes zur Verhandlung bereit zeigte. Marius sandte den A. Manlius nebst seinem Quästor, und Bocchus entschloß sich, namentlich auf Zureden des letzteren, eine Gesandtschaft nach Rom zu schicken. Der Senat legte dem Mauretanier nahe, daß er eine verdienstvolle Tat von ihm verlange.

Sulla wurde daraufhin noch einmal mit einem kleinen Korps an den Hof des anfangs ein Doppelspiel treibenden Königs geschickt und hat, selbst ein Spieler, mit äußerster Kaltblütigkeit das Unternehmen durchgeführt. So sehr er auch später in seinen Memoiren die Bedeutung des damaligen Erfolges übertrieben haben mag, sicher ist, daß seiner diplomatischen Geschicklichkeit die Auslieferung des Jugurtha und damit die Beendigung des langen Krieges zu verdanken ist.

Dadurch war der Gegensatz der beiden Männer, die von nun an immer wieder entscheidend in die Geschicke Roms eingreifen sollten, von Anfang an vorhanden, zumal Sulla auch fernerhin sein Licht nicht unter den Scheffel zu stellen gewohnt war. Hat er sich doch einen Siegelring machen lassen, auf welchem die Auslieferung des Jugurtha dargestellt war. Allerdings nach römischem Staatsrecht ging der Erfolg des Unterführers auf das Konto des Marius, dessen Popularität durch die Beendigung des Krieges noch erhöht wurde.

Den Rest des Sommers 105 brachte Marius mit der Neuordnung Afrikas hin. Bocchus erhielt seinen Lohn durch Überlassung von Westnumidien, nicht im vollen Umfang der späteren Mauretania Caesariensis, und einen römischen Freundschaftsvertrag. Für Ostnumidien verzichtete auch diesmal der Senat noch auf eine Angliederung an die römische Provinz. Vielmehr erhielt diesen Teil mit Cirta als Hauptstadt der letzte Sproß des numidischen Königshauses, Gauda mit Namen, ein Enkel des großen Massinissa, ein kränklicher und geistig nicht sehr hochstehender Mensch. Nur die drei tripolitanischen Küstenstädte Sabratha, Oea (heute Tripolis) und Leptis wurden der Provinz angegliedert, allerdings nicht durch Landverbindung, sondern nur zu Schiff von dort erreichbar. Die großen Interessen der Ritter in Afrika scheinen bei dieser Regelung vor allem berücksichtigt worden zu sein. Afrika sollte die römische Regierung möglichst wenig kosten, ihr dafür aber viel einbringen.

Abwesend gegen das Gesetz zum zweitenmal zum Konsul gewählt, kehrte Marius Ende des Jahres nach Rom zurück und feierte am ersten Tage des neuen Konsulats (1. Januar 104) einen glänzenden Triumph. Jugurtha wurde darin dem Volke vorgeführt, um dann im Tullianum am Kapitol zu verschwinden und sechs Tage später erdrosselt zu werden.

2. Marius und Sulla (105–78)

Als Marius seinen Triumph feierte, befand sich die Nordfront des Reiches schon längst in stärkster Bedrohung durch die sich an den Grenzen bewegenden Massen der Kimbern und Teutonen.

Das Jahr 113, zu dem wir zurückkehren müssen, ist vom Standpunkt der nordischen Geschichte ein Epochenjahr ersten Ranges. Keltische Völkereinbrüche südwärts hatte es bis dahin viele gegeben. Jetzt kam zum erstenmal die dahinter gelegene rein bäuerliche Germanenwelt in Bewegung, und es erfolgte „der wilde Auftakt zu der germanischen Völkerwanderung“ (Norden).

Die Sturmfluten der Nordsee und Landnot infolge von Übervölkerung hatten Teile des noch zu Augustus' Zeiten an der Küste Jütlands seßhaften Volkes der Kimbern zur Auswanderung veranlaßt.

Daß erst im Jahre 113 der Durchstoß durch den Keltenring und damit das Eindringen in das Alpenvorland Italiens gelang, hängt mit der Überflutung Galliens durch die älteren Völker zusammen. Am Ostrand des herzynischen Waldgebirges (Sudeten) von den damals noch teilweise in Mittelschlesien sitzenden keltischen Boiern abgeschlagen, gingen die Kimbern, vielleicht durch die mährische Pforte, südwärts und kamen nach einer Niederlage im Skordiskerland bei den Tauriskern im Gebiet von Norikum in den Gesichtskreis der Römer. Der zum Schutze der Nordostgrenze ausgesandte Konsul des Jahres 113, Cn. Papirius Karbo, veranlaßte die Eindringlinge zur Räumung des befreundeten Landes, griff sie aber an günstiger Stelle bei Noreia (wahrscheinlich im Villacher Becken) an und wurde vernichtend geschlagen. Nur das Eintreten eines Unwetters rettete das römische Heer vor völliger Vernichtung. So zeigte schon das erste Zusammentreffen die starke militärische Überlegenheit der Germanen, die später auch Cäsar hervorgehoben hat.

Die Frage, warum die Sieger nicht sofort weiter südwärts gezogen sind, bleibt schwer zu beantworten. Wahrscheinlich war ihr Ziel zunächst gar nicht Italien, sondern der Balkan gewesen, und, von den Skordiskern abgewiesen, befanden sie sich bereits in der Rückwärtsbewegung, als sie mit dem römischen Konsul zusammenstießen. Aus Norikum zogen sie in das Land der Helvetier, die damals noch im westlichen Süddeutschland bis zum Main wohnten. Der Aufenthalt bei ihnen dauerte drei bis vier Jahre lang und vollzog sich ganz freundschaftlich mit dem Wirtsvolk. Der helvetische Gau der Tiguriner schloß sich sogar an die Kimbern an.

Schon in diese Zeit fällt auch der Anschluß der Teutonen. Sie sind wohl wie die Kimbern Germanen gewesen. Gestützt wird diese Ansicht dadurch, daß gleichzeitig noch ein drittes Volk von der Nordseeküste in der großen Völkerwelle aufgegangen ist, die Ambronen, deren Name – wohl zu Unrecht – mit der Insel Amrum in Verbindung gebracht worden ist, vielleicht auch schon die Haruden, die später dem Ariovist Hilfstruppen gestellt haben und mit einem Rest ebenfalls in der augusteischen Zeit noch in Jütland in der Nähe der Kimbern saßen. Das südlich des Mains gelegene deutsche Land wurde damals zum erstenmal mit germanischen Völkern besetzt, und die Räumung des alten keltischen Volksbodens fand durch die Südwanderung der Helvetier tiefer in die Schweiz hinein ihren Abschluß.

Im Jahre 110/09 verlegten alle genannten germanischen Völker mitsamt den Tigurinern den Schauplatz ihrer Tätigkeit nach Gallien hinüber und zogen dort jahrelang plündernd umher. Die Kimbern, von den tapferen Belgen im Norden geschlagen, näherten sich der römischen Provinz im Süden, und nun wurden die Römer auch hier von den befreundeten Grenzstämmen zu Hilfe gerufen. Der Konsul von 109, M. Junius Silanus, erlitt im Gebiet der Allobroger eine entscheidende Niederlage. Aber ein weiteres Vordringen nach Süden unterblieb auch diesmal. Nur die Bitte um Landanweisung gelangte an den Senat. Sie wurde abgeschlagen.

Im Jahre 107 wurde Marius' Amtsgenosse im Konsulat an der mittleren Garonne im Lande der Nitiobrigen von den Tigurinern, die wie später das Gesamtvolk der Helvetier schon zum Ozean hinstrebten, besiegt. Der Konsul selbst und sein Legat fielen in der mörderischen Schlacht, die mit der Übergabe des Heeresrestes schimpflich endete. Die Folge war, daß die Tektosagen, der Hauptstamm in jener Gegend der Provinz, aufständisch wurden und die römische Besatzung in Tolosa (Toulouse) gefangen nahmen. Aber der Konsul von 106, der stolze Optimat Q. Servilius Caepio, brachte den Platz durch Verrat wieder in seine Hand und plünderte zur Strafe das dort befindliche Nationalheiligtum des größten keltischen Stammgottes völlig aus. Der Tempel war mit kostbaren goldenen Weihgeschenken und Ehrengaben der Gläubigen seit alters angefüllt, außer im Bezirk des Heiligtums, wie das keltische Sitte war, auch in den heiligen Seen ringsum. Der Wert der gewaltigen Beute betrug 150 000 Talente, über 700 Mill. Mark. Auch wenn er überschätzt ist, ergibt sich schon hieraus, daß Gallien damals ein äußerst goldreiches Land war. Merkwürdigerweise ging das Gold beim Transport nach Massalia verloren. Man behauptete aber schon sehr bald im Lager der Popularen, der Überfall durch Räuber sei lediglich eine Erfindung Caepios und seiner Offiziere. In Wirklichkeit hätten sie die Beute selbst gestohlen und den Raub unter sich verteilt. Die Untersuchung hat ihre Schuld nicht zu erweisen vermocht. Aber das „tolosanische Gold" ist seitdem sprichwörtlich geworden. Da Caepio von nun ab fast immer Unglück hatte, wurde das Wort: „er hat tolosanisches Gold an den Händen" gern auf einen dauernden Pechvogel angewandt.

Den Germanen gegenüber war man seit 106 auf die Verteidigung der Provinz beschränkt. Im folgenden Jahr blieb Caepio noch im Felde. Neben ihm kam der neue Konsul, Cn. Mallius Maximus, mit einem großen Heer nach Norden. Aber während die Germanenstämme sich gerade in diesem Jahre vereinigten, war in der römischen Heeresleitung Uneinigkeit an der Tagesordnung, da sich Caepio dem ihm verhaßten Konsul nicht unterordnen wollte. Schließlich übernahm er den Schutz des römischen Landes westlich der Rhone, der Konsul selbst das Land östlich des Flusses. In dieses Gebiet fiel der Feind ein und vernichtete zunächst die Vorhut des konsularischen Heeres. Nun brachte der Konsul den Caepio zum Übergang über die Rhone, aber immer noch nicht zum Gehorsam trotz Meuterei seiner Soldaten und trotz Eingreifens einer Senatskommission. Die beiden Heere wurden daher einzeln in der Doppelschlacht von Arausio (Orange) am 6. Oktober 105, vor allem durch die Tapferkeit der streitbaren Ambronen, geschlagen. Die Katastrophe hat man gern mit Kannä verglichen; sie hat aber ihr eigentliches Gegenstück in der späteren Niederlage im Teutoburger Wald, auch deshalb, weil jetzt wie später germanischerseits die Gefangenen samt der Beute den Göttern geopfert wurden. Es war ein großes Glück für Rom, daß die verbündeten Gegner abermals ihren anfänglichen Entschluß, in Italien einzufallen, wieder aufgaben. Die Kimbern gingen vielmehr über die Pyrenäen nach Spanien hinüber, wurden aber von den tapferen Keltiberern aufgehalten, während die übrigen Stämme auch fernerhin in Gallien raubend umherzogen.

Blitzhell war durch diese furchtbare Niederlage die Schwierigkeit an der Nordfront beleuchtet. Unter ihrem Druck wurde Marius, als der damals tüchtigste Heerführer, zum zweitenmal zum Konsul gewählt, um dann, solange die Kriegsgefahr dauerte, auch weiterhin Jahr für Jahr mit der höchsten Würde des Staates und zugleich mit der Kriegführung gegen den Nordfeind betraut zu werden: ein ganz bewußter Bruch mit der Verfassung. Sofort wurde zu umfangreichen Aushebungen geschritten, wobei der Mangel an Rekruten in erschreckender Weise zutage trat. Es wurde daher Ersatz in der freiwilligen Werbung von Proletariern und Ligurern gesucht. Daneben wurden Hilfstruppen auswärtiger Klientelfürsten, wie des Königs Nikomedes von Bithynien, eingestellt.

In Rom entlud sich die Wut des Volkes über das furchtbare Unglück auf das Haupt des Caepio. Er war schon lange als extremer Vertreter der Nobilität verhaßt. Hatte er es doch in seinem Konsulat fertig gebracht, durch ein neues Richtergesetz vorübergehend das entsprechende Gesetz des C. Gracchus umzustoßen und die Gerichtsbarkeit dem Senat zurückzugeben, bzw. zwischen Senat und Ritterschaft zu teilen. Jetzt fiel auf ihn der Verdacht, die Staatskasse um die Schätze von Tolosa betrogen zu haben, sowie die Schuld an dem Unglück von Arausio. Daher wurde er noch im Jahre 105 trotz des Einspruchs zweier Tribunen durch förmlichen Volksbeschluß seiner prokonsularischen Befehlsgewalt entkleidet. Es folgte im Jahre 104 die Ausstoßung aus dem Senat. Im gleichen Jahr wurde ein außerordentlicher Gerichtshof wegen der Unterschlagung des tolosanischen Goldes eingesetzt. Aber der Angeklagte wurde hier nur zu einer Geldstrafe verurteilt, vielleicht weil das Gericht noch auf Grund seines Richtergesetzes überwiegend senatorisch zusammengesetzt war. Daher hat der Volkstribun Saturninus im Jahre 103 durch seinen Kollegen C. Norbanus den verhaßten Optimaten abermals in Anklagezustand versetzen lassen, diesmal wegen der Niederlage von Arausio zusammen mit Mallius Maximus, und zwar vor einem tribunizischen Volksgericht. Beide Männer mußten in die Verbannung gehen, und Caepio wurde verurteilt, sein ganzes Vermögen als Ersatz für den dem Staat zugefügten Schaden herzugeben. Wieder war es wie ehedem die Rache an einem einzelnen Manne des ersten Standes, die das ganze System traf. Die Mißstimmung, die durch diese Prozesse im Volke hervorgerufen wurde, zeigte sich darin, daß fünf Jahre hindurch (105—101) kein Patrizier bei den Konsulwahlen durchgebracht werden konnte. Nie haben die Popularen das Feld unbestrittener beherrscht als in den Jahren der Kimberngefahr.

Dieses Problem stand von nun an im Vordergrund des Interesses der auswärtigen Politik. Marius ging sofort nach Norden ab, umgeben von den tüchtigsten Legaten, darunter Sulla und Rutilius Rufus, und hat die Zeit, die ihm durch die Abwesenheit der Feinde gelassen wurde, dazu benutzt, sein Heer für die zu erwartenden schweren Kämpfe zu schulen.

In diese Zeit gehören die eigentlichen technisch-militärischen Neuerungen, die mit Marius' Namen als eines der bedeutendsten Militärreformer Roms für alle Folgezeit verbunden sind. An der Spitze steht die Reorganisation des Nachschubwesens, eine Reform von großer Tragweite. Zur Verkleinerung des Trosses wurde dem einzelnen Soldaten viel mehr Gepäck aufgebürdet als seither, was dem Legionar den Spitznamen des „marianischen Maulesels" eingetragen hat. Die gleichzeitige Verleihung des Adlers als Feldzeichen der Legion hängt offenbar mit der Umwandlung derselben aus einem Armeekorps in eine taktische Truppeneinheit zusammen. Daher hat man die wichtigste Militärreform der Spätrepublik, die endgültige Ersetzung der Manipular- durch die Kohortentaktik, auch in diese Zeit hinaufdatiert. Als taktische Einheiten der Legion waren bisher die kleinsten Truppenkörper, die Manipeln, benutzt worden. Jetzt wurde an ihrer Stelle und an Stelle der veralteten Dreitreffenkampfesweise die viel größere Kohorte zur Dispositionseinheit, wie das längst im bundesgenössischen Heer der Fall gewesen war. „Die Kohorte der polybianischen Zeit war eine Legion im kleinen, die neue war eine Manipel im großen“ (Veith). Gleichzeitig wurden die Kavallerie und die Leichtbewaffneten auch formell aus dem Legionsverband ausgeschieden, bei den verschiedenen Truppenteilen eine gleichmäßige Bewaffnung durchgeführt und die schwere Wurfwaffe des Pilum verbessert.

Aber darüber hinaus ging auch in anderer Beziehung diesmal die neue Heeresreform der Umbildung der Staatsverfassung voraus. Im Heere zuerst spitzte sich das Bundesgenossenproblem immer mehr zu und drängte zum Ausgleich. In dem großen Berufsfeldherrn an der Spitze des Berufsheeres, das wie eine militärische Gefolgschaft dem Führer gehorchte, wurde der spätere Monarch von Rom in Gestalt des Dauerkonsuls und Generalissimus Marius vorausgenommen. Er zuerst hat das neue Heer von Rom, wenigstens in den Grundzügen, nicht nur in der Zusammensetzung, sondern auch in Strategie und Taktik, weiterbauend auf den großen Leistungen Scipios vor Numantia, geschaffen, Cäsar und Augustus haben dann den neuen Staat gestaltet, in welchem das marianische Heer ein Eckpfeiler geworden ist. „Der Adler, den Marius den Legionen verlieh, kündete das Reich der Kaiser“ (Mommsen).

Zur Einübung der neuen Taktik wurde in Südfrankreich viel exerziert und das Heer gleichzeitig im Marschieren und Schanzen geübt, alles unter Handhabung einer eisernen Disziplin. Damals ist auch an der versandeten und verschlammten Rhonemündung ein Kanal *(fossa Mariana*, heute Marais de la Foz) von Arelate (Arles) zum Meere gegraben worden, offenbar weil die Heranschaffung von Lebensmitteln und Truppenersatz auf dem Seeweg erfolgte.

Die Grenzen wurden zunächst nirgendwo überschritten. Aber innerhalb der Provinz wurden Ordnung und Recht geschaffen.

Im Frühjahr 103 kamen die Kimbern nach unglücklichen Kämpfen aus Spanien zurück und vollzogen im Herbst nach einer abermaligen Niederlage seitens der Belgen ihre Wiedervereinigung mit den Teutonen und den übrigen Völkern an der unteren Seine. So war für das Jahr 102 die Entscheidung zu erwarten. Und wirklich ballten sich im Anfang dieses Jahres, in welchem Marius zum viertenmal Konsul war, die Gegner an der mittleren Rhone zusammen. Was in der Provinz unterdessen in bezug auf Anhäufung und Verbesserung der militärischen Kampfmittel aller Art vor sich gegangen war, davon hatten sie keine rechte Vorstellung. Denn nun faßten sie nach Zurücklassung eines Heereshaufens von 6000 Mann (der später in den belgischen Atuatukern zwischen Namur und Maastricht aufgegangen ist) den für sie unheilvollen Entschluß, der nur aus der Rücksicht auf die Verpflegung erklärt werden kann, in zwei großen getrennten Heereshaufen in Italien einzubrechen: die Teutonen mit den Ambronen durch die südgallische Provinz an der ligurischen Küste entlang, die Kimbern und die Tiguriner über die Alpen von Norden her.

Gegen sie wurde der andere Konsul, Q. Lutatius Katulus, nach Norditalien ausgesandt. Marius dagegen unternahm von seinem festen Lager an der Rhone aus die Verteidigung Galliens und der Pässe über die West- und Seealpen. Die Gegner versuchten den Konsul aus seinem Lager herauszulocken und zur Schlacht zu reizen. Doch dies gelang nicht. Marius hatte seine Truppen fest in der Hand und blieb auch dem zum Kampfe drängenden Offizierskorps gegenüber hart, schließlich unter Berufung auf Orakel. Daraufhin begannen die Feinde unbekümmert um das Lager ihren Vormarsch gegen Italien. Marius folgte ihnen im Durancetal in steter Fühlung ostwärts, bei jedem Haltmachen durch ein möglichst gesichertes Lager gedeckt. Bei Aquae Sextiae (Aix), wo er nach Überholung des Feindes vor dem Eintritt in den ostwärts nach Pourrières sich erstreckenden Engpaß eine günstige Stellung besetzt hatte, kam es zum Kampfe. Beim Wasserholen entwickelte sich zwischen den Ambronen und ligurischen Hilfstruppen, dann auch sonstigen Teilen der römischen Armee ein Vortreffen, das, über den Fluß bis an die germanische Wagenburg herangetragen, mit einem Sieg der Römer endete. Zwei Tage darauf griff Marius – nach Abzweigung seines Legaten Klaudius Marcellus mit 3000 Mann in das im Rücken des Feindes gelegene Waldgebiet – das Hauptheer der Teutonen an. Es gelang ihm, einen entscheidenden Sieg davonzutragen und das Lager des Feindes mit Weibern, Kindern und allem Inhalt im Spätherbst 102 zu erobern. Bald darauf wurde er zum fünftenmal zum Konsul gewählt, diesmal auch von seiten der durch den großartigen Kriegserfolg mit ihm ausgesöhnten Nobilität.

Die Kimbern hatten unterdessen unter ihrem König Boiorix den weiten Weg um den Nordfuß der Alpen zurückgelegt und waren über die Pässe, in der Hauptsache wohl über den Brenner, nach Italien hinabgestiegen, ebenfalls im Spätherbst 102. Die Berge trugen schon den ersten Schnee, und die Germanen fuhren auf ihren großen Holzschilden über die frisch beschneiten Abhänge zu Tal. Katulus erwartete sie unterhalb von Trient vor der Veroneser Klause, anstatt sie erst beim Heraustreten in die Poebene zu fassen. Er wurde aber von dem Gegner überrannt und erlitt eine schwere Niederlage. Das römische Heer wurde beim Anblick der riesenhaften Nordmänner (Poseidonios vergleicht sie mit Giganten[1]), die Felsblöcke und entwurzelte Bäume zur Vernichtung der römischen Etschbrücke heranwälzten, so von Furcht gepackt, daß Katulus nur durch rückhaltloses Einsetzen seiner eigenen Person eine vollkommene Auflösung verhüten konnte. Er hielt es immerhin für geraten, durch Rückzug über den Po das ganze transpadanische Land den Feinden zu überlassen, die sich hier und in Venetien häuslich einrichteten: der erste Winter, den germanische Krieger mit ihren Familien südlich der Alpen verlebten!

Marius war nach seinem großen Siege zuerst nach Rom gegangen. Im April des neuen Jahres (101) begab er sich zu Katulus, dem das Oberkommando vom Senat verlängert worden war, und zog sein siegreiches Heer aus Gallien her-

[1]) In einem zeitgenössischen Epos (Annalen des Furius Antias) läßt der Dichter einen Gott an Jupiter die Frage richten: „Was sind das für merkwürdige Kerle?", was an die Sage vom Ursprung der Langobarden, Brüder Grimm, Deutsche Sagen II 390, erinnert.

über. Die Kimbern waren unterdessen den Po aufwärts gezogen, offenbar um den Teutonen, deren Schicksal ihnen noch unbekannt war, die Hand zu reichen. Ein erneutes Gesuch um Land wurde vom Senat wieder abschlägig beschieden. Die Entscheidungsschlacht wurde am 30. Juli 101 auf den raudischen Feldern bei Vercellae (zwischen Mailand und Turin nördlich des Po) geschlagen. Katulus' Truppen (20300 Mann) standen im Zentrum, diejenigen des Marius (32000) auf den Flügeln, wo die Entscheidung erwartet wurde. Aber der keilförmig vorgetragene wuchtige Stoß des germanischen Fußvolkes traf nach einem verunglückten Reiterangriff auf das etwas zurückgenommene Zentrum des Katulus, dem ganz gegen den Willen des Marius der Hauptkampf zufiel. Der ausgezeichnete Widerstand hier ermöglichte jedoch den Flügeln die Umfassung und deren Herankommen an das feindliche Lager. Als auch Katulus' Truppen nach dem Heldentod des Königs Boiorix dorthin vorgedrungen waren, wurden sie nur noch Zeugen der Selbstvernichtung der germanischen Frauen, die zuvor ihre Männer und Kinder in den Tod geschickt hatten, um sie nicht in die Hände der Römer fallen zu lassen. Trotzdem wurden angeblich noch 60000 Gefangene seitens der Sieger gemacht. Diese aber wurden sofort auf dem Schlachtfeld uneins darüber, wem der größere Teil an dem Sieg zukäme. In der öffentlichen Meinung galt der Konsul des Jahres als der Sieger, da seine glänzend einexerzierten und durch den Sieg von Aquae Sextiae kampfgeübten Truppen die Umfassung durchgeführt hatten. Dazu kam, daß die Popularen hinter Marius standen und sich mit ihm als Gewinner fühlten. Endlich hatte der Sieg von Aquae Sextiae strategisch den Sieg in Italien erst ermöglicht, so groß auch der Anteil des Katulus und seines Legaten Sulla an der Niederlage der Kimbern gewesen sein mag. Marius wurde seitdem als der eigentliche Retter des Vaterlandes, als ein dritter Gründer Roms gepriesen, also mit Romulus und Kamillus auf eine Stufe gestellt, und feierte mit Katulus den ersten Germanentriumph. Aus seiner Beute erbaute er den beiden größten Soldatengöttern Roms, der „Ehre" und der „Tapferkeit" *(Honos et Virtus)* ein Heiligtum, während

Katulus der Göttin des Glücks *(Fortuna)* den ihr schon vor der Schlacht gelobten Tempel auf dem Marsfeld errichtete. Trotz des Sieges hat der „Germanenschreck“ die defensive Haltung der römischen Nordpolitik von da ab bestimmt, und als später doch die Offensive an die Stelle trat, hat die furchtbare Niederlage im Teutoburger Wald die Nachkommen der Sieger von Aquae Sextiae und Vercellae gründlich belehrt, daß im ungebrochenen Willen des neuen Nordvolkes die größte Gegenmacht für Rom enthalten war.

Während so Oberitalien seit langer Zeit wieder einmal der Schauplatz eines auswärtigen Krieges geworden war, ging es in denselben Jahren in Süditalien und Sizilien übel zu. Von Sizilien aus hatte die Sklavenwirtschaft nordwärts weitere Fortschritte gemacht und in Unteritalien auch die großen gewerblichen Erzeugungsstätten ergriffen. Das zeigt die jetzt beginnende Erhebung der Unfreien in Kampanien. Nach zwei kleineren Sklavenverschwörungen in Nuceria und Kapua brach eine dritte, viel größere aus mit T. Vettius, einem ungeratenen einheimischen Ritterbürtigen an der Spitze, der ersten der katilinarischen Existenzen aus den oberen Volksschichten. Er hat schwerverschuldet seine Sklaven freigelassen, bewaffnet und sich zu ihrem König erklärt. Es bedurfte im Jahre 104 des Eingreifens des römischen Prätors L. Licinius Lukullus, um durch Verrat eines Sklaven und des dadurch veranlaßten Selbstmordes des Anführers die Unterdrückung herbeizuführen.

Eine Anzeige des Königs Nikomedes III. von Bithynien gelegentlich der von ihm gestellten Hilfstruppen zum Kimbernkrieg, daß viele seiner Untertanen von den römischen Steuerpächtern als Sklaven weggeschleppt würden, machte zum erstenmal auf den organisierten Menschenraub aufmerksam, der seit langem von den Finanzmännern im Osten betrieben wurde. Der Senat hat daraufhin eine Untersuchung veranstaltet und angeordnet, daß kein freier Mann mehr aus einem verbündeten Volk oder aus einer Provinz in Friedenszeiten versklavt werden dürfe.

Wieder war es der am stärksten erkrankte Reichsteil, die unglückliche Insel Sizilien, wo der Senatserlaß sich besonders stark auswirkte. Der Statthalter konnte binnen wenigen Tagen mehr als 800 widerrechtlich als Sklaven gehaltene Menschen für frei erklären. Aber die mächtigen Großgrundbesitzer erhoben Einspruch dagegen und erreichten die Einstellung des Verfahrens, möglicherweise durch das so beliebte Mittel der Bestechung. Wie einst gegenüber den Gracchen bei ihren Siedlungsbestrebungen siegte auch hier beim Kampf für die einfachsten Menschenrechte die brutale Macht des Kapitals. Die Versklavung nach der Bodenberaubung: das zeigt die rasend schnell fortschreitende kapitalistische Entartung der Zeit.

Eine erneute furchtbare Gärung unter den Unfreien war die Folge und erzeugte den zweiten sizilischen Sklavenkrieg, der neben der Kimbernabwehr im Norden in den Jahren 104 bis 100 einherging und an den verschiedensten Stellen der Insel sich abspielte. In den Fruchtgebieten um Syrakus bediente sich der Statthalter eines Räuberhauptmanns, um aufständisch gewordene Sklaven durch Verrat zurückzubringen. Im Innern tobte der Kampf um das von den Aufständischen eroberte Enna. Die meuternden Massen schwollen hier bis zu 20000 Mann an unter einem gewissen Salvius, der den Königstitel und den Namen Tryphon (nach einem syrischen Usurpator) annahm. Im Westen stand der tüchtige und umsichtige kilikische Sklave Athenion an der Spitze. Er ordnete sich aber bald dem Salvius unter, so daß am Ende des Jahres 104 das unfreie Proletariat Siziliens geeinigt den Römern gegenüberstand. Trotz der großen Kämpfe, die gegen die äußeren Feinde im Norden damals bevorstanden, mußte die Regierung ein Heer von 17000 Mann, einschließlich der überseeischen Hilfstruppen, unter Licinius Lukullus bereitstellen, der nach der Unterdrückung des Vettius nach Sizilien übergegangen war. Er brachte dem doppelt so starken Gegner eine schwere Niederlage bei Skirthaia (oberhalb von Sciacca, den antiken Thermae Selinuntiae) bei. Aber das Zentrum der ganzen Bewegung Triokala, das sich Salvius als Königsburg eingerichtet hatte, vermochte er nicht zu nehmen. Überhaupt blieben weitere Erfolge aus, ebenso unter seinem Nachfolger C. Servilius. Er ist wie sein Vorgänger wegen Veruntreuung öffentlicher Gelder und wegen

Fahrlässigkeit im Krieg angeklagt und in die Verbannung geschickt worden. Erst Marius' Amtsgenosse im fünften Konsulat, Manius Aquillius, hat in den Jahren 101 und 100 den Aufstand niedergeworfen. In einer Schlacht des Jahres 101 kam es zu einem Zweikampf der beiden Heerführer, wobei Athenion fiel und der Konsul eine schwere Kopfwunde davontrug. Die Insel ist in diesen Jahren noch einmal gründlich ruiniert worden.

Wie früher bereits, blieben auch jetzt die elenden sozialen Zustände nicht nur auf Sizilien und Unteritalien beschränkt. Ein trauriges Gegenstück zu den sizilischen Landräubern waren die Seeräuber, die längst von den östlichen Gewässern des Mittelmeers nordwärts bis zum Schwarzen Meer und westwärts bis Spanien ihr Unwesen zu treiben begonnen hatten. Seit der Eröffnung des Freihafens von Delos mit seiner glänzenden Entwicklung als Sklavenmarkt standen Menschenraub zum Zwecke der Versklavung und Seeraub in einer engen Wechselwirkung. Ein geradezu idealer Korsarenschlupfwinkel wurde die Küste des rauhen Kilikien und Pamphylien, seit der Zurückdrängung des Seleukidenreichs fast unabhängig, solange keine römische Flotte dort erschien.

Im Jahre 102 erfolgte auf dringende Klagen aus der Provinz Asien die erste große Expedition gegen die kilikischen Seeräuber unter dem mit prokonsularischer Gewalt ausgestatteten Prätor M. Antonius. Es gelang die Anlage einer Reihe fester militärischer Plätze im Lande, wodurch der Grundstein zu der Provinz Kilikien gelegt wurde. Wie wenig allerdings dadurch etwas Dauerndes erreicht wurde, beweist der Inhalt des in Delphi gefundenen, dieser Zeit entstammenden „Piratengesetzes" mit außerordentlichen Vollmachten an einen unbekannten Feldherrn und voll von Anordnungen an alle Seestaaten des Ostens zur Sicherung der Schiffahrt für die Römer und ihre latinischen Bundesgenossen, alles mit dem Endziel einer völligen Einkreisung und Abschließung der kilikischen Seeräuber.

Alle diese Kämpfe zur Niederhaltung der unfreien und freien Räubermassen bilden den düsteren Hintergrund zu den noch grauenvolleren Vorgängen in der inneren Politik während Marius' Oberherrschaft. Die erneuten inneren Kämpfe seit dem Siege der Popularen im Jahre 107 zeigen ein stärkeres Hervortreten der radikalen Elemente in beiden Lagern. Dazu kam, daß nach dem für die geschäftlichen Interessen des Ritterstandes so traurig verlaufenen jugurthinischen Skandal an der Nordgrenze ein sehr schwerer Abwehrkrieg ausgefochten werden mußte, der das militärische Element in ganz anderer Weise als bisher in den Vordergrund drängte und gegenüber dem Höchstkommando alles andere zurücktreten ließ.

Es fragte sich jetzt, ob nach der Beseitigung der Nordgefahr der Staat in das alte republikanische Geleise wieder zurückgebracht werden konnte. Die Popularen standen durch die fortgesetzte Mißwirtschaft in den Nobilitätskreisen und durch die Tatsache, daß aus den eigenen Reihen der Konsul-Generalissimus hervorgegangen war, an der Spitze des Staates. Wenn sich jetzt die so überaus verstärkte Amtsgewalt des Konsuls mit der durch die Gracchen so unheilvoll gewachsenen Tribunengewalt verbündete, konnte die Senatsherrschaft für immer gebrochen, d. h. der Traum des Gaius endlich zur Erfüllung gebracht werden. Der Tag der Demokratie wäre vielleicht nach der Abwehr des ersten Germaneneinfalls in Italien wirklich angebrochen, wenn die Männer, die in diesem Augenblick Träger der Innenpolitik wurden, der großen Stunde gewachsen gewesen wären. Aber diejenigen, die vom Volkstribunat her im Stil der Gracchen jetzt die Politik leiteten, waren Demagogen, die den Straßenkampf und Totschlag von den Gegnern übernahmen, und der im Felde sieggekrönte Marius entpuppte sich auf dem Boden der Innenpolitik als ein völliges Kind. Daher war nicht eine neue, den gänzlich veränderten Verhältnissen angepaßte Form des Staates die Folge, sondern Revolution zum zweiten Male. In ihr ist die Demokratie an mangelhafter Führung durch die popularen Politiker zugrunde gegangen und hat die Bahn freigemacht für die Männer, die über das Volk hinweg die Führung für ihre Person erstrebten oder wie Sulla in der Wiedereinsetzung der Nobilität im Staat das Heil erblickten.

Kaum hatten die Popularen durch die Verurteilung des

Caepio entscheidend über die Nobilität triumphiert, so begann bereits im Jahre 104 eine Entwicklung, die abermals den Niedergang bringen sollte. Wahrscheinlich gehört in dieses Jahr das Volkstribunat eines der radikalsten neuen Volksführer, des C. Servilius Glaucia. Er hat das Richtergesetz des Caepio zu Fall gebracht und die Ritter wieder zu Richtern gemacht. In das gleiche Jahr gehört das Gesetz des Volkstribunen Cn. Domitius Ahenobarbus, welches für die Staatspriester und Augurn an Stelle der Selbstergänzung die Wahl durch das Volk, und zwar durch die Tributkomitien, setzte. Man brach dadurch die Vorherrschaft der Nobilität auch in der bisherigen Hochburg des Optimatentums, und das Priestertum hörte auf, das konservative Element im Staate zu bilden. Domitius wurde durch das Gesetz so populär, daß er selbst gleich im Jahre 103 zum Oberpriester gewählt wurde.
Die stärksten Fortschritte für die Popularen aber brachte dieses Jahr 103 durch das erste Volkstribunat des L. Appuleius Saturninus. Ausgezeichnet durch große Beredsamkeit ist er unstreitig der bedeutendste Volksführer seit C. Gracchus gewesen. Während seines Amtsjahrs setzte er sich aufs energischste für die Wiederwahl des Marius zum Konsul für 102 in höchst unvornehmer Weise ein. Er verpflichtete sich dann den damals schon sehr mächtigen Dauerkonsul durch Einbringung eines Ackergesetzes, wonach an seine Veteranen aus dem jugurthinischen Krieg je 100 Joch Land – also ein recht großes Gut – in Afrika angewiesen werden sollten. Der Antrag wurde Gesetz, nachdem Appuleius den dagegen auftretenden Kollegen Baebius durch seine Anhängerschaft mit Steinen vom Platze vertrieben hatte. Es war das erste Gesetz des römischen Staates zur Zivilversorgung nach Ablauf der militärischen Dienstzeit. Es hat Spuren in einigen marianischen Kolonien Nordafrikas im fruchtbaren Bagradastal hinterlassen. Auch ein Majestätsgesetz zugunsten des Volkes gehört in dieses Volkstribunat des großen Demagogen. Der Begriff der *maiestas*, d. h. der Hoheit oder Würde des Volkes, war nicht neu; eine *lex Gabinia*, wohl vom Jahr 139, hatte ihn schon gebraucht. Aber bezeichnend für die neue Zeit ist die Hervor-

kehrung gerade in diesen Kampfesjahren, in denen das auserwählte Volk deutlich als der Vertreter der Staatshoheit aufgefaßt werden wollte.
Bei den Zensorenwahlen für 102 scheute Saturninus abermals nicht vor Gewalttaten zurück, um die Wahl des ihm verhaßten Metellus Numidikus zu verhindern. Er verjagte ihn aus seinem Hause und ließ ihn auf dem Kapitol von einer bewaffneten Volksmenge belagern. Die brutale Behandlung rief diesmal selbst die Ritter auf den Plan, die seine Befreiung zuwege brachten. Der Bund zwischen Volk und Rittern, worauf auch Marius' Machtstellung ruhte, begann sich zu lockern.
Die Zensur des Numidikus und seines Vetters Kaprarius (102/1) verschärfte die Gegensätze ungemein. An das Ende dieser Zensur gehört der Versuch, gelegentlich der neuen Senats-Auslese den Saturninus zusammen mit seinem Gesinnungsgenossen Glaucia aus der Körperschaft zu beseitigen, sowie das Vorgehen gegen einen gewissen L. Equitius, den Saturninus angestiftet hatte, sich als Sohn des Ti. Gracchus auszugeben und sich unter diesem Namen in die Zensuslisten aufnehmen zu lassen. In dieselbe Zeit gehört auch Saturninus' Vorgehen gegen die Gesandten des Königs Mithridates, die den Senatsbeschluß betreffs Paphlagonien, das der König zusammen mit Nikomedes von Bithynien besetzt hatte (S. 460), wahrscheinlich durch Bestechung aufheben wollten. Auch hier machte der Demagoge das Volk mobil, wurde aber vom Senat wegen Verletzung des heiligen Gesandtenrechts angeklagt und erlangte nur mit Mühe einen Freispruch.
Als dann Marius siegreich aus dem Kimbernkrieg heimkehrte, gingen seine maßlos gesteigerte Machtgier und durch die Siege gewonnene Popularität mit dem gegen die Senatspartei aufgespeicherten Haß des Saturninus einen unheilvollen Bund ein. Die abermalige Wahl des sieggekrönten Feldherrn zum Konsul für das Jahr 100 (zum sechsten Male), trotz beseitigter Kriegsgefahr, war die erste Machtprobe der Popularen. Auf Grund geheimer Abmachungen zwischen den Verbündeten wurde Glaucia für dasselbe Jahr zum Prätor, Saturninus zum zweitenmal zum Volkstribun

gewählt, obwohl der Senat gegen diese Wiederwahl noch einmal alle seine Machtmittel spielen ließ. Dagegen gingen die Gegner so weit, einen ihnen nicht genehmen Bewerber bei den Tribunenwahlen, A. Nunnius, durch einen fanatisierten Volkshaufen kurzerhand ermorden zu lassen.

So gewaltsam wie die Wahl verlief auch das Volkstribunat selbst, weil Marius und Glaucia überall im Hintergrund standen. Der Tribun zeigte vom ersten Tage an, daß er den Weg des C. Gracchus noch einmal zu gehen gewillt war, d. h. den Weg zur endgültigen Beseitigung der Senatsherrschaft, voran ihres jetzigen Hauptvertreters Metellus Numidikus.

Das erste seiner Gesetze war wieder ein Ackergesetz für die marianischen Veteranen, diesmal nicht nur römische, sondern auch italische aus dem Germanenkrieg, und zwar durch Verteilung von Ländereien in Gallien, wohl dem cisalpinischen nördlich des Po, das die Kimbern vorübergehend besessen hatten und das von Marius zurückerobert worden war. Wie weit man es seit der Gracchenzeit im Verfassungsbruch gebracht hatte, beweist die Durchpeitschung dieses Gesetzes. Als einige Volkstribunen Einspruch erhoben, wurden sie einfach vom Platze verjagt, und der Hinweis darauf, daß es gedonnert, also der Himmel ein böses Vorzeichen gegeben habe, das Abbruch der Volksversammlung verlange, wurde mit dem Witzwort aus der Welt geschafft, wenn es gedonnert habe, könne bald der Hagel folgen. Wirklich wurden auch alle Widerstrebenden, besonders aus dem Stadtvolk, durch marianisch gesinnte Landleute auseinandergetrieben und das Gesetz auf gewaltsame Weise zur Annahme gebracht. Um seine Durchführung zu sichern, wurde ihm die Klausel angehängt, daß die Magistrate und Senatoren innerhalb von fünf Tagen einen Schwur zu leisten hätten, es auch zu befolgen, widrigenfalls sie in eine Geldstrafe genommen bzw. aus dem Senat entfernt würden. Der Konsul Marius, der diesen Schwur im Senat abnehmen mußte, hat offenbar unter dem allzu radikalen Vorgehen seiner Genossen gelitten und ist sehr zögernd an die Sache herangegangen. Erst am fünften Tag hat er im Senat erklärt, daß er den Schwur leisten werde, allerdings mit der

Einschränkung, „insoweit das Gesetz rechtmäßig sei". Die Senatoren sind seinem Beispiel gefolgt bis auf Metellus Numidikus, der den Eid selbst in der abgeschwächten Form verweigerte und lieber freiwillig nach Rhodos in die Verbannung ging.

Von dem Ackergesetz ist wohl ein Koloniengesetz zu trennen, welches die Begründung von römischen und latinischen Kolonien in Sizilien, Makedonien und Achaia, d. h. in den Provinzen, in welchen sich noch das meiste Staatsland befand, verlangte und zur Ausstattung der Kolonisten mit Inventar die Verwendung des „tolosanischen Goldes" vorschlug. Als ausführender Beamter war offenbar Marius allein vorgesehen. In dieser Eigenschaft bekam er durch Sondergesetz die Berechtigung, in jeder der neu zu gründenden Kolonien je drei Italiker als römische Bürger aufzunehmen. Auf Grund des Gesetzes ist nach unserer Überlieferung keine Kolonie zustande gekommen – weshalb, wissen wir nicht. Die sicher bezeugte *colonia Mariana* auf Korsika ist wohl eine Gründung auf Grund des Ackergesetzes, ebenso vielleicht Eporedia (Ivrea) an der Dora Baltea im Po-Gebiet.

Um die städtische Plebs im Stile des C. Gracchus zu befriedigen und ihre Stimmen für die Wiederwahl sich zu ergattern, hat Saturninus auch noch ein Getreidegesetz eingebracht. Dasselbe bestimmte, daß der seit der Gracchenzeit für den Scheffel zu entrichtende Preis von $6^1/_3$ As auf den lächerlichen Betrag von $^5/_6$ As herabgesetzt werde. Der Quästor Q. Servilius stellte dagegen im Senat unter Beweis, daß die Staatskasse bei Annahme dieses Gesetzes bankrott werden würde. Die Beantragung eines solchen Gesetzes wurde daher als ein staatsfeindlicher Akt erklärt und im Falle der Annahme die Prägung neuer minderwertiger Denare beschlossen, um durch eine Inflation die Mittel für die Getreideankäufe aufzubringen. Aber Saturninus nahm auf alles keine Rücksicht und kümmerte sich auch nicht um den Einspruch seiner Kollegen. Da versuchte der Quästor mit einer Anzahl Optimaten die Versammlung zu sprengen, wurde aber mit Hilfe marianischer Veteranen in die Flucht geschlagen. Tatsache ist, daß das Gesetz nicht zustandegekommen ist. Vielleicht hat Marius schon nicht mehr so, wie bisher, hinter dem Tribunen gestanden. Für seine jetzt erfolgte Rechtsschwenkung spricht auch, daß Caepio, als er kurz darauf von dem Volkstribunen wegen Verletzung der Volkshoheit angeklagt wurde, freigesprochen worden ist. Ganz offenbar hat Saturninus' allzu gewalttätiges Auftreten ihm allmählich die Sympathien genommen, vor allem die der Ritter und der noch Vermögen besitzenden Teile des Volkes, während die große Masse wegen seiner steten Rücksichtnahme auf die Italiker mit ihm unzufrieden wurde.

So suchten sich Saturninus und Glaucia dadurch zu sichern, daß sie sich abermals um ein Amt bewarben, jener um ein drittes Tribunat, Glaucia um das Konsulat. Saturninus setzte tatsächlich seine Wiederwahl durch, neben sich sogar die des falschen Gracchus. Dagegen wurde die Bewerbung des Glaucia um das Konsulat als verfassungswidrig nicht angenommen. Bei den Konsulwahlen geschah wieder ein politischer Mord. Während der erste Kandidat sofort gewählt worden war, wurde C. Memmius, ein zur Senatspartei abgeschwenkter ehemaliger Populare (der Volkstribun von 111; s. o. S. 408), im Aufruhr erschlagen.

Darauf traten die Ritter geschlossen auf die Seite des Senates. Es hörte also ein für allemal die Staatsgestaltung auf, die C. Gracchus geschaffen hatte. Saturninus, auf sich allein angewiesen, suchte den Pöbel zu fanatisieren und auf ihm allein seine Herrschaft aufzubauen.

Aber am Antrittstag der neuen Tribunen (10. Dezember 101) verhängte der Senat, geführt von dem greisen M. Ämilius Scaurus, den Belagerungszustand über die Stadt und zwang Marius zum Einschreiten. Und jetzt geschah, was man längst erwartet hatte: Marius fiel um und stellte seine Waffen in den Dienst der Senatspartei. Die ganze Nobilität bewaffnete sich, mit ihr auch die Ritter und ein großer Teil des besitzenden Volkes, unter welche Marius Waffen verteilt hatte. Es kam zum Kampf auf dem Forum. Die geschlagenen Demagogen flüchteten auf das Kapitol und schließlich in den Jupitertempel. Hier wurden sie nach Abschneiden des Wassers zur Übergabe gezwungen. Marius gab ihnen das Treuwort der Gemeinde für ihre Straflosigkeit, konnte sie aber, da er dazu gar nicht berechtigt war, nicht retten. In der Kurie vorläufig in Sicherheit gebracht, wurden sie das Opfer rohester Lynchjustiz. Das Haus des Saturninus wurde dem Erdboden gleichgemacht, seine Anhänger aufs grausamste verfolgt und von den Rittergerichten schonungslos gerichtet.

Der Sieg der Nobilität war abermals ein vollkommener, weil auch das Kapital durch die erste über den Staat hinweggegangene bolschewistische Welle ängstlich geworden war. Nicht nur daß alle gegnerischen führenden Männer beseitigt waren, auch Marius, der eine so zweifelhafte, des Staatsoberhauptes unwürdige Rolle gespielt hatte, war plötzlich ein politisch toter Mann. Er hatte die drei für die Führung des Staates in damaliger Zeit entscheidenden Faktoren hinter sich gehabt, ein ausgezeichnet geschultes Berufsheer, die Volksgunst und die, man möchte sagen, dauernde Eignung zum höchsten Amt. Trotzdem wurde er, nachdem er sich selbst aufs ärgste bloßgestellt hatte, nach Ablauf seines Konsulates „in den Winkel gestellt, wie eine Kriegsmaschine in Friedenszeit". Selten wohl ist in der Weltgeschichte der Sturz eines führenden Mannes aus höchster Höhe in tiefste Tiefe innerhalb eines so kurzen Zeitraumes erfolgt.

Um den Sieg der Nobilität voll zu machen, wurde die sofortige Rückberufung des Metellus Numidikus aus der Verbannung beantragt. Sie konnte von Marius trotz einer Gegenaktion des Volkstribunen P. Furius nicht verhindert werden. Um der festlichen Heimkehr seines Gegners (im Jahre 99) nicht beiwohnen zu müssen, ließ sich der Gestürzte eine Gesandtschaft nach Asien zu Verhandlungen mit Mithridates wegen dessen Übergriffe in Kleinasien geben und verband mit der Reise eine Wallfahrt nach Pessinus, um der großen Göttermutter die für die Hilfe im Kimbernkrieg gelobten Opfer an hochheiliger Stätte selbst darzubringen. Während seiner Abwesenheit wurde im Jahre 98 P. Furius in Anklagezustand versetzt, aber schon während der Gerichtsverhandlungen von der wütenden Menge, welche sich weigerte, die Rede zu seiner Verteidigung anzuhören, buchstäblich in Stücke zerrissen.

Zum zweitenmal war die populare Bewegung, diesmal infolge der Überspannung des Bogens, zu Boden geschlagen. Die Führung war, gemessen an der gracchischen, eine jämmerliche gewesen. Kein Wunder, daß nun das Pendel nach der anderen Seite viel weiter ausschlug. Die Reaktion artete in denselben Radikalismus aus, den die Gegner eben gezeigt hatten. Da beide Parteien viel stärker demoralisiert waren als ehedem, schien jetzt die Revolution auf Dauer erklärt zu sein.

Die neue Epoche beginnt mit einer Versumpfung des Staates, noch viel schlimmer als in der ersten Reaktionszeit. Es herrscht zunächst die bekannte Totenruhe nach dem Revolutionssieg der herrschenden Schicht und der Finanz-Bourgeoisie.

Nach außen ruhten, verglichen mit dem vorhergehenden Jahrzehnt, in auffälliger Weise die Waffen. Nur in Spanien, dem ewigen Brandherd des Staates, kämpfte man in den Jahren 98–93. Hier waren es die kräftigen keltiberischen Stämme gewesen, welche die in die Nordprovinz eingedrungenen Kimbern zurückgewiesen hatten. Gegen sie, vor allem die Arevaker, führte der Konsul T. Didius seit dem Jahre seines Konsulats (98) einen Krieg voll List, Heimtücke und Grausamkeit mit Sertorius als Kriegstribun, bis er im Jahre 93 triumphierte.

Auch an der Nordfront fanden kleinere Kriege statt, so gegen die Alpenvölker durch den Konsul Licinius Krassus im Jahre 95. Sehr schwierig gestaltete sich immer noch der Grenzschutz von Makedonien und Thrakien. Hier war seit dem schweren Schlag, den der Konsul des Jahres 114 erlitten hatte (s. o. S. 387), das Ansehen der römischen Waffen stark geschädigt. Von allen Feldherren, die dort gekämpft haben, war keiner so erfolgreich wie der eben erwähnte T. Didius, der die immer unruhigen Skordisker während seiner Prätur (101) geschlagen und dafür bereits einen wohlverdienten ersten Triumph gefeiert hatte. Er hat auch Teile von Thrakien gewonnen und zur Provinz geschlagen. Aus dem Jahre 97 hören wir trotzdem wieder von Kämpfen, diesmal gegen die Mäder und Dardaner, und in den Jahren 92—88 erfolgten Einfälle der balkanischen Nordvölker, die sich bis nach Griechenland hinein erstreckten und zur Plünderung des Zeusheiligtums von Dodona führten. Mit Mühe wurden sie zurückgedrängt.

Das Gesicht der römischen Außenpolitik begann aber schon in diesem Jahrzehnt sich nach Osten zu wenden und dorthin fast für ein halbes Jahrhundert die Richtung zu behalten. Die Erwerbung von Kyrene ist im Jahre 96 den Römern durch Testament des letzten Herrschers sozusagen in den Schoß gefallen. Nach Euergetes' II. Tod (116), der Rom schon einmal zum Erben eingesetzt hatte, war das ptolemäische Nebenland von diesem König an seinen illegitimen Sohn Apion übergegangen. Jetzt, da auch Apion gestorben war, ist Kyrene ähnlich wie einst das pergamenische Reich an Rom gefallen, jedoch hier wie dort nur das „Königsland", nicht die fünf griechischen Städte (Pentapolis). Ihre Freierklärung wurde diesmal vom Senat ausdrücklich beschlossen. Das Königsland war aber hier so klein an Umfang, daß gelegentlich der Einführung der Provinzialordnung im Jahre 74 auch die Städte miteinbezogen, ihre Bewohner aber als „Hellenen" staatsrechtlich höhergestellt wurden als die Eingeborenen.

Aber nicht Afrika, sondern Asien gibt der römischen Außenpolitik der Zeit die Hauptlinie. Die aus dem Seleukidenreich freigewordenen Einzelländer Klein- und Vorderasiens, Pontos, Kilikien, Armenien, Parthien lassen in dem äußerlich noch ruhigen Jahrzehnt zum erstenmal Rom wieder aufhorchen und kündigen eine neue kriegerische Ostaktion an, Randländer zumeist, die, längst in die römische Interessensphäre einbezogen, ungeahnte Aussichten in die alten, ehedem von Alexander dem Hellenismus erschlossenen Gebiete des Orients eröffnen.

Zuerst ist es das neue Pontosreich, das ausschließlich durch die Kraft des Mithridates VI. Eupator plötzlich zum Gegenspieler Roms im Orient geworden ist. Geboren 132 und nominell seit 120, tatsächlich erst seit 111 regierend, gehört er zu den bedeutenderen Herrschergestalten Vorderasiens. Der alte Familienbesitz seines Hauses war Kappadokien am Pontos, seit kurzem mit der Griechenkolo-

nie Sinope als Hauptstadt. Seit der in den Jahren 110–108 erfolgten Eroberung der Gegenküste am Schwarzen Meer, des bosporanischen Reiches in der Krim, durch seinen tüchtigen Feldherrn Diophantos und der so gewonnenen starken Machtstellung im heutigen Südrußland gegenüber den dortigen Barbarenvölkern, Skythen, Bastarnern, weiter westwärts Kelten und Thrakern, besaß er von diesen Besitzungen aus eine gute Ausfallsstellung nach Westen hin.
Diese neue Frontstellung übertrug sich sehr bald auch auf seine Politik zugunsten des Stammlandes. Schon in den Jahren 106–99 und noch einmal 95–91 hat er auch auf dem Boden Kleinasiens eine Expansion in gleicher Richtung betrieben. Hier baute er auf dem Haß der anatolischen Griechen und der Eingeborenen weiter, der sich infolge der schamlosen Erpressungen und Räubereien der Römer in den Nachbarländern der Provinz Asien angesammelt hatte. Nichts ist bezeichnender für diesen aufgeweckten Fürsten als die Tatsache, daß er insgeheim eine Reise durch die römische Provinz und durch Bithynien unternommen und sich persönlichen Einblick in die dort herrschenden tiefen Gegensätze verschafft hatte. Ein Zusammenwirken mit Bithynien war die Folge und führte zur gemeinsamen Eroberung und Aufteilung des zwischen beiden Reichen gelegenen Landes Paphlagonien. Der Einspruch des Senates dagegen veranlaßte eine pontische Gesandtschaft nach Rom. Darnach warf sich der König auf Galatien und griff in das südlicher gelegene Binnenland Kappadokien ein, wo er seinen achtjährigen Sohn unter einem Vormunde zum König machte. Aber diese Angliederung Kappadokiens brachte ihn in Konflikt mit seinem bisherigen Bundesgenossen, der unterdessen mit der Königinwitwe des Landes Ehe und Bündnis geschlossen hatte.
Jetzt griff der Senat durch und befahl beiden Königen die Räumung von Kappadokien und Paphlagonien. Die Kappadoker erhielten Ariobarzanes als König. Mithridates suchte demgegenüber jetzt ostwärts Anschluß. Er verbündete sich mit König Tigranes von Armenien, der seine Tochter Kleopatra heiratete. Tigranes fiel in Kappadokien ein, vertrieb den König von Roms Gnaden und setzte Mithri-

dates' Sohn wieder als Herrscher ein. So war dort eine Reichsbildung im Stile der dahingegangenen hellenistischen Großreiche im Werden begriffen, die in kluger Weise auch mit deren Methoden arbeitete. Das Neue dabei war, daß Armenien, in der vergangenen Zeit ein im Hintergrund gebliebenes Land, plötzlich sehr stark hervortrat, seit uralter Zeit die Brücke nach Iran, jetzt nach Parthien hinüber.

Zum erstenmal trat nun auf römischer Seite der Mann in die Erscheinung, der in den folgenden fünfzehn Jahren die Geschicke des Staates nicht nur in Rom, sondern auch diesen schwierigen Ostproblemen gegenüber mit- und später allein bestimmen sollte, L. Kornelius Sulla. Er war für einen Mann der Nobilität verhältnismäßig spät, erst im Jahre 93, zur Prätur gelangt und wurde als Proprätor im folgenden Jahr nach Osten, Pamphylien und Kilikien, geschickt. Es gelang ihm schnell, die pontischen und armenischen Streitkräfte aus Kappadokien zu vertreiben. Bis zum Euphrat vorgedrungen, empfing er eine Gesandtschaft des Königs von Parthien, mit welchem er zum erstenmal Beziehungen aufnahm, allerdings unter so scharfer Hervorkehrung der römischen Herrenstellung, daß der Gesandte von seinem König nach der Rückkehr zur Rechenschaft gezogen und hingerichtet wurde. Zehn Jahre nach dem ersten großen Germanensieg des Marius erfolgte so durch Sulla das erste, allerdings nur diplomatische Zusammentreffen mit den Parthern, diesem kräftigen Reitervolk des Ostens, das vor Zeiten aus dem turanischen zentralasiatischen Kulturkreis nach Iran übergetreten und hier die herrschende Macht geworden war.

Der Anstoß zur Belebung der Epoche kam aber von innen, so steinig der Pfad auch war, den man zunächst gehen mußte. Was von Gesetzen aus den Anfängen des Zeitabschnittes erhalten ist, zeigt das Bestreben der Nobilität, die veraltete Verfassung um jeden Preis zu halten, und zwar durch immer schärfere juristische Formulierung ihrer Grundlagen. Man flickte und besserte daran herum, in dem kindlichen Glauben überalterter Parteien, dadurch die Übel einer niedergehenden Entwicklung beheben zu können. Die Konsuln des Jahres 98, Q. Caecilius Metellus Nepos und T.

Didius, der uns schon als tüchtiger Heerführer bekannt geworden ist, brachten Gesetze ein, um das Eiltempo der Gesetzesmacherei, meist das Zeichen der Erkrankung eines Staatswesens, zu verlangsamen oder die Regierung vor Überrumpelung zu bewahren. Durch ein weiteres Gesetz wurde die Verkoppelung verschiedener Materien in einem Antrag, das Einbringen von Gesetzen *per saturam*, d. h. modern gesprochen in einem Rahmengesetz, verboten, um der so beliebten Massenproduktion zu steuern.

Die mehr formal gerichtete Reaktion der Zeit tritt auch beim dringlichsten aller Probleme, der Bundesgenossenfrage, zutage. Von den Konsuln des Jahres 95, L. Licinius Krassus, dem bekanntesten Redner der Zeit, und Q. Mucius Scaevola, einem tüchtigen Rechtskenner, wurde ein Gesetz eingebracht, durch das nicht wie einst durch Junius Pennus im Jahre 126 die Nichtbürger einfach aus der Stadt verwiesen, sondern gegenüber zu Unrecht eingedrungenen Elementen die Streichung aus den Bürgerlisten verfügt wurde. Die Folge des Gesetzes war eine lange Reihe von Prozessen. So juristisch fein das Gesetz auch ausgeklügelt war, so politisch unklug war es und hat stark zum Ausbruch des Bundesgenossenkrieges mit beigetragen.

Noch schlimmer war es, daß die Rechtsprechung im Anfang des neuen Jahrhunderts immer übler wurde, besonders durch das Schwinden der richterlichen Unparteilichkeit gegenüber hervorragenden Personen oder ganzen Ständen. Prozesse recht skandalöser Art waren an der Tagesordnung. Neben der Finanzaristokratie, die die Richter stellte, herrschten seitdem in diesem Volke der Tat, das das Wort früher immer nur in der knappsten Form verwendet hatte, die Redner und die Advokaten. An der Spitze stehen M. Antonius, der Konsul des Jahres 99, Zensor von 97, und der eben erwähnte L. Licinius Krassus. Wie bereits in der vorigen Epoche fällt eine Menge von Menschen dem verdorbenen Rechtswesen des in der bisherigen Form nicht mehr lebensfähigen Staates zum Opfer. Nicht mehr die Frage, ob schuldig oder unschuldig, wird vor Gericht entschieden, sondern die Frage, wieviel Nutzen die Erledigung eines Prozesses den Finanzleuten zu bringen vermag.

Im Jahre 99 wurde Q. Servilius Caepio der Sohn, da er bei der Abstimmung über das Getreidegesetz des Saturninus eine Volksversammlung gewaltsam gestört hatte, wegen Majestätsverbrechen angeklagt, aber freigesprochen. Im Jahre 94 zog umgekehrt dieser den C. Norbanus vor Gericht, weil er neun Jahre zuvor seinen Vater durch gewaltsame Mittel zur Verurteilung gebracht und dadurch sich an der „Hoheit des Volkes" versündigt habe.

Einen ganz anderen Ausgang nahm der eigentlich typische Prozeß dieser Zeit der unumschränkten Herrschaft der Rittergerichte, derjenige gegen P. Rutilius Rufus im Jahre 92. Er war als Legat des Mucius Scaevola seit 94 in der Provinz Asien tätig gewesen, und beide Männer hatten ihr Amt so zur Zufriedenheit des Senates und der Provinzialen ausgeübt, daß man den späteren Verwaltern Asiens zu empfehlen pflegte, sich die Grundsätze dieser Statthalterschaft zum Muster zu nehmen, und dem Prokonsul zu Ehren sogar ein provinziales Erinnerungsfest eingerichtet wurde. Die Anklage gegen Rutilius lautete trotz alledem auf Erpressung, obwohl er wie sein Prokonsul nichts anderes getan hatte, als Erpressungen zu verhindern, und sich dadurch den Haß der Steuerpächter zugezogen hatte. Trotzdem geschah das Unglaubliche: Rutilius, einer der anständigsten Männer der Senatspartei, dabei eine politisch gemäßigte Persönlichkeit, wurde verurteilt und zwar zu einer so hohen Geldsumme, daß er sie nicht voll zahlen konnte. Er ging daher in die Verbannung und zwar bezeichnenderweise in die Provinz, die er so arg behandelt haben sollte, wo er, zuletzt in Smyrna, das Ende seines Lebens in literarischer Muße verbrachte, froh, den mißlichen Verhältnissen in der Heimat entrückt zu sein.

Das Ende des Jahrzehnts brachte ein Ereignis unerhörter Art. Ein Mann der Senatspartei, M. Livius Drusus, der Sohn des gleichnamigen Mannes, der einst Gaius Gracchus zu stürzen versucht hatte, beschritt die Bahn der Reform. Die Nobilität gebrauchte das Tribunat jetzt als Kampfeswaffe, während es bisher nur Verteidigungsmittel gegen die anstürmenden Popularen gewesen war. Drusus wurde zum „Gracchus der Aristokratie" (91 v. Chr.).

Nach den eben betrachteten Vorkommnissen war es kein Wunder, daß er seine Reform mit einem Richtergesetz begonnen hat. Nach demselben sollten 300 Ritter, und zwar die angesehensten und tüchtigsten, in den arg zusammengeschmolzenen Senat eintreten und aus dieser vergrößerten Körperschaft sollten die Geschworenen entnommen werden, offenbar in der Annahme, daß durch diesen Vermittlungsvorschlag die in die Brüche gegangene Eintracht der beiden Stände wiederhergestellt werden könne. In Wirklichkeit waren weder die Nobiles noch die Ritter damit zufrieden, die letzteren am wenigsten, weil ein Gesetzeszusatz die Verantwortlichkeit der Richter betonte, und zwar mit rückwirkender Kraft, so daß ein Vorgehen gegen die früheren ritterlichen Geschworenen wegen Bestechlichkeit drohte.

Um die mächtige Ritterschaft in ihre Schranken zurückzuweisen, wurde der Tribun gezwungen, jetzt mit den Mitteln der Popularen, mit Acker- und Getreidegesetz, zu arbeiten.

Das Getreidegesetz kann sich nur in der Richtung desjenigen des Saturninus bewegt haben. Die dadurch bedingte Erhöhung der Staatsausgaben legte auch Livius den Vorschlag einer staatlich genehmigten Münzverschlechterung auf, nämlich auf je sieben Silberdenare die Ausgabe eines achten plattierten.

Das Ziel des Ackergesetzes war, allen noch verfügbaren Staatsacker in Italien und in Sizilien, einschließlich der großen kampanischen Staatsdomäne, zur Aufteilung zu bringen. Die Ausführung wurde diesmal in die Hände einer zehngliedrigen Ackerkommission gelegt, an deren Spitze der Tribun selbst und L. Krassus standen. Die Italiker, auf deren Gebiet die Neugründungen übergriffen, wurden, weil sie auch für ihren Privatbesitz zu fürchten begannen, wieder unruhig, insbesondere die Etrusker und Umbrer, wo der Großgrundbesitz die größte Ausdehnung hatte, und führten Beschwerde bei dem reformfeindlichen Konsul Philippus.

Trotzdem sind, wie das Richtergesetz, auch das Getreidegesetz und das Ackergesetz miteinander verkoppelt, d. h. in ungesetzlicher Weise zu Anfang des Sommers 91 auf gewaltsame Weise unter Einschüchterung der Stimmberechtigten angenommen worden. Als der zugunsten der Ritter sich einsetzende Konsul gegen das Verfahren Einspruch erhob, wurde er von Drusus durch dessen Amtsdiener unter Mißhandlung zum Schweigen gebracht und verhaftet. In seiner Bedrängnis wandte er sich an den Senat. Als er auch hier kein Gehör fand, da die Senatsmehrheit mit dem Richtergesetz einverstanden war, drohte er mit einem Staatsstreich. In der vom Tribunen auf den 13. September dagegen einberufenen Senatssitzung übernahm der Redner L. Krassus die Verteidigung des Reformers und die Zurückweisung der Angriffe des Konsuls.

Da beraubte der ganz plötzlich eingetretene Tod des Krassus (20. September) den Tribunen seines besten Helfers. Der Senat begann in seinem Widerstand gegen den Konsul zu erlahmen, und schließlich gelang es diesem, als Konsul vom staatsrechtlichen und als Augur vom sakralrechtlichen Standpunkt aus, die Ungesetzmäßigkeit des reformerischen Vorgehens nachzuweisen und die Ungültigkeitserklärung der Gesetze durchzusetzen. So hoch auch das Ansehen des Tribunen durch eine großartige persönliche, überall eingreifende Tätigkeit gestiegen war, gab er doch unbegreiflicherweise in diesem Moment nach und machte von seinem Einspruchsrecht gegen den Senatsbeschluß keinen Gebrauch.

Sein Schicksal begann sich zu wenden, offenbar weil die durch die Reformpolitik von neuem entfesselte italische Bewegung unterdessen zu stark angeschwollen und ihm über den Kopf gewachsen war. Genau wie sein bedeutendster popularer Vorgänger ist auch dieser mit dem Senat dem gleichen Ziele zustrebende Optimat an dem größten Problem der Zeit gescheitert. Er hat zur Gewinnung der Italiker für die materiellen Opfer, die sie beim Ackergesetz bringen mußten, Versprechungen zur Verleihung des Bürgerrechts gemacht. Mit einer für einen römischen Politiker zu großen Ehrlichkeit scheint auch er jetzt daran gedacht zu haben, das Versprechen durch Einbringung eines Bundesgenossen-Gesetzes einzulösen.

Die Italiker haben sofort für den ihnen sympathischen Tribunen Partei ergriffen. Der Marserführer Q. Pompaedius

Silo hat mit anderen hervorragenden Italikern früh im Hause des Livius als Freund und Gast verkehrt. Wir hören schließlich von einem geheimen Eid der Italiker, Drusus treu zu bleiben bis zur Erreichung seiner Bestrebungen. Überall in Italien wurden für die Genesung des unterdessen erkrankten Tribunen Gelübde dargebracht, etwas, was mit der republikanischen Staatsordnung schwer vereinbar war. Treueid und Wünsche nebeneinander weisen bereits in die Ferne, in welcher derartiges für Staat und Prinzeps stehender Brauch wurde. In Rom, wo die Verhetzung schon einen hohen Grad erreicht hatte, wurde man sehr verstimmt. Der Vorwurf, daß Livius' Politik schließlich eine ungeheure Gefahr für Rom heraufbeschwöre, war nur allzu berechtigt. Zum Bundesgenossen-Gesetz ist es nicht mehr gekommen. Der Tribun hat gegen Ende seines Amtsjahres eines Abends den Tod durch Mörderhand gefunden. Der Täter blieb unermittelt. Weil die Ereignisse sich überstürzten, fand auch keine Untersuchung statt. Nach Ciceros Zeugnis, der als Jugendlicher das Ereignis miterlebt hat, wurde Q. Varius Hybrida, einer seiner schärfsten Gegner im Kollegium, von einem Freunde des Ermordeten als der Täter bezeichnet. Zum zweitenmal hat das Problem drohend sein Haupt erhoben, an dem schon C. Gracchus gescheitert war. Wie die Agrarfrage ehedem im Dienste des Volkes, so hat jetzt die Lösung des zum öffentlichen Skandal gewordenen Gerichtswesens im Dienste des Senats durch einen der Nobilität angehörigen Tribunen mit der Aufrührung der Bundesgenossenfrage geendet. An Stelle der Lösung des Sozialproblems wie an Stelle der Justizreform drängte die italische Verfassungsfrage, die nicht mehr zu umgehen war, zur Entscheidung. Sie kostete abermals das Leben eines der edelsten Männer der Nation. Noch im letzten Augenblick schon im Angesicht der von außen drohenden Gefahr wurde von dem eben erwähnten Volkstribunen Q. Varius Hybrida ein Majestätsgesetz eingebracht zur Einsetzung eines außerordentlichen Gerichtshofes gegen diejenigen, welche den Italikern offen oder geheim Beistand geleistet hätten. Als die Amtsgenossen des Varius ihr Veto einlegten, erzwangen die Ritter, mit entblößten Schwertern an den Stimmbrücken stehend, die Annahme des Gesetzes. Viele Anhänger des Livius gingen daraufhin freiwillig in die Verbannung, andere wurden verurteilt. Im Zusammenhang mit diesen Verfolgungen und dem Tode des Tribunen steht vielleicht der Marsch des Marsers Q. Pompaedius Silo samt seinen Zehntausend auf Rom, herbeigerufen von den vergewaltigten Freunden des Livius. Er wurde von dem gewesenen Zensor Cn. Domitius Ahenobarbus aufgehalten und zur Umkehr gebracht.

Die allgemeine Gärung unter den Bundesgenossen war nicht mehr zu dämpfen. Das Signal zum offenen Ausbruch des Aufstandes gab die Ermordung des mit prokonsularischer Gewalt ausgestatteten Proprätors Servilius in Askulum (Ascoli), der zur Überwachung des besonders unruhigen Picenum ausgesandt worden war. Alle in der Stadt weilenden römischen Bürger wurden niedergemacht und ihr Eigentum ausgeplündert. Man raste so, weil man die Verschwörung der Italiker entdeckt glaubte.

Ein Krieg begann, der seit dem hannibalischen der schwerste und gefährlichste für Rom wurde. Die ersten, die in den offenen Kampf eintraten, waren die Marser. Es folgten schnell die übrigen kleinen Stämme Mittelitaliens. Dann griff die Bewegung nach Süden über, wo namentlich Samnium und Lukanien Hauptherde des Aufruhrs wurden. Dagegen blieben die an Großgütern reichen Gebiete von Etrurien und Umbrien, die starke Beziehungen zur römischen Ritterpartei unterhielten, zunächst noch romtreu. Man stand plötzlich einer Lage gegenüber, die lebhaft an den Latineraufstand des vierten Jahrhunderts erinnert. Nur verlief alles jetzt in viel größeren Ausmaßen.

Die ersten Unternehmungen der Empörer richteten sich gegen die im Aufstandsmeer wie feste Inseln noch herausragenden Bürger- und Latinerkolonien sowie einige bessergestellte bundesgenössische Gemeinden, die zunächst noch zauderten. Eine Art von Festungskrieg großen Stils steht so am Anfang der Bewegung.

Gleichzeitig gaben sich die Aufständischen eine erste militärische Organisation. Die nördlichen Stämme unterstellten sich dem Marser Q. Pompaedius als Imperator, den vier Prätoren für die Einzelstämme umgaben. Die Samniten führte als Imperator C. Papius Mutilus ebenfalls mit vier Prätoren als Führer der Teilstämme. Als die Forderung nach Bewilligung des Bürgerrechts in scharfer Form abgelehnt wurde, schuf man auch eine Verfassung für den neuen Staat. Die Stadt Korfinium im Pälignerland, ein ausgezeichneter Straßenknotenpunkt, wurde unter dem Namen Italia zur Bundeshauptstadt erhoben und in großen Ausmaßen der Marktplatz abgesteckt, weil von vornherein eine Großstadt ins Auge gefaßt war, wie einst Epameinondas in Arkadien in Gestalt von Megalopolis oder in Messenien (Messene) Landschaftsstädte gegründet hatte. Im Mittelpunkt der Verfassung stand ein Senat von 500 Mitgliedern, zusammengesetzt aus Vertretern der einzelnen Gemeinden des Gesamtbundesgebietes. Aus dem Gesamtsenat wurde ein Ausschuß gebildet, dem die vollziehende Gewalt zukam, und der die jährliche Wahl von zwei Konsuln und zwölf Prätoren anordnete, wahrscheinlich aus den Reihen der Ratsherren und durch deren Abstimmung. Die Verfassung ging also von Anfang an über die Verfassung eines Stadtstaates weit hinaus, hatte vielmehr die Form des Bundesstaates. Als solcher zeigte sie römische und griechische Anleihen. Die lateinische Sprache war die Staatssprache; aber daneben war für den südlichen Bundesteil die oskische Mundart zugelassen. Dies zeigen die von den Aufständischen geprägten Münzen des Südens, merkwürdigerweise hier vorübergehend mit einem Romatypus, demgegenüber dann von Norden her der Italiatyp durchdrang, daneben Mars, Bellona, Minerva und andere Götter, einmal neben dem Stier ein stehender Krieger mit dem Namen des samnitischen Oberfeldherrn. Der sabellische Stier im Kampf gegen die römische Wölfin, so kann man den Kampf auch bezeichnen. Die Zeiten der Samnitenkriege des 4. und 3. Jahrhunderts schienen wiederkehren zu wollen.

Die Streitkräfte der Aufständischen waren denen der Römer und der treugebliebenen Bündner etwa gleich, gegen 100 000 auf jeder Seite. Aber sie waren besser vorbereitet, da Rom durch einen Ausbruch der italischen Volksleidenschaft überrascht wurde. Die Römer umgekehrt beherrschten das Meer, da die Griechenstädte des Südens zumeist treu geblieben waren, und hatten die Einkünfte sowie die Truppen der Provinzen zur Verfügung. Von letzteren wurde in ausgiebiger Weise Gebrauch gemacht, so durch Heranziehung spanischer, keltischer und numidischer Abteilungen, ebenso durch Bereitstellung von Kriegsschiffen aus dem fernen Osten. Endlich wurden Freigelassene ausgehoben, was nur in den schwersten Zeiten des Zweiten Punischen Krieges geschehen war.

Rom stellte zwei konsularische Heere auf: eine Nordarmee unter P. Rutilius Lupus und ein Südheer unter dem anderen Konsul L. Julius Cäsar. Ihnen wurden als Legaten alle erprobten Generäle ohne Rücksicht auf die Parteizugehörigkeit als Legaten unterstellt, bei der Nordarmee u. a. Cn. Pompeius Strabo und der damals schon 65 Jahre alte Marius, der freudig die Gelegenheit ergriff, durch militärische Leistungen sich wieder emporzuarbeiten. Bei der Südarmee war der hervorragendste Legat Sulla.

Der Krieg verlief im ersten Jahr (90) zunächst ungünstig für Rom. Die beiden römischen Armeen gingen an die Bergpässe am Westrand des Aufstandsgebietes heran. Die zum Schutze Latiums aufgestellte Nordarmee hatte als Ziel den Entsatz von Alba im Marserland. Neben dem Konsul und seinen Legaten kämpfte am äußersten nördlichen Flügel Pompeius Strabo mit einer selbständigen Abteilung auf der Salzstraße in der Richtung auf Askulum in Picenum. Die Südarmee hatte als Operationsbasis das reiche Kampanien, von wo der Entsatz von Aesernia in Nordsamnium ins Auge gefaßt wurde.

Der erste, der zum Angriff überging, war Strabo. Es kam zu einer Belagerung von Askulum. Aber die Stadt wurde von dem marsischen Prätor T. Lafrenius bald befreit und Strabo nach Norden abgedrängt. Hier wurde er erst in der zweiten Hälfte des Jahres von Servius Sulpicius wieder flott gemacht, so daß eine zweite Einschließung Askulums vorgenommen werden konnte. Die Hauptmasse der Nordarmee kämpfte noch unglücklicher. Der Konsul wurde im Zentrum von dem Päligner Vettius Scato in einen Hinterhalt gelockt und nicht nur geschlagen, sondern auch getötet (am 11. Juni 90). Nach seinem Tode trat Marius hier in den Vordergrund

und betrieb eine kluge Ermattungsstrategie, die in diesem gefahrvollen Augenblick Rom mehr genützt hat als das Dreinschlagen der anderen Unterführer, das meist mit taktischen Mißerfolgen endete. Demgegenüber setzte Marius seine hinhaltende Kriegführung auch dann noch fort, als er in einem Treffen gesiegt hatte, wobei Sulla mit dem nördlichen Flügel der Südarmee die gegnerische Niederlage vervollständigt hatte. Offenbar war Marius von dem Gedanken geleitet und hat dies auch dem Feind zu erkennen gegeben, daß ein baldiger friedlicher Ausgleich zwischen den blutsverwandten Kämpfern förderlicher sei als die gegenseitige Vernichtung. Hier hat der alte Haudegen, selbst ein Italiker, der schon im Kimbernkrieg eine Kohorte aus dem Stamme der Marruciner wegen Tapferkeit mit dem Bürgerrecht beschenkt hatte, sich noch einmal politisch in einer Weise betätigt, die verständiger und vorausschauender genannt werden muß als das blutige Vorgehen des Sulla gegen das Samnitenvolk am Ende des Krieges.

Bei der Südarmee war die Befreiung von Aesernia trotz längerer Belagerung nicht gelungen. Julius Cäsar mußte zurückgehen, und sogar das wichtige Nola im Hinterland des Vesuvs fiel durch Verrat. Darauf ergriff der Abfall auch die Küstenstädte von Herkulaneum bis Salernum. Der Konsul konnte erst, nachdem er trotz herangezogener Verstärkung in Nordkampanien noch eine weitere Niederlage durch Marius Egnatius erlitten hatte, einen Sieg bei Acerrae erringen und ging darnach zur Abhaltung der Konsulwahlen nach Rom.

So endete das erste Kriegsjahr etwas günstiger für die Römer, als es begonnen hatte. Da gab es einen Rückschlag. Ein Teil der umbrischen und etruskischen Gemeinden trat ebenfalls zu dem Feinde über, und es bestand jetzt die Gefahr, daß jederzeit die Verbindung Roms mit dem treugebliebenen cisalpinischen Gallien unterbrochen werden konnte. Bei dieser Kriegslage entschloß man sich zu einem gewissen Grad von Nachgiebigkeit. Julius Cäsar brachte am Ende seines Konsulates ein Gesetz ein *(lex Iulia)*, in welchem den treugebliebenen Bundesgenossen, ihre Zustimmung vorausgesetzt, das Bürgerrecht zugesagt wurde. Das Gesetz gab außerdem den Heerführern unter Zustimmung ihres militärischen Beirates das Recht, an geeignet erscheinende Provinziale das Bürgerrecht zu verleihen. Denn Pompeius Strabo hat am 17. November 89 den spanischen Reiterabteilungen seiner Armee für hervorragende militärische Leistungen „auf Grund des julischen Gesetzes“ das römische Bürgerrecht verliehen.

Dem julischen Gesetz folgte ein zweites *(lex Plautia Papiria)*, welches von zwei Volkstribunen des neuen Kollegiums (10. Dezember 90) sofort beantragt wurde, nämlich den Volkstribunen M. Plautius Silvanus und C. Papirius Karbo. Danach sollten alle Italiker, die die Waffen niederlegten und innerhalb von 60 Tagen beim römischen Prätor sich meldeten, das römische Bürgerrecht erhalten. Dies zweite Gesetz, das sich nicht an die Gemeinden wandte, sondern an einzelne Personen Italiens, suchte aus den Reihen der Gegner Überläufer zu schaffen.

Die neuen Bürger wurden jedoch auf nur acht von den vorhandenen 35 Tribus verteilt und dadurch zu Bürgern zweiter Ordnung herabgedrückt. Das nahm der Maßregel stark den Wert und führte sofort zu heftigem Widerstand.

Zur Ergänzung der beiden Bürgergesetze diente dann ein Gesetz des Konsuls von 89, Pompeius Strabo, der bei seinem Amtsantritt den Transpadanern mit Einführung der römischen Munizipalordnung an Stelle der keltischen Volksgemeinden daselbst das latinische Recht, unter Angliederung („Attribution“) der kleineren Stämme der Alpentäler an die Gemeinden, verlieh.

Trotz aller Zugeständnisse ging der Krieg im Jahre 89 weiter, diesmal aber mit etwas besseren Ergebnissen für Rom als im Vorjahr. Beide Heere der Konsuln wurden jetzt auf dem nördlichen Kriegsschauplatz eingesetzt. Aber der eine Konsul, Porcius Kato, fiel sehr bald im Kampf gegen die Marser. Pompeius Strabo dagegen vernichtete eine nach Etrurien vorgeschobene Abteilung und konzentrierte nach Überlassung der kleineren mittelitalischen Stämme an die Unterfeldherrn seine Haupttätigkeit wieder auf Askulum. Es gelang ihm, einen entscheidenden Sieg, wahrscheinlich auf der Salzstraße westlich der Stadt, zu erringen und die

Reste der besiegten Gegner nach Umbrien abzudrängen, wo sie im Gebirge den Tod durch Hunger und Kälte erlitten. Dann schritt er zur letzten Belagerung von Askulum. Nach heldenmütiger Verteidigung gelang die Eroberung endlich im November 89, worauf am 25. Dezember der Triumph des zum Imperator emporgestiegenen Konsuls gefeiert wurde.

Auf dem südlichen Kriegsschauplatz legte Julius Cäsar das ihm über die Konsulatszeit verlängerte Oberkommando wegen Kränklichkeit bald nieder und ging nach Rom zurück, um die ihm zuteil gewordene Zensur auszuüben. Die Kriegführung lag hier seitdem fast ausschließlich in den Händen Sullas. Er blieb zunächst in der Verteidigung. Das Ziel der Heeresleitung war und blieb im Süden die Gewinnung Samniums. Aber zuvor mußten Kampanien, Lukanien und Apulien vom Feinde gesäubert werden.

Nach der Eroberung der kampanischen Städte ging Sulla gegen Samnium vor, und zwar wurde das Land von Süden aus erobert. Zum Schluß wurde im Norden nach einem Sieg über Papius Mutilus der Kampf mit der Einnahme von Bovianum Vetus zu einem gewissen Abschluß gebracht. Nur die zweite Bundeshauptstadt Aesernia hielt sich noch. Unterdessen war auch auf den Nebenschauplätzen des Südens, in Apulien, teilweise auch in Lukanien, die Hauptarbeit getan. Im Herbst 89 begab sich Sulla nach Rom und wurde einstimmig für diese militärischen Erfolge für das Jahr 88 zum Konsul gewählt.

Auf die kleineren Stämme Mittelitaliens hatten inzwischen die Bürgerrechtsgesetze gewirkt und ihre Unterwerfung mehr als mit Waffengewalt zustande gebracht. Die Samniten dagegen gaben den Kampf auch jetzt noch nicht auf. Sie veranstalteten während des Winters bedeutende Rüstungen und wählten in Aesernia fünf neue Feldherren. Unter ihnen erhielt den Oberbefehl der Marser Pompaedius Silo, der nach der Unterwerfung seiner Landsleute die Heimat verlassen hatte. Die Einstellung von 20 000 Sklaven in die Armee und die Anknüpfung von Verbindungen mit dem pontischen König Mithridates zeigen aber die Schwäche ihrer Stellung. Die Römer formierten für das dritte Kriegsjahr (88) sogar drei Heere, um endlich ein Ende zu machen: im

Norden unter dem jetzt Prokonsul gewordenen Strabo, in Samnium und Apulien unter dem Proprätor Metellus Pius, in Kampanien unter dem Konsul Sulla. Hier wurden die letzten festen Plätze, darunter Venusia, nacheinander erobert. Nur Nola leistete auch weiterhin Widerstand. Pompaedius Silo wurde nach vorübergehender Rückeroberung von Bovianum und Japygien geschlagen und getötet. Ein Versuch der letzten Reste der Aufständischen, den Krieg nach Sizilien hinüberzuspielen, scheiterte schon bei Rhegium an dem tapferen Eingreifen des dortigen Statthalters C. Norbanus.

Die Rückwirkung des italischen Bruderkriegs auf Rom ist ganz außerordentlich gewesen. Nur in der Zeit des Kriegsbeginns im Jahre 90 hatte der Kampf der Parteien unter dem Druck von außen her geruht, um aber schon im folgenden Jahre wieder auszubrechen. Politisch kam zu den alten Gegensätzen nun derjenige noch zwischen Alt- und Neubürgern. Daneben brachte der Krieg eine schwere finanzielle Krise über den Staat und die Parteien. Es waren unendlich viel Werte vernichtet worden. Zudem hatte die mehrjährige Trennung der Großbesitzer von ihrem Besitz draußen im Lande einen großen Einnahmeausfall zur Folge. Einen noch größeren verursachten die Unruhen in Asien, wo die Kapitalien der reichen Finanzleute angelegt waren. Endlich hatte sich der seit den Reformen des Livius Drusus offenkundig gewordene Gegensatz zwischen Senat und Ritterschaft in dieser Krisenzeit zusehends von neuem verschärft.

So kam es, daß der populare Volkstribun M. Plautius Silvanus das Hauptproblem des Livius wieder aufgriff. Nach seinem Richtergesetz vom Ende des Jahres 89 sollten die Geschworenen in Zukunft vom Volke gewählt werden, und zwar fünfzehn aus jeder Tribus, was ebenfalls auf eine gemischte Zusammensetzung der Gerichtshöfe aus den beiden obersten Ständen hinauslief. Gleichzeitig wurde dem durch das Gesetz des Varius Hybrida eingesetzten Sondergericht über Majestätsverbrechen am Volke (s. o. S. 445) ein Ende bereitet, und dabei verfing sich der Gesetzesschöpfer in der Schlinge seines eigenen Gesetzes.

Aber viel schwerere Folgen hatte die angedeutete Vernichtung des Wirtschaftslebens durch den Krieg und die Ausbeutung der immer mehr verarmenden Massen durch die Staatslenker und ihre Helfershelfer. Wir hören von zahlreichen schweren Verschuldungen und von der Unfähigkeit der Schuldner, die von ihnen geforderten hohen Zinsen zu zahlen. Der Stadtprätor A. Sempronius Asellio, der in seinen Urteilen stark für die wirtschaftlich Schwachen eintrat und es regelmäßig auf Grund der Klagen der Schuldner zu Prozessen wegen zu hohen Zinsnehmens kommen ließ, wurde in der ersten Hälfte des Jahre 89 eines Tages von den empörten Gläubigern beim Frühopfer überfallen und getötet. In Rom, das einst den Magistrat in höchster Achtung gesehen hatte, folgten jetzt die Beamtenmorde schnell aufeinander und bezeugten mehr als alles andere, daß das alte republikanische Staatsgebäude auch von innen her in seinen Fugen zu krachen begann.

Auf den Höhepunkt kamen alle diese Gegensätze im Jahre 88 und führten zum offenen Bürgerkrieg in den Straßen der Stadt. Gegenspieler des Konsuls Sulla wurde der Volkstribun P. Sulpicius Rufus, ein Mann von hoher Geburt, dabei von außerordentlicher Redegabe, aber sehr verschuldet. Unter Livius Drusus war er noch einer von dessen vertrautesten Freunden gewesen. Zur Plebs übergetreten, beschritt er jetzt in seinem Volkstribunat, gestützt auf die Ritter, den Weg des Radikalismus.

Er eröffnete seine Tätigkeit mit der Bekanntgabe mehrerer Gesetzesvorschläge, die den Betroffenen höchst unheilvoll erschienen, voran mit dem Antrag, daß kein Senator mehr als 2000 Denare (nom. etwa 1800 Goldmark) schuldig bleiben dürfe, widrigenfalls er seines Sitzes im Senat verlustig gehe. Dies wurde wegen der lächerlich kleinen Summe mit Recht als eine Schikane der Ritter gegen den Senat oder einzelne Senatoren aufgefaßt. Ein zweiter Antrag ging auf Rückberufung der auf Grund des varischen Gesetzes Verbannten. Der radikalste seiner Anträge aber war der dritte, der die italischen Neubürger betraf. Diese sollten danach auf alle 35 Tribus verteilt werden, und gleichzeitig sollte den Freigelassenen dasselbe Recht zuteil werden. Der Antrag war wohl imstande, die noch fehlende Beruhigung in Ita-

lien herbeizuführen, verschaffte aber, worauf es wohl in erster Linie abgesehen war, Sulpicius die volle Herrschaft in der Volksversammlung. Das rief die Altbürger auf den Plan und verleitete umgekehrt den Tribunen zu Gewaltmaßnahmen, Unruhen und Schlägereien gelegentlich der Verhandlungen über das Gesetz. Die Konsuln verkündeten einen „Geschäftsstillstand" *(iustitium)*, um die gefährliche Abstimmung möglichst weit hinauszuschieben. Der Volkstribun umgab sich daraufhin mit Bewaffneten aus seiner Anhängerschaft (an 3000), darunter etwa 600 jungen Rittern, die er seinen „Gegensenat" nannte. In einer Volksversammlung, in der viele seiner Anhänger verborgene Waffen trugen, ging er gegen den Geschäftsstillstand vor, den er als gesetzwidrig bezeichnete, und gab schließlich das Zeichen zum Gebrauch der Waffen. Der Konsul Q. Pompeius entkam aus dem Getümmel, aber sein Sohn, der Schwiegersohn Sullas, wurde ein Opfer des Straßenkampfes. Sulla mußte das *iustitium* aufheben und eilte zu seinem Heere nach Kapua. Sulpicius war Herr der Lage. Nach Annahme seines Gesetzes stellte er noch den Antrag, den für Sulla vorgesehenen Oberbefehl im mithridatischen Krieg dem alten Marius zu übertragen, um dadurch der Nobilität den tödlichsten Schlag zu versetzen. Auch dieser Antrag wurde nach Gewaltanwendung vom Volke angenommen. Zwei Tribunen erschienen bei Sulla, um ihm den Beschluß des Volkes mitzuteilen und das Heer für Marius zu übernehmen.
Es war ein Moment höchster Spannung und von größter Bedeutung für die Zukunft des Staates. Sulla berief kurzerhand eine Heeresversammlung, schilderte ihr die ihm feindseligen Bestrebungen des Sulpicius und Marius in Rom, die verächtliche Behandlung der konsularischen Gewalt und wies schließlich auf die glänzende Beute hin, die seine Gegner zu ihrem eigenen Nutzen dem Heere entziehen wollten.

Das letztere schlug durch. Während die Offiziere bis auf den Quästor nicht mitmachten, forderten die Soldaten ihren Feldherrn auf, sie gegen Rom zu führen. Die Tribunen wurden gesteinigt. Der Armee stand die asiatische Beute höher als das Staatsrecht. Mit vier oder fünf Legionen erfolgte dann der Marsch Sullas auf Rom. Zwei entgegengesandte Prätoren erhielten die Antwort, Sulla komme selbst, um die Stadt von ihren Tyrannen zu befreien, womit später auch Cäsar und Oktavian den Verfassungsbruch motivierten. Daraufhin ließen seine Gegner im letzten Moment zahlreiche Anhänger Sullas umbringen und ihre Häuser plündern. Sullas Amtsgenosse Q. Pompeius wurde ihm im letzten Augenblick noch entgegengestellt, und vom Senat erschien noch einmal eine Gesandtschaft mit dem Ersuchen der Einstellung des Vormarsches, bis die Körperschaft über die Lage beraten und Beschluß gefaßt habe. Es war zu spät. Der Konsul drang mit seinem Heer in die Stadt ein und eroberte sie im Straßenkampf, nachdem die von Marius eiligst zusammengeraffte Mannschaft, darunter auch Sklaven, geschlagen worden war. Nach wenigen Stunden war Sulla Herr von Rom und die Legionen lagerten zum erstenmal auf dem römischen Forum. Die Armee war in den Bürgerkrieg hineingezogen – eine Tatsache, die noch schlimmer war, als die Preisgabe der Unabhängigkeit der Rechtsprechung durch Gaius Gracchus. Das Staatsgebäude krachte abermals in seinen Fundamenten.

Unter dem Schutz des Heeres wurden die Gesetze des Sulpicius aufgehoben, zwölf Häupter der Gegenpartei, darunter Sulpicius selbst, die beiden Marii, Vater und Sohn, geächtet, als Feinde des Vaterlandes erklärt und ihre Güter eingezogen. Sulpicius flüchtete, wurde aber in Laurentum von einem Sklaven verraten. Ihm wurde der Kopf abgeschlagen, der dann auf der Rednerbühne zur Schau gestellt wurde. Marius kam mit seinem Sohn nach seltsamen Abenteuern, die man schon im Altertum romanhaft ausgesponnen hat (bekannt ist die Geschichte von seiner Errettung aus dem Gefängnis von Minturnae, wo er von einem keltischen kriegsgefangenen Sklaven getötet werden sollte, der Sklave aber vor dem Blick des Kimbernbesiegers zurückgewichen sei), bis nach Afrika und Numidien, von wo aus Vater und Sohn auf der Insel Kerkina (Gherba) sich versteckt hielten.

Das waren die denkwürdigen Ereignisse des Sommers 88, die den Auftakt bildeten zu dem Neubau des zusammengebrochenen Staates. Mit einem Schlage war es offenbar geworden, daß die marianischen Proletarierlegionen in den Händen eines skrupellosen Führers eine furchtbare Waffe bedeuteten. Die Konsuln, die diese Waffe seither gebraucht hatten, waren bis 88 mit den Volkstribunen zusammengegangen.

Nun auf einmal trat das Gegenteil ein. Der Konsul mit seiner ihm ergebenen beutelüsternen Soldateska machte Front gegen die von den Tribunen beherrschten Massen. Das militärische Proletariat wurde gegen das zivile ausgespielt und siegte selbstverständlich vermöge seiner höheren Disziplin und seiner besseren Ausrüstung. Die Waffe des Marius, gegen den äußeren Feind geschmiedet, wandte sich im Bürgerkampf gegen ihn selbst. Ein furchtbarer Präzedenzfall war geschaffen: Rom, bisher für das Heer nach dem Staatsrecht unbetretbar, war den Legionen ausgeliefert. Die Gesetze schwiegen, die Waffen entschieden, das Juristenvolk sah den Bürgerkrieg in den Mauern seiner Stadt, nachdem Italien schon seit drei Jahren in zwei Lager gespalten war und die Bruderstämme sich blutig zerfleischt hatten. Wohl war der Freistaat gerettet, aber der heilige Boden Roms war durch das Betreten seitens der Soldateska entweiht. „Er war seitdem keine Stätte mehr für republikanische Freiheit."

Von der sozialen Not zur Reform, von der Reform zum Verfassungsbruch und zur Revolution, von der Revolution unter schwerem Außen- und Innendruck zur Umformung des Heeres und zur Lösung des Italikerproblems, von hier zur Hereinziehung der Armee in die inneren Kämpfe und damit zum Bürgerkrieg: das war der Gang der Ereignisse seit 133. Zwei neue Mächte waren auf dem Plan erschienen, die nach der Macht strebten: das Kapital und die Masse.

Jede neue Regierung mußte mit diesen beiden neuen Machtfaktoren rechnen. Die Herrschaft der ritterlichen Hochfinanz drückte die längst schon vorhandene plutokratische Entartung des Staatswesens am sinnfälligsten aus, und die neuen Legionen des Marius bedeuteten von seiten des verarmten

Volkes eine ganz andere Gefahr als die Massen der Hauptstadt, auf die allein die beiden Gracchen sich gestützt hatten. Das Richtergesetz des Gaius Gracchus und die Heeresreform des Marius erscheinen somit dem rückschauenden Auge als die beiden furchtbarsten und zugleich fruchtbarsten Etappen für die Weiterentwicklung der römischen Welt. Das Dritte, was in gleich bedeutsamer Weise die neue Zeit einleitet, war der Sieg der Italiker im Bundesgenossenkrieg. Italien ist ein erweitertes Rom geworden. Der alte Gemeindestaat bleibt zwar der Form nach noch erhalten, tatsächlich wird er überwunden. Die Volksversammlung, die auch fernerhin in Rom zusammentritt, ist jetzt nur noch ein kleiner Ausschnitt aus der Gesamtbürgerschaft des neuen italischen Staates. Und was das Schlimmste ist: die, welche nicht zur Abstimmung kommen können, sind die besten Bürger, während die verwilderten Massen der Hauptstadt, die tatsächlich den Staat darstellen, daran gemessen weit zurücktreten. Die im Bruderkrieg vollzogene Einigung steht also mehr auf dem Papier, als daß sie wirkliche Rechte bringt. Mehr als die politische ist die nationale Einigung eingetreten. Die latinische Nation samt ihrer Sprache durchdringt immer stärker die ganze Halbinsel.

Es ist heute eine Richtung zu Wort gekommen, die die Fernwirkung des Bundesgenossenkrieges herabzudrücken versucht, weil die italische Munizipalordnung erst von Cäsar zu Ende geführt worden ist. Sicher hat es ein Menschenalter gedauert, bis die neue Staatsform, die man mit Recht als die Wandlung vom „Gemeindestaat" zum „Reichsstaat" bezeichnet hat, vollendet worden ist. Aber die Grundlagen hierzu sind unstreitig durch die blutige Lösung der Bundesgenossenfrage gelegt worden. Rom ist schon jetzt nicht mehr die Stadt schlechthin in Italien, sondern eine Stadt inmitten einer Unsumme von städtischen und ländlichen Gemeinden aller Art, wie sie die Stämme der Halbinsel längst bei sich und aus sich erzeugt hatten. Italien, gewissermaßen die Stadtmark von Rom, beherbergt – in einem seltsamen Widerspruch mit sich selbst – eine Unzahl weiterer Städte.

Schon für diesen Scheinterritorialstaat gab es nur zwei Möglichkeiten, wenn er nicht zum Repräsentativsystem über-

gehen wollte, entweder die Herrschaft des Senats oder die Herrschaft eines Einzelnen, da die Volksversammlung nach dem Gesagten nur noch ein Possenspiel war. Neben den „Adlern des Marius" ist also diese Verbreiterung der Bürgerbasis über ganz Italien eine weitere Etappe zur Entstehung der Einherrschaft geworden, gerade wie die nächste Bürgertumsausweitung durch den Erlaß des Kaisers Karakalla im Jahre 212 n. Chr. über die Provinzen hinweg den Übergang vom Prinzipat zum Dominat eingeleitet hat.
Sulla, der erste Reformator auf dem Boden des neuen gesamtitalischen Staates, begnügte sich als alter eingefleischter Aristokrat damit, den ersten der obenerwähnten zwei Wege zu gehen: Stärkung der aus dem Ritterstand erweiterten Senatsgewalt bei gleichzeitiger Eindämmung der Volksversammlungswirtschaft und der schrankenlos gewordenen Wirksamkeit der Volkstribunen, deren Allmacht zum Schluß auf der Beherrschung des hauptstädtischen Pöbels ruhte. Seine Maßnahmen sind radikal und mußten es sein, wenn anders er etwas den völlig veränderten Verhältnissen Entsprechendes schaffen wollte, aber sie zeichnen sich durch Klarheit und logische Schärfe aus.
Wir stehen seit C. Gracchus zum erstenmal wieder vor einem politisch gut geschulten Kopf, der nicht nur auf dem Schlachtfeld, sondern auch in der Stadt weiß, was er will. Nicht nur ein Offizier von hervorragendem Ausmaß des Wollens und Könnens wie Marius, sondern ein Offizier und Staatsmann zugleich wie später Cäsar steckt in dieser altrömischen, stahlharten Persönlichkeit, die nun für ein Jahrzehnt in den Mittelpunkt der römischen Politik, der inneren wie der äußeren, rückt.
Die Lage, die er nach der Eroberung der Stadt antraf, war die denkbar schwierigste. Ein großer Krieg gegen den stärksten Feind, der im Osten seit Antiochos III. Rom gegenübertrat, stand bevor, und gleichzeitig brannte das Staatsgebäude im Innern lichterloh.
Mit einem Staatsnotbau begann er, um dann schleunigst nach dem Osten abzugehen. Die Aufhebung der sulpicischen Gesetze brachte auch das jüngste Bundesgenossengesetz zu Fall. Die erste positive Maßregel des Staatsreformators rich-

tete sich aber gegen das Volkstribunat. Gesetzlich wurde festgelegt, daß der Volksversammlung von den Tribunen kein Antrag mehr vorgelegt werden dürfe, der nicht die vorhergehende Zustimmung des Senates hatte, d. h. es wurde der Zustand wiederhergestellt, wie er im alten Staate vor dem Erlaß des hortensischen Gesetzes vom Jahre 287 bestanden hatte. Darüber hinausgehend wurde den Tribusversammlungen das Recht der Gesetzgebung eingeschränkt und vieles den Zenturiatskomitien vorbehalten, und zwar diesen in der Form, die sie vor der Reform nach dem Ersten Punischen Krieg gehabt hatten. Endlich hören wir von einem Gesetz zur Anlage von Kolonien. Der Milderung der wirtschaftlichen Not diente ein Zinsgesetz mit Vorschriften über ein Zinshöchstmaß.

Der Konsul wurde durch alles dies nicht populär. Bei den Wahlen für 87 fielen daher seine Kandidaten durch. Gewählt wurde neben dem geistig und körperlich schwachen Cn. Oktavius von der Senatspartei L. Cinna aus der Reihe der Popularen, ein entschiedener Anhänger des Marius. Seine Wahl mußte Sulla notgedrungen dulden, aber er nahm ihm beim Fortgang aus Italien einen Eid ab, nichts gegen die neue Ordnung zu unternehmen, und ging dann nach Rücksendung seiner Truppen nach Kampanien daran, den Krieg gegen Mithridates zu betreiben. Sein bisheriger Amtsgenosse Q. Pompeius Rufus übernahm die Truppen in Italien, die im Norden des Landes Pompeius Strabo führte. Auf dessen Betreiben wurde aber Rufus, noch ehe Sulla den Boden Italiens verlassen hatte, bei Übernahme des Oberbefehls von seinen Soldaten erschlagen, und Strabo behielt sein Kommando, ein Beweis, in welch übler Lage der Staat sich noch immer befand und eine wie eigenwillige Persönlichkeit dieser Mann war.

Sulla, mit der Finanzierung des Ostfeldzuges beschäftigt, ließ alles dies ruhig geschehen, kümmerte sich auch nicht darum, daß er nach Ablauf seines Amtsjahres auf Betreiben Cinnas in den Anklagezustand versetzt wurde, sondern eilte zum Heere und fuhr mit diesem von Brundisium nach Epirus hinüber, um den Kampf gegen den schon in Griechenland eingedrungenen Feind endlich aufzunehmen.

Es war die höchste Zeit. Mithridates hatte, durch die römisch-italische Krise begünstigt, große Fortschritte gemacht. Eine neue Lage im Osten hatte der Tod des bithynischen Königs Nikomedes III. um 94 v. Chr. geschaffen. In die Thronwirren nach dem Tode hatte Mithridates gegen den rechtmäßigen Erben Nikomedes IV. zugunsten von dessen Bruder Sokrates eingegriffen. Er sowohl wie der aus Kappadokien erneut vertriebene König Ariobarzanes (s. o. S. 439) begaben sich nach Rom, und der Senat beschloß (90), beide Könige wieder einzusetzen. Durch eine Gesandtschaft des Manius Aquillius zu Ende des Jahres wurde dieser Beschluß zur Ausführung gebracht. Nach Mithridates' Weigerung wurde Nikomedes IV. zum Einfall in das pontische Gebiet und zur Sperrung des Bosporus veranlaßt. Hieraus entwickelte sich abermals ein großer Krieg, den Mithridates, gestützt auf seine nordpontischen Truppen, seine Verträge, darunter auch mit den Seeräubern Kilikiens, endlich auf die romfeindliche Stimmung in Vorderasien und den römisch-italischen Konflikt jetzt wagen zu dürfen glaubte.
Seit dem Frühjahr 88 war er zum Angriff übergegangen und verstand es, zunächst ganz Kleinasien einschließlich der römischen Provinz in seine Gewalt zu bringen. Aquillius geriet in seine Hände. Man schleppte ihn durch die Städte Asiens und ließ ihn auf grausame Weise in Pergamon töten.
Gegen die in der Provinz zerstreut lebenden Römer und Italiker erging von Ephesos aus der berüchtigte geheime Blutbefehl an alle Satrapen und städtischen Behörden, am 30. Tag nach Empfang der Nachricht alle Angehörigen der Herrennation ohne Ansehen von Alter, Geschlecht und sozialer Stellung zu töten. Sicher ist in der überlieferten zu hohen Zahl von 80 000 Menschen das gesamte Hausgesinde mit eingeschlossen. Das furchtbare Blutbad machte den Feind im eigenen Herrschaftsraum unschädlich, beseitigte aber ein für allemal die Möglichkeit eines Bündnisses mit den noch gegen Rom im Kampf stehenden Samniten.
Pergamon, der Sitz des römischen Statthalters, wurde, in deutlicher Anknüpfung an die Attaliden, zur Hauptstadt des pontischen Herrschers erklärt.
Die Wellen der griechischen Begeisterung für den Ostbe-

freier schlugen nach dem Mutterland hinüber, besonders nach Athen, das durch eine Gesandtschaft Verbindung mit ihm suchte. Der Traum der durch die Römer gebrachten Hellenen-„Freiheit“ war ausgeträumt. Die Römer büßten in furchtbarer Weise für ihre schamlose Politik gegenüber dem größten Kulturvolk des Ostens.

Zunächst wurden die wichtigen Meerengen im Norden besetzt. Dann erschien die pontische Flotte unter Archelaos im Ägäischen Meer und brachte die Inseln zur Unterwerfung. Der große Freihafen von Delos wurde genommen und auch hier die italischen Kaufleute niedergemacht. Die Stadt Delos wurde zerstört, die Tempelschätze zwischen Mithridates und Athen geteilt. Nur Rhodos hielt an dem Bunde mit Rom fest. Es wurde dafür von Mithridates eingeschlossen, aber nicht erobert.

Beim Übergreifen nach dem Festland feierte vor allem der Römerhaß in Athen wahre Orgien, geschürt in den unteren Schichten von Aristion, einem Manne niederer Herkunft. Trotz einem unentschiedenen Treffen des Archelaos bei Chäronea gegenüber einem Legaten des Statthalters von Makedonien wurde der Piräus besetzt. Die meisten griechischen Staaten folgten dem Beispiel Athens und wurden bereits Ende des Jahres 88 von Archelaos' Truppen übernommen. Man versteht die Eile Sullas und die Tatsache, daß ihm auf einmal in Rom alles klein erschien gegenüber der ganz nahe an Italien herangerückten Außengefahr. Von den sechs Legionen, die vor Nola standen, hatte er fünf und ein Reiterkorps mitgenommen. Diese Armee ergänzte er durch Hilfstruppen, die er nach der Landung in Epirus beim Durchzug durch Ätolien, Thessalien und Böotien aushob. Denn viele griechische Kleinstaaten schlossen sich wieder an die Römer an. Aber was bedeutete dies für den Feldherrn, der unterdessen zum Staatsfeind erklärt, der heimischen Basis und damit des Nachschubs beraubt war? Jetzt waren Führer und Heer ausschließlich aufeinander angewiesen und wuchsen in einem noch nie dagewesenen Umfang zusammen. Sullas Stellung ruhte, losgelöst von der Heimat, nicht mehr auf dem Amt, sondern auf seinem Heer und seinen Siegen. Der römische Siegertitel Imperator, mit dem er bald von seinen Soldaten begrüßt wurde, ist damals reif geworden zur Bezeichnung der späteren Monarchen von Rom, wie sein Beiname Felix (der „Glückliche") jetzt erst seinen tieferen Inhalt bekommen hat. Seinen Truppen, seiner militärischen Einsicht und seinem Glücke verdankt der bedeutende Mann das Gelingen eines für Durchschnittsmenschen unmöglichen Unternehmens. Nie hat er näher an Cäsar herangereicht als in diesen Kriegsjahren im Osten (87 bis 83), in denen er eine militärische Leistung allerersten Ranges vollbracht hat, zugleich aber auch der große „Heeresverderber" geworden ist. Sein bloßes Erscheinen warf die Asiaten trotz ihrer zahlenmäßigen Überlegenheit sofort in die Verteidigung zurück. Da die Rückkehr der griechischen Staaten unter die römische Herrschaft schnelle Fortschritte machte, gingen Archelaos und sein Helfer Aristion auf Athen und den Piräus zurück, und Sulla wurde zu einer langwierigen und höchst verlustreichen Belagerung beider Städte gezwungen, bei der er mit äußerster Rücksichtslosigkeit vorging. Die Belagerungsmaschinen baute er aus dem Holz der niedergeschlagenen heiligen Haine. Geld mußten die Tempelschätze von Delphi, Olympia und Epidauros liefern. Aber erst am 1. März 86 gelang die Eroberung Athens bis auf die Akropolis.

Unterdessen war die Hauptarmee des Mithridates von Makedonien aus durch die Thermopylen bis Elatea an der Grenze Böotiens vorgerückt, um dieses zu belagern. Sulla ließ vorübergehend von Athen ab und trat den vereinigten Truppen des Gegners, da Archelaos vom Meere her die Verbindung mit der Landarmee erreicht hatte, auf dem altberühmten Schlachtfelde von Chäronea entgegen. Strategisch und taktisch ist gleich dieser erste böotische Feldzug von 86 gegen einen an Zahl stark überlegenen Feind unter der höchst beachtenswerten Führung des Archelaos eine Meisterleistung gewesen. Er führt uns den Grundzug sullanischen Wesens, die Verbindung gewaltiger Willenskraft mit einem kühnen, aber stets alles wohl berechnenden Verstand glänzend vor Augen.

Um die Zeit der Schlacht war auch die Akropolis gefallen, und nun ließ Sulla, nach Athen zurückgekehrt, ein furchtbares Strafgericht über die unglückliche Stadt niedergehen. Sie wurde der Plünderung preisgegeben, und die Akropolis in barbarischer Weise verwüstet. Demselben Schicksal verfiel bald darauf auch der Piräus. Hier wurde alles zerstört, was Wert hatte, auch die berühmten langen Mauern. Sulla wollte offenbar erreichen, daß Stadt und Hafen nie wieder zu Stützpunkten in einem Kampf gegen Rom gemacht werden könnten. Seltsam berührt es, daß der Gewaltmensch dann die gänzlich ruinierte Stadt als „frei" erklärt hat.

Von Attika mußte Sulla abermals nordwärts ziehen, diesmal nach Südthessalien, um sich mit einem demokratischen Gegenheer unter dem Konsul L. Valerius Flakkus, dem der militärisch sehr tüchtige Legat C. Flavius Fimbria beigegeben war, auseinanderzusetzen. Die feindliche Vorhut ging aber sofort zu ihm über, und der Konsul zog es daraufhin vor, sich nordwärts zu wenden und von Makedonien aus den Kampf auf eigene Faust nach Asien hinüberzutragen, während Sulla wieder südwärts zurückging.

Mithridates hatte nämlich unterdessen auf seinen einzigen ihm gebliebenen Stützpunkt im Westen, die Insel Euböa, ein zweites Heer unter Dorylaos geworfen, das wieder in Böotien eingedrungen war. Die zweite Schlacht daselbst wurde im Herbst 86 in der Ebene von Orchomenos geschlagen, wo der Feind seine Überlegenheit an Reiterei auszunutzen gedachte. Sulla aber hat hier durch die Anwendung großartiger Schanzarbeiten im Stile des später so meisterhaft von Cäsar ausgebildeten Graben-Systems die Bewegungsfreiheit der Kavallerie im Gelände aufs höchste behindert. Bei einem Angriff der feindlichen Reiter auf seine Arbeitstruppen kam es zum Kampfe, der anfangs einen Sieg des Gegners brachte, dann aber durch Sullas persönliches Eingreifen mit seiner völligen Niederlage endete. Jetzt blieben nur noch Euböa nebst ein paar Seeplätzen und die Inseln des Ägäischen Meeres in feindlicher Gewalt, da Sulla eine Flotte fehlte.

Aber hier und in Kleinasien begann es schon unruhig zu werden. Trotz aller volksfreundlichen Maßnahmen des Königs in der Provinz (Beseitigung mancher Steuern, Verbesserung der Rechtsprechung) hatten die Römerparteien in den

Städten durch die Erfolge Sullas wieder Auftrieb bekommen. Das veranlaßte Mithridates zu energischerem Vorgehen. Die galatischen „Vierfürsten" (Tetrarchen), die angeblich eine Verschwörung angezettelt hatten, wurden getötet. Die Bewohner der Insel Chios wurden wegen Römerfreundlichkeit von ihrer Insel weggeführt und in Kolchis am Schwarzen Meer angesiedelt. Ephesos und andere griechische Städte sagten sich darauf vom König los, da in ihm immer mehr der orientalische Sultan erwachte. Die zweite Niederlage in Griechenland gab dann der Abfallsbewegung in Kleinasien neue Nahrung.

Mithridates, durch all dies zu einem für ihn annehmbaren Frieden geneigt, sah sich plötzlich zwei Feinden gegenüber. Der Konsul Flakkus war von Makedonien aus, wo er wie in Feindesland gehaust hatte, nach der Einnahme von Philippi bis zum Bosporus gelangt, um von hier aus den Angriff auf Asien zu unternehmen. Aber vorher wurde der unbeliebte und militärisch untüchtige Mann das Opfer eines Soldatenaufstandes. Sein Legat Fimbria, der an der Untat nicht unbeteiligt war, übernahm die Führung des Heeres und erlangte unter dem Druck der Lage die widerwillige Anerkennung des Senats. Er überschritt die Meerenge und drang nach einem Sieg über des Königs Sohn bis nach Pergamon vor, während Mithridates nach der Insel Lesbos entfloh. Das römische Heer wütete furchtbar in der Provinz. Gleichzeitig gelang es Sullas Quästor L. Licinius Lukullus, eine ansehnliche Flotte zusammenzubringen und im Ägäischen Meer die Herrschaft des Königs zu stürzen. Unter dem Druck dieser Verhältnisse kam es zu Friedensverhandlungen zwischen Sulla und Archelaos in Aulis oder in Delion an der böotischen Küste, die aber nicht zum Ziele führten, vielleicht auch deshalb, weil Mithridates aus dem Gegensatz Sulla-Fimbria noch Nutzen zu ziehen hoffte. Sulla unternahm nun einen Feldzug gegen die makedonischen Randvölker, Illyrier und Thraker, die sich in den letzten Jahren an der Ausplünderung der Nordprovinz beteiligt hatten. Da empfing er in Makedonien durch Archelaos die Nachricht, daß Mithridates persönlich mit ihm verhandeln wolle. Die Zusammenkunft fand in Dardanos, südlich von Abydos, im

August 85 statt. Nach heftigen gegenseitigen Anklagen wurden die mit Archelaos vereinbarten Bedingungen angenommen. Aber eine schriftliche Ausfertigung erfolgte nicht, nur ein Kuß besiegelte die Abmachung der beiden Machthaber. Der Zustand vor dem Krieg wurde wieder hergestellt. Mithridates mußte seine Besatzungen nicht nur aus der römischen Provinz, sondern auch aus Paphlagonien herausziehen. Bithynien und Kappadokien wurden unter ihren Königen wieder römische Klientelstaaten. Dazu kam die Abtretung eines Teils der pontischen Flotte (70 Schiffe) und Zahlung einer Kriegsentschädigung von 2000 Talenten.
Daß der Friede kein abschließender war, sah jedermann. Er glich mehr einem Waffenstillstand. Sulla benutzte die schnell zustande gekommene Abmachung dazu, um mit Fimbria abzurechnen. Er drang bis Thyatira in Lydien vor und brachte hier dessen Truppen zum Anschluß. Der Feldherr selbst flüchtete nach Pergamon und nahm sich hier im Tempel des Asklepios das Leben. An den Senat sandte Sulla, ohne auf die Tatsache seiner Ächtung Rücksicht zu nehmen, einen Bericht über den Abschluß des Krieges und die Drohung, daß seine heimischen Feinde nicht auf seine Gnade zu rechnen brauchten. In Ephesos hielt er vor den Abgeordneten der Städte ein strenges Gericht ab und legte der bereits durch Mithridates und Fimbria schwer heimgesuchten Provinz eine Buße von 20 000 Talenten auf, mit deren sofortiger Eintreibung Lukullus beauftragt wurde. Zu diesem Zweck teilte er die Provinz in 44 Steuerbezirke. Damals ist ihr Wohlstand völlig vernichtet worden. Viele Bewohner, die ganz mittellos gemacht wurden, flohen und schlossen sich den Seeräubern an. Aber Sulla brauchte für die bevorstehende innere Auseinandersetzung Geld und eine ihm blind ergebene Soldateska.
Nach der Übergabe der beiden Fimbria-Legionen an seinen Legaten L. Licinius Murena ging er im folgenden Jahr (84) nach Griechenland zurück, um hier seine Brandschatzungen fortzusetzen. In Athen betrieb er den Kunstraub in größtem Stil und nahm die Bibliothek des Apellikon von Teos mit, in der viele Schriften des Aristoteles und Theophrast enthalten waren. Um seine wundergläubige Seele zu befriedi-

gen, ließ er sich in die Mysterien von Eleusis einweihen. Zu seinen Ehren richteten die Athener bald darnach „Sulla-Spiele“ ein. Nachdem der Aufenthalt durch eine Erkrankung an Gicht und den Besuch warmer Bäder in Euböa eine Verlängerung erfahren hatte, ging er über Thessalien und Makedonien unter fortwährenden Aushebungen nach Dyrrhachium (Durazzo) zurück, wo ihm die Soldaten Treue auch für den italischen Krieg schwuren, und von hier im Frühjahr 83 nach Brindisi hinüber.

In Rom hatte während seiner Abwesenheit der Umsturz ein großes Durcheinander geschaffen. Cinna hatte entgegen seinem Schwur sofort die Rückberufung der Verbannten und des alten Marius durchgesetzt. Auch hatte er das sulpicische Gesetz mit der Verteilung der Neubürger auf alle Tribus erneut beantragt. Sein Kollege ließ einen Volkstribun gegen den Antrag Einspruch erheben. Als darauf die Anhänger Cinnas zur Gewalt übergingen und ein Blutbad in der Stadt anrichteten, verjagte Oktavius den Antragsteller aus der Stadt und ließ Amtsentsetzung und Verlust des Bürgerrechts durch den Senat über ihn aussprechen. L. Kornelius Merula, Inhaber des hohen Amtes eines Jupiterpriesters, wurde für ihn zum Konsul gewählt.

Cinna rief nunmehr die Latiner und Italiker zu den Waffen, gewann das vor Nola stehende Heer für sich, ließ sich von ihm als Konsul die Treue schwören und zog, Sullas Beispiel nachahmend, vor Rom. Von hier waren viele seiner Anhänger unterdessen zu ihm entwichen, darunter Q. Sertorius. Cinnas Aufruf an die Italiker fand lauten Widerhall, zumal unterdessen auch Marius unter Mitnahme von italischen Flüchtlingen seiner Gefolgschaft und von numidischen Reitern aus Afrika heimgekehrt und an der Küste Etruriens gelandet war. Sein Name brachte Tausende auf die Beine. Obwohl Sertorius vor dem alten Hasser warnte, fanden sich Cinna und Marius bald zueinander. Die Übertragung eines prokonsularischen Imperiums lehnte Marius ab. Amtlos rückte er mit einer ansehnlichen Heeresmacht heran und rüstete auch noch eine Flotte von 40 Schiffen aus.

Die verbündeten Popularführer hatten etwa zwölf Legionen zur Verfügung. Der Senat besaß demgegenüber nur zwei Heere, dasjenige des Metellus Pius, der immer noch im Krieg gegen die Samniten stand und sich von seinem Kampffeld nicht lösen konnte, sowie die Truppen des unsicheren Strabo, der eine rein persönliche Politik trieb. Er hatte vor dem collinischen Tor sein Lager aufgeschlagen. Da rückten von drei Seiten die Aufständischen gegen die Stadt heran, Marius nach der Eroberung Ostias von der Seeseite, Cinna und Cn. Papirius Karbo vom Janikulum her, Sertorius gegenüber Strabo, dem er ein Gefecht mit glücklichem Ausgang lieferte. Im entscheidenden Moment aber starb Strabo plötzlich. Noch als Leiche wurde der verhaßte Mann mißhandelt. Da Rom vom Meer und damit von der Zufuhr abgeschnitten war, auch Seuchen in der Stadt ausbrachen, kapitulierte der Senat. Cinna wurde etwa im November 87 als Konsul wieder anerkannt, Marius die Rückkehr bewilligt, den Italikern der Genuß des Bürgerrechtes in der von Sulpicius gegebenen Form zugebilligt und den Samniten sogar alle ihre an Metellus gestellten Bedingungen erfüllt. Sullas Gesetze wurden aufgehoben, und blutige Rache wurde in grausigen Mordszenen an den Männern der Nobilität genommen. Unter den Toten befanden sich die beiden Konsuln des Jahres, der Kimbernbesieger Q. Lutatius Katulus, der Redner M. Antonius und viele andere. Sulla wurde zum Staatsfeind erklärt und geächtet, sein Vermögen eingezogen, sein Haus geplündert. Da die Straße und wilde Sklavenhorden von Marius mobil gemacht worden waren, starben auch viele reiche Leute, die politisch gar nicht anrüchig waren, bis endlich Sertorius diesem widerlichen Treiben durch Niederhauen der Sklaven ein Ende bereitete. Nur wenige führende Männer, Häupter der Nobilität, entkamen zu Sulla nach Griechenland.

Für das Jahr 86 bestimmten die beiden Schreckensmänner sich selber zu Konsuln. So ging die dem Marius einst zuteil gewordene Prophezeiung in Erfüllung, daß er sieben Konsulate erleben werde. Aber schon zwei Wochen nach dem Amtsantritt erkrankte der Greis und starb am 13. Januar 86, über 70 Jahre alt. Eine Zeitlang war Cinna allein Konsul; dann wählte er sich L. Valerius Flakkus, des Gaius Sohn, zum Amtsgenossen, der aber bald nach Asien hinüberging, um Sulla im Ostkrieg zu ersetzen. Noch wenige Tage vor seinem Tode hat Marius seinen nachmals so berühmt gewordenen Neffen C. Julius Cäsar durch Wahl zum Jupiterpriester in das öffentliche Leben eingeführt.

Wir besitzen kein Bildnis des furchtbaren Mannes, der jetzt von der Weltenschaubühne abgetreten ist. Als junger Soldat einst war er abgehärtet und stolz auf die Kriegsnarben auf seiner Brust, dabei schon frühzeitig körperlich ungepflegt, was sich später, namentlich in der Verbannung, noch steigerte. Noch mehr als äußerlich war er innerlich in seinen besten Jahren eine Soldatennatur, hart gegen sich und gegen andere, von sittenstrenger Lebensführung, ein tüchtiger Exerziermeister und Taktiker, auch nicht ohne strategische Begabung. Als Mensch etwas altertümlich, wie so viele „neue Männer" Roms, die aus einer Munizipalstadt hereingekommen waren, der griechischen Wissenschaft gegenüber noch fremd, bis zu einem gewissen Grad auch ablehnend, den Aristokraten gegenüber befangen, im rechten Moment auf seine ritterliche Abkunft pochend, in allem von niedrigerem Lebensstil als seine optimatischen Konkurrenten Metellus Numidikus und Sulla, immer als Emporkömmling neben den Grandseigneurs leicht kenntlich. Was er von Natur mitbrachte, war ein gesunder Menschenverstand, eine große Bauernschlauheit und die wundergläubige römisch-italische Religiosität. Als „einen Bauernkerl, aber einen ganzen Kerl" hat ihn sein wohlwollend ihm gegenüberstehender Landsmann Cicero einmal treffend charakterisiert. Hätte ihn das Schicksal nach seinen großen Erfolgen im Felde hinweggenommen, hätte er ein ruhmvolles Andenken in seinem Vaterland behalten. Daß er aus Ehrgeiz und Machthunger in der zweiten Hälfte seines Lebens zum politischen Staatsführer aufsteigen wollte, damit hat er seinem herrlichen Soldatenruhm selbst das Grab gegraben. Zum Politiker fehlte ihm so ziemlich alles. Hier wurde er zum Demagogen schlimmster Sorte, ja er mußte oft merken, daß er geführt und mißbraucht wurde, anstatt daß er führte. So sah er seinen Stern sinken, während derjenige seines aristokratischen Gegners Sulla ständig stieg. Bald fühlte er sich überall zurückgesetzt, und Gehässigkeit trat an die

Stelle des alten Kampfeseifers. Im Unglück nahm er noch an Härte und Grausamkeit zu und starb, mit sich und der Welt zerfallen, als ein politischer Zerstörer. So hat er als ein durch die Politik unter die Räder gekommener Offizier sich selbst überlebt und sich um das Beste gebracht, um seinen Nachruhm, er, der doch der größte Germanenbesieger gewesen ist, den Rom gesehen hat und der dafür im Hauskult der Massen spontan eine halbgöttliche Verehrung erfahren hat: eine interessante Vorausnahme des Geniuskultes des Augustus.

Cinna hat die drei Jahre 86–84 das Konsulat regelmäßig Jahr für Jahr bekleidet, wie einst Marius am Ende des vorigen Jahrhunderts. Der Volksführer mißachtete die Volksrechte, insofern er immer wieder für das nächste Jahr sich und seinen Amtsgenossen (für 85 und 84 Cn. Papirius Karbo) ernannte. Es war eine richtige Gewaltherrschaft, eine „Tyrannis“ mit bolschewistischem Untergrund, in der der Staat nach einem Ausspruch Ciceros „ohne Rechtsbasis und ohne irgendwelche Würde“ war und, was noch schlimmer war, ohne jegliche neuen Gedanken und ohne Ergebnisse. Wohl wurde das Bürgergesetz des Sulpicius für die Italiker wieder aufgenommen. Aber die Zensoren des Jahres 86 (der eine von ihnen war der reformfeindliche Konsul von 91, L. Marcius Philippus) haben die volle Auswirkung hintertrieben. Das Ergebnis der Bürgerzählung waren 463 000 waffenfähige Männer, nur 70 000 mehr als im Zensus von 115. Um die Massen bei guter Laune zu erhalten, hob man die Beschränkungen, die das Getreidegesetz in der Not des Bundesgenossenkrieges erfahren hatte, wieder auf und brachte ein Schuldgesetz durch, das jede Privatforderung auf den vierten Teil des Nominalbetrages herabsetzte. Gleichzeitig wurde die Verfolgung der Gegner, besonders auf Betreiben Karbos, fortgesetzt, um mit dem Ertrag der eingezogenen Güter die Kassen zu füllen.

Zur Finanzkrise war längst schon eine Münzkrise ausgebrochen. Seit dem Volkstribunat des Livius Drusus hatte die Münzverschlechterung zu einer fortschreitenden Geldentwertung geführt. Jetzt wurde von den Prätoren und Volkstribunen ein Edikt zur Errichtung öffentlicher Münzprüfstätten und Einziehung minderwertiger Silberstücke erlassen. Die Bekanntgabe erfolgte im Jahre 86 durch den Prätor M. Marius Gratidianus, der dafür überschwenglich vom Volke geehrt wurde. In allen Stadtquartieren wurden dem Demagogen Standbilder errichtet und davor Rauch- und Trankopfer dargebracht. Um so furchtbarer ist später sein Ende durch Sulla gewesen.

Auf die Nachricht von der Ermordung des Flakkus im Osten begannen die Konsuln bereits mit Rüstungen zu Wasser und zu Land gegen Sulla. Ein Vermittlungsversuch des Senates hatte den gegenteiligen Erfolg. Sulla bildete aus den zu ihm geflüchteten Oligarchen eine Art „Gegensenat" und pochte bei einem nochmaligen Verhandlungsangebot einfach auf seine militärische Macht: er habe ein ihm ergebenes Heer.

Cinna verdoppelte seine Anstrengungen in der Organisation der Abwehr. Als er aber im Vorfrühling 84 in Ankona nach Illyrien übersetzen wollte, erschlugen ihn seine meuternden Soldaten unter der Vorgabe, nicht gegen Mitbürger kämpfen zu wollen, in Wirklichkeit, weil Cinna kein Feldherr nach ihrem Sinne war. Die Armee also war es, die dem popularen Mißregiment durch die Tötung des Konsuls auf dem zu allen Zeiten heißen Boden der Ostküste den Anfang vom Ende bereitete.

Über die Persönlichkeit dieses Dunkelmannes ist schwer ein Urteil zu fällen. Bezeichnend ist die auf uns gekommene Nachricht, daß er von den Popularen einst für 100 Talente gekauft worden sei.

Karbo ließ keinen Ersatzmann für den erschlagenen Amtsgenossen wählen, sondern führte das Konsulat bis zum Ende des Amtsjahres wieder einmal allein. Da die Anhänger Sullas in Italien sich bereits zu regen begannen, wurden die Neubürger von der Regierung wieder umschmeichelt. Man ging endlich an die Durchführung ihrer Verteilung auf die 35 Tribus, um Italien beim Eintreffen Sullas geschlossen hinter sich zu haben.

Für das entscheidende Jahr 83 wurden L. Kornelius Scipio Asiatikus und der schon bejahrte C. Norbanus, letzterer als Vertreter der Neubürger, zu Konsuln gewählt. Nach der

Landung Sullas in Brundisium stießen Metellus Pius, des Numidikus Sohn, Licinius Krassus und Cn. Pompeius, der Sohn des Strabo, ein Überläufer, der vorher in Cinnas Heer Kriegsdienst getan hatte, samt ihren unterdessen zum Teil privat ausgehobenen Heeren zu ihm.

Sulla ging zunächst mit kluger Mäßigung gegenüber den Italikern vor. Er erkannte ihr Stimmrecht in den 35 Tribus an, ein ganz unerwartetes Zugeständnis, das ihn aber mit einem Schlag stark vorwärts brachte. Seine prokonsulare Befugnis überschreitend, rückte er darauf mit Heeresmacht durch Apulien und Samnium in Kampanien ein und schlug den Norbanus am 6. Juli in einem Gefecht nördlich von Kapua zwischen dem Berge Tifata und Kasilinum. Das Heer des anderen Konsuls ging nach tüchtiger Bearbeitung zum Sieger über, und von da ab nahm das Überlaufen kein Ende mehr. Da am Tag der Schlacht durch einen Zufall das Kapitol niederbrannte, schoben sich beide Teile die Schuld an diesem Ausbruch des Götterzornes zu. Sulla aber nahm später den Neuaufbau des Tempels vor, ohne allerdings die Einweihung noch zu erleben. Unter den Parteigängern Sullas trat neben Cn. Pompeius immer mehr Krassus hervor, der während der Schreckensherrschaft in Rom nach Spanien und Afrika geflüchtet war, ferner C. Verres, der als Quästor im Jahre 84 öffentliche Gelder unterschlagen hatte, endlich der später so berüchtigt gewordene Katilina.

Konsuln des neuen Jahres 82 wurden C. Marius, der Sohn, obwohl noch nicht 30 Jahre alt, und zum drittenmal Karbo. Der Krieg ging weiter. Den Karbo ließ Sulla von Norden her durch seine Parteigänger beschäftigen. Er selbst rückte auf der latinischen Straße gegen Marius vor, besiegte ihn nach dem Eindringen in Latium bei Sacriportus im oberen Trerustal (wohl heute Torre Piombinara oder Pimpinara bei Segni) und schloß ihn in dem festen Präneste ein. Dessen Belagerung wurde dem Überläufer Q. Lucretius überlassen. Um seinen Entsatz entwickelten sich die weiteren Kriegshandlungen im Süden.

Es folgte der Einzug Sullas in Rom, wo Marius durch den Stadtprätor ein letztes Blutbad unter den Optimaten hatte anrichten lassen. Von Rom zog Sulla nach beruhigenden Erklärungen an das Volk nach Etrurien, einem Hauptstützpunkt der Marianer. Hier kam es zu mannigfachen Kämpfen gegen Karbo und seine Legaten, an denen auch Sullas Unterführer, Metellus, Pompeius und Krassus, beteiligt waren. Eine Schlacht bei Clusium blieb unentschieden, worauf Sulla nach Latium zurückkehrte, um einen von Samniten und Lukanern versuchten Entsatz von Präneste zu verhindern. Karbo mußte infolge der Niederlage eines seiner Legaten nordwärts über den Apennin ziehen und wurde zusammen mit dem Prokonsul Norbanus bei Faventia (zwischen Ariminum und Bononia) entscheidend geschlagen. Norbanus floh nach Rhodos und tötete sich dort mitten auf dem Marktplatz der Stadt. Karbo wich nach Etrurien zurück und versuchte noch einmal Widerstand zu leisten, verließ aber nach Niederlagen der Unterführer sein Heer bei Clusium und ging nach Afrika hinüber, wo er eine Flotte rüstete. Der Kampf zog sich jetzt, da die Samniten die Unmöglichkeit des Entsatzes von Präneste eingesehen hatten, unmittelbar vor die Tore Roms. Hier brachte ihnen Sulla am collinischen Tor beim Tempel der Venus Erycina vor Porta Pia am 1. November 82 eine entscheidende Niederlage bei. Es war eine mörderische Schlacht, bei der Sulla selbst auf dem linken Flügel in schwerste Lebensgefahr geriet, während Krassus auf dem rechten die Entscheidung herbeiführte. Der unmenschliche Sieger ließ gegen sein ausdrückliches Versprechen alle Gefangenen (über 6000) am 3. November auf dem Marsfelde töten.

Mit dieser furchtbaren Bluttat beginnt eine grauenvolle Hinmetzelei. Sulla hat selbst vor dem Grabe seines nun schon seit vier Jahren toten Gegners nicht mehr haltgemacht. Es wurde gewaltsam erbrochen und die Asche in den Anio gestreut. Die Denkmäler seiner Siege über Jugurtha und die Germanen auf dem Kapitol wurden umgestürzt. Der Adoptivneffe des Marius, der früher erwähnte Gratidianus, wurde gebunden über den Tiber auf das Janikulum geschleppt und hier am Grabmal des Katulus wie ein Opferstier unter grausamen Martern durch Katilina hingeschlachtet.

Präneste fiel bald darnach und wurde ebenfalls hart bestraft. Marius ging bei der Flucht aus der Stadt zugrunde. Was jetzt noch zu tun übrig blieb, konnte den Legaten überlassen werden. Unter diesen stieg jetzt immer höher der junge Pompeius, der die Reste der Gegenpartei unter Karbo in Sizilien und Afrika unterwarf und den Konsul in Lilybaeum hinrichten ließ. Dafür hat er nach Sullas großem Doppeltriumph am 27. und 28. Januar 81, bei welchem dieser zum erstenmal als „Erretter und Vater" der Stadt begrüßt worden war, sich ebenfalls einen Triumph (12. März 79) ertrotzt und erhielt von seinem Gönner den Beinamen „der Große" *(Magnus)*, woher er in seiner maßlosen Eitelkeit den Vergleich mit Alexander hergeleitet hat. Auch heiratete er nach Entlassung seiner bisherigen Frau eine Stieftochter des Gewaltigen.

Das erste, was Sulla in der Stadt tat, war kraft Kriegsrechtes der Erlaß der Proskriptionsedikte. Wieder wurde eine Menschenhekatombe dem Moloch Revolution geopfert. Vierzig Senatoren und 1600 Ritter erschienen auf den ersten Listen, die aber nachträglich bis zum 1. Januar 81 noch stark ergänzt wurden und schließlich auf die doppelte Zahl anschwollen. Ihr Tod wurde gefordert gegen die Zahlung von 2 Talenten auf den Kopf jedes einzelnen, die dem Angeber zufielen. Ein furchtbares Morden fand statt, wobei oft der Privathaß an Stelle der Staatsnotwendigkeit trat und sogar reiche Angehörige der sullanischen Partei umgebracht wurden. Vor allem traf die Ritter der Zorn des Siegers. Er wußte, was sie in den letzten 2 Jahren gegen den Staat gesündigt hatten. Jetzt lag das Verdienen auf der Gegenseite, da die eingezogenen Güter der Geächteten für ein Spottgeld öffentlich versteigert wurden. Damals hat z. B. Krassus den Grund zu seinem Riesenvermögen gelegt, wurde aber bald kaltgestellt, weil es offenkundig wurde, daß der allzu Gierige nur in seine Tasche arbeitete. Umgekehrt ist damals der der Acht verfallene junge Schwiegersohn Cinnas, C. Julius Cäsar, durch die Fürsprache seiner hohen Verwandten mütterlicherseits aus dem stolzen Geschlecht der Aurelii Cottae dem Tode entgangen. Der junge Mann, der allerdings seine hohe Ehrenstellung als Jupiterpriester verlor, soll von dem allmächtigen Diktator mit den Worten freigegeben worden sein: „Aber nehmt Euch in acht vor dem schlechtgegürteten jungen Mann, in ihm steckt mehr als ein Marius." Unter den Italikern traf Sullas Rache nach dem erwähnten unsinnigen Blutbad unter den Samniten, dem ein solches an den Pränestinern folgte, am stärksten die Etrusker, die dem Gewaltmenschen am längsten Widerstand geleistet hatten.

Was durch die Proskriptionen und durch das Wüten gegen zwei italische Völker an Grund und Boden gewonnen wurde, gelangte, soweit es nicht der Versteigerung verfiel, an die eigenen Veteranen. Die Mannschaften aus 23 Legionen mußten versorgt werden. An 120 000 neue Ackerlose wurden geschaffen, vor allem in Kampanien, Samnium und Etrurien. Die Latinisierung Italiens ist dadurch weiter stark beschleunigt worden. Mit Sulla beginnt jener neue Abschnitt in der Geschichte Italiens, der durch einen gewaltigen Besitzwechsel an Grund und Boden charakterisiert wird. Die Hauptsache aber bei der Kolonisation war für Sulla die Gewinnung einer starken seßhaft gemachten Reservearmee, die jederzeit für ihn einzutreten bereit war. Dies wurde dadurch ermöglicht, daß die Veteranen nicht in die Altbürgerschaft der betreffenden Orte eingegliedert, sondern als geschlossene Neusiedlungen mit militärischer Organisation unter ihren Tribunen und Zenturionen neben den alten Gemeinden angesetzt wurden.

Unter den Sklaven der geächteten Gegner schenkte Sulla den jüngsten und kräftigsten die Freiheit und das Bürgerrecht. Diese etwa 10 000 Menschen, als „Kornelier" korporativ zusammengeschlossen, bildeten eine Art Leibwache um den neuen Herrn herum und ermöglichten ihm die stete Beherrschung der Stadt und der Volksversammlung. Sulla verfuhr wie so viele griechische Machthaber vor ihm, die sich nicht durch Soldaten, sondern durch militärisch organisierte Gemeinschaften bewachen ließen.

Noch am Ende des Jahres 82, nachdem beide Konsuln tot waren, wurde verfassungsmäßig vom Senat ein „Zwischenkönig" bestellt, und zwar L. Valerius Flakkus, des Lucius Sohn, Konsul einst mit Marius im Jahre 100 und seit 86 Vormann des Senates. Auf Sullas Wunsch, der einem Befehl gleichkam, brachte er ein Gesetz ein, das die Notwendigkeit der Wahl eines Diktators betonte und gleichzeitig dem Machthaber Indemnität für alle Maßnahmen seit dem Konsulat verschaffte. Nach der Annahme des Gesetzes vollzog Flakkus im Dezember 82 die Ernennung Sullas zum Diktator.

Die neue Stellung war fast nur dem Namen nach jenes Amt, das im altrömischen Staat bestanden hatte und seit 120 Jahren außer Übung gekommen war. In Wirklichkeit bekam Sulla unumschränkte Vollmacht „zur Abfassung von Gesetzen und zur Neuordnung des Staatswesens", und wenn er auch seine Wahl, wie später seine Gesetze, vom Volke in einem rein formalen Akte bestätigen ließ, war die neue Würde doch nichts anderes als ein zeitweiliges Aufleben des alten Königtums unter neuem Namen und ohne genauere Befristung. Nichts zeigt deutlicher, wie Sulla sich vorübergehend über das Herkommen hinwegsetzte, als die Tatsache, daß er als Diktator mit 24 Liktoren auch in die Stadt einzog. Die alte Diktatur war im Dienste der Außenpolitik und der Kriegführung geschaffen worden und war wohl von den Schranken der Kollegialität und jeder Verantwortung dem Volke gegenüber befreit, aber sie blieb innerhalb der Verfassung. Die neue sullanische Würde stand über der Verfassung, und zwar vornehmlich im Dienste der inneren Politik, wäre also am ehesten noch, auch wegen ihrer Zweckbestimmung, mit dem Dezemvirat zu vergleichen. Aber gegenüber der alten Diktatur und dem Dezemvirat besteht der größte Unterschied darin, daß auch während der Diktatur Sullas das Konsulat Jahr für Jahr weiter besetzt wurde. Ja, im Jahre 80 hat Sulla die eine Konsulstelle zusammen mit der Diktatur bekleidet. Diese Gestaltung erinnert mehr an die griechischen Verfassungsformen der Aisymnetie und der Tyrannis, wo unter dem Tyrannen, z. B. unter Peisistratos von Athen, die neun Archonten Jahr für Jahr weitergewählt wurden und amtierten. An die griechische Tyrannis erinnert auch Sullas Gesetzgebung zur Sittenverbesserung, wie Bekämpfung des Ehebruchs und der Verschwendungssucht bei Gastmälern und Begräbnissen, endlich die Errichtung der Leibwache der Kornelier (s. o. S. 474).

Man muß aber scharf unterscheiden zwischen der infolge der Abdankung nur vorübergehenden Stellung des Diktators selbst und seiner auf Dauer berechneten Verfassung, die ohne die Diktatur auskommen sollte.

Solange Sulla die volle Macht in Händen hielt, war er gewissermaßen der Monarch von Rom nach außen und im Innern. Seine Würde war zwar nicht befristet, aber doch zeitgebunden, wie es das römische Staatsrecht von jeder außerordentlichen, den Staat neu ordnenden Gewalt zu verlangen pflegte, allerdings – und das war das eigentlich Neue – zeitgebunden nur nach dem Willen des Machthabers, der frei war von dem verzehrenden Ehrgeiz und dem Machthunger seines großen Gegners. So ist die sullanische Diktatur eine monarchische Episode geblieben, um die Republik zu retten, soweit sie noch zu retten war. Dagegen die Verfassung hat in einzelnen Teilen große Fernwirkungen bis in den Prinzipat hinein gehabt.

Der sullanische Staatsneubau: Was Sulla für die Neuformung des Staates getan hat, setzt sich aus einer Verfassungs-, einer Verwaltungs- und einer Justizreform zusammen.

Die Verfassungsreform: Der Staat, wie ihn Sulla unter Benützung des Notbaues von 88 schuf, entspricht dem alten aristokratischen Ideal der Römer. Der von C. Gracchus geschaffene Staat der Popularen wurde durch ihn seiner hauptsächlichen tragenden Pfeiler beraubt, des Ritter-Einflusses und der Volkstribunen-Allmacht.

Die Ritter verloren die Geschworenengerichte wieder zugunsten der Senatoren sowie die ungeheuren Einnahmen der Publikanengenossenschaften aus den Gefällen Asiens, die in feste Abgaben verwandelt wurden.

Viel wichtiger noch war Sullas Kampf gegen das Volkstribunat. Das Gesetz, welches die Anträge der Tribunen von der vorherigen Zustimmung des Senates abhängig machte, wurde erneuert, nachdem es Cinna außer Kurs gesetzt hatte. Auch ihr Einspruchsrecht wurde in gewissen Fällen, insbesondere für den Kriminalprozeß, ausgeschlossen. Noch einschneidender war, daß ein gewesener Tribun zur Bekleidung jedes anderen Amtes für unfähig erklärt wurde. Dadurch wurden die tüchtigsten Männer der plebejischen Oberschicht von dem Amte ferngehalten. Die Zurückdrängung der Volkstribunengewalt auf das alte „Helferecht" traf mittelbar auch das Volk. Mit Sulla beginnt schon jener Prozeß der Ausschließung des Volkes von der Staatsleitung, der dann in der Kaiserzeit zu Ende geführt worden ist. Die Volkswahl zu den höheren Priesterstellen, wie sie seit 104 eingeführt worden war, wurde durch das alte System der Selbstergänzung wieder ersetzt, das Volksgericht durch die Justizreform zum größten Teil aus der Welt geschafft. Auch die Abgabe von billigem Getreide an das Volk wurde aufgehoben.

An die Stelle des Volkes traten der Senat und die Beamten als die wichtigsten Faktoren der Verfassung. In den Mittelpunkt des Ganzen wurde der Senat gerückt, aber nicht der alte Senat, sondern ein verstärkter. Er wurde auf das Doppelte durch Aufnahme von 300 der vornehmsten Mitglieder des Ritterstandes und des Heeres erhöht: ein Pairsschub ganz außergewöhnlicher Art, durch den neues Blut der Nobilität zugeführt und die Körperschaft für ihre viel umfangreichere Arbeit in Verwaltung und Gericht brauchbar gemacht werden sollte. Die Ergänzung des Senates wurde in der Weise gestaltet, daß regelmäßig die Quästoren nach Ableistung ihres Amtes ohne weiteres Sitz und Stimme im Senat bekamen. Da die Beamten nach wie vor aus der Volkswahl hervorgingen, ruhte die Zusammensetzung des Senates also mittelbar auf derselben Grundlage: ein sehr kluges Zugeständnis an die Massen, denen gegenüber der Senat als eine Art „Volksausschuß" erschien, während die Zensorenwillkür hier verbannt wurde. Der vergrößerte Senat bekam den entscheidenden Einfluß auf die Gesetzgebung und das Gerichtswesen, wo die Alleinherrschaft des Ritterstandes ein für allemal beseitigt wurde.

In der Beamtenschaft trat die Zensur seit Sulla auffällig zurück. Dazu hat neben der Wegnahme der Senatorenauslese die Ausdehnung des Heeresdienstrechts auf die besitzlosen Bürger und weiter die Verleihung des Bürgerrechts an die Italiker viel beigetragen. Die römische Zensur mit ihrer polizeilich anmutenden Oberaufsicht über die Bürgerschaft stand seit der Ausbreitung des Staates über ganz Italien auf dem Aussterbeetat. Ein Teil ihrer Geschäfte ging an Munizipalbeamte der Landstädte (die Quinquennalen) über.

Bei den übrigen Ämtern des Staates und bei den Priestertümern fällt vor allem die Vermehrung der Stellen ins Auge. Der sullanische Staat führt so zu dem mehr bürokratisch aufgebauten „Reichsstaat" der Folgezeit hinüber. Die Zahl der Quästoren wurde auf zwanzig erhöht, die der Prätoren auf acht. Gleiches geschah bei den Priesterämtern: Pontifices und Augurn von neun auf fünfzehn (acht Plebejer und sieben Patrizier). Aber nicht nur durch die Stellenerhöhung, sondern auch durch die längst in Einzelfällen geübte Amtsverlängerung von einem auf zwei Jahre (Prorogation) wurde eine Beamtenvermehrung erzielt. Für die Prätoren wurde diese Neuerung sofort zur Regel. Im ersten Amtsjahr fanden sie als Vorsitzende der Geschworenengerichte Verwendung und wurden erst im zweiten Amtsjahr als Proprätoren der Provinzialverwaltung zur Verfügung gestellt. Anders bei den Konsuln. Für sie wurden die Provinzen auch jetzt noch schon v o r der Wahl vom Senat bereitgestellt, und es kam auch unter und nach Sulla noch vor, daß Konsuln im ersten Amtsjahr in ihre Provinzen hinausgingen, gewöhnlich allerdings nur noch zu militärischen Unternehmungen. Aber schnell setzte sich auch hier als Regel durch, daß für die Provinzialverwaltung im ersten Amtsjahr anderweitig Vorsorge getroffen wurde, entweder durch längeres Belassen des Vorgängers im Kommando oder vermittels Vertretung durch abhängige Organe. So kam es, daß bald auch die Konsuln nur während des Prokonsulats in der Provinz weilten, im ersten Amtsjahr aber in Rom, hier ohne Heer.

Damit stehen wir vor einer der folgenschwersten Neuerungen Sullas. Die Oberämter des Staates sind zweijährig geworden und nur die Inhaber von Prokonsulaten und Propräturen sind in der Regel Träger der Militärgewalt. So sind Rom und Italien durch den Mann, der zum erstenmal die Legionen gegen Rom geführt hat, faktisch entmilitarisiert worden, falls nicht zufällig ein Krieg in Italien selbst zu führen war. Nur Norditalien, antik gesprochen das „diesseitige Gallien“, war davon ausgenommen. Es blieb in etwas kleinerem Umfang, d. h. bis zum Rubikon (nördlich von Ariminum), wie seither Provinzialland, ausgestattet mit einem starken Militärkommando wegen der Nähe der räuberischen Alpenvölker. Dadurch wurde der Besitz dieser Provinz mit einem Schlag so unendlich erstrebenswert, weil der dortige Statthalter auch Italien beherrschte.

Die Tatsache im allgemeinen aber, daß nach Sulla meist nur Prokonsuln noch große Heereskommandos besaßen, hat ähnlich weitreichende Folgewirkungen gehabt wie das Rittergesetz des Gaius Gracchus und die Heeresreform des Marius. Nicht mehr vom Zentrum Rom aus, sondern aus den Provinzen erstanden jetzt die Männer, die den Staat in Erschütterung brachten. Wie einst die Volkstribunen, dann die Konsuln, so sind es jetzt die Prokonsuln, die, als Imperatoren und Triumphatoren heimgekehrt, so hoch emporstiegen, daß für sie die Verfassung des Zentrallandes keinen Raum mehr bot. Durch sie erst wurden entscheidende Faktoren im Staate das neue Berufsheer, das deshalb jetzt möglichst von Italien, wie früher schon von Rom, ferngehalten wurde, und der an seiner Spitze stehende Imperator.

Die Verwaltungsreform: Das durch den Bundesgenossenkrieg einheitlich gewordene Italien stellte Sulla vor ganz neue Probleme auf dem Gebiete der staatlichen Verwaltung. Nach ersten Anfängen unter Cinna im Bereiche der Eingliederung der Neubürgergemeinden mit „Viermännern“ *(IVviri)* als Leiter ist Sulla der erste Begründer des römischen Munizipal- und Kolonialwesens auf italischer Erde geworden. Daneben ist seine Tat die Umwandlung der durch das Sterben des Bauerntums lebensunfähig gewordenen Landtribus vor den Toren Roms in kleinere Landstädte (Munizipien). Dieser Versuch, das dem Verfall überantwortete Umland von Rom zu retten, ist im Kleinen eine Vorwegnahme dessen, was Cäsar für Gesamtitalien in seiner Munizipalordnung geleistet hat. Auch im italischen Kolonialwesen hat Sulla vorgearbeitet, insofern er das Ziel des Siedlungswesens nicht mehr im Seßhaftmachen einzelner

Kolonisten, sondern durchgängig in Stadtschöpfungen unter „Zweimännern“ *(duoviri)*, besonders zahlreich im Jahre 80, gesehen hat. Wie die Nordgrenze Italiens (s. o.) hat Sulla auch die sakrale Stadtgrenze, das „Pomerium“, vorgeschoben, wozu nach altem Brauch nur ein Oberbeamter befugt war, der die Staatsgrenzen erweitert hatte.

In einem für die Provinzialverwaltung erlassenen Gesetz war eine neue Geschäftsordnung für die Statthalter enthalten. Sie hatten nach dem Eintreffen ihrer Nachfolger binnen 30 Tagen die Provinz zu verlassen. Ihre Befehlsgewalt lief nicht etwa vom Tag des Amtsantritts in der Provinz bis zum Tage der Übergabe des Befehls an den Amtsnachfolger, sondern vom Tage der Abreise von Rom bis zum Tage des Wiedereintreffens, d. h. Hin- und Rückreise sowie der dreißigtägige Zeitraum zur Vorbereitung der Abreise waren in die Amtszeit eingerechnet. Dies war wichtig für diejenigen Imperatoren, die triumphieren wollten und zu diesem Zweck bis zum Erscheinen vor Rom im Besitz ihrer Befehlsgewalt bleiben mußten.

Die Justizreform Sullas hat die Entwicklung auf Errichtung ständiger Kriminalgerichtshöfe *(quaestiones perpetuae)* stark gefördert und zu einem ersten Abschluß gebracht, weil dadurch der Senat auch in der Rechtsprechung die führende Stellung bekam. Aus dem Gerichtshof wegen Majestätsverbrechen gegen das Volk entstand eine Staats- und Volks-Schutzrechtsbehörde weitesten Umfangs. Neu eingerichtet wurde ein Schwurgerichtshof für Fälschungen besonders von Testamenten und Münzen, weiter für Ehrverletzungen. Die ganze Entwicklung vom allgemeinen Volksgericht zu Sondergerichtshöfen entzog den Volkstribunen das Recht der Anklage vor dem Volke. Dieses kam jetzt nur in den Rechenschaftsprozessen der Beamten, im Hochverratsprozeß und bei Verletzung von Person und Würde der Volkstribunen selbst noch zur Geltung.

Zu Vorsitzenden der Schwurgerichte wurden von den acht Prätoren sechs bestellt, während dem „Stadtprätor“ und dem „Fremdenprätor“ noch eine selbständige Erledigung bürgerlicher Rechtsstreitigkeiten verblieb. Auch in der Geschworenenauswahl wurden von Sulla Neuerungen getroffen. Die Geschworenen wurden in Dekurien (zu etwa 50 Mann) eingeteilt und diejenigen für einen bestimmten Gerichtshof wurden aus einer einzelnen Dekurie entnommen, und zwar nicht wie bisher durch Wahl der Parteien, sondern durch Losung, wobei die Parteien das Recht hatten, Geschworene abzulehnen. Es ist eines der großen und bleibenden Verdienste Sullas, das römische Schwurgerichtswesen neu gestaltet und ausgebaut zu haben. Die Hauptsache war ihm dabei, daß er neben der Gesetzgebung die Strafgerichtsbarkeit in die Hände des Senates brachte. Allerdings mißbrauchte dieser die Justiz gerade so, wie es einst die Ritter getan hatten, und erst das Jahr 70 brachte die endgültige Lösung, als man zur Schaffung von gemischten Geschworenenbänken aus den verschiedenen Ständen und Volksklassen überging (s. u. S. 496).

Wie ein roter Faden zieht sich durch die Reformen Sullas das Streben nach Stärkung der Senatsmacht. Seine Neugestaltung des Staates ist der letzte Versuch, das alte Gebäude der aristokratischen Republik noch einmal in einer modernen Form wieder aufzurichten und dem herrschenden Stande „eine Lebens- und Unfallversicherung für alle Zeit zu verschaffen“ (Vogt). In allem ist er damit der stärkste Gegenpol seines größeren popularen Vorgängers Gaius Gracchus und in noch höherem Maße seines noch bedeutenderen Nachfolgers aus demselben Lager, C. Julius Cäsar. Von beiden unterscheidet er sich dadurch, daß seine Schlußreform eine ausschließlich politisch gerichtete war und das längst schon brennend gewordene soziale Problem nicht sah oder nicht sehen wollte. Seine Veteranenansiedlung brachte nicht neue Bauern, sondern, trotz der Unveräußerlichkeit der Güter, einen abermaligen starken Zustrom von Besitzlosen nach Rom und ein weiteres Anschwellen der Proletariermassen. Diesen aber fehlte infolge der Entziehung des billigen Korns die Ernährungsmöglichkeit. An eine anderweitige Versorgung zu denken, kam Sulla gar nicht in den Sinn. Hierin liegt die Hauptschwäche seiner Reform und der Keim zu neuen Kämpfen.

In den Jahren 81 und 80 sind die betrachteten Neuerungen in der Hauptsache durchgeführt worden. Für das Jahr 79 ließ sich Sulla zum Konsul nicht wiederwählen, ja bald nach dem Amtsantritt der neuen Konsuln legte er auch die Diktatur in aller Form nieder, erklärte sich zur Rechenschaftsabgabe bereit und zog sich ins Privatleben zurück, um wie in der allzulang ausgedehnten Jugend heiterem Lebensgenuß, daneben aber auch literarischer Muße zu leben. Die drei Hauptstützen seiner Herrschaft: der Senat, die Veteranen und die Kornelier erlaubten ihm die großherzige Abdankung und ein Privatleben als ungekrönter König. Dies alles zeigt die gewaltige Wandlung, die mit dem römischen Staatswesen in den letzten 50 Jahren vor sich gegangen war, noch mehr aber die Macht der großen Persönlichkeit, die jetzt abermals an Stelle der alten Volksgemeinschaft getreten war.

Aber nicht lange hat Sulla sich der Muße zu erfreuen vermocht. Schon im Jahre 78 ist er, erst sechzigjährig, auf seinem Landgut am Posilipp bei Puteoli am Blutsturz gestorben. Aus den eigenen Reihen war schon bei seinen Lebzeiten die Gegnerschaft gegen den Mann und sein Werk emporgestiegen und fand in dem einen Konsul des Todesjahres, M. Ämilius Lepidus, einen besonders scharfen Vertreter. Er wagte es sogar, gegen das von Pompeius sofort in die Wege geleitete Staatsbegräbnis des Löwen Einspruch zu erheben. Aber schon die Rücksicht auf die Veteranen erzwang dem großen Toten die letzten Ehren, die er nach seinen unstreitig vorhandenen außerordentlichen Leistungen für den Staat erwarten durfte. Die Zeiten waren vorbei, da man ohne Rücksicht auf die Armee und die Altsoldaten im römischen Staate vorgehen konnte. Sulla bekam eine Totenfeier, wie sie großartiger Italien bis dahin nicht gesehen hatte. Er wurde auf dem Marsfeld neben den angeblichen Gräbern der alten Könige beigesetzt, also auch noch nach dem Tode wie ein Monarch geehrt. Dies war er auch gewesen, allerdings ein Monarch, der zugleich ein Republikaner geblieben war, weil er die Größe besessen hatte, sich selbst zu überwinden und auf die Alleinherrschaft freiwillig zu verzichten, im letzten Grunde wohl deshalb, weil er nie über den Parteiführer hinausgewachsen war.

Menschlich angesehen ist Sulla ein Rätsel sowohl für die antiken wie für die modernen Historiker. Einen größeren Gegensatz unter den Menschen dieser Epoche als den zwischen Marius und Sulla gibt es nicht, schon rein körperlich gesehen. Sulla mit seinen blauen Augen und seiner etwas rötlichen Gesichtsfarbe stand allem Römisch-Italischen, wie es durch die starke Rassemischung auf der Halbinsel allmählich geworden war, schroff gegenüber. Im Seelisch-Geistigen steigerte sich der Gegensatz beider Männer ins Unendliche. Dort der plebejische, im allgemeinen sittenstrenge, soldatisch sachliche und nüchterne „Neuling" mit der dem aufstrebenden Talent oft eigenen Vielgeschäftigkeit, wie sie ihm Ehrgeiz und Tatendrang im Dienste des Staates innerlich auferlegten, hier der im Privat- und Staatsleben von den Fesseln der Moral vollkommen freie Edelmann aus höchstem patrizischem Adel, der nach alter Römerart in die politische Laufbahn als die einzige noch wirklich standesgemäße Beschäftigung sich hineingeboren fühlt und seine Pflichten erfüllt, ohne sich sonderlich abzumühen in derselben souverän lässigen Art, wie er seinen Lebensgenüssen nachgeht, frei von Ehrgeiz und jeglichem äußeren Gehabe, in allem kalt, klar, gemütshart, nüchtern, sachlich den Notwendigkeiten unterworfen, dabei höchst willensstark ohne irgendwelchen sentimentalen Einschlag, mochte es sich um große oder kleine Dinge im Menschenleben oder um niedere Lebewesen handeln, dabei von einer naturhaften Religiosität. Der einseitig soldatisch gerichtete Marius lebte noch in dem festen Vertrauen, daß alles seiner und seines Volkes Mannestugend verdankt wird und daß diese neben der Ehre als höchste Soldatengottheit verehrt werden muß. In Sulla steckte nicht nur der Löwe, sondern auch der Fuchs, und dieser soll seinen Gegnern mehr zu schaffen gemacht haben als jener. Sein ganzes Wesen war unendlich vielseitiger und komplizierter, weil länger gezüchtet, als dasjenige des Marius, möglicherweise, wie man bemerkt hat, schon „leicht degeneriert". Er bedarf neben dem Vertrauen auf die eigene Kraft bereits übernatürlicher Kräfte und fühlt sich dauernd im Banne einer höheren Macht. Als ausgesprochene Spielernatur ist er der Glücksgöttin *(Fortuna)* verschworen, und zu ihr gesellt sich bald Venus, beide Göttinnen nicht mehr rein griechisch oder italisch empfunden, sondern bereits mit orientalischem Einschlag. Seine Beinamen sind früh *Felix* (der Glückliche) und *Epaphroditos* (der Aphrodite- oder Venusliebling), und die ihm von der vierten Gemahlin Cäcilia Metella um 89 geborenen Zwillinge erhalten die Namen *Faustus* und *Fausta* (die „Glücksbringer"). Auch mit diesen ehrenden und sprechenden Beinamen ist Sulla ganz deutlich ein Vorläufer der römischen Kaiser. Nur ist bei ihm, dem Entdecker, dieses Beiwerk noch ganz lebendiges Gut, aus der Grundart seines Wesens geboren und verleiht ihm die für seinen Charakter so über alles bezeichnende „gläubige Sicherheit" und Leichtigkeit, um nicht zu sagen Leichtfertigkeit des Handelns, daneben die unnahbare Kälte und den gar manchmal geradezu abstoßenden Zynismus.

Es ist von Berve, dem das beste Sullabild verdankt wird, die wichtige Frage erörtert worden, wieweit Sulla nicht einfach nur ein gesteigerter Ausdruck der obersten Schicht seines Volkes gewesen ist, wie sie in der Revolutionszeit geworden war. Der alte Römer tritt mit ihm in seiner ganzen Starre und Härte in der Unterordnung unter die Staatsnotwendigkeiten, bei der Abdankung auch mit dem Verzicht auf irgendwelche Ehrung noch einmal mit einer Unerbittlichkeit sondergleichen in die Erscheinung. Dabei ist die durch den hellenistischen Einschlag in einem Teile der Nobilität allmählich ins Römertum eingedrungene Humanisierung alles menschlichen Handelns und Fühlens bei diesem letzten großen Repräsentanten der römischen Adelskaste nicht in die Tiefe seiner Seele eingedrungen. Sulla „blieb unmenschlich in jedem Sinne", und zwar deshalb – und damit berühren wir das Ureigenste in seinem Wesen –, weil er im Schutze seiner Privatgötter mit der Sicherheit eines Mondsüchtigen über schwindelnde Höhen und durch tiefste Tiefen des Erdendaseins – vieles im Augenblick mehr intuitiv erfassend und ausführend – unheimlich seinen eignen Weg wandelte, auch darin ein letzter, echter, alter glaubensgebundener Römer, zugleich aber vom Orient her noch tiefer beeinflußt als seine flacheren Zeitgenossen. Der Schlächter der etruskischen Nation hat stets einen etruskischen Eingeweideschauer (Haruspex) wie einen Hauskaplan mit sich geführt, um durch ihn bei allen wichtigen Maßnahmen die Übereinstimmung mit dem Willen der Götter feststellen zu lassen. Und den Träumen hat er eine ganz besondere Bedeutung beigemessen, weil er in ihnen die geheimnisvolle Verkündigung der Gottheit an die Menschen erblickte; auch dies ist eine Zeiterscheinung.

Wenn aber diese Behauptung von dem nur gradweisen, nicht prinzipiellen Unterschied zwischen Sulla und seinen Standesgenossen von damals nur in etwa richtig ist, gewinnen wir von hier aus einen interessanten Einblick in die unterdessen raubtierartig entartete oberste Herrenschicht Roms, der erschütternd wirken muß, und verstehen das Morden und Plündern, das Denunzieren und Verraten, verstehen alle die häßlichen Eigenschaften einer in Materialismus versunkenen Adelskaste, verstehen aber auch, daß selbst ein so national gerichteter, ursprünglich noch kerngesunder Provinzler wie Marius zum Heiligtum der großen Göttermutter Kleinasiens gewallfahrtet ist. Gerade Sulla aber ist ohne Verständnis für das Vordringen der orientalischen Kulte und Ideen über die kaum in Rom zur Herrschaft gelangte hellenische Welt hinweg nicht erfaßbar.

Um aber noch ein letztes Wort über s e i n W e r k zu sagen: Sulla hat viel weggeräumt an Menschen und Dingen, um mit stärkstem Radikalismus seinen Staat aufzubauen. Aber nicht alles war lebensfähig. So sehr er auch mit feinstem politischen Instinkt an vielen Stellen die beste gewachsene Praxis in geltendes Recht umzuwandeln versucht hat, anderswo hat sein stockkonservativer Geist das Rad der Geschichte zu stark rückwärts gedreht. Auch der Aderlaß der Proskriptionen war zu furchtbar. Mehr noch als seine Gegner hat dieser Rohling den Blick für den Wert des einzelnen Menschenlebens aus der Herrenschicht verloren. Hieran ist das Römertum als Rasse zugrunde gegangen.

Die Hauptschwäche seines Eingreifens lag neben der berührten Nichtachtung des damals alles beherrschenden sozialen Problems darin, daß er, wie er im Anfang über der Lösung des Ostproblems den Bürgerkrieg in Rom und Italien ungehemmt hatte wüten lassen, umgekehrt in der Zeit der Diktatur ausschließlich nur noch den Fragen der inneren Politik sich widmete.

So kam es, daß bei seinem Tode durch seine Schuld die provinziale Welt ringsum in Flammen stand. In Spanien hatte der begabte Sertorius eine eigene Herrschaft aufgerichtet. Im Jahre 83 Prätor, war er frühzeitig nach dem Siege Sullas in die ihm bestimmte diesseitige Provinz abgegangen, wurde aber von hier als Proskribierter durch den sullanischen Statthalter im Jahre 81 vertrieben. Nach einem harten Abenteurerleben in Mauretanien wurde er im Frühjahr 80 von den aufständisch gewordenen Lusitanern zurückgerufen und brachte neben seiner römischen Kerntruppe 700 tüchtig geschulte mauretanische Reiter mit, die er durch Aushebungen auf iberischem Boden noch weiter verstärkte und zusammen mit den eigenen Truppen vorzüglich organisierte, römisch bewaffnete und einexerzierte. Im Kleinkrieg eroberte er dann fast die ganze jenseitige Provinz, sowie Teile der diesseitigen. Der im Bundesgenossenkrieg erprobte Konsul des Jahres 80, Q. Metellus Pius, von Sulla zum Statthalter des jenseitigen Spanien ernannt, sowie der neue Statthalter der diesseitigen Provinz vermochten trotz Zuhilfenahme des Leiters der narbonensischen Provinz nichts gegen ihn auszurichten. Sertorius war im Jahre 78 Besitzer des größten Teiles von Spanien und offenbarte mit einem Schlage auf außeritalischem Boden die Schwäche der stadtrömisch-italischen Nobilitätsregierung.

Noch schlimmer stand es im Osten des Reiches. Trotz Sullas Feldzug gegen die Nordfeinde Makedoniens im Jahre 85 blutete diese offene Stelle am Reichskörper die ganze sullanische Zeit über und noch nachher, am stärksten durch die Einfälle der Skordisker. Am Ende mündeten die dortigen Kämpfe in den mithridatischen Krieg ein, weil die Stämme zum Teil in einen Bund mit dem Ostkönig traten. Daneben gehen die Anfänge des großen Getenreiches unter Burebistas an der unteren Donau bis in die sullanische Zeit zurück. Er griff über die Donau hinüber und wurde gleichfalls eine Gefahr für Makedonien und das Reich.

Durch den Ehrgeiz des von Sulla zurückgelassenen asiati-

schen Statthalters L. Licinius Murena und die Beutegier seiner Soldaten war dort ein neuer Krieg mit Mithridates ausgebrochen. Angeblich weil dieser Kappadokien nicht ganz geräumt hatte, in Wirklichkeit weil der im Römerlager weilende Archelaos ihn aufreizte, war Murena im Jahre 83 in Pontos eingefallen, hatte das reiche Heiligtum von Komana geplündert und eine Stadt seines Namens, Likineia, gegründet. Der König hatte mit der Rückeroberung seines bosporanischen Reiches zu tun und schickte nur eine Beschwerde an Sulla, während er gleichzeitig ebenso wie Murena um die Unterstützung von Heraklea sich bemühte. Im Jahre 82 erfolgte der zweite Einfall Murenas. Mithridates verhielt sich abwehrend, bis die Senatsgesandten die Anweisung brachten, daß er als „Bundesgenosse" des Reiches zu schonen sei. Als Murena dessenungeachtet doch einen neuen Vorstoß über den Halys unternahm, holte er sich nur eine Niederlage. Er mußte zurückgehen und Mithridates besetzte von neuem Kappadokien. Jetzt kam es auf eine Beschwerde des Ariobarzanes zur Bestätigung des Friedens von Dardanos, d. h. Mithridates mußte das eroberte Land wieder herausgeben. Auffallend ist die Zurückhaltung Sullas gegenuber den Eigenmächtigkeiten des Murena, dem trotz seiner Fehlschläge nicht nur der Titel Imperator, sondern auch ein Triumph zugestanden wurde.
Mithridates aber ließ nach dem Tode Sullas durch seinen Schwiegersohn Tigranes Kappadokien abermals mit Krieg überziehen, wobei große Menschenmassen zur Besiedlung der neuen armenischen Hauptstadt Tigranokerta aus dem Lande weggeschleppt wurden. So bestand auch hier Mißtrauen auf beiden Seiten. Der fortschreitende Zerfall des Seleukidenreichs, die Schwäche Ägyptens (hier hatte Sulla im Jahre 80 den jungen König Alexander II. in sein väterliches Reich eingesetzt, aber die Alexandriner hatten ihn in einem Aufstand erschlagen), sowie das Überhandnehmen der Seeräubergefahr ließen jetzt vor allem das armenische Reich erstarken und brachten auch Mithridates wieder zu größerer Aktivität. Das orientalische Problem erwies sich von Tag zu Tag mehr als ungelöst.
Rom und Italien hatten wohl eine neue Ordnung, aber das

Provinzialreich stand im äußersten Westen und Osten im Aufruhr. Man versteht von hier aus Cäsars hartes Wort über seinen letzten großen Vorgänger, der in einem der kritischsten Augenblicke die Diktatur ruhig niedergelegt und den Staat sich selbst überlassen hatte: er habe von der Regierungskunst nicht die Elemente verstanden. Es ist tatsächlich etwas Wahres daran. Die selbstverfaßte Inschrift an Sullas Grabmahl auf dem Marsfeld soll den Satz enthalten haben: Kein Freund habe ihn im Wohltaten-Erweisen, kein Feind im Übel-Zufügen übertroffen. Wenn die Inschrift historisch ist, liegt natürlich auf dem zweiten Teil der Nachdruck, und Sullas Herrscherziel nähert sich bedenklich dem orientalischen Königsideal. Ein solcher fanatischer Hasser mußte mehr Schaden stiften durch Zerstörung als Nutzen durch Aufbauen, und man sieht leicht ein, weshalb Cäsar als Reaktion gegen die Grausamkeit des letzten großen Optimaten schon im Anfang seines Aufstiegs in den sechziger Jahren die verzeihende Milde *(clementia)* zum Schlagwort der neuen popularen Propaganda gemacht hat. Nur der geborene Herrscher besitzt die Überlegenheit, die zum Verzeihen und damit zum Versöhnen führt. Nachdem die Republik durch das Wüten der Gegner von Senats- und Volksseite mit der Züchtung des Tieres im Menschen sich selbst das Grab gegraben hatte, ist die *clementia Caesaris* nach einem kurzen Rückfall des jungen Triumvirn Oktavian eine der Grundtugenden der Kaiser geworden.

3. Die nachsullanische Zeit und das Ende der Republik (78–60)

Der letzte republikanische Staatsmann großen Formates war mit Sulla dahingegangen. Die Optimaten besaßen durch ihn wieder die Herrschaft im Staate. Aber auch bei ihnen fehlte, wie zuletzt bei Sulla, eine klare Stellungnahme zu dem immer drohender sich erhebenden ungelösten sozialen Problem. Sowohl in der Stadt wie auf dem Lande gärte es gewaltig bis hinunter in die im Herrenland und in Sizilien immer stärker angehäuften Sklavenmassen. Der letzte Abschnitt der republikanischen Geschichte wird somit dadurch charakterisiert, daß sich hinter den weiteren Verfassungsänderungen die wirtschaftlichen und sozialen Krisen himmelhoch auftürmen und schließlich in schweren Ausbrüchen entladen.

Das Ziel der Popularen nach Sullas Tod war kein geringeres, als seine Verfassung wieder aus der Welt zu schaffen. Zu diesem Zweck ging ihr Führer Lepidus, der Konsul von 78, zunächst auf die Wiederherstellung der billigen Getreideverteilung und des Volkstribunates sowie auf die Rückberufung der gesetzwidrig Verbannten, endlich auf die Rückerstattung aller bei den Proskriptionen eingezogenen Güter, auch der italischen, aus. Das letztgenannte Verlangen bedeutete die Aufhebung der sullanischen Kolonien und brachte sofort in dem schwer geschädigten Etrurien eine Revolte zum Ausbruch. Von allen Gesetzesanträgen ging bezeichnenderweise sofort nur derjenige auf Wiederherstellung des Frumentationswesens durch. Bei den Maßnahmen zur Dämpfung des etruskischen Aufstandes beging der Senat dann die große Unklugheit, die beiden parteimäßig ganz entgegengesetzt eingestellten Konsuln (Kollege des Lepidus war der Sohn des Kimbernsiegers Katulus) zusammen ins Feld zu senden. Die Folge war, daß sich Lepidus sofort an die Spitze der Bewegung stellte, anstatt sie zu bekämpfen.

Da während der Unruhen die Konsulwahlen für 77 nicht zustande kamen, zog Lepidus nach Ablauf seines Amtsjahres gegen Rom, um ein zweites Konsulat für sich zu erzwingen. Der Senat verhängte den Ausnahmezustand über die Stadt. Katulus und der hier zum erstenmal als militärischer Nebenregent erscheinende Pompeius wurden mit der Abwehr beauftragt. Der letztere warf des Lepidus Unterführer M. Junius Brutus, den Vater des Cäsarmörders, im diesseitigen Gallien nieder und ließ ihn hinrichten. Katulus dagegen lieferte seinem bisherigen Amtsgenossen eine siegreiche Schlacht auf dem Marsfeld, so daß er zurückgehen und nach einer zweiten Niederlage in Etrurien, in der Mitte des Sommers 77, nach Sardinien fliehen mußte. Dort starb er bald darauf an der Schwindsucht, ein Glück für den der Situation in keiner Weise gewachsenen Mann. Unter dem Prätor M. Perperna gingen die Reste seines Heeres nach Spanien zu Sertorius hinüber, wohin sich jetzt der Schwerpunkt der popularen Gegenbewegung verlagerte. In Italien dagegen war mit Lepidus' Ende die Masse einschließlich der Ritter führerlos. Über ihr erhoben sich jetzt einzelne Große, die sich je nach Belieben ihrer bedienten, um persönliche Machtpolitik zu treiben.

Sertorius hatte unterdessen durch recht glückliche politische Maßnahmen seine spanische Stellung stark verbessert. Ohne Frage war er jetzt im Begriff, sich dort eine Art Hausmacht zu begründen, wo sich alle mit den Zuständen in Rom unzufriedenen Elemente sammelten. Aus den Vornehmsten seiner Umgebung bildete er einen römischen „Gegensenat", wofür schon Sulpicius in Rom und Sulla im Osten das Vorbild gegeben hatten. Spanien wurde so eine Art Gegen-Rom der Popularen. Neben dem Emigrantensenat ernannte Sertorius auch eigene Quästoren und Prätoren. Um sein Regiment fester zu verankern, zeigte er gegenüber den spanischen Eingeborenen möglichst große Milde. Auch verstand er es, sich durch seine Tapferkeit und Gerechtigkeit bei ihnen in Achtung zu setzen, ja durch geschickte Ausnutzung des spanischen Glaubens und Aberglaubens sich mit einem religiösen Nimbus zu umgeben. Schließlich nahm er sich sogar eine Leibwache aus Iberern. Die vornehmen Geiseln der verschiedenen Stämme des Landes, die ihm, teils freiwillig, teils gezwungen, nach und nach zugefallen waren, ließ er in seiner Hauptstadt Oska (Huesca, nördlich von Saragossa) in einer römischen hohen Schule auf Kosten seiner Staatskasse unterrichten, um sich aus dem einheimischen Element auch einen Offiziersnachwuchs zu schaffen. Ob hier nur eine Maßnahme des Politikers vorliegt, um der spanischen Aristokratie die Vergeiselung ihrer Söhne erträglich zu machen, oder ob bereits Romanisierungstendenzen sich zeigen, die eine im Gang befindliche Annäherung der spanischen Oberschicht an Rom fördern sollten, läßt sich schwer entscheiden.

Zweifellos bestand die Gefahr, daß Sertorius von Spanien aus, seitdem er bis an die Pyrenäen und an die Mittelmeerküste vorgedrungen war, den Versuch machen werde, die sullanische Verfassung zu stürzen, zumal er schon mit den Seeräubern in Verbindung getreten war und seine Sendboten Gallien bis zu den Alpenpässen durchstreiften. Nach Niederwerfung des Lepidusaufstandes entsandte daher der Senat auf Antrag seines damals besten Mannes, des L. Marcius Philippus, den vor Rom mit seinem Heere stehenden jungen Pompeius mit prokonsularischer Gewalt nach Spanien unter abermaliger Verletzung der Verfassung, etwas, was ohne die Annahme eines Druckes seitens des militärischen Nebenregenten wohl nicht denkbar ist. Philippus hat sich damals selbst scherzhaft als „Freund des Alexander" bezeichnet, offenbar um sein Zukreuzekriechen vor dem jungen General zu verdecken.

Pompeius erschien nach Überschreitung der Alpen und Pyrenäen um die Wende des Jahres 77/76 mit 40 000 Mann zur Unterstützung des Metellus in Spanien und gewann schnell einige iberische Stämme für sich. Die militärischen Ergebnisse der Kriegsjahre 76 und 75 waren aber im allgemeinen mager, und Pompeius hat schon hier ein großes Geschick gezeigt, die Erfolge anderer für sich zu verwerten. Im Herbst 75 mußte Metellus Winterquartiere im südlichen Gallien, Pompeius im nordspanischen Hochland nehmen, ein deutlicher Beweis, daß Sertorius Herr der Fruchtgebiete Spaniens geblieben war. Pompeius richtete nun ein Schreiben an den Senat voll von Bitten und Drohungen wegen sofort zu veranlassender Nachschübe. Er habe sein Vermögen und seinen Kredit für die Unterhaltung des Heeres opfern müssen. Hier erscheint also abermals ein Heerführer, der aus eigenen Mitteln Beiträge für seine Armee leistet, und man versteht Krassus' Wort, daß nur wirklich reich sei, wer aus eigenen Einkünften eine Privatarmee unterhalten könne.

Unstreitig befand sich Sertorius im Jahre 75 auf dem Höhepunkt seiner Macht. Damals ließ ihm Mithridates auf den Rat zweier bei ihm weilender Fimbrianer ein Bündnisangebot übermitteln, welches angenommen wurde. In demselben wurden dem König seine früheren Besitzungen zurückgegeben, nicht aber, wie schon im Altertum von mißgünstiger Seite und neuerdings wieder behauptet worden ist, auch die römische Provinz Asia, obwohl der spanische Senat auch dies befürwortet hatte. Vielmehr schickte Sertorius im

Jahre 74 einen Unterhändler nach Osten, der dann als Statthalter von Asien den König ganz deutlich fühlen ließ, daß nur er Herr auf römischem Boden sei. Allerdings hat er später auf seiten des Königs gegen Lukullus kämpfen müssen und ist dafür nach seiner Gefangennahme hingerichtet worden.

Der Senat befand sich gelegentlich der Beratung über das Schreiben des Pompeius in einer äußerst schwierigen Lage. Man hatte keine Truppen mehr zur Verfügung; denn auch anderswo wurden damals die stärksten Machtmittel benötigt, gegen Mithridates, die Randvölker Makedoniens, die Seeräuber usw. Trotzdem machte man das fast Unmögliche möglich mit Rücksicht auf die eingetretene Annäherung des Ost- und Westfeindes, und weil Lukullus alles daran gelegen war, seinen größten Rivalen von dem Ostkommando fernzuhalten.

So erhielt Pompeius die nachgesuchte Verstärkung in Gestalt von zwei Legionen, und es gelang ihm, in den Jahren 74 und 73 glücklicher zu operieren, so daß schließlich Sertorius unter Verzicht auf seine spanische Machtstellung Rückkehr ins Privatleben anbot. Ganz offenbar hat er im Unglück nicht mehr den alten Optimismus bewahrt. Als er aber in der Erkenntnis, daß seine Macht im Schwinden sei, herrischer gegen seine Landsleute und die Eingeborenen wurde, z. B. die Zöglinge seiner Ritterschule von Oska teils niedermachen, teils in die Sklaverei verkaufen ließ, bildete sich, geführt von Perperna, in seiner nächsten Umgebung eine Verschwörung. So ist der tapfere Mann nicht den Schlägen seiner Gegner auf dem Schlachtfeld, sondern nach allerlei Quertreibereien dem Dolchstoß aus den eigenen Reihen gelegentlich eines Festmahles im Hause des Perperna im Jahre 72 erlegen.

Verdrängt auf fremdem Boden, hatte er noch einmal die Idee der Gemäßigten innerhalb der popularen Bewegung mit größter Hingabe vertreten, zugleich ein seltenes Verständnis für eines der interessantesten Völker des Reiches bewiesen. Seinem Beruf nach war er durchaus Soldat, menschlich eine sympathische Erscheinung, keiner der ganz großen Männer der römischen Geschichte und unter den

Großen zweiten Ranges ein Spätling innerhalb einer neuen Zeit, die schnell über die Republik auch in der popularen Prägung hinweggegangen ist.

Perperna, der nach seinem Tode die Führung in Spanien übernahm, stand an militärischer Begabung tief unter ihm. Er wurde in einer Feldschlacht von Pompeius geschlagen und nach der Gefangennahme hingerichtet. Dann ordnete der Sieger Spanien neu und kehrte im Jahre 71 nach Italien zurück.

Das Zentralland hatte unterdessen die lange schon drohende wirtschaftliche Krise durchzumachen begonnen. Im Osten hatte Servilius Isaurikus seit 78 den Kampf gegen die wachsende Macht der kilikischen Seeräuber wieder aufgenommen. Seit dem Jahre 74 tobte von neuem der Krieg gegen Mithridates. Nach einem schwächlichen Auftreten des Konsuls von 75, C. Aurelius Cotta, gelegentlich einer Hungerrevolte in Rom und nach einem etwas kräftigeren Vorstoß des popularen Tribunen C. Licinius Macer (73) zugunsten des Volkes wurden jetzt die Generäle durch die Macht der kriegerischen Ereignisse immer stärker in den Vordergrund geschoben.

Schließlich war es in Italien selber ein elender Sklavenkrieg, der die Armee auch hier zum alles entscheidenden Faktor machte. In der Gladiatorenschule von Kapua waren meist kriegsgefangene Sklaven thrakischer, keltischer und germanischer Herkunft unter Führung des Thrakers Spartakos und der Kelten Krixos und Oinomaos entsprungen und hatten sofort großen Zulauf unter den Feld- und Hirtensklaven des Südens gefunden. Vom Vesuvgebiet breitete sich nach einem Siege im Winter 73/72 die Bewegung, getragen von etwa 70 000 Menschen, über Lukanien nach Süditalien aus. Der Senat mußte die beiden Konsuln von 72 mit sechs Legionen ins Feld stellen. Das Ganze entwickelte sich schnell zu einem zweiten italischen Innenkrieg. Zwar gelang es, die gallisch-germanische Gruppe unter Krixos am Garganus zu überwinden. Spartakos dagegen blieb nacheinander Sieger über jeden der beiden Konsuln. Er marschierte nach Norditalien, wo bei Mutina auch noch der Statthalter des diesseitigen Gallien geschlagen wurde, offenbar um über Istrien in seine Heimat zu gelangen. Hierfür vermochte er aber seinen Anhang nicht zu gewinnen, da dieser auf Rom geführt zu werden wünschte. Weil seine Macht dazu nicht ausreichte, ging Spartakos nach einer weiteren Niederlage der Konsuln in Picenum nach Unteritalien, und zwar in die Gegend von Thurii zurück. Nun griff der Senat in die Kriegführung wieder zugunsten eines Außenseiters ein. Er entzog den militärisch unfähigen Konsuln das Heereskommando und betraute damit, da alle bewährten Heerführer auf außeritalischen Schauplätzen beschäftigt waren, unter Verleihung prokonsularischer Gewalt den gewesenen Prätor Krassus, den charakterlosesten aller Staatsmänner der Zeit. Nach seiner Kaltstellung durch Sulla vor zehn Jahren konnte er sich jetzt endlich wieder in die große Politik einschalten. Als einer der reichsten Großgrundbesitzer und Baustellenwucherer machte er seine riesige Gefolgschaft in Rom und Italien für den Kampf mobil und verstärkte das Heer außerordentlich, meist allerdings durch Milizlegionen, die erst tüchtig in Disziplin genommen werden mußten. Spartakos aber versuchte jetzt mit Hilfe der Seeräuber nach Sizilien überzusetzen. Doch scheiterte er an der trefflichen Küstenbewaffnung durch den damaligen sizilischen Statthalter Verres. Daraufhin gelang es ihm, durch die starke Befestigung, die Krassus unterdessen von Meer zu Meer angelegt hatte, mit einem Teil seines Heeres nach schweren Verlusten nordwärts durchzubrechen. Krassus' Lage wurde dadurch so schwierig, daß auch er den Senat um Hilfe angehen mußte. Aber der Mangel eines festen Planes auf der Gegenseite und das abermalige Auseinanderlaufen der plündernden Sklavenhaufen erlaubten ihm, den Krieg schließlich in einem Zeitraum von sechs Monaten zu beenden. In der Entscheidungsschlacht fiel Spartakos selbst, und seine zersprengten Truppen wurden einzeln niedergeworfen. An 6000 Mann wurden gefangengenommen und längs der appischen Straße von Kapua aus in der Richtung nach Rom zum abschreckenden Beispiel ans Kreuz geschlagen. Nur eine Abteilung von 5000 Mann hatte sich nach Norditalien gerettet, wurde aber hier von dem aus Spanien heimkehrenden Pompeius vernichtet, der nun die Beendigung auch dieses Krieges für sich in Anspruch nahm.

Wie der Bundesgenossenkrieg, so hat dieser zweite verheerende italische Krieg das Gesicht des Staates gründlich verändert. Wie damals Sullas reaktionäre Reform das Endergebnis gewesen war, so erfolgte jetzt durch Pompeius und Krassus die teilweise Beseitigung der neuen Verfassung.

Im Herbst 71 trafen sich beide mit ihren Heeren vor Rom, Pompeius mit dem ausgesprochenen Ziel des Triumphes sowie der endlichen Einschaltung seiner Person in die ordentliche Ämterlaufbahn. Da der dritte Sullaner von Bedeutung, Lukullus, weit entfernt in Asien im Kampfe gegen Mithridates stand, war die Bahn für die beiden großen „Springer im Bürgerkrieg" frei, um nach militärischen Erfolgen, zum Teil recht zweifelhafter Art, sich auf das politische Kampffeld zu stürzen.

Die schnell hergestellte Verbindung beider, so feindlich sie auch bisher einander noch gegenübergestanden hatten, erzwang unter Beistand der Heere und unter Entbindung vom Ämtergesetz das gemeinsame Konsulat für das Jahr 70, unter weitgehenden Versprechungen an das Volk bezüglich einer Revision der sullanischen Verfassung, wofür schon in den vorhergehenden Jahren manche Schritte getan worden waren.

Durch die Zusagen der Konsuln wurden die Popularen und die hinter ihnen stehenden Massen des Volkes gewonnen. Man merkte nicht, was in Wirklichkeit vor sich ging. Die bisherige militärische Nebenregierung wurde jetzt zur Hauptregierung des Staates, in welchem die alten „Parteiprogramme" nur noch Aushängeschilder für die ihre persönlichen Machtinteressen verfolgenden Generäle wurden. Nicht Sullas Verfassung hat also gesiegt, sondern Sulla als Diktator hat Schule gemacht bei seinen ehemaligen Offizieren, die über Teile seines Verfassungswerkes jetzt einfach zur Tagesordnung übergingen, um durch einen Köder die wieder zur Herrschaft emporstrebenden Popularen an sich zu ketten. Sowohl die städtische Plebs wie Teile der samt ihrer Jugend in Genußsucht versunkenen Nobilität zeigten sich zur Herrschaft über den Staat nicht mehr befähigt. Zwei durch die Kriegführung emporgekommene Männer traten, gestützt auf die Armee, an die Stelle. Die

Führung hatte Pompeius, der am 29. Dezember 71 triumphierte, währenddem Krassus nur der kleine Triumph, d. h. der Einzug in die Stadt zu Pferd, bewilligt wurde. Und wie hier, so blieb es während des Konsulates, bis die beiden nur künstlich zusammengekoppelten Männer sich wieder gründlich entzweiten und die Wirkung des Amtes lahmlegten, um erst zum Schluß von der Menge zu einer wenigstens äußerlichen Versöhnung gezwungen zu werden.

Was gleich zu Anfang des Konsulates zustande kam, war die versprochene Wiederherstellung des Volkstribunates, und zwar im vollen Umfang einschließlich der gesetzgeberischen Initiative. In der öffentlichen Meinung ging das Gesetz vornehmlich auf den Namen des Pompeius. Um sich demgegenüber ebenfalls die Liebe des Volkes zu sichern, opferte Krassus wie einst Sulla dem Herkules, dem Beistand der römischen Geschäftsleute in gefahrvollen Unternehmungen, den zehnten Teil seines Vermögens in der Form eines öffentlichen Opferschmauses. Durch den unermeßlichen Reichtum seines Hauses war es ihm möglich, die städtische Plebs an 10 000 Tischen speisen zu lassen und darüber hinaus noch jedem Teilnehmer Getreide für drei Monate zu spenden. Zum ersten Male erscheint hier das Frumentationswesen als Wohltat eines einzelnen reichen Mannes, der in diesem Punkte der größte Vorläufer der Kaiser genannt werden muß.

Ein Zeichen des eingetretenen Rückschlags gegen die sullanische Ordnung war auch die Wahl von Zensoren in diesem Jahr, welche eine größere Zahl der sullanischen Senatoren üblen Rufes — im ganzen 64 — aus der hohen Körperschaft entfernten. Endlich hat nach dem Skandalprozeß gegen C. Verres der Prätor L. Aurelius Cotta hinsichtlich der Beseitigung der sullanischen Gerichtsordnung durch Einbringung eines neuen Richtergesetzes mit Unterstützung des Pompeius den entscheidenden Schritt vorwärts getan. Das Gesetz schaffte die Alleinherrschaft des Senates im Gerichtswesen ab und verordnete die Bildung der Geschworenenbänke zu je einem Drittel aus den Senatoren, den Rittern und den sogenannten „Ärartribunen“, d. h. den Bürgern der auf die Ritter folgenden Zensusklasse, dem „dritten

Stand", der aber mit den Rittern zu gehen gewohnt war. Durch diese gemischten Listen wurden die Geschworenengerichte endlich der Parteipolitik entzogen, während auch die neuen Reformer so wenig wie ihr Herr und Meister an irgendwelche Neuerungen auf wirtschaftlichem oder sozialem Gebiete dachten.

Nach Ablauf des Konsulates hat Pompeius auf die Übernahme einer Provinz verzichtet, und Krassus tat offenbar das gleiche. Der Grund für Pompeius kann nur der gewesen sein, daß er glaubte, vom Zentrum des Staates aus weiterhin einen maßgebenden Einfluß auf die Gesamtpolitik ausüben zu können. Dazu kam, daß sich das einzige für ihn jetzt erstrebenswerte militärische Kommando in Lukullus' Händen befand. Dieser war der größte Konkurrent des jungen Konsulars und Imperators, den es nur noch nach Erfolgen in der auswärtigen Politik gelüstete. Ein Glück für ihn war es, daß diese durch den Wiederausbruch des mithridatischen Krieges abermals im Vordergrund stand.

Der dritte mithridatische Krieg war eine Erbschaft Sullas. Mithridates war durch den letzten Friedensschluß von Bithynien und Kappadokien, auf die er seit langem sein Augenmerk gerichtet hatte, wieder abgesperrt. Die Folge war, daß er sich auf die Rückeroberung seines bosporanischen Nebenreiches geworfen und dort seinen Sohn Machares als König eingesetzt hatte. Gleichzeitig war es seinem Schwiegersohn Tigranes gelungen, infolge des fortschreitenden Verfalls des Seleukidenreiches und des Zurücktretens der Parther nach dem Tode des dortigen Königs, Mithridates II., des Großen (86), sein Reich Armenien stark zu vergrößern und zum ersten Staate des vorderen Orients zu machen, mit Tigranokerta im Süden als Hauptstadt. Dadurch bekam der pontische König einen mächtigen Hintergrund. Doch verließ er sich nicht ausschließlich auf den unzuverlässigen Schwiegersohn. Er erhöhte vielmehr auch weiterhin seine militärischen und sonstigen Machtmittel: Verlobung zweier Töchter an die Könige von Ägypten und Kypros, Herstellung guter Beziehungen zu den Seeräubern, Bündnis mit Sertorius (s. o.), erneute Einflußnahme auf die

verzweifelte Stimmung in der römischen Provinz Asia, wo die sullanische Kontribution durch Wucherzinsen und Zinseszinsen auf das Doppelte gestiegen war und die Steuerpächter wieder auf das rücksichtsloseste vorgingen.
Den Anlaß zum neuen Krieg gab der Umstand, daß der im Jahre 74 gestorbene König Nikomedes IV. nach dem Vorbild des letzten Attaliden sein Reich testamentarisch den Römern vermacht hatte. Mithridates bestritt die Rechtmäßigkeit des Testamentes und gab vor, die Rechte des Sohnes des verstorbenen Königs vertreten zu müssen. Zu dem Zweck fiel er in Bithynien ein. Den Oberbefehl gegen ihn erhielt nicht ohne Schwierigkeiten der bedeutendere der beiden Konsuln von 74, L. Licinius Lukullus, unter Zuteilung der Provinzen Asien und Kilikien, sein Amtsgenosse M. Aurelius Cotta dagegen den Befehl über die Flotte und Bithynien. Der Prätor M. Antonius wurde gleichzeitig mit dem Krieg gegen die Seeräuber in Kreta betraut. Die Imperien des Lukullus und Antonius wurden mit weitgehenden Vollmachten ausgestattet, viel umfassender als alle bisherigen, und schufen schlimme Präzedenzfälle für später. Tatsächlich forderte die außenpolitische Lage wiederum außergewöhnliche Anstrengungen ohne Rücksicht auf die Verfassung. Im Mißverhältnis dazu stand allerdings die schwache militärische Ausstattung des Lukullus: nur fünf Legionen, d. h. etwa 30 000 zu Fuß und 2500 Reiter. Der Krieg, der um den Besitz von Bithynien ausgebrochen war, wurde daselbst auch begonnen. Aber Cotta wurde bei Kalchedon (Skutari) zu Wasser und zu Land entscheidend geschlagen, da er Lukullus' Eintreffen nicht abwartete. Der Zutritt zum Ägäischen Meer war dadurch für die königliche Flotte erkämpft, und es erfolgten ihre Vorstöße bis nach Kreta hin. Gleichzeitig ließ der König weite Teile von Kleinasien in Galatien und Phrygien besetzen, sowie Einfälle in die römische Provinz machen.
Die Lage der Römer war so am Anfange des Feldzuges sehr schwierig. Aber Lukullus hat sich unstreitig militärisch gut bewährt, auch Beruhigung in die der Verzweiflung nahe Bevölkerung der Provinz gebracht. Der Krieg verlief in vier Abschnitten. In dem ersten hat sich Lukullus aus der Ein-

kreisung zu Wasser und zu Land befreit. Darauf hat er Bithynien erobert und schließlich den Kern des Pontoslandes bezwungen, um von da den Übergang nach Armenien zu vollziehen.

Die erste Etappe des Krieges erreichte ihren Höhepunkt durch die schwere Not, in welche der pontische König bei seiner Belagerung von Kyzikos gebracht wurde. Es gelang Lukullus, den Belagerern die Verbindungen nach der Landseite abzuschneiden, worauf während des Winters 73/2 Hungersnot und Seuchen im feindlichen Heere zum Ausbruch kamen.

Mithridates mußte nach schweren Verlusten die Belagerung aufgeben und sich auf nur teilweise erfolgreiche Seekämpfe beschränken, während die Römer Bithynien zu erobern begannen und es dem Cotta zur Bezwingung überließen, vor allem auch die Belagerung des zum Feinde übergegangenen griechischen Stadtstaates Heraklea (Pontica). Gegen Ende des Jahres 72 unternahm Lukullus den Vormarsch nach Paphlagonien und Pontos. Um die großen Seestädte und Landfestungen wie Sinope, Amaseia und Amisos kümmerte er sich zunächst nicht, eroberte vielmehr nur das flache Land und ließ da, wo nicht Widerstand geleistet wurde, keine Plünderung zu. Das erhöhte natürlich in dem an Strapazen und Entbehrungen überreichen Feldzug nicht gerade die Stimmung der Soldaten.

Im Jahre 71 beginnt die dritte Etappe. Lukullus wandte sich nach Zurücklassung des L. Licinius Murena vor dem eingeschlossenen Amisos von der Küste in das Innere gegen die zweite Königsresidenz Kabira, wo ein neues Heer zum Empfang der Römer bereitstand. Nach dem Übergang des königlichen Prinzen Phönix und nach einem für die Römer unglücklichen Reitertreffen erstarrte der Kampf vorübergehend zum Stellungskrieg. Während desselben hatte der Römer große Schwierigkeiten mit der von weither, zuletzt aus dem verbündeten Kappadokien, herbeigeschafften Verpflegung und erlitt in einem Vorpostengefecht eine regelrechte Niederlage. Aber endlich gelang es ihm, bei einem Angriff des Gegners auf eine seiner Proviantkolonnen einen Sieg zu erringen, der bis an das feindliche Hauptlager herangetragen wurde und dort eine schwere Panik erzeugte. Darauf gab Mithridates seine feste Stellung auf und vollzog den Übertritt in das armenische Reich. Hier sah er sich von seinem Schwiegersohn, der gerade mit der Eroberung Nordsyriens beschäftigt war, ungnädig aufgenommen. Ja, er wurde für längere Zeit in ein armenisches Kastell verbannt. Unterdessen eroberte Lukullus nach der Einnahme von Kabira und der königlichen Schlösser im Lande, deren Kommandanten allenthalben die Königsschätze auslieferten, Kleinarmenien, sowie die Landschaften an der pontischen Küste ostwärts. Dann ging es an die Einnahme der großen Städte. Amisos fiel noch vor Ende des Jahres 71 und wurde niedergebrannt, um bald von dem Sieger mit vergrößertem Gebiet wieder aufgebaut zu werden. Es folgte im nächsten Jahr der Fall von Sinope und Amaseia. Auch wurde um diese Zeit das zwei Jahre lang belagerte Heraklea erobert. Cotta ging nach Rom zurück, und Lukullus war seitdem alleiniger Oberbefehlshaber in Asien. Das Hauptziel, die Gewinnung der Person des Mithridates, war aber nicht erreicht. Nach dem Vorbild des Marius suchte Lukullus jetzt durch seinen Schwager Ap. Klaudius Pulcher die Auslieferung des Königs von Tigranes zu erlangen. Die Behandlung des armenischen Despoten war aber keine glückliche, Tigranes, mit der Unterwerfung phönikischer Städte beschäftigt, ließ daher die römischen Gesandten längere Zeit in Antiocheia warten. Dann erfolgte an Stelle der von Lukullus erhofften Auslieferung die Berufung des Mithridates an den armenischen Hof und die Aussöhnung beider Könige mit dem Endergebnis des Beschlusses eines gemeinsamen Krieges gegen Rom.

Diese Nachricht erreichte den römischen Oberbefehlshaber im Frühjahr 69 in Ephesos, wo er sich den Winter über zur finanziellen Neuordnung der Provinz aufgehalten hatte. Die Steuer- und Kontributionsschuld war im Laufe von 14 Jahren von 120 Millionen Denaren auf das Sechsfache gestiegen. Es wurde daher ein Weg zur Lösung der hohen Verbindlichkeiten der Provinz gefunden, durch welche die Entschuldung der Provinz innerhalb eines vierjährigen Zeitraumes durchgeführt werden sollte. Dies war allerdings nur

dadurch möglich, daß ungerechte oder viel zu hohe Forderungen der römischen Gläubiger in großer Menge niedergeschlagen oder herabgemindert, der Zinsfuß auf die normale Höhe von zwölf Prozent gesenkt und die Berechnung von Zinseszins mit dem Verlust der ganzen Forderung bedroht wurde. Wie kurz vorher in Spanien Sertorius eine humanere Behandlung der Eingeborenen durchgeführt hatte, so trat hier Lukullus für die armen ausgesogenen Provinzialen des Ostens ein: beide Vorboten einer neuen Zeit, wie sich bald darauf schon bei der Sanierung des jenseitigen Spanien durch Cäsar im Jahre 61 zeigen sollte.
Aber was für die Provinzialen zum Segen wurde, war für Lukullus' fernere Laufbahn eine Klippe, an der er scheitern sollte. Denn er zog sich dadurch die erbitterte Feindschaft der heimischen Finanzwelt zu, die von nun an kein anderes Ziel kannte, als diesen ihre Geschäfte nicht nur störenden, sondern stellenweise zerstörenden Oberfeldherrn zu beseitigen. Dazu kam jetzt die Auswirkung des in Rom durch Pompeius und Krassus herbeigeführten Umschwungs. Lukullus war noch der einzige Sullaner in leitender Stellung, der an den Grundsätzen des Diktators unentwegt festhielt, der sich sogar, was Sulla versäumt hatte, den neuen Zeitumständen entsprechende soziale Eingriffe, wenigstens in der östlichen Provinzialverwaltung, erlaubte. Dabei war er ein militärisch befähigter Mann, dem allerdings das Geschick fehlte, dem gemeinen Mann in der Soldateska zu Willen zu sein und ihn sich durch große Beute gefügig zu halten.
So von allen Seiten isoliert und angefeindet, stand Lukullus plötzlich im Frühjahr 69 einer pontisch-armenischen Koalition gegenüber, deren Bekämpfung als die vierte Etappe seiner Tätigkeit im Osten bezeichnet werden darf.
Sie begann mit dem Übergang über den Euphrat in der Nähe von Melita, während im Pontos gegen einen zu erwartenden Einfall des Mithridates ein Armeekorps von 6000 Mann zurückgelassen wurde. Das Ziel des Ost-Vormarschs war Tigranokerta. Die feindliche Hauptstadt wurde eingeschlossen, und Tigranes erlitt beim Versuch eines Entsatzes am 6. Oktober 69 durch eine geschickte Umgehung eine Niederlage, obwohl er auf seine nach parthischem Vor-

bild ausgerüstete schwere Panzerreiterei große Hoffnungen gesetzt hatte. Er floh nordwärts zu Mithridates. Bald nach der Schlacht ergab sich Tigranokerta und wurde mit seinen riesigen Schätzen den Soldaten zur Plünderung überlassen, ja darüber hinaus aus der Beute jedem einzelnen Soldaten noch 800 Denare bar bezahlt. Die gewaltsam in die Stadt verpflanzten Griechen ließ Lukullus mit einem Wegegeld versehen in ihre Heimat zurückkehren. Ihren Besitz und die Frauen der armenischen Großen sowie die Vasallen des Königs schützte er gegen Übergriffe der plündernden Soldaten.

Eine Hauptfolge des Sieges und der Einnahme der feindlichen Hauptstadt im Süden war die Lossagung der kleinen Machthaber von der Herrschaft des Armeniers, u. a. des Antiochos von Kommagene. Weiter gelangte Nordsyrien wieder in die Hand der seleukidischen Dynastie, der als der schwächeren Macht nach römischem Grundsatz Lukullus' Schutz zuteil wurde. Auch mit dem Partherkönig Phraates trat man in Verbindung, vermochte ihn jedoch, ebensowenig wie seinen Gegner, zu gewinnen. Er blieb neutral.

Aber die Hauptschwierigkeit entstand im eigenen Lager im Laufe des Frühjahrs 68. Die Heranziehung der im Pontosgebiet zurückgebliebenen Abteilung ließ sich nicht ermöglichen, weil die meuternden Mannschaften dem Marschbefehl keine Folge leisteten, und auch die eigenen Truppen wurden unsicher. Die Wühlarbeit der Finanzwelt begann ihre üblen Folgen zu zeitigen. Auch die Regierung war mit dem armenischen Feldzug nicht einverstanden. Anstatt jetzt für den letzten Schlag die Mittel an Truppen und Geld zur Verfügung zu stellen, beschränkte man plötzlich Lukullus' Wirkungskreis. So wurde seine Lage derjenigen des geächteten Sulla immer ähnlicher. Er war auf Bithynien und seine Neueroberungen, damit auf sich selbst angewiesen und mußte sehen, wie er mit den ihm noch zur Verfügung stehenden Machtmitteln auskam.

Trotzdem trat er Mitte des Sommers 68 den Vormarsch in das überaus schwierige Bergland des eigentlichen Armenien nordwärts an mit einem für diese Aufgabe viel zu kleinen Heer. Seine Gegner, an der Spitze wieder Mithridates, benutzten geschickt das Gelände und die Schwierigkeiten seiner Verpflegung in diesen rauhen Gebieten, wo die Ernte noch nicht reif war, und wichen einer Schlacht aus. Erst als Lukullus als sein Ziel Artaxata am Araxes, die alte Hauptstadt, erkennen ließ, stellten sie sich zum Kampfe, wurden aber in einem Reitertreffen geschlagen. In diesem entscheidenden Augenblick versagte das römische Heer endgültig. Es kam zu einer Meuterei, und Lukullus mußte den Rückmarsch nach Süden antreten. Hier unternahm er, um den schlimmen Eindruck des abgebrochenen Feldzuges zu verwischen, einen Angriff auf das feste Nisibis und eroberte die Stadt, um teilweise in ihrer Nähe, teilweise in Gordyene zu überwintern.

Mithridates war, durch den Zusammenbruch der römischen Offensive in Armenien ermutigt, noch im Jahre 68 in sein altes Reich zurückgegangen und hatte daselbst gegen Lukullus' Legaten Erfolge aufzuweisen. Dorthin mußte sich der Oberfeldherr im Frühjahr 67 zurückwenden mit einer Truppe, die, aufgehetzt von seinem eigenen Schwager P. Klodius, immer widerspenstiger wurde und infolgedessen ihre Schlagkraft zusehends einbüßte. So war die Sachlage Ende des Jahres 68 derart, daß Mithridates im östlichen Teil des Pontos wieder Fuß faßte und Tigranes Kappadokien angriff und plünderte. Lukullus war also in die Verteidigung gedrängt, in der Hauptsache durch die heimische Regierung, die ihn seit Jahr und Tag ohne Unterstützung gelassen, ja durch die Wegnahme seiner Provinzen sozusagen an die Luft gesetzt hatte. Seine Beseitigung vom obersten Heereskommando im fernen Osten kostete den Staat noch einmal einen dreijährigen Feldzug gegen Mithridates.

Im Anfang des Jahres 67 wurde Manius Acilius Glabrio mit der Leitung der Provinzen Bithynien und Pontos betraut und zugleich die Entlassung der seit 86 unter den Waffen stehenden Veteranen befohlen. Damit war Lukullus' Tätigkeit im Osten beendet. Nach einer schweren Niederlage seines Legaten brach die offene Meuterei im Heere aus, während inzwischen Glabrio das Kommando in Bithynien übernommen und die alten Soldaten bei Strafe der Vermögensentziehung zum Verlassen des Lagers aufgefordert hatte. Mithridates hatte völlig freie Hand, eroberte große Teile seines Reiches zurück und drang dann in Bithynien und Kappadokien ein. Eine unterdessen eingetroffene Zehnerkommission des Senates zur Ordnung Asiens wirkte wie ein Hohn. Mit Lukullus trat der letzte große Vertreter der Nobilität aus der sullanischen Schule von der Weltenschaubühne ab, und an seine Stelle rückte auch hier Pompeius, der, jetzt 40jährig, mit brennendem Ehrgeiz abermals nach außerordentlichen Ehren strebte.

Es war aber nicht der mithridatische Krieg, sondern eine ganz andere, noch größere Not, die den Stein zu seinen Gunsten ins Rollen gebracht hatte: der Seeräuberkrieg. Der wie Lukullus im Jahre 74 in diesen Krieg mit weitgehender Gewalt ausgesandte M. Antonius war während desselben auf Kreta gestorben und erst dem Q. Caecilius Metellus (Creticus) war in den Jahren 69—67 die Unterwerfung der Pirateninsel gelungen. Trotzdem erstreckte sich das Treiben der Seeräuber vom Hauptschlupfwinkel Kilikien aus auf alle Küsten des Mittelmeeres bis zum fernen Westen hin. Im Jahre 69 hatten sie Delos geplündert und verheert. Auch die italischen Küsten wurden unsicher gemacht, schließlich Ostia selber. Die Getreideversorgung von Rom begann zu leiden.

Pompeius' Stunde war gekommen. Zu Anfang des Jahres 67 beantragte A. Gabinius, zunächst ohne den Pompeius zu nennen, ein außerordentliches Kommando zur See, das sowohl zeitlich wie räumlich und in bezug auf die Zahl der Hilfskräfte (Legaten) allen bisherigen an Machtausstattung weit überlegen war. Denn einmal war es nicht einjährig, sondern dreijährig gedacht, zweitens hatte es Geltung für den gesamten Bereich des Mittelmeeres und seiner Küsten, selbst derjenigen Italiens, bis zehn geographische Meilen landeinwärts, und drittens war es der Gewalt der dort amtierenden Behörden übergeordnet. Als der Senat gegen eine solche Machtanhäufung auf so weitem Raume in einer Hand sich sperrte, wurde das Volk mobil gemacht, und Cäsar trat zum ersten Male in der großen Politik hervor, indem er den Antrag mit allen Kräften unterstützte. Der Antrag ging durch, und die Wahl fiel natürlich auf Pompeius.

Er hat sich, umgeben von über 20 Legaten, denen die einzelnen Bezirke zugeteilt wurden, vorzüglich bewährt, sowohl in der Organisation des neuen militärischen Großunternehmens wie in der Ausführung, hier vornehmlich durch beispiellose Schnelligkeit der Bewegungen. Seine erste Tat war die Wiederherstellung der römischen Marine, die der Staat fast völlig hatte verfallen lassen. An der Spitze einer Sollstärke von 500 Kriegsschiffen, die aber in Wirklichkeit längst nicht erreicht wurde, und eines entsprechend großen Landheeres (bis zu 20 Legionen nebst Hilfstruppen aus den Klientelstaaten und Seestädten) wurde Pompeius jetzt der Großadmiral des Mittelmeers, d. h. ein monarchischer Seeherrscher auf Zeit. Zunächst säuberte er in 40 Tagen das westliche Mittelmeerbecken. Dann ging er nach Osten und drang über Athen und Rhodos in die kilikische Piratenhöhle ein. Nachdem er den Gegner in einer Seeschlacht besiegt hatte, machte er sich an die Eroberung der festen Plätze und Burgen im rauhen Kilikien. In 50 Tagen war auch das östliche Becken gereinigt. Die Beute war groß, unter den Schiffen 90 große erzbeschlagene, unter den Gefangenen viele verschleppte Menschen aus aller Herren Ländern, die ihrer Heimat zurückgegeben wurden. Dort erfolgte ihre Ansiedlung in großer Zahl, so in Kilikien selbst, z. B. in dem von Tigranes entvölkerten Soloi, das später den Namen Pompeiopolis annahm, weiter in Achaia und in Unteritalien.

Kaum hatte Pompeius diese Aufgabe glänzend gelöst, da strebte er nach einem noch größeren Erfolge, der Beendigung des mithridatischen Krieges. Zu Anfang des Jahres 66 ließ er durch den Volkstribunen C. Manilius den Antrag einbringen, daß ihm die Provinzen Asien, Bithynien und Kilikien an Stelle des Glabrio überwiesen würden. Wieder trat Cäsar für den Antrag ein. Auch der damalige Prätor Cicero empfahl in seiner politischen Jungfernrede die Annahme des Gesetzes. Abermals wurde der Widerstand des Senates überwunden. Aus dem Großadmiral des Mittelmeeres wurde der Imperator des Ostens mit dem Recht der Entscheidung über Krieg und Frieden. Von Kilikien aus überschritt Pompeius den Tauros und nahm nach einer hef-

tigen Auseinandersetzung mit Lukullus, der Vorsitzender der Senatskommission war, dessen Heer in Empfang. Was er auf dem neuen Kriegsschauplatz geleistet hat, waren unstreitig die Früchte der langen und bedeutsamen Wirksamkeit seines Vorgängers. Zunächst beschritt er den Weg diplomatischer Verhandlungen sowohl mit Mithridates wie mit den Parthern. Bei letzteren erreichte er, daß sie den Tigranes beschäftigten. Auf ein Friedensangebot des Mithridates antwortete Pompeius mit der Forderung der bedingungslosen Unterwerfung. Der König ließ es noch einmal auf den Kampf ankommen. Dabei operierte er äußerst vorsichtig gegenüber dem in seinen alten Reichsbesitz einrückenden Pompeius, wie er es letzthin auch gegenüber Lukullus getan hatte. Ein Kleinkrieg entwickelte sich. Schließlich gelang es Pompeius, den König zu fassen und in der Nähe des Euphrat nicht weit von dem späteren Nikopolis zu schlagen. Von Tigranes diesmal schroff abgewiesen, weil dieser ihn für mitschuldig am Verrat seines Sohnes hielt, floh Mithridates nach Kolchis und von hier im folgenden Jahr (65) in sein Nordreich, wo er den abtrünnig gewordenen Sohn Machares unterwerfen und töten lassen mußte.
Mit Tigranes kam Pompeius beim Marsch auf Artaxata unmittelbar vor dieser Stadt zu einer friedlichen Lösung. Der Armenier mußte 6000 Talente Kriegsentschädigung zahlen, behielt nur sein Stammland ohne die dazu eroberten Außengebiete und trat in ein Freundschaftsverhältnis zu Rom. Armeniens spätere Stellung als römischer Klientelstaat in lockerer Abhängigkeit und seine Mittlerstellung zwischen Rom und Parthien gründet sich auf diesen Vertrag. Auch mit den Parthern wurde ein gütlicher Ausgleich erstrebt und durch Überlassung bisher dem Tigranes unterstehender Gebietsteile die Euphratgrenze garantiert. Die Kaukasusvölker (Iberer, Albaner usw.), die mit den Gegnern verbündet gewesen waren, wurden mit Krieg überzogen und teilweise unterworfen, während die römische Flotte Mithridates überwachte. Dieser suchte nach einem vergeblichen Friedensangebot noch einmal vom Nordreich aus einen Angriff größeren Stils in die Wege zu leiten, endete aber schließlich durch Selbstmord.

Anfang 64 hatte sich Pompeius nach Kleinarmenien zurückbegeben und nahm die dort liegenden königlichen Burgen in Besitz, während seine Legaten gegen schweren Widerstand das pontische Reich unterwarfen. Von Amisos aus begann der Oberführer selbst die neue römische Provinz Pontos einzurichten. Mithridates' Herrlichkeit war nun zu Ende.

Er ist, an seinem Schwiegersohn gemessen, eine überragende Persönlichkeit gewesen. Immerhin ist er lange Zeit zu hoch bewertet worden. Sein Verdienst bleibt, als letzter halbhellenistischer Herrscher noch einmal ganz Vorderasien gegen Rom mobil gemacht zu haben. Aber der Orient hatte schon zu sehr über seine Person und sein Reich die Herrschaft gewonnen, als daß er das Griechentum des Ostens auf die Dauer an sich zu fesseln vermocht hätte. Er blieb den Hellenen trotz aller wohlwollender Gesten schließlich der asiatische Despot, der er im Grunde seiner Seele war. Umgekehrt bekam er vom Osten her keine genügende Unterstützung, da der Partherstaat schon zu sehr erstarkt war und eigene Politik im großen Stile zu treiben begonnen hatte, Tigranes aber Armenien nicht auf die Dauer zu einer Großmacht zu erheben vermochte. Dazu kamen die Gegensätze im eigenen Hause und Harem, schließlich der Kampf mit der eigenen Brut. Die Errichtung eines griechisch-asiatischen Pufferstaates zwischen Ost und West von Südrußland bis nach Syrien hin ist weder ihm noch Tigranes gelungen. Nur Armenien hat schließlich später in kleinerer Ausdehnung dank seiner Landesnatur diese Rolle für Rom übernommen. Der eigentliche Gegenspieler Roms aber wurde der Parther, der unter der Arsakidendynastie wohl dem Hellenentum die Tore weit geöffnet hatte, dessen Staat aber im Grunde iranisch geblieben war.

Noch im Jahre 64 unterbrach Pompeius seine ordnende Tätigkeit im Pontos und marschierte südwärts, um auch dem Seleukidenreich ein Ende zu bereiten, und zwar von Nordsyrien aus, das ihm laut Kriegsrecht als bisheriger Besitz des Tigranes zugefallen war. Das ehedem größte hellenistische Reich auf asiatischer Erde stand seit dem Tode des Antiochos VII. Sidetes (129) auf dem Aussterbeetat. Im

Kampf mit den vordringenden Parthern hatte dieser Herrscher seinen Untergang gefunden. Der traurige Familienzwist im königlichen Hause, die Überlegenheit der Parther, zuletzt des Tigranes, hatten das ehedem so mächtige Ostreich immer mehr zusammenschwinden lassen. Im Lande herrschte Anarchie. Pompeius zog in Antiocheia ein und machte auch Syrien im Winter 64/3 zur römischen Provinz.

Im Frühjahr 63 rückte er bis Damaskos weiter. Von hier aus wurde der Streit der damals sich bekämpfenden jüdischen Parteien, geführt von den Brüdern Hyrkanos II. und Aristobulos II., zugunsten des ersteren beigelegt. Als der Gegner sich nicht fügte, zog Pompeius vor Jerusalem und nahm auch diese Stadt. Palästina wurde an Syrien angegliedert und Hyrkanos II. als Hohepriester seines Volkes, ohne den Königstitel, der Aufsicht des syrischen Statthalters unterstellt. Die griechischen Städte des Landes, die stark gelitten hatten, wurden in alter Selbständigkeit wiederhergestellt. Eine Unterwerfung der arabischen Nabatäer im Süden gelang nicht. Einem Hilfegesuch des damaligen Ägypterkönigs Ptolemaios XII. Auletes zur Unterstützung gegen die aufständischen Alexandriner leistete Pompeius keine Folge.

Er ging vielmehr noch im Jahre 63 nach Kleinasien zurück und vollendete die Neuordnung der eroberten Gebiete. Pontos und Bithynien wurden eine römische Doppelprovinz. Die Ausstattung von nur elf Städten mit großen Stadtterritorien wurde in Weiterführung der Tätigkeit des letzten Königs und des Lukullus beendet. Unstreitig ist diese Eingliederung des Ostens in das Römerreich das größte Werk des Pompeius auf dem Höhepunkt seines Lebens gewesen. Im Sommer 62 trat er beutebeladen den Rückweg nach Italien an, langsam, nicht ohne theatralisches Gepränge und sehr empfänglich für die Huldigung der Völker, Städte und führender Männer des Ostens. Erst Ende des Jahres 62 landete er mit seinem Heere in Brundisium, als der Herrscher des Orients noch stärker herausgehoben aus der Masse als sein Herr und Meister zwanzig Jahre zuvor, unstreitig Roms „erster Mann“ in diesem Augenblick.

Wie Sulla traf er auf eine höchst verworrene innere

Lage, die nun durch das Erscheinen eines in solchem Ausmaß alle anderen überragenden Mannes noch stärker kompliziert wurde, zumal man vor der sozialen Revolution stand.

Nur die zweitrangigen Männer waren in Rom zurückgeblieben und spielten eine gewisse Rolle, an der Spitze Pompeius' Feind und Rivale Krassus, der durch die Verhältnisse seit dem Weggang des Gegners in den Vordergrund geschoben war. Dagegen ist der fähigste Kopf unter den Popularen, Cäsar, im Jahre 70 ein dreißigjähriger Mann, merkwürdig langsam auf der gewohnten Stufenleiter der Ämter emporgestiegen, hierin das gerade Gegenteil des „großen" Pompeius. Cäsar wurde 68 Quästor, 65 Ädil, 62 Prätor, 61 Statthalter des jenseitigen Spanien: das war die nur um zwei Jahre gegen die Regel früher einsetzende Laufbahn des gewöhnlichen Nobilis, dem etwas Advokatentätigkeit daneben einen Namen gemacht hatte. Niemand vermutete damals in diesem langsamen Kletterer den kommenden Mann Roms. Als seit 67 der Stern des Pompeius vermöge der erfolgreichen Lösung der dringendsten außenpolitischen Aufgaben immer heller strahlte, ist Cäsar, nachdem er den Pompeius mit in den Sattel zu heben geholfen hatte, zum Schrittmacher des Krassus geworden und hat im Innern diesem schwerreichen Manne einen Hintergrund gegeben, der ihm eine seine Fähigkeiten weit überragende Rolle im Staate zu spielen erlaubte. Beider Ziel war jetzt, sich in der Innenpolitik durch eine kluge Tarnung mit popularen Schlagworten Machtstellungen zu schaffen, in denen dem täglich stärker und mächtiger werdenden Pompeius das Gegengewicht gehalten werden konnte.

Zu dem legalen Verfahren, das jetzt wie später stets von Cäsar möglichst eingehalten wurde, gesellte sich aber früh auch der Weg der geheimen Abrede, wie sie bei der großen Verarmung der untersten Schicht der Bürgerschaft und dem schnellen Anwachsen der Zahl der verschuldeten Desperados aus der Nobilität diesen letzten Jahren der Republik mit ihrem gleichzeitigen sittlichen Verfall der höheren Kreise das Gepräge gegeben hat. Unter ihnen hat der ehemalige Scherge Sullas, der seit langem übel beleumundete

L. Sergius Katilina, schon im Jahre 66 seine Ansprüche auf das höchste Staatsamt für 65 durchzusetzen gesucht, wurde aber vom Ältestenrat des Senats wegen einer für seine afrikanische Statthalterschaft zu erwartenden Erpressungsklage zurückgewiesen. Seitdem hat er den Kampf um das Konsulat mit legalen und illegalen Mitteln zum Inhalt seines ferneren Lebens gemacht, um in dessen Besitz eine soziale Revolution im Staate, aber mehr noch zur eigenen finanziellen Sanierung, entfesseln zu können.

Katilina befand sich schon Ende 66 an der Spitze einer Umstürzlergruppe mit dem Ziele eines Putsches gegen die am 1. Januar 65 antretenden Konsuln, hinter dem damals ganz unzweideutig auch Krassus und Cäsar standen. Krassus sollte Diktator, Cäsar sein Reiteroberst werden. Außer auf das sertorianisch noch stark durchsetzte Spanien, wohin Cn. Kalpurnius Piso, eines der fähigsten Mitglieder der Verschwörung, als Statthalter für die diesseitige Provinz geschickt wurde (er starb aber bald darauf in Spanien eines gewaltsamen Todes), wurde auf das transpadanische Gallien stark gerechnet. Dort hatte Cäsar schon seit 68 durch Erweckung der Hoffnung auf das Bürgerrecht Verbindungen angeknüpft. Gleichzeitig ging der römische Ritter und Bankier P. Sittius aus Nuceria im Dienste der katilinarischen Sache über Spanien nach Mauretanien, wo er auf eigene Faust eine bewaffnete Truppe zu bilden begann. Die Ausführung des stadtrömischen Planes mißlang. So blieb nur der legale Weg, der aber bei der ablehnenden Haltung des Senates und bei der steigenden Stimmung des Volkes für den überall nach außen so erfolgreichen Pompeius immer steiniger wurde.

Für 65 wurde Krassus mit Q. Lutatius Katulus Zensor, Cäsar Ädil. Die Zensur verlief resultatlos, da Katulus alle politisch gerichteten Pläne seines Kollegen, z. B. die Aufnahme der Transpadaner ins Bürgerrecht, die Einziehung Ägyptens auf Grund des stark angefochtenen Testaments des Königs Ptolemaios XI. Alexandros II. (80) — mit dem Hintergedanken der Verleihung eines großen Kommandos an Cäsar dorthin — zum Scheitern brachte und schließlich die vorzeitige Abdankung beider das Ende war.

Cäsar hatte mehr Erfolg mit seiner Ädilität. Trotz schwerster Verschuldung gab er glänzende Spiele zu Ehren seines längst verstorbenen Vaters und steigerte dadurch seine Volkstümlichkeit so ungemein, daß er es wagen konnte, die von Sulla umgestürzten Siegesdenkmäler des Marius wieder aufzurichten.

Im ganzen wurde trotz allem die Stellung der Nobilität eher gekräftigt, weil immer deutlicher wurde, daß die zahlreichen ruinierten Existenzen der oberen Schichten vor einer radikalen Umwälzung, allerdings lediglich aus Eigennutz, nicht zurückscheuten. Dies trat bei den Konsulwahlen für 63 sichtbar zutage. Für sie hatte Krassus die Bewerbung des Katilina finanziert. Gewählt aber wurde ganz gegen seinen Willen der „Neuling“ Cicero, gestützt auf alle konservativen Elemente des Staates, während Katilina wegen seiner Henkerstätigkeit unter Sulla angeklagt, aber von Cäsars Gerichtshof freigesprochen wurde.

Nun faßte man die Sache von einer ganz anderen Seite an, nämlich durch Unterstützung des am 10. Dezember 64 sein Amt antretenden Volkstribunen P. Servilius Rullus. Dieser brachte gleich beim Amtsantritt ein sehr umfangreiches Ackergesetz ein. Danach sollten alle noch vorhandenen Staatsdomänen, einschließlich der kampanischen, weiter aus öffentlichen Mitteln beschafftes Land, darunter gewaltige Strecken des Provinziallandes einschließlich der von Pompeius neugewonnenen Gebiete, durch eine Zehnmännerkommission zugunsten des städtischen Proletariats aufgeteilt werden. Bei Annahme des Antrags wäre ein Gesetz zustande gekommen, das das seit den Gracchen als brennend empfundene Agrarproblem in denkbar größtem Umfang gelöst hätte. Aber die Zehnmännerkommission unter Führung von Krassus und Cäsar, für die eine fünfjährige Amtsdauer mit unumschränkter prätorischer Vollmacht vorgesehen war, hätte eine Stellung im Staate gewonnen, wie sie nie zuvor Männer in Rom innegehabt hatten, und man merkte deutlich, daß gerade mit Rücksicht hierauf das Gesetz eingebracht war. Da weiter die Bestimmung aufgenommen war, daß nur in Rom anwesende Männer in diese Kommission gewählt werden durften, enthielt das Gesetz eine deutliche Spitze gegen den abwesenden Pompeius, dessen Kriegsbeute allerdings auf Cäsars Verlangen von der Einziehung ausgenommen wurde. Es war die erste Tat des neuen Konsuls Cicero, daß er das machtpolitisch so schwer belastete Gesetz glatt zu Fall brachte. Einen solchen Generalausverkauf des Staatsgutes konnte sich der Gemeindehaushalt nicht mehr leisten.

Nach vielen Mißerfolgen in den politischen Prozessen, von denen einer gegen C. Rabirius bis auf die Zeiten des Saturninus zurückgriff, war es ein großer Erfolg Cäsars, daß er nach Wiedereinführung des Wahlverfahrens für die höchsten Priesterämter im Jahre 63 gegen hochangesehene ältere Männer aus der Nobilität zum Pontifex Maximus gewählt wurde, allerdings nur durch unmäßige Bestechungsgelder. Erst 37jährig wurde er dadurch gewähltes Oberhaupt der römischen Staatskirche: eine Verbeugung vor seinem alten erlauchten Adelsgeschlecht. Im gleichen Jahr wurde er auch zum Prätor für 62 gewählt und erhielt die Anwartschaft auf eine Statthalterschaft für das darauffolgende Jahr 61. Dadurch bekam er endlich den Boden unter die Füße, den er zum Aufstieg benötigte, während sein größter Gegner, der kleinlich verfassungstreue M. Porcius Kato, für 62 Volkstribun wurde.

Aber alles Interesse richtete sich jetzt auf die neuen Anstrengungen Katilinas, endlich für 62 das Konsulat zu erobern. Er suchte sich aus allen mit ihrer sozialen Lage unzufriedenen Elementen in Stadt und Land eine möglichst umfangreiche und Schrecken erregende Wahlgefolgschaft zu bilden, die durch den Gefolgschaftseid mit geheimnisvollem Bluttrank gebunden wurde. Die damals auf den Höhepunkt gekommene Zahlungskrise, in welcher allgemein für Aufhebung der Schuldentilgungsfristen, vom Konsul Cicero selbst wenigstens für ein Entschuldungsverfahren agitiert wurde, benutzte er, um eine allgemeine Schuldentilgung auf sein Wahlprogramm zu setzen. Dahinter aber stand, wie man wohl wußte, Ächtung und Ausplünderung der Reichen, etwa im Stile und Umfang der sullanischen Proskriptionen. Auch wurde eine Neuverteilung aller Ämter und Priestertümer an die eigenen Anhänger im Falle des Wahlsieges in Aussicht gestellt. Als Kato den Katilina mit einer Anklage wegen gesetzwidriger Amtsbewerbung bedrohte, erwiderte ihm dieser, wenn man seine Existenz in Brand stecke, werde er das Feuer nicht mit Wasser, sondern durch Einreißen der Mauern löschen. Nach einem mißglückten Mordversuch auf den wahlleitenden Konsul Cicero wurden nun von seiten der Regierung die Abwehrmaßnahmen in der Stadt verstärkt, und die Wahlen brachten den Sieg des L. Licinius Murena, Lucullus' Legaten, und D. Junius Silanus, Katos Schwager.

Die Tatsache, daß Katilina nicht zur höchsten Würde emporgestiegen ist und von hier aus seine und die staatlichen Verhältnisse nach seinem Willen „ordnen“ konnte, hat die sogenannte „katilinarische Verschwörung“ zustande gebracht. Katilina ging nämlich zur Vorbereitung des bewaffneten Widerstandes über, durch Aussendung von Agenten in alle Teile Italiens, vor allem nach Etrurien, wo die Lage des ländlichen Proletariats infolge vieler Zwangsverkäufe noch schlechter als zu Lepidus' Zeiten geworden war. Es galt, eine italische Revolutionsarmee zu schaffen und diese dann gegen Rom zu führen, wo für den 27. Oktober die Erhebung ins Auge gefaßt war. Cicero, über Plan und Ausführung des Unternehmens durch Spitzel genau unterrichtet, ließ sich am 21. Oktober vom Senat die Vollmacht geben, alle zum Schutz notwendigen Maßnahmen selbständig ergreifen zu dürfen. Die Ausnutzung der Vollmacht war aber zunächst nur gering: erhöhte polizeiliche Sicherung der Stadt, Anklage gegen Katilina auf Grund des politischen Aufruhrgesetzes, Aussendung der Prokonsuln Q. Marcius Rex und Q. Metellus Kretikus nach Etrurien bzw. Apulien, der beiden Prätoren Q. Pompeius Rufus und Q. Metellus Celer nach Kapua bzw. Picenum, Aufforderung an alle Gemeinden Italiens, erhöhte Bereitschaft ins Auge zu fassen. Cicero, von Natur kein forscher Mann, wartete dann auf offene Taten der Verschworenen. Sie kamen zu seinem Glück sehr bald. Am 27. Oktober erfolgte die offene Erhebung des mitverschworenen C. Manlius in Faesulae (Fiesole). Am 1. November suchte sich Katilina in den Besitz von Praeneste zu setzen, was aber mißlang. In der Nacht vom 5. zum 6. November fand eine Versammlung der Verschworenen im Rom statt, in welcher die letzten Verabredungen getroffen und die Ermordung des Konsuls beschlossen wurde. Am 7. November hielt dieser in einer Senatssitzung seine berühmte erste katilinarische Rede, die er auch als Flugschrift herausgab. Sie hatte keinen vollen Erfolg. Katilina verließ die Stadt in der Richtung auf Etrurien, aber ohne seine Hintermänner, und stellte sich in Faesulae offen an die Spitze des Aufstandes, bekleidet mit den angemaßten Abzeichen des höchsten römischen Magistrats. Daraufhin wurde er nebst Manlius Mitte November zum Staatsfeind erklärt, und die Konsuln erhielten den Befehl zu Aushebungen.

Auch die in Rom gebliebenen Anhänger erreichte nun ihr Schicksal. Eine in der Stadt weilende Gesandtschaft der gallischen Allobroger, mit der Katilina hochverräterische Beziehungen angeknüpft hatte, wurde vom Konsul zur Preisgabe ihres Geheimnisses gebracht, und dadurch kamen die nötigen Beweise in dessen Hände. Nun hätte er sofort gegen die in der Stadt verhafteten vier Hochverräter mit der Todesstrafe vorgehen können. Aber er zog es vor, den Senat als beratende Instanz noch einmal hinzuzuziehen.

Am 5. Dezember fand die entscheidende Senatssitzung statt. Der zum Prätor gewählte Cäsar trat mit Rücksicht auf die Popularen sowie aus Staatsklugheit für Milde und Besonnenheit ein und beantragte lebenslängliche Haft in einem festen italischen Munizipium. Der kommende Volkstribun Kato dagegen gab bei einer erneuten Umfrage den Ausschlag für die schon vorher von anderer Seite befürwortete Todesstrafe. Sie wurde sofort vollzogen. Cäsar aber wurde beim Verlassen der Sitzung von den scharf umsturzfeindlichen Rittern bedroht, ein Beweis dafür, daß man ihn als im Bunde mit den Katilinariern stehend betrachtete. Cicero hat in einer nachgelassenen Schrift Krassus und Cäsar als Urheber der Verschwörung bezeichnet. Dagegen hat Sallust den Schleier über dem letzten Geheimnis der katilinarischen Bewegung nicht zu lüften gewagt, obwohl er an seinem Herrn und Meister im Alter irre geworden ist. Vielleicht hat Cäsar, auch hier mit Krassus zusammengehend, die seiner Ansicht nach unvermeidliche soziale Revolution zum Sprungbrett für sich und seine Reformen benutzen wollen. Denn daß es so nicht weiter ging, war dem aufsteigenden großen Staatsführer längst klar geworden. Aber noch fehlte ihm die Macht, sich durchzusetzen.

Der von Cäsar angekündigte Sturm brach gleich nach dem Amtsantritt der neuen Volkstribunen am 10. Dezember 63 los. Der pompeianisch eingestellte und verschwägerte, aus dem asiatischen Heerlager herübergekommene Volkstribun Q. Metellus Nepos sagte Cicero schärfsten Kampf an und beantragte für Pompeius die Möglichkeit der Bewerbung in Abwesenheit um das Konsulat und die Erlaubnis, sein Heer nach Italien zur Unterdrückung der katilinarischen Bewegung führen zu dürfen. Wenn Cäsar auch jetzt an der Seite des Antragstellers steht, so beweist das nur, daß er noch immer in dem Anschluß an den alle überragenden Imperator und in dessen Fernhaltung von den Optimaten eine Förderung seiner Pläne suchte und fand. Man scheiterte an Katos Einspruch, was zu wüsten Szenen zwischen den Volkstribunen führte. Das Gesetz kam nicht zustande. Metellus und Cäsar, letzterer in seiner Eigenschaft als Prätor, wurden von ihren Ämtern suspendiert. Daraufhin reiste Metellus in gesetzwidriger Weise zu Pompeius ins Feldlager ab. Cäsar aber lenkte klug ein und durfte seine Geschäfte bald wieder aufnehmen. Das Geheimnis seiner Erfolge in diesen ersten Jahren des Aufstieges ist nach zwei Richtungen hin greifbar. Einmal hat er sich bei allen geheimen Verbindungen zu den Männern der sozialen Unterwelt möglichst immer auf dem Boden des Gesetzes zu halten versucht, und zweitens hat er sich dem Krassus nie ganz verschrieben, sondern im Gegensatz zu diesem sich stets den Weg zu Pompeius offengehalten. An beidem erkennt man schon den großen Realpolitiker. Er verstand auch durch die schwierigsten Lagen hindurchzukommen, während Krassus durch eine Reise nach Makedonien und Kleinasien von der politischen Bildfläche eine Zeitlang verschwinden mußte.

Des Pompeius Eingreifen zur Vernichtung der Katilinarier bedurfte es nicht. Im Januar 62 beschloß Katilina, sich von Nordetrurien aus über den Apennin nach Gallien zurückzuziehen. Da verlegte ihm Metellus Celer den Paß nach Bononia, während C. Antonius ihn von Süden her angriff. Von des letzteren Unterführer M. Petreius wurde er vernichtend geschlagen und neben dem ruhmbedeckten Mariusadler aus dem Kimbernkrieg, den er stets mit sich führte, in einem überaus tapferen Schlußkampf getötet. Antonius sandte seinen Kopf nach Rom und ließ sich zum Imperator ausrufen.

Katilina, „ein notorischer Schurke", ist der Exponent des zum Umsturz übergegangenen radikalen Teils der Popularen, zugleich aber der deutlichste Ausdruck der vollkommenen Fäulnis im öffentlichen und privaten Leben und der schweren sozialen Krise, an der die römische Republik zugrunde gegangen ist. Wohl wurde der Mann und sein staatsverbrecherischer Anhang beseitigt, aber damit nicht die Not der Zeit. Trotzdem erstarkte durch den Sieg über die Revolutionäre noch einmal das Nobilitätsregiment zu einer letzten ganz kurzen Herrschaft, ein letztes Aufflackern der Kräfte des siech gewordenen republikanischen Staatskörpers. Der stets korrekte Ordnungspolitiker Cicero glaubte unter Einigung der oberen Stände eine republikanische Einheitsfront aller „Guten" zustande gebracht zu haben zur Erhaltung des Privateigentums und der republikanischen Freiheit: eine Sammlungspolitik aller staatserhaltenden Gruppen und Personen, wie sie untergehenden Verfassungen eigen zu sein pflegt. Der einzige, der daneben für die Lösung des sozialen Problems etwas tat, war Kato, der in seinem Volkstribunat eine bedeutende Erhöhung der Zahl der Getreideempfänger vornahm, dadurch aber den Staatsschatz schwer belastete.

Die große Frage war, wie sich Pompeius nach seiner Rückkehr nach Rom (Ende Januar 61) in das Getriebe der mit starken Spannungen sowie privaten und öffentlichen Verfilzungen aller Art durchsetzten inneren Politik einordnen werde. Er suchte offensichtlich von den Popularen loszukommen und eine Annäherung an den Senat und die führenden Männer der Nobilität herbeizuführen, zu denen er seiner ganzen Art wie seiner sullanischen Vergangenheit nach gehörte. Er stolperte aber überall auf dem ihm gänzlich ungewohnt gewordenen glatten politischen Parkett, zumal die Senatspolitik in immer engeres und kleinlicheres Treiben hineingezwungen wurde.

Die erste Hälfte des Jahres 61 beherrschte der Skandalprozeß gegen den berüchtigsten Frauenjäger der Zeit, gegen Klodius, der sich beim Feste der Bona Dea als Verehrer von Cäsars Gattin in Weiberkleidung in dessen Haus eingeschlichen hatte, aber entlarvt worden war. Alles fiel über ihn her. Cicero machte sich durch scharfes Vorgehen damals aus dem besten Agitator Roms einen Todfeind. Pompeius näherte sich Cicero und verschnupfte die Popularen arg. Der eigentlich betroffene Cäsar aber schickte zwar der Gattin den Scheidebrief, schonte jedoch in seinen Aussagen vor Gericht den Täter so sehr, daß derselbe im Mai 61 von dem bestochenen Gerichtshof freigesprochen und zum Dank dafür das brauchbarste Werkzeug seines Erretters wurde. Hier zeigt sich deutlich, „es war Cäsars Meisterschaft, selbst aus seinen Feinden und Rivalen sich mit untrüglichem Scharfblick die geeigneten Männer herauszusuchen und im Dienste seiner Sache zu verwenden" (v. Meß). Zugleich lag hier der größte Unterschied zu Pompeius, der nur zu oft die Herrschaft über seine Geschöpfe verlor und in der Behandlung der Menschen keine glückliche Hand hatte.

Der Ausgang des Klodiusskandals war ein harter Schlag für den Senat und die hinter ihm stehende Nobilität, deren Regierung und Verwaltung immer mehr zum Leerlauf verurteilt wurde. Selbst der konservative Ordnungspolitiker Cicero erkannte dies allmählich und begann zu warnen. Ende des Jahres 61 erklang aus seinem Munde das Wort, die Lage der Dinge zwinge zu der Erkenntnis, daß der römische Staat in seiner jetzigen Verfassung nicht länger bestehen könne.

Damals erhielt seine Politik auf Erhaltung einer allgemeinen bürgerlichen Einheitsfront eine neue schwere Belastungsprobe durch das Gesuch der kleinasiatischen Steuerpächter um Herabsetzung der Pachtsumme, da sie sich angeblich in ihrem Gebot an den Staat stark übernommen hätten. Drei Männer befürworteten das Gesuch: Krassus, der in Spanien abwesende Cäsar und schließlich auch Cicero, letzterer aber nur, um seine Kartellpolitik aufrechterhalten zu können. Jedoch war die radikale Minderheit im Senat, voran der für 60 als Konsul gewählte Metellus Celer und Kato, dagegen. Durch ihr allzu starres Verhalten wurde Ciceros Einheitspolitik endgültig gesprengt, und Cäsar brachte später in seinem Konsulatsjahr durch Bewilligung der Wünsche der Steuerpächter den Ritterstand hinter sich, weil er seiner bedurfte.

Zunächst war Cäsar aber seit dem Anfang des Jahres 61 von Rom fern. Er hatte seine Statthalterschaft im jenseitigen Spanien angetreten, nachdem Krassus beim Abgang seinen Gläubigern gegenüber für die drückendsten Schulden die Bürgschaft übernommen hatte. In Spanien hatte Cäsar zum erstenmal Gelegenheit, seine hervorragenden Fähigkeiten als Heerführer, als Organisator und sozialer Reformer (Verordnung über Schuldentilgung zugunsten der Eingeborenen) zu zeigen, wobei er die Untertanen mit der ihm eigenen Kunst des „sanften Druckes" freiwillig zahlen ließ, anstatt sie plump auszuplündern, wie seine Amtsgenossen aus der Nobilität. Spanien wurde so die Vorschule, wie nachmals Gallien die Hauptschule des späteren Feldherrn und Regenten. Noch vor der Mitte des Jahres 60 kehrte er nach Rom zurück mit dem e i n e n großen Ziel der Bewerbung um das Konsulat, wofür er, um möglichst schnell persönlich zu diesem Zweck in der Stadt erscheinen zu können, in kluger Weise seinen Triumph der Dauerredenobstruktion Katos opferte.

In Cäsars Abwesenheit hatte Pompeius endlich am 28. und 29. September 61 den glänzenden Triumph für seine Großtaten im Seeräuber- und Mithridateskrieg gefeiert und kämpfte jetzt, nachdem er einen seiner Unterführer, den politisch ganz unfähigen C. Afranius, ins Konsulat für 60 gebracht hatte, unentwegt für seine beiden Hauptforderungen an den Senat: en bloc-Bestätigung seiner Einrichtungen und Anordnungen in Asien und Landversorgung seiner Veteranen. Gegen die erste Forderung wandte sich Lukullus, der sich jetzt für die schmähliche Behandlung in Asien rächte, und hinter ihm stand ein Teil der Nobilität, darunter Kato und Krassus. Auch das Ackergesetz, das der Volkstribun des Jahres 60, L. Flavius, verschönt durch die Aufnahme von Ackerverteilungen an bedürftige Bürger, beantragte, zerbrach an demselben Widerstand, geführt von dem Konsul des Jahres Metellus Celer, der vom Tribunen bei dieser Gelegenheit vorübergehend ins Gefängnis gebracht wurde. Aus der Reihe der führenden Nobiles trat abermals Cicero, allerdings lediglich aus persönlichen Gründen, zum Schutze gegen Klodius, für Pompeius ein und prägte über seine tatenlos beiseitestehenden Standesgenossen das bezeichnende Wort: „Sie sind so dumm, daß sie glauben, ihre Fischteiche blieben ihnen erhalten, auch wenn die Republik zugrunde geht.“ Pompeius ließ den Antrag fallen, wich also auch hier zurück.

In diese Lage fiel Cäsars Heimkehr aus Spanien, und nun wehte plötzlich ein frischerer Wind. Der Proprätor trat, gestützt auf die Popularen und die Ritter, die von den Ergebnissen der spanischen Statthalterschaft sehr befriedigt waren, mit einem Schlag auf der großen politischen Bühne in den Vordergrund, indem er nun mit dem schwer verärgerten Marschall des Ostens Verbindung suchte. Seine Wahl zum Konsul für 59 gelang glatt mit dem Geld des Pompeianers Lucceius, wurde aber als Erfolg dadurch gemindert, daß der hochkonservative M. Kalpurnius Bibulus, Katos Schwiegersohn, auf die zweite Stelle gebracht wurde, und daß in der Erwartung der Wahl Cäsars vom Senat für die künftigen Konsuln nach Ablauf ihres Amtsjahres keine Provinzen, sondern höchst nebensächliche Geschäfte in der italischen Domänenverwaltung vorgesehen wurden. Durch beides sollte Cäsar so eingeengt werden, daß er in den Banden der überlebten Verfassung gehalten wurde, wie man vorher alles getan hatte, um auch Pompeius unter das Gesetz zu beugen. Da sprengte Cäsar in der zweiten Hälfte des Jahres 60 die Fesseln, mit denen man die beiden größten Männer der Zeit in das Schema einer unhaltbar gewordenen Staatsform auch diesmal wieder pressen wollte. Über die Gemeinschaft für die Wahl hinaus gelang es ihm, die beiden bisherigen Feinde Pompeius und Krassus zu einer dauernden Aussöhnung und zur Zusammenarbeit mit ihm zu dreien zu bringen. Der Senat und sein vorübergehender Führer Cicero

samt der von ihm erfundenen Kartell- und Ordnungspolitik aller „Guten“ hatten zugunsten der drei „Bösen“ ausgespielt, alles dies in einem Augenblick, da man im Senatslager fest glaubte, die Situation vermittels des alten Intrigenspiels noch einmal meistern zu können.
Die drei Machthaber schlossen sich auf Grund eines Eidschwures zu einer geheimen Verbindung zusammen, die erst allmählich der Öffentlichkeit preisgegeben wurde, mit dem ausgesprochenen Ziel, zwecks gemeinsamer Beherrschung des Staates keine Maßregel mehr zuzulassen, die einer der drei nicht wünschte. Pompeius brachte in die gemeinsame Masse seine Marschallstellung, Krassus seinen selbst für damalige Verhältnisse unermeßlichen Reichtum mit; Cäsar dagegen, der jüngste der drei, hatte nichts zu bieten als seinen genialen Kopf und sein politisches Können; dabei war er verschuldet genug, um alles wagen zu wollen und wagen zu können. Er suchte durch seinen geschickten Helfer, den aus Spanien mitgebrachten Gaditaner Kornelius Balbus, auch noch Cicero herüberzuziehen, um den Senat seines Hauptes zu berauben. Aber Cicero war zu eitel und der Begrenztheit seines politischen Wirkens sich nicht bewußt genug. Statt dessen wurden die fähigsten Köpfe im Volkstribunenkollegium zuerst Vatinius, später Klodius, Ciceros Todfeind, als Vorspann benutzt. Im übrigen genügten die drei vollauf, um die Verfassung aus den Angeln zu heben. Der Zweibund vom Jahre 70 war so nach einem Jahrzehnt voll furchtbarer innerer Wirren und großartiger äußerer Erfolge zum Dreibund geworden, in welchem die zwei ehedem schon einmal verbundenen Männer in dem dritten ihren Meister fanden. In dem „Dreihaupt“ oder dem „dreiköpfigen Ungeheuer“, wie der Zeitgenosse Varro in einer Flugschrift den Machthaberbund nannte, war nämlich nicht Pompeius, wie man anfangs annahm, sondern Cäsar die treibende und alles beherrschende Kraft, er, der Rom dann von der Dreiherrschaft zur Einherrschaft geführt und den veralteten Gemeindestaat durch eine Reform an Haupt und Gliedern zum Reichsstaat gewandelt hat. Er gehört von jetzt ab nicht an das Ende der Republik, sondern an den Anfang der neuen Epoche, der „Kaiserzeit“, die er herauf-

geführt hat. Das Kaisertum auf Erden trägt den Namen dieses größten politischen Genius, des Bauherrn des neuen Rom, der sein gewaltiges Werk schon als Konsul im Jahre 59 begonnen und dadurch dieses Jahr zum Epochenjahr ersten Ranges in der römischen Geschichte gemacht hat.

Nicht mehr Staatsausbreitung nach außen, sondern Staatswandlung im Innern ist der Hauptinhalt der zu Ende betrachteten Schlußepoche, der Übergangszeit von der Republik zur Monarchie. Das allzu schnelle Wachsen des Staates nach außen und seine ebenso schnelle Gestaltveränderung im Innern durch die Entbauerung weiter Strecken des Herrenlandes Italien zugunsten der Latifundienbildung auf der einen und durch die Kommerzialisierung ganzer Bevölkerungsschichten auf der anderen Seite hatten den alten, von den Fürstengeschlechtern der Nobilität geschaffenen Bauerngroßstaat des zweiten Jahrhunderts ungemein schnell überwunden. Der Gedanke „zurück zu Bauernrom“ war zu spät gefaßt worden. Die Heeresreform trat, wie so oft in der Geschichte Roms, an die Stelle. Diese, wie sie Marius verdankt wurde, ließ der alten Staatsverfassung nicht mehr die Zeit zur Anpassung, zumal ihr die Ausweitung des Staates über Italien auf dem Fuße folgte. Mit der neuen Heeresreform aber ist man gegen früher ins Gegenteil umgeschlagen. Einst war die große Volksgemeinschaft und ihr Können für die Erfolge der „Ersten“ im Staate entscheidend. Nun war der einzelne alles, wenn er nur ein Heer beherrschte und den armen Teufeln von Soldaten eine möglichst große Beute in Aussicht stellte. Die alten Klientel- und Naheverhältnisse mit der landesüblichen „Treue“ *(fides)* der unteren Schichten zu den Herren, aufgebaut auf dem Treue- oder Gefolgschaftseid für schwierige Lagen, gewannen durch die neue Heeresverfassung eine ungeahnte Bedeutung, mochte es sich nun um die Aushebung von Rekruten aus Klienten oder Hintersassen der großen italischen Landmagnaten oder um das Bekenntnis ganzer Landschaften oder Provinzen zu ihren daselbst besonders stark begüterten Heerführern handeln. Der altrömische Gefolgschaftsgedanke dehnte sich jetzt auf das Berufsheer aus. Der

Soldat fühlte sich durch den militärischen Treueid wie ein Gefolgsmann seinem Feldherrn fest verbunden. Neben den Zivilgefolgschaften der Klienten entstanden so Heeresgefolgschaften, beide auf den Schwur gestellt, der wie immer in revolutionären Zeiten viel und schnell gebraucht, aber ebenso schnell auch verbraucht wurde. Führer und Geführte in der Armee strebten den gleichen Zielen zu und waren am Gewinn des gemeinsamen Unternehmens gleich stark beteiligt. Sullas Truppen haben vor der Landung in Italien den Wunsch aussprechen lassen, mit ihren Ersparnissen aus dem Ostkrieg zur Sicherstellung des bisher Erreichten auch im italischen Bürgerkrieg beitragen zu dürfen. Ob man gegen die Landesfeinde geführt wurde oder gegen die eigenen Volkgenossen, war einerlei geworden. Auf den Erfolg und auf den Beuteertrag kam es jetzt allein an. Alles war Geschäft geworden.

Nichts aber ist bezeichnender als die Aufstellung ganzer Privatarmeen aus der eigenen Klientel von seiten amtlicher und nichtamtlicher Führerpersönlichkeiten. Pompeius der Vater (Strabo) und Pompeius der Sohn (Magnus), hinsichtlich ihres politischen Einspännertums einander so verzweifelt ähnlich, sind hier üble Bahnbrecher geworden. Wie später noch einmal in der Spätantike ganz allgemein, ist jetzt in dem immer altertümlich gebliebenen Picenum das landeingesessene Großgrundbesitzertum mit seiner dortigen Hintersassenschaft eine Macht im Staate geworden, die neben die großen Amtspersonen von Rom trat: das erste Hervorbrechen eines ländlichen Feudalismus neben den alten städtischen Geschlechtern, des privaten Zielstrebens aus eigenen Mitteln neben der staatlichen Autorität. Von der Führung der Privatarmee her entstand so über die Imperatorwürde hinweg eine ganz neue Laufbahn im Staate, wie sie Pompeius der Sohn zuerst aufzuweisen hat. Der Name Imperator Cäsar Augustus als Kaisername hält für alle Zeiten Roms neben dem Namen Cäsars die Erinnerung an Pompeius, den blutjungen Imperator von Sullas Gnaden, wach. Als Privatimperator und nicht als „Prinzeps“ ist Pompeius der Vorläufer des Oktavian geworden.

Das Hineinziehen der Armee in die Revolution ist immer das Zeichen für den tiefsten Verfall eines Staates. Von hier aus entstanden jene illegalen Heereskommandos, an denen die Epoche im zweiten Teil so reich ist. Dazu kam, daß hohe Amtspersonen bei dem schnellen Wechsel der Rechts- und Linksregierungen in der Stadt die ihnen anvertrauten Heere auch nach Ablauf der Regierung oder nach Aberkennung ihrer Amtsstellung einfach beibehielten, und daß private Heerführer wie Katilina die Amtsabzeichen der höchsten Staatswürde widerrechtlich anlegten: ein letzter Beweis für die alte hohe Einschätzung der obrigkeitlichen Gewalt bei den Römern. So entstanden militärische Nebenregierungen, meist in den Provinzen (Sulla, Sertorius), aber auch in Italien selbst (Strabo, Lepidus, Pompeius), in denen manche Führer sich Leibwachen aus volksfremden oder ehemals unfreien Menschen beilegten, die Nachfolger der Knüppelgarden und geworbenen Banden der Forumskämpfer von ehedem.

Um dem Übel zu steuern, hat man dann am Schluß den Reichsfeldherrn von Volks wegen in die Verfassung einzubauen versucht, während der Senat nicht das nötige Verständnis hierfür aufzubringen vermocht hat. Dieser Einbau hat der späteren monarchischen Gestaltung des Staates am stärksten die Wege gewiesen. Was dagegen in der hohen Körperschaft selbst an neuen politischen Gedanken entwikkelt wurde, war unfruchtbar und mußte es sein, weil die Verfassung unhaltbar geworden war. Weder Ciceros Kartellpolitik noch Katos dauernde Obstruktion haben den Staat zu retten vermocht. Der zweite ganz in der Vergangenheit und ihren Idealen wurzelnde Kämpfer hat sogar durch seine Halsstarrigkeit stark dazu beigetragen, daß die Herrschaft eines einzelnen an Stelle der Aristokratie noch schneller über Rom als ohnedies gekommen ist. Sein Freitod ist das Bekenntnis dafür, daß die Jahrhunderte seiner Weltanschauung endgültig vorüber waren.

Wie das Senatsregiment, das Sulla noch einmal eingerichtet hat, und an das Cicero und Kato Zeit ihres Lebens geglaubt haben, bei der Zerklüftung in Familiengruppen und bei der Schematisierung des Versammlungsverlaufs für den fortgeschrittenen Staatsbau nicht mehr genügte, so noch weniger der Anlauf zur Demokratie, den man seit der Gracchenzeit genommen hatte. Die Trägerin des popularen Staates, die Volksversammlung, war seit dem Bundesgenossenkrieg nur noch ein kleiner Ausschnitt aus der Gesamtheit der Bürger. Ihr fehlte es bei der fortgesetzt zunehmenden Durchsetzung aus der Freigelassenenschicht auch an der echten alten Blutsgemeinschaft mit einer einheitlich nationalen Tradition und einer daraus sich ergebenden Opferbereitschaft, vor allem aber an dem gesunden politischen Instinkt, der die alten Komitien einst ausgezeichnet hatte. Endlich wurden schon Hunderttausende aus der Masse der Bürger auf Staatskosten billiger ernährt. Für sie begann der Staat, wie alle altgewordenen Staaten, sich schon in eine Fürsorgeanstalt zu verwandeln. Und was noch schlimmer war, die Mehrzahl der Abstimmenden lebte vom Verkauf ihrer Stimme, und zwar mit einer Offenheit und Ungeniertheit, die für unsere Begriffe einfach unfaßbar ist. Vieles war längst in Rom käuflich, aber nichts war vom Standpunkt des alten auf Treu und Glauben aufgebauten Staates so verabscheuenswert wie dieser organisierte Stimmenkauf, welcher Entscheidungen nicht aus der Überzeugung der Bürger und aus ihrem Interesse am Gemeinwohl heraus zustandebrachte, sondern einzig und allein nach dem Zahlungsvermögen der wenigen überreich gewordenen Angehörigen der Herrenschicht, die ihr Geld in Politik, d. h. im Dienst der von ihnen gewünschten Willenskundgebung der Masse, anlegten und nötigenfalls auch gedungene Banden von der Straße für sich kämpfen ließen. Auch die Politik war, wie längst schon für die Führer, so jetzt auch für die Geführten zum Geschäft geworden, an welchem beiderseits möglichst viel zu verdienen gesucht wurde. Eine solche Form der Volksführung und der Volksversammlung mußte verschwinden, sobald nur ein energischer und vorwärtsschauender Mann auftrat, dem der Staat oder seine eigene Persönlichkeit oder auch beides mehr galt als diese nur noch mit Geld und Intrigen aller Art in Gang gehaltene Nobilitätsmaschinerie.

Noch mehr aber als Senat und „Volk“ waren die von C.

Gracchus in die politische Sphäre emporgehobenen Ritter daran schuld, daß der Staat immer mehr unter dem Gesichtspunkt des Geschäftes regiert wurde. Die Politisierung des zweiten Standes hatte nicht nur die Rechtsprechung in den Tageskampf hineingezogen, sondern bald auch durch tüchtige Generäle, wie Marius und Pompeius, viel zu weitgehenden Einfluß auf die oberste Heeresleitung und dadurch auf die auswärtige Politik gewonnen. Nur kurze Zeit durch Sulla wegen der schamlosen Selbstbereicherung zurückgedrängt, wuchs der Rittereinfluß, durch die Reformen des Jahres 70 und das Gesetz des Roscius von 67 (Zensus von 400 000 Sesterzien, bevorzugte Sitze im Theater) wieder zusehends gestärkt. Vor allem aber ist unsere Epoche die Zeit der schlimmsten Mißwirtschaft durch die immer größere staatliche Begünstigung des Steuerpächtersystems, welches enorme Summen aus den Provinzen neben dem längst in Römerhänden monopolisierten Bankwesen gerade in diese Kreise hineinbrachte und das Streben der Ritter, die Politik dem Geschäft untertan zu machen, immer weiter steigerte.

Aber schon war der Stand dieser Neureichen durch einen Stand der neuesten Reichen längst übertrumpft, denjenigen der Freigelassenen, der Emporkömmlinge aus der umfangreichen Sklavenschicht, die den Staat gerade jetzt so schwer bedrohte. Sie drängten auf allen Gebieten vermöge ihres Reichtums immer weiter nach oben und auch in den Ritterstand hinein. Noch hielt man sie sich dort vom Leibe. Denn der unfrei Geborene blieb zunächst grundsätzlich rittermäßig disqualifiziert. Aber je mehr die Scheidewand im politischen Leben und in der privaten Rechtsstellung lebendig blieb, in der Wirtschaft begann der Stand aus den niederen Berufen herauf in dieser Zeit an Macht und Ansehen stark zu gewinnen. Daneben sind es die subalternen Ämter und gewisse Priesterstellungen, am frühesten in den Landstädten, die sich die Freigelassenen eroberten. Dazu kamen noch allerlei einträgliche Vertrauensposten in den zahlreichen höchst ausgedehnten Privatunternehmungen, bald auch in der großen Politik, wo frühzeitig hochgebildete griechische Freigelassene als Geschäftsführer hoher Herren auftraten, wie Sullas berüchtigter Sekretär Chrysogonos, der sich bei den Proskriptionen schamlos bereichert hatte und großen Einfluß auf seinen Herrn gewann. Auch hier bereiten sich in weitestem Umfang die Verhältnisse der Dienerwirtschaft der Kaiserzeit vor.

So hat auch eine starke Umschichtung der Gesellschaft gerade in dieser Zeit des sich über Italien ausbreitenden und die Provinzen als Ausbeutungsobjekt rücksichtslos benutzenden Gesamtstaates stattgefunden. Alle diejenigen, die als selbständige Existenzen aus ihrem Berufe hinausgedrängt wurden, sei es als Bauern, sei es als städtische Handel- und Gewerbetreibende, fanden Unterschlupf in dem immer größer werdenden Staatsbetrieb oder in den vielen jetzt auftauchenden Organisationen des privaten Unternehmertums, als Kassenbeamte, Schreiber, Liktoren, Boten, Amtsdiener, Kassierer oder sonstige Angestellte aller Art. Die Hauptmasse derselben saß natürlich in Rom selbst, dem Zentrum des Staates und aller Privatunternehmungen, ergoß sich aber von hier aus über Italien bis in die fernsten Teile der Provinzen. Ihre Stärke lag in der Organisation vermittels zahlreicher Berufsvereinigungen, die in Rom bald zu politischen Zwecken mißbraucht wurden, in der Hauptsache aber ihren Zusammenschluß benutzten, um wirtschaftlich über die schwachen Einzelexistenzen ihres Kreises hinaus der Masse Gewicht zu verleihen und mit ihren Kassen nach dem Versagen des Staates auch soziale Gemeinschaftszwecke bis zum Begräbniszuschuß für die Vereinsmitglieder zu erfüllen.

Wie sich so Staat und Gesellschaft in diesem Revolutionszeitalter in einer schnellen Umwandlung und teilweise auch Auflösung befanden, so ist auch die Wirtschaft sehr bald in eine Krise geraten, die auf Umsturz hindrängte. Schon seit der Eroberung des Ostens und der Vernichtung Karthagos hatten sich dem römischen Kaufmann unbegrenzte Möglichkeiten nach Afrika hinüber und bis tief hinein nach Asien eröffnet. Jetzt folgte nach der Unterwerfung Südgalliens das Eindringen der Geschäftsleute auch in den von Massalia vorbereiteten keltischen Halbkulturraum, der auf mehr jungfräulichem Boden bei den großen vorhandenen Goldreserven des Landes ebenfalls bedeutende Gewinne abwarf. Ungeheure Kapitalmassen flossen durch die hohen Zins- und sonstigen Gewinnergebnisse der Unternehmer nach Rom hinein. Dieses wurde plötzlich eine große Handelsmetropole. Der Ritterstand war ganz und gar auf Handels- und Kreditpolitik eingestellt. Die Nobilität machte im geheimen bei dem großen Fischzug mit. Die Massen der Stadt begünstigten durch ihre Bedürfnisse nach Ernährung und Belustigung eine einseitige Konsumentenpolitik, die Werte verbrauchte, aber nicht neue Werte schuf. Die Folge war die Ansammlung von Riesenvermögen in wenigen Händen und die Verarmung der großen Masse, die aus der Reichsschöpfung nur die zur Existenz unbedingt notwendigen Mittel in die Hand bekam. Kurz, Großgrundbesitzer (Nobiles) und Kapitalisten (Ritter) über einer verarmten Plebs, die gegen jene von den Agitatoren, wenn es nötig war, aufgereizt wurde: das war das Bild des damaligen Rom. Die Zwischenschicht war sehr dünn und wurde allmählich durch das Anwachsen des Freigelassenentums ersetzt.

Wie die allzu häufigen Kriege der vorigen Epoche zur Entbauerung des alten Agrarstaates viel beigetragen hatten, so jetzt das überhandnehmende Freilassungssystem gegenüber den alten Kriegsgefangenen aus aller Herren Länder zur Entvolkung. Quer durch den Staat, seine Gesellschaft und seine Wirtschaft schob sich auf der ganzen Linie die Masse der ehemaligen Sklaven, besonders des Ostens, mit dem dort längst vorhandenen Völkermischmasch, und begann nun den früher national, politisch und wirtschaftlich so eng geschlossenen alten Staat zu entnationalisieren und zu verwirtschaftlichen. Denn die Kinder dieser ehemals unfreien, zum Teil in harter Arbeit emporgekommenen Menschen waren geschäftstüchtiger als die zum Bodensatz der römischen Gesellschaft herabgesunkenen land- und erwerbslos gewordenen Bürger.

Die staatlichen und privaten Wirtschaftsmethoden blieben bei alledem von einer seltenen Primitivität. Das Rad der Wirtschaft hatte sich zu schnell gedreht, als daß ihre Form damit hätte Schritt halten können. Alte bäuerliche Gepflogenheiten waren in die neuen Großgrundbesitzer- und Kapitalistenkreise ohne Änderung übernommen worden. Aus der guten bäuerlichen Sitte, dem Nachbarn in der Not gefällig zu sein und nötigenfalls beizuspringen, war ein Borgsystem größten Stiles geworden. Das eingerissene und immer mehr umsichgreifende Kreditgewähren weit über das erlaubte Maß hinaus zu den für unsere Begriffe außerordentlich hohen Zinssätzen (normal 12 Prozent = 1 Prozent pro Monat, oft bis auf das Vierfache gesteigert) erzeugte in diesem Revolutionszeitalter große, kaum überwindliche Schwierigkeiten. Äußere und innere Kriege, die einander in rascher Folge ablösten, brachten plötzlich Zahlungsstockungen und finanzielle Zusammenbrüche schlimmster Art. Das Schlagwort „radikale Schuldentilgung" *(tabulae novae)* tauchte daher bei jeder größeren politischen und wirtschaftlichen Katastrophe auf. Die Eingriffe des Staates in die Schuldverhältnisse und die Zinsgebarung waren dabei zeitweise sehr tiefgehend. Mit einem Worte: die Wirtschaft war krank, genau wie der Staat, einfach deshalb, weil man immer nur an der Verfassung herumgebessert und nie den Weg zu sozialer Reform wirklich gefunden hatte. In den sozialen und ökonomischen Krisen fehlte seit dem Tode des Gaius Gracchus der schöpferische Geist. Infolgedessen war, als ein solcher in Gestalt Cäsars endlich dem römischen Volke geschenkt wurde, plötzlich so unendlich viel zu tun.

Wo in diesem krank gewordenen Staat und der noch viel kränkeren Wirtschaft die Männer versagten, hätten vielleicht d i e F r a u e n , die in Rom seit alters arbeitsamer und gebildeter als in Hellas waren, einspringen können. Aber gerade hier trat eine Erscheinung zutage, wie sie an einem kranken Volkskörper oft beobachtet wird. Die in Altrom einst so hochheilig gehaltene Familie und Ehe begannen entheiligt zu werden. Gegenüber dem Kinderreichtum, der einst der Stolz der bäuerlichen Familien gewesen war, zeigte sich eine gewisse Geburteneinschränkung aus dem Wunsche heraus, die großen Vermögen möglichst geschlossen in wenigen Händen zu erhalten. Gleichzeitig bemerkt man bei der zunehmenden Sittenlosigkeit der vornehmen Frauen eine Abneigung der Männer gegen die Ehe, die schon im Jahre

131 den Zensor Metellus Macedonicus in einer berühmt gewordenen Rede auf die Notwendigkeit der Vermehrung der Ehen und der Kindererzeugung hatte hinweisen lassen. Der Ehebruch und der außereheliche Liebesverkehr, der zwischen Herrn und Sklavin gang und gäbe war, endlich die aus Hellas mit den Kulturgütern eingeführte Knabenliebe und der beim Wein beliebte Umgang mit den Vertreterinnen der Bühne und des Brettls, wie ihn besonders Sulla liebte, verseuchten die alten guten Sitten der oberen Klassen und trugen zur Untergrabung der legitimen Eheverhältnisse unendlich viel bei. Das Ergebnis war das starke Steigen der Zahl der Ehescheidungen, zum Teil aus Gründen der immer mehr alles andere überragenden Familienpolitik der führenden Geschlechter.

Dadurch entstand eine ganz neue Zeiterscheinung, die in die Politik miteingreifende Frau, in gutem Sinne Kornelia, die hochherzige und feinfühlige Mutter der beiden Gracchen, im schlimmen Sinne Frauen wie Klodia oder das Mannweib Fulvia, endlich die bedeutende Servilia, Katos Stiefschwester und Mutter des Cäsarmörders M. Brutus, Cäsars „Freundin". In den Salons und Boudoirs dieser geistreichen, meist völlig amoralischen politisierenden Frauen wurde zum Teil die Politik zwar nicht gemacht, aber immerhin stark beeinflußt. Servilia war zudem eine geschickte Ehestifterin, was in dieser Zeit der Schaffung von politisch wirksamen Familienbünden sehr wertvoll war. In nichts anderem offenbart sich das Sterben des ehrbaren alten römischen Volkes mehr als in diesem Eheverfall und dieser Frauen-Emanzipation bei gleichzeitiger Zunahme des Dirnenwesens und der Päderastie. Das allzu schnelle, übermäßige Reichgewordensein ist den Römern auch in sittlicher Beziehung schlecht bekommen.

Anders war der Verlauf auf dem geistisch-seelischen Gebiet, voran im Bereich der Religion. Hier sind es der Dauerzustand der Revolution, die soziale Umschichtung, die durch die Aufnahme vieler ländlich gebliebener Italiker eingetretene Primitivierung, endlich die abermalige stärkere Berührung mit dem Orient durch die mithridatischen Kriege, die die weitere Entwicklung vom alten Glauben hinweg beeinflußt haben. Neben die alte Gebundenheit an Gott *(religio)* und die sakralen Rechtsnormen, welche die Götter überall in der politischen Sphäre mitwirken ließ und jede Äußerung ihres Willens und Unwillens aufs peinlichste berücksichtigte, trat ein ganz anderes religiöses Denken und Fühlen, das unter hellenistischem Einfluß mehr von den Bedürfnissen des Einzelmenschen ausging. Aber gerade weil man innerlich religiöser, d. h. wirklich frommer wurde, ist auch der alte Apparat des Staatsglaubens, voran die Auspizien in Blitz- und Vogelflug, als lebendiger Bestandteil des Staatsrechtes in dieser Zeit noch mitgeschleppt, ja manchmal mit einer höchst seltsam anmutenden Gewissenhaftigkeit und Umständlichkeit angewendet, noch mehr aber auch schmählich zu politischen Zwecken mißbraucht worden. Das Augurat hat dadurch gerade in dieser Spätzeit noch einmal eine erhöhte Bedeutung gewonnen. Anderes starb von selbst ab, weil die Erfüllung der dem einzelnen auferlegten religiösen Pflichten nicht mehr tragbar war. So wurde die mit Zeremoniell überlastete Würde des Jupiterpriesters *(flamen Dialis)* nach dem Selbstmord des Kornelius Merula (87 v. Chr.) fast 75 Jahre nicht mehr besetzt.

Je mehr aber der alte religiöse Apparat zum Teil an Bedeutung verlor, ganz wegfiel oder ein Stück der Politik wurde, desto mehr wurde in der dem Zusammenbruch zueilenden Zeit bei dem Bedürfnis der großen Masse der Menschen nach irgendeinem persönlichen inneren Halt das geweckt, was der philosophisch gebildete Römer gern als „Aberglauben" *(superstitio)* bezeichnet, was aber im Grunde massiver Glaube, zum Teil einfachster Art, war. Es ist längst bemerkt worden, daß der Glaube der Römer aus einer gewissen kindlichen Auffassung nie ganz herausgekommen ist.

Der große Einbruch der o r i e n t a l i s c h e n Kulte, der seit den Nöten des hannibalischen Krieges bereits begonnen hatte, setzt sich in dieser Epoche der inneren Zersetzung in geradezu erschreckender Weise fort, so sehr auch die Staatsregierung dagegen Front macht. Das Suchen nach einem innigeren Verhältnis zur Gottheit und nach einer Antwort auf die Frage nach dem Leben im Jenseits beginnt alles zu beherrschen. Neben die kleinasiatische Göttermutter und

die ägyptischen Götter Isis und Serapis, sowie den orientalisierten Dionysos treten jetzt weitere kleinasiatische Götter, voran die kappadokische Bellona-Ma und die syrischen Gottwesen, endlich und vor allem, nachweislich zum erstenmal seit dem Seeräuberkrieg, der große iranische Erlösergott Mithras, der in der Armee der Kaiserzeit so großen Einfluß gewinnen sollte. Magier, chaldäische und syrische Wahrsager, Traumkünder und Sterndeuter auf Grund der ebenfalls vom Osten übernommenen Afterwissenschaft der Astrologie, die bald alle hoch und nieder stehenden Menschen in gleicher Weise gefangen nimmt, „erfordern eine neue Art des Glaubens und der persönlichen Hingabe; sie wirken gleichzeitig auf die Sinne und die Gewissen; sie bringen Ekstasen und Fanatismus, Farbe und Klang und manchmal wild schäumendes Leben in den grauen und strengen Ernst der alten römischen Religion" (Regenbogen).
In derselben Richtung läuft eine Bewegung noch niederer Art, die sich um Ciceros Freund Nigidius Figulus (Prätor 58) schart. Dieser Mann geht von neupythagoreischen Lehren aus und hat damit etruskische und astrologische Geheimweisheit verbunden, hat mit vielen anderen in Okkultismus gearbeitet, allerlei gewahrsagt und Geister beschworen in geheimen Konventikeln, die man mit spiritistischen Sitzungen unserer bewegten Zeit gut verglichen hat. Man sieht, die politisch zerrissene und wirtschaftlich verfallende Welt ist auch religiös tief aufgewühlt. Man will wissen, was kommen wird nach dieser furchtbaren Umwälzung, an der die großen Geister nicht weniger gelitten haben als die kleinen, die sich in ihrer Not zu den fremden Göttern flüchteten.
Es ist die erste große, alles überschüttende orientalische Welle, die über Rom und Italien hinweggegangen ist. Die zweite hat sich später in dem ähnlich furchtbaren Revolutionszeitalter des dritten nachchristlichen Jahrhunderts herangewälzt und hat dem unterdessen entstandenen Christentum die Wege in das zu verstandesmäßig eingestellte Abendland geebnet. Diesmal war eine solch tiefschürfende Erlösungsreligion noch nicht vorhanden, und so ist in viel größerem Umfang als später Zersplitterung und Umherirren der gläubigen Gemüter die Folge gewesen, wobei dann bald

auch die griechischen Mysterienkulte von Samothrake und Eleusis durch die ersten Weihungen römischer Männer einen Auftrieb bekommen haben.

Im Kreise der Gebildeten dagegen war damals kein neuer Glaube, sondern die Philosophie der Hellenen der Sammelpunkt für alle an Gott, Staat und Welt irre gewordenen Geister. Die Philosophie beginnt in diesen schweren Jahrzehnten zur Religion des herrschenden Standes zu werden, von dem Griechen Poseidonios bis zu dem Lateiner Seneka.

Daneben hat das römische Chaos auch Abwendung der großen Geister vom Staate und seinen Geschäften gebracht. Lukullus ist das lebendigste Beispiel hierfür in unserer Epoche wie Sallust in der folgenden, jener um mit Hilfe seines Riesenvermögens Literatur und Kunst durch alle Art von Förderung der Künstler, auch in seinen großartigen Villenbauten, zu genießen, dieser, um als Historiker sein Leben zu beschließen. Andere wie Lukretius haben das Ideal des unpolitischen Menschen in sich aufgenommen und zum erstenmal in Rom die Kategorie der „im Verborgenen Lebenden" geschaffen. Auch durch des feingebildeten Cicero Seele hindurch geht tief der Zwiespalt zwischen dem Ringen nach praktischer Betätigung als Staatsmann und Hingabe an literarische Tätigkeit, besonders an Philosophie und Beschäftigung mit der Staatstheorie. Nie wird mehr über den Staat nachgedacht und geschrieben, als in den Zeiten, da er sich zu wandeln beginnt, wie in Rom schon seit der Gracchenzeit. Was man in den Zeiten der sterbenden Republik auf diesem Gebiete literarisch geschaffen hat, war allerdings nur ein schwacher Abglanz gegenüber der griechischen Produktion zur Theorie der Politik. Überall, wo man in Rom die griechische Wissenschaft anrührt, geht es, auch bei Cicero, nur darum, mit der Theorie praktische Wirkung zu erzielen.

Ähnliches ist auch geschehen bei der jetzt voll und ganz durchgeführten Übernahme der stoischen Philosophie. Diese dem Römer und seiner harten Weltanschauung so nahe verwandte Lehre dringt jetzt nicht nur noch tiefer in die großen Geister Roms ein, sondern wird wirklich auch praktisch gelebt, am stärksten durch Kato, der im Angesicht der untergegangenen republikanischen Freiheit aus ihr die Kraft zum Märtyrertod geschöpft hat. Während sein größter Gegenspieler seinem Volke den neuen Staat schuf, starb dieser für die Ideale des alten und hat durch seinen Tod Cäsar mehr zu schaffen gemacht als durch sein Leben.

In der Literatur der Zeit ist das große Ergebnis, daß der gebildete Römer seit der Gracchenzeit zweisprachig geworden ist und an beiden Kulturen lebendigen Anteil nimmt, ja daß der literarisch arbeitende Italiker auf manchem Gebiete, allerdings mit Ausnahme der Wissenschaften, die Führung erhält. Rom und Italien sind angefüllt mit griechischen Literaten, während es für die gebildeten Römer unerläßlich wird, Studienreisen nach den alten Bildungsstätten des Ostens, voran nach Rhodos und Athen, zu unternehmen. Das erzeugt eine römisch gerichtete und griechisch unterbaute Geisteskultur. Schon ist es nicht mehr möglich, Werke griechischer und lateinischer Sprache getrennt zu betrachten und zu sagen, das gehört in die griechische, das in die lateinische Literaturgeschichte.

Ein Mann z. B. wie Poseidonios aus Apameia in Syrien (135 bis nach 50), Philosoph und Forschungsreisender, Politiker, Historiker, Theologe und Rationalist in einer Person, darf in der römischen Geschichte dieser Epoche, die er selbst zur Darstellung gebracht hat, nicht ungenannt bleiben. Vor ihm hat Pompeius bei seinem Besuch auf Rhodos nach dem letzten mithridatischen Krieg seine Liktoren die Rutenbündel senken lassen, eine Verbeugung von höchster Stelle vor der griechischen Wissenschaft, wie sie bis dahin noch nicht vorgekommen, ja undenkbar war. Ein Universalgenie wie Poseidonios beherrscht die Epoche, deren Blick noch einmal mit dem größten römischen Enzyklopädisten, Varro (116–27), durchaus rückwärts gerichtet ist. Auch literarisch stehen wir an einem Ende römischer Geschichte, wie sich an dem Triebe zum Sammeln und Festhalten von entschwindendem Gut deutlich bemerkbar macht. Aber des großen Griechen Universalismus ist echt hellenisch, noch einmal lebendiger Forschertrieb mit einer großartigen künstlerischen Gestaltungskraft im kleinen wie im großen. Des Römers Werke atmen die dumpfe Luft der Studierstube, sind nicht mehr Wissenschaft im echten Sinne des Wissenwollens und Wissensuchens der Hellenen, sondern meist Wissensstoffsammlungen, auf den in Rom alles bestimmenden Staat hin, voran in den „Altertümern" *(antiquitates)*, gearbeitet. Dort noch einmal ein echter Hellene und Nachfahre des Universalgenies Aristoteles, von seiner Wahlheimat Rhodos her mit dem weiten Blick der Inselgriechen, von der syrischen Stätte seiner Geburt mit einem Stück orientalischer Glaubensmystik behaftet, hier ein echter Römer aus der uralten Sabinerstadt Reate (Rieti) mit italischen Scheuklappen versehen, engstirnig und engherzig, mit der römischen Abneigung gegen alles Spekulative, aber mit einem phänomenalen Wissen ausgestattet, dabei gar keine Künstlernatur wie der ihm befreundete Cicero. Wenn wir zu beider Massenproduktion noch Ciceros riesenhaftes, alle Gebiete literarischen Schaffens umfassendes Schrifttum schon hier einen Augenblick an uns vorüberziehen lassen, so ergibt sich die Epoche, allein von diesen drei Größten aus gesehen, als eine Sammelstätte der gesamten republikanischen Produktion und ihrer Quellen in der hellenischen und hellenistischen Literatur und Wissenschaft. Wie mit Aristoteles und seiner Schule die klassisch griechische Welt, so geht mit Cicero und Varro die Republik auch geistig zu Ende, und die neuen Männer, dort Alexander, hier Cäsar, werden umrauscht von einem Blätterwald des Schrifttums, das nicht nur den Abschluß der alten Welt bedeutet, sondern zugleich auch die Grundlage darstellt, auf der alle weitere geistige Arbeit hüben und drüben ruht.

So ist „die Zeit mit den Todeszügen zugleich, wie so oft in der Geschichte, eine Zeit steigender Bildung und besonders lebhaften literarischen Treibens" (Leo). Auf dem Gebiete der Poesie steht zeitlich an der Spitze der römische Ritter C. Lucilius aus Kampanien (167–102), der Wandler der bisher unliterarischen Satire ins Literarische, damit Schöpfer der ureigensten lateinischen Literaturgattung. Was ihn besonders auszeichnete, war die politische Polemik gegen die ungeheure Verderbnis der Gesellschaft und sein Eintreten für den altrömischen Staat und Lebensstil. So ist seine Satire der literarische Ausdruck der beginnenden

Staatszersetzung und dadurch ein höchst interessantes Spiegelbild des damaligen gesellschaftlichen und politischen Lebens, oft in einem sehr phantasievoll gestalteten Rahmen und in einer der jeweiligen Situation angepaßten Sprache, die mehr Kraft als Grazie aufzuweisen hat.

Wie schnell sich die neue Zeit auch hier gewandelt hat, zeigen des jungen Varro ganz anders eingestellte, zwischen 81 und 67 verfaßte „Menippeische Satiren“, welche in Prosa und Versen abwechseln. Hier steht schon das allgemein Menschliche, nur stellenweise ins Römische umgebogen, im Vordergrund. Alles ist vom stoischen Standpunkt zur Geißelung der menschlichen Schwächen geschrieben, aber in einer feineren Form. Wie in der Politik ist auch in der Literatur vor Sulla noch ein reineres und kraftvolleres Römertum wirksam, während nachher das von einer stärkeren griechischen Welle überflutete Neurömertum zu Worte kommt.

In der Frühzeit lebte auch noch das römische, hellenisch gefärbte Nationallustspiel *(togata)*, unter dessen Vertretern L. Afranius, wie Lucilius ein Angehöriger der besseren Gesellschaft, hervorragt. Daneben steht die Tragödie, am besten durch L. Accius vertreten, der als Greis noch die sullanische Zeit erlebt hat und damals die angesehenste literarische Persönlichkeit Roms war, nicht nur als Dichter, sondern auch als Grammatiker und Literaturhistoriker, in seinem vielseitigen Gesamtschaffen von den großen hellenistischen Wissenschaftszentren abhängig.

Noch bezeichnender für die ältere Zeit ist die Tatsache, daß das altitalische derbe Volkspossenspiel der Atellanen hervorgeholt und durch L. Pomponius aus Bononia (vor und nach 100 v. Chr.) zu einer neuen heimischen Literaturgattung des Brettls gestaltet wurde, wo der griechische Pantomimus als grotesker Tanz schon längst heimisch geworden war.

Dadurch wurde im zweiten Teil unserer Epoche der Schauspieler berühmter als der Dichter, an der Spitze der griechische Freigelassene Klodius Aesopus im Trauerspiel und der Latiner Roscius Gellius im Lustspiel. Man wurde so gebildet, daß man nicht nur das Stück, sondern auch die Auffassung der Rolle durch den einzelnen Schauspieler bewunderte und die von Griechenland übernommene Maske nur in der alten Volksposse noch beibehielt.

Außerhalb des Theaters waren es das Lehrgedicht und die Lyrik, die die Zeit beherrschten, jenes in einer die römische Tradition wahrenden Richtung, diese in einer modernen („neoterischen“), in den Geist des Hellenismus ganz eingetauchten Art.

Ein ganz Einsamer ist T. Lucretius Karus (97–55), der durch Zurückgreifen auf das Ideal des unpolitischen Menschen in der Lehre Epikurs mit seinem Lehrgedicht „Vom Wesen der Natur“ seine Leser von den Schrecken des diesseitigen Lebens sowie von der Furcht vor dem Tode und vor den Göttern befreien will. So tritt er, selber kein Glied der hohen Gesellschaft, auch kein Römer oder Latiner, sondern vielleicht ein Norditaliker, aus der Gemeinschaft heraus und wendet sich an den einzelnen Menschen, um ihm durch wissenschaftliche Belehrung im Sinne der griechischen Naturphilosophie zu helfen. Der geniale Dichter, der zu den größten der Zunft auf Erden gehört, hat, wie kein zweiter, mit seinem spröden Stoff gerungen und die entgötterte Welt mit seinem Lichte und seiner göttergleichen Menschenseligkeit neu erfüllt. Niemals vor diesem Dichter und niemals nach ihm sind naturwissenschaftliche Lehren dichterisch so vollendet zur Darstellung gebracht worden, wie hier. Lukrez ist wie alle ganz Großen zeitlos und gehört der Weltliteratur an wie Dante, Milton und Goethe. Das Tragische an ihm ist, daß er dem römischen Volke das Köstlichste rauben will, was es bis dahin besessen hat, seine Bindung an das heilige Recht der Götter, dafür aber, obwohl selbst tief religiös, der Masse nichts zu bieten vermag, ein faustisch ringender Mensch, der an der grausigen Umwelt und den noch tieferen Gegensätzen in seinem Innern schließlich zugrunde gegangen ist.

Das Schulhaupt der „Neoteriker“ war P. Valerius Kato, wie so viele dieser Richtung ein Transpadaner, der – darin ganz modern hellenistisch gerichtet – auch „Grammatiker“ war. Das Genie aber unter den lyrischen Talenten aus einem unendlich fröhlichen Kreis war C. Valerius Katullus aus Verona (von 87–52). Er steht auf der Weltenscheide als ein Frühvollendeter nur im Jugendkleid der Liebe und der Ausgelassenheit, des Sturms und Drangs für uns faßbar, unerreicht im Liebeslied an seine Lesbia (Klodia), das römisches Gewand um feinstes hellenistisches Erbgut gelegt hat. Sein allzu frühes Sterben zeigt, daß er ein besonderer Liebling nicht nur der Götter, sondern auch der Musen gewesen ist. Daß die Republik literarisch auf dem Gebiete der Dichtung mit Lukrez und Katull hat enden dürfen, wirft über das Todesringen des römischen Volkes im Reiche des Geistes einen verklärenden Schimmer.

Die Prosa der Epoche bringt gleich im Anfang das Erwachen fachwissenschaftlicher Tätigkeit, voran auf dem ureigensten Arbeitsgebiet der Römer, demjenigen des Rechtes, so durch M. Junius Brutus über Zivilrecht, C. Sempronius Tuditanus (Konsul 129) und seinen politischen Gegner M. Junius Kongus, den „Gracchaner“, über Staatsrecht u. a., auf dem Gebiete der Grammatik im weitesten Sinne durch L. Aelius Stilo (geboren um 150 in Lanuvium), den Lehrer Varros und Ciceros, der als Forscher die Methoden griechischer Sprachwissenschaft auf das Lateinische übertragen hat. Die praktische Beredsamkeit, die seit den Gracchen ungemein an Bedeutung für den politischen Machtkampf gewann, hatte auch die Theorie der Rede in Rom zum Leben erweckt. Der Unterricht darin aber blieb zunächst griechisches Monopol. Es machte daher großes Aufsehen, als ein Parteigänger des Marius um 95 die erste lateinische Redeschule eröffnete. Ein Erlaß seines Gegners L. Licinius Krassus hat im Jahre 92 die Schule wieder beseitigt. Aber der Gegensatz zwischen griechischer und lateinischer Rhetorik ist seitdem immer bestehen geblieben und hat aus dem einheimischen Lager die interessante Streitschrift eines popular eingestellten Anonymus, gerichtet an C. Herennius, erhalten, während die siegreiche Nobilität, einschließlich Cicero, hier die griechische Vorzugsstellung immer ruhig anerkannt hat. Die auch im neuen Rom am meisten griechisch gebliebene Kunst ist dann eine solche Macht im Staate und im Geistesleben geworden, daß der größte Sprachkünstler der Zeit selbst vor der Veröffentlichung seiner Gerichtsreden nicht zurückgeschreckt ist.

Wie längst in Griechenland, so ist jetzt auch auf italischer Erde alles Schrifttum von der neuen Kunst wie von einer Seuche ergriffen worden, nicht zum wenigsten die Geschichtsschreibung. Gegenüber dem letzten, im archaischen Erzählertum noch aufgehenden L. Kalpurnius Piso (Konsul 133, über ihn o. S. 369) ist Coelius Antipater, der Verfasser einer historischen Monographie über den hannibalischen Krieg, der erste künstlerisch stärker mit den Mitteln der hellenistischen Geschichtsschreibung gestaltende Historiker Roms. Auch die in 80 Büchern durch P. Mucius Scaevola um 123 herausgegebenen Priesterannalen können schon wegen ihres Umfanges nicht ohne rhetorische Ausschmückung geformt gewesen sein. Entgegen dieser so beginnenden Entartung der Annalistik wirkt das Beispiel des realistisch schreibenden Polybios in der Richtung einer nüchterner gehaltenen Darstellungsweise auf Sempronius Asellio, der die sachliche Wiedergabe der historischen Tatsachen und ihre kausale Verknüpfung in den Vordergrund schiebt.

Noch mehr aber charakterisiert die neue Zeit die Zahl der schnell aufeinanderfolgenden Selbstdarstellungen der eigenen Taten durch die großen Männer wie Aemilius Scaurus, Rutilius Rufus, besonders Sulla. Alle drei Richtungen der Historiographie sind in der nachsullanischen Zeit fortgesetzt worden, die rhetorisierende Annalistik in den umfangreichen Werken eines Klaudius Quadrigarius, Valerius Antias und Licinius Macer, die historische Monographie des Coelius durch Kornelius Sisenna, den Verherrlicher des Sulla, an den Sallust später mit seinen Historien, allerdings nur äußerlich, angeknüpft hat.

In dem heißen Streit der Parteien und der führenden Männer am Ende der Republik war kein Raum mehr für eine unparteiische Geschichtsschreibung. Die Annalisten verfälschen damals die ältere Geschichte durch Erfindung immer neuer Musterbeispiele römischer Mannestugend und Sittlichkeit, und die Darsteller der eigenen Zeit sind ausgesprochene Vertreter der Tendenzen und Strömungen von Links und Rechts. Sisenna wie Poseidonios sind Schleppenträger der Nobilität. Licinius Macer schreibt alte und neue Geschichte im Geiste der absterbenden popularen Richtung. Erst die dann folgende Epoche hat in Männern wie Cäsar, Sallust und Asinius Pollio wieder Historiker von großem Können hervorgebracht.

Der Mann aber, der zwar politisch die Republik nicht zu retten vermocht hat, der aber dafür der hochgebildeten Zeit geistig seinen Stempel aufgedrückt hat, ist M. Tullius Cicero (106–43), bis auf die neueste Zeit die umstrittenste Persönlichkeit der römischen Geschichte und Literatur. Er ist nicht nur ein Ende, sondern auch ein strahlender Anfang für eine anders geartete Welt, genau so wie seine christliche Wiederholung Augustinus am Ende der Kaiserzeit, der zum Fackelträger der Antike ins europäische Mittelalter hinein geworden ist. Viel tiefer als dessen „Konfessionen" lassen uns die sehr intimen, nicht zur Veröffentlichung bestimmten Briefe Ciceros einen Blick in die Seele dieses einzigartigen Mannes tun.

Trotz aller Schwächen, die ihm, wie so manchem Sterblichen, namentlich in der politischen Betätigung anhaften, ist Cicero der bedeutendste Vertreter des römischen Humanitätsideals geworden, wie es im besten Teil seines Volkes seit Scipios Begegnung mit den großen Griechen allmählich geworden war, zugleich in lateinischer Sprache der größte künstlerische Gestalter der griechischen Gedanken aus dem Munde der philosophischen Denker, damit der wahrhafte „Verkünder der Erhabenheit und Schönheit des Griechentums" auf römischem Boden. Sein großer Plan einer Nationalisierung der griechischen Philosophie suchte für die Gebildeten seines Volkes diesen Religionsersatz noch zu vertiefen, und in ihm wird der Ethik, entnommen dem herrschend gewordenen stoischen System, ein besonders hoher Platz eingeräumt. Denn das ist die tiefste Erkenntnis, zu der er sich durchgerungen hat: eine Wiedergeburt des römischen Staates kann nur durch eine reinere Sittlichkeit gewonnen werden. Eine glühende Vaterlandsliebe ist der Grundzug von Ciceros Wesen. Gerade an dieser verwundbarsten Stelle seines Innenlebens ist er daher durch den Untergang der Republik und der republikanischen Freiheit furchtbar getroffen worden. Dazu kam dann das häusliche Unglück, vor allem durch den Tod der geliebten Tochter Tullia. Das verstärkte wissenschaftliche Arbeiten in den letzten fünfzehn Jahren seines Lebens, gipfelnd in seinen Werken über den Staat, ist für den als „Vater des Vaterlandes“ sich selbst überschätzenden Politiker Cicero dasjenige, was für den Menschen Goethe die Dichtung gewesen ist: die Selbstbefreiung oder, wenn es so weit nicht reichte, die Selbstbetäubung eines in seinem Grundwesen zerstörten, tiefinnerlich zu politischer Mitarbeit sich verpflichtet fühlenden Geistes, der nach dem Umbruch des Jahres 60 zusehen mußte, wie seine Ideale, eines nach dem andern, zerrannen. Der große Menschenkenner Cäsar hat diesen Gegner, den er niemals unterschätzt hat, ganz auf das literarische Gebiet hinüberzuschieben versucht mit dem lobenden Worte, daß der Triumph des Literaten oft höher zu bewerten sei als der des Feldherrn.

Erst als Cicero für sein geliebtes Vaterland unter dem Triumvirat von 43 auch noch sein Leben hingegeben hat, ist er von dem jüngsten der drei damaligen Gewalthaber in seiner Bedeutung als Politiker noch erkannt worden. Die eigenartige Form, die später Augustus dem Staate gegeben hat, ist so wenig ohne Ciceros Vorarbeit in Theorie und Praxis denkbar, wie der nationale Schwung, der den Sieg bei Aktium ermöglicht hat, ohne seinen immerwährenden Appell an die alten Tugenden der Volksgenossen. In letzterer Beziehung ist Ciceros Arbeit an seinem Volke sehr richtig von ferne einmal mit der Wirkung von Fichtes Reden an die deutsche Nation verglichen worden.

Cicero ist nach Kato Censorius der größte Erzieher des römischen Volkes gewesen. Er hat jedoch in schärfstem Gegensatz zu diesem einen neuen Kanal für das Einströmen besten griechischen Geistesgutes in den römischen Lebensstrom gegraben. Aber neben der Andacht, die das Betreten des heiligen Bodens der athenischen Akademie in ihm wachruft, steht immer mit gleicher Macht auch das Bild der alten Kurie von Rom vor seinem geistigen Auge. Er hat trotz aller furchtbaren Erlebnisse der Umwälzung den starken Glauben an sein geliebtes Rom nie verloren. Die Schöpfung jenes Neurömertums, das römisches Staatsschaffen und griechisches Staatsdenken zu verbinden sucht, ist sein in alle Folgezeit wirkendes Vermächtnis, und durch ihn ist ein Hauch griechischen Geistes auch in den Zeiten, da man Griechisches nicht mehr las und verstand, über Italiens Wiedergeburtszeit hinweg bis zu Herder und Goethe getragen worden.

Das Schlimmste für den wankenden römischen Staat ist gewesen, daß Cicero und Cäsar einander nicht gefunden haben, weil das politische Genie, brutaler und kompromißloser wie es war, andere Wege zur Rettung des Staates zu gehen versucht hat als der Kartellpolitiker und Theoretiker Cicero. Dafür ist Cäsartum Kaisertum geworden, der Ciceronianismus aber der höchste Ausdruck für menschliche Geistesfreiheit und Humanität. Cäsar, der erste und gleichzeitig der größte Monarch, den Rom gesehen hat, führte die neue Staatsgewalt herauf, weil er überall kraftvoll zugriff und endlich wirkliche Taten zu Nutz und Frommen seines Volkes hervorbrachte. Cicero aber blieb bis zu seinem gewaltsamen Ende Republikaner, überzeugter Vertreter der republikanischen Tugenden. In dem Republikaner Cicero aber steckt, was noch viel wichtiger ist, ein Mensch von selten hohen menschlichen Eigenschaften, und wer den Politiker nicht zu lieben vermag, den sollte dieser letzte große Mensch einer dahinschwindenden Epoche bei dem Lesen seiner Herzensergüsse in den Briefen noch heute zu fesseln vermögen.

Auch in der Kunst der Zeit lautet das Thema: Rom und Hellenismus in ihrem gegenseitigen Verhältnis zueinander, und als Resultat ergibt sich ein endlicher Durchbruch des Echtrömischen auch hier gegenüber der im Ansturm befindlichen hellenistischen Kultur.

Die am ausgesprochensten römische Kunst ist und bleibt die Architektur. In ihr ist niemals nur griechischer Formwille maßgebend geworden, sondern dic beiden Kulturkreise beginnen sich jetzt wirklich zu durchdringen, der eine, der Hellenismus, gewohnt überall zu siegen, auch hier vieles überschattend, während der andere über sich

selbst bereits hinausgewachsen und der neuen Weltgeltung des Staates angepaßt, dadurch zum Aufnehmen, aber nicht mehr zum Sichaufgeben reif geworden ist. Jetzt wird uns auf einmal etwas klar, was alles Bisherige schlägt:
Wohl war der republikanische Staat faul und morsch, die Wirtschaft krank geworden, aber trotz allem war das Herz und der Wille von großen Teilen des so lange bäuerlich verhaftet gewesenen Volkes jung geblieben, und durch die Aufnahme Gesamtitaliens in den Staats- und Bürgerverband fühlte man frisches Blut in den Adern. Die Kunst der Umwälzungszeit hält, wie die Literatur, so auf der einen Seite noch an der alten Tradition fest, aber zugleich zeigt sie schon Werke von Künstlern, „die im Sturm der Bürgerkriege etwas Neues emporkommen fühlen" (R. Herbig).
In der Baukunst ist auch jetzt noch der Tuffbau, daneben höchstens Travertin, herrschend mit immer reichlicherer Verwendung des Bogens und des Gewölbes, das Ganze für das Auge auch weiterhin verkleidet mit hellenistischem Ziermaterial. Ins Jahr 78 v. Chr. gehört der Neubau des Tabulariums (Staatsarchiv, heute Senatorenpalast) durch Q. Lutatius Katulus, wo die inneren Korridore mit Tonnengewölben, die Fassade gegen das Forum hin mit Bogen zwischen dorischen Halbsäulen, einzelne Teile aus Travertin, gestaltet sind. Der Übergang zum Marmorbau gehört erst der folgenden Epoche an. Im ganzen gesehen bedeutet die Bautätigkeit des Sulla und Pompeius (erster Theaterbau in Stein, neben dem gleichzeitigen des Aemilius Scaurus) den letzten Höhepunkt der republikanischen Kunst. Auch von hier aus wird Sulla als der größte Vorläufer der römischen Kaiser gekennzeichnet.
Auf dem Gebiete des Tempelbaus wird jetzt das römisch-italische Heiligtum auf einen hohen Unterbau gesetzt und dadurch wie durch die Schaffung einer breiten Freitreppe aus der Umgebung stärker herausgehoben. Daneben ist die Anpassung an die Landschaft bzw. eine die Natur bewußt aus- und umgestaltende großzügige architektonische Bauschöpfung etwas Neues, wofür Sullas Orakelheiligtum von Praeneste wohl das bedeutendste Beispiel darstellt.

Auch die dann für das kaiserzeitliche Rom so charakteristisch gewordene weiträumige Gartenarchitektur beginnt am Ende der Epoche. An der Spitze steht hier Lukullus, der um das Jahr 60 die erste große Gartenanlage am Mons Pincius (Monte Pincio) zur Aufnahme seines gewaltigen Statuenbesitzes geschaffen hat. Zur Vollendung gebracht worden ist das herrliche Gartenviertel, heute noch eine Zierde Roms, durch Cäsar und Sallust am Anfang der nächsten Epoche.

Am deutlichsten zeigt sich auf dem Gebiete der Plastik der Einbruch hellenistischen Kunstschaffens in den bisherigen Naturalismus des Römertums. Vom Osten her kommt zunächst für das Relief jene handwerkliche Manier eines stumpfen, die Einzelformen weich ineinander überleitenden plastischen Oberflächenstils herein, wie er am deutlichsten an den Friesplatten der Domitius Ahenobarbus-Basis (aus dem Jahrzehnt 115/105) mit der Darstellung einer hellenistischen Poseidonshochzeit und eines römischen Zensus in die Erscheinung tritt. Auch die Rundplastik der gleichen Zeit weist denselben „asianischen" Stil (s. u.) auf, um dann zum Schlusse in eine ganz scharf geschnittene, auf die Meißelarbeit den Hauptwert legende Kunstübung umzuschlagen.

Das zur Weltstadt gewordene Rom zieht jetzt die bedeutendsten griechischen Künstler an sich. Das Resultat ist, daß in das naturgetreue, bis in alle Einzelheiten ähnliche Bildnis der Römer, nach leichten Anfängen schon in der vorigen Epoche, nunmehr die Durchgeistigung und künstlerisch subjektive Steigerung einzelner Momente der hellenistischen Bildniskunst hineingetragen wird, nachgewiesen von L. Curtius z. B. an dem bedeutsamen Kopfe eines Feldherrn um 100 v. Chr. im römischen Thermenmuseum: „In diesem Porträt ist zu viel Zeus für einen Menschen und zuviel Mensch für einen Zeus." Anderes läßt sich erweisen an den Köpfen des Pompeius (Kopie in Kopenhagen) und Cicero (Florenz, Uffizien). Römischer Naturalismus und griechischer Idealismus, die sich im Leben und in der Literatur schon in der stoischen Weltanschauung begegnet waren, sind jetzt auch in der Kunst ineinandergewachsen und haben im Porträt Höchstleistungen zuwege gebracht wie nie zuvor und nie nachher im Altertum. Nirgendwo ist der Hellenismus im Römertum siegreicher und ergebnisreicher geworden als hier, wo er dem hohen Können erst die höchste künstlerische Vollendung gebracht hat.

In der Malerei gehören die Anfänge des sogenannten „zweiten Stils", wie er uns in Pompeji am greifbarsten entgegentritt, in die sullanische Zeit. Der Ausgangspunkt ist die Nachahmung marmorbekleideter Wände, die architektonisch und zeichnerisch gegliedert sind, um dann in den gegeneinander abgeteilten Flächen auf alle mögliche Weise bis zur Einfügung großer griechischer Tafelbilder ausgeschmückt zu werden. Die Malerei ist aber jetzt noch durchaus Dienerin der Architektur, während später das Gegenteil der Fall wird. Die östliche Herkunft der prächtigen, in Rom ganz italisch ausgestalteten Schmuckweise steht fest. Auch in der Malerei geht nebeneinander her eine Stilrichtung, die aufgeregt und schwülstig, ja pathetisch ist wie in der Kunstprosa der Zeit der sogenannte „asianische" Stil, und eine mehr klassizistische (attizistische) mit einer kühleren Formgestaltung, größerer Sauberkeit der Farbenbehandlung und Schlichtheit der Lichtwirkung, wovon uns der Mysteriensaal der Villa Item bei Pompeji so herrliche Proben geschenkt hat.

So offenbart sich auch im künstlerischen Schaffen der Epoche mit dem Vordringen des Hellenismus auf vielen Gebieten und der überall positiv eingestellten Aufnahme durch die neuen Römer nicht nur das Ende einer alten Welt, sondern auch schon das Vorausahnen einer anderen Daseinsform des Römertums, in welchem beide Kulturen einander gebend und nehmend sich durchdringen und aufs höchste befruchten sollten. Wie in der Politik sind es aber auch im geistigen Leben große Persönlichkeiten, die das Rad der Geschichte so schnell weitergedreht haben, daß der Freistaat und seine enggeschlossene Volksgemeinschaft jetzt unwiederbringlich, auch weltanschaulich, überwunden worden sind und Cäsar das stolze Staatsgebäude der Väter bis auf die Grundmauern hinunter niederlegen konnte.

„Hellenismus und Rom", das Problem, das uns seit dem Untergang der altitalischen Kultur im Banne gehalten hat, ist auf seinem Höhepunkt angekommen. Der Hellenismus hat seinen ersten Siegeszug auch nach dem Westen hin beendet, aber ganz anders als im Orient und in Ägypten. Nicht reiner Hellenismus, sondern ein hellenisierter Romanismus war das Ergebnis einer zweihundertjährigen Entwicklung auf italischer Erde seit der größten Tat des Römertums, der Niederringung Hannibals. Sein größter Prophet wurde Cicero, der das neue römisch-griechische Menschheitsideal am reinsten verkörpert, sein gelehrigster Schüler Cäsar, der das in die Tat umsetzte, was jener für Rom als Idealstaat gedacht hatte, der Gründer des den Gemeindestaat der Geschlechter sprengenden Reichsstaates der Cäsaren, der noch lange, schließlich zur Idee verflüchtigt, die europäische Staatenwelt beherrscht hat bis zum Erwachen der Nationen im modernen Völkerleben.

ZEITTAFEL

Die aus griechischer Überlieferung stammenden Zeitangaben (mit Stern* bezeichnet) sind schon seit 500 v. Chr. zuverlässig. Die römische Jahreszählung ist bis 300 v. Chr. nur annähernd richtig. Bis zur Gallierkatastrophe (387 richtig, weil griechisch errechnet) liegt sie sechs und mehr Jahre zu hoch (s. o. S. 89). Nach 387 beträgt die Differenz zwischen der überlieferten und der wahren Chronologie noch bis zu vier Jahren, weil sich die Zahl der konsularischen Amtsjahre mit den entsprechenden Kalenderjahren nicht deckt und man vier ungeschichtliche Diktatorenjahre (333, 324, 309, 301) zum Ausgleich eingelegt hat. Von 320 ab erfolgt allmählich eine Angleichung an die richtige Zeitfolge. Nach 300 liegt auch die römische Chronologie in bezug auf die Jahre fest. Nur innerhalb der Einzeljahre treten seit dem Beginn des Ersten Punischen Krieges wegen der Abweichung des unvollkommenen römischen Kalenders vom Sonnenlauf und wegen öfterer Unterlassung der Schaltung seitens der Pontifices Verschiebungen in den Jahreszeiten ein (mit Ausnahme der Zeit von 140 bis etwa 70 v. Chr.). Erst Cäsar hat der Kalenderverwirrung dadurch ein Ende gemacht, daß er nach Einschaltung von 90 Tagen im Laufe des Jahres 46 vom 1. Januar 45 ab zum ägyptischen Sonnenjahr zu 365 ¼ Tagen (statt seither 355) überging. (Einführung des julianischen Jahres.)

I. ITALIEN UND SIZILIEN

Vor 2000	Italien und Sizilien altmittelländisch bewohnt.
Nach 2000 (um 1800)	Einwanderung der ersten Italikerschicht (Toten-Verbrenner) von Norden her.
1300/1200	Einwanderung der zweiten Schicht (Bestatter) von Nordosten her.
Um 1000	Beginn der älteren italischen Eisenzeit: Villanova-Kultur, bis etwa 800.
Nach 1000	Illyrier-Einwanderungen auf der italischen Ostseite: Veneter, Liburner, Japyger etc. Älter noch die Einwanderung der Messapier im äußersten Südosten.
Um 850	Etrusker-Einwanderung aus Kleinasien; älteste Wohnsitze in Südtoskana (Tarquinii und Caere).
Vor 800	Die ersten Phöniker in Westsizilien (Motya bei Lilybäum); Elymer in Westsizilien (Eryx, Segesta), auch Kleinasiaten, aber mit thrakisch-illyrischer Beimischung, Aeneassage.

Seit 750	Die ersten griechischen Bauernkolonien seitens der Chalkidier: Ischia, Kyme (Cumae) und Naxos bei Taormina.
735 ff.	Die dorischen Kolonien und achäischen Kolonien in Ostsizilien (Syrakus) und Südostitalien (Sybaris, Kroton, Tarent).
600 ff.	Die phokäische Kolonisation, ausgreifend bis Südspanien (Mainake) und Südgallien (Massalia).
Nach 540	Seeschlacht der verbündeten Etrusker und Karthager gegen die Phokäer bei Alalia (Korsika).
*480	Sieg der Griechen über die Karthager bei Himera (Sizilien).
*474	Sieg Hierons I. über die Etrusker bei Kyme (Cumae).
*473	Sieg der Japyger und Messapier über die verbündeten Tarentiner und Rheginer.

IIa. ROM UND LATIUM

Um 950	Älteste nachweisbare Besiedlung des Palatins in der Villanovazeit.
Seit 700	Aufstieg Praenestes.
Vor 600	Rom eine Siebenzahl latinischer „Berg"burgen *(Septimontium)*, daneben sabinische „Hügel"-dörfer („Hügel"burgen) unter Königen.
590/580	Gründung der Stadt Rom durch die in Latium zur Herrschaft gelangten Etrusker.
590/580 bis 490/480	Etwa hundertjährige Etruskerherrschaft über Rom, drei Generationen.
Nach 490	Vertreibung der Etrusker aus Rom und Schöpfung der Republik.
*474 (s. o.)	Niederlage der Etrusker bei Kyme (Cumae) und ihre Vertreibung auch aus Kampanien.
453	Syrakusanische Expedition über Ischia, den nördlichsten Außenposten, bis Korsika mit Besetzung Elbas.
Nach 450	Kodifikation des römischen Landrechts in Gestalt der 12 Tafeln.
Nach 444	Erneuerung des Bundesvertrags Roms mit Ardea.
440 ff.	Aktivere Außenpolitik Roms, daher:
440—420	Neuordnung des Staates, ausgehend von der Organisation des Heeres zu Fuß (Zenturienordnung), Konsulartribunat, Schöpfung der Zensur.
426	Eroberung von Fidenae (Brückenkopf Vejis am Tiber).
426—406	Angeblich 20jähriger Waffenstillstand mit Veji.
Vor 406	Eroberung von Ficulea und Crustumerium, Errichtung der 21. Tribus: *Clustumina.*

Nach 406	Ausbruch des Kriegs mit Veji.
Um 400	Erster Vertrag mit Karthago; Überschreitung der Alpen durch die Kelten (Gallier).
399	Älteste Götterbewirtung *(lectisternium);* Plebejer im Kollegium der Konsulartribunen.
396	Angebliches Ende des Vejenterkriegs.
389 (387?)	Vier neue Tribus auf südtoskanischem Boden: *Arnensis, Tromentina, Stellatina, Sabatina.*

IIb. ROM UND ITALIEN

*387	Die Kelten gegen Rom; römische Niederlage an der Allia.
*367	Tod des syrakusanischen Tyrannen Dionysios I.
366	Zulassung der Plebejer zum Konsulat.
358/357	Bündnis Roms mit den Latinern; gleich darnach zweiter Kelteneinfall; Errichtung der Tribus *Pomptina* und *Publilia* im ehemaligen Volskerland.
357/354	Krieg der vereinigten Falisker und Etrusker gegen Rom.
354	Wiederanschluß von Tibur und Präneste an Rom; Vertrag mit den Samniten.
353	Kampf und Friedensschluß mit Caere; See-Expedition gegen Korsika.
351	Friedensschluß auf 40 Jahre mit Tarquinii und Falerii.
348	Zweiter Vertrag mit Karthago.
346/345	Dritter Kelten-Einfall.
345	Vertrag mit den Aurunkern.
340—338	Latinerkrieg.
335/334	Anschluß Kapuas und anderer kampanischen Städte an Rom.
*334	Übergang des Molosserkönigs Alexander von Epirus zur Unterstützung Tarents nach Italien.
331/330	(Winter) Seine Ermordung.
328	Anschluß von Fregellae an Rom.
326	Bündnis mit Neapel; Beginn des großen Samnitenkriegs.
321	Römische Niederlage bei Kaudium und Friedensschluß.
316	Wiederausbruch des Kriegs.
315	Luceria in Apulien lat. Kolonie; Abfall Kapuas; aber 314 Rückgewinnung, Gebietsabtretung (Tribus *Falerna);* Rechtspflege von Rom aus.
312	Zensur des Appius Claudius Caecus.
311	Eintritt der Etrusker in den Samnitenkrieg (Zweifronten-Krieg).
304	Zensorenjahr; Friedensschluß mit den Samniten.

303	Bündnis mit den Lukanern, Krieg mit Tarent; 302 Herbeirufung des Kleonymos von Sparta.
300	Zutritt der Plebejer zu den Kollegien der Pontifices und Augurn.
300/299	Neuer Kelten-Einfall; 299 Errichtung der Tribus *Aniensis* und *Teretina;* Narnia lat. Kol.; Ausbruch des zweiten Samnitenkriegs.
295	Sieg der Römer bei Sentinum.
291	Venusia latinische Kolonie.
290	Friede mit Samnium; Sabiner mit Halbbürgerrecht ausgestattet.
287/286	Das hortensische Gesetz. Tribusversammlungen staatlich anerkannt.
285/284	Neuer Kelteneinfall.
283	Römischer Sieg am vadimonischen See (bei Orte).
282	Friedensvertrag mit den Kelten.
281	Kampf um Thurii; Krieg mit Tarent.
Frühjahr 280	Übergang des Pyrrhos von Epirus nach Italien.
278	Sein Übertritt nach Sizilien.
275	Rückkehr nach Italien; Schlacht auf den „arusinischen Feldern“ (Benevent?): Rückkehr in die Heimat.
273	Vertrag des Ptolemaios II. Philadelphos mit Rom.
272	Friede mit Tarent.
270	Einnahme von Rhegium.
268	Gründung der latinischen Kolonien Beneventum und Arminum.
266/265	Unterwerfung der Sallentiner und Picenums; Krieg gegen Volsinii.

III. ROM ALS WESTLICHE MITTELMEERMACHT

264—241	Erster Punischer Krieg (um Sizilien).
263	Bündnis mit Hieron II. von Syrakus.
260	Seesieg bei Mylae.
256	Übergang nach Afrika; 255 Niederlage des Regulus bei Tunes.
246—244	Sizilianischer Stellungskrieg, geführt von Hamilkar Barkas vom Heirkte aus. Brundisium lat. Kolonie.
244—242	Letzte Stellungskämpfe am Eryx.
Frühjahr 241	Römischer Endsieg bei den Aegatischen Inseln; Friedensschluß; Errichtung der letzten römischen Tribus (*Velina* und *Quirina* = Nr. 35).
237	Abtretung Sardiniens an Rom; Besetzung Korsikas.
236—220	Gewinnung großer Teile Spaniens durch die Karthager.

236	Beginn der römischen Ligurerfeldzüge in West-Oberitalien.
235	Erste Schließung des Janustempels (Friede).
229	Erster Krieg gegen die Illyrier (Albanien); Gewinnung der Herrschaft über das Adriatische Meer.
226	Römischer Ebrovertrag mit Hasdrubal.
225–222	Krieg gegen die Kelten der Poebene.
225	Schlacht bei Telamon.
222	Schlacht bei Clastidium; Friedensschluß.
220	Zensur des C. Flaminius; Zenturienreform; Bau der flam. Straße.
219	Zweiter Krieg gegen die Illyrier; im Oktober Fall von Sagunt.
218	Latinische Kolonien in Placentia und Cremona.
218–201	Zweiter punischer oder hannibalischer Krieg.
218	Hannibals Alpenüberschreitung; Ticinus; Trebia. (Ende des J.).
217	Überfalls-Schlacht am trasimenischen See mit Sieg Hannibals.
216	Kannae. Fall Kapuas.
215	Bündnis Hannibals mit Philipp V. von Makedonien; Anschluß von Syrakus an Karthago nach Hierons II. Tod.
212	Eroberung von Syrakus und Sagunt durch Rom.
211	Rückgewinnung Kapuas; Katastrophe der beiden Scipionen in Spanien.
Seit 210	P. Kornelius Scipio der Jüngere Oberbefehlshaber in Spanien.
208	Sieg bei Bäkula über Hannibals Bruder Hasdrubal.
207	Niederlage und Untergang Hasdrubals am Metaurusfluß (Italien).
206	Sieg Scipios bei Ilipa; Gewinnung der Oberherrschaft in Spanien.
205	Friedensschluß zwischen Rom und Makedonien.
204	Scipios Übergang nach Afrika; Friedensangebot der Karthager.
Wi. 203/202	Hannibals Räumung Italiens; Landung in Hadrumetum (Sousse).
Mai/Juni 202	Schlacht bei Zama.
201	Friedensschluß; Neuordnung Afrikas; Vergrößerung des Numiderstaates unter Massinissa.

IV. DER KAMPF UM DIE VORHERRSCHAFT IM OSTEN

Nachhannibalische Zeit bis Pydna (168)

Italien	a) im Westen
200–196	Kämpfe gegen die Kelten der Poebene; bis 191 gegen die Boier.
189	Bononia lat. Kolonie.
187	Bau der ämilischen Straße als Fortsetzung der flaminischen von Ariminum aus.
183	Mutina und Parma römische Bürgerkolonien; Tod des Scipio Afrikanus.
181	Aquileia lat. Kolonie.
199 ff.	Erneute Kämpfe gegen die Ligurer.
180	Pisa römische Kolonie.
177	Luna desgleichen.
Spanien	
197	Zwei Provinzen.
195	Cato als Konsul an der Spitze der diesseitigen Provinz.
180	Ti. Sempronius Gracchus, milde Vertragspolitik in Spanien.
Nordafrika	
195	Flucht Hannibals zu Antiochos III. von Syrien.
183	Hannibals Tod.

b) im Osten

200	Römische Gesandtschaft nach dem Osten.
200–197	Krieg gegen Philipp V. von Makedonien.
197	Sieg der Römer bei Kynoskephalai.
196	Freierklärung Griechenlands, soweit es unter makedonischer Herrschaft gestanden hatte.
191–190	Krieg gegen Antiochos III.
Ende 190	Sieg bei Magnesia am Berge Sipylos.
189	Friedensschluß. Abtretung Kleinasiens bis zum Tauros. Hauptgewinner Pergamon und Rhodos.
189–188	Kleinasiatischer Feldzug des Cn. Manlius. Unterwerfung der Galater.
189	Besiegung der Aetoler durch M. Fulvius Nobilior.
187	Tod des Antiochos III.
184	Zensur des M. Porcius Kato.
Herbst 179	Tod Philipps V.; Nachfolger Perseus.
171–168	Römisch-makedonischer Krieg gegen Perseus.

168 Sieg des Ämilius Paulus bei Pydna; Makedonien in vier Kleinstaaten zerlegt; Reich des Illyrierkönigs in drei Teile. Durch Popillius Laenas in Eleusis (Vorort von Alexandreia) Verbot weiteren Vorgehens des Antiochos IV. gegen Ägypten.

c) Ereignisse nach Pydna

166 Delos an Athen, aber zugleich Freihafen für den Osten; Polybios mit den achäischen Geiseln nach Rom gebracht.
161 Gewinnung von Tripolitanien durch Massinissa auf Grund eines römischen Schiedsspruchs.
155 Veröffentlichung des Testaments des Euergetes II., durch das Kyrene evtl. an Rom vererbt werden sollte.
154/153 Ausbruch des spanischen Volkskriegs.
150/146 Letzter Krieg gegen Karthago.
149 Dauernde Errichtung eines Gerichtshofes gegen Erpressungen.
148/147 Krieg gegen Pseudophilippus von Makedonien.
146 Zerstörung von Karthago durch Scipio Ämilianus, von Korinth durch Mummius. Afrika wird Provinz.
140/139 Scipio Ämilianus Führer einer Inspektionsgesandtschaft nach dem Osten.
139 Ermordung des Viriathus.
136–132 Erster sizilischer Sklavenkrieg.
133 Eroberung und Zerstörung Numantias durch Ämilianus; Vererbung Pergamons; Asia Provinz (seit 126).

V. DIE REVOLUTIONSZEIT

133–121 Die Zeit der gracchischen Revolution.
133 Ackergesetz des Ti. Gracchus; sein Tod Herbst 133.
129 Tod des Scipio Ämilianus; Feldzug des Konsuls Tuditanus gegen die Histrer (Istrien) und Japuden; Auftakt zu längeren Kämpfen zwecks Sicherung Nordostitaliens und des Balkans.
125–121 Eroberung des südlichen Teils von Gallien (Provence).
123–122 Volkstribunate des C. Gracchus; sein Richtergesetz zugunsten der Ritter; Eroberung der Balearen.
121 Bau der domitischen Straße zur Verbindung Italiens und Spaniens.
121–111 Erste Reaktionsepoche; drei Gesetze gegen die gracchische Reform.

119 Volkstribunat des C. Marius.
118 Gründung der römischen Bürgerkolonie Narbo Martius (Narbonne).
113 Auftreten der germanischen Kimbern im Lande der Taurisker (Norikum); ihr Sieg bei Noreia.
112—105 Der jugurthinische Krieg.
107 Marius zum erstenmal Konsul.
107/106 Seine Heeresreform; Übergang zum Berufsheer.
6. Okt. 105 Niederlage der Römer durch die Germanen in der Doppelschlacht von Arausio.
104—100 Zweiter sizilianischer Sklavenkrieg.
103 Erstes Volkstribunat des L. Appuleius Saturninus, Beginn der zweiten Revolution.
102 Marius' Sieg über die Teutonen bei Aquae Sextiae.
101 Marius und Katulus siegen über die Kimbern bei Vercellae.
102—101 Expedition gegen die kilikischen Seeräuber.
100 Sieg des Prätors T. Didius über die Skordisker (Serbien); zweites Volkstribunat des Saturninus; Fiasko des Marius im 6. Konsulat.
98—91 Zweite Reaktionszeit.
98—93 Kämpfe in Spanien, vor allem durch T. Didius (Konsul 98).
96 Erwerbung von Kyrene auf Grund eines Testaments.
95—91 Ausbreitung des pontischen Reiches durch Mithridates VI.
92 Sulla Statthalter von Kilikien; erste Berührung mit den Parthern; ungerechte Verurteilung des P. Rutilius Rufus.
91 Volkstribunat des M. Livius Drusus.
91—88 Der Bundesgenossenkrieg.
90 Bürgergesetze des Konsuls L. Julius Caesar und der Volkstribunen Plautius und Papirius.
88 Sulla Konsul; Marsch auf Rom; Notbau des Staates.
87 Cinna Konsul; Anarchie; 87—84 seine Gewaltherrschaft in Rom. Anfang 84 von den Soldaten erschlagen.
13. Jan. 86 Tod des Marius.
87—83 Krieg Sullas gegen Mithridates.
86 Seine Siege bei Chaeronea und Orchomenos in Böotien; der Konsul L. Valerius Flakkus im Osten; sein Tod im Soldatenaufstand; Nachfolger C. Flavius Fimbria.
August 85 Friede von Dardanos zwischen Sulla und Mithridates.
85/84 Ordnung der Provinzen Asien und Achaia.

Frühjahr 83	Sullas Landung in Brindisi; 83/2 Krieg des L. Licinius Murena gegen Mithridates (2. mithrid. Krieg).
83/82	Krieg in Italien, 83 Sieg Sullas in der Nähe von Kapua; 82 bei Sacriportus. Einschließung von Präneste.
1. Nov. 82	Sieg Sullas vor dem collinischen Tore Roms über die Samniten, Abschlachtung der Gefangenen; Proskriptionen.
Dez. 82	Ernennung Sullas zum Diktator.
82—79	Sullas Diktatur; Neuordnung des Staates durch Wiederaufrichtung der Senatsherrschaft. Vernachlässigung des Provinzialreiches; Widerstand seit 80 durch Sertorius in Spanien.
78	Tod Sullas.
78/77	Umsturzbewegung des M. Ämilius Lepidus.
76—72	Krieg gegen Sertorius in Spanien, zuletzt durch Cn. Pompeius.
74	Beginn des 3. mithridat. Krieges, geführt von L. Licinius Lukullus; M. Antonius gegen die Seeräuber.
73—71	Sklavenkrieg des Spartakos in Italien; niedergeworfen von M. Licinius Krassus.
71	Die Germanen überschreiten zum erstenmal den Rhein; Ariovist in Gallien.
70	Pompeius und Krassus Konsuln. Sturz der sullanischen Verfassung; Wiederherstellung des Volkstribunats; neues Richtergesetz.
69	Neuordnung der Provinz Asien durch Lukullus. Erneuter Kampf gegen Tigranes.
6. Okt. 69	Lukullus' Sieg über Tigranes bei Tigranokerta; Unterwerfung der Seeräuber von Kreta durch Q. Caecilius Metellus Kretikus.
68	Cäsar Quästor.
Anfang 67	Antrag des Volkstribunen A. Gabinius auf Schaffung eines außerordentlichen Kommandos gegen die Seeräuber; Wahl des Pompeius zum Großadmiral; Beendigung des Seeräuberkriegs.
Anfang 66	Antrag des Volkstribunen C. Manilius zur Bestellung des Pompeius zum Oberbefehlshaber gegen Mithridates und Generalissimus des Ostens.
66/65	Erste umstürzlerische Unternehmung Katilinas.
66—64	Beendigung des 3. mithridatischen Kriegs durch Pompeius; Gründung der Doppelprovinz Bithynien-Pontos.

64 Feldzug gegen Syrien; Schöpfung der Provinz Syrien; 63 gegen Damaskos und Jerusalem; Ordnung Palästinas; Selbstmord des Mithridates; Cicero Konsul; Aufdeckung der „katilinarischen Verschwörung".

62 Anfang des Jahres: Vernichtung des Katilina; Ende: Landung des Pompeius in Brindisi. Cäsar Prätor.

61 1. Hälfte: Skandalprozeß des Klodius; 2. Hälfte: Beginn von Cäsars Statthalterschaft im jenseitigen Spanien; Kriege; finanzielle Sanierung der Provinz.

28./29. Sept. 61 Pompeius' Triumph; Mißerfolge in der inneren Politik.

60 Rückkehr Cäsars aus Spanien; Wahl zum Konsul für 59; 2. Hälfte des Jahres: Herstellung einer geheimen Verbindung mit Pompeius und Krassus zur Lahmlegung der republikanischen Verfassung.

59 Cäsar Konsul, **Beginn der neuen Zeit.**

REGISTER

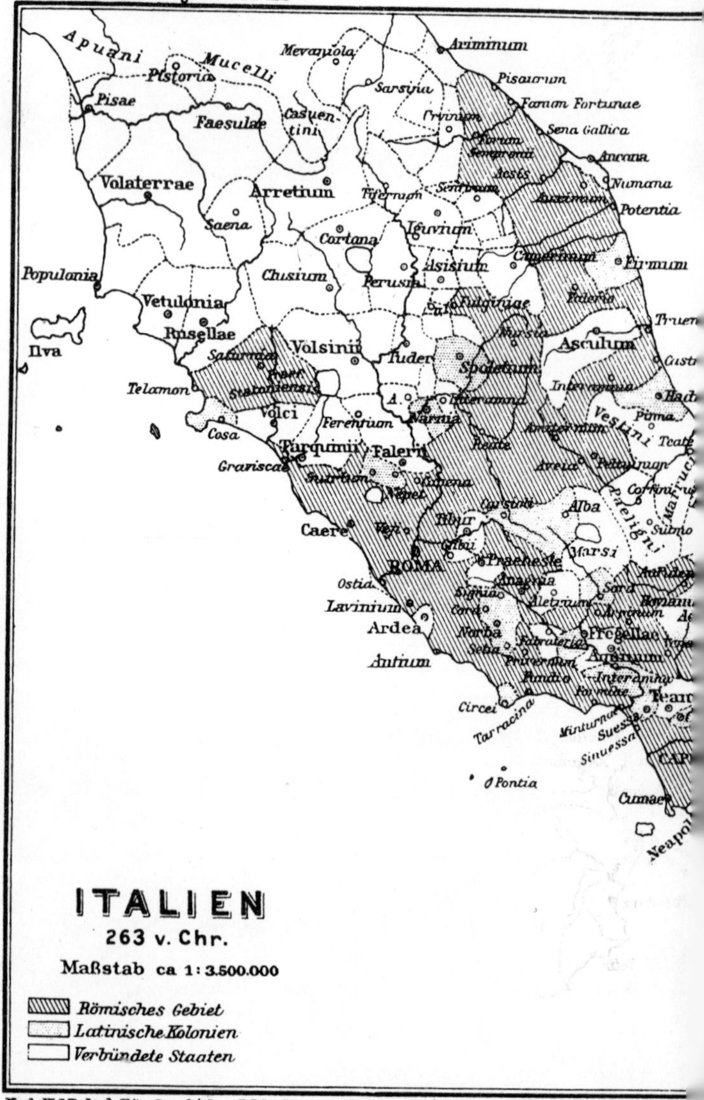

Nach K.J Beloch, Röm. Geschichte, W. de Gruyter 1926. Mit Erlaubnis des Verlags übernommen.